裁判所沿革誌

第七巻

最高裁判所

最高裁判所正面玄関

最高裁判所大ホール

裁判員裁判用法廷

はしがき

日本国憲法施行後の裁判所制度の沿革については、これまで裁判所沿革誌第一巻から第六巻までが刊行されている。本書は、これらに引き続き、平成十九年一月一日から平成二十八年十二月三十一日までの間の、裁判所に関係の深い法律及び政令、最高裁判所規則及び規程並びに要綱、裁判所関係の各種委員会及び審議会、会同、行事、人事異動、著名判決並びに著名事件等を収録した。

編さんに当たっては、最高裁判所事務総局の各局課等から資料の提供を受け、当局でこれまでの裁判所沿革誌の例に従ってまとめたものである。

平成三十年三月

最高裁判所事務総局総務局

裁判所沿革誌第七巻主要目次（平成十九年一月一日から平成二十八年十二月三十一日まで）

平成十九年

平成二十年

平成二十一年

平成二十二年

平成二十三年

平成二十四年

平成二十五年

平成二十六年

平成二十七年

平成二十八年

付録

裁判所沿革誌（平成十九年一月一日から平成二十八年十二月三十一日まで）

平成十九年
一月

四日
刑事に関する共助に関する日本国と大韓民国との間の条約公布（条約第一号）
一月二六日発効。
各締結国が他方の締結国の請求に基づき、捜査、訴追その他の刑事手続について共助を実施すること等を規定したもの。

五日
法制審議会刑事法（裁判員制度関係）部会（諮問第八一号関係第二回）
諮問第八一号について、前回の議論を踏まえて追加作成した資料について事務当局から説明等がなされ、引き続き、要綱（骨子）全体に関し、各事項を審議した。
札幌高等裁判所長官大内捷司　定年退官

十一日
法制審議会刑事法（犯罪被害者関係）部会（諮問第八〇号関係第七回）
諮問第八〇号について、前回までの議論の結果を踏まえて、各諮問事項について、具体的な論点を審議した。

裁判所職員総合研修所研修計画協議会
一月一一日、一二日の両日、裁判所職員総合研修所において開催。

平成一八年度新任簡易裁判所判事研修
平成一八年度に新たに簡易裁判所判事に任命された者（司法修習終了者を除く。）を対象に、民事・刑事裁判実務及び裁判官の在り方についての研究等、簡易裁判所判事としての研修を、一月一一日から二月二〇日まで司法研修所において実施。

十五日
平成一八年度判事補二年実務研究
平成一七年一〇月に司法修習を終えた判事補（第五八期）を対象に、民事事件及び刑事事件等についての研究を、一月一五日から一月一九日まで司法研修所において実施。

十六日
法制審議会電子債権法部会（諮問第七六号関係第一四回）
「電子登録債権法制の私法的側面に関する要綱案」が取りまとめられた。

大阪地方裁判所長大山隆司　高等裁判所長官に任命する　札幌高等裁判所長官に補する

十七日
法制審議会保険法部会（諮問第七八号第四回）
保険法の現代化に関する検討事項として、損害保険契約に固有の事項について引き続き審議した。

心神喪失者等医療観察法裁判官協議会
最高裁判所において開催。参加者は、東京、横浜、千葉、長野、新潟、名古屋、富山、佐賀、那覇、盛岡の地方裁判所の医療観察事件を担当する裁判官。

協議事項　退院又は入院継続等の処遇事件の処理を巡り手続的及び実体的に問題となる事項

十九日　横浜再審事件控訴審判決（東京高等裁判所）

控訴棄却。

（平成一五年四月一五日、平成一七年三月一〇日及び平成一八年二月九日の項参照）

二十二日　最高裁判所事務総局人事局長大谷直人　法制審議会臨時委員を免ずる

最高裁判所事務総局刑事局長小川正持　法制審議会臨時委員に任命する（刑事法（犯罪被害者関係）部会、刑事法（裁判員制度関係）部会）

法制審議会刑事法（裁判員制度関係）部会（諮問第八一号関係第三回）

諮問第八一号について、これまでの会議の議論を踏まえて提示された要綱（骨子）の修正案等について審議し、引き続き、採択を行い、同要綱（骨子）のとおり法整備をするのが相当である旨、法制審議会（総会）に報告することを決定した。

二十三日　平成一八年度行政実務研究会Ⅰ

地方裁判所で行政事件を担当する判事補を対象に、判例から見た行政事件の基本問題、租税訴訟及び住民訴訟をめぐる諸問題についての研究会を、一月二三日から一月二五日まで司法研修所において実施。

二十五日　最高裁判所事務総局刑事局長兼図書館長小川正持　最高裁判所刑事規則制定諮問委員会委員に任命す

る　同図書館委員会委員を命ずる　司法修習生考試委員会委員の委嘱を解く
佐賀地方裁判所長出田孝一、判事綿引万里子、同秋吉淳一郎、東京高等検察庁検事寺锦一峰、最高検察庁検事稲川龍也　司法修習生考試委員会委員の委嘱を解く
最高裁判所判事中川了滋　司法修習生考試委員会委員を委嘱する
判事高橋省吾　簡易裁判所判事選考委員会委員　司法修習生考試委員会委員を委嘱する
横浜地方裁判所長佐藤久夫　下級裁判所裁判官指名諮問委員会委員を免ずる
判事富越和厚　下級裁判所裁判官指名諮問委員会委員に任命する
川端伸也　下級裁判所裁判官指名諮問委員会地域委員会（札幌に置かれるもの）地域委員を免ずる
札幌地方検察庁検事正山本信一　下級裁判所裁判官指名諮問委員会地域委員会（札幌に置かれるもの）地域委員に任命する
平成一八年度行政実務研究会Ⅱ
　地方裁判所で行政事件を担当する判事を対象に、行政事件の動向と課題及び行政訴訟の審理・運営をめぐる諸問題等についての研究会を、一月二五日から一月二六日まで司法研修所において実施。

二十六日　法制審議会民事訴訟法部会（諮問第七九号関係第四回）
　「民事訴訟法の改正に関する要綱案」が取りまとめられた。

二十八日　最高裁判所事務総局人事局長大谷直人　司法修習生考試委員会委員を委嘱する

二十九日　最高裁判所判事藤田宙靖　簡易裁判所判事選考委員会委員　簡易裁判所判事選考委員会委員長を委嘱する

三十日　法制審議会刑事法（犯罪被害者関係）部会（諮問第八〇号関係第八回）
諮問第八〇号について、これまでの会議の議論を踏まえて提示された要綱（骨子）案等について、審議した。引き続き、採択を行い、同要綱（骨子）のとおり法整備をするのが相当である旨、法制審議会（総会）に報告することを決定した。

三十一日　裁判の迅速化に係る検証に関する検討会（第一八回）
前回までに引き続き、第二回検証結果の公表（平成一九年七月一三日）に向けた意見交換が行われた。
その後、平成一九年五月一一日までの間に合計二回開催され、同様に意見交換が行われた。

二月

二日　甲府地方裁判所長永井敏雄、さいたま地方検察庁検事正山本修三　最高裁判所刑事規則制定諮問委員会委員を免ずる
判事岡田雄一、最高検察庁公判部長鈴木和宏　最高裁判所刑事規則制定諮問委員会委員に任命する

五日　東京高等裁判所長官仁田陸郎　法制審議会委員に任命する
東京大学名誉教授松尾浩也　最高裁判所家庭規則制定諮問委員会委員に任命する
法制審議会被収容人員適正化方策に関する部会（諮問第七七号関係第四回）

諮問第七七号について、第三回会議において委員から質問があった事項について、事務当局から説明がなされ、引き続き、刑執行終了者に対する再犯防止・社会復帰支援策を審議した。

六　日

最高裁判所第三小法廷判決――原子爆弾被爆者に対する援護に関する法律等に基づき健康管理手当の支給認定を受けた被爆者が外国へ出国したことに伴いその支給を打ち切られたため未支給の健康管理手当の支払を求める訴訟において支給義務者が地方自治法二三六条所定の消滅時効を主張することが信義則に反し許されないとされた事例（平成一八年(行ヒ)第一三六号）

（要旨）原子爆弾被爆者に対する特別措置に関する法律又は原子爆弾被爆者に対する援護に関する法律に基づき健康管理手当の支給認定を受けた被爆者が外国へ出国したことに伴いその支給を打ち切られたため未支給の健康管理手当の支払を求める訴訟において、支給義務者が地方自治法二三六条所定の消滅時効を主張することは、①右被爆者がその申請に基づき右健康管理手当の受給権を具体的な権利として取得したこと、②法令上の根拠がないのに、被爆者が国外に居住地を移した場合に健康管理手当の受給権につき失権の取扱いとなるものと定めた違法な通達に基づき、右支給義務者が支給を打ち切ったこと、③右通達の定めは我が国を出国した被爆者に出国の時点から適用されるものであり、失権取扱い後の権利行使が通常困難となる者を対象としていること、④右被爆者については右失権の取扱いに対し訴訟を提起するなどして自己の権利を行使することが合理的に期待できたなどの事情が見当たらないことなど判示の事情の下では、信義則に反し許されない。

七　日

札幌高等裁判所長官大山隆司　下級裁判所裁判官指名諮問委員会地域委員会（大阪に置かれるもの）

地域委員を免ずる
大阪地方裁判所長佐々木茂美　下級裁判所裁判官指名諮問委員会地域委員会（大阪に置かれるもの）地域委員に任命する

法制審議会第一五二回総会

一　電子債権法部会長、諮問第七六号に関し、「電子登録債権法制の私法的側面に関する要綱案」について審議の経過及び結果に関する報告がなされ、審議・採択の結果、同要綱案は原案どおり採択され、答申することとされた。

二　戸籍法部会長から、諮問第七四号に関し、「戸籍法の見直しに関する要綱案」について審議の経過及び結果に関する報告がなされ、審議・採択の結果、同要綱案は原案どおり採択され、答申することとされた。

三　民事訴訟法部会長から、民事訴訟における付添い等の措置に関する諮問第七九号に関し、「民事訴訟法の改正に関する要綱案」について審議の経過及び結果に関する報告がなされ、審議・採択の結果、同要綱案は原案どおり採択され、答申することとされた。

四　刑事法（犯罪被害者関係）部会長から、諮問第八〇号に関し、「犯罪被害者等の権利利益の保護を図るための法整備に関する要綱（骨子）」について審議の経過及び結果に関する報告がなされ、審議・採択の結果、同要綱案は原案どおり採択され、答申することとされた。

五　刑事法（裁判員制度関係）部会長から、裁判員の参加する刑事裁判制度の円滑な運用等のための法整備に関する諮問第八一号に関し、要綱（骨子）について審議の経過及び結果に関する報告がなされ、審議・採択の結果、同要綱案は原案どおり採択され、答申することとされた。

六　自動車運転による過失致死傷事犯等に対処するための刑法の一部改正に関する諮問第八二号に関し、諮問に至った経緯及び諮問の趣旨等について説明がなされ、「刑事法（自動車運転過失致死傷事犯関係）部会」（新設）に付託して審議することとされた。

八日　東京高等裁判所長官仁田陸郎　定年退官

九日　判事安廣文夫　法制審議会臨時委員に任命する（刑事法（自動車運転過失致死傷事犯関係）部会）

法制審議会刑事法（自動車運転過失致死傷事犯関係）部会（諮問第八二号関係第一回）

諮問第八二号について、事務当局から諮問に至った経緯及び諮問の趣旨等について説明が行われ、引き続き要綱（骨子）の各事項について審議した。

名古屋高等裁判所長官竹崎博允　東京高等裁判所長官に補する

東京家庭裁判所長細川清　高等裁判所長官に任命する　名古屋高等裁判所長官に補する

元名古屋高等裁判所長官神垣英郎　逝去（七四歳）

正三位に叙される。

タイ王国最高裁判所長官最高裁判所訪問

タイ王国最高裁判所長官パンヤー・タノムロート氏及び同裁判所総括判事ワタナチャイ・チョートチュートラクン氏ほか六人は、最高裁判所長官島田仁郎及び最高裁判所判事那須弘平を表敬訪問した。

十四日 駐日スロベニア共和国特命全権大使最高裁判所訪問

駐日スロベニア共和国特命全権大使ミラン・チュプゴビッチ・スケンデル氏は、最高裁判所長官島田仁郎を表敬訪問した。

法制審議会保険法部会（諮問第七八号第五回）

保険法の現代化に関する検討事項として、損害保険契約に固有の事項及び生命保険契約に固有の事項について審議した。

平成一八年度家裁実務研究会（少年）

家庭裁判所で少年事件を担当する判事又は判事補を対象に、被害者配慮制度を中心に少年事件をめぐる諸問題等についての研究会を、二月一四日から二月一六日まで司法研修所において実施。

法制審議会刑事法（自動車運転過失致死傷事犯関係）部会（諮問第八二号関係第二回）

諮問第八二号について、交通事故被害者団体、自動車運転事業に係る事業者団体・労働組合など、関係一三団体からヒアリングを実施するとともに、同ヒアリングでの補足事項、要望、意見等がある団体からは、書面にて意見書等の提出を受けた。

十九日 平成一八年度司法修習生指導担当者協議会（第二回）

司法修習生の指導に関する諸問題について、各配属庁会のうち東京・横浜・千葉・水戸・宇都宮・前橋・甲府・長野・大阪・京都・奈良・大津・和歌山・津・岐阜・福井・金沢・富山・山口・

岡山・鳥取・福岡・長崎・大分・宮崎・福島・山形・盛岡・秋田・青森・札幌・函館・釧路・徳島・高知・松山の修習指導担当者と司法研修所教官が協議し連絡を図る協議会を、二月一九日及び二〇日司法研修所において開催。

二十一日　法制審議会刑事法（自動車運転過失致死傷事犯関係）部会（諮問第八二号関係第三回）

諮問第八二号について、第一回会議において要請のあった資料を追加配布し、同資料について、事務当局から説明等が行われ、引き続き第一回会議における議論、第二回会議（関係団体からのヒアリング）において聴取した要望・意見等を踏まえた上、要綱（骨子）全体に関し、各事項について個別に審議した。

二十二日　平成一八年度法律実務教育研究会（第二回）

法科大学院に派遣されている、又は派遣される予定の判事又は判事補を対象に、法律実務の教育等についての研究会を、二月二二日から二月二三日まで司法研修所において実施。

二十三日　志布志事件第一審判決（鹿児島地方裁判所）

本件は、鹿児島県議会議員選挙に際し、被告人らが、特定の候補者への投票及び投票とりまとめ等の選挙運動をすることの報酬として、現金を供与し、又は現金の供与を受けたとして、公職選挙法違反の罪により起訴されたものである。

被告人一二名無罪（確定）。

二十五日　司法研修所長相良朋紀　最高裁判所図書館委員会委員を命ずる

二十六日　法制審議会刑事法（自動車運転過失致死傷事犯関係）部会（諮問第八二号関係第四回）

諮問第八二号について、第三回会議において要請のあった資料を追加配布し、同資料について、事務当局から説明等が行われ、引き続き要綱（骨子）全体に関し、各事項について個別に審議した。

平成一八年度判事補三年実務研究

平成一六年一〇月に司法修習を終えた判事補（第五七期）を対象に、少年事件、民事執行事件及び保全事件等についての研究を、二月二六日から三月九日まで司法研修所において実施。

二十七日　溝淵勝　下級裁判所裁判官指名諮問委員会地域委員会（高松に置かれるもの）地域委員を免ずる

高松地方裁判所長佐藤武彦　下級裁判所裁判官指名諮問委員会地域委員会（高松に置かれるもの）地域委員に任命する

最高裁判所第三小法廷判決――市立小学校の校長が音楽専科の教諭に対し入学式における国歌斉唱の際に「君が代」のピアノ伴奏を行うよう命じた職務命令が憲法一九条に違反しないとされた事例（平成一六年(行ツ)第三二八号）

（要旨）市立小学校の校長が職務命令として音楽専科の教諭に対し入学式における国歌斉唱の際に「君が代」のピアノ伴奏を行うよう命じた場合において、①右職務命令は「君が代」が過去の我が国において果たした役割に係わる右教諭の歴史観ないし世界観自体を直ちに否定するものとは認められないこと、②入学式の国歌斉唱の際に「君が代」のピアノ伴奏をする行為は、音楽専科の教諭等にとって通常想定され期待されるものであり、当該教諭等が特定の思想を有するということを外部に表明する行為であると評価することは困難であって、右職務命令は右教諭に対し特定の思想を持つことを強制したりこれを禁止したりするものではないこと、③右教諭は地方公務員として法令等や上司の職務上の命令に従わなければならない立場にあり、右職務命令は、小学校教育の目標や入学式等の意義、在り方を定めた関係諸規定の趣旨にかなうものであるなど、その目的及び内容が不合理であるとはいえないことなど判示の事情の下では、右職務命令は、右教諭の思想及び良心の自由を侵すものとして憲法一九条に違反するということはできない。

二十八日　明日の裁判所を考える懇談会（第一六回）

裁判員制度について協議が行われた。

弁護士小野正典、同竹之内明　最高裁判所刑事規則制定諮問委員会委員に任命する

法制審議会刑事法（自動車運転過失致死傷事犯関係）部会（諮問第八二号関係第五回）

諮問第八二号について、これまでの会議において要請のあった資料を追加配布し、同資料について、事務当局から説明等が行われた。これまでの会議の議論を踏まえて提示された要綱（骨子）の修正案について審議がなされた。引き続き、採決が行われ、諮問第八二号については、要綱（骨子）のとおり法整備をするのが相当である旨法制審議会（総会）に報告することを決定した。

三　月

五　日　仁田陸郎　法制審議会委員を免ずる

東京高等裁判所長官竹崎博允　法制審議会委員に任命する

六日

法制審議会第一五三回総会

刑事法（自動車運転過失致死傷事犯関係）部会長から、諮問第八二号に関し、要綱（骨子）について審議の経過及び結果に関する報告がなされ、審議・採択の結果、同要綱案は原案どおり採択され、答申することとされた。

最高裁判所図書館委員会

最高裁判所図書館の運営について審議した。

次期駐日トルコ共和国特命全権大使最高裁判所訪問

次期駐日トルコ共和国特命全権大使セリム・セルメット・アタジャンル氏は、最高裁判所長官島田仁郎を表敬訪問した。

七日

判事阿部文洋、同植村立郎　法制審議会臨時委員を免ずる

法制審議会保険法部会（諮問第七八号第六回）

保険法の現代化に関する検討事項として、生命保険契約に固有の事項について引き続き審議した。

八日

最高裁判所第一小法廷判決——厚生年金保険の被保険者であった叔父と内縁関係にあった姪が厚生年金保険法に基づき遺族厚生年金の支給を受けることのできる配偶者に当たるとされた事例（平成一七年(行ヒ)第三五四号）

（要旨）厚生年金保険の被保険者であった叔父と姪との内縁関係が、叔父と先妻との子の養育を

主たる動機として形成され、当初から反倫理的、反社会的な側面を有していたものとはいい難く、親戚間では抵抗感なく承認され、地域社会等においても公然と受け容れられ、叔父の死亡まで約四二年間にわたり円満かつ安定的に継続したなど判示の事情の下では、近親者間における婚姻を禁止すべき公益的要請よりも遺族の生活の安定と福祉の向上に寄与するという厚生年金保険法の目的を優先させるべき特段の事情が認められ、右記姪は同法に基づき遺族厚生年金の支給を受けることのできる配偶者に当たる。

十二日　イングランド及びウェールズ首席判事最高裁判所訪問

イングランド及びウェールズ首席判事フィリップス卿は、最高裁判所の招へいにより最高裁判所長官島田仁郎を表敬訪問し、最高裁判所判事と懇談した。

十六日　ライブドア事件第一審判決（東京地方裁判所）

被告人　懲役二年六月。

弁護人控訴申立て。

（平成一八年二月一三日の項参照）

十九日　ブータン王国高等裁判所長官最高裁判所訪問

ブータン王国高等裁判所長官ソナム・トブゲ氏は、最高裁判所長官島田仁郎を表敬訪問した。

二十日　法制審議会間接保有証券準拠法部会（諮問第五七号関係第一七回）

実際に行われる国際的な証券決済の諸形態を前提に、投資家が関連口座管理機関より上位にある口座管理機関に対して権利行使をすることの可否及びその方法等について審議した。
最高裁判所講堂で、裁判員制度広報用映画「裁判員～選ばれ、そして見えてきたもの～」の披露試写会を開催
試写会には、村上弘明氏、山口果林氏、前田愛氏ら六名の出演者と梶間俊一監督が参加。

二十二日
元福岡高等裁判所長官香城敏麿　逝去（七一歳）
正三位に叙される。
最高裁判所第二小法廷決定——併合罪関係にある複数の罪のうちの一個の罪のみでは死刑又は無期刑が相当とされない場合にその罪について死刑又は無期刑を選択することの可否（平成一八年(あ)第二四五五号）
（要旨）併合罪関係にある複数の罪のうちの一個の罪のみでは死刑又は無期刑が相当とされない場合であっても、死刑又は無期刑を選択する結果科されないこととなる刑に係る罪を、これをも含めて処罰する趣旨で考慮し、右記一個の罪について死刑又は無期刑を選択することができる。

二十三日
法制審議会被収容人員適正化方策に関する部会（諮問第七七号関係第五回）
諮問第七七号について、参考となる諸外国における制度の例等について事務当局から説明がなされ、引き続き、中間処遇の在り方及び保釈の在り方について審議した。
最高裁判所第二小法廷決定——一　民法が実親子関係を認めていない者の間にその成立を認める内容の外国裁判所の裁判と民訴法一一八条三号にいう公の秩序　二　女性が自己以外の女性の卵子を用い

二十六日

た生殖補助医療により子を懐胎し出産した場合における出生した子の母（平成一八年㈸第四七号）

（要旨）

一　民法が実親子関係を認めていない者の間にその成立を認める内容の外国裁判所の裁判は、民訴法一一八条三号にいう公の秩序に反するものとして、我が国において効力を有しない。

二　女性が自己以外の女性の卵子を用いた生殖補助医療により子を懐胎し出産した場合においても、出生した子の母は、その子を懐胎、出産した女性であり、出生した子とその子を懐胎、出産していない女性との間には、その女性が卵子を提供していたとしても、母子関係の成立は認められない。

最高裁判所第二小法廷決定――一　患者の同一性確認について手術に関与する医療関係者が負う義務　二　患者を取り違えて手術をした医療事故において麻酔を担当した医師につき麻酔導入前に患者の同一性確認の十分な手立てを採らなかった点及び麻酔導入後患者の同一性に関する疑いが生じた際に確実な確認措置を採らなかった点で過失があるとされた事例（平成一五年㈠第一〇三三号）

（要旨）

一　患者の同一性確認について、病院全体の組織的なシステムの構築、医療を担当する医師や看護婦の間での役割分担の取決め、それらの周知徹底等を欠いている場合には、手術に関与する医師、看護婦等の関係者は、他の関係者が上記確認を行っていると信頼し、自らその確認をする必要がないと判断することは許されず、各人の職責や持ち場に応じ、重畳的に、それぞれが責任を持って患者の同一性を確認する義務がある。
二　患者を取り違えて手術をした医療事故において、麻酔を担当した医師には、①麻酔導入前に、患者への姓による呼び掛けなど患者の同一性確認として不十分な手立てしか採らず、患者の容ぼうその他の外見的特徴などをも併せて確認しなかった点において、また、②麻酔導入後に外見的特徴や検査の所見等から患者の同一性について疑いが生じた際に、他の関係者に対して疑問を提起し、一定程度の確認のための措置は採ったものの、確実な確認措置を採らなかった点において、過失があり、他の関係者が同医師の疑問を真しに受け止めなかったことなどの事情があるとしても、同医師において注意義務を尽くしたということはできない。

二十七日

最高裁判所図書館分課規程の一部を改正する規程制定（最高裁判所規程第一号）

四月一日から施行。

最高裁判所図書館の事務処理の適正化を図るため、最高裁判所図書館内の事務分掌を改めたもの。

最高裁判所第三小法廷判決――一　原告として確定されるべき者が訴訟提起当時その国名を「中華民国」としていたが昭和四七年九月二九日の日中共同声明に伴って「中華人民共和国」に国名が変更された国家としての中国であるとされた事例　二　訴訟当事者を代表していた者の代表権の消滅が公知の事実である場合における代表権の消滅の効力発生時期　三　外国国家を代表して外交使節が我が国で訴訟を提起した後に我が国政府が当該外国国家の政府として右記外交使節を派遣していた政府に代

えて新たな政府を承認したために右記外交使節の我が国における当該外国国家の代表権が消滅した場合における訴訟手続の中断（四略）（昭和六二年(オ)第六八五号）

（要旨）

一　(一)本件訴訟は昭和四二年九月六日に提起されたが、その訴状には、原告の表示として「中華民国」と、原告代表者の表示として「中華民国駐日本国特命全権大使」とそれぞれ記載されていたこと、(二)原告の訴訟代理人に訴訟代理権を授与したのは、中華民国駐日本国特命全権大使であったこと、(三)「中華民国」は、国家としての中国（中国国家）の国名として用いられてきたものであること、(四)我が国政府は、中国国家の政府として中華民国政府を承認し、昭和二七年四月二八日、同政府との間で、「日本国と中華民国との間の平和条約」を締結しており、訴訟提起当時、中国国家の我が国における代表権は、中華民国駐日本国特命全権大使が有していたこと、(五)中華民国政府は、訴訟提起当時、自らが中国国家の唯一の政府であると主張していたこと、(六)我が国政府が、昭和四七年九月二九日、「日本国政府と中華人民共和国政府の共同声明」（日中共同声明）において、中国国家の政府として、中華民国政府に代えて中華人民共和国政府を承認したことに伴って、中国国家の国名が「中華民国」から「中華人民共和国」に変更されたことなど判示の事実関係の下では、原告として確定されるべき者は、訴訟提起当時その国名を「中華民国」としていたが、日中共同声明に伴って「中華人民共和国」に国名が変更された中国国家というべきである。

二　訴訟当事者を代表していた者の代表権の消滅は、それが公知の事実である場合には、相手方に通知されなくても直ちにその効力を生ずる。

三　外国国家を代表して外交使節が我が国で訴訟を提起した後に、我が国政府が、当該外国国家の政府として、右記外交使節を派遣していた政府に代えて新たな政府を承認したため、右記外交使節の我が国における当該外国国家の代表権が消滅した場合には、右記外交使節から訴訟代理権の授与を受けた訴訟代理人がいるとしても、右記代表権の消滅の時点で、訴訟手続は中断する。

（四略）

二十八日

裁判官に対する期末手当、勤勉手当及び期末特別手当の支給に関する規則等の一部を改正する規則公布（最高裁判所規則第一号）

四月一日から施行。

裁判官特別勤務手当の手当額を改定するとともに、広域異動手当の新設により、裁判官に対する期末手当等の基礎額とするべく所要の措置を講じたもの。

裁判官以外の裁判所職員の俸給の特別調整額に関する規則の一部を改正する規則公布（最高裁判所規則第二号）

四月一日から施行。

俸給の特別調整額の定額化に伴い、所要の措置を講じたもの。

最高裁判所事務総局事務次長山崎敏充　最高裁判所刑事規則制定諮問委員会委員に任命する

二十九日

法制審議会保険法部会（諮問第七八号第七回）
保険法の現代化に関する検討事項として、生命保険契約に固有の事項及び傷害・疾病保険契約に固有の事項について審議した。

大法廷首席書記官等に関する規則及び裁判官及び裁判官の秘書官以外の裁判所職員の管理職員等の範囲に関する規則の一部を改正する規則公布（最高裁判所規則第三号）
四月一日から施行。
大規模簡易裁判所について、事務処理の適正化を図るため、その規模にふさわしい組織を設けることとし、最高裁判所の指定する簡易裁判所に次席書記官を置くこととしたもの。

「大法廷首席書記官等に関する規則の運用について」の一部改正について（最高裁総一第〇〇〇三二六号高等裁判所長官、地方・家庭裁判所長あて事務総長依命通達）
四月一日から実施。
大法廷首席書記官等に関する規則（昭和二十九年最高裁判所規則第九号）の一部を改正する規則の施行により、最高裁判所の指定する簡易裁判所に次席書記官を置くことができるようになったことに伴い、次席書記官の職務に関し必要な改正を行い、併せて、最高裁判所の指定する簡易裁判所に刑事の訟廷副管理官を置くことを追加して定めたもの。

民事の次席書記官及び刑事の次席書記官を置く高等裁判所等の指定並びに次席書記官の員数について（最高裁総一第〇〇〇三二七号高等裁判所長官、地方裁判所長、家庭裁判所長あて総務局長通知）

四月一日から実施。

東京簡易裁判所に置く民事の次席書記官及び刑事の次席書記官の員数が一人と定められたことを通知し、併せて他の指定庁について指定等の通知をし直したもの。

民事の訟廷副管理官及び刑事の訟廷副管理官を置く簡易裁判所の指定について（最高裁総一第〇〇三二八号高等裁判所長官、地方裁判所長、家庭裁判所長あて総務局長通知）

四月一日から実施。

民事の訟廷副管理官及び刑事の訟廷副管理官を置く簡易裁判所として東京簡易裁判所が指定されたもの。

三十日

名古屋地方・家庭裁判所岡崎支部、岡崎簡易裁判所合同庁舎改築

最高裁判所第二小法廷判決――離婚の訴えにおける別居後離婚までの間の子の監護費用の支払を求める旨の申立てと裁判所の審理判断の要否（平成一七年(受)第一七九三号）

（要旨）離婚の訴えにおいて、別居後単独で子の監護に当たっている当事者から他方の当事者に対し、別居後離婚までの期間における子の監護費用の支払を求める旨の申立てがあった場合には、裁判所は、離婚請求を認容する際に、人事訴訟法三二条一項所定の子の監護に関する処分を求める申立てとして、その当否について審理判断しなければならない。

三十一日

裁判所職員定員法の一部を改正する法律公布（法律第一七号）

四月一日から施行。

裁判所職員定員法中判事一、五九七人を一、六三七人に、判事補九一五人を九五〇人に改めたもの。

執行官法の一部を改正する法律公布（法律第一八号）

四月一日から施行。

国家公務員の退職後の年金制度に関する状況等を踏まえ、執行官の退職後の年金についての暫定措置を廃止し、退職後の年金等その他の給付についての措置を講じないこととするとともに、執行官法制定当時（昭和四一年）に設けられたその他の暫定措置のうち、必要性が失われたものを廃止するなど所要の改正を行ったもの。

執行官規則及び沖縄の復帰に伴う特別措置に関する規則の一部を改正する規則公布（最高裁判所規則第四号）

四月一日から施行。

執行官法の一部を改正する法律（法律第一八号）の施行により、執行官が一定の要件を満たす者に臨時にその職務を代行させることができるとの暫定措置（執行官法附則第一一条）が廃止されたことに伴い、必要な整備を行ったもの。

四月

一日

平成一九年度民間企業長期研修

キヤノン株式会社　四月一日から平成二〇年三月三一日まで　参加者一人。

日本通運株式会社　四月一日から平成二〇年三月三一日まで　参加者一人。
味の素株式会社　四月一日から平成二〇年三月三一日まで　参加者一人。
伊藤忠商事株式会社　四月一日から平成二〇年三月三一日まで　参加者一人。
株式会社三菱東京ＵＦＪ銀行　四月一日から平成二〇年三月三一日まで　参加者一人。
イオン株式会社　四月一日から平成二〇年三月三一日まで　参加者一人。
シャープ株式会社　四月一日から平成二〇年三月三一日まで　参加者一人。
日本ガイシ株式会社　四月一日から平成二〇年三月三一日まで　参加者一人。
九州旅客鉄道株式会社　四月一日から平成二〇年三月三一日まで　参加者一人。

平成一九年度日本銀行研修

四月一日から平成二〇年三月三一日まで　参加者一人。

三　日

最高裁判所第三小法廷判決——外国語会話教室の受講契約の解除に伴う受講料の清算について定める約定が特定商取引に関する法律四九条二項一号に定める額を超える額の金銭の支払を求めるものとして無効であるとされた事例（平成一七年(受)第一九三〇号）

（要旨）特定商取引に関する法律四一条一項一号所定の特定継続的役務提供契約に該当する外国語会話教室の受講契約中に、受講者が受講開始後に契約を解除した際の受講料の清算について定める約定が存する場合において、㈠受講者は、契約の締結に当たり、登録するポイント数が多くなるほど安くなるポイント単価を定める料金規定に従い受講料をあらかじめ支払ってポイントを登録し、登録したポイントを使用して一ポイントにつき一回の授業を受けるものとされているところ、右記料金規定においては、登録ポイント数に応じて一つのポイント単価が定められており、受講者が提供を受ける各個別役務について異なった対価額が定められているわけではないこと、㈡右記約定の内容は、使用したポイント数に、右記料金規定に定める各登録ポイント数のうち使用したポイント数以下でそれに最も近いものに対応するポイント単価を乗ずるなどして、受講料から控除される使用済ポイントの対価額を算定する旨を定めるもので、右記約定に従って算定される使用済ポイントの対価額は、契約の締結に当たって登録されたポイント数に対応するポイント単価によって算定される使用済ポイントの対価額よりも常に高額となることなど判示の事情の下では、前記約定は、同法四九条二項一号に定める額を超える額の金銭の支払を求めるものとして無効である。

六　日　最高裁判所事務総局民事局長小泉博嗣、同刑事局長小川正持、判事安廣文夫　法制審議会臨時委員を免ずる

八　日　知的財産高等裁判所判事田中孝一は、第一五回フォーダム大学ロースクール主催国際シンポジウム（アメリカ合衆国）に出席及び同国における司法事情研究のため出張（四月一五日帰国）

九　日　平成一九年度弁護士任官者実務研究会

弁護士から任官した高等裁判所又は地方裁判所の判事又は判事補を対象に、裁判所の組織・機構、裁判所職員制度の概要、裁判官の在り方、民事・刑事事件の裁判実務等についての研究会を、四月九日から四月一三日まで司法研修所において実施。

十日　法制審議会国際扶養条約部会（諮問第六七号関係第八回）
ハーグ国際私法会議（平成一九年五月八日から一六日まで開催）特別委員会で審議される「子及びその他の親族に対する扶養料の国際的な回収に関する条約草案」について審議した。

十一日　国際司法裁判所所長最高裁判所訪問
国際司法裁判所所長ロザリン・ヒギンズ氏は、同裁判所裁判官小和田恒氏と共に最高裁判所長官島田仁郎を表敬訪問し、最高裁判所判事横尾和子及び最高裁判所判事津野修と懇談した。

信託法及び信託法の施行に伴う関係法律の整備等に関する法律の施行に伴う関係規則の整備に関する規則公布（最高裁判所規則第五号）
九月三〇日から施行。
信託法（平成一八年法律第一〇八号）の制定により、非訟事件に関する規定が整備され、公益の確保のための信託の終了を命ずる裁判、裁判による登記等の嘱託に関する規定等が設けられ、また、信託法の施行に伴う関係法律の整備等に関する法律（平成一八年法律第一〇九号）の制定により、破産法（平成一六年法律第七五号）及び社債等の振替に関する法律（平成一三年法律第七五号）が改正されたことに伴い、最高裁判所規則（民事執行規則、破産規則及び会社非訟事件等手続規則）について必要な整備を行ったもの。

十二日　氷見事件再審開始決定（富山地方裁判所高岡支部）
本件の原事件は、強姦等の罪で懲役三年の判決が確定したものであるが、服役後、真犯人が出現したとして、検察官により再審請求がなされた（確定）。

十三日　松尾龍彦　司法修習生考試委員会委員の委嘱を解く

十六日　平成一九年度四月期採用（現行第六一期）司法修習生修習開始
　司法修習生五七一人。

十七日　弁護士木津川迪治　簡易裁判所判事選考委員会委員を委嘱する

十八日　法制審議会保険法部会（諮問第七八号第八回）
　保険法の見直しに関する中間試案の取りまとめに向けた議論として、損害保険契約の通則について審議した。

二十三日　森脇勝　下級裁判所裁判官指名諮問委員会地域委員会（名古屋に置かれるもの）地域委員を免ずる

名古屋地方裁判所長熊田士朗　下級裁判所裁判官指名諮問委員会地域委員会（名古屋に置かれるもの）地域委員に任命する

判事都築弘　下級裁判所裁判官指名諮問委員会地域委員会（札幌に置かれるもの）地域委員を免ずる

札幌地方裁判所長山崎学　下級裁判所裁判官指名諮問委員会地域委員会（札幌に置かれるもの）地域委員に任命する

二十四日　判事稗田雅洋　法制審議会臨時委員を免ずる

最高裁判所事務総局刑事局第一課長伊藤雅人　法制審議会臨時委員に任命する（被収容人員適正化方策に関する部会）

元最高裁判所長官藤林益三　逝去（九九歳）

従二位に叙される。

平成一九年度簡易裁判所判事実務研究

平成一五年度以前に簡易裁判所判事に任命された者（司法修習終了者を除く。）を対象に、民事・刑事裁判実務、訴訟運営及び判例についての研究を、四月二四日から四月二七日まで司法研修所において実施。

二十五日

日本国憲法施行六〇周年記念式

午後一時から憲政記念館において挙行され、最高裁判所長官島田仁郎が祝辞を述べ、最高裁判所事務総長大谷剛彦が参列した。

二十七日

弁護士藤原浩、同額田洋一、同三木祥史、同千葉肇　司法修習生考試委員会委員の委嘱を解く

司法研修所教官栗林信介、同宇多正行、同宮崎万壽夫、同豊岡拓也、同野々上尚、同白濱清貴、同三村晶子、同河合健司、同後藤眞理子、弁護士本間通義　司法修習生考試委員会委員を委嘱する

法制審議会被収容人員適正化方策に関する部会（諮問第七七号関係第六回）

諮問第七七号について、イギリスにおける社会奉仕を義務付ける制度等についての調査結果の報告後、報告内容の質疑・応答を行った。

熊本地方・簡易裁判所合同庁舎増築

最高裁判所第二小法廷判決――「日本国政府と中華人民共和国政府の共同声明」五項と日中戦争の遂

行中に生じた中華人民共和国の国民の日本国又はその国民若しくは法人に対する請求権の帰すう（平成一六年(受)第一六五八号）
（要旨）日中戦争の遂行中に生じた中華人民共和国の国民の日本国又はその国民若しくは法人に対する請求権は、「日本国政府と中華人民共和国政府の共同声明」五項によって、裁判上訴求する権能を失ったというべきである。

二十九日　平成一九年春の叙勲において、最高裁判所所管の分野では
旭日大綬章
元最高裁判所判事金谷利廣
同　福田博
ほか一一八人が叙勲された。
また、特別功労のある調停委員三七人及び補導受託者一人に対し、藍綬褒章が授与された。

五月

一日　憲法週間（七日まで）
五日　広島高等裁判所長官鳥越健治　定年退官
七日　判事仲家暢彦　下級裁判所裁判官指名諮問委員会地域委員会（広島に置かれるもの）地域委員を免ずる
広島地方裁判所長小西秀宣　下級裁判所裁判官指名諮問委員会地域委員会（広島に置かれるもの）地

域委員に任命する
高松高等裁判所長官田尾健二郎　広島高等裁判所長官に補する
東京高等裁判所判事江見弘武　高等裁判所長官に任命する　高松高等裁判所長官に補する
明日の裁判所を考える懇談会（第一七回）
裁判員制度について協議が行われた。
法制審議会保険法部会（諮問第七八号第九回）
保険法の見直しに関する中間試案の取りまとめに向けた議論として、損害保険契約の通則及び責任保険契約に固有の事項について審議した。
平成一九年度民間企業短期研修（東京商工会議所関係）
東京メトロポリタンテレビジョン株式会社及び凸版印刷株式会社　五月九日から五月二三日まで　参加者二人。
野村證券株式会社及びライオン株式会社　五月九日から五月二三日まで　参加者二人。
旭化成株式会社及び商工組合中央金庫　五月九日から五月二三日まで　参加者二人。
三井不動産株式会社及びＮＴＴコミュニケーションズ株式会社　五月九日から五月二三日まで　参加者二人。
株式会社メリーチョコレートカムパニー及び三菱商事株式会社　五月九日から五月二三日まで　参加者二人。

九日

十日　一億円ヤミ献金事件控訴審判決（東京高等裁判所）
原判決破棄　禁錮一〇月（執行猶予）。
被告人、弁護人上告申立て。
（平成一八年三月三〇日の項参照）

十一日　産業活力再生特別措置法等の一部を改正する法律公布（法律第三六号）
一部を除き、八月六日から施行。
経済の持続的な発展を図るために、その生産性の向上が重要であることに鑑み、特別の措置として、事業者が実施する事業再構築、共同事業再編、経営資源再活用、技術活用事業革新及び経営資源融合を円滑化するための措置を雇用の安定等に配慮しつつ講じるとともに、中小企業の活力の再生を支援するための措置及び事業再生を円滑化するための措置を講じ、併せて事業活動における知的財産権の活用を促進することにより、産業の活力の再生に寄与することを目的としたもの。

国際刑事裁判所に対する協力等に関する法律公布（法律第三七号）
一〇月一日から施行。
国際刑事裁判所に関するローマ規程が定める集団殺害犯罪、その他の国際社会全体の関心事であるもっとも重大な犯罪について、国際刑事裁判所の捜査、裁判及び刑の執行等についての必要な協力に関する手続を定めるとともに、国際刑事裁判所の運営を害する行為についての罰則を定めること等により、ローマ規程の的確な実施を確保することを目的とするもの。

十五日　平成一九年度部総括裁判官研究会
地方裁判所又は家庭裁判所の部総括判事を対象に、裁判及び司法行政の運営上考慮すべき事項についての研究会を、五月一五日から五月一八日まで司法研修所において実施。

十六日　国家公務員の育児休業等に関する法律の一部を改正する法律公布（法律第四二号）
八月一日から施行。
育児のための短時間勤務制度を導入したもの。

国家公務員の自己啓発等休業に関する法律公布（法律第四五号）
八月一日から施行。
職員の自発的な大学等における修学又は国際貢献活動を可能とするための休業制度を創設したもの。

十七日　最高裁判所判事上田豊三　最高裁判所判例委員会委員を免ずる
最高裁判所判事堀籠幸男　最高裁判所判例委員会委員を命ずる

二十二日　最高裁判所判事上田豊三　定年退官

二十三日　刑法の一部を改正する法律公布（法律第五四号）
六月一二日から施行。
自動車運転過失致死傷罪を新設し、「四輪以上の自動車」の運転に限られていた危険運転致死傷罪の対象を「自動車」に改めたもの。

最高裁判所刑事規則制定諮問委員会
最高裁判所において開催。
諮問事項　裁判員の参加する刑事裁判に関する規則の制定について
最高裁判所判事堀籠幸男、同甲斐中辰夫　司法修習生考試委員会委員を委嘱する
最高裁判所判事今井功　最高裁判所図書館委員会委員を命ずる　国立国会図書館連絡調整委員会委員に任命する
仙台高等裁判所長官近藤崇晴　最高裁判所判事に任命する
司法研修所長相良朋紀　高等裁判所長官に任命する　仙台高等裁判所長官に補する
福岡高等裁判所長官北山元章　願に依り本官を免ずる
知的財産高等裁判所長篠原勝美　高等裁判所長官に任命する　福岡高等裁判所長官に補する

二十五日　刑事訴訟規則及び少年審判規則の一部を改正する規則公布（最高裁判所規則第六号）
六月一日から施行。
刑事施設及び受刑者の処遇等に関する法律の一部を改正する法律（平成一八年法律第五八号）の施行に伴い、刑事訴訟規則及び少年審判規則中の規定を整備したもの。

二十八日　平成一九年度司法修習生指導担当者協議会
司法修習生の指導に関する諸問題について、各配属庁会の修習指導担当者と司法研修所教官が協議し連絡を図る協議会を、東京・横浜・さいたま・千葉・水戸・宇都宮・前橋・静岡・甲府・長

野・新潟・名古屋・岐阜・金沢・富山・仙台・福島・山形・盛岡・秋田・青森・札幌・函館・旭川・釧路の各配属庁会は五月二八日及び二九日、大阪・京都・神戸・奈良・大津・和歌山・津・福井・広島・山口・岡山・鳥取・松江・福岡・佐賀・長崎・大分・熊本・鹿児島・宮崎・那覇・高松・徳島・高知・松山の各配属庁会は五月三〇日及び三一日、いずれも司法研修所において開催。

二十九日　最高裁判所第三小法廷判決――飛行場において離着陸する航空機の発する騒音等により周辺住民らが被害を被っていることを理由とする損害賠償請求権は、将来の給付の訴えを提起することのできる請求権としての適格を有するか（平成一八年(受)第八八二号）

（要旨）飛行場等において離着陸する航空機の発する騒音等により周辺住民らが精神的又は身体的被害等を被っていることを理由とする損害賠償請求権のうち事実審の口頭弁論終結の日の翌日以降の分については、将来それが具体的に成立したとされる時点の事実関係に基づきその成立の有無及び内容を判断すべく、かつ、その成立要件の具備については請求者においてその立証の責任を負うべき性質のものであって、将来の給付の訴えを提起することのできる請求権としての適格を有しない。

三十日　裁判員の参加する刑事裁判に関する法律等の一部を改正する法律公布・施行（法律第六〇号）ただし、一部規定については平成二〇年七月一五日、平成二一年四月一日及び同年五月二一日から施行。

区分審理制度を創設し、証人尋問等の記録媒体への記録を可能とし、公判調書の整理期限を伸長した。検察審査員の資格に関し、市町村の選挙管理委員会が行っている欠格事由等に係る資格の有無の判断を検察審査会が行うこととするとともに、検察審査員等の欠格事由及び就職禁止事由の整理、その他検察審査員等の選定手続等に関し所要の規定を整理すること等を内容とするもの。

また、同法の附則で、裁判所職員定員法（昭和二六年法律第五三号）の一部が改正され、裁判官以外の裁判所職員について、検察審査会に勤務する職員の数を定める部分が削除された。

法制審議会保険法部会（諮問第七八号第一〇回）

保険法の見直しに関する中間試案の取りまとめに向けた議論として、生命保険契約に関する事項について審議した。

三十一日　山口地方裁判所長下田文男　簡易裁判所判事選考委員会委員の委嘱を解く

判事瀧澤泉　簡易裁判所判事選考委員会委員を委嘱する

六月

一日　少年法等の一部を改正する法律公布（法律第六八号）

一一月一日から施行。

警察官等による触法少年に係る事件の調査手続、十四歳未満の少年の少年院送致、保護観察に付された者が遵守すべき事項を遵守しなかった場合の措置等に関する規定及び裁判所の判断により国選付添人を付する制度を新設するための所要の規定を整備したもの。

同法律により少年院法、犯罪者予防更生法、総合法律支援法、児童福祉法が併せて改正された。

児童虐待の防止等に関する法律及び児童福祉法の一部を改正する法律公布（法律第七三号）

平成二〇年四月一日から施行。

適切かつ確実な児童虐待の防止等を図るため、児童の親権を行う者の親権を行うに当たっての責務を明らかにするとともに、児童虐待を受けたと思われる児童についての児童相談所長等による安全の確認を行うための措置の実施の義務化、児童虐待が行われている疑いがある場合における臨検等の制度の創設、児童虐待を行った保護者による児童の身辺へのつきまとい等を禁止する制度の創設、正当な理由なく立入調査を拒否した者に対する罰金の額の引上げその他必要な措置を講じたもの。

三日

最高裁判所長官島田仁郎は、随員として最高裁判所事務総局秘書課長植村稔、同秘書課付衣斐瑞穂、同課課長補佐千村隆を伴い、アジア太平洋最高裁判所長官会議（中華人民共和国香港特別行政区）に出席等のため出張（六月六日帰国）

五日

平成一九年度判事任官者実務研究

平成九年四月に司法修習を終えた判事（第四九期）を対象に、民事・刑事事件の訴訟運営及び司法行政上の諸問題等についての研究を、六月五日から六月八日まで司法研修所において実施。

八日

判事吉戒修一、弁護士大橋正春、独立行政法人労働政策研究・研修機構特任研究員今田幸子、株式会社日本総合研究所理事・調査部主席研究員翁百合、早稲田大学大学院教授鎌田薫、京都大学大学院教授酒巻匡、東京医科歯科大学大学院教授高瀬浩造、東京大学大学院教授高橋宏志　司法修習委員会委

員に任命する

十一日　平成一九年度報道機関研修

株式会社読売新聞社　六月一一日から六月二二日まで　参加者二人。

株式会社産業経済新聞社　六月一一日から六月二二日まで　参加者二人。

十三日　法制審議会保険法部会（諮問第七八号第一一回）

保険法の見直しに関する中間試案の取りまとめに向けた議論として、生命保険契約に関する事項について引き続き審議した。

平成一九年度司法研究（刑事一及び二）開始

司法研修所において打合せ会を実施。刑事一につき研究員五人。刑事二につき研究員四人。

最高裁判所大法廷判決――一　衆議院議員選挙区画定審議会設置法三条のいわゆる一人別枠方式を含む衆議院小選挙区選出議員の選挙区割りの基準を定める規定及び公職選挙法一三条一項、別表第一の右区割りを定める規定の合憲性　二　衆議院小選挙区選出議員の選挙において候補者届出政党に選挙運動を認める公職選挙法の規定の合憲性（平成一八年(行ツ)第一七六号）

（要旨）

一　衆議院議員選挙区画定審議会設置法三条のいわゆる一人別枠方式を含む衆議院小選挙区選出議員の選挙区割りの基準を定める規定は、憲法一四条一項に違反するものとはいえず、平成一四年法律第九五号による公職選挙法の改正により右基準に従って改定された同法一三条一項、別表第一の右区割りを定める規定は、その改定当時においても、平成一七年九月一一日施行の衆議院議員選挙当時においても、憲法一四条一項に違反していたものということはできない。

二　衆議院小選挙区選出議員の選挙において候補者届出政党に政見放送その他の選挙運動を認める公職選挙法の規定は、候補者届出政党に所属する候補者とこれに所属しない候補者との間に選挙運動の上で差異を生ずるものであるが、その差異が合理性を有するとは考えられない程度に達しているとまで断ずることはできず、憲法一四条一項に違反するとはいえない。

十五日　更生保護法公布（法律第八八号）

平成二〇年六月一日から施行。ただし、一部規定については平成一九年一二月一日から施行。

更生保護の機能を充実強化するため、犯罪者予防更生法及び執行猶予者保護観察法を整理・統合して新たな法律とした上、保護観察における遵守事項を整理して充実させるとともに、保護観察の実施状況に応じて特別遵守事項の変更ができるようにすることなどを内容とするもの。

仙台高等裁判所長官相良朋紀　最高裁判所図書館委員会委員を免ずる　司法修習生考試委員会委員の委嘱を解く

司法研修所長大野市太郎　最高裁判所図書館委員会委員を命ずる　司法修習生考試委員会委員を委嘱する

高松高等裁判所長官江見弘武　司法修習生考試委員会委員の委嘱を解く

判事石川善則　司法修習生考試委員会委員を委嘱する

二十日　道路交通法の一部を改正する法律公布（法律第九〇号）
九月一九日から施行。ただし、一部の規定については平成二〇年六月一日及び平成二一年六月一日から施行。
飲酒運転を行った者等に対する罰則強化、七五歳以上の運転者に対する認知機能検査制度の導入、後部座席ベルトの装着の義務付けを行うことなどを内容とするもの。
京都大学大学院教授酒巻匡、桐蔭横浜大学教授小川浩三　最高裁判所図書館委員会委員を委嘱する
高等裁判所長官、地方裁判所長及び家庭裁判所長会同
六月二〇日、二一日の両日、最高裁判所において開催。
協議事項
一　当面の司法行政上の諸問題について
二　その他

二十二日　法制審議会被収容人員適正化方策に関する部会（諮問第七七号関係第七回）
諮問第七七号について、ドイツにおける公益給付を義務付ける制度等についての調査結果の報告後、報告内容の質疑・応答を行った。

二十三日　知的財産高等裁判所判事三村量一は、ドイツ連邦特許裁判所主催知財シンポジウム（ドイツ連邦共和国）に出席及び同国における司法事情研究のため出張（六月二九日帰国）

二十五日　弁護士菊池信男、同橋元四郎平、国立国際医療センター名誉総長鴨下重彦、帝京平成短期大学副学長

川名尚、社団法人日本医師会常任理事木下勝之、公立学校共済組合関東中央病院名誉院長杉本恒明、財団法人癌研究会癌研有明病院長武藤徹一郎、東京大学名誉教授森亘、国立循環器病センター名誉総長山口武典　医事関係訴訟委員会委員に任命する

二十七日

犯罪被害者等の権利利益の保護を図るための刑事訴訟法等の一部を改正する法律公布（法律第九五号）

平成二〇年一二月一日から施行。ただし、一部の規定については平成一九年七月一七日、同年一二月二六日及び平成二〇年四月一日から施行。

犯罪被害者等の権利利益の一層の保護を図るため、犯罪被害者等が刑事裁判に参加する制度、犯罪被害者等による損害賠償請求について刑事手続の成果を利用する制度、民事訴訟においても証人尋問等の際に付添い、遮へい及びビデオリンクの各措置をとることができることとすること及び刑事手続において犯罪被害者等の氏名等の情報を保護するための制度を創設するとともに、刑事訴訟における訴訟記録の閲覧及び謄写の範囲を拡大することなどを内容とするもの。

電子記録債権法公布（法律第一〇二号）

平成二〇年一二月一日から施行。

金銭債権について、その取引の安全を確保することによって事業者の資金調達の円滑化を図る観点から、電子債権記録機関が調製する記録原簿への電子記録をその発生、譲渡等を要件とする電子記録債権について定めるとともに、電子記録債権に係る電子記録を行う電子債権記録機関の業務、

監督等について必要な事項を定めることにより、電子記録債権制度を創設したもの。

弁護士尾崎行信、同可部恒雄、同鈴木誠、同畑郁夫、京都大学大学院教授上谷宏二、東京大学名誉教授内田祥哉、財団法人日本建築防災協会理事長岡田恒男、東京工業大学名誉教授仙田満、日本大学名誉教授平山善吉、明海大学名誉教授松本光平、東京大学名誉教授安岡正人　建築関係訴訟委員会委員に任命する

法制審議会保険法部会（諮問第七八号第一二回）

保険法の見直しに関する中間試案の取りまとめに向けた議論として、生命保険契約に関する事項、傷害・疾病保険契約に関する事項及び保険法の適用範囲について審議した。

平成一九年度支部長研究会

地方裁判所又は家庭裁判所の支部長を対象に、裁判及び司法行政の運営上考慮すべき事項についての研究会を、六月二七日から六月二九日まで司法研修所において実施。

三十日

弁護士岡部喜代子　最高裁判所家庭規則制定諮問委員会委員に任命する

七月

三日

平成一九年度特別研究会（第一回・情報社会と法）

高等裁判所、地方裁判所又は家庭裁判所の判事を対象に、情報社会と法をめぐる諸問題についての研究会を、七月三日から七月五日まで司法研修所において実施。

五日

裁判員の参加する刑事裁判に関する規則公布（最高裁判所規則第七号）

平成二一年五月二一日から施行。ただし、第二条、第十一条から第十三条まで、第十五条及び第四十七条の規定は、平成二〇年七月一五日から施行。

裁判員の参加する刑事裁判に関する法律（平成一六年法律第六三号）の施行に伴い、同法による裁判員の選任等について定めたもの。

六日　国家公務員法等の一部を改正する法律公布（法律第一〇八号）

平成二〇年一二月三一日から施行。ただし、一部については平成一九年一二月二七日又は平成二一年四月一日から施行。

能力及び実績に基づく人事管理の徹底を図るとともに、離職後の就職に関する規制の導入等により退職管理の適正化を図る等のため、関連諸規定の新設、改廃を行ったもの。

十日　平成一八年度司法研究（刑事）報告会

司法研修所において開催。研究報告者五人。

平成一九年度特別研究会（第二回・裁判員制度実務研究）

高等裁判所又は地方裁判所で刑事事件を担当する判事又は判事補を対象に、裁判員制度導入を見据えた刑事法上及び刑事手続上の諸問題等についての研究会を、七月一〇日から七月一三日まで司法研修所において実施。

十一日　配偶者からの暴力の防止及び被害者の保護に関する法律の一部を改正する法律公布（法律第一一三号）

平成二〇年一月一一日から施行。

配偶者からの暴力の防止及び被害者の保護のための施策を推進するため、生命等に対する脅迫を受けた被害者についても保護命令を発令し得ることとされたこと、電話等を禁止する保護命令及び被害者の親族等への接近禁止命令が新たに認められたこと並びに配偶者暴力相談支援センターの長に対し、裁判所が保護命令の発令等に関する通知をすべき場合等を定めたもの。

十三日　裁判の迅速化に関する法律（平成一五年法律第一〇七号）に基づき、第二回検証結果を公表

民事及び刑事の第一審及び控訴審訴訟事件について、事件票のデータに基づき、審理期間の状況等に関する分析、検討をしたほか、主として、事件の性質・内容に内在する要因の観点から、民事及び刑事の各第一審訴訟事件の審理期間に影響を及ぼす要因及びその背景事情に関する仮説を整理、検討した。

十六日　新潟県中越沖地震発生

十七日　法制審議会間接保有証券準拠法部会（諮問第五七号関係第一八回）

実際に行われる国際的な証券決済の諸形態のうち、保護預かり顧客の担保差入れ及び海外投資家の日本物取引を取り上げて、法の適用に関する通則法を適用した場合の準拠法及び我が国が「口座管理機関によって保有される証券についての権利の準拠法に関する条約」を批准し、同条約に基づき日本法が準拠法となる場合の考え方について審議した。

十八日　知的財産高等裁判所判事柴田義明は、ワシントン大学知的財産権研究所（ＣＡＳＲＩＰ）主催の特許

十九日

関係国際会議（アメリカ合衆国）へ出席等のため出張（七月二四日帰国）

国際刑事裁判所に対する協力の手続に関する規則公布（最高裁判所規則第八号）

一〇月一日から施行。

国際刑事裁判所に対する協力等に関する法律（平成一九年法律第三七号）の施行に伴い、同法による国際刑事裁判所に対する協力の手続について定めたもの。

駐日ニカラグア共和国特命全権大使最高裁判所訪問

駐日ニカラグア共和国特命全権大使ハリー・ボダン・シールズ氏は、最高裁判所長官島田仁郎を表敬訪問した。

村上ファンド事件第一審判決（東京地方裁判所）

被告人　懲役二年、罰金三〇〇万円、追徴金一一億四九〇〇万六三二六円。

弁護人控訴申立て。

（平成一八年六月二三日の項参照）

二十日

国際刑事裁判所に関するローマ規程公布（条約第六号）

一〇月一日我が国において発効。

国際社会全体の関心事である最も重大な犯罪の訴追・処罰のための常設の国際刑事裁判所（ＩＣＣ）の設置、逮捕、引渡し及び証拠の提出をはじめとするＩＣＣに対する締結国の様々な協力義務等について規定したもの。

民事の次席書記官及び刑事の次席書記官を置く高等裁判所等の指定並びに次席書記官の員数について（最高裁総一第〇〇〇八五八号高等裁判所長官、地方裁判所長、家庭裁判所長あて総務局長通知）

八月一日から実施。

東京地方裁判所に置く民事の次席書記官の員数が六人と定められたこと及び大阪地方裁判所に置く刑事の次席書記官が三人と定められたことを通知し、併せて他の指定庁について指定等の通知をし直したもの。

二十二日

法制審議会被収容人員適正化方策に関する部会（諮問第七七号関係第八回）

諮問第七七号について、フランスにおける社会奉仕を義務付ける制度等についての調査結果の報告後、報告内容の質疑・応答を行った。

前橋地方裁判所高崎支部長高野芳久及び裁判所職員総合研修所事務局企画研修第二課研究企画官須藤明は、全米少年・家庭裁判所裁判官協議会主催の第七〇回年次会議（アメリカ合衆国）への出席等のため出張（八月二日帰国）

二十四日

日本大学教授秋山宏　建築関係訴訟委員会委員に任命する

法制審議会国際扶養条約部会（諮問第六七号関係第九回）

五月八日から同月一六日まで開催されたハーグ国際私法会議・第五回特別委員会の審議の概要並びに同委員会で審議された「子及びその他の親族に対する扶養料の国際的な回収に関する条約草案」及び「扶養義務の準拠法に関する議定書草案」の内容について、同委員会への出席者から報告を受けるとともに、同条約草案及び同議定書草案の内容について審議した。

裁判の迅速化に係る検証に関する検討会（第二一回）

七月一三日に公表された第二回検証結果等についての意見交換が行われた。

その後、平成二一年五月二九日までの間に合計九回開催され、第三回検証結果の公表（平成二一年七月一〇日）に向けた意見交換が行われた。

二十五日

佐藤信昭　下級裁判所裁判官指名諮問委員会地域委員会（大阪に置かれるもの）地域委員を免ずる

大阪地方検察庁検事正三浦正晴　下級裁判所裁判官指名諮問委員会地域委員会（大阪に置かれるもの）地域委員に任命する

横浜地方検察庁検事正渡邉一弘　下級裁判所裁判官指名諮問委員会地域委員会（名古屋に置かれるもの）地域委員を免ずる

名古屋地方検察庁検事正麻生光洋　下級裁判所裁判官指名諮問委員会地域委員会（福岡に置かれるもの）地域委員を免ずる　同地域委員会（名古屋に置かれるもの）地域委員に任命する

坂井靖　下級裁判所裁判官指名諮問委員会地域委員会（広島に置かれるもの）地域委員を免ずる

広島地方検察庁検事正本田守弘　下級裁判所裁判官指名諮問委員会地域委員会（広島に置かれるもの）地域委員に任命する

福岡地方検察庁検事正南部義廣　下級裁判所裁判官指名諮問委員会地域委員会（福岡に置かれるもの）地域委員に任命する

川野辺充子　下級裁判所裁判官指名諮問委員会地域委員会（高松に置かれるもの）地域委員を免ずる
高松地方検察庁検事正松浦由記夫　下級裁判所裁判官指名諮問委員会地域委員会（高松に置かれるもの）地域委員に任命する
法制審議会保険法部会（諮問第七八号第一三回）
「保険法の見直しに関する中間試案（担当者素案）」について審議した。

二十九日　参議院議員通常選挙施行

三　十　日　京都大学大学院教授櫻田嘉章　最高裁判所図書館委員会委員を委嘱する

三十一日　東京簡易裁判所墨田庁舎改築
広島高等裁判所岡山支部、岡山地方・家庭・簡易裁判所合同庁舎改築
大津地方・家庭・簡易裁判所合同庁舎増築

八　月

一　日　裁判所書記官等の俸給の調整に関する規則の一部を改正する規則公布・施行（最高裁判所規則第九号）
育児短時間勤務職員等につき、俸給の調整額の算定方法の規定を設けたもの。
裁判所職員の留学費用の償還に関する規則の一部を改正する規則公布・施行（最高裁判所規則第十号）
自己啓発等休業制度の創設に伴い、国家公務員の留学費用の償還に関する法律が改正され、職員

としての在職期間に裁判所に在職している間における自己啓発等休業の期間は含まれないこととされたことから、行政府省等に出向している間における自己啓発等休業の期間についても職員としての在職期間に含まないものとしたもの。

七日

最高裁判所第二小法廷決定――一　株主平等の原則の趣旨は株主に対して新株予約権の無償割当てをする場合に及ぶか　二　株主に対する差別的取扱いが株主平等の原則の趣旨に反しない場合　三　特定の株主による経営支配権の取得に伴い、株式会社の企業価値がき損され、株主の共同の利益が害されることになるか否かについての審理判断の方法（四略）（五略）（平成一九年(許)第三〇号）

（要旨）

一　会社法一〇九条一項に定める株主平等の原則の趣旨は、株主に対して新株予約権の無償割当てをする場合にも及ぶ。

二　特定の株主による経営支配権の取得に伴い、株式会社の企業価値がき損され、株主の共同の利益が害されることになるような場合に、その防止のために右記特定の株主を差別的に取り扱うことは、衡平の理念に反し、相当性を欠くものでない限り、会社法一〇九条一項に定める株主平等の原則の趣旨に反しない。

三　特定の株主による経営支配権の取得に伴い、株式会社の企業価値がき損され、株主の共同の利益が害されることになるか否かについては、株主総会における株主自身の判断の正当性を失わせるような重大な瑕疵が存在しない限り、当該判断が尊重されるべきである。

（四略）（五略）

八日　法制審議会保険法部会（諮問第七八号第一四回）

保険法の見直しに関するこれまでの審議を踏まえて、「保険法の見直しに関する中間試案」の取りまとめを行った。また、この中間試案を一部修正の上事務局作成の補足説明とともに公表してパブリック・コメントを付すことが了承された。

十六日　駿河台大学総長竹下守夫　最高裁判所家庭規則制定諮問委員会委員に任命する

十七日　法務事務次官小津博司　最高裁判所刑事規則制定諮問委員会委員を免ずる　司法修習生考試委員会委員の委嘱を解く

法務省民事局長倉吉敬、弁護士秋山幹男、東京大学大学院教授高橋宏志　最高裁判所民事規則制定諮問委員会委員に任命する

法務省刑事局長大野恒太郎　最高裁判所刑事規則制定諮問委員会委員に任命する　司法修習委員会委員を免ずる

最高検察庁総務部長太田茂　司法修習委員会委員に任命する　司法修習生考試委員会委員を委嘱する

高松高等検察庁検事長有田知徳　下級裁判所裁判官指名諮問委員会委員を免ずる

最高検察庁公判部長川崎和彦　最高裁判所刑事規則制定諮問委員会委員　下級裁判所裁判官指名諮問委員会委員に任命する

福岡高等検察庁検事長栃木庄太郎　下級裁判所裁判官指名諮問委員会地域委員会（東京に置かれるも

の）地域委員を免ずる

二十日　東京地方検察庁検事正伊藤鉄男　下級裁判所裁判官指名諮問委員会地域委員会（東京に置かれるもの）地域委員に任命する

徳島地方検察庁検事正田内正宏　簡易裁判所判事選考委員会委員の委嘱を解く

最高検察庁検事新倉明　簡易裁判所判事選考委員会委員を委嘱する

広島大学大学院教授田邊誠　下級裁判所裁判官指名諮問委員会地域委員会（広島に置かれるもの）地域委員に任命する

二十二日　元東京高等裁判所長官大塚正夫　逝去（九一歳）

正三位に叙される。

二十四日　判事寺田逸郎　最高裁判所民事規則制定諮問委員会委員を免ずる

二十七日　安倍内閣改造

法務大臣　鳩山邦夫就任

二十九日　法制審議会保険法部会（諮問第七八号第一五回）

保険法の見直しについて、関係団体等のヒアリングを行った。

九月

三日　平成一九年度簡易裁判所判事三年実務研究

平成一七年度に簡易裁判所判事に任命された者（司法修習終了者を除く。）を対象に、民事・刑事裁判実務及び裁判官の在り方等についての研究を、九月三日から九月六日まで司法研修所において実施。

四日　平成一八年度四月期採用（現行第六〇期）司法修習生修習終了

修習終了者一三九七人。

判事補任官五二人、検事任官七一人、弁護士登録一二〇四人、その他七〇人。

十日　平成一九年度新任簡易裁判所判事導入研修

平成一九年度に新たに簡易裁判所判事に任命された者（司法修習終了者を除く。）を対象に、民事・刑事裁判実務及び裁判官の在り方についての研修を、九月一〇日から九月一四日まで司法研修所において実施。

十二日　少年調査記録規程の一部を改正する規程制定（最高裁判所規程第三号）

一一月一日から施行。

少年法等の一部を改正する法律（平成一九年法律第六八号）の施行に伴い、少年調査記録の作成方法等につき所要の規定を整備したもの。

十三日　最高裁判所判事泉徳治　最高裁判所民事規則制定諮問委員会委員に任命する

十八日　法制審議会間接保有証券準拠法部会（諮問第五七号関係第一九回）

実際に行われる国際的な証券決済の諸形態のうち、主に海外市場におけるＤＲ（預託証券）取引について検討するとともに、「口座管理機関によって保有される証券についての権利の準拠法に関する条約」第四条の解釈上・実務上の問題点について審議した。

十九日　法制審議会保険法部会（諮問第七八号第一六回）

保険法の見直しに関する個別論点のうち、危険の増加、危険に関する告知及び被保険者の意思による契約関係からの離脱について審議した。

二十一日　東京地方裁判所判事倉澤守春及び千葉地方裁判所判事長谷川誠は、国際裁判官協会会議（ノルウェー王国）への出席等のため出張（一〇月四日帰国）

平成一九年度新任判事補研修（第一回）

平成一九年九月に司法修習を終え、判事補に任命された者（現行第六〇期）を対象に、裁判実務に関連する基礎的事項及び裁判官の在り方についての研修を、九月二一日から九月二七日まで司法研修所において実施。

二十五日　平成一九年度報道機関研修

株式会社朝日新聞社　九月二五日から一〇月一二日まで　参加者二人。

株式会社毎日新聞社　九月二五日から一〇月一二日まで　参加者二人。

株式会社日本経済新聞社　九月二五日から一〇月一二日まで　参加者二人。

社団法人共同通信社　九月二五日から一〇月一二日まで　参加者二人。

平成一九年度知的財産権専門研修（長期）

東京理科大学専門職大学院　九月二五日から平成二〇年二月二九日まで　参加者一人。

二十六日　安倍内閣総辞職

福田内閣成立

法務大臣　鳩山邦夫就任

二十七日　少年審判規則及び総合法律支援法による国選弁護人契約弁護士に係る費用の額の算定等に関する規則の一部を改正する規則公布（最高裁判所規則第一一号）

一一月一日から施行。

少年法等の一部を改正する法律（平成一九年法律第六八号）の施行に伴い、国選付添人の選任方法その他の所要の事項が定められるとともに、関係規定を整備したもの。

法制審議会被収容人員適正化方策に関する部会（諮問第七七号関係第九回）

諮問第七七号について、アメリカ合衆国における社会奉仕を義務付ける制度等についての調査結果の報告後、報告内容の質疑・応答を行った。

二十八日　最高裁判所第二小法廷判決――一　国民年金法（平成元年法律第八六号による改正前のもの）が、同法所定の学生等につき国民年金の強制加入被保険者とせず、任意加入のみを認め、強制加入被保険者との間で加入及び保険料免除規定の適用に関し区別したこと、及び立法府が右改正前に右学生等を強制加入被保険者とするなどの措置を講じなかったことと憲法二五条、一四条一項　二　立法府が、平成元年法律第八六号による国民年金法の改正前において、初診日に同改正前の同法所定の学生等であった障害者に対し、無拠出制の年金を支給する旨の規定を設けるなどの措置を講じなかったことと

憲法二五条、一四条一項（平成一七年(行ツ)第二四六号）

（要旨）

一　①国民年金法（平成元年法律第八六号による改正前のもの）が、同法七条一項一号イ（昭和六〇年法律第三四号による改正前の国民年金法七条二項八号）所定の学生等につき、国民年金の強制加入による被保険者とせず、任意加入のみを認めることとし、これに伴い右学生等を強制加入による被保険者との間で加入及び保険料納付義務の免除規定の適用に関して区別したこと、及び②立法府が、平成元年法律第八六号による国民年金法の改正前において、右学生等につき強制加入による被保険者とするなどの措置を講じなかったことは、憲法二五条、一四条一項に違反しない。

二　立法府が、平成元年法律第八六号による国民年金法の改正前において、初診日に同改正前の同法七条一項一号イ（昭和六〇年法律第三四号による改正前の国民年金法七条二項八号）所定の学生等であった障害者に対し、無拠出制の年金を支給する旨の規定を設けるなどの措置を講じなかったことは、憲法二五条、一四条一項に違反しない。

二十九日　最高裁判所事務総局情報政策課長藤井敏明及び同課専門官坂本正則は、裁判所テクノロジー会議（アメリカ合衆国）への出席等のため出張（一〇月六日帰国）

十月

一日　民事訴訟法第百三十二条の十第一項に規定する電子情報処理組織を用いて取り扱う督促手続に関する

規則の一部を改正する規則公布（最高裁判所規則第一二号）
一一月一日から施行。
電子情報処理組織を用いて取り扱う督促手続に関し、指定簡易裁判所が取り扱うことのできる地理的範囲を東京地方裁判所の管轄区域内を除く東京高等裁判所の管轄区域内に所在する簡易裁判所にまで拡大したもの。

二日　上智大学教授滝澤正　最高裁判所図書館委員会委員を委嘱する
「法の日」週間（七日まで）
平成一九年度行政実務研究会Ⅰ
地方裁判所で行政事件を担当する判事補を対象に、判例から見た行政事件の基本問題、租税訴訟及び住民訴訟をめぐる諸問題等についての研究会を、一〇月二日から一〇月四日まで司法研修所において実施。

四日　平成一九年度行政実務研究会Ⅱ
地方裁判所で行政事件を担当する判事を対象に、行政事件の現状と課題及び行政訴訟の審理・運営をめぐる諸問題等についての研究会を、一〇月四日から一〇月五日まで司法研修所において実施。

十日　法制審議会保険法部会（諮問第七八号第一七回）
保険法の見直しに関する個別論点のうち、危険に関する告知、他の保険契約に関する事項、保険金からの優先的な被害の回復及び一部保険について審議した。

最高裁判所判事那須弘平は、随員として千葉地方裁判所判事阪本勝を伴い、第三三回国際法曹協会（ＩＢＡ）会議（シンガポール共和国）への出席並びに同国及びタイ王国における司法事情視察のため出張（一〇月一八日帰国）

氷見事件再審第一審判決（富山地方裁判所高岡支部）

被告人　無罪（確定）。

（平成一九年四月一二日の項参照）

法制審議会国際扶養条約部会（諮問第六七号関係第一〇回）

ハーグ国際私法会議（一一月五日から二三日まで開催）外交会議で審議される「子及びその他の親族に対する扶養料の国際的な回収に関する条約草案」及び「扶養義務の準拠法に関する議定書草案」について審議した。

十六日

平成一九年度判事補特別実務研究

地方裁判所の特例判事補を対象に、民事・刑事裁判における事実認定及び審理の在り方等についての研究を、一〇月一六日から一〇月一九日まで司法研修所において実施。

最高裁判所第一小法廷決定――一　有罪認定に必要とされる立証の程度としての「合理的な疑いを差し挟む余地がない」の意義　二　有罪認定に必要とされる立証の程度としての「合理的な疑いを差し挟む余地がない」の意義は、直接証拠によって事実認定をすべき場合と情況証拠によって事実認定を

すべき場合とで異なるか（平成一九年(あ)第三九八号）

（要旨）

一　有罪認定に必要とされる立証の程度としての「合理的な疑いを差し挟む余地がない」というのは、反対事実が存在する疑いを全く残さない場合をいうものではなく、抽象的な可能性としては反対事実が存在するとの疑いをいれる余地があっても、健全な社会常識に照らしてその疑いに合理性がないと一般的に判断される場合には有罪認定を可能とする趣旨である。

二　有罪認定に必要とされる立証の程度としての「合理的な疑いを差し挟む余地がない」の意義は、直接証拠によって事実認定をすべき場合と情況証拠によって事実認定をすべき場合とで異ならない。

十八日　調停委員協議会

最高裁判所において開催。参加者は、各地方裁判所の民事調停委員及び各家庭裁判所の家事調停委員。

協議事項　充実した調停運営を行い、適正妥当な紛争解決を図るべく、裁判官、書記官、家裁調査官等と協働、連携するに当たり、調停委員において工夫すべき事項

十九日　最高裁判所第三小法廷決定——性同一性障害者の性別の取扱いの特例に関する法律三条一項三号と憲法一三条、一四条一項（平成一九年(ク)第七〇四号）

（要旨）性同一性障害者の性別の取扱いの変更の審判が認められるための要件として「現に子が

いないこと」を求める性同一性障害者の性別の取扱いの特例に関する法律三条一項三号の規定は、憲法一三条、一四条一項に違反しない。

二十三日　平成一九年度刑事実務研究会

高等裁判所又は地方裁判所で刑事事件を担当する判事又は判事補を対象に、裁判員制度導入を見据えた刑事法上及び刑事手続上の諸問題等についての研究会を、一〇月二三日から一〇月二六日まで司法研修所において実施。

二十四日　横田尤孝　司法修習生考試委員会委員の委嘱を解く

最高検察庁次長検事笠間治雄　司法修習生考試委員会委員を委嘱する

三　十　日　法制審議会間接保有証券準拠法部会（諮問第五七号関係第二〇回）

「口座管理機関によって保有される証券についての権利の準拠法に関する条約」第五条、第七条及び第一六条に係る解釈上・実務上の問題点について検討するとともに、法務大臣からの諮問第五七号に関する審議結果報告案について審議した。

和歌山地方・家庭・簡易裁判所合同庁舎増築

三十一日　法制審議会保険法部会（諮問第七八号第一八回）

保険法の見直しに関する個別論点のうち、他人を被保険者とする死亡保険契約や傷害・疾病保険契約、生前の意思表示や遺言による保険金受取人の変更、保険金受取人等の意思による生命保険契約や傷害・疾病保険契約の存続等について審議した。

　　　津地方・家庭・簡易裁判所合同庁舎増築

十一月

一　日　弁護士後藤徹　下級裁判所裁判官指名諮問委員会地域委員会（札幌に置かれるもの）地域委員に任命する

二　日　最高検察庁刑事部長岩村修二　最高裁判所刑事規則制定諮問委員会委員を免ずる
　　　東京地方検察庁次席検事渡辺恵一　最高裁判所刑事規則制定諮問委員会委員に任命する

三　日　平成一九年秋の叙勲において、最高裁判所所管の分野では
　　桐花大綬章
　　　元最高裁判所長官町田顯
　　旭日大綬章
　　　元最高裁判所判事濱田邦夫
　　瑞宝重光章
　　　元福岡高等裁判所長官青山正明
　　　元名古屋高等裁判所長官荒井史男
　　　元札幌高等裁判所長官石井一正
　　　元高松高等裁判所長官上野茂
　　ほか一一八人が叙勲された。

五日

また、特別功労のある調停委員三九人及び補導受託者一人に対し、藍綬褒章が授与された。

平成一九年度特別研究会（第三回・労働関係訴訟実務研究）

地方裁判所で労働事件、労働審判事件を担当する判事又は判事補を対象に、労働審判制度及び個別労働関係をめぐる諸問題等についての研究会を、一一月五日から一一月七日まで司法研修所において実施。

七日

平成一九年度民間企業短期研修（大阪商工会議所関係）

大阪瓦斯株式会社及び大和ハウス工業株式会社　一一月七日から一一月二〇日まで　参加者二人。

株式会社サンリット産業及び日本生命保険相互会社　一一月七日から一一月二〇日まで　参加者二人。

京阪電気鉄道株式会社及び株式会社サクラクレパス　一一月七日から一一月二〇日まで　参加者二人。

平成一九年度民間企業短期研修（名古屋商工会議所関係）

ブラザー工業株式会社及び名古屋鉄道株式会社　一一月七日から一一月二〇日まで　参加者二人。

名港海運株式会社及び東邦瓦斯株式会社　一一月七日から一一月二〇日まで　参加者二人。

平成一九年度知的財産権専門研修（短期）

独立行政法人理化学研究所　一一月七日から一一月二〇日まで　参加者二人。

耐震強度偽装事件控訴審判決（東京高等裁判所）

控訴棄却。

被告人上告申立て。

（平成一八年一二月二六日の項参照）

八日

民事事件担当裁判官等事務打合せ

最高裁判所において開催。参加者は、各高等裁判所所在地にある地方裁判所並びに横浜、さいたま、千葉、京都及び神戸の各地方裁判所の民事事件を担当する裁判官及び民事首席書記官又は民事次席書記官。

協議事項

一　犯罪被害者保護立法の成立等を踏まえ、民事訴訟において運用上考慮すべき事項

二　その他民事訴訟の運営に関し考慮すべき事項

最高裁判所第一小法廷判決——特許権者等が我が国又は国外において譲渡した特許製品につき加工や部材の交換がされた場合に、特許権者が当該加工等がされた製品につき特許権を行使することの可否（平成一八年(受)第八二六号）

（要旨）特許権者等が我が国又は国外において譲渡した特許製品につき加工や部材の交換がされた場合において、それにより当該特許製品と同一性を欠く特許製品が新たに製造されたものと認め

られるときは、特許権者は、その特許製品について、特許権を行使することが許され、その特許権に基づいて、その特許製品の輸入、販売等の差止め及び廃棄を求めることができる。

九日　法制審議会被収容人員適正化方策に関する部会（諮問第七七号関係第一〇回）

諮問第七七号について、社会奉仕を義務付ける制度の導入の当否を審議した。

十四日　法制審議会保険法部会（諮問第七八号第一九回）

保険法の見直しに関する個別論点のうち、片面的強行規定の対象となる保険契約、保険金の支払時期、危険に関する告知、金銭以外の方法による保険給付、保険契約の募集・締結時の規律、保険金の請求・支払時の規律、契約解除の催告に関する規律等について審議した。

平成一九年度民事実務研究会

高等裁判所又は地方裁判所で民事事件を担当する判事又は判事補を対象に、民事裁判における事実認定の在り方及び審理充実等についての研究会を、一一月一四日から一一月一六日まで司法研修所において実施。

十五日　静岡地方・家庭裁判所沼津支部、沼津簡易裁判所合同庁舎増築

司法研修所教官宇多正行　司法修習生考試委員会委員の委嘱を解く

司法研修所教官卜部忠史　司法修習生考試委員会委員を委嘱する

十九日　東京大学大学院教授樋口範雄　最高裁判所図書館委員会委員を委嘱する

二十日　最高裁判所判事堀籠幸男は、随員として東京高等裁判所判事岩井伸晃を伴い、欧州裁判官評議会（フ

ランス共和国）への出席及び欧州各国の司法事情視察のため出張（一二月一日帰国）

二十六日　ロシア連邦最高商事裁判所長官最高裁判所訪問

ロシア連邦最高商事裁判所長官アントン・イワノフ氏は、最高裁判所長官島田仁郎及び最高裁判所判事藤田宙靖を表敬訪問した。

株式会社ノヴァに破産手続開始決定

大阪地方裁判所は、会社更生法の申請をし保全管理命令を受けていた英会話学校大手の株式会社ノヴァに対して、破産手続開始決定をした（債権者数は約三一万人）。

二十七日　平成一九年度一一月期採用（新第六一期）司法修習生修習開始

司法修習生一八一二人。

二十八日　配偶者暴力に関する保護命令手続規則の一部を改正する規則公布（最高裁判所規則第一三号）

平成二〇年一月一一日から施行。

配偶者からの暴力の防止及び被害者の保護に関する法律の一部を改正する法律（法律第一一三号）の制定により、保護命令手続が改正されたことに伴い、必要な事項を定めたもの。

法制審議会保険法部会（諮問第七八号第二〇回）

保険法の見直しに関する個別論点のうち、契約成立前発病不担保条項、他人を被保険者とする死亡保険契約及び傷害・疾病保険契約、保険金からの優先的な被害の回復、保険料積立金等の支払について審議した。

二十九日

法制審議会第一五四回総会

少年審判における犯罪被害者等の権利利益の一層の保護等を図るための法整備に関する諮問第八三号について、諮問に至った経緯及び諮問の内容等について説明がなされ、新たな部会（少年法（犯罪被害者関係）部会）を設けて調査審議することが決議された。

刑事事件担当裁判官協議会

最高裁判所において開催。参加者は、各高等裁判所及び地方裁判所の刑事事件担当の裁判官。

協議事項

一　裁判員制度の運用に関し考慮すべき事項

二　被害者参加及び損害賠償命令の導入に伴う規則改正に当たって考慮すべき事項

三十日

一般職の職員の給与に関する法律等の一部を改正する法律公布・施行（法律第一一八号）

四月一日から適用。ただし、専門スタッフ職俸給表の適用を受ける職員に関する規定については平成二〇年四月一日から施行。

俸給月額を改定し、専門スタッフ職俸給表及び専門スタッフ職調整手当を新設したもの。

銃砲刀剣類所持等取締法及び武器等製造法の一部を改正する法律公布（法律第一二〇号）

一二月三〇日から施行。

けん銃等の発射、輸入、所持、譲渡し及び譲受け、銃砲の製造等に関する罰則強化を内容とするもの。

裁判官の報酬等に関する法律の一部を改正する法律公布・施行（法律第一二二号）

四月一日から適用。

裁判官の報酬月額を改定したもの。

司法修習生の給与に関する規則の一部を改正する規則公布・施行（最高裁判所規則第一四号）

四月一日から適用。

司法修習生の給与月額を二〇万四、二〇〇円に改定したもの。

十二月

二　日　最高裁判所事務総局総務局第二課長氏本厚司、同刑事局付大西直樹及び同行政局参事官春名茂は、日韓交流プログラム（大韓民国）参加のため出張（一二月五日帰国）

東京地方裁判所判事山崎勉及び大阪地方裁判所判事平林慶一は、司法効率欧州委員会（フランス共和国）への出席等のため出張（一二月一四日帰国）

四　日　法制審議会間接保有証券準拠法部会（諮問第五七号関係第二一回）

法務大臣からの諮問第五七号に関する審議結果報告案の取りまとめを行った。

平成一九年度専門研究会

高等裁判所、地方裁判所又は家庭裁判所の判事を対象に、裁判官の視野を一層広めることを目的とし、心の健康をテーマとした研究会を、一二月四日から一二月七日まで司法研修所において実施。

五　日　中国残留邦人等の円滑な帰国の促進及び永住帰国後の自立の支援に関する法律の一部を改正する法律

公布（法律第一二七号）

一部を除き、一二月五日から施行。

永住帰国した中国残留邦人等の置かれている事情に鑑み、法律の公布の際現に係属している訴訟において訴訟上の救助により支払が猶予された費用に関する特例等を定めたもの。

労働契約法公布（法律第一二八号）

平成二〇年三月一日から施行。

労働者及び使用者の自主的な交渉の下で、合理的な労働条件の決定又は変更が円滑に行われるようにすることを通じて、労働者の保護を図りつつ、個別の労働関係の安定に資することを目的として、労働契約が合意により成立し、又は変更されるという合意の原則その他労働契約に関する基本的事項を定めるもの。

七日

刑事訴訟規則及び犯罪被害者等の保護を図るための刑事手続に付随する措置に関する規則の一部を改正する規則公布（最高裁判所規則第一五号）

一二月二六日から施行。

犯罪被害者等の権利利益の保護を図るための刑事訴訟法等の一部を改正する法律（平成一九年法律第九五号）のうち、附則第一条第二号に掲げる規定が施行されることを受けて、公開の法廷において被害者特定事項を明らかにしないようにする制度並びに同種余罪の被害者等による公判記録の閲覧及び謄写を可能とする制度について定めたもの。

十一日　平成一九年度判事補二年実務研究

平成一八年一〇月に司法修習を終えた判事補（第五九期）を対象に、民事事件及び刑事事件等についての研究を、一二月一一日から一二月一三日まで司法研修所において実施。

十二日　最高裁判所事務総局家庭局長二本松利忠、判事八木正一　法制審議会臨時委員に任命する（少年法（犯罪被害者関係）部会）

法制審議会保険法部会（諮問第七八号第二一回）

「保険法の見直しに関する要綱案（第一次案・上）」について審議した。

簡易裁判所民事事件担当裁判官等事務打合せ

最高裁判所において開催。参加者は、東京、横浜、さいたま、千葉、大阪、京都、神戸、名古屋、広島、福岡、仙台、札幌及び高松各簡易裁判所の民事事件担当裁判官、東京簡易裁判所の民事首席書記官、大阪、名古屋、福岡及び札幌各簡易裁判所の首席書記官、横浜、さいたま、千葉、京都、神戸、広島、仙台及び高松各地方裁判所の民事首席書記官又は民事次席書記官。

協議事項

一　訴訟事件が増加している状況において、簡易裁判所の民事事件の適切かつ効率的な処理に関し考慮すべき事項

二　改正貸金業法の施行後に向けて特定調停事件等の処理に関し考慮すべき事項

十三日　法制審議会少年法（犯罪被害者関係）部会（諮問第八三号関係第一回）

諮問第八三号について、事務当局から諮問に至った経緯及び諮問の趣旨等について説明がなされ、要綱（骨子）の各事項について審議した。

最高裁判所第三小法廷決定――第一審裁判所で犯罪の証明がないとして無罪判決を受けた被告人を控訴裁判所が勾留する場合と刑訴法六〇条一項にいう「被告人が罪を犯したことを疑うに足りる相当な理由」の有無の判断（平成一九年(し)第三六九号）

（要旨）第一審裁判所で犯罪の証明がないとして無罪判決を受けた被告人を控訴裁判所が勾留する場合、刑訴法六〇条一項にいう「被告人が罪を犯したことを疑うに足りる相当な理由」の有無の判断は、無罪判決の存在を十分に踏まえて慎重になされなければならず、嫌疑の程度としては、第一審段階におけるものよりも強いものが要求される。

十四日　札幌高等裁判所長官大山隆司　定年退官

元大阪高等裁判所長官齋藤平伍　逝去（八六歳）

正三位に叙される。

十七日　横浜地方裁判所長佐藤久夫　高等裁判所長官に任命する　札幌高等裁判所長官に補する

広島高等裁判所長官田尾健二郎　願に依り本官を免ずる

東京地方裁判所長白木勇　高等裁判所長官に任命する　広島高等裁判所長官に補する

十八日　最高裁判所第三小法廷判決――昭和二八年に団体の著作名義をもって公表された独創性を有する映画の著作物の著作権の存続期間（平成一九年(受)第一一〇五号）

（要旨）昭和二八年に団体の著作名義をもって公表された独創性を有する映画の著作物は、平成一六年一月一日から施行された著作権法の一部を改正する法律（平成一五年法律第八五号）による保護期間の延長措置の対象となる同法附則二条所定の「この法律の施行の際現に改正前の著作権法による著作権が存する映画の著作物」に当たらず、その著作権は平成一五年一二月三一日の終了をもって存続期間が満了した。

十九日

裁判官及び裁判官の秘書官以外の裁判所職員の退職管理に関する規則公布（最高裁判所規則第一六号）

一二月二七日から施行。

国家公務員法等の一部を改正する法律（法律第一〇八号）の一部の施行に伴い、裁判官及び裁判官の秘書官以外の裁判所職員の退職管理に関する事項について、再就職者による要求等の規制の対象となる職員の範囲等を定めたもの。

下級裁判所の部の数を定める規程の一部を改正する規程制定（最高裁判所規程第四号）

平成二〇年四月一日から施行。

一部の下級裁判所について、部の数を増加したもの。

平成一八年度一一月期採用（新第六〇期）司法修習生修習終了

修習終了者九七九人。

判事補任官六六人、検事任官四二人、弁護士登録八三九人、その他三二人。

二十日　最高裁判所事務総局家庭局長二本松利忠　最高裁判所家庭規則制定諮問委員会委員に任命する

最高裁判所首席調査官千葉勝美　最高裁判所図書館委員会委員を命ずる

二十一日　借地借家法の一部を改正する法律公布（法律第一三二号）

平成二〇年一月一日から施行。

最近における社会経済情勢の変化に伴う土地の利用形態の多様化に対応するため、事業の用に供する建物の所有を目的とする定期借地権の存続期間の上限を引き上げたもの。

法制審議会少年法（犯罪被害者関係）部会（諮問第八三号関係第二回）

一　少年犯罪の被害者等から諮問第八三号についてのヒアリングを実施した。

二　要綱（骨子）第一の「被害者等による少年審判の傍聴」についての具体的な論点について審議した。

二十五日　最高裁判所第三小法廷決定――一　刑訴法三一六条の二六第一項の証拠開示命令の対象となる証拠は、検察官が現に保管している証拠に限られるか　二　取調警察官が犯罪捜査規範一三条に基づき作成した備忘録は、刑訴法三一六条の二六第一項の証拠開示命令の対象となり得るか（平成一九年(し)第四二四号）

（要旨）

一　刑訴法三一六条の二六第一項の証拠開示命令の対象となる証拠は、必ずしも検察官が現に保管している証拠に限られず、当該事件の捜査の過程で作成され、又は入手した書面等であって、公務員が職務上現に保管し、かつ、検察官において入手が容易なものを含む。

二　取調警察官が、犯罪捜査規範一三条に基づき作成した備忘録であって、取調べの経過その他参考となるべき事項が記録され、捜査機関において保管されている書面は、当該事件の公判審理において、当該取調べ状況に関する証拠調べが行われる場合には、刑訴法三一六条の二六第一項の証拠開示命令の対象となり得る。

二十六日　法制審議会保険法部会（諮問第七八号第二二回）

「保険法の見直しに関する要綱案（第一次案・下）」について審議した。

二十七日　民事訴訟規則の一部を改正する規則公布（最高裁判所規則第一七号）

平成二〇年四月一日から施行。

犯罪被害者等の権利利益の保護を図るための刑事訴訟法等の一部を改正する法律（法律第九五号）第二条により民事訴訟法の一部が改正され、民事訴訟において、付添い、遮へいの措置及びビデオリンク方式による尋問が認められたことに伴い、必要な事項を定めたもの。

法制審議会被収容人員適正化方策に関する部会（諮問第七七号関係第一一回）

諮問第七七号について、第一〇回会議に引き続き、社会奉仕を義務付ける制度の導入の当否を審議した。

名古屋簡易裁判所別館庁舎増築

平成二十年

一月

九日　法制審議会保険法部会（諮問第七八号第二三回）

「保険法の見直しに関する要綱案（第二次案）」について審議した。

十日　法制審議会少年法（犯罪被害者関係）部会（諮問第八三号関係第三回）

一　前回に引き続き、要綱（骨子）第一の「被害者等による少年審判の傍聴」について議論がなされた。

二　要綱（骨子）第二の「被害者等による記録の閲覧及び謄写の範囲の拡大」、第三の「被害者等の申出による意見の聴取の対象者の拡大」、第四の「成人の刑事事件の管轄の移管等」について議論が行われた。

裁判所職員総合研修所研修計画協議会

一月一〇日、一一日の両日、裁判所職員総合研修所において開催。

十五日　法制審議会国際扶養条約部会（諮問第六七号関係第一一回）

ハーグ国際私法会議（一一月五日から二三日まで開催）外交会議の審議の概要並びに外交会議において採択された「子及びその他の親族の扶養料の国際的な回収に関する条約」及び「扶養義務の準拠法に関する議定書」の内容について、外交会議への出席者から報告を受けるとともに、法務大臣からの諮問第六七号に関する審議結果報告案の取りまとめを行った。

十六日　特定フィブリノゲン製剤及び特定血液凝固第Ⅸ因子製剤によるC型肝炎感染被害者を救済するための給付金の支給に関する特別措置法公布・施行（法律第二号）

特定フィブリノゲン製剤又は特定血液凝固第Ⅸ因子製剤の投与によりC型肝炎ウイルスに感染した被害者に対し、給付金を支給することにより救済を図るもの。

東京地方裁判所長池田修　下級裁判所裁判官指名諮問委員会委員を免ずる

判事永井敏雄　下級裁判所裁判官指名諮問委員会委員に任命する

法制審議会保険法部会（諮問第七八号第二四回）

「保険法の見直しに関する要綱案」が取りまとめられた。

十七日　平成一九年度新任判事補研修（第二回）

平成一九年一二月に司法修習を終え、判事補に任命された者（新第六〇期）を対象に、裁判実務に関連する基礎的事項及び裁判官の在り方等についての研修を、一月一七日から一月二四日まで司法研修所において実施。

二十一日　心神喪失者等医療観察法裁判官協議会

最高裁判所において開催。参加者は、東京、横浜、千葉、長野、新潟、大阪、名古屋、津、富山、広島、岡山、佐賀、熊本、那覇、盛岡の地方裁判所の医療観察事件を担当する裁判官。

協議事項　退院又は入院継続等の処遇事件の処理を巡り手続的及び実体的に問題となる事項

水戸地方・家庭・簡易裁判所合同庁舎増築

二十四日　最高裁判所第一小法廷判決――受遺者から民法一〇四一条一項の規定による価額弁償の意思表示を受けた遺留分権利者が受遺者に対し価額弁償を請求する旨の意思表示をした場合において、当該遺留分権利者が遺贈の目的物について価額弁償請求権を確定的に取得する時期（平成一八年(受)第一五七二号）

（要旨）遺留分減殺請求を受けた受遺者が民法一〇四一条一項の規定により遺贈の目的の価額を弁償する旨の意思表示をし、これを受けた遺留分権利者が受遺者に対して価額弁償を請求する権利を行使する旨の意思表示をした場合には、その時点において、当該遺留分権利者は遺留分減殺によって取得した目的物の所有権及び所有権に基づく現物返還請求権をさかのぼって失い、これに代わる価額弁償請求権を確定的に取得する。

二十五日　法制審議会少年法（犯罪被害者関係）部会（諮問第八三号関係第四回）

一　これまでの会議の議論を踏まえ、要綱（骨子）について審議がなされた。

二　引き続き、採決が行われ、諮問第八三号については、要綱（骨子）のとおり法整備をするのが相当である旨法制審議会（総会）に報告することが決定された。

二十八日　平成一九年度新任簡易裁判所判事研修

平成一九年度に新たに簡易裁判所判事に任命された者（司法修習終了者を除く。）を対象に、民事事件、刑事事件の裁判実務及び裁判官の在り方等についての研修を、一月二八日から二月二九日まで司法研修所において実施。

二十九日　広島高等裁判所長官白木勇　下級裁判所裁判官指名諮問委員会地域委員会（東京に置かれるもの）地域委員を免ずる

東京地方裁判所長池田修　下級裁判所裁判官指名諮問委員会地域委員会（東京に置かれるもの）地域委員に任命する

三十日　判事菊池洋一　最高裁判所刑事規則制定諮問委員会委員を免ずる

法務省大臣官房司法法制部長深山卓也　最高裁判所刑事規則制定諮問委員会委員に任命する

三十一日　神戸地方・簡易裁判所合同庁舎増築

二月

一日　最高裁判所事務総局経理局長小池裕　最高裁判所図書館委員会委員を命ずる

四日　法制審議会被収容人員適正化方策に関する部会（諮問第七七号関係第一二回）

諮問第七七号について、その他の社会内処遇及び中間処遇の在り方に関する議論が行われた。

十三日　法制審議会第一五五回総会

一　間接保有証券準拠法部会長から、ハーグ間接保有証券準拠法条約に関する諮問第五七号に関し、「諮問第五七号に関する審議結果報告案」について、審議の経過及び結果に関する報告がなされ、審議・採決の結果、同報告案は、原案どおり採択され、答申することとされた。

二　国際扶養条約部会長から、「子及びその他の親族の扶養料の国際的な回収に関する条約」及び「扶養義務の準拠法に関する議定書」に関する諮問第六七号に関し、「諮問第六七号に関する審議結果報告案」について、審議の経過及び結果に関する報告がなされ、審議・採決の結果、同報告案は、原案どおり採択され、答申することとされた。

三　保険法部会長から、保険法の見直しに関する諮問第七八号に関し、「保険法の見直しに関する要綱案」について、審議の経過及び結果に関する報告がなされ、審議・採決の結果、同要綱案は、原案どおり採択され、答申することとされた。

四　少年法（犯罪被害者関係）部会長から、少年審判における犯罪被害者等の権利利益の一層の保護等を図るための法整備に関する諮問第八三号に関し、同部会において法整備を行うのが相当と決定された要綱（骨子）について、審議の経過及び結果に関する報告がなされ、審議・採決の結果、同要綱（骨子）は、原案どおり採択され、答申することとされた。

五　法務大臣から新たに発せられた民法の成年年齢の引下げの当否に関する諮問第八四号に関し、事務当局から諮問に至った経緯及び諮問の趣旨等についての説明がされた。その審議の進め方に関する意見表明がされ、諮問第八四号については「民法成年年齢部会」（新設）に付託して審議することとし、同部会での審議に基づき総会において更に審議することとされた。

六　法務省民事局長から、国際物品売買契約に関する国際連合条約について、その概要及び加入の意義について報告がされた。

七　法務省刑事局長から、「犯罪被害者等の権利利益の保護を図るための刑事手続に付随する措置に関する法律及び総合支援法の一部を改正する法律案」の概要について報告がされた。

十五日

平成一九年度家裁実務研究会（家事）

家庭裁判所で家事事件を担当する判事又は判事補を対象に、人事訴訟の運用を中心に家事事件に関する当面の課題についての研究会を、二月一三日から二月一五日まで司法研修所において実施。

判事菊池洋一　最高裁判所民事規則制定諮問委員会委員　同家庭規則制定諮問委員会委員を免ずる

法務省大臣官房司法法制部長深山卓也　最高裁判所民事規則制定諮問委員会委員　同家庭規則制定諮問委員会委員に任命する

千葉地方裁判所長山崎敏充　最高裁判所刑事規則制定諮問委員会委員を免ずる　司法修習生考試委員会委員の委嘱を解く

判事中川武隆　司法修習生考試委員会委員　簡易裁判所判事選考委員会委員を委嘱する

広島高等検察庁検事長松永榮治、山形地方検察庁検事正稲田伸夫　司法修習生考試委員会委員の委嘱を解く

法務省大臣官房人事課長林眞琴、法務総合研究所長小貫芳信　司法修習生考試委員会委員を委嘱する

富山地方検察庁検事正新倉明　簡易裁判所判事選考委員会委員の委嘱を解く

最高検察庁検事佐々木善三　簡易裁判所判事選考委員会委員を委嘱する

小西敏美　下級裁判所裁判官指名諮問委員会地域委員会（仙台に置かれるもの）地域委員を免ずる

仙台地方検察庁検事正加澤正樹　下級裁判所裁判官指名諮問委員会地域委員会（仙台に置かれるもの）地域委員に任命する

十六日　山形地方・家庭・簡易裁判所合同庁舎増築

弁護士杉田昌子　裁判所職員倫理審査会会長に任命する

学習院大学法科大学院教授龍岡資晃、ジャーナリスト桝井成夫　裁判所職員倫理審査会委員に任命する

十七日　最高裁判所事務総長大谷剛彦　最高裁判所刑事規則制定諮問委員会委員に任命する

十八日　最高裁判所第一小法廷決定――家庭裁判所から選任された未成年後見人が未成年被後見人所有の財物を横領した場合と刑法二四四条一項の準用の有無（平成一九年(あ)第一二三〇号）

（要旨）家庭裁判所から選任された未成年後見人が業務上占有する未成年被後見人所有の財物を横領した場合、未成年後見人と未成年被後見人との間に刑法二四四条一項所定の親族関係があっても、その後見事務は公的性格を有するものであり、同条項は準用されない。

上告棄却。

十九日　耐震強度偽装事件上告審決定（最高裁判所第一小法廷）

（平成一八年一二月二六日及び平成一九年一一月七日の項参照）

最高裁判所第三小法廷判決――一　我が国において既に頒布され、販売されているわいせつ表現物を関税定率法（平成一七年法律第二二号による改正前のもの）二一条一項四号による輸入規制の対象とすることと憲法二一条一項　二　輸入しようとした写真集が、関税定率法（平成一七年法律第二二号による改正前のもの）二一条一項四号にいう「風俗を害すべき書籍、図画」等に該当しないとされた

事例（平成一五年(行ツ)第一五七号）

（要旨）

一　我が国において既に頒布され、販売されているわいせつ表現物を関税定率法（平成一七年法律第二二号による改正前のもの）二一条一項四号による輸入規制の対象とすることは、憲法二一条一項に違反しない。

二　輸入しようとした写真集が、男性性器そのものを強調し、その描写に重きを置くものとみざるを得ない写真を含むものであっても、次の㈠～㈢など判示の事情の下では、右写真集は、輸入禁制品に該当する旨の通知がされた当時の社会通念に照らして、関税定率法（平成一七年法律第二二号による改正前のもの）二一条一項四号にいう「風俗を害すべき書籍、図画」等に該当しない。

㈠　右写真集は、写真芸術ないし現代美術に高い関心を有する者による購読、鑑賞を想定して、美術評論家から高い評価を得ていた写真芸術家の主要な作品を一冊の本に収録し、その写真芸術の全体像を概観するという芸術的観点から編集し、構成したものであり、右の写真は、そのような観点から主要な作品と位置付けられた上で、収録されたものとみることができる。

㈡　右写真集は、ポートレイトや花、静物、男性及び女性のヌード等を対象とする作品を幅広く収録するものであり、右の写真が写真集全体に対して占める比重は相当に低いものである上、右の写真は、白黒の写真であり、性交等の状況を直接的に表現したものではない。

(三) 右写真集は、右(一)、(二)などの観点から全体としてみたときに、主として見る者の好色的興味に訴えるものと認めることは困難である。

二十一日　特別家事審判規則の一部を改正する規則公布（最高裁判所規則第一号）

四月一日から施行。

児童虐待の防止等に関する法律及び児童福祉法の一部を改正する法律（平成一九年法律第七三号）の施行に伴い、児童福祉法（昭和二二年法律第一六四号）第二八条一項各号に掲げる措置についての承認の申立てがあった場合における審判前の保全処分について必要な事項を定めるなどするもの。

二十五日　平成一九年度法律実務教育研究会

法科大学院に派遣されている、又は派遣される予定の判事又は判事補を対象に、法律実務の教育等についての研究会を、二月二五日から二月二六日まで司法研修所において実施。

二十七日　駐日デンマーク王国特命全権大使最高裁判所訪問

駐日デンマーク王国特命全権大使フレディー・スヴェイネ氏は、最高裁判所長官島田仁郎を表敬訪問した。

二十九日　「課に置く係について」の一部改正について（最高裁総一第〇〇〇一五三号高等裁判所長官、地方・家庭裁判所長あて総務局長依命通達）

四月一日から実施。

共済組合支部が統合された（東京及び大阪の各高等裁判所支部、地方裁判所支部及び家庭裁判所支部を除く。）こと等に伴い、所要の改正を加えたもの。

三月

三日　司法修習委員会規則及び裁判所職員の留学費用の償還に関する規則の一部を改正する規則公布（最高裁判所規則第二号）

三月三日から施行。ただし、この規則による改正後の両規則の規定は、平成一九年一二月二六日から適用。

学校教育法等の一部を改正する法律（平成一九年法律第九六号）の施行（平成一九年一二月二六日）に伴い、司法修習委員会規則及び裁判所職員の留学費用の償還に関する規則の規定を整理したもの。

薬害エイズ事件（厚生省関係）上告審決定（最高裁判所第二小法廷）

上告棄却。

（平成八年九月一八日、一〇月二五日、平成一三年三月二八日、九月二八日及び平成一七年三月二五日の項参照）

四日　平成一九年度判事補三年実務研究

平成一七年一〇月に司法修習を終えた判事補（第五八期）を対象に、民事執行事件及び民事保全事件等に関する裁判実務の在り方等についての研究を、三月四日から三月六日まで司法研修所にお

六日　いて実施。
判事上原裕之　法制審議会臨時委員に任命する（民法成年年齢部会）
最高裁判所第一小法廷判決——住民基本台帳ネットワークシステムにより行政機関が住民の本人確認情報を収集、管理又は利用する行為と憲法一三条（平成一九年(オ)第四〇三号、同年(受)第四五四号）
（要旨）住民基本台帳ネットワークシステムにより行政機関が住民の本人確認情報を収集、管理又は利用する行為は、当該住民がこれに同意していないとしても、憲法一三条の保障する個人に関する情報をみだりに第三者に開示又は公表されない自由を侵害するものではない。
九日　最高裁判所判事甲斐中辰夫　最高裁判所刑事規則制定諮問委員会委員に任命する
十日　平成一九年度専門分野基礎研究会（医療コース）
地方裁判所又は家庭裁判所の判事補を対象に、医療関係訴訟の現状と課題等についての研究会を、三月一〇日から三月一二日まで司法研修所において実施。
平成一九年度専門分野基礎研究会（知的財産権コース）
地方裁判所又は家庭裁判所の判事補を対象に、知的財産権訴訟の審理及び運営についての研究会を、三月一〇日から三月一二日まで司法研修所において実施。
十一日　簔田孝行　下級裁判所裁判官指名諮問委員会地域委員会（福岡に置かれるもの）地域委員を免ずる
福岡地方裁判所長仲家暢彦　下級裁判所裁判官指名諮問委員会地域委員会（福岡に置かれるもの）地域委員に任命する

法制審議会民法成年年齢部会（諮問第八四号関係第一回）
部会長を互選した上、諮問の内容、発出の経緯及び検討の対象等について、質疑応答及びフリーディスカッションが行われた。

十二日　デンマーク王国最高裁判所長官最高裁判所訪問
デンマーク王国最高裁判所長官トーベン・メルキオール氏は、最高裁判所の招へいにより最高裁判所長官島田仁郎を表敬訪問し、最高裁判所判事と懇談した上、講演会を行った。

少年審判規則の一部を改正する規則公布（最高裁判所規則第三号）
六月一日から施行。
更生保護法（平成一九年法律第八八号）の施行に伴い、少年審判規則中の規定が整備された。

少年調査記録規程の一部を改正する規程制定（最高裁判所規程第二号）
六月一日から施行。
更生保護法（平成一九年法律第八八号）の施行に伴い、少年調査記録規程中の規定が整備された。

十四日　横浜再審事件上告審判決（最高裁判所第二小法廷）上告棄却。　一　旧刑訴法適用事件につき再審が開始された場合、その対象となった判決の確定後に刑の廃止又は大赦があったときは、再審開始後の審判手続において免訴に関する規定の適用を排除して実体判決をすることができるか　二　旧刑訴法適用事件についての再審開始後の審判手続において、被告人は免訴判決に対し無罪を主張して上訴することができるか　三　旧刑訴法適用事件について再審が開始され、第一審判決及び控訴審判決が言

い渡されて更に上告に及んだ後に、当該再審の請求人が死亡しても、再審の手続が終了しない場合
（平成一九年(れ)第一号）
（要旨）
一　旧刑訴法適用事件について再審が開始された場合、その対象となった判決の確定後に刑の廃止又は大赦があったときは、再審開始後の審判手続においても、同法三六三条二号、三号の適用を排除して実体判決をすることはできず、免訴判決が言い渡されるべきである。
二　旧刑訴法適用事件についての再審開始後の審判手続においても、被告人は免訴判決に対し無罪を主張して上訴することはできない。
三　旧刑訴法適用事件について再審が開始されて第一審判決及び控訴審判決が言い渡され、更に上告に及んだ後に、当該再審の請求人が死亡しても、同請求人が既に上告審の弁護人を選任しており、かつ、同弁護人が引き続き弁護活動を継続する意思を有する限り、再審の手続は終了しない。
（平成一五年四月一五日、平成一七年三月一〇日、平成一八年二月九日及び平成一九年一月一九日の項参照）

十八日　最高裁判所図書館委員会
最高裁判所図書館の運営について審議した。

十九日　藤里町連続児童殺害事件第一審判決（秋田地方裁判所）
本件は、被告人が、九歳の我が子を川の中に落として溺死させ、その約一か月後、同じ団地内に

住む顔見知りの七歳の男児を絞殺し、その死体を道路脇の草地に遺棄したとして殺人等の罪で起訴されたものである。

被告人　無期懲役。

検察官、弁護人控訴申立て。

二十一日　最高裁判所刑事規則制定諮問委員会

最高裁判所において開催。

諮問事項

一　裁判員の参加する刑事裁判に関する規則及び刑事訴訟規則の一部を改正する規則の制定について

二　刑事訴訟規則及び犯罪被害者等の保護を図るための刑事手続に付随する措置に関する規則の一部を改正する規則の制定について

最高裁判所判事甲斐中辰夫は、随員として最高裁判所事務総局秘書課長今崎幸彦及び同秘書課付衣斐瑞穂を伴い、最高裁判所長官国際会議（アラブ首長国連邦）への出席等のため出張（三月二五日帰国）

二十三日　大阪地方裁判所判事稲葉重子は、国際女性裁判官協会第九回総会（パナマ共和国）への出席並びに同国及びアメリカ合衆国における司法事情研究のため出張（四月五日帰国）

知的財産高等裁判所判事浅井憲は、第十六回フォーダム大学ロースクール主催国際シンポジウム（アメリカ合衆国）への出席及び同国における司法事情研究のため出張（四月一日帰国）

二十四日　最高裁判所事務総局家庭局長二本松利忠、判事八木正一　法制審議会臨時委員を免ずる

二十五日　宇都宮地方・家庭・簡易裁判所合同庁舎増築

さいたま地方・家庭・簡易裁判所合同庁舎増築

広島高等・地方・簡易裁判所合同庁舎増築

二十六日　法制審議会第一五六回総会

法制審議会における議事録の作成方法等について検討された。

二十八日　法制審議会被収容人員適正化方策に関する部会（諮問第七七号関係第一三回）

諮問第七七号について、第一二回会議の議論を踏まえて作成した統計資料として、「取消事由別執行猶予取消人員」、「犯歴回数別・罪名別犯歴の件数構成比」、「一犯目の罪名別・再犯の有無別構成比」、「一犯目から二犯目までの再犯期間別構成比」等を配布し、事務当局から説明等が行われた。

第一二回会議に引き続き、「その他の社会内処遇及び中間処遇の在り方」のテーマに関し、施設内処遇後に、仮釈放等の枠組みにより、継続して一定期間の保護観察を行うことを可能とする制度として、「必要的仮釈放制度の導入」、「仮釈放の期間についてのいわゆる考試期間主義の採用」、「いわゆる分割刑制度の導入」及び「刑の一部の執行猶予制度の導入」についての議論が行われた。

沖縄集団自決出版差止等訴訟第一審判決（大阪地方裁判所）

本件は、太平洋戦争後期に沖縄の座間味島及び渡嘉敷島の各守備隊長であった元軍人が住民に集

団自決を命じたなどの記述のある書籍について、元軍人及び遺族が、当該書籍を出版し又は執筆した被告らに対し、同記述は虚偽の事実を摘示したものであり、元軍人は名誉、人格的利益を侵害され、遺族は亡元軍人に対する敬愛追慕の情を内容とする人格的利益を侵害されたと主張して、当該書籍の出版販売頒布の差止め、損害賠償及び謝罪広告の掲載を求めたものである。

本判決は、当該書籍の記述どおりの元軍人の命令を認定することはできないが、命令があったことを真実と信じるについての相当の理由があったものと認められるなどとして、原告らの請求を棄却した。

三十一日　東北大学大学院法学研究科教授河上正二　下級裁判所裁判官指名諮問委員会地域委員会（仙台に置かれるもの）地域委員を免ずる

弁護士後藤徹　下級裁判所裁判官指名諮問委員会地域委員会（札幌に置かれるもの）地域委員を免ずる

四月

一日　弁護士明賀英樹　最高裁判所家庭規則制定諮問委員会委員を免ずる

日本弁護士連合会事務総長丸島俊介　最高裁判所刑事規則制定諮問委員会委員　同家庭規則制定諮問委員会委員に任命する

弁護士江藤洋一　最高裁判所刑事規則制定諮問委員会委員に任命する

弁護士市川茂樹　下級裁判所裁判官指名諮問委員会地域委員会（札幌に置かれるもの）地域委員に任

命する

平成二〇年度民間企業長期研修

旭硝子株式会社　四月一日から平成二一年三月三一日まで　参加者一人。

富士フイルム株式会社　四月一日から平成二一年三月三一日まで　参加者一人。

トヨタ自動車株式会社　四月一日から平成二一年三月三一日まで　参加者一人。

九州電力株式会社　四月一日から平成二一年三月三一日まで　参加者一人。

花王株式会社　四月一日から平成二一年三月三一日まで　参加者一人。

パナソニック株式会社　四月一日から平成二一年三月三一日まで　参加者一人。

野村證券株式会社　四月一日から平成二一年三月三一日まで　参加者一人。

日本郵船株式会社　四月一日から平成二一年三月三一日まで　参加者一人。

株式会社東芝　四月一日から平成二一年三月三一日まで　参加者一人。

平成二〇年度日本銀行研修

四月一日から平成二一年三月三一日まで　参加者一人。

二　日　日本弁護士連合会会長に宮﨑誠就任

東京地方裁判所判事鹿子木康は、商事訴訟司法セミナー（オーストラリア連邦）への出席等のため出張（四月七日帰国）

七　日　東北大学大学院法学研究科教授坂田宏　下級裁判所裁判官指名諮問委員会地域委員会（仙台に置かれ

るもの）地域委員に任命する

平成二〇年度弁護士任官者実務研究会

弁護士から任官した高等裁判所又は地方裁判所の判事又は判事補を対象に、裁判所の組織、機構、裁判所職員制度の概要、裁判官の在り方、民事事件、刑事事件の裁判実務等についての研究会を、四月七日から四月一〇日まで司法研修所において実施。

八日　谷公士人事官宣誓

九日　判事植村立郎　最高裁判所刑事規則制定諮問委員会委員に任命する

十日　日本司法支援センター理事長に寺井一弘就任

十一日　裁判所職員定員法の一部を改正する法律公布（法律第一一号）

四月一日から施行。

裁判所職員定員法中判事一、六三七人を一、六七七人に、判事補九五〇人を九八五人に改めたもの。

最高裁判所第二小法廷判決――一　管理者が管理する、公務員宿舎である集合住宅の一階出入口から各室玄関前までの部分及び門塀等の囲障を設置したその敷地が、刑法一三〇条の邸宅侵入罪の客体に当たるとされた事例　二　各室玄関ドアの新聞受けに政治的意見を記載したビラを投かんする目的で公務員宿舎である集合住宅の敷地等に管理権者の意思に反して立ち入った行為をもって刑法一三〇条前段の罪に問うことが、憲法二一条一項に違反しないとされた事例（平成一七年(あ)第二六五二号）

（要旨）

一　管理者が管理する、職員及びその家族が居住する公務員宿舎である集合住宅の一階出入口から各室玄関前までの部分及び同宿舎の各号棟の建物に接してその周辺に存在し、かつ、管理者が外部との境界に門塀等の囲障を設置することにより、これが各号棟の建物の付属地として建物利用のために供されるものであることを明示しているその敷地は、刑法一三〇条にいう「人の看守する邸宅」及びその囲にょう地として、邸宅侵入罪の客体になる。

二　各室玄関ドアの新聞受けに政治的意見を記載したビラを投かんする目的で、職員及びその家族が居住する公務員宿舎である集合住宅の共用部分及び敷地に、同宿舎の管理権者の意思に反して立ち入った行為をもって刑法一三〇条前段の罪に問うことは、憲法二一条一項に違反しない。

十四日　平成二〇年度四月期採用（現行第六二期）司法修習生修習開始

司法修習生二六二人。

十五日　法制審議会民法成年年齢部会（諮問第八四号関係第二回）

一　法制審議会第一五六回会議における決定を踏まえて、議事録については、第一回の部会から顕名とすることが確認された。

二　大村敦志委員から、民法の成年制度を、成年・未成年で二分するのではなく、段階的に権利を付与する制度とすることを内容とする同委員の試案について、説明が行われた。

三　教育社会学の研究者及び高等学校教員二名から教育関係に関するヒアリングが行われ、高校生の実態や成年年齢を引き下げた場合の教育上の問題点などの説明が行われた後、質疑応答が行われた。

十八日　特許法等の一部を改正する法律公布（法律第一六号）

一部を除き平成二一年四月一日から施行。

知的財産権の戦略的な活用及び適正な保護を図るため、特許法について新たに仮専用実施権制度及び仮通常実施権制度を設けるとともに、特許法及び実用新案法について通常実施権等の登録事項の開示の制限に係る規定を整備したほか、特許法、意匠法及び商標法について拒絶査定不服審判等の請求期間の拡大の措置を、特許法及び商標法について特許料等の引下げ等の措置を講ずるもの。

二十二日　平成二〇年度簡易裁判所判事実務研究会

平成一六年度以前に簡易裁判所判事に任命された者（司法修習終了者を除く。）を対象に、民事事件、刑事事件の裁判実務、訴訟運営及び判例についての研究会を、四月二二日から四月二五日まで司法研修所において実施。

山口県光市母子殺害事件差戻後控訴審判決（広島高等裁判所）

本件は、当時一八歳の少年であった被告人が、白昼、排水管の検査を装ってアパートの一室に上がり込み、同室に住む当時二三歳の主婦（被害者）を強姦しようとしたところ、激しく抵抗されたため、同女を殺害した上で姦淫し、その後、激しく泣き続ける当時生後一一か月の被害者の長女をも殺害し、さらに、被害者管理の地域復興券等在中の財布一個を窃取したとして殺人等の罪で起訴されたものである。
原判決破棄　死刑（一審無期懲役、控訴審控訴棄却、上告審破棄差戻）。
弁護人上告申立て。

二十三日　犯罪被害者等の権利利益の保護を図るための刑事手続に付随する措置に関する法律及び総合法律支援法の一部を改正する法律公布（法律第一九号）
一二月一日から施行。
(一)刑事被告事件の手続への参加を許された被害者参加人が、公判期日の出席や被告人質問などを弁護士に委託しようとする場合に、資力が基準額に満たないときには、日本司法支援センターを経由して、裁判所に対して被害者参加弁護士の選定を請求することができることとし、(二)日本司法支援センターは、この請求があったときは、被害者参加人の意見を聴いた上で、被害者参加弁護士の候補を指名して通知しなければならないものとし、(三)裁判所は、請求が不適法である場合その他一定の場合を除き、被害者参加弁護士を選定するものとし、(四)その報酬及び費用については国が負担することとしたほか、所要の規定の整備をしたもの。

二十五日　日本弁護士連合会事務総長丸島俊介、弁護士松森宏　最高裁判所民事規則制定諮問委員会委員に任命する
法制審議会被収容人員適正化方策に関する部会（諮問第七七号関係第一四回）
諮問第七七号について、第一三回会議の議論を踏まえて作成した統計資料として、「新受刑者及

び新受刑者中暴力団加入者の罪名別　刑名・刑期・犯時職業」、「新受刑者の罪名別　入所度数及び累犯者数」、「新受刑者の入所度数別　刑名・刑期（累犯者の刑名・刑期を含む）」及び「新受刑者の罪名別　犯時の身上」等を配布し、事務当局から説明等が行われた。

第一三回会議に引き続き、「その他の社会内処遇及び中間処遇の在り方」のテーマに関し、施設内処遇後に、仮釈放等の枠組みにより、継続して一定期間の保護観察を行うことを可能とする制度として、「必要的仮釈放制度の導入」、「仮釈放の期間についてのいわゆる考試期間主義の採用」、「いわゆる分割刑制度の導入」及び「刑の一部の執行猶予制度の導入」についての議論が行われたほか、刑の執行を終えた者に一定の義務付けを行う制度として、「刑執行終了者に一定の支援的処遇を受けることを義務付ける制度の導入」についての議論が行われた。

最高裁判所第二小法廷判決——一　責任能力判断の前提となる精神障害の有無及び程度並びにこれが心理学的要素に与えた影響の有無及び程度について、精神医学者の鑑定意見等が証拠となっている場合における、裁判所の判断の在り方　二　統合失調症による幻覚妄想の強い影響下で行われた行為について、正常な判断能力を備えていたとうかがわせる事情があるからといって、そのことのみによって被告人が心神耗弱にとどまっていたと認めるのは困難とされた事例（平成一八年(あ)第八七六号）

（要旨）

一　責任能力判断の前提となる生物学的要素である精神障害の有無及び程度並びにこれが心理学的要素に与えた影響の有無及び程度について、専門家たる精神医学者の意見が鑑定等として証拠となっている場合には、鑑定人の公正さや能力に疑いが生じたり、鑑定の前提条件に問題があったりするなど、これを採用し得ない合理的な事情が認められるのでない限り、裁判所は、その意見を十分に尊重して認定すべきである。

二　統合失調症の幻覚妄想の強い影響下で行われた本件傷害致死の行為について、それが犯罪であることを認識し、後に自首しているなど、一般には正常な判断能力を備えていたことをうかがわせる事情があるからといって、そのことのみによって、その行為当時、被告人が心神喪失ではなく心神耗弱にとどまっていたと認めることは困難である。

二十九日　平成二〇年春の叙勲において、最高裁判所所管の分野では

瑞宝重光章

元広島高等裁判所長官稲葉威雄

元札幌高等裁判所長官加藤和夫

ほか一〇五人が叙勲された。

また、特別功労のある調停委員四二人及び補導受託者一人に対し、藍綬褒章が授与された。

五　月

一　日　憲法週間（七日まで）

二　日　消費者契約法等の一部を改正する法律公布（法律第二九号）

一部の規定を除き、平成二一年四月一日から施行。

消費者契約法（平成一二年法律第六一号）に規定する適格消費者団体がすることのできる差止請求の対象に、不当景品類及び不当表示防止法（昭和三七年法律第一三四号）及び特定商取引に関する法律（昭和五一年法律第五七号）に規定する消費者の取引上の判断を誤らせる不当な行為等を加える措置を講じたもの。

八日　最高裁判所第三小法廷決定――婚姻費用の分担に関する処分の審判に対する抗告審が抗告の相手方に対し抗告状及び抗告理由書の副本を送達せず、反論の機会を与えることなく不利益な判断をしたことと憲法三二条（平成一九年(ク)第一一二八号）

（要旨）婚姻費用の分担に関する処分の審判に対する抗告審が、抗告の相手方に対し抗告状及び抗告理由書の副本を送達せず、反論の機会を与えることなく不利益な判断をしたことは、憲法三二条所定の「裁判を受ける権利」を侵害したものとはいえない。

九日　執行猶予者保護観察事件調査票及び保護観察言渡連絡票の作成及び保護観察所に対する送付等について（最高裁刑二第〇〇〇五三〇号高等裁判所長官、地方裁判所長、家庭裁判所長あて刑事局長、家庭局長通達）

六月一日から実施。

執行猶予者保護観察事件調査票及び保護観察言渡連絡票の作成及び保護観察所に対する送付等について定めたもの。

更生保護法第五二条第五項の規定により特別遵守事項の設定又は変更に係る求意見書の提出があった

ときの事務処理について（最高裁刑二第〇〇〇五三二号地方裁判所長、家庭裁判所長あて刑事局長、家庭局長通達）

六月一日から実施。

更生保護法第五二条第五項の規定により特別遵守事項の設定又は変更に係る求意見書の提出があったときの事務処理について定めたもの。

十三日　法制審議会民法成年年齢部会（諮問第八四号関係第三回）

一　独立行政法人国民生活センター理事ほか三名から消費者問題に関するヒアリングが行われ、現在の若年者に関する消費者被害の状況や、成年年齢を引き下げた場合に、どのような消費者問題が生じるのかなどの説明がされた後、質疑応答が行われた。

二　事務当局から高校生・大学生との意見交換会を実施する予定である旨の報告がされた。

平成二〇年度部総括裁判官研究会

地方裁判所及び家庭裁判所の部総括判事を対象に、裁判及び司法行政の運営上考慮すべき事項についての研究会を、五月一三日から五月一六日まで司法研修所において実施。

十六日　中小企業における経営の承継の円滑化に関する法律公布（法律第三三号）

一〇月一日から施行。ただし、第二章の規定は、平成二一年三月一日から施行。

我が国の経済の基盤を形成している中小企業について、代表者の死亡等に起因する経営の承継がその事業活動の継続に影響を及ぼすことに鑑み、中小企業における経営の承継の円滑化を図るため、遺留分に関し民法の特例を定めるとともに、中小企業者が必要とする資金の供給の円滑化等の支援措置を講ずるもの。

十九日　大韓民国大法院長最高裁判所訪問

大韓民国大法院長李容勲氏は、最高裁判所の招へいにより最高裁判所長官島田仁郎を表敬訪問し、最高裁判所判事と懇談した。

二十一日　裁判員の参加する刑事裁判に関する規則及び刑事訴訟規則の一部を改正する規則公布（最高裁判所規則第五号）

五月二一日から施行。ただし、第二条の規定は平成二一年五月二一日から施行。

裁判員の参加する刑事裁判に関し、裁判員の参加する刑事裁判に関する法律等の一部を改正する法律（平成一九年法律第六〇号）により創設された部分判決制度の実施等に関する細目その他の必要事項を定めたもの。

刑事訴訟規則及び犯罪被害者等の保護を図るための刑事手続に付随する措置に関する規則の一部を改正する規則公布（最高裁判所規則第六号）

一二月一日から施行。ただし、第一条中刑事訴訟規則第四四条第一項第一〇号の改正規定（「第二九一条第二項」を「第二九一条第三項」に改める部分に限る。）並びに同規則第一九七条の二及び第二二二条の一四第一項の改正規定は五月二一日から施行。

犯罪被害者等の権利利益の保護を図るための刑事訴訟法等の一部を改正する法律（平成一九年法

律第九五号）の施行に伴い、犯罪被害者等が刑事裁判に参加する制度及び犯罪被害者等による損害賠償請求について刑事手続の成果を利用する制度を実施するために必要な事項を定めたもの。

二十三日　法制審議会被収容人員適正化方策に関する部会（諮問第七七号関係第一五回）

諮問第七七号について、統計資料として、「通常第一審における勾留率、保釈率等（地裁）」、「通常第一審における保釈率、保釈請求率、保釈許可率及び国選弁護人選任率の推移（地裁）」、「通常第一審における終局人員のうち保釈された人員の保釈の時期」等を配布し、事務当局から説明等が行われた。

「保釈の在り方」のテーマに関し、右記統計資料等を踏まえつつ、議論が行われたほか、「社会内処遇対象者等の連絡確保又は所在確認の方法・在り方」のテーマに関し、考えられる対象者、方法等についての議論が行われた。

二十六日　判事後藤眞理子、同三村晶子、弁護士栗林信介、同宮崎万壽夫　司法修習生考試委員会委員の委嘱を解く

司法研修所教官岩木宰、同大熊一之、同野辺博、同本郷亮　司法修習生考試委員会委員を委嘱する

長崎市長射殺事件（長崎地方裁判所）

本件は、暴力団の幹部である被告人が、現職の長崎市の市長であり、次期市長選挙に立候補した被害者を、当選阻止の目的等で、公共の場所において、けん銃を発射して殺害したという殺人、銃砲刀剣類所持等取締法違反及び公職選挙法違反、並びに、その際、けん銃及び適合実包二八個を所

持したという銃砲刀剣類所持等取締法違反及び火薬類取締法違反の罪で起訴されたものである。

被告人　死刑。

弁護人控訴申立て。

二十七日　日本司法支援センター設立二周年記念パーティー

アルカディア市ヶ谷（私学会館）において挙行され、島田最高裁判所長官らが参列、島田長官は祝辞を述べた。

二十八日　平成二〇年度司法修習生指導担当者協議会

司法修習生の指導に関する諸問題について、各配属庁会の修習指導担当者と司法研修所教官が協議し連絡を図る協議会を、東京・横浜・さいたま・千葉・水戸・宇都宮・前橋・静岡・甲府・長野・新潟・名古屋・岐阜・金沢・富山・仙台・福島・山形・盛岡・秋田・青森・札幌・函館・旭川・釧路の各配属庁会は五月二八日、大阪・京都・神戸・奈良・大津・和歌山・津・福井・広島・山口・岡山・鳥取・松江・福岡・佐賀・長崎・大分・熊本・鹿児島・宮崎・那覇・高松・徳島・高知・松山の各配属庁会は六月二日、いずれも司法研修所において開催。

二十九日　最高裁判所判事藤田宙靖は、随員として東京高等裁判所判事小出邦夫を伴い、独日法律家協会二〇周年記念式典（ドイツ連邦共和国）への出席及び欧州各国の司法事情視察のため出張（六月九日帰国）

三　十　日　大法廷首席書記官等に関する規則等の一部を改正する規則公布（最高裁判所規則第七号）

八月一日から施行。

裁判員等の選任に関する訟廷事務の適正かつ円滑な処理を図るため、地方裁判所及び最高裁判所の指定する地方裁判所の支部に裁判員調整官を置くこととしたもの。

「大法廷首席書記官等に関する規則の運用について」の一部改正について（最高裁総一第〇〇〇七七六号高等裁判所長官、地方・家庭裁判所長あて事務総長依命通達）

八月一日から実施。

大法廷首席書記官等に関する規則（昭和二十九年最高裁判所規則第九号）等の一部を改正する規則の施行により、地方裁判所及び最高裁判所の指定する地方裁判所の支部に裁判員調整官を置くこととなったことに伴い、裁判員調整官の職務等について定めたもの。

「訟廷管理官の下に置く係について」の一部改正について（最高裁総一第〇〇〇七七七号高等裁判所長官、地方・家庭裁判所長あて総務局長依命通達）

八月一日から実施。

訟廷管理官の下に別に指定するところにより裁判員係を設置することを定め、併せて、同係の分掌事務を定めたもの。

裁判員調整官の下に置く係について（最高裁総一第〇〇〇七七九号高等裁判所長官、地方・家庭裁判所長あて総務局長依命通達）

八月一日から実施。

大法廷首席書記官等に関する規則（昭和二十九年最高裁判所規則第九号）等の一部を改正する規

則の施行により、地方裁判所及び最高裁判所の指定する地方裁判所の支部に裁判員調整官を置くこととなったことに伴い、裁判員調整官の下に裁判員係を置くことを定め、併せて、同係の所掌事務を定めたもの。

札幌高等・地方裁判所合同庁舎増築

前橋地方・家庭・簡易裁判所合同庁舎増築

六月

三日

法制審議会民法成年年齢部会（諮問第八四号関係第四回）

一　東京都立芝商業高校における意見交換会に参加した委員・幹事から、意見交換会の結果、感想等の報告が行われた。また早稲田大学において、大学生、留学生との意見交換会を実施する旨の報告がされた。

二　独立行政法人労働政策研究・研修機構の研究員ほか二名から雇用・労働問題に関するヒアリングが行われ、現在の若年者の就業状況や若年者が抱える労働問題の実情及び成年年齢の引下げに関する意見について発表がされた後、質疑応答が行われた。

平成二〇年度判事任官者実務研究会

平成一〇年四月に司法修習を終えた判事（第五〇期）を対象に、民事事件、刑事事件の訴訟運営及び司法行政上の諸問題等についての研究会を、六月三日から六月六日まで司法研修所において実施。

四日　最高裁判所事務総局刑事局参事官平木正洋は、時事トップセミナー（アメリカ合衆国）への出席等のため出張（六月八日帰国）

最高裁判所大法廷判決――一　国籍法三条一項が、日本国民である父と日本国民でない母との間に出生した後に父から認知された子につき、父母の婚姻により嫡出子たる身分を取得した（準正のあった）場合に限り日本国籍の取得を認めていることによって国籍の取得に関する区別を生じさせていることと憲法一四条一項　二　日本国民である父と日本国民でない母との間に出生した後に父から認知された子は、日本国籍の取得に関して憲法一四条一項に違反する区別を生じさせている、父母の婚姻により嫡出子たる身分を取得したという部分（準正要件）を除いた国籍法三条一項所定の国籍取得の要件が満たされるときは、日本国籍を取得するか（平成一八年㈷第一三五号）

（要旨）

一　国籍法三条一項が、日本国民である父と日本国民でない母との間に出生した後に父から認知された子について、父母の婚姻により嫡出子たる身分を取得した（準正のあった）場合に限り届出による日本国籍の取得を認めていることによって、認知されたにとどまる子と準正のあった子との間に日本国籍の取得に関する区別を生じさせていることは、遅くとも上告人が国籍取得届を提出した平成一五年当時において、憲法一四条一項に違反していたものである。

二　日本国民である父と日本国民でない母との間に出生した後に父から認知された子は、国籍法三条一項所定の国籍取得の要件のうち、日本国籍の取得に関して憲法一四条一項に違反する区別を生じさせている部分、すなわち父母の婚姻により嫡出子たる身分を取得したという部分（準正要件）を除いた要件が満たされるときは、国籍法三条一項に基づいて日本国籍を取得する。

六日　民事執行規則等の一部を改正する規則公布（最高裁判所規則第八号）

一〇月一日から施行。

株式会社商工組合中央金庫法（平成一九年法律第七四号）の施行に伴い、民事執行、民事保全、民事訴訟及び破産の各手続に関し、必要な整備をしたもの。

保険法公布（法律第五六号）

平成二二年四月一日から施行。

商法（明治三二年法律第四八号）第二編第一〇章の保険契約に関する規定を見直し、共済契約をその適用の対象とするとともに、傷害疾病保険に関する規定を新設し、保険契約者等を保護するための規定の整備を行ったほか、表記を現代用語化したもの。

十日　平成二〇年度特別研究会（第一回・消費者紛争をめぐる諸問題）

高等裁判所、地方裁判所又は家庭裁判所の判事を対象に、消費者関連の民事事件処理の諸問題等についての研究会を、六月一〇日から六月一三日まで司法研修所において実施。

十二日　司法研修所教官田村幸一　司法修習生考試委員会委員を委嘱する

最高裁判所第一小法廷判決――一　放送事業者等から放送番組のための取材を受けた者において、取材担当者の言動等によって当該取材で得られた素材が一定の内容、方法により放送に使用されるもの

と期待し、信頼したことが、法的保護の対象となるか　（二略）（平成一九年(受)第八〇八～八一三号）

（要旨）

一　放送事業者又は放送事業者が放送番組の制作に協力を依頼した関係業者から放送番組の素材収集のための取材を受けた取材対象者が、取材担当者の言動等によって、当該取材で得られた素材が一定の内容、方法により放送に使用されるものと期待し、あるいは信頼したとしても、その期待や信頼は原則として法的保護の対象とはならない。もっとも、当該取材に応ずることにより必然的に取材対象者に格段の負担が生ずる場合において、取材担当者が、そのことを認識した上で、取材対象者に対し、取材で得た素材について、必ず一定の内容、方法により放送番組中で取り上げる旨説明し、その説明が客観的に見ても取材対象者に取材に応ずるという意思決定をさせる原因となるようなものであったときは、取材対象者が右記のように期待し、信頼したことが法律上保護される利益となり得る。

（二略）

十六日　平成二〇年度報道機関研修

株式会社読売新聞社　六月一六日から六月二七日まで　参加者二人。

株式会社産業経済新聞社　六月一六日から六月二七日まで　参加者二人。

十八日　性同一性障害者の性別の取扱いの特例に関する法律の一部を改正する法律公布（法律第七〇号）

一二月一八日から施行。

現に子がいる性同一性障害者であっても、当該子がすべて成年に達している場合には、性別の取扱いの変更の審判をすることができるようにするため、性別の取扱いの変更の審判に関する要件のうち、現に子がいないこととする要件を現に未成年の子がいないことに限定するもの。

少年法の一部を改正する法律公布（法律第七一号）

一二月一五日から施行。

被害者等による記録の閲覧及び謄写の範囲の拡大、被害者等の申出による意見の聴取の対象者の拡大、一定の重大事件の被害者等が少年審判を傍聴することができる制度の創設、家庭裁判所が被害者等に対し審判の状況を説明する制度の創設についての規定が整備されるとともに、成人の刑事事件により適切に対処するため、その管轄を家庭裁判所から地方裁判所等に移管された。

特定商取引に関する法律及び割賦販売法の一部を改正する法律公布（法律第七四号）

一部の規定を除き、平成二一年一二月一日から施行。

特定商取引に関する法律（昭和五一年法律第五七号）及び割賦販売法（昭和三六年法律第一五九号）において規制の対象となる商品及び役務の範囲の拡大を行うとともに、特定商取引に関する法律において、㈠訪問販売について通常必要とされる分量を著しく超える商品の売買契約の申込みの撤回等の制度の創設、㈡電子メール広告の規制の強化等の措置を講じ、また、割賦販売法において、㈠訪問販売等における個別信用購入あっせん関係受領契約の申込み又はその承諾の意思表示の取消し等の制度の創設、㈡購入者等の支払に充てることができる額を超えると見込まれる場合における包括信用購入あっせん関係受領契約及び個別信用購入あっせん関係受領契約の締結の禁止等の措置を講じたほか、所要の改正を行ったもの。

高等裁判所長官、地方裁判所長及び家庭裁判所長会同

六月一八日、一九日の両日、最高裁判所において開催。

協議事項

一　当面の司法行政上の諸問題について

二　その他

二十二日　駿河台大学総長竹下守夫　最高裁判所民事規則制定諮問委員会委員に任命する

二十五日　平成二〇年度支部長研究会

地方裁判所又は家庭裁判所の支部長を対象に、裁判及び司法行政の運営上考慮すべき事項についての研究会を、六月二五日から六月二七日まで司法研修所において実施。

最高裁判所第三小法廷決定——一　犯罪捜査に当たった警察官が犯罪捜査規範一三条に基づき当該捜査状況等を記録した備忘録は、刑訴法三一六条の二六第一項の証拠開示命令の対象となり得るか　二　警察官が捜査の過程で作成し保管するメモが証拠開示命令の対象となるものか否かの判断を行うために、裁判所が検察官に対し同メモの提示を命ずることの可否（平成二〇年(し)第一五九号）

（要旨）

一　犯罪捜査に当たった警察官が犯罪捜査規範一三条に基づき作成した備忘録であって、捜査の経

過その他参考となるべき事項が記録され、捜査機関において保管されている書面は、当該事件の公判審理において、当該捜査状況に関する証拠調べが行われる場合、刑訴法三一六条の二六第一項の証拠開示命令の対象となり得る。

二　警察官が捜査の過程で作成し保管するメモが証拠開示命令の対象となるものか否かの判断は、裁判所が行うべきものであり、裁判所は、その判断のために必要があるときは、検察官に対し、同メモの提示を命ずることができる。

二十六日　普天間基地騒音公害訴訟第一審判決（那覇地方裁判所沖縄支部）

本件は、沖縄県宜野湾市所在の普天間飛行場の周辺に居住する原告らが、普天間飛行場において離着陸する米軍機の発する騒音等により精神的被害等を受けていると主張して、国に対し、人格権等に基づく夜間の飛行機の飛行差止め、国家賠償法一条一項等に基づく過去及び将来の損害に対する賠償及び人格権等に基づく騒音測定等を求めたものである。

本判決は、普天間飛行場の設置又は管理の瑕疵があるとして、過去の損害に対する賠償を認めたが、飛行差止めの請求、将来の損害に対する賠償の請求、騒音測定等の請求を棄却した。

二十七日　諫早湾干拓地潮受堤防撤去等請求訴訟第一審判決（佐賀地方裁判所）

本件は、有明海沿岸の漁業者らが、諫早湾干拓事業に係る堤防の締め切りにより有明海全体の環境悪化、漁業被害が生じていると主張して、国に対し、漁業権等に基づき堤防の撤去（主位的請求）、排水門の常時開放（予備的請求）及び損害賠償を求めたものである。

本判決は、諫早湾干拓事業により諫早湾の環境変化が生じたことが推認できるとした上で、国が中・長期開門調査を実施しないことは立証妨害であって、国において信義則上、中・長期開門調査を実施して因果関係のないことを反証する義務を負担しているとし、五年間に限り堤防の排水門の開放する限度で予備的請求を認容した。また、諫早湾干拓事業により諫早湾とその近傍におけるアサリ採取又は養殖漁業の漁業環境を悪化させているとして、諫早湾において漁業行使権を有する原告について損害賠償請求を認容した。

七月

一日

法制審議会民法成年年齢部会（諮問第八四号関係第五回）

一　千葉県立八千代高校における意見交換会に参加した委員等から、意見交換会の結果、感想等の報告が行われた。

二　発達心理学、社会学の各研究者及び精神科医からのヒアリングが行われ、現在の若年者が抱えている諸問題や成年年齢の引下げに関する意見について発表がされた後、質疑応答が行われた。

平成一九年度司法研究（刑事一及び二）報告会

司法研修所において開催。刑事一につき研究報告者六人。刑事二につき研究報告者四人。

平成二〇年度特別研究会（第二回及び第三回・裁判員制度実務研究）

高等裁判所、地方裁判所又は家庭裁判所の判事又は判事補を対象に、裁判員制度導入に向けた準備を中心に、刑事実務上の諸問題についての研究会を、七月一日から七月四日まで司法研修所において実施。

四日　検事総長に東京高等検察庁検事長樋渡利秋就任

検察審査会の名称及び管轄区域等を定める政令の一部を改正する政令公布（政令第二一七号）

七月一五日から施行。

東京第三検察審査会ほか一三庁を新設し、横浜検察審査会ほか六庁の名称を改めたもの。

平成二一年四月一日から施行。

下田検察審査会ほか四九庁を廃止し、沼津検察審査会ほか三五庁の管轄区域を改めたもの。

検察審査会法施行令等の一部を改正する政令公布（政令第二一八号）

七月一五日から施行。ただし、一部規定については、平成二一年五月二一日から施行。

検察審査員等の選定手続及び審査補助員の委嘱手続等に関する規定を整備し、審査補助員に給する旅費、日当及び宿泊料の額、起訴議決に係る事件について公訴の提起及びその維持に当たる指定弁護士に給すべき手当の額を定めたもの。

日　法制審議会被収容人員適正化方策に関する部会（諮問第七七号関係第一六回）

諮問第七七号について、配布資料として、「社会奉仕を義務付ける制度を更生保護制度において行う場合に考えられる論点について」等を配布し、事務当局から説明等が行われた。

「社会奉仕を義務付ける制度の導入の当否」のテーマに関し、右記配布資料等を踏まえつつ、考えられる制度の法的位置付け、目的等や関連する論点等についての議論が行われた。

七日　知的財産高等裁判所判事飯村敏明は、最高人民法院知的財産権部主催の知的財産権の司法保護に関する国際会議（中華人民共和国）への出席等のため出張（七月一二日帰国）

八日　平成二〇年度簡易裁判所判事基礎研究会

平成一八年度新任簡易裁判所判事研修の終了者を対象に、民事事件、刑事事件の裁判実務及び裁判官の在り方等についての研究会を、七月八日から七月一一日まで司法研修所において実施。

十日　検察審査会事務局に置く係について（最高裁総一第〇〇〇九六六号地方裁判所長あて総務局長依命通達）

七月一五日から実施。

昭和二六年五月一日付け最高裁判所総二第五六号総務局長通知及び依命通達「課を置くべき検察審査会事務局の指定及び検察審査会事務局各課の各係等の事務分掌について」を廃止し、新たに検察審査会事務局に置く係について定めたもの。

最高裁判所事務総長大谷剛彦　最高裁判所民事規則制定諮問委員会委員　同家庭規則制定諮問委員会委員に任命する　最高裁判所図書館委員会委員を命ずる

民事事件担当裁判官等事務打合せ

最高裁判所において開催。参加者は、各高等裁判所所在地にある地方裁判所並びに横浜、さいたま、千葉、京都、神戸、金沢、鳥取、熊本、盛岡、函館及び徳島の各地方裁判所の民事事件を担当する裁判官及び民事首席書記官又は民事次席書記官。

協議事項

一　損害賠償命令制度並びに付添い、遮へいの措置及びビデオリンク方式による尋問の運用に関し考慮すべき事項

二　これからの民事訴訟の運営に関し考慮すべき事項

アメリカ合衆国連邦最高裁判所判事最高裁判所訪問

アメリカ合衆国連邦最高裁判所判事ステファン・G・ブライアー氏は、最高裁判所長官島田仁郎及び最高裁判所判事藤田宙靖を表敬訪問した。

十一日

最高裁判所第三小法廷決定――強盗致傷の非行事実を認定して少年を中等少年院送致とした家庭裁判所の決定が、抗告審で事実誤認を理由に取り消されて差し戻された場合において、検察官の申し出た証拠を取り調べずに、非行なしとして少年を保護処分に付さなかった受差戻審の決定に法令違反はないとされた事例（平成二〇年(し)第一四七号）

（要旨）強盗致傷の非行事実を認定して少年を中等少年院送致とした家庭裁判所の決定が、抗告審で事実誤認を理由に取り消されて差し戻された場合において、受差戻審の家庭裁判所が検察官の申し出た証拠を取り調べることにより同決定の結論が覆る蓋然性も認められないことに加え、本件の審理経過や早期、迅速な処理が要請される少年保護事件の特質をも考慮すると、合理的な裁量の範囲内のものであり、同決定が示した消極的否定的判断に従い非行なしとして少年を保護処分に付さなかった受差戻審の決定に法令違反はない。

十四日　一億円ヤミ献金事件上告審決定（最高裁判所第一小法廷）
上告棄却。
（平成一八年三月三〇日及び平成一九年五月一〇日の項参照）

十五日　平成二〇年度司法研究（家事）開始
司法研修所において打合せ会を実施。研究員七人。

十八日　熊本家庭裁判所長上原裕之　法制審議会臨時委員を免ずる
判事秋武憲一　法制審議会臨時委員に任命する（民法成年年齢部会）

十九日　元東京高等裁判所長官川島一郎　逝去（九〇歳）
正三位に叙される。

二十二日　法制審議会民法成年年齢部会（諮問第八四号関係第六回）
一　早稲田大学における留学生・日本人大学生との意見交換会の概要について事務当局から報告が行われた後、同意見交換会に参加した委員から、意見交換会の結果、感想等の報告が行われた。
二　認知神経科学、少年非行、認知心理学の各研究者からのヒアリングが行われ、現在の若年者が抱えている諸問題や成年年齢の引下げに関する意見について発表がされた後、質疑応答が行われた。

二十三日　知的財産高等裁判所判事今井弘晃は、ワシントン大学知的財産権研究所（ＣＡＳＲＩＰ）主催の特許関係国際会議（アメリカ合衆国）への出席等のため出張（七月二八日帰国）

二十五日　ライブドア事件控訴審判決（東京高等裁判所）

控訴棄却。

被告人上告申立て。

（平成一八年二月一三日及び平成一九年三月一六日の項参照）

二十九日　熊田士朗　下級裁判所裁判官指名諮問委員会（名古屋に置かれるもの）地域委員を免ずる

名古屋地方裁判所長野田武明　下級裁判所裁判官指名諮問委員会（名古屋に置かれるもの）地域委員に任命する

三十日　民事の次席書記官及び刑事の次席書記官を置く高等裁判所等の指定並びに次席書記官の員数について（最高裁総一第〇〇〇九七七号高等裁判所長官、地方・家庭裁判所長あて総務局長通知）

千葉地方裁判所及び神戸地方裁判所に置く刑事の次席書記官が二人、千葉家庭裁判所の次席書記官が一人と定められたことを通知し、併せて他の指定庁について指定等の通知をし直したもの。

大阪高等検察庁次席検事太田茂　司法修習生考試委員会委員の委嘱を解く　司法修習委員会委員を免ずる

最高検察庁総務部長心得酒井邦彦　司法修習生考試委員会委員を委嘱する　司法修習委員会委員に任命する

八月

二日　福田内閣改造

十九日　法務大臣　保岡興治就任

二十日　弁護士山田攝子、同大久保博　最高裁判所家庭規則制定諮問委員会委員に任命する

福島県立大野病院産科医逮捕事件第一審判決（福島地方裁判所）

本件は、福島県立大野病院で帝王切開手術を受けた産婦が死亡したことにつき、手術を担当した同院産婦人科の医師一人が業務上過失致死と医師法違反により起訴されたものである。

被告人　無罪（確定）

二十三日　弁護士三羽正人　医事関係訴訟委員会委員に任命する

高松高等裁判所長官江見弘武　定年退官

二十六日　川崎和彦　最高裁判所刑事規則制定諮問委員会委員　下級裁判所裁判官指名諮問委員会委員を免ずる

最高検察庁公判部長河村博　最高裁判所刑事規則制定諮問委員会委員　下級裁判所裁判官指名諮問委員会委員に任命する

高松高等検察庁検事長伊藤鉄男　下級裁判所裁判官指名諮問委員会地域委員会（東京に置かれるもの）地域委員を免ずる

東京地方検察庁検事正岩村修二　下級裁判所裁判官指名諮問委員会地域委員会（東京に置かれるもの）地域委員に任命する

本田守弘　下級裁判所裁判官指名諮問委員会地域委員会（広島に置かれるもの）地域委員を免ずる

広島地方検察庁検事正長井博美　下級裁判所裁判官指名諮問委員会地域委員会（広島に置かれるも

の）地域委員に任命する

松浦由記夫　下級裁判所裁判官指名諮問委員会地域委員会（高松に置かれるもの）地域委員を免ずる

高松地方検察庁検事正松田章　下級裁判所裁判官指名諮問委員会地域委員会（高松に置かれるもの）地域委員に任命する

三十一日　最高裁判所判事今井功は、随員として最高裁判所事務総局行政局付篠田賢治を伴い、憲法裁判所設立二〇周年記念国際シンポジウム（大韓民国）への出席等のため出張（九月六日帰国）

九月

一日　平成二〇年度新任簡易裁判所判事導入研修

平成二〇年度に新たに簡易裁判所判事に任命された者（司法修習終了者を除く。）を対象に、簡易裁判所判事として必要な識見及び法律知識の修得並びに裁判官の在り方等についての研修を、九月一日から九月五日まで司法研修所において実施。

二日　最高裁判所判事才口千晴　定年退官

平成一九年度四月期採用（現行第六一期）司法修習生修習終了

修習終了者六〇九人。

判事補任官二四人、検事任官二〇人、弁護士登録五三二人、その他三三人。

三日　法制審議会第一五七回総会

一　法務大臣から新たに発せられた主権免除法制の整備に関する諮問第八五号及び国際裁判管轄法

制の整備に関する諮問第八六号に関し、事務当局から諮問に至った経緯及び諮問の趣旨等について説明がされた。その審議の進め方等に関する意見表明がされ、諮問第八五号については「主権免除法制部会」（新設）に、諮問第八六号については「国際裁判管轄法制部会」（新設）にそれぞれ付託して審議することとし、各部会での審議に基づき総会において更に審議することとされた。

二　法務省民事局長から次期臨時国会に提出予定の「国籍法の一部を改正する法律案」の概要について報告がされた。

八日　弁護士宮川光治　最高裁判所判事に任命する
大阪家庭裁判所長林醇　高等裁判所長官に任命する　高松高等裁判所長官に補する
最高裁判所判事那須弘平、判事長岡哲次、判事八木正一、法務省刑事局長大野恒太郎、明治大学法科大学院法務研究科専任教授青山善充、京都大学大学院教授酒巻匡　最高裁判所家庭規則制定諮問委員会委員に任命する

九日　前橋地方裁判所長岡田雄一　最高裁判所刑事規則制定諮問委員会委員を免ずる
判事村瀬均　最高裁判所刑事規則制定諮問委員会委員に任命する
法制審議会民法成年年齢部会（諮問第八四号関係第七回）

一　事務当局から、諸外国における成年年齢等（成年年齢、婚姻適齢、養子をとることができる年齢や、成年年齢引下げの理由等）の調査結果について報告が行われた。

二　弁護士ほか二名から親権等に関するヒアリングが行われ、親権に関する諸問題の状況や、成年年齢の引下げに関する意見について発表がされた後、質疑応答が行われた。

十日　平成二〇年度少年実務研究会

家庭裁判所で少年事件を担当する判事又は判事補を対象に、少年事件をめぐる諸問題等についての研究会を、九月一〇日から九月一二日まで司法研修所において実施（一部裁判所職員総合研修所と合同実施）。

最高裁判所大法廷判決――市町村の施行に係る土地区画整理事業の事業計画の決定と抗告訴訟の対象（平成一七年㈸第三九七号）

（要旨）市町村の施行に係る土地区画整理事業の事業計画の決定は、抗告訴訟の対象となる行政処分に当たる。

十一日　最高裁判所判事横尾和子　願に依り本官を免ずる

九州大学客員教授櫻井龍子　最高裁判所判事に任命する

倒産事件担当裁判官等事務打合せ

最高裁判所において開催。参加者は、各高等裁判所所在地にある地方裁判所並びに横浜、さいたま、千葉、京都及び神戸の各地方裁判所の倒産事件を担当する裁判官及び民事首席書記官又は民事次席書記官。

協議事項

一　大型事件をはじめとする企業倒産事件の適切な処理を図るための方策
二　その他倒産事件の処理に関し考慮すべき事項

十五日　大阪家庭裁判所判事松本久及び最高裁判所事務総局家庭局第三課課長補佐高橋直人は、国際家族法学会第一三回世界大会（オーストリア共和国）出席等のため出張（九月二三日帰国）

十六日　大阪地方裁判所判事田中俊次は、第一四回欧州特許裁判官シンポジウム（フランス共和国）への出席のため出張（九月二一日帰国）

十七日　平成二〇年度知的財産権専門研修（長期）
　東京理科大学専門職大学院　九月一六日から平成二一年一月二七日まで　参加者一人。

　裁判所職員健康安全管理規程の一部を改正する規程制定（最高裁判所規程第四号）
　一〇月一日から施行。
　長時間勤務をした職員の健康管理の一層の充実を図るための面接指導制度等の規定を設けたもの。

十九日　リーマン・ブラザーズ証券株式会社に再生手続開始決定
　東京地方裁判所は、リーマン・ブラザーズ証券株式会社と関連会社三社に対して、再生手続開始決定をした（負債総額は約四兆六九〇〇億円）。

二十二日　判事阿部潤　法制審議会臨時委員に任命する（主権免除法制部会）
　国連自由権規約委員会委員長最高裁判所訪問

国連自由権規約委員会委員長ラファエル・リヴァス・ポサダ氏は、最高裁判所長官島田仁郎を表敬訪問した。

二十三日　金沢家庭裁判所判事戸倉晴美及び名古屋家庭裁判所主任家庭裁判所調査官新美顕文は、家庭裁判所協会（ＡＦＣＣ）主催の第八回子の監護の調査に関する国際シンポジウム並びに第八回親教育及び面接交渉に関する国際会議（アメリカ合衆国）出席のため出張（九月二九日帰国）

二十四日　平成二〇年度新任判事補研修（第一回）

平成二〇年九月に司法修習を終え、判事補に任命された者（現行第六一期）を対象に、裁判実務に関連する基礎的事項及び裁判官の在り方についての研修を、九月二四日から九月二九日まで司法研修所において実施。

福田内閣総辞職

麻生内閣成立

法務大臣　森英介就任

二十六日　法制審議会主権免除法制部会（諮問第八五号関係第一回）

一　部会長として上原敏夫委員が互選された。

二　「主権免除法担当者試案」についてのパブリックコメントの結果の概要について報告を受けるとともに、「主権免除法制の整備に関する要綱試案（一）」について審議した。

刑事事件担当裁判官協議会

二十九日

最高裁判所において開催。参加者は、各高等裁判所及び地方裁判所の刑事事件担当の裁判官。

協議事項　裁判員制度の運用に関し考慮すべき事項

最高裁判所事務総局総務局長高橋利文　最高裁判所民事規則制定諮問委員会委員　同刑事規則制定諮問委員会委員　同家庭規則制定諮問委員会委員に任命する　最高裁判所図書館委員会委員を命ずる

最高裁判所事務総局民事局長小泉博嗣　最高裁判所民事規則制定諮問委員会委員に任命する

平成二〇年度報道機関研修

株式会社朝日新聞社　九月二九日から一〇月一〇日まで　参加者二人。

株式会社毎日新聞社　九月二九日から一〇月一〇日まで　参加者二人。

株式会社日本経済新聞社　九月二九日から一〇月一〇日まで　参加者二人。

社団法人共同通信社　九月二九日から一〇月一〇日まで　参加者二人。

株式会社時事通信社　九月二九日から一〇月一〇日まで　参加者二人。

日本放送協会　九月二九日から一〇月一〇日まで　参加者二人。

三十日

明治大学法科大学院法務研究科専任教授青山善充　最高裁判所民事規則制定諮問委員会委員に任命する

法制審議会民法成年年齢部会（諮問第八四号関係第八回）

一　事務当局から、内閣府により平成二〇年七月に実施され九月に公表された民法の成年年齢に関する世論調査の結果について報告が行われた。

二　事務当局から、これまでの審議結果（ヒアリング、高校生等との意見交換会）及び今後検討すべき論点について説明が行われた上、成年年齢の引下げについて委員・幹事相互間で議論が行われた。

神戸地方・家庭裁判所姫路支部、姫路簡易裁判所合同庁舎増築

最高裁判所第一小法廷決定――警察官が私費で購入したノートに記載し、一時期自宅に持ち帰っていた取調べメモについて、証拠開示を命じた判断が是認された事例（平成二〇年(し)第三三八号）

（要旨）警察官が私費で購入したノートに記載し、一時期自宅に持ち帰っていた本件取調べメモについて、同メモは、捜査の過程で作成され、公務員が職務上現に保管し、かつ、検察官において入手が容易な証拠であり、弁護人の主張と同メモの記載の間には一定の関連性が認められ、開示の必要性も肯認できないではなく、開示により特段の弊害が生じるおそれも認められず、その証拠開示を命じた判断は結論において是認できる。

十月

一日　一般社団法人等非訟事件手続規則公布（最高裁判所規則第九号）

一二月一日から施行。

非訟事件手続法（明治三一年法律第一四号）第二編第一章に定められていた法人に関する民事非訟事件の手続に関する規定が、一般社団法人及び一般財団法人に関する法律及び公益社団法人及び公益財団法人の認定等に関する法律の施行に伴う関係法律の整備等に関する法律（平成一八年法律

第五〇号）により削除され、一般社団法人及び一般財団法人に関する法律（同年法律第四八号）に引き継がれたことを受け、必要な事項を定めたもの。

一般社団法人及び一般財団法人に関する法律等の施行に伴う関係規則の整備に関する規則公布（最高裁判所規則第一〇号）

一二月一日から施行。

「一般社団法人及び一般財団法人に関する法律及び公益社団法人及び公益財団法人の認定等に関する法律の施行に伴う関係法律の整備等に関する法律（平成一八年法律第五〇号）」及び「一般社団法人及び一般財団法人に関する法律等の施行に伴う関係政令の整備等に関する政令（平成一九年政令第三九号）」の制定により、民法（明治二九年法律第八九号）その他の法令が改正され、法人に関する用語の整理や条番号の変更がされたことなどに伴い、家事審判等の手続に関し、必要な事項を定めたもの。

民事訴訟法第百三十二条の十第一項に規定する電子情報処理組織を用いて取り扱う督促手続に関する規則の一部を改正する規則公布（最高裁判所規則第一一号）

一一月四日から施行。

電子情報処理組織を用いて取り扱う督促手続に関し、指定簡易裁判所が取り扱うことのできる地理的範囲を大阪高等裁判所及び福岡高等裁判所の管轄区域内に所在する簡易裁判所にまで拡大したもの。

裁判官の地域手当に関する規則及び裁判所職員の留学費用の償還に関する規則の一部を改正する規則公布・施行（最高裁判所規則第一二号）

公庫の予算及び決算に関する法律の一部改正に伴い、裁判官の地域手当に関する規則及び裁判所職員の留学費用の償還に関する規則の規定を整理したもの。

裁判官の報酬等の支給定日に関する規則の一部を改正する規則公布・施行（最高裁判所規則第一三号）

裁判官、裁判官以外の裁判所職員又は司法修習生が居住する地域が災害を受けた場合に、裁判官の報酬等の月額の半額ずつを月二回に支給することができることとしたもの。

二日　「法の日」週間（七日まで）

刑事訴訟規則及び犯罪収益に係る保全手続等に関する規則の一部を改正する規則公布（最高裁判所規則第一四号）

一二月一五日から施行。

少年法の一部を改正する法律（平成二〇年法律第七一号）の施行により、成人の刑事事件の管轄が家庭裁判所から地方裁判所等へ移管されることに伴い、刑事訴訟規則及び犯罪収益に係る保全手続等に関する規則の規定を整理するもの。

三日　判事伊藤雅人　法制審議会臨時委員を免ずる

最高裁判所事務総局刑事局第一課長齊藤啓昭　法制審議会臨時委員に任命する（被収容人員適正化方

策に関する部会）

七日　法制審議会被収容人員適正化方策に関する部会（諮問第七七号関係第一七回）

諮問第七七号について、今後の審議の進め方に関して議論が行われたが、これまでの議論を踏まえ、今後の審議では、保護観察の一内容としていわゆる社会奉仕活動を行う制度と刑の一部の執行猶予を可能とする制度の各制度を検討対象とし、より具体的な議論を行っていくこととされた。

平成二〇年度行政基礎研究会

地方裁判所で行政事件を担当する判事補を対象に、判例から見た行政事件の基本問題、租税訴訟及び住民訴訟をめぐる諸問題等についての研究会を、一〇月七日から一〇月九日まで司法研修所において実施。

九日　平成二〇年度行政実務研究会

地方裁判所で行政事件を担当する判事を対象に、行政事件の動向と課題及び行政訴訟の審理、運営をめぐる諸問題等についての研究会を、一〇月九日から一〇月一〇日まで司法研修所において実施。

十日　内閣法制局第二部長横畠裕介　最高裁判所民事規則制定諮問委員会委員　同刑事規則制定諮問委員会委員に任命する

法制審議会主権免除法制部会（諮問第八五号関係第二回）

「主権免除法制の整備に関する要綱試案（二）」について審議した。

十四日　最高裁判所判事田原睦夫は、随員として東京地方裁判所判事平出喜一を伴い、第三四回国際法曹協会（ＩＢＡ）会議（アルゼンチン共和国）への出席等のため出張（一〇月二四日帰国）
最高裁判所事務総局民事局長小泉博嗣、判事鶴岡稔彦　法制審議会臨時委員に任命する（国際裁判管轄法制部会）

十五日　民事執行規則及び民事保全規則の一部を改正する規則公布（最高裁判所規則第一五号）

一二月一日から施行。

電子記録債権法（平成一九年法律第一〇二号）の施行に伴い、民事執行及び民事保全の各手続に関し、必要な事項を定めたもの。

犯罪収益に係る保全手続等に関する規則の一部を改正する規則公布（最高裁判所規則第一六号）

一二月一日から施行。

電子記録債権法（平成一九年法律第一〇二号）の施行に伴い、電子記録債権に関する没収保全の手続に関し、必要な事項を定めたもの。

また、同規則の附則で、国際刑事裁判所に対する協力の手続に関する規則（平成一九年最高裁判所規則第八号）の一部が改正された。

那覇地方・簡易裁判所合同庁舎増築

十六日　最高裁判所家庭規則制定諮問委員会
少年法の一部を改正する法律公布（平成二〇年法律第七一号）に伴う少年審判規則の改正につい

て審議した。

平成二〇年度民間企業短期研修（東京商工会議所関係）

東京メトロポリタンテレビジョン株式会社及び本田技研工業株式会社　一〇月一六日から一〇月二九日まで　参加者二人。

東京ガス株式会社及びライオン株式会社　一〇月一六日から一〇月二九日まで　参加者二人。

株式会社商工組合中央金庫及びイオン株式会社　一〇月一六日から一〇月二九日まで　参加者二人。

株式会社東急百貨店及びＮＴＴコミュニケーションズ株式会社　一〇月一六日から一〇月二九日まで　参加者二人。

三菱商事株式会社及び株式会社メリーチョコレートカムパニー　一〇月一六日から一〇月二九日まで　参加者二人。

三井住友海上火災保険株式会社及び株式会社伊藤園　一〇月一六日から一〇月二九日まで　参加者二人。

東京急行電鉄株式会社及び株式会社資生堂　一〇月一六日から一〇月二九日まで　参加者二人。

平成二〇年度民間企業短期研修（大阪商工会議所関係）

シャープ株式会社及び大阪ガス株式会社　一〇月一六日から一〇月二九日まで　参加者二人。

日本生命保険相互会社及び株式会社サンリット産業　一〇月一六日から一〇月二九日まで　参加

者二人。

株式会社サクラクレパス及び京阪電気鉄道株式会社　一〇月一六日から一〇月二九日まで　参加者二人。

平成二〇年度民間企業短期研修（名古屋商工会議所関係）

興和株式会社及び名古屋鉄道株式会社　一〇月一六日から一〇月二九日まで　参加者二人。

名港海運株式会社及びブラザー工業株式会社　一〇月一六日から一〇月二九日まで　参加者二人。

十七日　法制審議会国際裁判管轄法制部会（諮問第八六号関係第一回）

一　部会長として髙橋宏志委員が互選された。

二　国際裁判管轄法制の整備につき、従前の経緯及び立法の範囲等について事務当局から説明が行われた後、総論的な事項について審議した。

十九日　最高裁判所判事津野修　定年退官

二十日　最高裁判所判事中川了滋　最高裁判所判例委員会委員を命ずる

名古屋刑務所事件控訴審判決（名古屋高等裁判所）

原判決破棄　被告人一名　懲役三年（執行猶予）、被告人一名　懲役一年六月（執行猶予）。

被告人二名について、被告人ら、弁護人上告申立て。

（平成一七年一一月四日の項参照）

二十一日

犯罪被害者等の権利利益の保護を図るための刑事手続に付随する措置に関する規則の一部を改正する規則公布（最高裁判所規則第一七号）

一二月一日から施行。

犯罪被害者等の権利利益の保護を図るための刑事手続に付随する措置に関する法律及び総合法律支援法の一部を改正する法律（平成二〇年法律第一九号）の施行に伴い、被害者参加人のための国選弁護制度を実施するために必要な事項を定めたもの。

また、同規則の附則で、刑事訴訟規則（昭和二三年最高裁判所規則第三二号）の一部が改正された。

法制審議会民法成年年齢部会（諮問第八四号関係第九回）

事務当局から検討すべき論点について説明が行われた上、成年年齢の引下げについて委員・幹事相互間で議論が行われた。

元外務事務次官竹内行夫　最高裁判所判事に任命する

平成二〇年度刑事実務研究会

高等裁判所又は地方裁判所で刑事事件を担当する判事又は判事補を対象に、裁判員制度導入に向けた準備を中心に、刑事実務上の諸問題についての研究会を、一〇月二一日から一〇月二四日まで司法研修所において実施。

二十三日

弁護士酒井憲郎　司法修習生考試委員会委員を委嘱する

調停委員協議会
最高裁判所において開催。参加者は、各地方裁判所の民事調停委員及び各家庭裁判所の家事調停委員。
協議事項　当事者の紛争解決意欲を高めるために、双方に対して十分な情報が開示され、手続の進行状況と見通しの把握が容易にできるような調停運営の実現に向けて、調停委員が取り組むべき課題

二十四日　法制審議会主権免除法制部会（諮問第八五号関係第三回）
「主権免除法制の整備に関する要綱試案（三）」について審議した。

二十七日　刑事に関する共助に関する日本国と中華人民共和国との間の条約公布（条約第一一号）
一一月二三日発効。
各締結国が他方の締結国の請求に基づき、捜査、訴追その他の刑事手続について共助を実施すること等を規定したもの。

二十九日　最高裁判所事務総局分課規程の一部を改正する規程制定（最高裁判所規程第五号）
一二月一五日から施行。
少年法の一部を改正する法律（平成二十年法律第七十一号）の施行に伴い、必要な改正をしたもの。

三十日　司法研修所長大野市太郎　司法修習委員会委員に任命する

家事事件担当裁判官協議会

最高裁判所において開催。参加者は東京及び大阪各高等裁判所の家事抗告事件担当の陪席裁判官並びに東京、横浜、さいたま、千葉、静岡、大阪、京都、神戸、名古屋、広島、福岡、仙台、札幌及び高松各家庭裁判所の家事事件担当の裁判官。

協議事項　家事事件の処理に関し立法上及び運用上考慮すべき事項

三十一日　横浜事件再審開始決定（横浜地方裁判所）

本件の原事件は、被告人が、治安維持法違反の罪で起訴され、昭和二〇年九月一五日に懲役二年（執行猶予）の判決があり確定したものである（確定）。

十一月

三　日　平成二〇年秋の叙勲において、最高裁判所所管の分野では

旭日大綬章

元最高裁判所判事滝井繁男

ほか九九人が叙勲された。

また、特別功労のある調停委員三二人及び補導受託者一人に対し、藍綬褒章が授与された。

五　日　最高裁判所判事泉徳治は、随員として千葉地方裁判所判事上田哲を伴い、欧州裁判官評議会（オーストリア共和国）への出席等のため出張（一一月一六日帰国）

平成二〇年度民事実務研究会

高等裁判所又は地方裁判所で民事事件を担当する判事を対象に、契約紛争と事実認定をテーマとして、事実認定の在り方についての研究会を、一一月五日から一一月七日まで司法研修所において実施。

平成二〇年度知的財産権専門研修（短期）

独立行政法人理化学研究所　一一月五日から一一月一八日まで　参加者二人。

十日

少年事件担当裁判官協議会

最高裁判所において開催。参加者は、各家庭裁判所の少年事件担当の裁判官。

協議事項　少年法の一部改正に関し運用上考慮すべき事項

十一日

少年審判規則の一部を改正する規則公布（最高裁判所規則第一八号）

一二月一五日から施行。

少年法の一部を改正する法律（平成二〇年法律第七一号）の施行に伴い、被害者等による少年審判の傍聴の申出の方式その他の所要の事項が定められるとともに、関係規定が整備された。

特別家事審判規則の一部を改正する規則公布（最高裁判所規則第一九号）

平成二一年三月一日から施行。

中小企業における経営の承継の円滑化に関する法律（法律第三三号）の一部の施行に伴い、遺留分の算定に係る合意についての許可に関する審判の手続に関し、必要な事項を定めるもの。

十二日

最高裁判所判事中川了滋、同堀籠幸男　最高裁判所刑事規則制定諮問委員会委員に任命する

十三日　山口地方・家庭・簡易裁判所合同庁舎増築

十七日　平成二〇年度民事訴訟運営実務研究会

地方裁判所で民事事件を担当する判事又は判事補を対象に、民事訴訟運営の方法、書記官との連携、右陪席としての合議事件への関与の在り方等についての研究会を、一一月一七日から一一月一九日まで司法研修所において実施（一部裁判所職員総合研修所と合同実施）。

平成二〇年度刑事訴訟運営実務研究会

地方裁判所で刑事事件を担当する判事又は判事補を対象に、刑事訴訟運営の方法、書記官との連携、右陪席としての合議事件への関与の在り方等についての研究会を、一一月一七日から一一月一九日まで司法研修所において実施。

十八日　法制審議会民法成年年齢部会（諮問第八四号関係第一〇回）

事務当局から検討すべき論点について説明が行われた上、成年年齢の引下げについて委員・幹事相互間で議論が行われた。

十九日　民事執行規則及び民事保全規則の一部を改正する規則公布（最高裁判所規則第二〇号）

平成二一年一月五日から施行。

株式等の取引に係る決済の合理化を図るための社債等の振替に関する法律等の一部を改正する法律（平成一六年法律第八八号）の施行により、「株券等の保管及び振替に関する法律（昭和五九年法律第三〇号）」が廃止され、「社債等の振替に関する法律（平成一三年法律第七五号）」を「社債、株式等の振替に関する法律」に改めたことに伴い、民事執行及び民事保全の各手続に関し、必要な事項を定めたもの。

犯罪収益に係る保全手続等に関する規則の一部を改正する規則公布（最高裁判所規則第二一号）

平成二一年一月五日から施行。

株式等の取引に係る決済の合理化を図るための社債等の振替に関する法律等の一部を改正する法律（平成一六年法律第八八号）の施行に伴い、犯罪収益に係る保全手続等に関する規則の規定の整備をするもの。

また、同規則の附則で、国際刑事裁判所に対する協力の手続に関する規則（平成一九年最高裁判所規則第八号）の一部が改正された。

二十一日　法制審議会主権免除法制部会（諮問第八五号関係第四回）

「主権免除法制の整備に関する要綱案第一次案」について審議した。

最高裁判所長官島田仁郎　定年退官

二十五日　東京高等裁判所長官竹崎博允　最高裁判所長官に任命する

広島高等裁判所長官白木勇　東京高等裁判所長官に補する

仙台高等裁判所長官相良朋紀　広島高等裁判所長官に補する

最高裁判所首席調査官千葉勝美　高等裁判所長官に任命する　仙台高等裁判所長官に補する

二十七日　平成二〇年度一一月期採用（新第六二期）司法修習生修習開始

二十八日　司法修習生二〇四四人。
仙台高等裁判所長官千葉勝美　最高裁判所図書館委員会委員を免ずる
最高裁判所首席調査官永井敏雄　最高裁判所図書館委員会委員を命ずる
法制審議会国際裁判管轄法制部会（諮問第八六号関係第二回）
自然人や法人等の普通裁判籍並びに義務履行地、財産所在地及び事務所・営業所所在地等の特別裁判籍について審議した。
平成二一年裁判員候補者名簿記載者に対して、裁判員候補者名簿記載通知を発送（二九万五、〇二七人）

十二月

一日　平成二〇年度日韓交流プログラム
日韓両国の司法行政における現状の問題について、両国の裁判官が意見交換を行う日韓交流プログラムを、一二月一日から同月三日まで最高裁判所において開催した。

三日　平成二〇年度裁判基盤研究会
高等裁判所、地方裁判所又は家庭裁判所の判事を対象に、「コミュニケーション」をテーマとした研究会を、一二月三日から一二月五日まで司法研修所において実施。

四日　簡易裁判所民事事件担当裁判官等事務打合せ
最高裁判所において開催。参加者は、東京、横浜、さいたま、千葉、大阪、京都、神戸、名古屋、広島、福岡、仙台、札幌及び高松の各簡易裁判所の民事事件担当裁判官、東京簡易裁判所の民事首席書記官、大阪、名古屋、福岡及び札幌の各簡易裁判所の首席書記官、横浜、さいたま、千葉、京都、神戸、広島、仙台及び高松の各地方裁判所の民事首席書記官又は民事次席書記官。

協議事項

一　簡易裁判所の訴訟手続の本来の機能を活性化するための方策等

二　貸金業関係事件の大量かつ集中的な提起に対し、効率的な事件処理を図るための方策

三　調停の利用を推進し、活性化するための方策等

五日　長崎地方裁判所庁舎増築

六日　最高裁判所事務総局情報政策課参事官岡部豪及び同課管理係長林征兒は、全米州裁判所センター（NCSC）主催のEコート会議（アメリカ合衆国）出席等のため出張（一二月一二日帰国）

八日　最高裁判所首席調査官永井敏雄　下級裁判所裁判官指名諮問委員会委員を免ずる

判事出田孝一　下級裁判所裁判官指名諮問委員会委員に任命する

早稲田大学大学院法務研究科教授伊藤眞　最高裁判所民事規則制定諮問委員会委員に任命する

十日　平成二〇年度労働実務研究会

地方裁判所で労働事件又は労働審判事件を担当する判事又は判事補を対象に、労働審判制度及び個別労働関係をめぐる諸問題についての研究会を、一二月一〇日から一二月一二日まで司法研修所において実施。

十一日

最高裁判所第一小法廷判決――遺産分割調停調書に、相続人が遺産取得の代償としてその所有する建物を他の相続人に譲渡する旨の条項がある場合において、同調書を添付してされた同建物の所有権移転登記申請につき、登記原因証明情報の提供を欠くことを理由に却下した処分が違法とされた事例（平成二〇年㈷第二九号）

（要旨）遺産分割調停調書に、相続人Xが被相続人の遺産を取得した代償としてX所有の建物を他の相続人Aらに譲渡する旨の条項がある場合において、Xが登記原因証明情報として同調書を添付しAらと共同して行った同建物の所有権移転登記申請につき、同調書上、同建物の譲渡は、XのAらに対する代償金支払義務があることを前提としてその支払に代えて行われるものとはされておらず、その譲渡自体につきAらからXに対して反対給付が行われるものともされていないという事実関係の下では、同条項による合意は、XがAらに対し遺産取得の代償として同建物を無償で譲渡することを内容とするものであって、同条項の記載は、登記の原因となる法律行為の特定に欠けるところがないということができ、登記原因証明情報の提供を欠くことを理由に同申請を却下した処分は違法である。

十二日

国籍法の一部を改正する法律公布（法律第八八号）

平成二一年一月一日から施行。

出生後日本国民である父に認知された子の日本の国籍の取得に関する国籍法の規定は一部違憲であるとの最高裁判所判決があったことに鑑み、父母が婚姻をしていない場合における認知された子にも届出による日本の国籍の取得を可能とするもの。

労働基準法の一部を改正する法律公布（法律第八九号）

平成二二年四月一日から施行。

長時間にわたり労働する労働者の割合が高い水準で推移していること等に対応し、労働以外の生活のための時間を確保しながら働くことができるようにするため、一箇月について六〇時間を超える時間外労働について割増賃金の率を引き上げる（中小事業主の事業については、当分の間、引き上げはしない。）こと等を主な内容とするもの。

法制審議会主権免除法制部会（諮問第八五号関係第五回）

「主権免除法制の整備に関する要綱案第二次案」について審議した。

十六日　甲府地方・家庭・簡易裁判所合同庁舎改築

法制審議会民法成年年齢部会（諮問第八四号関係第一一回）

事務当局から、中間報告書案の概要について説明が行われた上、中間報告書の取りまとめが行われた。同報告書をパブリック・コメントの手続に付した上、その結果も踏まえて調査審議を行う予定であることとされた。

十七日　平成一九年度一一月期採用（新第六一期）司法修習生修習終了

修習終了者一七三一人。

判事補任官七五人、検事任官七三人、弁護士登録一四九四人、その他八九人。

十九日　法制審議会国際裁判管轄法制部会（諮問第八六号関係第三回）

不法行為に関する訴え、社団・財団に関する訴え、不動産に関する訴え、登記・登録に関する訴え、相続に関する訴え及び債務不存在確認の訴えの特別裁判籍並びに合意管轄及び応訴管轄について審議した。

二十四日　大阪地方・家庭裁判所堺支部、堺簡易裁判所合同庁舎改築

最高裁判所事務総局分課規程の一部を改正する規程制定（最高裁判所規程第七号）

一二月三一日から施行。

裁判所職員再就職等監視委員会規則の施行に伴い、同委員会の庶務を最高裁判所事務総局において処理するため、事務総局内の事務分掌を改めたもの。

下級裁判所の部の数を定める規程の一部を改正する規程制定（最高裁判所規程第八号）

平成二一年四月一日から施行。ただし、裁判所の名称変更に関する改正規定は同月二〇日から施行。

一部の下級裁判所について、部の数を増加し、又は裁判所の名称を変更したもの。

裁判官弾劾裁判所の下山芳晴判事に対する罷免判決

裁判官弾劾裁判所は、宇都宮地方裁判所判事兼宇都宮簡易裁判所判事下山芳晴に対し、左記の要旨により、同人を罷免する旨の判決を宣告した。同人は、最高裁判所長官により、弾劾による罷免の事由があるとして、裁判官訴追委員会に対し、罷免の訴追をすべきことを求められていたもので

ある。

記

被訴追者は、平成二〇年二月一九日から同年三月一九日までの間、裁判所職員である被害女性に対する恋愛感情等を充足する目的で、前後一六回にわたり、被訴追者方ほか三か所から、パーソナルコンピューターを使用し、被害女性が所持する携帯電話機に、その行動を監視していると思わせたり、性的羞恥心を害したりするような内容のメールを繰り返し送信し、ストーカー行為をした。

二十六日　一般職の職員の給与に関する法律等の一部を改正する法律公布（法律第九四号）

一部を除き、平成二一年四月一日から施行。

一般職の国家公務員について、医療職俸給表㈠の適用を受ける職員の初任給調整手当の額の改定及び本府省業務調整手当の新設を行うとともに、勤務時間を一週間当たり三八時間四五分に改定するなどしたもの。

国家公務員退職手当法等の一部を改正する法律公布（法律第九五号）

平成二一年四月一日から施行。

退職手当制度の一層の適正化を図り、もって公務に対する国民の信頼確保に資するため、退職後に懲戒免職等処分を受けるべき行為をしたと認められるに至った者の退職手当の全部又は一部を返納させることができることとする等、退職手当について新たな支給制限及び返納の制度を設けるなどの改正を行ったもの。

裁判官及び裁判官の秘書官以外の裁判所職員の退職管理に関する規則公布（最高裁判所規則第一二号）

一二月三一日から施行。

国家公務員法等の一部を改正する法律（平成一九年法律第一〇八号）の施行に伴い、裁判官及び裁判官の秘書官以外の裁判所職員に対する求職の規制、再就職者による依頼等の規制等の範囲等を定めたもの。

裁判所職員再就職等監視委員会規則公布（最高裁判所規則第一三号）

一二月三一日から施行。

国家公務員法等の一部を改正する法律（平成一九年法律第一〇八号）の施行に伴い、最高裁判所に置かれる裁判所職員再就職等監視委員会の組織等を定めたもの。

山本信一　下級裁判所裁判官指名諮問委員会地域委員会（札幌に置かれるもの）地域委員を免ずる

札幌地方検察庁検事正吉田博視　下級裁判所裁判官指名諮問委員会地域委員会（札幌に置かれるもの）地域委員に任命する

平成二十一年

一　月

六　日　最高裁判所判事泉徳治　最高裁判所判例委員会委員を免ずる
最高裁判所判事涌井紀夫　最高裁判所判例委員会委員を命ずる

八　日　裁判所職員総合研修所研修計画協議会
一月八日、九日の両日、裁判所職員総合研修所において開催。

十五日　裁判員制度の運用等に関する有識者懇談会（第一回）
裁判員制度の運用に関する検証の在り方等に関する意見交換が行われた。
その後、平成二八年一二月五日までの間に合計二八回開催され、同様に意見交換が行われた。

十六日　地方裁判所及び家庭裁判所支部設置規則の一部を改正する規則公布（最高裁判所規則第一号）
四月二〇日から施行。
東京地方・家庭裁判所八王子支部の名称を東京地方・家庭裁判所立川支部に改めるとともに、同支部の所在地の表示及び管轄区域の表示を改めたもの。
法制審議会主権免除法制部会（諮問第八五号関係第六回）
「外国等に係る民事裁判権免除法制の整備に関する要綱案」が取りまとめられた。

十九日　平成二〇年度新任判事補研修（第二回）
平成二〇年一二月に司法修習を終え、判事補に任命された者（新第六一期）を対象に、裁判実務

二十一日　に関連する基礎的事項及び裁判官の在り方等についての研修を、一月一九日から一月二六日まで司法研修所において実施。

弁護士杉田昌子　裁判所職員再就職等監視委員会委員長に任命する

学習院大学法科大学院教授龍岡資晃、ジャーナリスト桝井成夫　裁判所職員再就職等監視委員会委員に任命する

心神喪失者等医療観察法裁判官協議会

最高裁判所において開催。参加者は、東京、大阪の高等裁判所の医療観察抗告事件を担当する裁判官及び東京、横浜、さいたま、千葉、大阪、神戸、名古屋、広島、福岡、仙台、札幌、高松の地方裁判所の医療観察事件を担当する裁判官。

協議事項　医療観察事件の実務上問題となる事項

二十二日　最高裁判所長官竹崎博允　法制審議会委員を免ずる

東京高等裁判所長官白木勇　法制審議会委員に任命する

平成二〇年度新任簡易裁判所判事研修

平成二〇年度に新たに簡易裁判所判事に任命された者（司法修習終了者を除く。）を対象に、民事事件、刑事事件の実務及び裁判官の在り方等についての研修を、一月二二日から二月二五日まで司法研修所において実施。

最高裁判所第一小法廷判決――一　金融機関の預金者に対する預金口座の取引経過開示義務の有無

二　共同相続人の一人が被相続人名義の預金口座の取引経過開示請求権を単独で行使することの可否（平成一九年(受)第一九一九号）

（要旨）

一　金融機関は、預金契約に基づき、預金者の求めに応じて預金口座の取引経過を開示すべき義務を負う。

二　預金者の共同相続人の一人は、共同相続人全員に帰属する預金契約上の地位に基づき、被相続人名義の預金口座の取引経過の開示を求める権利を単独で行使することができる。

最高裁判所第一小法廷判決――継続的な金銭消費貸借取引に関する基本契約が、利息制限法所定の制限を超える利息の弁済により発生した過払金をその後に発生する新たな借入金債務に充当する旨の合意を含む場合における、上記取引により生じた過払金返還請求権の消滅時効の起算点（平成二〇年(受)第四六八号）

（要旨）継続的な金銭消費貸借取引に関する基本契約が、借入金債務につき利息制限法一条一項所定の制限を超える利息の弁済により過払金が発生したときには、弁済当時他の借入金債務が存在しなければ上記過払金をその後に発生する新たな借入金債務に充当する旨の合意を含む場合は、上記取引により生じた過払金返還請求権の消滅時効は、特段の事情がない限り、上記取引が終了した時から進行する。

二十二日

法制審議会国際裁判管轄法制部会（諮問第八六号関係第四回）

海事関係の訴え、知的財産権に関する訴え、消費者契約関係の訴え及び労働関係の訴えについて審議した。

二十四日　最高裁判所判事泉徳治　定年退官

二十五日　最高裁判所事務総局刑事局長小川正持　最高裁判所刑事規則制定諮問委員会委員に任命する　最高裁判所図書館委員会委員を命ずる

二十六日　大阪高等裁判所長官金築誠志　最高裁判所判事に任命する

最高裁判所事務総長大谷剛彦　高等裁判所長官に任命する　大阪高等裁判所長官に補する

千葉地方裁判所長山崎敏充　最高裁判所事務総長に任命する

大阪高等裁判所長官大谷剛彦　最高裁判所図書館委員会委員を免ずる　司法修習生考試委員会委員の委嘱を解く　倫理監督官を免ずる

最高裁判所事務総長山崎敏充　最高裁判所図書館委員会委員を命ずる　司法修習生考試委員会委員を委嘱する　倫理監督官を命ずる

二十七日　最高裁判所事務総局刑事局第一課長齊藤啓昭　法制審議会臨時委員を免ずる

最高裁判所事務総局刑事局長小川正持、判事村瀬均　法制審議会臨時委員に任命する（被収容人員適正化方策に関する部会）

最高裁判所第三小法廷決定――特許権又は専用実施権の侵害差止めを求める仮処分事件において特許法一〇五条の四第一項に基づく秘密保持命令の申立てをすることの許否（平成二〇年(許)第三六号）

（要旨）特許権又は専用実施権の侵害差止めを求める仮処分事件は、特許法一〇五条の四第一項柱書き本文に規定する「特許権又は専用実施権の侵害に係る訴訟」に該当し、上記仮処分事件においても、同項に基づく秘密保持命令の申立てをすることが許される。

二十九日　法制審議会被収容人員適正化方策に関する部会（諮問第七七号関係第一八回）

諮問第七七号について、事務当局から、これまでの部会における議論の経過が説明された上、第一七回会議で事務当局において作成することとされた、今後の議論のたたき台となる「刑の一部の執行猶予制度に関する参考試案」及び「社会貢献活動を特別遵守事項とする制度に関する参考試案」について説明が行われた。すなわち、「刑の一部の執行猶予制度に関する参考試案」につき、これまでの部会における議論の状況を踏まえ、第一の「初入者に対する刑の一部の執行猶予制度」は、比較的軽い罪を犯し、現行制度で実刑が言い渡される場合と執行猶予が言い渡される場合の中間の刑責を有するとともに、一定期間の施設内処遇と相応の期間の社会内処遇を実施することが再犯防止・改善更生に有用かつ必要な者に対し、その刑責を果たさせつつ、施設内処遇と社会内処遇を連携させて再犯防止・改善更生を図ることを趣旨とする制度として参考試案が作成された旨説明がされた。また、第二の「薬物使用者に対する刑の一部の執行猶予制度」は、参考試案第一の対象とならない薬物使用者に対し、その刑責の範囲内において、まず刑事施設において薬物への傾向性改善の処遇を行った上、引き続き、その効果を維持・強化するため、薬物の誘惑のあり得る社会内において、相応の期間にわたり適切な社会内処遇を十分に受けさせることを可能とし、その刑責を果たさせつつ、施設内処遇と社会内処遇を連携させて再犯防止・改善更生を図ることを趣旨とする制度として参考試案が作成された旨説明がされた。さらに、「社会貢献活動を特別遵守事項とする制度に関する参考試案」につき、これまでの当部会における議論の状況を踏まえ、保護観察処遇の選択肢を拡充し、保護観察対象者に社会貢献活動を特別遵守事項として義務付けることができるものとすることにより、その善良な社会の一員としての意識のかん養及び規範意識の向上を図り、その再犯防止・改善更生を図ることを趣旨とする制度として参考試案が作成された旨説明がされた。その後、これらの説明に関する質疑応答が行われた。

三十日　函館地方裁判所長瀧澤泉、水戸地方検察庁検事正佐々木善三　簡易裁判所判事選考委員会委員の委嘱を解く

判事菊池洋一、最高検察庁検事長島裕　簡易裁判所判事選考委員会委員を委嘱する

東京高等検察庁検事野々上尚　司法修習生考試委員会委員の委嘱を解く

司法研修所教官上野友慈　司法修習生考試委員会委員を委嘱する

釧路地方・家庭裁判所帯広支部、帯広簡易裁判所合同庁舎改築

二月

一日　最高裁判所事務総局民事局付大竹敬人及び同局第二課調査員須永里子は、ハーグ国際私法会議（送達条約等運用特別委員会）（オランダ王国）への出席等のため出張（二月八日帰国）

二日　平成二〇年度特別研究会（第四回・複雑・困難な損害賠償請求事件の処理をめぐる諸問題）

高等裁判所、地方裁判所又は家庭裁判所の判事を対象に、複雑・困難な損害賠償請求事件の処理をめぐる諸問題等についての研究会を、二月二日から二月三日まで司法研修所において実施。

三　日

東京大学大学院法学政治学研究科教授井上正仁、京都大学大学院法学研究科教授坂巻匡、中央大学大学院法務研究科教授椎橋隆幸　最高裁判所刑事規則制定諮問委員会委員に任命する

宮崎地方・家庭・簡易裁判所合同庁舎増築

村上ファンド事件控訴審判決（東京高等裁判所）

原判決破棄　懲役二年、罰金三〇〇万円、追徴金一一億四、九〇〇万六、三二六円（執行猶予）。

弁護人上告申立て。

（平成一八年六月二三日及び平成一九年七月一九日の項参照）

四　日

検察審査会の名称及び管轄区域等を定める政令の一部を改正する政令公布（政令第十四号）

四月二十日から施行。

八王子検察審査会の名称を立川検察審査会に改めるとともに、同検察審査会の管轄区域の表示を改めたもの。

法制審議会第一五八回総会

一　主権免除法制部会長から、主権免除法制の整備に関する諮問第八五号に関し、同部会が取りまとめた「外国等に対する民事裁判権に係る法制の整備に関する要綱案」について、審議の経過及び結果に関する報告がされた。

同要綱案は、関係する外国及び私人の予見可能性を確保するという観点から、政府として締結を予定している国及びその財産の裁判権からの免除に関する国際連合条約（仮称）を踏まえて、外国を当事者とする民事裁判手続並びに外国の財産に対する保全処分及び民事執行に関する我が国の裁判権の範囲等について定めることを内容とするものである。

審議・採決の結果、同要綱案は、全会一致で原案どおり採択され、直ちに法務大臣に答申することとされた。

二　法務大臣から新たに発せられた非訟事件手続法及び家事審判法の改正に関する諮問第八七号に関し、事務当局から諮問に至った経緯及び諮問の趣旨等について説明がされた。この諮問について、その審議の進め方等に関する意見表明がされ、諮問第八七号については「非訟事件手続法・家事審判法部会」（新設）に付託して審議することとし、同部会での審議に基づき総会において更に審議することとされた。

三　被収容人員適正化方策に関する部会長及び民法成年年齢部会長からそれぞれの部会における審議経過に関する報告がされた。

十日

仙台高等検察庁検事長増田暢也　下級裁判所裁判官指名諮問委員会地域委員会（東京に置かれるもの）地域委員を免ずる

千葉地方検察庁検事正河村博　下級裁判所裁判官指名諮問委員会委員を免ずる　下級裁判所裁判官指名諮問委員会地域委員会（東京に置かれるもの）地域委員に任命する

最高検察庁公判部長池上政幸　下級裁判所裁判官指名諮問委員会委員に任命する
判事山崎学　下級裁判所裁判官指名諮問委員会地域委員会（札幌に置かれるもの）地域委員を免ずる
札幌地方裁判所長梅津和宏　下級裁判所裁判官指名諮問委員会地域委員会（札幌に置かれるもの）地域委員に任命する

十八日　平成二〇年度家事実務研究会
家庭裁判所で家事事件を担当する判事又は判事補を対象に、人事訴訟事件及び家事審判事件の運用の在り方等についての研究会を、二月一八日から二月二〇日まで司法研修所において実施（一部裁判所職員総合研修所と合同実施）。

二十日　松山地方・簡易裁判所合同庁舎増築
札幌高等裁判所長官佐藤久夫　逝去（六三歳）
正三位に叙され瑞宝重光章を授与される。

二十三日　福島地方・家庭裁判所郡山支部、郡山簡易裁判所合同庁舎増築
平成二〇年度法律実務教育研究会
法科大学院に派遣されている、又は派遣される予定の判事又は判事補を対象に、法律実務の教育等についての研究会を、二月二三日から二月二四日まで司法研修所において実施。
タイ王国最高裁判所長官最高裁判所訪問
タイ王国最高裁判所長官ウィラット・リムウィチャイ氏及び同裁判所判事シリチャイ・チラブン

シー氏は、最高裁判所長官竹崎博允及び最高裁判所判事今井功を表敬訪問した。

二十四日　法制審議会被収容人員適正化方策に関する部会（諮問第七七号関係第一九回）

諮問第七七号について、「刑の一部の執行猶予制度に関する参考試案」第一の「初入者に対する刑の一部の執行猶予制度」について、初入者に対する刑の一部の執行猶予制度の趣旨は何か、「三年以下の懲役又は禁錮の言渡しを受けたとき」、「情状により」等の刑の一部の執行を猶予することができる場合の要件が適当か、猶予期間中の保護観察を任意的としていることが適当か、刑の一部の執行猶予の言渡しを取り消されることなくその猶予の期間を経過したときの効果をどうすべきか、刑の一部の執行猶予制度において、実刑部分について仮釈放を認めるか、また、仮釈放を認め得る期間の算定方法をどうすべきか等に関し議論が行われた。

二十五日　法制審議会民法成年年齢部会（諮問第八四号関係第一二回）

一　事務当局から、パブリック・コメントにおいて中間報告書に対して寄せられた意見の概要について報告が行われた。

二　文部科学省の担当官から、学習指導要領の改訂状況（消費者教育の現状等も含む。）について報告が行われた上、質疑応答が行われた。

三　事務当局から、今後検討すべき論点について説明が行われた上、成年年齢の引下げについて委員・幹事相互間で議論が行われた。

二十六日　大阪高等裁判所長官大谷剛彦　最高裁判所民事規則制定諮問委員会委員　同刑事規則制定諮問委員会

委員　同家庭規則制定諮問委員会委員を免ずる
最高裁判所事務総長山崎敏充　最高裁判所民事規則制定諮問委員会委員　同刑事規則制定諮問委員会委員　同家庭規則制定諮問委員会委員に任命する
千葉地方検察庁検事正河村博　最高裁判所刑事規則制定諮問委員会委員を免ずる
最高検察庁公判部長池上政幸、東京地方検察庁次席検事谷川恒太　最高裁判所刑事規則制定諮問委員会委員に任命する
広島高等検察庁検事長笠間治雄　司法修習生考試委員会委員の委嘱を解く
最高検察庁次長検事伊藤鉄男　司法修習生考試委員会委員を委嘱する

二十七日

法制審議会国際裁判管轄法制部会（諮問第八六号関係第五回）
　併合管轄（客観的併合、主観的併合及び訴訟参加等）、事案の具体的事情を考慮して管轄を排除するための規律、国際訴訟競合に関する規律及び緊急管轄に関する規律について審議した。

三月

四日

裁判所職員再就職等監視委員会（第一回）において、中重克巳を再就職等監察官として任命すべき者とする議決をし、再就職等監察官への承認権限の委任について協議し、同承認権限を最高裁判所が監察官を任命することを条件として、監察官に委任することとされた
平成二〇年度判事補三年実務研究会
　平成一八年一〇月に司法修習を終えた判事補（第五九期）を対象に、執行事件、保全事件等に関

九日

する裁判実務の在り方等についての研究会を、三月四日から三月六日まで司法研修所において実施。

一木泰造判事について罷免の訴追請求

最高裁判所長官は、福岡高等裁判所宮崎支部判事兼宮崎簡易裁判所判事一木泰造について、左記の要旨のとおり弾劾による罷免の事由があるとして、裁判官訴追委員会に対し罷免の訴追をすべきことを求めた。（同判事兼簡易裁判所判事は、裁判所法第四〇条第三項の規定により、平成二一年四月一〇日限り、本官たる判事及び兼官たる簡易裁判所判事としての任期が終了し、裁判官退官となり、裁判官訴追委員会は、同月一五日、訴追審査打切り決定をした。）

記

被請求人は、平成二一年二月八日午後九時ころ、九州自動車道を走行中の高速バス車内において、隣席の女性乗客に対し、同女が熟睡のため抗拒不能の状態にあることに乗じ、左手指を同女の着衣の中に入れて同女の下腹部に触れるなどのわいせつな行為をした。

右記行為は、裁判官弾劾法第二条第二号に規定する裁判官としての威信を著しく失うべき非行があったときに該当する。

平成二〇年度医療基礎研究会

地方裁判所又は家庭裁判所の判事補を対象に、医療関係訴訟の現状と課題及び医療現場の実状等についての研究会を、三月九日から三月一一日まで司法研修所において実施。

平成二〇年度税務・会計基礎研究会

地方裁判所又は家庭裁判所の判事補を対象に、税務・会計の基礎理論及び実務並びに租税事件の現状と課題等についての研究会を、三月九日から三月一一日まで司法研修所において実施。

平成二〇年度知的財産権基礎研究会

地方裁判所又は家庭裁判所の判事補を対象に、知的財産権訴訟の審理及び運営についての研究会を、三月九日から三月一一日まで司法研修所において実施。

最高裁判所第二小法廷判決――一　福島県青少年健全育成条例一六条一項にいう「自動販売機」に該当するとされた事例　二　福島県青少年健全育成条例二一条一項、三四条二項（平成一九年福島県条例第一六号による改正前のもの）、三五条の規定と憲法二一条一項、二二条一項、三一条（平成一九年(あ)第一五九四号）

（要旨）

一　有害図書類に係る本件販売機は、監視カメラで撮影した客の画像を監視センターに送信し、監視員がモニターでこれを監視する等の機能を備えていても、「販売の業務に従事する者と客とが直接対面する方法によらずに販売を行うことができる設備を有する機器」として、福島県青少年健全育成条例一六条一項にいう「自動販売機」に該当する。

二　有害図書類の自動販売機（販売の業務に従事する者と客とが直接対面する方法によらずに販売を行うことができる設備を有する機器）への収納を禁止し、その違反を処罰する福島県青少年健全育成条例二一条一項、三四条二項（平成一九年福島県条例第一六号による改正前のもの）、三五条の規定は、憲法二一条一項、二二条一項、三一条に違反しない。

十日　最高裁判所図書館委員会

最高裁判所図書館の運営について審議した。

法制審議会被収容人員適正化方策に関する部会（諮問第七七号関係第二〇回）

諮問第七七号について、「刑の一部の執行猶予制度に関する参考試案」第二の「薬物使用者に対する刑の一部の執行猶予制度」について、「犯情の軽重その他の事情を考慮して、その薬物自己使用等事犯に係る犯罪的傾向を改善するために必要であり、かつ、相当であると認められるとき」の要件の趣旨は何か。また、どのような場合がこれに当たるのか、薬物使用者に対する刑の一部の執行猶予制度による保護観察において、いかなる処遇を行うのか、「薬物自己使用等事犯の罪とその罪より重い刑が定められている他の罪とに係る懲役の言渡しをするときは、その一部の執行を猶予することができないものとすること」との要件の趣旨は何か。また、この要件を設けることが適当か等に関し議論が行われた。

十一日　裁判所職員再就職等監察官に中重克巳就任

最高裁判所事務総局家庭局長二本松利忠、判事鈴木健太、同難波孝一　法制審議会臨時委員に任命する（非訟事件手続法・家事審判法部会）

十三日　判事阿部潤　法制審議会臨時委員を免ずる

法制審議会非訟事件手続法・家事審判法部会（諮問第八七号関係第一回）
一　諮問第八七号を調査・審議するために、本部会が設置されたことの説明が行われた後、部会長として伊藤眞委員が互選された。
二　非訟事件手続法及び家事審判法の改正の必要性等について、非訟事件及び家事事件の概況並びに主な非訟事件及び家事事件の手続の概要について、ドイツ連邦共和国において昨年公布された「家庭事件及び非訟事件の手続に関する法律」の概要についてそれぞれ説明が行われた後、委員・幹事相互間で審議した。

十八日

平成二一年三月一八日付け最高裁判所裁判官会議議決「平成一一年九月一日付け最高裁判所裁判官会議議決「執行官規則第一条第一項に規定する最高裁判所が定める基準について」の一部改正について」

四月一日から施行。

執行官の任命基準として公務員以外の者に求められている法律に関する実務について通算一五年以上の経験年数を、通算一〇年以上に改めるもの。

十九日

裁判官及び裁判官の秘書官以外の裁判所職員の勤務時間に関する規則の一部を改正する規則公布（最高裁判所規則第二号）
四月一日から施行。
一般の政府職員の勤務時間等の改定に伴い、裁判官及び裁判官の秘書官以外の裁判所職員の勤務時間及びその割振りを改定するもの。

二十四日

宗教法人オウム真理教破産手続終結決定

東京地方裁判所は、宗教法人オウム真理教の破産手続終結決定をした。

法制審議会被収容人員適正化方策に関する部会（諮問第七七号関係第二一回）

諮問第七七号について、「社会貢献活動を特別遵守事項とする制度に関する参考試案」について、社会貢献活動を特別遵守事項とする制度の趣旨は何か、「善良な社会の一員としての意識のかん養及び規範意識の向上に資する地域社会の利益の増進に寄与する社会的活動」の要件の趣旨は何か、また、このような要件とすることが適当か、社会貢献活動を特別遵守事項とする制度において義務付けられる活動としては、どのような内容のものが想定されるのか、「社会貢献活動」という名称は適当か等に関し議論が行われた。

福岡高等裁判所長官篠原勝美　定年退官

最高裁判所第三小法廷判決——相続人のうちの一人に対して財産全部を相続させる旨の遺言がされた場合において、遺留分の侵害額の算定に当たり、遺留分権利者の法定相続分に応じた相続債務の額を遺留分の額に加算することの可否（平成一九年(受)第一五四八号）

（要旨）相続人のうちの一人に対して財産全部を相続させる旨の遺言がされた場合には、遺言の趣旨等から相続債務については当該相続人にすべてを相続させる意思のないことが明らかであるなど特段の事情のない限り、相続人間においては当該相続人が相続債務もすべて承継したと解され、遺留分の侵害額の算定に当たり、遺留分権利者の法定相続分に応じた相続債務の額を遺留分の額に加算することは許されない。

二十五日　最高裁判所事務総局分課規程の一部を改正する規程制定（最高裁判所規程第一号）

四月一日から施行。

裁判所職員退職手当審査会規則の施行に伴い、同審査会の庶務を最高裁判所事務総局において処理するため、事務総局内の事務分掌を改めたほか、国家公務員法等の一部を改正する法律（平成十九年法律第百八号）の一部の施行に伴い必要な改正をしたもの。

横浜地方裁判所長安倍嘉人　高等裁判所長官に任命する　福岡高等裁判所長官に補する

東京高等裁判所判事田中康郎　高等裁判所長官に任命する　札幌高等裁判所長官に補する

新潟地方・簡易裁判所合同庁舎増築

藤里町連続児童殺害事件控訴審判決（仙台高等裁判所秋田支部）

控訴棄却。

弁護人上告申立て（上告取下げにより確定）。

（平成二〇年三月一九日の項参照）

二十六日　最高裁判所第一小法廷判決――一　軽犯罪法一条二号にいう「正当な理由」の意義及びその存否の判断方法　二　軽犯罪法一条二号所定の器具に当たる催涙スプレー一本を専ら防御用として隠して携帯していたことが同号にいう「正当な理由」によるものであったとされた事例（平成二〇年㈠第一五一八号）

（要旨）

一　軽犯罪法一条二号にいう「正当な理由」があるとは、同号所定の器具を隠して携帯することが、職務上又は日常生活上の必要性から、社会通念上、相当と認められる場合をいい、これに該当するか否かは、当該器具の用途や形状・性能、隠匿携帯した者の職業や日常生活との関係、隠匿携帯の日時・場所、態様及び周囲の状況等の客観的要素と、隠匿携帯の動機、目的、認識等の主観的要素とを総合的に勘案して判断すべきである。

二　職務上の必要から、軽犯罪法一条二号所定の器具に当たる護身用に製造された比較的小型の催涙スプレー一本を入手した者が、これを健康上の理由で行う深夜路上でのサイクリングに際し、専ら防御用としてズボンのポケット内に入れて携帯したなどの本件事実関係の下では、同隠匿携帯は、同号にいう「正当な理由」によるものであったといえる。

二十七日

課を置く検察審査会事務局の指定等について（最高裁総一第〇〇三三八号地方裁判所長あて総務局長事務取扱通知）

三月三一日限りで東京第二、宇都宮、静岡、新潟、大阪第二、名古屋第二、津、岡山、小倉、大分、熊本、鹿児島、那覇、仙台、青森、函館、高松、徳島、高知、松山の各検察審査会事務局に課を置くことの指定が取り消され、四月一日から課を置く検察審査会事務局として千葉第一検察審査会事務局が指定されたもの。

「検察審査会事務局に置く係について」の一部改正について（最高裁総一第〇〇三三九号地方裁判

所長あて総務局長事務取扱依命通達）

四月一日から実施。

課が置かれていない検察審査会事務局に置く係を廃止及び設置したもの。

庶務係、調査係及び会議係を置く検察審査会事務局は、東京第一、東京第三、東京第四、東京第五、東京第六、八王子（四月二日から立川）、横浜第一、横浜第三、大阪第一、大阪第三、大阪第四、神戸第二、広島第一、高松の各検察審査会事務局。

庶務係及び調査係を置く検察審査会事務局は、さいたま第二、千葉第二、水戸、宇都宮、前橋、静岡、甲府、新潟、堺、京都第二、姫路、大津、名古屋第二、津、岐阜、山口、岡山、福岡第二、小倉、長崎、大分、熊本、鹿児島、那覇、仙台、山形、盛岡、徳島、高知、松山の各検察審査会事務局。

「大法廷首席書記官等に関する規則の運用について」の一部改正について（最高裁総一第〇〇〇三四五号高等裁判所長官、地方・家庭裁判所長あて事務総長依命通達）

四月一日から実施。

最高裁判所の指定する家庭裁判所に家事の訟廷副管理官を置くこと等を追加して定めたもの。

「裁判員調整官の下に置く係について」の一部改正について（最高裁総一第〇〇〇三四七号高等裁判所長官、地方・家庭裁判所長あて総務局長事務取扱依命通達）

四月一日から実施。

地方裁判所の裁判員調整官の下に、別に指定するところにより裁判員第一係及び裁判員第二係を置くことを定め、併せて、各係の分掌事務を定めたもの。

家事の訟廷副管理官を置く家庭裁判所の指定について（最高裁総一第〇〇〇三五〇号高等裁判所長官、地方・家庭裁判所長あて総務局長事務取扱通知）

四月一日から実施。

家事の訟廷副管理官を置く家庭裁判所として、大阪家庭裁判所が新たに指定されたもの。

訟廷管理官を置く簡易裁判所の指定及び当該訟廷管理官の下に置く係の指定について（最高裁総一第〇〇〇三五一号高等裁判所長官、地方・家庭裁判所長あて総務局長事務取扱通知）

四月一日から実施。

訟廷管理官を置く簡易裁判所として、京都簡易裁判所が新たに指定され、当該訟廷管理官の下に事件係及び記録係を置くことが指定されたもの。

訟廷副管理官を置く簡易裁判所の指定について（最高裁総一第〇〇〇三五二号高等裁判所長官、地方・家庭裁判所長あて総務局長事務取扱通知）

四月一日から実施。

訟廷副管理官を置く簡易裁判所として、名古屋簡易裁判所が新たに指定されたもの。

総括主任書記官を置く地方裁判所の指定について（最高裁総一第〇〇〇三五三号高等裁判所長官、地方・家庭裁判所長あて総務局長事務取扱通知）

四月一日から実施。

総括主任書記官を置く地方裁判所として、仙台地方裁判所が新たに指定されたもの。

「課に置く係について」の一部改正について（最高裁総一第〇〇〇三五九号高等裁判所長官、地方・家庭裁判所長あて総務局長事務取扱依命通達）

四月一日から実施。

共済組合支部が統合された（大阪地裁び大阪家裁の各支部を廃止し、大阪高裁支部を増設した）ことに伴い、必要な改正をしたもの。

法制審議会民法成年年齢部会（諮問第八四号関係第一三回）

一　内閣府の担当官から、青少年育成施策大綱の改訂状況及び青少年総合対策推進法案の概要等について説明が行われた上、質疑応答が行われた。総務省の担当官から、選挙年齢の引下げの方針等について説明が行われた上、質疑応答が行われた。法務省大臣官房司法法制部の担当官から、法教育の現状等について説明が行われた上、質疑応答が行われた。

二　事務当局から、今後検討すべき論点について説明が行われた上、成年年齢の引下げについて委員・幹事相互間で議論が行われた。

東京地方・家庭裁判所立川支部、立川簡易裁判所合同庁舎新築

福岡高等・地方・簡易裁判所合同庁舎増築

三十日

千葉地方・簡易裁判所合同庁舎改築

三十一日

タイ王国最高行政裁判所長官最高裁判所訪問

タイ王国最高行政裁判所長官アカラトーン・チュララット氏は、最高裁判所長官竹崎博允を表敬訪問した。

横浜再審事件判決（横浜地方裁判所）

免訴（確定）。

（平成二〇年一〇月三一日の項参照）

裁判所職員定員法の一部を改正する法律公布（法律第一一号）

四月一日から施行。

裁判所職員定員法中判事一、六七七人を一、七一七人に、判事補九八五人を一、〇二〇人に、裁判官以外の裁判所職員二二、〇八六人を二二、〇八九人に改めたもの。

裁判所職員退職手当審査会規則公布（最高裁判所規則第三号）

四月一日から施行。

国家公務員退職手当法等の一部を改正する法律（平成二〇年法律第九五号）の施行に伴い、最高裁判所に裁判所職員退職手当審査会を置くことを定めるなどしたもの。

裁判官及び裁判官の秘書官以外の裁判所職員の本府省業務調整手当に関する規則公布（最高裁判所規則第四号）

四月一日から施行。

本府省業務調整手当を導入したもの。

裁判官以外の裁判所職員の俸給の特別調整額に関する規則の一部を改正する規則公布（最高裁判所規則第五号）

四月一日から施行。

本府省業務調整手当の導入に伴い、事務総局等の課長補佐に対する俸給の特別調整額を廃止したもの。

名古屋地方・家庭裁判所一宮支部、一宮簡易裁判所合同庁舎改築

名古屋地方・家庭裁判所豊橋支部、豊橋簡易裁判所合同庁舎改築

四月

一日

平成二一年度民間企業長期研修

住友商事株式会社　四月一日から平成二二年三月三一日まで　参加者一人。

積水化学工業株式会社　四月一日から平成二二年三月三一日まで　参加者一人。

株式会社イトーヨーカ堂　四月一日から平成二二年三月三一日まで　参加者一人。

株式会社デンソー　四月一日から平成二二年三月三一日まで　参加者一人。

西日本鉄道株式会社　四月一日から平成二二年三月三一日まで　参加者一人。

富士通株式会社　四月一日から平成二二年三月三一日まで　参加者一人。

株式会社ブリヂストン　四月一日から平成二二年三月三一日まで　参加者一人。

本田技研工業株式会社　四月一日から平成二二年三月三一日まで　参加者一人。
三井不動産株式会社　四月一日から平成二二年三月三一日まで　参加者一人。
平成二一年度日本銀行研修
四月一日から平成二二年三月三一日まで　参加者一人。
平成二一年度四月期採用（現行第六三期）司法修習生修習開始
司法修習生一五〇人。

三日　法制審議会国際裁判管轄法制部会（諮問第八六号関係第六回）
保全命令事件に関する規律について検討を行った。また、国際裁判管轄法制に関する中間とりまとめに向けた議論として、自然人及び法人等の普通裁判籍並びに義務履行地、財産所在地及び事務所・営業所所在地等の特別裁判籍について審議した。

六日　篠塚英子人事官宣誓
仙台地方裁判所長阿部則之　下級裁判所裁判官指名諮問委員会地域委員会（仙台に置かれるもの）地域委員に任命する

八日　弁護士杉田昌子　裁判所職員退職手当審査会会長に任命する
学習院大学法科大学院教授龍岡資晃、ジャーナリスト桝井成夫　裁判所職員退職手当審査会委員に任命する
平成二一年度弁護士任官者実務研究会

弁護士から任官又は任官予定の判事又は判事補を対象に、裁判官としての導入研修を、四月八日から四月一〇日まで司法研修所において実施。

十日　天皇皇后両陛下御結婚満五〇年祝賀

天皇皇后両陛下御結婚満五〇年祝賀に、最高裁判所長官竹崎博允夫妻、最高裁判所判事藤田宙靖夫妻招かれる。

十二日　東京地方裁判所判事関根澄子は、第一七回フォーダム大学ロースクール主催国際シンポジウム（英国）出席等のため出張（四月一八日帰国）

法制審議会非訟事件手続法・家事審判法部会（諮問第八七号関係第二回）

非訟事件手続に関して、非訟事件手続法（総則）の適用範囲、事件類型の区別、当事者及び関係人概念（手続の主体）、任意参加、強制参加、脱退並びに除斥及び忌避について審議した。

十七日　駐日スリランカ民主社会主義共和国特命全権大使最高裁判所訪問

駐日スリランカ民主社会主義共和国特命全権大使ジャヤンタ・パリパーナ氏は、最高裁判所長官竹崎博允を表敬訪問した。

最高裁判所第二小法廷判決――一　出生した子につき住民票の記載を求める親からの申出に対し特別区の区長がした右記載をしない旨の応答は、抗告訴訟の対象となる行政処分に当たるか　二　母がその戸籍に入る子につき適法な出生届を提出していない場合において、特別区の区長が住民である当該子につき右母の世帯に属する者として住民票の記載をしていないことが違法ではないとされた事例

（平成二〇年(行ヒ)第三五号）

（要旨）

一　出生した子につき住民票の記載を求める親からの申出に対し特別区の区長がした右記載をしない旨の応答は、抗告訴訟の対象となる行政処分に当たらない。

二　母がその戸籍に入る子につき適法な出生届を提出していない場合において、特別区の区長が住民である当該子につき右母の世帯に属する者として住民票の記載をしていないことは、①右母が出生届の提出をけ怠していることにやむを得ない合理的な理由があるとはいえないこと、②住民票の記載がされないことにより当該子に看過し難い不利益が生じているとはうかがわれないことなど判示の事情の下では、住民基本台帳法上も違法ということはできず、国家賠償法上も違法ではない。

十九日　さいたま地方裁判所長寺田逸郎は、私法統一国際協会理事会（イタリア共和国）への出席等のため出張（四月二五日帰国）

二十日　弁護士小野正典、同竹之内明　最高裁判所刑事規則制定諮問委員会委員に任命する

二十一日　判事安廣文夫、弁護士城山忠人、財団法人消費科学センター理事消費科学連合会会長大木美智子、首都大学東京都市教養学部教授木村光江、立教大学社会学部教授間々田孝夫　簡易裁判所判事選考委員会委員を委嘱する

横浜地方裁判所長吉戒修一　司法修習委員会委員を免ずる

判事鈴木健太　司法修習委員会委員に任命する

平成二一年度簡易裁判所判事実務研究会

平成一七年八月以前に任官した者で、平成一九年度及び平成二〇年度の簡易裁判所判事実務研究会に参加していないもの（司法修習終了者を除く。）を対象に、民事事件及び刑事事件の実務、訴訟運営及び判例についての研究会を、四月二一日から四月二四日まで司法研修所において実施。

和歌山カレー毒物混入事件上告審判決（最高裁判所第三小法廷）

上告棄却。

（平成一四年一二月一一日及び平成一七年六月二八日の項参照）

二十三日

判事鶴岡稔彦　法制審議会臨時委員を免ずる

判事阿部潤　法制審議会臨時委員に任命する（国際裁判管轄法制部会）

二十四日

道路交通法の一部を改正する法律公布（法律第二一号）

平成二二年四月一九日から施行。ただし、一部の規定については平成二一年四月二四日及び同年一〇月一日から施行。

高齢運転者等に係る駐停車規制の特例に関する規定の整備、車間距離保持義務違反に係る法定刑の引上げなどを内容とするもの。

外国等に対する我が国の民事裁判権に関する法律公布（法律第二四号）

平成二二年四月一日から施行。

国及びその財産の裁判権からの免除に関する国際連合条約を踏まえ、外国等を当事者とする民事裁判手続並びに外国等の財産に対する保全処分及び民事執行に関する我が国の裁判権の範囲を定めるとともに、外国等に係る民事の裁判手続についての特例を定めるもの。

法制審議会国際裁判管轄法制部会（諮問第八六号関係第七回）

国際裁判管轄法制に関する中間とりまとめに向けた議論として、不法行為に関する訴え、社団・財団に関する訴え、不動産に関する訴え、登記・登録に関する訴え及び相続に関する訴えの特別裁判籍、合意管轄及び応訴管轄並びに個別分野に関する訴えのうち海事関係の訴え及び知的財産権に関する訴えについて審議した。

二十六日　司法研修所長大野市太郎及び同所教官永渕健一は、国立司法学院創立五〇周年記念式典（フランス共和国）への出席及び同国における司法事情研究のため出張（五月二日帰国）

二十七日　駐日カナダ特命全権大使最高裁判所訪問

駐日カナダ特命全権大使ジョナサン・T・フリード氏は、最高裁判所長官竹崎博允を表敬訪問した。

二十八日　最高裁判所第三小法廷判決――被害者を殺害した加害者が被害者の相続人において被害者の死亡の事実を知り得ない状況を殊更に作出したため相続人がその事実を知ることができなかった場合における右記殺害に係る不法行為に基づく損害賠償請求権と民法七二四条後段の除斥期間（平成二〇年(受)第八〇四号）

（要旨）被害者を殺害した加害者が被害者の相続人において被害者の死亡の事実を知り得ない状況を殊更に作出し、そのために相続人はその事実を知ることができず、相続人が確定しないまま右記殺害の時から二〇年が経過した場合において、その後相続人が確定した時から六か月内に相続人が右記殺害に係る不法行為に基づく損害賠償請求権を行使したなど特段の事情があるときは、民法一六〇条の法意に照らし、同法七二四条後段の効果は生じない。

二十九日　平成二一年春の叙勲において、最高裁判所所管の分野では

旭日大綬章

元最高裁判所判事上田豊三

ほか七六人が叙勲された。

また、特別功労のある調停委員二五人に対し、藍綬褒章が授与された。

三十日　法制審議会被収容人員適正化方策に関する部会（諮問第七七号関係第二二回）

諮問第七七号について、「刑の一部の執行猶予制度に関する参考試案」第一の「初入者に対する刑の一部の執行猶予制度」及び同第二の「薬物使用者に対する刑の一部の執行猶予制度」について、第一の制度において、刑の一部の執行猶予とするか否かをどのような要素により判断するのか（特に、刑事責任の軽重により判断するのか、社会内処遇の必要性・相当性により判断するのか）、第一の制度の対象を「三年以下の懲役又は禁錮の言渡しを受けたとき」とすることの当否、第二の制度において、刑の一部の執行猶予とするか否かをどのような要素により判断するのか（特に、刑事

責任の軽重は判断においてどのように位置付けられるのか）、参考試案第二の三で、薬物自己使用等事犯に係る罪とその罪より重い刑が定められている他の罪とに係る懲役の言渡しをするときは、その一部の執行を猶予することができないものとされていることの当否等に関し議論が行われた。

五月

一日　憲法週間（七日まで）

十一日　最高裁判所判事涌井紀夫　最高裁判所判例委員会委員を免ずる

最高裁判所判事宮川光治　最高裁判所判例委員会委員を命ずる

十八日　裁判員制度関係省庁等連絡会議第六回開催

「裁判員制度の円滑な実施のための行動計画」の策定後、裁判員法施行までの実施状況を総括し、取りまとめを行った。

十九日　弁護士松本新太郎、同山岸良太、早稲田大学法学学術院教授加藤哲夫、慶應義塾大学商学部教授清家篤　下級裁判所裁判官指名諮問委員会地域委員会（東京に置かれるもの）地域委員に任命する

法制審議会民法成年年齢部会（諮問第八四号関係第一四回）

「民法の成年年齢の引下げについての最終報告書（第一次案）」に基づき、委員・幹事相互間で議論が行われた。

二十日　平成二一年度特別研究会（第二回・消費者紛争をめぐる諸問題）

高等裁判所、地方裁判所で民事事件を担当する判事を対象に、消費者関連の民事事件処理の諸問

題等についての研究会を、五月二〇日から五月二二日まで司法研修所において実施。

二十一日　裁判員の参加する刑事裁判に関する法律（平成一六年五月二八日法律第六三号）が施行される

二十二日　法制審議会国際裁判管轄法制部会（諮問第八六号関係第八回）

国際裁判管轄法制に関する中間とりまとめに向けた議論として、個別分野に関する訴えのうち消費者契約関係の訴え及び労働関係の訴え、併合管轄並びに保全命令事件に関する規律について審議した。

元札幌高等裁判所長官梅田晴亮　逝去（八〇歳）

正三位に叙される。

二十五日　平成二一年度司法研究（民事一及び二）開始

東京地方裁判所において打合せ会を実施。民事一につき研究員二人。民事二につき研究員二人。

二十六日　青森地方裁判所長田村幸一、判事岩木宰、弁護士卜部忠史、同豊岡拓也　司法修習生考試委員会委員の委嘱を解く

司法研修所教官奥田正昭、同相澤眞木、同石井誠一郎、同二瓶茂　司法修習生考試委員会委員を委嘱する

平成二一年度司法研究（刑事一及び二）開始

司法研修所において打合せ会を実施。刑事一につき研究員三人。刑事二につき研究員三人。

二十七日　法制審議会被収容人員適正化方策に関する部会（諮問第七七号関係第二三回）

諮問第七七号について、「社会貢献活動を特別遵守事項とする制度に関する参考試案」について、社会貢献活動を行わせるのが適当と考えられる具体的な対象者、社会貢献活動として適当と考えられる具体的な活動内容、社会貢献活動につき「社会的活動」と表現することの当否等に関し議論が行われた。

平成二一年度判事任官者実務研究会

平成一一年四月に司法修習を終えた判事（第五一期）を対象に、裁判実務、司法行政の運営及び裁判官の在り方等についての研究会を、五月二七日から五月二九日まで司法研修所において実施。

二十八日　オーストリア共和国行政裁判所副長官最高裁判所訪問

オーストリア共和国行政裁判所副長官ルドルフ・ティーネル氏は、最高裁判所長官竹崎博允を表敬訪問した。

二十九日　一般職の職員の給与に関する法律等の一部を改正する法律公布・施行（法律第四一号）

ただし、一部は六月三日から施行。

期末特別手当を廃止して期末手当及び勤勉手当の支給対象に指定職俸給表適用職員を追加するとともに、期末手当及び勤勉手当を改正したもの。

裁判官に対する期末手当、勤勉手当及び期末特別手当の支給に関する規則の一部を改正する規則公布・施行（最高裁判所規則第七号）

期末特別手当を廃止して期末手当及び勤勉手当の支給対象に判事及び簡易裁判所判事四号以上の

報酬を受ける簡易裁判所判事を追加するとともに、裁判官の期末手当を改正したもの。
判事難波孝一　法制審議会臨時委員を免ずる
判事菅野博之　法制審議会臨時委員に任命する（非訟事件手続法・家事審判法部会）
法制審議会非訟事件手続法・家事審判法部会（諮問第八七号関係第三回）
非訟事件手続に関して、管轄、当事者能力等、任意代理人及び補佐人、中断及び受継、中止並びに送達について審議した。

三十一日　横浜開港一五〇周年記念式典
午前一〇時三〇分からパシフィコ横浜において挙行され、最高裁判所長官竹崎博允が参列した。

六　月

一　日　弁護士堀野紀、同明賀英樹、出光静子、早稲田大学大学院法務研究科教授伊藤眞、東京大学大学院経済学研究科教授井堀利宏、京都大学名誉教授奥田昌道、東京大学大学院法学政治学研究科教授中田裕康、東京福祉大学大学院教授平木典子　下級裁判所裁判官指名諮問委員会委員に任命する
弁護士高階貞男、同志社大学大学院司法研究科教授三井誠、河内鏡太郎　下級裁判所裁判官指名諮問委員会地域委員会（大阪に置かれるもの）地域委員に任命する
弁護士村上文男、名古屋大学大学院法学研究科教授松浦好治、神谷達　下級裁判所裁判官指名諮問委員会地域委員会（名古屋に置かれるもの）地域委員に任命する
弁護士二國則昭、今中亘　下級裁判所裁判官指名諮問委員会地域委員会（広島に置かれるもの）地域

委員に任命する

南部義廣　下級裁判所裁判官指名諮問委員会地域委員会（福岡に置かれるもの）地域委員を免ずる

福岡地方検察庁検事正清水治、弁護士永尾廣久、福岡大学法学部教授新関輝夫、野口郁子　下級裁判所裁判官指名諮問委員会地域委員会（福岡に置かれるもの）地域委員に任命する

弁護士石橋乙秀　下級裁判所裁判官指名諮問委員会地域委員会（仙台に置かれるもの）地域委員に任命する

北海道大学大学院法学研究科教授松久三四彦、長井敬子　下級裁判所裁判官指名諮問委員会地域委員会（札幌に置かれるもの）地域委員に任命する

弁護士山原和生、学校法人香川県明善学園理事川染節江、山下淳二　下級裁判所裁判官指名諮問委員会地域委員会（高松に置かれるもの）地域委員に任命する

判事高橋利文　最高裁判所民事規則制定諮問委員会委員　同刑事規則制定諮問委員会委員　同家庭規則制定諮問委員会委員　同図書館委員会委員を免ずる

最高裁判所事務総局総務局長戸倉三郎　最高裁判所民事規則制定諮問委員会委員　同刑事規則制定諮問委員会委員　同家庭規則制定諮問委員会委員に任命する　最高裁判所図書館委員会委員を命ずる

平成二一年度司法修習生指導担当者協議会

　司法修習生の指導に関する諸問題について、各配属庁会の修習指導担当者と司法研修所教官が協議し連絡を図る協議会を、東京（立川支部を含む。）・横浜・さいたま・千葉・水戸・宇都宮・前

二　日

橋・静岡・甲府・長野・新潟・名古屋・岐阜・金沢・富山・仙台・福島・山形・盛岡・秋田・青森・札幌・函館・旭川・釧路の各配属庁会は六月二日、大阪・京都・神戸・奈良・大津・和歌山・津・福井・広島・山口・岡山・鳥取・松江・福岡・佐賀・長崎・大分・熊本・鹿児島・宮崎・那覇・高松・徳島・高知・松山の各配属庁会は六月八日、いずれも司法研修所において開催。

最高裁判所第三小法廷判決――生命保険の指定受取人と当該指定受取人が先に死亡したとすればその相続人となるべき者とが同時に死亡した場合において、その者又はその相続人は、商法六七六条二項にいう「保険金額ヲ受取ルヘキ者ノ相続人」に当たるか（平成二一年(受)第二二六号）

（要旨）生命保険の指定受取人と当該指定受取人が先に死亡したとすればその相続人となるべき者とが同時に死亡した場合において、その者又はその相続人は、商法六七六条二項にいう「保険金額ヲ受取ルヘキ者ノ相続人」には当たらない。

三日

平成二一年度民事訴訟運営実務研究会

地方裁判所で民事事件を担当する判事又は判事補を対象に、民事訴訟運営の方法、書記官との連携、右陪席としての合議事件への関与の在り方等についての研究会を、六月三日から六月五日まで司法研修所において実施（一部裁判所職員総合研修所と合同実施）。

平成二一年度刑事訴訟運営実務研究会

地方裁判所で刑事事件を担当する判事又は判事補を対象に、刑事訴訟運営の方法、書記官との連携、右陪席としての合議事件への関与の在り方等についての研究会を、六月三日から六月五日まで司法研修所において実施。

四日 最高裁判所判事今井功 最高裁判所図書館委員会委員を命ずる

五日 消費者庁及び消費者委員会設置法公布（法律第四八号）

九月一日から施行。

消費者の利益の擁護及び増進、商品及び役務の消費者による自主的かつ合理的な選択の確保並びに消費生活に密接に関連する物資の品質の表示に関する事務を一体的に行わせるため、内閣府の外局として消費者庁を、内閣府の合議制の機関として消費者委員会を設置したもの。

一橋大学大学院法学研究科教授上原敏夫 下級裁判所裁判官指名諮問委員会地域委員会（東京に置かれるもの）地域委員に任命する

国立大学法人東北大学理事野家啓一 下級裁判所裁判官指名諮問委員会地域委員会（仙台に置かれるもの）地域委員に任命する

十日 平成二一年度支部長研究会

地方裁判所又は家庭裁判所の支部長を対象に、支部の運営及び裁判所の当面する諸問題等についての研究会を、六月一〇日から六月一二日まで司法研修所において実施。

十一日 判事小林克已、同原田國男、法務省刑事局長大野恒太郎、弁護士寺村温雄 司法修習生考試委員会委員を委嘱する

十二日 ＷＨＯ（世界保健機関）は、新型インフルエンザの国際的な感染拡大の状況及びＷＨＯ専門家緊急委

員会の検討結果等を踏まえ、インフルエンザパンデミック警戒レベルをフェーズ5からフェーズ6に引き上げた

十五日　司法研修所長大野市太郎　最高裁判所図書館委員会委員を命ずる

元名古屋高等裁判所長官江尻美雄一　逝去（九三歳）

正三位に叙される。

平成二一年度報道機関研修

株式会社産業経済新聞社　六月一五日から六月二六日まで　参加者二人。

株式会社読売新聞社　六月一五日から六月二六日まで　参加者二人。

十七日　高等裁判所長官、地方裁判所長及び家庭裁判所長会同

六月一七日、一八日の両日、最高裁判所において開催。

協議事項

一　当面の司法行政上の諸問題について

二　その他

十九日　著作権法の一部を改正する法律公布（法律第五三号）

一部を除き平成二二年一月一日から施行。

著作物等の公正な利用を図るとともに著作権等の適切な保護に資するため、障害者の用に供するために必要な方式による複製、美術の著作物等の譲渡の申出のための複製、送信可能化された情報

の検索のための複製、電子計算機による著作物等の利用、著作権者等と連絡することができない場合の著作物等の利用等をより円滑に行えるようにするための措置を講ずるとともに、著作権等を侵害する自動公衆送信をその事実を知りながら受信して行う私的使用を目的とする録音又は録画について著作権者等の許諾を要することとし、あわせて著作権等を侵害する行為により作成された物の頒布の申出を情を知って行う行為を著作権等の侵害行為とみなすこととする等の措置を講ずるもの。

法制審議会国際裁判管轄法制部会（諮問第八六号関係第九回）

国際裁判管轄法制に関する中間とりまとめに向けた議論として、国際裁判管轄に関する一般的規律、国際訴訟競合に関する規律並びに義務履行地、財産所在地及び社団・財団に関する訴えの特別裁判籍について審議した。

二十日　最高裁判所事務総局民事局付石田憲一及び大阪地方裁判所判事伊藤一夫は、第八回国際倒産についての国際裁判官会議（カナダ）への出席及び北米各国における司法事情研究のため出張（六月一八日帰国。ただし伊藤判事は六月二六日帰国）

桐蔭横浜大学法学部教授小川浩三、京都大学大学院法学研究科教授酒巻匡　最高裁判所図書館委員会委員を委嘱する

二十三日　平成二一年度簡易裁判所判事基礎研究会

平成一九年度新任簡易裁判所判事研修の終了者を対象に、民事事件及び刑事事件の実務並びに裁

判官の在り方等についての研究会を、六月二三日から六月二六日まで司法研修所において実施。

足利事件再審請求棄却決定に対する抗告審決定（東京高等裁判所）

本件の原事件は、わいせつ誘拐、殺人、死体遺棄の罪で起訴され、平成五年七月七日に無期懲役の判決があり確定したものである。

原決定取消し　再審開始決定（一審棄却決定）（確定）。

二十五日

弁護士菊池信男、国立国際医療センター名誉総長鴨下重彦、帝京平成看護短期大学学長川名尚、社団法人日本医師会常任理事木下勝之、公立学校共済組合関東中央病院名誉院長杉本恒明、財団法人癌研究会癌研有明病院名誉院長武藤徹一郎、東京大学名誉教授森亘、国立循環器病センター名誉総長山口武典　医事関係訴訟委員会委員に任命する

法制審議会被収容人員適正化方策に関する部会（諮問第七七号関係第二四回）

諮問第七七号について、第二二回会議で事務当局において作成することとされた「刑の一部の執行猶予の取消事由等に関する資料」について説明が行われ、初入者に対する刑の一部の執行猶予の取消事由として、刑の一部の執行猶予の言渡し後に更に罪を犯し、禁錮以上の刑に処せられた場合等を必要的取消事由とすること、刑の一部の執行猶予の言渡し後に更に罪を犯し、罰金に処せられた場合等を裁量的取消事由とすること、薬物使用者に対する刑の一部の執行猶予の取消事由については、一部を除き、初入者に対する刑の一部の執行猶予の取消事由と同様のものとすること、刑法第二五条による刑の執行猶予の取消事由として、同法第二六条各号に掲げる場合のほか、猶予の期

間内に更に罪を犯して刑の一部の執行猶予の言渡しを受けた場合等を必要的取消事由とすること、刑の一部の執行猶予の猶予期間の起算日は、刑の一部の執行猶予が言い渡された刑のうち執行が猶予されていない期間の刑の執行を終わった日から起算するものとしつつ、執行が猶予されていない期間の刑の執行を終わったときに他に執行すべき懲役又は禁錮があるときは、上記にかかわらず、その執行すべき懲役又は禁錮の執行を終わった日等から起算するものとすること等に関し議論が行われた。

二十六日　法制審議会非訟事件手続法・家事審判法部会（諮問第八七号関係第四回）

非訟事件手続に関して、非訟事件の申立て（申立ての方式、申立ての併合、申立書審査権及び補正命令、申立書の送付、申立ての変更、申立ての取下げ）及び審理手続（裁判所及び当事者の責務、検察官の関与）等について審議した。

二十七日　弁護士金子光邦、同可部恒雄、同畑郁夫、京都大学大学院工学研究科教授上谷宏二、東京大学名誉教授内田祥哉、財団法人日本建築防災協会理事長岡田恒男、椙山女学園大学生活科学部教授小野徹郎、放送大学教授仙田満、日本大学名誉教授平山善吉、明海大学名誉教授松本光平、東京大学名誉教授安岡正人　建築関係訴訟委員会委員に任命する

三十日　弁護士大塚孝子　最高裁判所家庭規則制定諮問委員会委員に任命する

七月

一日　育児休業、介護休業等育児又は家族介護を行う労働者の福祉に関する法律及び雇用保険法の一部を改

正する法律公布（法律第六五号）

平成二二年六月三〇日から施行。ただし、過料に関する規定は平成二一年九月三〇日から施行。育児休業に関する制度及び子の看護休暇に関する制度の見直し等とともに、介護休暇に関する制度及び所定外労働の制限に関する制度の創設等を行うものである。裁判所に関係する具体的内容としては、厚生労働大臣の求める報告につき虚偽の報告をした場合等における制裁として過料に処することを主な内容とするもの。

平成一九年度司法研究報告会

司法研修所において開催。研究報告者一〇人。

七日

平成二一年度部総括裁判官研究会

地方裁判所又は家庭裁判所の部総括判事を対象に、部の運営及び裁判所の当面する諸問題等についての研究会を、七月一日から七月三日まで司法研修所において実施。

平成二一年度特別研究会（第一回・債権法改正）

高等裁判所又は地方裁判所で民事事件を担当する判事を対象に、債権法改正試案の内容等についての研究会を、七月七日から七月八日まで司法研修所において実施。

九日

弁護士大橋正春、独立行政法人労働政策研究・研修機構特任研究員今田幸子、株式会社日本総合研究所理事翁百合、早稲田大学法学学術院教授鎌田薫、京都大学大学院法学研究科教授酒巻匡、東京医科歯科大学大学院教授高瀬浩造、中央大学大学院法務研究科教授高橋宏志　司法修習委員会委員に任命

する

平成二一年度簡易裁判所判事特別研究会

　平成一七年八月以前に任官した者で、平成二〇年度及び平成二一年度の簡易裁判所判事実務研究会に参加していないもの（司法修習終了者を除く。）を対象に、消費者関連の民事事件の処理をめぐる諸問題等についての研究会を、七月九日から七月一〇日まで司法研修所において実施。

十日　法制審議会国際裁判管轄法制部会（諮問第八六号関係第一〇回）

　国際裁判管轄法制に関するこれまでの審議を踏まえて、「国際裁判管轄法制に関する中間試案」の取りまとめを行った。また、この中間試案を事務局作成の補足説明とともに公表してパブリック・コメントに付すこととされた。

裁判の迅速化に関する法律（平成一五年法律第一〇七号）に基づき、第三回検証結果を公表

　民事訴訟事件について、弁護士ヒアリングの結果等を活用して、民事訴訟事件一般に共通する審理の長期化要因を分析・整理するとともに、長期化しがちな専門訴訟に特有の長期化要因の分析を行い、刑事訴訟事件について、公判前整理手続を中心とした審理状況を分析したほか、家事事件のうち遺産分割事件の長期化要因を分析した。

十三日　平成二〇年度司法研究（家事）報告会

　司法研修所において開催。研究報告者四人。

十四日　最高裁判所第三小法廷判決――一　刑訴法四〇三条の二第一項と憲法三二条　二　即決裁判手続の制

十五日

度が虚偽の自白を誘発するか（平成二〇年(あ)第一五七五号）
（要旨）
一　刑訴法四〇三条の二第一項は、憲法三二条に違反しない。
二　即決裁判手続の制度自体が虚偽の自白を誘発するとはいえない。
最高裁判所第三小法廷判決――債権差押命令の申立書には請求債権中の遅延損害金につき申立日までの確定金額を記載させる執行裁判所の取扱いに従って右記命令の申立てをした債権者が受けることのできる配当額の計算の基礎とすべき債権額（平成二〇年(受)第一一三四号）
（要旨）債権差押命令の申立書には請求債権中の遅延損害金につき申立日までの確定金額を記載させる執行裁判所の取扱いに従って右記命令の申立てをした債権者は、計算書で請求債権中の遅延損害金を右記の確定金額として配当を受けることを求める意思を明らかにしたなどの特段の事情のない限り、計算書提出の有無を問わず、債務名義の金額に基づき、配当期日までの遅延損害金の額を配当額の計算の基礎となる債権額に加えて計算された金額の配当を受けることができる。
住民基本台帳法の一部を改正する法律公布（法律第七七号）
平成二四年七月九日から施行。
外国人住民を住民基本台帳法の適用対象に加え、他の市町村へ住所を移した場合でも引き続き住民基本台帳カードを使用することができるようにしたもの。
出入国管理及び難民認定法及び日本国との平和条約に基づき日本の国籍を離脱した者等の出入国管理

に関する特例法の一部を改正する法律公布（法律第七九号）

平成二四年七月九日から施行。ただし、一部の規定については平成二一年七月一五日、平成二二年一月一日、同年七月一日、同年一二月二三日、平成二四年一月一三日等から施行。

在留カードの交付など新たな在留管理制度の導入、特別永住者証明書の交付、研修・技能実習制度の見直し、在留資格「留学」と「就学」の一本化、入国者収容所等視察委員会の設置などを内容とするもの。

水俣病被害者の救済及び水俣病問題の解決に関する特別措置法公布・施行（法律第八一号）

水俣病被害者を救済し、及び水俣病問題の最終解決をすることとし、救済措置の方針及び水俣病問題の解決に向けて行うべき取組を明らかにするとともに、これらに必要な補償の確保等のための事業者の経営形態の見直しに係る措置等を定めたもの。

十六日

最高裁判所第一小法廷判決――財産的権利等を防衛するためにした暴行が刑法三六条一項にいう「やむを得ずにした行為」に当たるとされた事例（平成二〇年(あ)第一八七〇号）

（要旨）相手方らが立入禁止等と記載した看板を被告人方建物に取り付けようとすることによって被告人らの右記建物に対する共有持分権、賃借権等や業務、名誉に対する急迫不正の侵害に及んだのに対し、右記権利等を防衛するために被告人が相手方の胸部等を両手で突いた暴行は、相手方らが以前から継続的に被告人らの右記権利等を実力で侵害する行為を繰り返しており、右記暴行の程度が軽微であるなどの事実関係の下においては、防衛手段としての相当性の範囲を超えるものではない。

十七日　民事の次席書記官及び刑事の次席書記官を置く高等裁判所等の指定並びに次席書記官の員数について（最高裁総一第〇〇〇八六〇号高等裁判所長官、地方・家庭裁判所長あて総務局長通知）

八月一日から実施。

東京地方裁判所に置く刑事の次席書記官の員数が四人と、さいたま地方裁判所に置く刑事の次席書記官の員数が二人と、大阪地方裁判所に置く刑事の次席書記官の員数が四人と、札幌家庭裁判所の次席書記官が一人と、各定められたことを通知し、併せて、他の指定庁について指定等の通知をし直したもの。

二十一日　裁判の迅速化に係る検証に関する検討会（第三一回）

七月一〇日に公表された第三回検証結果等についての意見交換が行われた。

その後、平成二三年五月二〇日までの間に合計九回開催され、第四回検証結果の公表（平成二三年七月八日）に向けた意見交換が行われた。

二十二日　東京地方裁判所判事大鷹一郎は、ワシントン大学知的財産権研究所（ＣＡＳＲＩＰ）主催の特許関係国際会議（アメリカ合衆国）への出席等のため出張（七月二八日帰国）

二十四日　慶應義塾長清家篤　下級裁判所裁判官指名諮問委員会地域委員会（東京に置かれるもの）地域委員を免ずる

慶應義塾大学商学部教授樋口美雄　下級裁判所裁判官指名諮問委員会地域委員会（東京に置かれるも

の）地域委員に任命する

阿部則之　下級裁判所裁判官指名諮問委員会地域委員会（仙台に置かれるもの）地域委員を免ずる

仙台地方裁判所長三輪和雄　下級裁判所裁判官指名諮問委員会地域委員会（仙台に置かれるもの）地域委員に任命する

仙台家庭裁判所長秋武憲一　法制審議会臨時委員を免ずる

判事長秀之　法制審議会臨時委員に任命する（民法成年年齢部会、非訟事件手続法・家事審判法部会）

二十八日

法制審議会被収容人員適正化方策に関する部会（諮問第七七号関係第二五回）

諮問第七七号について、第二四回会議で事務当局において作成することとされた「要綱（骨子）案」について説明が行われ、「刑の一部の執行猶予制度に関する参考試案」において「情状により」としていた初入者に対する刑の一部の執行猶予の要件について、「要綱（骨子）案」においては「犯情の軽重その他の事情を考慮して、必要であり、かつ、相当であると認められるとき」としたこと、「刑の一部の執行猶予制度に関する参考試案」において「犯情の軽重その他の事情を考慮して、その薬物自己使用等事犯に係る犯罪的傾向を改善するために必要であり、かつ、相当であると認められるとき」などとしていた薬物使用者に対する刑の一部の執行猶予の要件について、法制的な観点から、「要綱（骨子）案」においては「薬物自己使用等事犯に係る犯罪的傾向を改善することが必要であると認められるときは、一の一を適用することができるものとすること」としたこと、「刑の一部の執行猶予制度に関する参考試案」の第二の三において、薬物自己使用等事犯と「その罪より重い刑が定められている他の罪とに係る懲役の言渡しをするときは、その一部の執行を猶予することができないもの」としていたところ、「要綱（骨子）案」においては、これを削除したこと等に関し議論が行われた。

プリンスホテル日教組大会会場等使用拒否訴訟第一審判決（東京地方裁判所）

本件は、教職員組合の大会を開催することを予定していた原告らが、ホテル会社及びその代表取締役等である被告らに対し、会場の予約及び宿泊予約等をしていたにもかかわらず、被告らがその使用を一方的に拒否し、仮処分命令等に反してまで使用を拒んだため、大会の中止を余儀なくされ損害を被ったなどとして、損害賠償を請求するとともに、さらに、原告らの一部の組合が、ホームページ上に掲載された記事等によって名誉及び信用が毀損されたとして、謝罪広告の掲載を求めたものである。

本判決は、被告らが、仮処分命令等に反して会場の使用を拒否したことは違法であり、右翼団体の街宣活動による不都合等の被告らの主張にも理由がないから、当該使用拒否は債務不履行及び不法行為に当たるとして、損害賠償責任を認めるとともに、ホームページ上に掲載された記事等も原告らの一部の組合の社会的評価を低下させる違法なものであるとして、謝罪広告の掲載を命じた。

二十九日

法制審議会民法成年年齢部会（諮問第八四号関係第一五回）

事務当局から、最終報告書（第二次案）の概要について説明が行われた上、最終報告書の取りまとめが行われた。

三十日　甲南大学法科大学院教授櫻田嘉章　最高裁判所図書館委員会委員を委嘱する

三十一日　法制審議会非訟事件手続法・家事審判法部会（諮問第八七号関係第五回）

非訟事件手続に関して、審理手続（期日及び期間、手続の公開、審問期日、手続の分離・併合、審理の終結）及び職権探知主義等について審議した。

八月

一日　元最高裁判所判事橋元四郎平　逝去（八六歳）

従三位に叙される。

三日　全国初の裁判員裁判が東京地方裁判所で実施される

五日　名古屋高等裁判所長官細川清　定年退官

最高裁判所長官と内閣総理大臣との間で歴史資料として重要な公文書等の適切な保存のために必要な措置についての申合せ締結

国立公文書館法（平成一一年法律第七九号）第一五条第一項に基づき、歴史資料として重要な公文書等の適切な保存のために必要な措置として、歴史資料として重要な判決書等の裁判文書及び裁判所の運営上の重要な事項に係る意思決定等が記録された司法行政文書を内閣総理大臣（独立行政法人国立公文書館）に移管することを合意したもの。

この申合せに基づき、裁判文書は平成二一年度から、司法行政文書は平成二三年度から、それぞれ移管を開始した。

六日　東京家庭裁判所長門口正人　高等裁判所長官に任命する　名古屋高等裁判所長官に補する

裁判員裁判全国第一号事件第一審判決（東京地方裁判所）

本件は、被害者方玄関前付近で、被害者を死亡させるとわかりながら、強い攻撃意思をもって、あえて被害者の左胸をサバイバルナイフで突き刺すなどして殺害したとして殺人の罪で起訴されたものである。

被告人　懲役一五年。

被告人控訴申立て。

十四日　聖路加看護大学学長井部俊子　下級裁判所裁判官指名諮問委員会地域委員会（東京に置かれるもの）地域委員に任命する

長井博美　下級裁判所裁判官指名諮問委員会地域委員会（広島に置かれるもの）地域委員を免ずる

広島地方検察庁検事正五十嵐義治　下級裁判所裁判官指名諮問委員会地域委員会（広島に置かれるもの）地域委員に任命する

加澤正樹　下級裁判所裁判官指名諮問委員会地域委員会（仙台に置かれるもの）地域委員を免ずる

仙台地方検察庁検事正高井新二　下級裁判所裁判官指名諮問委員会地域委員会（仙台に置かれるもの）地域委員に任命する

十六日　駿河台大学総長竹下守夫　最高裁判所家庭規則制定諮問委員会委員に任命する

十七日　判事倉吉敬、同小泉博嗣　最高裁判所民事規則制定諮問委員会委員を免ずる最高裁判所事務総局民事局長林道晴、法務省民事局長原優、弁護士秋山幹雄、中央大学大学院法務研究科教授高橋宏志　最高裁判所民事規則制定諮問委員会委員に任命する

法務事務次官大野恒太郎　最高裁判所刑事規則制定諮問委員会委員　同家庭規則制定諮問委員会委員を免ずる　司法修習生考試委員会委員の委嘱を解く

法務省刑事局長西川克行　最高裁判所刑事規則制定諮問委員会委員　同家庭規則制定諮問委員会委員に任命する　司法修習生考試委員会委員を委嘱する

二十二日　京都家庭裁判所長二本松利忠、徳島地方裁判所長八木正一　最高裁判所家庭規則制定諮問委員会委員を免ずる

最高裁判所事務総局家庭局長豊澤佳弘　最高裁判所家庭規則制定諮問委員会委員に任命する

名古屋家庭裁判所判事佐藤真弘及び静岡家庭裁判所沼津支部主任家庭裁判所調査官大野恵美は、第五回家族法と子どもの人権世界会議（カナダ）への出席等のため出張（八月二九日帰国）

二十七日　京都家庭裁判所長二本松利忠　法制審議会臨時委員を免ずる

最高裁判所事務総局家庭局長豊澤佳弘　法制審議会臨時委員に任命する（非訟事件手続法・家事審判法部会）

二十八日　刑事に関する共助に関する日本国と中華人民共和国香港特別行政区との間の協定公布（条約第六号）

九月二四日発効。

各締結国が他方の締結国の請求に基づき、捜査、訴追、その他の刑事手続について共助を実施す

ること等を規定したもの。

三十日　法制審議会非訟事件手続法・家事審判法部会（諮問第八七号関係第六回）

非訟事件手続に関して、事実の探知及び証拠調べ（証拠調べ、当事者の事案解明協力義務、自由心証主義、疎明、他の裁判所への事実の探知の嘱託等、事実の探知の告知）、調書の作成等、記録の閲覧等、和解・調停制度並びに裁判（裁判の方式、裁判の告知）について審議した。

衆議院議員総選挙施行

最高裁判所裁判官国民審査

櫻井龍子、竹内行夫、涌井紀夫、田原睦夫、金築誠志、那須弘平、竹崎博允、近藤崇晴、宮川光治が国民審査を受けた。

右国民審査の結果は、投票率六六・八八パーセント、有効投票率九六・四七パーセントで、いずれも罷免を可とされなかった。

三十一日　平成二一年度新任簡易裁判所判事導入研修

平成二一年度に新たに簡易裁判所判事に任命された者（司法修習終了者を除く。）を対象に、簡易裁判所判事として必要な識見及び法律知識の修得並びに裁判官の在り方等についての研修を、八月三一日から九月四日まで司法研修所において実施。

九　月

二　日　平成二〇年度四月期採用（現行第六二期）司法修習生修習終了

修習終了者三五四人。

判事補任官七人、検事任官一一人、弁護士登録二八五人、その他五一人。

三日　判事小泉博嗣　法制審議会臨時委員を免ずる

最高裁判所事務総局民事局長林道晴　法制審議会臨時委員に任命する（国際裁判管轄法制部会）

四日　法制審議会国際裁判管轄法制部会（諮問第八六号関係第一一回）

国際裁判管轄法制に関する個別論点のうち、事務所又は営業所を有する者等に対する訴えの管轄権、不法行為に関する訴えの管轄権、併合請求における管轄権、管轄権に関する合意等及び国際訴訟競合に関する規律について審議した。

最高裁判所第二小法廷判決――いわゆる過払金充当合意を含む基本契約に基づく金銭消費貸借の借主が利息制限法所定の制限を超える利息の支払を継続したことにより過払金が発生した場合における、民法七〇四条前段所定の利息の発生時期（平成二一年(受)第一一九二号）

（要旨）いわゆる過払金充当合意（過払金発生当時他の借入金債務が存在しなければ過払金をその後に発生する新たな借入金債務に充当する旨の合意）を含む基本契約に基づく金銭消費貸借の借主が利息制限法所定の制限を超える利息の支払を継続したことにより過払金が発生した場合においても、悪意の受益者である貸主は過払金発生の時から民法七〇四条前段所定の利息を支払わなければならない。

八日　更生保護制度施行六〇周年記念全国大会

午後一時から東京国際フォーラムにおいて挙行され、最高裁判所長官竹崎博允が祝辞を述べ、最高裁判所事務総長山崎敏充らが参列した。

九日　判事小西秀宣　下級裁判所裁判官指名諮問委員会地域委員会（広島に置かれるもの）地域委員を免ずる

広島地方裁判所長芝田俊文　下級裁判所裁判官指名諮問委員会地域委員会（広島に置かれるもの）地域委員に任命する

十四日　平成二一年度法律実務教育研究会（第一回）

法科大学院に派遣されている判事又は判事補を対象に、法律実務の教育等についての研究会を、九月一四日に司法研修所において実施。

十六日　平成二一年度少年実務研究会

家庭裁判所で少年事件を担当する判事又は判事補を対象に、少年事件をめぐる諸問題等についての研究会を、九月一六日から九月一八日まで司法研修所において実施（一部裁判所職員総合研修所と合同実施）。

鳩山内閣成立

法務大臣　千葉景子就任

十七日　法制審議会第一五九回総会

一　民法成年年齢部会長から、民法の成年年齢の引下げに関する諮問第八四号に関し、同部会が取りまとめた「民法の成年年齢の引下げについての最終報告書」に基づき審議の経過及び結果に関する報告がされ、審議が行われた。その結果、引き続き審議をすることとされた。

二　国際裁判管轄法制部会長から同部会における審議経過に関する報告がされた。

二十日　最高裁判所事務総局情報政策課長定塚誠及び同課専門官後藤一章は、裁判所テクノロジー会議（アメリカ合衆国）への出席等のため出張（九月二七日帰国）

二十三日　東京地方裁判所判事佐村浩之は、国際倒産法シンポジウム（大韓民国）への出席等のため出張（九月二七日帰国）

二十四日　平成二一年度知的財産権専門研修（長期）

東京理科大学専門職大学院　九月二四日から平成二二年一月二七日まで　参加者一人。

二十五日　法制審議会非訟事件手続法・家事審判法部会（諮問第八七号関係第七回）

非訟事件手続に関して、裁判（裁判の効力発生時期、一部決定、中間決定、更正決定、裁判の脱漏）、不服申立て、再審、裁判の取消し又は変更及び費用について審議した。

二十八日　平成二一年度報道機関研修

株式会社朝日新聞社　九月二八日から一〇月九日まで　参加者二人。

社団法人共同通信社　九月二八日から一〇月九日まで　参加者二人。

株式会社時事通信社　九月二八日から一〇月九日まで　参加者二人。

株式会社日本経済新聞社　九月二八日から一〇月九日まで　参加者二人。

株式会社毎日新聞社　九月二八日から一〇月九日まで　参加者二人。
日本放送協会　九月二八日から一〇月九日まで　参加者二人。

二十九日　長崎市長射殺事件控訴審判決（福岡高等裁判所）
原判決破棄　無期懲役。
被告人、検察官上告申立て。
（平成二〇年五月二六日の項参照）

三十日　最高裁判所第二小法廷決定――民法九〇〇条四号ただし書前段と憲法一四条一項（平成二〇年(ク)第一一九三号）
（要旨）民法九〇〇条四号ただし書前段は、憲法一四条一項に違反しない。
最高裁判所大法廷判決――公職選挙法一四条、別表第三の参議院（選挙区選出）議員の議員定数配分規定の合憲性（平成二〇年(行ツ)第二〇九号）
（要旨）公職選挙法一四条、別表第三の参議院（選挙区選出）議員の議員定数配分規定は、平成一九年七月二九日施行の参議院議員通常選挙当時、憲法一四条一項に違反していたものということはできない。

十月

一日　民事訴訟法第百三十二条の十第一項に規定する電子情報処理組織を用いて取り扱う督促手続に関する規則の一部を改正する規則公布（最高裁判所規則第九号）

一一月二日から施行。

電子情報処理組織を用いて取り扱う督促手続に関し、指定簡易裁判所が取り扱うことのできる地理的範囲を名古屋高等裁判所及び広島高等裁判所の管轄区域内に所在する簡易裁判所にまで拡大したもの。

二日　上智大学大学院法学研究科教授滝澤正　最高裁判所図書館委員会委員を委嘱する

「法の日」週間（七日まで）

法制審議会国際裁判管轄法制部会（諮問第八六号関係第一二回）

国際裁判管轄法制に関する個別論点のうち、消費者契約及び労働関係に関する訴えの管轄権、財産権上の訴え等の管轄権、管轄権に関する合意等、国際訴訟競合に関する規律並びに登記又は登録に関する訴え及び知的財産権に関する訴えの管轄権について審議した。

平成二一年度特別研究会（第三回・医療観察法）

高等裁判所又は地方裁判所で刑事事件を担当する判事又は判事補を対象に、医療観察事件における手続的、実体的な実務上の諸問題等についての研究会を、一〇月二日に司法研修所において実施。

三日　最高裁判所判事中川了滋は、随員として東京地方裁判所判事品田幸男を伴い、第三五回国際法曹協会（ＩＢＡ）会議（スペイン王国）への出席及び欧州各国における司法事情視察等のため出張（一〇月一四日帰国）

六日　平成二一年度行政基礎研究会

地方裁判所で行政事件を担当する判事補を対象に、裁判例から見た行政事件の基本問題、抗告訴訟の基本問題及び住民訴訟をめぐる諸問題等についての研究会を、一〇月六日から一〇月八日まで司法研修所において実施。

七　日　タイ王国上院議長最高裁判所訪問

タイ王国上院議長プラソップスック・ブンデート氏は、最高裁判所長官竹崎博允を表敬訪問した。

八　日　平成二一年度行政実務研究会

地方裁判所で行政事件を担当する判事を対象に、行政事件の動向と課題及び行政事件の審理、運営をめぐる諸問題等についての研究会を、一〇月八日から一〇月九日まで司法研修所において実施。

九　日　法制審議会非訟事件手続法・家事審判法部会（諮問第八七号関係第八回）

非訟事件手続のうち最高裁判所規則、外国人に関する非訟事件手続、民事非訟事件、保全処分並びに当事者概念及び関係人概念について、家事審判手続のうち家事審判手続と家事調停手続との連続性、手続保障の主体及び審理構造、審判機関等並びに除斥及び忌避についてそれぞれ審議した。

徳島地方裁判所判事黒野功久及び長野地方裁判所判事補鎌倉正和は、国際裁判官協会会議（モロッコ王国）への出席等のため出張（一〇月一七日帰国）

十四日　平成二一年度民間企業短期研修（東京商工会議所関係）

イオンリテール株式会社及び東京ガス株式会社　一〇月一四日から一〇月二七日まで　参加者二人。

株式会社伊藤園及び三菱商事株式会社　一〇月一四日から一〇月二七日まで　参加者二人。

ＮＴＴコミュニケーションズ株式会社及び東京急行電鉄株式会社　一〇月一四日から一〇月二七日まで　参加者二人。

株式会社商工組合中央金庫及びライオン株式会社　一〇月一四日から一〇月二七日まで　参加者二人。

東京メトロポリタンテレビジョン株式会社及び三井住友海上火災保険株式会社　一〇月一四日から一〇月二七日まで　参加者二人。

平成二一年度民間企業短期研修（大阪商工会議所関係）
京阪電気鉄道株式会社及びシャープ株式会社　一〇月一四日から一〇月二七日まで　参加者二人。
株式会社サンリット産業及び大阪ガス株式会社　一〇月一四日から一〇月二七日まで　参加者二人。
日本生命保険相互会社及び株式会社サクラクレパス　一〇月一四日から一〇月二七日まで　参加者二人。

平成二一年度民間企業短期研修（名古屋商工会議所関係）

名古屋鉄道株式会社及び興和株式会社　一〇月一四日から一〇月二七日まで　参加者二人。
名港海運株式会社及び東邦ガス株式会社　一〇月一四日から一〇月二七日まで　参加者二人。

十五日　平成二一年度特別研究会（第四回・倒産関係）

高等裁判所又は地方裁判所で民事事件を担当する判事を対象に、企業倒産事件の実務上の諸問題等についての研究会を、一〇月一五日から一〇月一六日まで司法研修所において実施。

十六日　最高裁判所第二小法廷判決——米国の州によって同州港湾局の我が国における事務所の現地職員として雇用され、解雇された者が、雇用契約上の権利を有する地位にあることの確認及び解雇後の賃金の支払を求めて提起した訴訟につき、同州は我が国の民事裁判権から免除されるとした原審の判断に違法があるとされた事例（平成二〇年(受)第六号）

（要旨）米国の州によって同州港湾局の我が国における事務所の現地職員として雇用され、解雇された者が、雇用契約上の権利を有する地位にあることの確認及び解雇後の賃金の支払を求めて提起した訴訟について、同事務所には我が国の厚生年金保険等が適用され、その業務内容は同州港湾施設の宣伝等であり、財政上の理由による同事務所の閉鎖が解雇理由とされていたなど判示の事実関係の下では、同人の解雇は私法的ないし業務管理的な行為に当たるところ、これを肯定しながら、右記訴訟が復職を主題とするものであるなど同州の主権的権能を侵害するおそれのある特段の事情があるから同州は我が国の民事裁判権から免除されるとした原審の判断には、違法がある。

最高裁判所第二小法廷判決——被告人の検察官調書の取調べ請求を却下した第一審の訴訟手続につい

て、同調書が犯行場所の確定に必要であるとして、その任意性に関する主張立証を十分にさせなかった点に審理不尽があるとした控訴審判決が、刑訴法二九四条、三七九条、刑訴規則二〇八条の解釈適用を誤っているとされた事例（平成二一年(あ)第一九一号、二五九号）

（要旨）検察官請求に係る被告人の検察官調書の取調べ請求を却下した第一審の訴訟手続について、同調書が犯行現場の確定に必要であるとして、その任意性に関する主張立証を十分にさせなかった点に審理不尽があるとした控訴審判決は、同調書の立証趣旨が犯行場所に関連するものではなく弁解状況等にあり、検察官は控訴審において犯行場所がいずれであっても刑責に軽重ない旨釈明していたなどの本件訴訟経過の下では、刑訴法二九四条、三七九条、刑訴規則二〇八条の解釈適用を誤った違法がある。

二十日

平成二一年度特別研究会（第七回・家事審判法改正をめぐる諸問題）

高等裁判所又は家庭裁判所の判事を対象に、家事審判法改正についての研究会を、一〇月二〇日に司法研修所において実施。

最高裁判所第一小法廷決定——犯人の一時的な海外渡航と公訴時効停止の効力（平成二〇年(あ)第一六五七号）

（要旨）犯人が国外にいる間は、それが一時的な海外渡航による場合であっても、公訴時効はその進行を停止する。

二十二日

調停委員協議会

最高裁判所において開催。参加者は、各地方裁判所の民事調停委員及び各家庭裁判所の家事調停委員。

協議事項　多様で複雑困難な事件が増加する中、より柔軟で適切な解決の実現を目指し、当事者が真の争点を理解し、解決に向けた合理的な見通しをつけられるようにするために、調停委員が当事者からの事情聴取や当事者への働きかけをするに当たり工夫すべき事項

二十三日　法制審議会非訟事件手続法・家事審判法部会（諮問第八七号関係第九回）

家事審判手続に関し、除斥及び忌避、管轄、当事者能力等、任意代理人、任意参加、強制参加、脱退並びに子どもからの意見聴取及び子どもの保護機関についてそれぞれ検討を行った。

二十七日　横浜家庭裁判所長田中由子　下級裁判所裁判官指名諮問委員会地域委員会（東京に置かれるもの）地域委員に任命する

二十八日　法制審議会第一六〇回総会

一　民法の成年年齢の引下げに関する諮問第八四号に関し、「民法の成年年齢の引下げについての意見（案）」に基づき審議がされた。審議・採決の結果、同意見案は、全会一致で原案どおり採択され、直ちに法務大臣に答申することとされた。

二　法務大臣から新たに発せられた民法（債権関係）の改正に関する諮問第八八号及び凶悪・重大犯罪の公訴時効の在り方等に関する諮問第八九号に関し、事務当局から諮問に至った経緯及び諮問の趣旨等について説明がされた。これらの諮問について、その審議の進め方等に関する意見表

明がされ、諮問第八八号については、「民法（債権関係）部会」（新設）に、諮問第八九号については、「刑事法（公訴時効関係）部会」（新設）に、それぞれ付託して審議することとし、各部会から報告を受けた後、改めて総会において審議することとされた。

三十日

民事事件担当裁判官等事務打合せ

最高裁判所において開催。参加者は、各高等裁判所所在地にある地方裁判所並びに横浜、さいたま、千葉、京都及び神戸の各地方裁判所の民事事件を担当する裁判官及び民事首席書記官又は民事次席書記官。

協議事項

一　損害賠償命令手続から移行した後の民事訴訟手続の運営に関し考慮すべき事項

二　民事訴訟事件が増加していく中で、複雑困難な事件の適切かつ効率的な処理を図るために考慮すべき事項

平成二一年度裁判基盤研究会（金融と企業活動）

高等裁判所、地方裁判所又は家庭裁判所の判事を対象に、金融資本市場の現状と課題及び企業活動の最近の話題等についての研究会を、一〇月二八日から一〇月三〇日まで司法研修所において実施。

司法修習生の修習資金の貸与等に関する規則公布（最高裁判所規則第一〇号）

平成二二年一一月一日から施行。

裁判所法の一部を改正する法律（平成一六年法律第一六三号）の施行に伴い、司法修習生に対する修習資金の貸与の内容及び手続を定めるとともに、司法修習生の給与に関する規則（昭和五五年最高裁判所規則第二号）を廃止したもの。

法制審議会国際裁判管轄法制部会（諮問第八六号関係第一三回）

国際裁判管轄法制に関する個別論点のうち、消費者契約及び労働関係に関する訴えの管轄権、財産権上の訴え等の管轄権、国際訴訟競合に関する規律並びに事務所又は営業所を有する者に対する訴え等の管轄権について審議した。

十一月

二日　東京高等検察庁次席検事渡辺恵一　最高裁判所刑事規則制定諮問委員会委員に任命する

三日　平成二一年秋の叙勲において、最高裁判所所管の分野では

旭日大綬章

元最高裁判所判事才口千晴

同　津野修

瑞宝重光章

元高松高等裁判所長官増井和男

ほか六二人が叙勲された。

また、特別功労のある調停委員三五人に対し、藍綬褒章が授与された。

四日　平成二一年度民事実務研究会
高等裁判所又は地方裁判所で民事事件を担当する判事を対象に、多様化する契約紛争等についての研究会を、一一月四日から一一月六日まで司法研修所において実施。

五日　平成二一年度知的財産権専門研修（短期）
独立行政法人理化学研究所　一一月五日から一一月一八日まで　参加者二人。

七日　最高裁判所長官竹崎博允は、随員として最高裁判所事務総局秘書課長今崎幸彦、同秘書課付大川隆男及び同課課長補佐白神純一を伴い、アジア太平洋最高裁判所長官会議（ベトナム社会主義共和国）への出席のため出張（一一月一一日帰国）

九日　平成二一年度刑事実務研究会（第一回）
高等裁判所又は地方裁判所で刑事事件を担当する判事又は判事補を対象に、裁判員裁判の実務上の諸問題等についての研究会を、一一月九日から一一月一一日まで司法研修所において実施。

十二日　天皇陛下御在位二〇年記念式典
天皇陛下御臨席の下に、午後二時から国立劇場において挙行され、最高裁判所長官竹崎博允が祝辞を述べた。

十三日　盛岡地方・家庭裁判所一関支部、一関簡易裁判所合同庁舎改築

十四日　最高裁判所判事今井功は、随員として札幌地方裁判所判事石井伸興を伴い、欧州裁判官評議会（スロベニア共和国）への出席及び欧州各国における司法事情視察のため出張（一一月二五日帰国）

十六日　判事三好幹夫　法制審議会臨時委員に任命する（刑事法（公訴時効関係）部会）

法制審議会刑事法（公訴時効関係）部会（諮問第八九号関係第一回）

諮問第八九号について、事務当局から諮問に至った経緯及び諮問の趣旨等について説明が行われた上、当面、「凶悪・重大犯罪の公訴時効の在り方等に関し検討すべき論点（案）について」に掲げられた論点に沿って審議を進めていくこととされ、公訴時効見直しの必要性・妥当性、凶悪・重大犯罪の公訴時効見直しの具体的在り方を中心に議論がなされた。

平成二一年度特別研究会（第八回・自庁研修・研さん関係）

高等裁判所、地方裁判所又は家庭裁判所で研修、研さんの企画立案の中核となっている判事又はこれからその役割を担うことが期待される判事を対象に、裁判官の自己研さん支援のための研修、研さんの現状と在り方等についての研究会を、一一月一六日に司法研修所において実施。

平成二一年度特別研究会（第九回・改正行政事件訴訟法の運用について）

東京及び大阪の地方裁判所の判事を対象に、行政事件訴訟法改正についての研究会を、一一月一八日に東京地方裁判所において実施。

十八日　最高裁判所大法廷判決――地方自治法施行令一一五条、一一三条、一〇八条二項及び一〇九条の各規定のうち、公職選挙法八九条一項を準用することにより、公務員につき議員の解職請求代表者となることを禁止している部分は、地方自治法八五条一項に基づく政令の定めとして効力を有するか（平成二一年㈳第八三号）

（要旨）地方自治法施行令一一五条、一一三条、一〇八条二項及び一〇九条の各規定のうち、公職選挙法八九条一項を準用することにより、公務員につき議員の解職請求代表者となることを禁止している部分は、その資格制限が解職の請求手続にまで及ぼされる限りで、同法中の選挙に関する規定を解職の投票に準用する地方自治法八五条一項に基づく政令の定めとして許される範囲を超え、無効である。

十九日　江利川毅人事官宣誓

東京大学大学院法学政治学研究科教授樋口範雄　最高裁判所図書館委員会委員を委嘱する

二十日　判事岡健太郎　法制審議会臨時委員に任命する（民法（債権関係）部会）

法制審議会国際裁判管轄法制部会（諮問第八六号関係第一四回）

国際裁判管轄法制の整備に関する要綱案のとりまとめに向けた議論として、「国際裁判管轄法制の整備に関する要綱案（第1次案）」について審議した。

静岡地方・簡易裁判所合同庁舎改築

二十四日　法制審議会民法（債権関係）部会（諮問第八八号関係第一回）

一　部会長として鎌田薫委員が互選された。

二　改正の必要性等及び今後の審議の進め方について審議した。

集団的消費者被害救済制度研究会（第一回）

一　座長として三木浩一委員が選出された。

二　被害救済制度の在り方の検討及び財産保全制度の検討の進め方について審議した。

二十五日　法制審議会刑事法（公訴時効関係）部会（諮問第八九号関係第二回）

諮問第八九号について、被害者団体からヒアリングを実施した。

二十七日　法制審議会非訟事件手続法・家事審判法部会（諮問第八七号関係第一〇回）

家事審判手続に関し、本人出頭主義等、中断・受継、中止、送達、申立てその他の申述の方式及び申立書等の記載事項（通則）、家事審判事件の申立て並びに審理手続（家庭裁判所及び当事者の責務、期日及び期間、手続の非公開）についてそれぞれ検討を行った。

平成二一年度一一月期採用（新第六三期）司法修習生修習開始

司法修習生二〇二一人。

三十日　一般職の職員の給与に関する法律等の一部を改正する法律公布（法律第八六号）

一二月一日から施行。ただし、一部については平成二二年四月一日から施行。

一部の職員を除いて俸給月額を改定し、住居手当、期末手当、勤勉手当及び超過勤務手当を改正するとともに、超勤代休時間の制度を導入したもの。

裁判官の報酬等に関する法律等の一部を改正する法律公布（法律第九〇号）

一二月一日から施行。

裁判官の報酬月額を改定したもの。

裁判官に対する期末手当及び勤勉手当の支給に関する規則の一部を改正する規則公布（最高裁判所規

則第一一号)

一二月一日から施行。ただし、一部については平成二二年四月一日から施行。

裁判官の期末手当を改正したもの。

国家公務員の育児休業等に関する法律の一部を改正する法律公布(法律第九三号)

平成二二年六月三〇日から施行。

配偶者が育児休業をしている場合においても育児休業等をすることができるものとし、また、子の出生の日から一定期間内に最初の育児休業をした職員について、再度の育児休業をすることができるものとしたもの。

裁判官の育児休業に関する法律の一部を改正する法律公布(法律第九五号)

平成二二年六月三〇日から施行。

配偶者が育児休業をしている場合においても育児休業をすることができるものとし、また、子の出生の日から一定期間内に最初の育児休業をした裁判官について、再度の育児休業をすることができるものとしたもの。

十二月

三日

平成二一年度特別研究会(第五回・医療訴訟(民事)の現状と課題)

高等裁判所又は地方裁判所で民事事件を担当する判事を対象に、医療集中部における医療関係訴訟の諸問題等についての研究会を、一二月三日から一二月四日まで司法研修所において実施。

四　日　法制審議会非訟事件手続法・家事審判法部会（諮問第八七号関係第一一回）
家事審判手続に関し、審理手続（審問期日、手続の分離・併合、審理の終結、審判日）、事実の調査及び証拠調べ等、調書の作成等並びに記録の閲覧等についてそれぞれ検討を行った。

九　日　法制審議会刑事法（公訴時効関係）部会（諮問第八九号関係第三回）
諮問第八九号について、第一回会議で配布された「凶悪・重大犯罪の公訴時効の在り方等に関し検討すべき論点（案）について」に掲げられた論点のうち、公訴時効見直しの必要性・妥当性、現に時効が進行中の事件の取扱い、刑の時効見直しの具体的在り方について、前回会議のヒアリング結果を踏まえて公訴時効見直しの必要性をどのように考えるか、公訴時効制度を見直すこととした場合に、証拠の散逸や被告人の防御との関係をどのように考えるか、現に時効が進行中の事件についても適用することができるかどうか（憲法第三九条等との関係でそのような立法が許されるかどうか）、現に時効が進行中の事件に適用することも許されるとした場合に、それが立法政策として妥当か、公訴時効制度を見直すこととする場合には、刑の時効の制度を見直さなくてよいか否か等に関し議論が行われた。

平成二一年度労働実務研究会
地方裁判所で労働事件又は労働審判事件を担当する判事又は判事補を対象に、労働審判制度及び個別労働関係をめぐる諸問題等についての研究会を、一二月九日から一二月一一日まで司法研修所において実施。

十一日

最高裁判所第一小法廷決定――保釈された者につき、刑訴法九六条三項所定の事由が認められる場合、刑事施設に収容され刑の執行が開始された後に保釈保証金を没取することができるか（平成二一年(し)第四四三号）

（要旨）保釈された者について、禁錮以上の実刑判決が確定した後逃亡したなど刑訴法九六条三項所定の事由が認められる場合には、刑事施設に収容され刑の執行が開始された後であっても、保釈保証金を没取することができる。

法制審議会国際裁判管轄法制部会（諮問第八六号関係第一五回）

国際裁判管轄法制の整備に関する要綱案のとりまとめに向けた議論として、「国際裁判管轄法制の整備に関する要綱案（第２次案）」について審議した。

十二日

元仙台高等裁判所長官小林信次　逝去（八九歳）

正三位に叙される。

十四日

集団的消費者被害救済制度研究会（第二回）

民事手続上の財産保全制度について審議した。

布川事件再審開始決定に対する特別抗告審決定（最高裁判所第二小法廷）

本件の原事件は、一名が強盗殺人、窃盗、一名が強盗殺人、暴行、傷害、恐喝、暴力行為等処罰に関する法律違反の罪でそれぞれ起訴され、昭和四五年一〇月六日にそれぞれ無期懲役の判決があり確定したものである。

被告人二名　特別抗告棄却決定（一審再審開始決定、抗告審即時抗告棄却）（確定）。

十五日　簡易裁判所民事事件担当裁判官等事務打合せ

最高裁判所において開催。参加者は、東京、横浜、さいたま、千葉、大阪、京都、神戸、名古屋、広島、福岡、仙台、札幌及び高松の各簡易裁判所の民事事件担当裁判官、東京簡易裁判所の民事首席書記官、大阪、名古屋、福岡及び札幌の各簡易裁判所の首席書記官、横浜、さいたま、千葉、京都、神戸、広島、仙台及び高松の各地方裁判所の民事首席書記官又は民事次席書記官。

協議事項

一　増加を続ける過払金の返還を目的とした不当利得返還請求事件を効率的かつ迅速に処理するための方策

二　簡易裁判所の特色を生かしながら市民間紛争に係る訴訟を適正かつ迅速に審理するための方策

三　充実した民事調停事件の運用を図るための方策

四　これからの民事事件処理における簡易裁判所の在り方

十六日　平成二〇年度一一月期採用（新第六二期）司法修習生修習終了

修習終了者一九九二人。

判事補任官九九人、検事任官六七人、弁護士登録一六九三人、その他一三三人。

十七日　最高裁判所判事涌井紀夫　逝去（六七歳）

正三位に叙され旭日大綬章を授与される。

十八日　裁判員裁判全国第一号事件控訴審判決（東京高等裁判所）

控訴棄却。

被告人上告申立て。

（平成二一年八月六日の項参照）

法制審議会非訟事件手続法・家事審判法部会（諮問第八七号関係第一二回）

家事審判手続に関し、審判、不服申立て、再審、審判の取消し又は変更及び審判前の保全処分についてそれぞれ検討を行った。

二十一日　法制審議会刑事法（公訴時効関係）部会（諮問第八九号関係第四回）

諮問第八九号について、第一回会議で配布された「凶悪・重大犯罪の公訴時効の在り方等に関し検討すべき論点（案）について」に掲げられた論点のうち、凶悪・重大犯罪の公訴時効見直しの具体的在り方について、「凶悪・重大犯罪の公訴時効見直しの具体的在り方に関するイメージ案」に基づいて、C—一案を公訴時効見直しの具体的在り方として採用することの適否、問題点など、C—二案を公訴時効見直しの具体的在り方として採用することの適否、問題点など、A案、B案並びにA案及びB案の組み合わせ案を公訴時効見直しの具体的在り方として採用することの適否、問題点などに関し議論が行われた。

金沢地方・家庭裁判所七尾支部、七尾簡易裁判所合同庁舎改築

二十二日　法制審議会被収容人員適正化方策に関する部会（諮問第七七号関係第二六回）

諮問第七七号について、これまでの会議の議論を踏まえ、「要綱（骨子）案」について審議がなされ、諮問第七七号については、要綱（骨子）案のように法整備をするのが相当である旨法制審議会（総会）に報告することが全会一致で決定された。

法制審議会民法（債権関係）部会（諮問第八八号関係第二回）

改正の必要性等及び今後の審議の進め方について引き続き審議した。

二十五日　最高裁判所判事中川了滋　定年退官

長野地方・家庭裁判所上田支部、上田簡易裁判所合同庁舎改築

二十六日　最高裁判所判事今井功　定年退官

二十八日　最高裁判所判事那須弘平　最高裁判所図書館委員会委員を命ずる

国家公務員法等の一部を改正する法律附則第一一条において読み替えて準用する同法附則第四条第一項の最高裁判所規則で定める日を定める規則公布（最高裁判所規則第一二号）

平成二二年一月一日から施行。

国家公務員法等の一部を改正する法律（平成一九年法律第一〇八号）附則第一一条において読み替えて準用する同法附則第四条第一項の最高裁判所規則で定める日を定めたもの。

外国等に対する我が国の民事裁判権に関する法律による外国等に対する訴状等及び判決書等の送達に関する規則公布（最高裁判所規則第一三号）

平成二二年四月一日から施行。

外国等に対する我が国の民事裁判権に関する法律（法律第二四号）の施行に伴い、外国等に対する訴状等及び判決書等の送達に関し、必要な事項を定めるもの。

田中由子　下級裁判所裁判官指名諮問委員会地域委員会（東京に置かれるもの）地域委員を免ずる
仲家暢彦　下級裁判所裁判官指名諮問委員会地域委員会（福岡に置かれるもの）地域委員を免ずる
仙台高等裁判所長官千葉勝美　最高裁判所判事に任命する
弁護士須藤正彦　最高裁判所判事に任命する
東京高等裁判所判事房村精一　高等裁判所長官に任命する　仙台高等裁判所長官に補する

平成二十二年

一　月

一　日　宇都宮地方裁判所長村瀬均　最高裁判所刑事規則制定諮問委員会委員を免ずる
判事三好幹夫　最高裁判所刑事規則制定諮問委員会委員に任命する
福岡地方裁判所長山口幸雄　下級裁判所裁判官指名諮問委員会地域委員会（福岡に置かれるもの）地域委員に任命する

六　日　最高裁判所判事甲斐中辰夫　定年退官
元次長検事横田尤孝　最高裁判所判事に任命する

八　日　集団的消費者被害救済制度研究会（第三回）
民事手続上の財産保全制度について審議した。

十二日　裁判所職員総合研修所研修計画協議会
一月一二日、一三日の両日、裁判所職員総合研修所において開催。

十三日　最高裁判所判事金築誠志、同古田佑紀、同竹内行夫　最高裁判所判例委員会委員を命ずる

十五日　法制審議会国際裁判管轄法制部会（諮問第八六号関係第一六回）
「国際裁判管轄法制の整備に関する要綱案」が取りまとめられた。
東京高等裁判所長官白木勇　最高裁判所判事に任命する
福岡高等裁判所長官安倍嘉人　東京高等裁判所長官に補する

十八日　司法研修所長大野市太郎　高等裁判所長官に任命する　福岡高等裁判所長官に補する

領事関係に関する日本国と中華人民共和国との間の協定公布（条約第一号）

二月一六日発効。

領事関係に関するウィーン条約の規定の確認・補足等を目的として、領事通報の全件義務化、領事機関の不可侵権の強化等の領事に関する事項について規定したもの。

十九日　平成二一年度新任判事補研修

平成二一年九月又は一二月に司法修習を終え、判事補に任命された者（現行第六二期及び新第六二期）を対象に、裁判実務に関連する基礎的事項及び裁判官の在り方等についての研修を、一月一九日から一月二二日まで司法研修所において実施。

株式会社日本航空に会社更生手続開始決定

東京地方裁判所は、株式会社日本航空と関連会社二社に対して、会社更生手続開始決定をした（負債総額は約二兆三〇〇〇億円）。同社の更生計画案は、平成二二年一一月三〇日に認可され、平成二三年三月二八日に更生手続終結決定がなされた。

二十日　法制審議会刑事法（公訴時効関係）部会（諮問第八九号関係第五回）

諮問第八九号について、第一回会議で配布された「凶悪・重大犯罪の公訴時効の在り方等に関し検討すべき論点（案）について」に掲げられた論点について、論点相互の関係を意識しつつ、再度議論するという趣旨で、第一の「公訴時効見直しの必要性、妥当性」と第二の「凶悪・重大犯罪の公訴時効見直しの具体的在り方」、第二の「凶悪・重大犯罪の公訴時効見直しの具体的在り方」と第四の「刑の時効見直しの必要性、具体的在り方」の各論点を併せて議論した後、第三の「現に時効が進行中の事件の取扱い」の論点を議論した。

最高裁判所大法廷判決——一　市が連合町内会に対し市有地を無償で神社施設の敷地としての利用に供している行為が憲法八九条、二〇条一項後段に違反するとされた事例（二略）（平成一九年㈽第二六〇号）

（要旨）

一　市が連合町内会に対し市有地を無償で建物（地域の集会場等であるが、その内部に祠が設置され、外壁に神社の表示が設けられている。）、鳥居及び地神宮の敷地としての利用に供している行為は、次の㈠、㈡など判示の事情の下では、右記行為がもともとは小学校敷地の拡張に協力した地元住民に報いるという世俗的、公共的な目的から始まったものであるとしても、一般人の目から見て、市が特定の宗教に対して特別の便益を提供し、これを援助していると評価されてもやむを得ないものであって、憲法八九条、二〇条一項後段に違反する。

㈠　鳥居、地神宮、神社と表示された建物入口から祠に至る右記各物件は、一体として神道の神社施設に当たるもので、そこで行われている諸行事も、このような施設の性格に沿って宗教的行事として行われている。

㈡　右記各物件を管理し、祭事を行っている氏子集団は、祭事に伴う建物使用の対価を連合町内会に支払うほかは、右記各物件の設置に通常必要とされる対価を支払うことなく、その設置に伴う便益を長期間にわたり継続的に享受しており、前記行為は、その直接の効果として、宗教団体である氏子集団が神社を利用した宗教的活動を行うことを容易にするものである。

（二略）

最高裁判所大法廷判決——市が町内会に対し無償で神社施設の敷地としての利用に供していた市有地を同町内会に譲与したことが憲法二〇条三項、八九条に違反しないとされた事例（平成一九年(行ツ)第三三四号）

（要旨）

市が町内会に対し無償で神社施設の敷地としての利用に供していた市有地を同町内会に譲与したことは、次の㈠～㈢など判示の事情の下では、憲法二〇条三項、八九条に違反しない。

㈠　右記神社施設は明らかに神道の神社施設であり、そこでは神道の方式にのっとった宗教的行事が行われており、右記のような市有地の提供行為をそのまま継続することは、一般人の目から見て、市が特定の宗教に対して特別の便益を提供し、これを援助していると評価されるおそれがあった。

㈡　右記譲与は、市が、監査委員の指摘を考慮し、右記㈠のような憲法の趣旨に適合しないおそれのある状態を是正解消するために行ったものである。

㈢　右記市有地は、もともと右記町内会の前身の団体から戦前に小学校の教員住宅用地として寄附されたが、戦後、右記教員住宅の取壊しに伴いその用途が廃止されたものである。

二十二日　法制審議会非訟事件手続法・家事審判法部会（諮問第八七号関係第一三回）

一　審判前の保全処分、費用及び検察官に対する通知について審議した。

二　後見開始等、保佐開始等、補助開始等、不在者の財産の管理、失踪宣告、失踪宣告の取消し、嫡出否認の訴えについての特別代理人の選任、子の氏の変更及び未成年者等を養子とするについての許可について審議した。

二十五日　平成二一年度新任簡易裁判所判事研修

平成二一年度に新たに簡易裁判所判事に任命された者（司法修習終了者を除く。）を対象に、民事事件、刑事事件の実務及び裁判官の在り方等についての研修を、一月二五日から二月二六日まで司法研修所において実施。

二十六日　法制審議会民法（債権関係）部会（諮問第八八号関係第三回）

履行の請求、債務不履行による損害賠償等について審議した。

二十七日　前橋地方裁判所長小川正持　法制審議会臨時委員を免ずる

最高裁判所事務総局刑事局長植村稔　法制審議会臨時委員に任命する（刑事法（公訴時効関係）部会）

二十八日　法制審議会刑事法（公訴時効関係）部会（諮問第八九号関係第六回）

諮問第八九号について、前回会議までの議論を踏まえて事務当局において作成した「凶悪・重大犯罪の公訴時効の在り方等に係る要綱骨子（案）」に基づいて、同要綱骨子（案）の「第一　人を死亡させた罪の公訴時効の改正」、「第二　第一の適用範囲」及び「第三　刑の時効の改正」について議論した。

二十九日

福岡高等裁判所長官大野市太郎　最高裁判所図書館委員会委員を免ずる　司法修習生考試委員会委員の委嘱を解く　司法修習委員会委員を免ずる

司法研修所長佐々木茂美　最高裁判所図書館委員会委員を命ずる　司法修習生考試委員会委員を委嘱する　司法修習委員会委員に任命する

前橋地方裁判所長小川正持　最高裁判所刑事規則制定諮問委員会委員　同図書館委員会委員を免ずる

最高裁判所事務総局刑事局長植村稔　最高裁判所刑事規則制定諮問委員会委員に任命する　最高裁判所図書館委員会委員を命ずる

最高裁判所判事藤田宙靖　簡易裁判所判事選考委員会委員　簡易裁判所判事選考委員会委員長を委嘱する

長島裕　簡易裁判所判事選考委員会委員の委嘱を解く

判事植村立郎、最高検察庁検事水野美鈴　簡易裁判所判事選考委員会委員を委嘱する

判事河合健司　司法修習生考試委員会委員の委嘱を解く

最高裁判所事務総局人事局長大谷直人、司法研修所教官秋吉淳一郎　司法修習生考試委員会委員を委嘱する

集団的消費者被害救済制度研究会（第四回）

民事手続上の財産保全制度について引き続き審議した。

二月

一日　最高裁判所事務総局経理局長小池裕　最高裁判所図書館委員会委員を命ずる

平成二一年度刑事実務研究会（第二回）

高等裁判所又は地方裁判所で刑事事件を担当する判事又は判事補を対象に、裁判員裁判の実務上の諸問題等についての研究会を、二月一日から二月三日まで司法研修所において実施。

四日　最高裁判所判事白木勇　法制審議会委員を免ずる

東京高等裁判所長官安倍嘉人　法制審議会委員に任命する

法制審議会刑事法（公訴時効関係）部会（諮問第八九号関係第七回）

諮問第八九号について、事務当局が作成した「凶悪・重大犯罪の公訴時効の在り方等に係る要綱骨子（案）」について、「修正案」が提出され、修正案及び同要綱骨子（案）について議論するとともに、同要綱骨子（案）に関連する事項等について議論した。

五日　判事富越和厚　下級裁判所裁判官指名諮問委員会委員に任命する

横浜地方裁判所長吉戒修一　下級裁判所裁判官指名諮問委員会地域委員会（東京に置かれるもの）地域委員に任命する

司法研修所長佐々木茂美、福岡高等検察庁検事長三浦正晴　下級裁判所裁判官指名諮問委員会地域委員会（大阪に置かれるもの）地域委員を免ずる大阪地方裁判所長吉野孝義、大阪地方検察庁検事正小林敬　下級裁判所裁判官指名諮問委員会地域委員会（大阪に置かれるもの）地域委員に任命する

最高検察庁検事松田章　下級裁判所裁判官指名諮問委員会地域委員会（高松に置かれるもの）地域委員を免ずる

高松地方検察庁検事正西村逸夫　下級裁判所裁判官指名諮問委員会地域委員会（高松に置かれるもの）地域委員に任命する

法制審議会第一六一回総会

一　国際裁判管轄法制の整備に関する諮問第八六号に関し、「国際裁判管轄法制の整備に関する要綱案」に基づき審議がされ、採決の結果、同要綱案は、全会一致で原案どおり採択され、直ちに法務大臣に答申することとされた。

二　児童虐待防止のための親権に係る制度の見直しに関する諮問第九〇号に関し、諮問に至った経緯及び諮問の趣旨等について説明がされ、「児童虐待防止関連親権制度部会」に付託して審議することとされた。

八日

法制審議会刑事法（公訴時効関係）部会（諮問第八九号関係第八回）

諮問第八九号について、事務当局から、内閣府世論調査結果の概要について報告された。また、事務当局作成の「要綱（骨子）案」に対し、改めて「修正案」が提出され、同「要綱（骨子）案」及び修正案等について、これまでの会議の議論を踏まえて審議がなされた。

引き続き、採決が行われ、諮問第八九号については、同要綱（骨子）案のとおり法整備をするのが相当である旨法制審議会（総会）に報告することが決定された。

十二日　法制審議会非訟事件手続法・家事審判法部会（諮問第八七号関係第一四回）

特別養子縁組の成立及び離縁、親権又は管理権の喪失の宣告、親権者となるべき者の指定、相続財産の分離、遺言書の検認、夫婦の同居その他の夫婦間の協力扶助、監護者の指定その他子の監護に関する処分等を中心に審議した。

心神喪失者等医療観察法裁判官協議会

最高裁判所において開催。参加者は、東京、大阪、名古屋、福岡の高等裁判所の医療観察抗告事件を担当する裁判官及び東京、横浜、さいたま、千葉、新潟、大阪、神戸、名古屋、富山、広島、福岡、佐賀、仙台、盛岡、札幌、高松の地方裁判所の医療観察事件を担当する裁判官。

協議事項　医療観察事件の実務上問題となる事項

十五日　法務省大臣官房司法法制部長深山卓也　最高裁判所民事規則制定諮問委員会委員　同刑事規則制定諮問委員会委員　同家庭規則制定諮問委員会委員に任命する

平成二一年度特別研究会（第六回・複雑・困難な損害賠償請求事件の処理をめぐる諸問題）

高等裁判所又は地方裁判所で民事事件を担当する判事を対象に、複雑困難な損害賠償請求事件の処理をめぐる諸問題等についての研究会を、二月一五日から二月一六日まで司法研修所において実施。

十九日　集団的消費者被害救済制度研究会（第五回）
集合訴訟の諸類型、制度設計の必要性等について審議した。

二十一日　広島高等裁判所長官相良朋紀　定年退官

二十二日　平成二一年度法律実務教育研究会（第二回）
法科大学院に派遣されている、又は派遣される予定の判事又は判事補を対象に、法律実務の教育等についての研究会を、二月二二日から二月二三日まで司法研修所において実施。

平成二一年度家事実務研究会
家庭裁判所で家事事件を担当する判事又は判事補を対象に、家事調停及び家事審判事件の処理の在り方並びに人事訴訟の適正な運用等についての研究会を、二月二二日から二月二四日まで司法研修所において実施（一部裁判所職員総合研修所と合同実施）。

二十三日　法制審議会民法（債権関係）部会（諮問第八八号関係第四回）
契約の解除、危険負担、受領遅滞等について審議した。

二十四日　民事執行規則の一部を改正する規則公布（最高裁判所規則第一号）
七月一日から施行。
信託法の施行に伴う関係法律の整備等に関する法律（平成一八年法律第一〇九号）の一部の施行に伴い、受益証券発行信託の受益権が振替社債等に関する強制執行の対象となるため、手続に関し必要な整備をしたもの。

裁判所職員総合研修所入所試験規程の一部を改正する規程の制定（最高裁判所規程第二号）

四月一日から施行。

裁判所職員総合研修所入所試験規程の試験方法より身体検査を削るとしたもの。

法制審議会第一六二回総会

一　被収容人員適正化方策に関する部会長から、諮問第七七号に関し、同部会において法整備を行うのが相当と決定された要綱（骨子）案について、審議の経過及び結果に関する報告がされ、審議・採決の結果、同要綱（骨子）案は、全会一致で原案どおり採択され、直ちに法務大臣に答申することとされた。

二　刑事法（公訴時効関係）部会長から、凶悪・重大犯罪の公訴時効の在り方等に関する諮問第八九号に関し、同部会において法整備を行うのが相当と決定された要綱（骨子）案について、審議の経過及び結果に関する報告がされ、審議・採決の結果、同要綱（骨子）案は、賛成多数で原案どおり採択され、直ちに法務大臣に答申することとされた。

三　会社法制の見直しに関する諮問第九一号に関し、諮問に至った経緯及び諮問の趣旨等について説明がされ、会社法制部会に付託して審議することとされた。

さいたま地方裁判所長寺田逸郎　高等裁判所長官に任命する　広島高等裁判所長官に補する

二十五日

イラン・イスラム共和国国会議長最高裁判所訪問

イラン・イスラム共和国国会議長アリー・ラリジャニ氏は、最高裁判所長官竹崎博允を表敬訪問した。

二十六日　法制審議会非訟事件手続法・家事審判法部会（諮問第八七号関係第一五回）

一　家事審判手続に関し、婚姻の取消し又は離婚の場合の財産分与、扶養義務の設定、扶養に関する処分、推定相続人の廃除、遺産の分割、保佐開始の審判前の保全処分、補助開始の審判前の保全処分、扶養の審判前の保全処分等を中心に審議した。

二　家事調停手続に関し、家事調停事件の範囲、調停機関等、調停前置主義及び付調停、管轄、除斥及び忌避、当事者能力等、任意代理人、参加等、調停前の仮の措置並びに子どもからの意見聴取及び子どもの保護機関について審議した。

三　月

一　日　平成二一年度判事補基礎研究会

平成一九年九月又は一二月に司法修習を終え、判事補に任命された者（現行第六〇期及び新第六〇期）を対象に、執行事件、保全事件、令状事件等に関する裁判実務の在り方等についての研究会を、三月一日から三月四日まで司法研修所において実施。

ベトナム社会主義共和国最高人民裁判所副長官最高裁判所訪問

ベトナム社会主義共和国最高人民裁判所副長官チャン・ヴァン・トゥ氏は、最高裁判所長官竹崎博允を表敬訪問した。

二　日　最高裁判所図書館委員会

最高裁判所図書館の運営について審議した。

平成二一年度特別研究会（第一〇回・改正行政事件訴訟法の運用について㈡）

東京、横浜、さいたま及び千葉の地方裁判所の判事を対象に、団体訴訟制度についての研究会を、三月二日に東京地方裁判所において実施。

五　日　高松高等裁判所長官林醇　定年退官

東京高等裁判所判事富越和厚　高等裁判所長官に任命する　高松高等裁判所長官に補する

八　日　平成二一年度医療基礎研究会

地方裁判所又は家庭裁判所の判事補を対象に、医療制度の現状と課題及び医療現場の実情、医療関係訴訟の運営等についての研究会を、三月八日から三月一〇日まで司法研修所において実施。

平成二一年度税務・会計基礎研究会

地方裁判所又は家庭裁判所の判事補を対象に、税務・会計の基礎理論及び実務並びに租税事件の現状と課題等についての研究会を、三月八日から三月一〇日まで司法研修所において実施。

平成二一年度知的財産権基礎研究会

地方裁判所又は家庭裁判所の判事補を対象に、知的財産権訴訟の審理及び運営についての研究会を、三月八日から三月一〇日まで司法研修所において実施。

九　日　法制審議会民法（債権関係）部会（諮問第八八号関係第五回）

債権者代位権、詐害行為取消権の一部の論点について審議した。

十日　集団的消費者被害救済制度研究会（第六回）

海外の諸制度（ブラジル、フランス）の調査報告に基づいて審議した。

十二日　法制審議会非訟事件手続法・家事審判法部会（諮問第八七号関係第一六回）

本人出頭主義等、中断・〔受継〕、中止、送達、申立てその他の申述の方式及び申立書等の記載事項（通則）、家事調停事件の申立て、調停手続、事実の調査及び証拠調べ等、調書の作成等並びに調停の成立について審議した。

十五日　最高裁判所第一小法廷決定――一　インターネットの個人利用者による名誉毀損と摘示事実を真実と誤信したことについての相当の理由　二　インターネットの個人利用者による名誉毀損行為につき、摘示事実を真実と誤信したことについて相当の理由がないとされた事例（平成二一年(あ)第三六〇号）

（要旨）

一　インターネットの個人利用者による表現行為の場合においても、他の表現手段を利用した場合と同様に、行為者が摘示した事実を真実であると誤信したことについて、確実な資料、根拠に照らして相当の理由があると認められるときに限り、名誉毀損罪は成立しないものと解するのが相当であって、より緩やかな要件で同罪の成立を否定すべきではない。

二　インターネットの個人利用者が、摘示した事実を真実であると誤信してした名誉毀損行為について、その根拠とした資料の中には一方的立場から作成されたにすぎないものもあることなどの本件事実関係の下においては、右記誤信について、確実な資料、根拠に照らして相当の理由があるとはいえない。

十六日　最高裁判所第三小法廷判決――固有必要的共同訴訟において合一確定の要請に反する判決がされた場合と不利益変更禁止の原則（平成二〇年(オ)第九九九号）

（要旨）原告甲の被告乙及び丙に対する訴えが固有必要的共同訴訟であるにもかかわらず、甲の乙に対する請求を認容し、甲の丙に対する請求を棄却するという趣旨の判決がされた場合には、上訴審は、甲が上訴又は附帯上訴をしていないときであっても、合一確定に必要な限度で、右判決のうち丙に関する部分を、丙に不利益に変更することができる。

十七日　大法廷首席書記官等に関する規則の一部を改正する規則公布（最高裁判所規則第二号）

四月一日から施行。

下級裁判所における事務の適正かつ円滑な運用を図るため、最高裁判所の指定する地方裁判所の支部（次席書記官の配置された支部に限る。）に新たに総括主任書記官を置くこととしたもの。

なお、四月一日から東京地方裁判所立川支部に総括主任書記官が置かれた。

訟廷副管理官を置く簡易裁判所の指定について（最高裁総一第〇〇〇二八〇号高等裁判所長官、地方・家庭裁判所長あて総務局長通知）

四月一日から実施。

訟廷副管理官を置く簡易裁判所として、福岡簡易裁判所が新たに指定されたもの。

総括主任書記官を置く地方裁判所の指定について（最高裁総一第〇〇〇二八一号高等裁判所長官、地

方・家庭裁判所長あて総務局長通知）

四月一日から実施。

総括主任書記官を置く地方裁判所として、神戸地方裁判所が新たに指定されたもの。

最高裁判所第二小法廷決定——一　街頭募金詐欺について包括一罪と解することができるとされた事例　二　包括一罪を構成する街頭募金詐欺について、その罪となるべき事実の特定に欠けるところはないとされた事例（平成二一年(あ)第一七八号）

（要旨）

一　街頭募金の名の下に通行人から現金をだまし取ろうと企てた者が、約二か月間にわたり、事情を知らない多数の募金活動員を通行人の多い複数の場所に配置し、募金の趣旨を立看板で掲示させるとともに、募金箱を持たせて寄付を勧誘する発言を連呼させ、これに応じた通行人から現金をだまし取ったという本件街頭募金詐欺については、①不特定多数の通行人一般に対し一括して同一内容の定型的な働き掛けを行って寄付を募るという態様のものであること、②一個の意思、企図に基づき継続して行われた活動であること、③被害者が投入する寄付金を個々に区別して受領するものではないことなどの特徴にかんがみると、これを一体のものと評価して包括一罪と解することができる。

二　包括一罪を構成する判示のような街頭募金詐欺の罪となるべき事実については、募金に応じた多数人を被害者とした上、被告人の行った募金の方法、その方法により募金を行った期間、場所及びこれにより得た総金額を摘示することをもってその特定に欠けるところはない。

十　九　日　平成二一年度特別研究会（第一一回・過払金返還請求事件の運用について）

大阪地方裁判所の判事並びに東京、大阪及び名古屋の簡易裁判所の判事を対象に、過払金返還請求事件の運用状況と課題についての研究会を、三月一九日に東京簡易裁判所において実施。

二十三日　法制審議会民法（債権関係）部会（諮問第八八号関係第六回）

詐害行為取消権の残りの論点、多数当事者の債権及び債務等について審議した。

オーストラリア連邦最高裁判所判事最高裁判所訪問

オーストラリア連邦最高裁判所判事ケネス・マディソン・ヘイン氏は、同連邦最高裁判所長官の代理として、最高裁判所の招へいにより最高裁判所長官竹崎博允を表敬訪問し、最高裁判所判事と懇談した。

二十四日　平成二二年度弁護士任官者実務研究会

弁護士から任官又は任官予定の判事又は判事補を対象に、裁判官としての導入研修を、三月二四日に司法研修所において実施。

二十五日　最高裁判所事務総局刑事局長植村稔、判事三好幹夫、同阿部潤、宇都宮地方裁判所長村瀬均　法制審議会臨時委員を免ずる

法制審議会児童虐待防止関連親権制度部会（諮問第九〇号関係第一回）

一　諮問第九〇号を調査・審議するために、本部会が設置されたことの説明が行われた後、部会長

として野村豊弘委員が互選された。

二　児童虐待防止のための親権に関する規定の見直し等について、委員・幹事相互間で意見交換が行われた。

二十六日　金沢地方・家庭裁判所輪島支部、輪島簡易裁判所合同庁舎改築

高松地方裁判所長八木正一　下級裁判所裁判官指名諮問委員会地域委員会（高松に置かれるもの）地域委員に任命する

法制審議会非訟事件手続法・家事審判法部会（諮問第八七号関係第一七回）

合意に相当する審判、調停に代わる審判、家事調停官、費用及び記録の閲覧等について審議した。

足利再審事件判決（宇都宮地方裁判所）

被告人　無罪（確定）。

（平成二一年六月二三日の項参照）

二十九日　「大法廷首席書記官等に関する規則の運用について」の一部改正について（最高裁総一第〇〇〇三四七号高等裁判所長官、地方・家庭裁判所長あて事務総長依命通達）

四月一日から実施。

大法廷首席書記官等に関する規則の一部を改正する規則（平成二十二年最高裁判所規則第二号）の施行に伴い必要な改正をしたもの。

三十日　最高検察庁検事谷川恒太　最高裁判所刑事規則制定諮問委員会委員を免ずる

三十一日

東京地方検察庁次席検事大鶴基成　最高裁判所刑事規則制定諮問委員会委員に任命する

裁判所職員定員法の一部を改正する法律公布（法律第一一号）

四月一日から施行。

裁判所職員定員法中判事一、七一七人を一、七八二人に、判事補一、〇二〇人を一、〇〇〇人に改めたもの。

裁判官以外の裁判所職員の俸給の特別調整額に関する規則の一部を改正する規則公布（最高裁判所規則第三号）

四月一日から施行。

俸給の特別調整を行う官職に裁判所職員総合研修所教官を追加するなどしたもの。

社会保障審議会児童部会児童虐待防止のための親権の在り方に関する専門委員会（第一回）

委員長として才村純委員を選出し、児童虐待防止対策について審議した。

四月

一日

平成二二年度民間企業長期研修

アサヒビール株式会社　四月一日から平成二三年三月三一日まで　参加者一人。

九州旅客鉄道株式会社　四月一日から平成二三年二月二八日まで　参加者一人。

住友電気工業株式会社　四月一日から平成二三年三月三一日まで　参加者一人。

株式会社損害保険ジャパン　四月一日から平成二三年三月三一日まで　参加者一人。

凸版印刷株式会社　四月一日から平成二三年三月三一日まで　参加者一人。

トヨタ紡績株式会社　四月一日から平成二三年三月三一日まで　参加者一人。

日本電気株式会社　四月一日から平成二三年三月三一日まで　参加者一人。

株式会社みずほフィナンシャルグループ　四月一日から平成二三年三月三一日まで　参加者一人。

三井物産株式会社　四月一日から平成二三年三月三一日まで　参加者一人。

平成二二年度日本銀行研修
四月一日から平成二三年三月三一日まで　参加者一人。

平成二二年度四月期採用（現行第六四期）司法修習生修習開始
司法修習生一〇二人。

五日　日本弁護士連合会会長に宇都宮健児就任
高松高等裁判所長官富越和厚　下級裁判所裁判官指名諮問委員会委員を免ずる
最高裁判所判事藤田宙靖　定年退官
知的財産高等裁判所判事東海林保は、第一八回フォーダム大学ロースクール主催国際シンポジウム（アメリカ合衆国）への出席等のため出張（四月一四日帰国）

六日　最高裁判所判事那須弘平　最高裁判所判例委員会委員を命ずる

七日　司法修習生に関する規則の一部を改正する規則の一部を改正する規則公布（最高裁判所規則第四号）

平成二三年一二月一日から施行。

司法試験法及び裁判所法の一部を改正する法律（平成一四年法律第一三八号）の規定により行われる従前の司法試験が終了することに伴い、現行型司法修習を終了させるため、司法修習生の修習に関する規定を整理したもの。

九日　徳島地方裁判所長菊池洋一　簡易裁判所判事選考委員会委員の委嘱を解く

判事山田俊雄　簡易裁判所判事選考委員会委員を委嘱する

判事植村立郎、同原田敏章　司法修習生考試委員会委員を委嘱する

集団的消費者被害救済制度研究会（第七回）

海外の諸制度（アメリカ、ドイツ）の調査報告に基づいて審議した。

十日　日本司法支援センター理事長に寺井一弘再任

十二日　最高裁判所判事那須弘平　簡易裁判所判事選考委員会委員を委嘱する　簡易裁判所判事選考委員会委員長を委嘱する

慶應義塾大学大学院法務研究科教授岡部喜代子　最高裁判所判事に任命する

十三日　法制審議会民法（債権関係）部会（諮問第八八号関係第七回）

債権譲渡、証券的債権に関する規定等について審議した。

原恒雄人事官宣誓

十六日　法制審議会非訟事件手続法・家事審判法部会（諮問第八七号関係第一八回）

一　家事審判及び家事調停手続に関し、最高裁判所規則、履行確保及び過料について審議した。
二　非訟事件手続に関し、趣旨、裁判所及び当事者の責務、最高裁判所規則、管轄、裁判所職員の除斥及び忌避、当事者能力及び非訟能力、参加、脱退、任意代理人、手続費用、審理手続（手続の非公開、調書の作成等、記録の閲覧等、専門委員、期日及び期間、送達、手続の分離・併合、手続の中断及び〔受継〕、手続の中止、検察官の関与）、検察官に対する通知、電子処理組織による申立て等、非訟事件の申立て、裁判長の手続指揮権、受命裁判官、電話会議システム等、裁判資料、裁判、裁判の取消し又は変更並びに裁判によらない手続の終結（非訟事件の申立ての取下げ、和解・調停）について審議した。

十七日　弁護士木津川迪治　簡易裁判所判事選考委員会委員を委嘱する

十九日　集団的消費者被害救済制度研究会（第八回）
集合訴訟の諸類型について、長所、課題等を審議した。
平成二二年度簡易裁判所判事実務研究会
平成一七年八月以前に任官した者で、平成一九年度、平成二〇年度及び平成二一年度の簡易裁判所判事実務研究会に参加していないもの（司法修習終了者を除く。）を対象に、民事事件及び刑事事件の実務、訴訟運営及び判例についての研究会を、四月一九日から四月二一日まで司法研修所において実施。

二十二日　平成二二年度司法研究（刑事）開始

司法研修所において打合せ会を実施。研究員四人。

二十三日　弁護士江藤洋一　最高裁判所刑事規則制定諮問委員会委員に任命する

法制審議会児童虐待防止関連親権制度部会（諮問第九〇号関係第二回）

一　親権喪失宣告事案について、内容の説明が行われた上、質疑応答が行われた。

二　親権の一時的制限制度及び親権喪失制度並びに親権の一部制限制度について審議した。

二十五日　弁護士海渡雄一　最高裁判所民事規則制定諮問委員会委員　同刑事規則制定諮問委員会委員　同家庭規則制定諮問委員会委員に任命する

弁護士松森宏　最高裁判所民事規則制定諮問委員会委員に任命する

二十六日　東京高等裁判所事務局長岡健太郎　法制審議会臨時委員を免ずる

判事村上正敏　法制審議会臨時委員に任命する（民法（債権関係）部会）

二十七日　刑法及び刑事訴訟法の一部を改正する法律公布・施行（法律第二六号）

ただし、一部の規定については一〇月二五日から施行。

人を死亡させた罪であって死刑に当たるものについては公訴時効の対象から除外し、人を死亡させた罪であって禁錮以上の刑に当たるもの（死刑に当たるものを除く。）については公訴時効の期間を改めたほか、刑の時効を改めたもの。

弁護士本間通義　司法修習生考試委員会委員を委嘱する

判事鹿子木康　法制審議会臨時委員に任命する（会社法制部会）

法制審議会民法（債権関係）部会（諮問第八八号関係第八回）

弁済、相殺、更改について審議した。

最高裁判所第三小法廷判決――殺人、現住建造物等放火の公訴事実について間接事実を総合して被告人を有罪とした第一審判決及びその事実認定を是認した原判決に、審理不尽の違法、事実誤認の疑いがあるとされた事例（平成一九年(あ)第八〇号）

（要旨）殺人、現住建造物等放火の公訴事実について、間接事実を総合して被告人が犯人であるとした第一審判決及びその事実認定を是認した原判決は、認定された間接事実中に被告人が犯人でないとしたならば合理的に説明することができない（あるいは、少なくとも説明が極めて困難である）事実関係が含まれているとは認められないなど、間接事実に関する審理不尽の違法、事実誤認の疑いがあり、刑訴法四一一条一号、三号により破棄を免れない。

二十八日

法制審議会会社法制部会（諮問第九一号関係第一回）

一　諮問第九一号を調査・審議するために、本部会が設置されたことの説明が行われた後、部会長として岩原紳作委員が互選された。

二　企業統治の在り方や親子会社に関する規律等についての指摘の背景や、会社法制の見直しの要否、範囲、方向性等について審議した。

平成二二年度司法研究（民事）開始

司法研究所において打合せ会を実施。研究員九人。

二十九日　平成二二年春の叙勲において、最高裁判所所管の分野では

桐花大綬章

元最高裁判所長官島田仁郎

瑞宝重光章

元大阪高等裁判所長官上谷清

元仙台高等裁判所長官田中康久

元名古屋高等裁判所長官濱崎恭生

ほか八八人が叙勲された。

また、特別功労のある調停委員二一人及び補導受託者一人に対し、藍綬褒章が授与された。

三十日　法制審議会非訟事件手続法・家事審判法部会（諮問第八七号関係第一九回）

本案裁判に対する不服申立て、本案裁判以外の裁判に対する不服申立て、本案裁判に対する再審、本案裁判以外の裁判に対する再審、外国人に関する非訟事件の手続、相手方がある非訟事件に関する特則の要否、相手方がある非訟事件に関する特則の具体的内容、裁判上の代位に関する事件、保存・供託・保管及び鑑定に関する事件、外国法人及び夫婦財産契約の登記について審議した。

五月

一日　憲法週間（七日まで）

九日　広島高等裁判所長官寺田逸郎は、私法統一国際協会理事会（イタリア共和国）への出席等のため出張

（五月一四日帰国）

十日　富山地方裁判所判事補中村仁子及び山形地方裁判所判事石栗正子は、国際女性裁判官協会第一〇回総会（大韓民国）への出席等のため出張（五月一六日帰国。ただし石栗判事は五月一一日出国し、五月一五日帰国）

十四日　弁護士可部恒雄　建築関係訴訟委員会委員を免ずる

法制審議会非訟事件手続法・家事審判法部会（諮問第八七号関係第二〇回）

一　家事審判事件及び家事調停事件の双方の手続の総則に関し、趣旨、目的、裁判所及び当事者の責務、最高裁判所規則、家事審判官、管轄、裁判所職員の除斥及び忌避、当事者能力及び手続行為能力、参加、脱退、任意代理人、手続費用、審理手続、裁判資料、家庭裁判所調査官、裁判所技官、子の意見表明について審議した。

二　家事審判事件に関する手続の総則に関し、通則（家事審判の対象となる事項、参与員、中断、〔受継〕、調書の作成等、記録の閲覧等、検察官に対する通知）、家庭裁判所の手続（合意管轄、家事審判事件の申立て、裁判長の手続指揮権、受命裁判官、電話会議システム等、調停をすることができる事項についての家事審判事件の特則、裁判）について審議した。

十八日　法制審議会民法（債権関係）部会（諮問第八八号関係第九回）

契約に関する基本原則、契約交渉段階、申込みと承諾、懸賞広告等について審議した。

十九日　平成二一年度司法研究（民事二）報告会

司法研修所において開催。研究報告者二人。

平成二二年度特別研究会（第一回・消費者紛争をめぐる諸問題）

高等裁判所又は地方裁判所で民事事件を担当する判事を対象に、消費者関連の民事事件処理の諸問題等についての研究会を、五月一九日から五月二一日まで司法研修所において実施。

二十一日　大阪泉南アスベスト国家賠償請求訴訟第一審判決（大阪地方裁判所）

本件は、大阪泉南地域のアスベスト工場の元労働者とその家族及び近隣住人らが、アスベスト粉じんにばく露したことによって健康被害を被ったのは、国が規制権限を行使しなかったためであるとして、国家賠償を求めたものである。

本判決は、昭和四七年において、結果の報告及び抑制濃度を超える場合の改善を義務付けなかったことは著しく合理性を欠き違法であったなどとして、国の規制権限の不行使に基づく国賠法上の責任を認め、原告らの請求の一部を認容した。

集団的消費者被害救済制度研究会（第九回）

集団的消費者被害救済制度について関係団体よりヒアリングを行った。

二十四日　判事大熊一之、弁護士野辺博、同本郷亮　司法修習生考試委員会委員の委嘱を解く

司法研修所教官金子武志、同畑野隆二、同流矢大士、同升味佐江子　司法修習考試委員会委員に任命する

二十六日　最高裁判所判事田原睦夫、同千葉勝美、同横田尤孝　司法修習生考試委員会委員を委嘱する

二十八日

法制審議会会社法制部会（諮問第九一号関係第二回）

企業統治の在り方や親子会社に関する規律等についての指摘の背景や、会社法制の見直しの要否、範囲、方向性等について、審議した。

平成二二年度判事任官者実務研究会（第一回）

平成一二年四月に司法修習を終えた判事（第五二期）を対象に、裁判実務、司法行政の運営及び裁判官の在り方等についての研究会を、五月二六日から五月二八日まで司法研修所において実施。

裁判官の育児休業に関する規則の一部を改正する規則公布（最高裁判所規則第五号）

六月三〇日から施行。

裁判官の育児休業に関する法律の一部を改正する法律（平成二一年法律第九五号）の施行に伴い、最高裁判所規則で定める期間を定める等したもの。

法制審議会非訟事件手続法・家事審判法部会（諮問第八七号関係第二一回）

一　家事審判事件に関する手続の総則に関し、家庭裁判所の手続（裁判の取消し又は変更、取下げによる手続の終結）、不服申立て等（審判に対する不服申立て、審判以外の裁判に対する不服申立て）、再審（審判に対する再審、審判以外の裁判に対する再審）について審議した。

二　審判前の保全処分に関する手続の総則に関し、通則（担保、記録の閲覧）、保全処分（管轄及び保全処分の要件、審理手続、即時抗告）、保全処分の取消し（管轄及び保全処分の取消しの要件、審理手続、即時抗告）について審議した。

三　家事審判及び審判前の保全処分の手続の各則に関し、成年後見（保佐、補助）に関する審判事件、失踪宣告に関する審判事件、財産の管理に関する審判事件、婚姻に関する審判事件、親子に関する審判事件、親権に関する審判事件、未成年後見に関する審判事件、特別代理人選任に関する審判事件、扶養に関する審判事件、相続に関する審判事件、遺産の分割に関する審判事件等について審議した。

三十一日

最高裁判所第一小法廷決定――花火大会が実施された公園と最寄り駅とを結ぶ歩道橋で多数の参集者が折り重なって転倒して死傷者が発生した事故について、雑踏警備に関し現場で警察官を指揮する立場にあった警察署地域官及び現場で警備員を統括する立場にあった警備会社支社長に業務上過失致死傷罪が成立するとされた事例（平成一九年(あ)第一六三四号）

（要旨）花火大会が実施された公園と最寄り駅とを結ぶ歩道橋で多数の参集者が折り重なって転倒して死傷者が発生した事故について、雑踏警備に関し現場で警察官を指揮する立場にあった警察署地域官及び現場で警備員を統括する立場にあった警備会社支社長の両名において、いずれも上記のような事故の発生を容易に予見でき、かつ、機動隊による流入規制等を実現して本件事故を回避することが可能であった本件事実関係の下では、両名には右記事故の発生を未然に防止すべき業務上の注意義務を怠った過失があり、それぞれ業務上過失致死傷罪が成立する。

裁判員裁判全国第一号事件上告審決定（最高裁判所第二小法廷）

上告棄却。

（平成二一年八月六日及び同年一二月一七日の項参照）

社会保障審議会児童部会児童虐待防止のための親権の在り方に関する専門委員会（第二回）

施設入所等の措置がとられている場合に親権を部分的に制限する制度等について審議した。

六月

一日

判事大橋寛明　下級裁判所裁判官指名諮問委員会委員に任命する

野田武明　下級裁判所裁判官指名諮問委員会地域委員会（名古屋に置かれるもの）地域委員を免ずる

名古屋地方裁判所長片山俊雄　下級裁判所裁判官指名諮問委員会地域委員会（名古屋に置かれるもの）地域委員に任命する

判事梅津和宏、吉田博視　下級裁判所裁判官指名諮問委員会地域委員会（札幌に置かれるもの）地域委員を免ずる

札幌地方裁判所長齋藤隆、札幌地方検察庁検事正宇井稔　下級裁判所裁判官指名諮問委員会地域委員会（札幌に置かれるもの）地域委員に任命する

二日

平成二二年度民事訴訟運営実務研究会

地方裁判所で民事事件を担当する判事又は判事補を対象に、訴訟運営の方法、書記官との連携、部等の組織運営への関与の在り方等についての研究会を、六月二日から六月四日まで司法研修所において実施（一部裁判所職員総合研修所と合同実施）。

平成二二年度刑事訴訟運営実務研究会

地方裁判所で刑事事件を担当する判事又は判事補を対象に、訴訟運営の方法、書記官との連携、部等の組織運営への関与の在り方等についての研究会を、六月二日から六月四日まで司法研修所において実施。

三日　最高裁判所判事金築誠志は、随員として大津地方裁判所彦根支部判事補坂庭正将を伴い、ベニス委員会二〇周年記念式典（イタリア共和国）への出席等のため出張（六月一三日帰国）

四日　法制審議会児童虐待防止関連親権制度部会（諮問第九〇号関係第三回）

一　委員から児童相談所に対する親権制度に関するアンケート調査の結果が紹介された。

二　親権の一部制限制度、未成年後見制度、子の利益の観点の明確化及び懲戒に関する規定の見直しについて審議した。

八日　法制審議会民法（債権関係）部会（諮問第八八号関係第一〇回）

法律行為に関する通則、意思能力、意思表示について審議した。

菅内閣成立

法務大臣　千葉景子再任

九日　高等裁判所長官、地方裁判所長及び家庭裁判所長会同

六月九日、一〇日の両日、最高裁判所において開催。

協議事項

一　当面の司法行政上の諸問題について

十一日

二　その他

法制審議会非訟事件手続法・家事審判法部会（諮問第八七号関係第二二回）

一　家事調停に関する手続に関し、家事調停事件の範囲、調停機関、調停委員会、家事調停委員、調停前置主義、付調停、調停手続、合意に相当する審判、調停に代わる審判、家事調停官、不服申立て及び再審、記録の閲覧等について審議した。

二　履行確保の手続に関し、履行状況の調査及び履行の勧告、履行命令、金銭の寄託の制度について審議した。

三　雑則に関し、不出頭に対する過料の制裁、履行命令又は調停前の仮の措置違反に対する過料の制裁、過料の裁判の執行等について審議した。

四　子の保護者に関し、子の保護者を選任することができることとする制度をめぐる問題について審議した。

平成二二年度司法修習生指導担当者協議会

司法修習生の指導に関する諸問題について、各配属庁会の修習指導担当者と司法研修所教官が協議し連絡を図る協議会を、東京（立川支部を含む。）・横浜・さいたま・千葉・水戸・宇都宮・前橋・静岡・甲府・長野・新潟・名古屋・岐阜・金沢・富山・仙台・福島・山形・盛岡・秋田・青森・札幌・函館・旭川・釧路の各配属庁会は六月一一日、大阪・京都・神戸・奈良・大津・和歌山・津・福井・広島・山口・岡山・鳥取・松江・福岡・佐賀・長崎・大分・熊本・鹿児島・宮崎・

那覇・高松・徳島・高知・松山の各配属庁会は六月一六日、いずれも司法研修所において開催。

十二日　日本女性法律家協会創立六〇周年記念祝賀会

午後六時から弁護士会館講堂クレオにおいて挙行され、最高裁判所長官竹崎博允が祝辞を述べ、最高裁判所判事櫻井龍子らが参列した。

十四日　集団的消費者被害救済制度研究会（第一〇回）

経済的不利益賦課制度、保全制度等について審議した。

平成二二年度特別研究会（第二回・時間外手当等）

東京、横浜、千葉、大阪、京都、神戸、名古屋及び福岡の地方裁判所で労働事件又は労働審判事件を担当する判事を対象に、労働審判手続の審理運営の在り方等についての研究会を、六月一四日から六月一五日まで司法研修所において実施。

平成二二年度報道機関研修

株式会社産業経済新聞社　六月一四日から六月二五日まで　参加者二人。

株式会社読売新聞社　六月一四日から六月二五日まで　参加者二人。

十五日　法制審議会児童虐待防止関連親権制度部会（諮問第九〇号関係第四回）

児童虐待防止のための親権制度の見直しに関し、参考人四名からヒアリングをした。

最高裁判所判事堀籠幸男　定年退官

十六日　最高裁判所判事近藤崇晴　最高裁判所判例委員会委員を命ずる

平成二二年度支部長研究会
地方裁判所又は家庭裁判所の支部長を対象に、支部の運営及び裁判所の当面する諸問題等についての研究会を、六月一六日から六月一八日まで司法研修所において実施。

十七日　大阪高等裁判所長官大谷剛彦　最高裁判所判事に任命する
福岡高等裁判所長官大野市太郎　大阪高等裁判所長官に補する
東京地方裁判所長池田修　高等裁判所長官に任命する　福岡高等裁判所長官に補する
検事総長に東京高等検察庁検事長大林宏就任

十九日　元札幌高等裁判所長官野田愛子　逝去（八五歳）
正三位に叙される。

二十二日　駿河台大学総長竹下守夫　最高裁判所民事規則制定諮問委員会委員に任命する
平成二二年度簡易裁判所判事基礎研究会
平成二〇年度新任簡易裁判所判事研修の終了者を対象に、民事事件及び刑事事件の実務並びに裁判官の在り方等についての研究会を、六月二二日から六月二五日まで司法研修所において実施。
社会保障審議会児童部会児童虐待防止のための親権の在り方に関する専門委員会（第三回）
一時保護中の児童相談所長の権限と親権の関係、一時保護の見直し、保護者指導に対する家庭裁判所の関与の在り方、強制入所以外の場合に接近禁止命令を可能とする制度等について審議した。

二十三日　法制審議会会社法制部会（諮問第九一号関係第三回）

企業統治の在り方や親子会社に関する規律等についての指摘の背景や、会社法制の見直しの要否、範囲、方向性等について、これまでの結果を踏まえ、論点の整理を行うこととされた。

二十八日　名古屋高等検察庁検事長小貫芳信　司法修習生考試委員会委員の委嘱を解く

法務総合研究所長麻生光洋　司法修習生考試委員会委員を委嘱する

平成二二年度部総括裁判官研究会

地方裁判所又は家庭裁判所の部総括判事を対象に、部の運営及び裁判所の当面する諸問題等についての研究会を、六月二八日から六月三〇日まで司法研修所において実施。

二十九日　法制審議会民法（債権関係）部会（諮問第八八号関係第一一回）

約款（定義及び要件）、不当条項規制、無効及び取消しについて審議した。

最高裁判所第三小法廷判決――権利能力のない社団を債務者とする金銭債権を表示した債務名義を有する債権者が、当該社団の構成員全員に総有的に帰属し、当該社団のために第三者がその登記名義人とされている不動産に対して強制執行をしようとする場合における申立ての方法（平成二一年㊫第一二九八号）

（要旨）権利能力のない社団を債務者とする金銭債権を表示した債務名義を有する債権者が、当該社団の構成員全員に総有的に帰属する不動産に対して強制執行をしようとする場合において、右記不動産につき、当該社団のために第三者がその登記名義人とされているときは、右記債権者は、強制執行の申立書に、当該社団を債務者とする執行文の付された右記債務名義の正本のほか、右記不動産が当該社団の構成員全員の総有に属することを確認する旨の右記債権者と当該社団及び右記登記名義人との間の確定判決その他これに準ずる文書を添付して、当該社団を債務者とする強制執行の申立てをすべきであり、右記債務名義につき、右記登記名義人を債務者として右記不動産を執行対象財産とする執行文の付与を求めることはできない。

七月

二日　法制審議会児童虐待防止関連親権制度部会（諮問第九〇号関係第五回）

親権制限に係る制度の見直し、未成年後見制度の見直し、子の利益の観点の明確化及び懲戒について審議した。

五日　平成二二年度刑事実務研究会（第一回）

高等裁判所又は地方裁判所で刑事事件を担当する判事又は判事補を対象に、裁判員裁判の実務上の諸問題等についての研究会を、七月五日から七月六日まで司法研修所において実施。

六日　最高裁判所第三小法廷判決――一　相続税法（平成一五年法律第八号による改正前のもの）三条一項一号の規定によって相続により取得したものとみなされる生命保険契約の保険金であって年金の方法により支払われるもののうち有期定期金債権に当たる年金受給権に係る年金の各支給額は、そのすべてが所得税の課税対象になるか　二　所得税法（平成一八年法律第一〇号による改正前のもの二〇七条所定の生命保険契約等に基づく年金の支払をする者は、当該年金が同法の定める所得として所得税の課税対象となるか否かにかかわらず、その年金について所得税の源泉徴収義務を負うか（平成二〇

年(行ヒ)第一六号）

（要旨）

一　相続税法（平成一五年法律第八号による改正前のもの）三条一項一号の規定によって相続により取得したものとみなされる生命保険契約の保険金であって年金の方法により支払われるもののうち有期定期金債権に当たる年金受給権に係る年金の各支給額については、被相続人死亡時の現在価値に相当する金額として相続税法二四条一項一号所定の当該年金受給権の評価額に含まれる部分に限り、相続税の課税対象となる経済的価値と同一のものとして、所得税法（平成二二年法律第六号による改正前のもの）九条一項一五号の規定により所得税の課税対象とならない。

二　所得税法（平成一八年法律第一〇号による改正前のもの）二〇七条所定の生命保険契約等に基づく年金の支払をする者は、当該年金が同法の定める所得として所得税の課税対象となるか否かにかかわらず、その支払の際、その年金について所得税法二〇八条所定の金額を徴収し、これを所得税として国に納付する義務を負う。

七日

最高裁判所事務総局経理局長林道晴　最高裁判所民事規則制定諮問委員会委員を免ずる

最高裁判所事務総局民事局長永野厚郎　最高裁判所民事規則制定諮問委員会委員に任命する

平成二二年度特別研究会（第一三回・改正行政事件訴訟法の運用について）

東京、大阪及び名古屋の地方裁判所で行政事件を担当する判事を対象に、改正行政事件訴訟法の運用状況と課題についての研究会を、七月七日に東京地方裁判所において実施。

八日　最高検察庁検事（裁判員公判部長）酒井邦彦　司法修習生考試委員会委員の委嘱を解く　司法修習委員会委員を免ずる

最高検察庁総務部長伊丹俊彦　司法修習生考試委員会委員を委嘱する　司法修習委員会委員に任命する

集団的消費者被害救済制度研究会（第一一回）

オプト・アウト型、二段階型の制度設計上の課題等について審議した。

九日　法制審議会非訟事件手続法・家事審判法部会（諮問第八七号関係第二三回）

非訟事件手続法の見直しに関する中間試案の取りまとめに向けて、非訟事件手続の全般について審議した。

十一日　参議院議員通常選挙施行

十二日　平成二二年度特別研究会（第三回・倒産関係）

高等裁判所所在地の地方裁判所並びに横浜、さいたま、千葉、京都及び神戸の地方裁判所で倒産事件を担当する判事を対象に、通常再生事件における運営の在り方及び法人破産事件処理における裁判所の対応力の強化についての研究会を、七月一二日から七月一三日まで司法研修所において実施。

最高裁判所第二小法廷判決――一　株式会社の新設分割において、会社分割に伴う労働契約の承継等に関する法律（平成一七年法律第八七号による改正前のもの）三条によれば分割をする会社との労働契約が分割によって設立される会社に承継されるものとされている労働者が、当該承継の効力を争うことができる場合（二略）（平成二〇年(受)一七〇四号）

（要旨）

一　株式会社の新設分割において、会社分割に伴う労働契約の承継等に関する法律（平成一七年法律第八七号による改正前のもの）三条によれば分割をする会社との労働契約が分割によって設立される会社に承継されるものとされている労働者と、当該分割をする会社との間で、商法等の一部を改正する法律（平成一二年法律第九〇号。平成一七年法律第八七号による改正前のもの）附則五条一項に基づく労働契約の承継に関する協議が全く行われなかった場合、又は、右記協議が行われたものの、その際の当該会社からの説明や協議の内容が著しく不十分であるため法が右記協議を求めた趣旨に反することが明らかな場合には、当該労働者は当該承継の効力を争うことができる。

（二略）

十五日　那覇地方検察庁検事正上野友慈　司法修習生考試委員会委員の委嘱を解く

司法研修所教官大谷晃大　司法修習生考試委員会委員を委嘱する

十六日　最高裁判所事務総局経理局長林道晴　法制審議会臨時委員を免ずる

最高裁判所事務総局民事局長永野厚郎　法制審議会臨時委員に任命する（民法（債権関係）部会）

二十日　法制審議会民法（債権関係）部会（諮問第八八号関係第一二回）

条件及び期限、代理、期間の計算、消滅時効について審議した。

最高裁判所第一小法廷決定――弁護士資格等がない者らが、ビルの所有者から委託を受けて、そのビルの賃借人らと交渉して賃貸借契約を合意解除した上で各室を明け渡させるなどの業務を行った行為について、弁護士法七二条違反の罪が成立するとされた事例（平成二一年(あ)第一九四六号）

（要旨）弁護士資格等がない者らが、ビルの所有者から委託を受けて、そのビルの賃借人らと交渉して賃貸借契約を合意解除した上で各室を明け渡させるなどの業務を行った行為については、その業務が、立ち退き合意の成否等をめぐって交渉において解決しなければならない法的紛議が生ずることがほぼ不可避である案件に係るものであって、弁護士法七二条にいう「その他一般の法律事件」に関するものというべきであり、その際、賃借人らに不安や不快感を与えるような振る舞いをしていたなどの本件における具体的事情の下では、同条違反の罪が成立する。

二十一日

民事の次席書記官及び刑事の次席書記官を置く高等裁判所等の指定並びに次席書記官の員数について（最高裁総一第〇〇〇八九八号高等裁判所長官、地方・家庭裁判所長あて総務局長通知）

八月一日から実施。

東京簡易裁判所に置く民事の次席書記官が二人、広島家庭裁判所に置く家事の次席書記官が一人と定められたことを通知し、併せて他の指定庁について指定等の通知をし直したもの。

知的財産高等裁判所判事矢口俊哉は、ワシントン大学知的財産権研究所（ＣＡＳＲＩＰ）主催の特許関係国際会議（アメリカ合衆国）への出席等のため出張（七月三〇日帰国）

二十二日　水戸地方裁判所長小池裕　最高裁判所図書館委員会委員を免ずる

最高裁判所事務総局経理局長林道晴　最高裁判所図書館委員会委員を命ずる

最高裁判所第一小法廷判決――被告人が原略式命令確定後に本邦を出国し非常上告申立て時において再入国していない場合における非常上告の可否（平成二二年(さ)第二四三号）

（要旨）被告人が原略式命令確定後に本邦を出国し非常上告申立て時において再入国していない場合においても、検事総長は最高裁判所に非常上告をすることができる。

最高裁判所第一小法廷判決――被告人が原略式命令確定後に死亡している場合における非常上告の可否（平成二二年(さ)第二四九号）

（要旨）被告人が原略式命令確定後に死亡している場合においても、検事総長は最高裁判所に非常上告をすることができる。

福岡高等裁判所長官池田修、仙台高等検察庁検事長岩村修二　下級裁判所裁判官指名諮問委員会地域委員会（東京に置かれるもの）地域委員を免ずる

さいたま家庭裁判所長山名学、東京地方検察庁検事正鈴木和宏　下級裁判所裁判官指名諮問委員会地域委員会（東京に置かれるもの）地域委員に任命する

二十三日　法務総合研究所長麻生光洋　下級裁判所裁判官指名諮問委員会地域委員会（名古屋に置かれるもの）地域委員を免ずる

名古屋地方検察庁検事正北村道夫　下級裁判所裁判官指名諮問委員会地域委員会（名古屋に置かれる

もの）地域委員に任命する

二十六日　法制審議会児童虐待防止関連親権制度部会（諮問第九〇号関係第六回）

「児童虐待防止のための親権に係る制度の見直しに関する中間試案」を取りまとめた。

法制審議会非訟事件手続法・家事審判法部会（諮問第八七号関係第二四回）

「非訟事件手続法及び家事審判法の見直しに関する中間試案」を取りまとめた。

二十七日　法制審議会民法（債権関係）部会（諮問第八八号関係第一三回）

表見代理、無権代理、授権、債務引受、契約上の地位の移転（譲渡）、免除及び混同、決済手段の高度化・複雑化への民法上の対応の要否（多数当事者間の決済に関する問題について）について審議した。

平成二二年度司法研究（少年）開始

司法研修所において打合せ会を実施。研究員三人。

社会保障審議会児童部会児童虐待防止のための親権の在り方に関する専門委員会（第四回）

一　関係者からのヒアリングを実施した。

二　里親委託中又は一時保護中の児童に親権者等がいない場合に児童相談所長等が親権を行うものとする制度、施設入所等の措置及び一時保護が行われていない未成年者に親権者等がいない場合に児童相談所長が親権を行うなどとする制度等について審議した。

二十八日　トルコ共和国憲法裁判所判事最高裁判所訪問

トルコ共和国憲法裁判所判事メフメト・エルテン氏は、最高裁判所長官竹崎博允を表敬訪問した。

二十九日　裁判官及び裁判官の秘書官以外の裁判所職員の人事評価に関する規則公布（最高裁判所規則第六号）

一〇月一日から施行。

人事評価制度を整備し、その実施に必要な事項を定めたもの。

最高裁判所第一小法廷決定――他の者を搭乗させる意図を秘し、航空会社の搭乗業務を担当する係員に外国行きの自己に対する搭乗券の交付を請求してその交付を受けた行為が、詐欺罪に当たるとされた事例（平成二〇年(あ)第七二〇号）

（要旨）外国行きの自己に対する搭乗券を他の者に渡してその者を搭乗させる意図であるのにこれを秘し、航空会社の搭乗業務を担当する係員に対し乗客として自己の氏名が記載された航空券を呈示して搭乗券の交付を請求し、その交付を受けた行為は、搭乗券の交付を請求する者が航空券記載の乗客本人であることについて厳重な確認が行われていたなどの本件事実関係の下では、刑法二四六条一項の詐欺罪に当たる。

普天間基地騒音公害訴訟控訴審判決（福岡高等裁判所那覇支部）

本件は、沖縄県宜野湾市所在の普天間飛行場の周辺に居住する原告らが、普天間飛行場において離着陸する米軍機の発する騒音等により精神的被害等を受けていると主張して、国に対し、人格権等に基づく夜間の飛行機の飛行差止め、国家賠償法一条一項等に基づく過去及び将来の損害に対する賠償及び人格権等に基づく騒音測定等を求めた事案の控訴審判決である。
本判決は、過去の損害に対する賠償について、一審判決と異なり低周波音による被害などを認めて賠償額を増額したが、飛行差止めの請求、将来の損害に対する賠償の請求、騒音測定等の請求については一審判決と同様棄却した。

三十日
刑を言い渡された者の移送及び刑の執行における協力に関する日本国とタイ王国との間の条約公布（条約第七号）
八月二八日発効。
各締結国で服役中の他方の締結国の受刑者に、母国において刑に服する機会を与えるため、一定の条件を満たす場合に受刑者をその本国に移送する手続等を規定したもの。

八月

二日
最高検察庁刑事部長池上政幸　最高裁判所刑事規則制定諮問委員会委員を免ずる
最高検察庁公判部長吉田統宏　最高裁判所刑事規則制定諮問委員会委員に任命する

四日
集団的消費者被害救済制度研究会（第一二回）
報告書骨子案について審議した。
最高裁判所第二小法廷決定――子の父親が母親らに対し子の引渡し等を求める人身保護請求事件において、人身保護法一一条一項に基づく決定によるのではなく、審問手続を経た上で判決により判断を示すべきであるとされた事例（平成二二年(ク)第三七六号）

（要旨）子の父親が子を拘束している母親らに対して人身保護法に基づき子の引渡し等を求める人身保護請求事件において、父親が外国裁判所の確定判決により子の単独監護権者に指定され、右確定判決は外国判決の承認の要件を満たしているなど判示の事情の下では、裁判所は、人身保護法一一条一項に基づく決定によるのではなく、審問手続を経た上で判決により判断を示すべきである。

最高裁判所第二小法廷決定――人身保護法による釈放の請求を却下又は棄却した高等裁判所の決定は、許可抗告の対象となるか（平成二二年(許)第七号）

（要旨）人身保護法による釈放の請求を却下又は棄却した高等裁判所の決定は、許可抗告の対象とならない。

十日

高井新二　下級裁判所裁判官指名諮問委員会地域委員会（仙台に置かれるもの）地域委員を免ずる

仙台地方検察庁検事正佐々木善三　下級裁判所裁判官指名諮問委員会地域委員会（仙台に置かれるもの）地域委員に任命する

十九日

山下淳二　下級裁判所裁判官指名諮問委員会地域委員会（高松に置かれるもの）地域委員を免ずる

本多八潮　下級裁判所裁判官指名諮問委員会地域委員会（高松に置かれるもの）地域委員に任命する

判事深山卓也　最高裁判所民事規則制定諮問委員会委員　同刑事規則制定諮問委員会委員　同家庭規則制定諮問委員会委員を免ずる

法務省大臣官房司法法制部長後藤博　最高裁判所民事規則制定諮問委員会委員　同刑事規則制定諮問

二十日　委員会委員　同家庭規則制定諮問委員会委員に任命する
広島大学大学院法務研究科教授田邊誠　下級裁判所裁判官指名諮問委員会地域委員会（広島に置かれるもの）地域委員に任命する
二十三日　弁護士三羽正人　医事関係訴訟委員会委員に任命する
二十五日　法制審議会会社法制部会（諮問第九一号関係第四回）
監査役の監査機能、取締役会の監督機能について審議した。
平成二一年度四月期採用（現行第六三期）司法修習生修習終了
修習終了者一九五人。
判事補任官四人、検事任官四人、弁護士登録一四三人、その他四四人。
二十六日　集団的消費者被害救済制度研究会（第一三回）
報告書（案）について審議した。
タイ王国最高裁判所長官最高裁判所訪問
タイ王国最高裁判所長官ソプチョック・スカロムナ氏は、最高裁判所長官竹崎博允を表敬訪問した。
三十日　平成二二年度新任簡易裁判所判事導入研修
平成二二年度に新たに簡易裁判所判事に任命された者（司法修習終了者を除く。）を対象に、簡易裁判所判事として必要な識見及び法律知識の修得並びに裁判官の在り方等についての研修を、八月三〇日から九月三日まで司法研修所において実施。

三十一日　鹿児島地方・家庭裁判所加治木支部、加治木簡易裁判所合同庁舎改築

九　月

七　日　法制審議会民法（債権関係）部会（諮問第八八号関係第一四回）

売買（総則、効力、買戻し）、特殊の売買、交換について審議した。

最高裁判所第一小法廷決定——北海道開発庁長官が、下部組織である北海道開発局の港湾部長に対し、競争入札が予定される港湾工事の受注に関し特定業者の便宜を図るように働き掛ける行為について、賄賂罪における職務関連性が認められた事例（平成二〇年(あ)第七三八号）

（要旨）北海道開発庁長官が、下部組織である北海道開発局の港湾部長に対し、競争入札が予定される港湾工事の受注に関し特定業者の便宜を図るように働き掛ける行為は、同長官に港湾工事の実施に関する指揮監督権限がなく、また、その行為が談合にかかわる違法なものであるとしても、港湾工事に係る予算の実施計画作製という同長官の職務に密接な関係があり、賄賂罪における職務関連性が認められる。

八　日　明治大学法科大学院法務研究科特任教授青山善充、京都大学大学院法学研究科教授酒巻匡　最高裁判所家庭規則制定諮問委員会委員に任命する

十　日　刑事事件担当裁判官協議会

最高裁判所において開催。参加者は、各高等裁判所及び地方裁判所の刑事事件担当の裁判官。

協議事項　裁判員の参加する刑事裁判の運用状況を踏まえ取り組むべき課題

厚生労働省文書偽造事件第一審判決（大阪地方裁判所）

本件は、厚生労働省の課長であった被告人が、共犯者と共謀して、心身障害者団体用低料第三種郵便物制度を悪用し、郵便料金を不正に免れようとした心身障害者団体としての実体のない団体に対し、内国郵便約款料金表に規定する心身障害者団体と認める厚生労働省の証明書を発行し、共犯者において、同証明書を郵便局係員に提出したとして虚偽有印公文書作成、同行使の罪で起訴されたものである。

被告人　無罪（確定）。

十一日　最高裁判所事務総局情報政策課長定塚誠及び同課専門官池田誠は、全米州裁判所センター（NCSC）主催のEコート会議（アメリカ合衆国）への出席等のため出張（九月一八日帰国）

十三日　東京地方裁判所判事阿部正幸は、第一五回欧州特許裁判官シンポジウム（ポルトガル共和国）への出席のため出張（九月一九日帰国）

日本振興銀行株式会社に民事再生手続開始決定

東京地方裁判所は、日本振興銀行株式会社に対して、民事再生手続開始決定をした（負債総額は約六八〇〇億円）。日本振興銀行に対しては、いわゆるペイオフが我が国で初めて適用された。

十五日　平成二二年度少年実務研究会

家庭裁判所で少年事件を担当する判事又は判事補を対象に、少年事件をめぐる諸問題等についての研究会を、九月一五日から九月一七日まで司法研修所において実施（一部裁判所職員総合研修所と合同実施）。

十七日　菅改造内閣成立

法務大臣　柳田稔就任

二十二日　内閣法制局第一部長横畠裕介　最高裁判所民事規則制定諮問委員会委員　同刑事規則制定諮問委員会委員を免ずる

内閣法制局第二部長近藤正春　最高裁判所民事規則制定諮問委員会委員　同刑事規則制定諮問委員会委員に任命する

平成二二年度特別研究会（第四回・建築訴訟関係）

高等裁判所所在地の地方裁判所並びに横浜、さいたま、千葉、京都、神戸、大津、岐阜、熊本及び那覇の地方裁判所で建築訴訟事件を担当する判事を対象に、建築訴訟における専門的知見の導入及びその活用策並びに合理的な審理の在り方等についての研究会を、九月二二日に司法研修所において実施。

二十四日　法制審議会非訟事件手続法・家事審判法部会（諮問第八七号関係第二五回）

申立時に相手方の正確な住所等が不明である場合等、脱退、夫婦財産契約による管理者の変更及び共有財産の分割に関する処分の審判事件の位置づけ、調停に代わる審判をする場合等に関して民事訴訟法第二六五条と同様の規律を置くこと、再審の申立人の範囲並びに専門委員について審議した。

平成二二年度知的財産権専門研修（長期）

東京理科大学専門職大学院　九月二四日から平成二三年一月二七日まで　参加者一人。

二十七日　平成二二年度報道機関研修

株式会社朝日新聞社　九月二七日から一〇月八日まで　参加者二人。

一般社団法人共同通信社　九月二七日から一〇月八日まで　参加者二人。

株式会社時事通信社　九月二七日から一〇月八日まで　参加者二人。

株式会社日本経済新聞社　九月二七日から一〇月八日まで　参加者二人。

株式会社毎日新聞社　九月二七日から一〇月八日まで　参加者二人。

日本放送協会　九月二七日から一〇月八日まで　参加者二人。

二十八日　法制審議会民法（債権関係）部会（諮問第八八号関係第一五回）

消費貸借、賃貸借について審議した。

二十九日　法制審議会会社法制部会（諮問第九一号関係第五回）

取締役会の監査機能に関する検討事項、資金調達の場面における企業統治の在り方について審議した。

三十日　明治大学法科大学院法務研究科特任教授青山善充　最高裁判所民事規則制定諮問委員会委員に任命する

平成二二年度特別研究会（第五回・刑事裁判と鑑定）

高等裁判所又は地方裁判所で刑事事件を担当する判事又は判事補を対象に、刑事事件における鑑定をめぐる実務上の諸問題のうち、精神鑑定及びＤＮＡ型鑑定等のいわゆる科学的証拠に関する問題についての研究会を、九月三〇日から一〇月一日まで司法研修所において実施。

十月

一日　民事訴訟法第百三十二条の十第一項に規定する電子情報処理組織を用いて取り扱う督促手続に関する規則の一部を改正する規則公布（最高裁判所規則第七号）

一一月一日から施行。

電子情報処理組織を用いて取り扱う督促手続に関し、指定簡易裁判所が取り扱うことのできる地理的範囲を仙台高等裁判所、札幌高等裁判所及び高松高等裁判所の管轄区域内に所在する簡易裁判所にまで拡大したもの。

法制審議会児童虐待防止関連親権制度部会（諮問第九〇号関係第七回）

一　「児童虐待防止のための親権に係る制度の見直しに関する中間試案」に関する意見募集の結果を報告した。

二　親権制限に係る制度の見直しに関する個別論点について審議した。

二日　「法の日」週間（七日まで）

最高裁判所判事宮川光治は、随員として広島高等裁判所判事絹川泰毅を伴い、第三六回国際法曹協会

（IBA）会議（カナダ）への出席及び北米各国における司法事情視察等のため出張（一〇月一〇日帰国）

五日　法制審議会第一六三回総会

一　非訟事件手続法・家事審判法部会長から同部会における審議経過に関する報告がされた。

二　児童虐待防止関連親権制度部会長から同部会における審議経過に関する報告がされた。

三　民法（債権関係）部会長から同部会における審議経過に関する報告がされた。

七日　平成二一年度司法研究（民事一）報告会

司法研修所において開催。研究報告者二人。

平成二二年度特別研究会（第六回・会社法と民事裁判）

高等裁判所又は地方裁判所で民事事件を担当する判事を対象に、会社法と民事裁判についての研究会を、一〇月七日から一〇月八日まで司法研修所において実施。

八日　最高裁判所第二小法廷判決——定額郵便貯金債権が遺産に属することの確認を求める訴えの確認の利益（平成二一年㊜第五六五号）

（要旨）共同相続人間において定額郵便貯金債権が現に被相続人の遺産に属することの確認を求める訴えには、右債権の帰属に争いがある限り、確認の利益がある。

平城遷都一三〇〇年記念祝典

午前一〇時二〇分から平城宮跡第一次大極殿前庭（特設会場）において挙行され、最高裁判所長官竹崎博允が参列した。

十二日　平成二二年度行政基礎研究会

地方裁判所で行政事件を担当する判事補を対象に、裁判例から見た行政事件の基本問題、抗告訴訟の基本問題及び住民訴訟をめぐる諸問題等についての研究会を、一〇月一二日から一〇月一四日まで司法研修所において実施。

十四日　平成二二年度行政実務研究会

地方裁判所で行政事件を担当する判事を対象に、複雑困難化しつつある行政事件の実務上の諸問題等について行政事件訴訟法の改正等を踏まえた研究会を、一〇月一四日から一〇月一五日まで司法研修所において実施。

十五日　弁護士若柳善朗、同川島志保　最高裁判所家庭規則制定諮問委員会委員に任命する

法制審議会非訟事件手続法・家事審判法部会（諮問第八七号関係第二六回）

裁判所及び当事者の責務、裁判所職員の除斥及び忌避、当事者能力及び手続行為能力等、参加、脱退、任意代理人、手続費用、審理手続、非訟事件の申立て、裁判長の手続指揮権、裁判資料、裁判、裁判の取消し又は変更、裁判によらない事件の終了、本案裁判に対する不服申立て並びに相手方がある非訟事件の特則について、中間試案に対して寄せられた意見を踏まえてそれぞれ審議した。

最高裁判所第二小法廷判決——被相続人が生前に提起して相続人が承継していた所得税更正処分等の

十八日

取消訴訟において同処分等の取消判決が確定した場合、被相続人が同処分等に基づき納付していた所得税等に係る過納金の還付請求権は相続税の課税財産となるか（平成二一年(行ヒ)第六五号）

（要旨）被相続人が所得税更正処分及び過少申告加算税賦課決定処分に基づき所得税、過少申告加算税及び延滞税を納付するとともに右各処分の取消訴訟を提起していたところ、その係属中に被相続人が死亡したため相続人が同訴訟を承継し、右各処分の取消判決が確定するに至ったときは、右所得税等に係る過納金の還付請求権は、被相続人の相続財産を構成し、相続税の課税財産となる。

平成二二年度民間企業短期研修（東京商工会議所関係）

東京ガス株式会社及びイオンリテール株式会社　一〇月一八日から一〇月二九日まで　参加者二人。

株式会社伊藤園及びＮＴＴコミュニケーションズ株式会社　一〇月一八日から一〇月二九日まで　参加者二人。

株式会社商工組合中央金庫及び東京メトロポリタンテレビジョン株式会社　一〇月一八日から一〇月二九日まで　参加者二人。

三菱商事株式会社及び東京急行電鉄株式会社　一〇月一八日から一〇月二九日まで　参加者二人。

ライオン株式会社及び三井住友海上火災保険株式会社　一〇月一八日から一〇月二九日まで　参加者二人。

平成二二年度民間企業短期研修（大阪商工会議所関係）

日本生命保険相互会社及び大和ハウス工業株式会社　一〇月一八日から一〇月二九日まで　参加者二人。

株式会社サクラクレパス及び大阪ガス株式会社　一〇月一八日から一〇月二九日まで　参加者二人。

京阪電気鉄道株式会社及びシャープ株式会社　一〇月一八日から一〇月二九日まで　参加者二人。

平成二二年度民間企業短期研修（名古屋商工会議所関係）

ブラザー工業株式会社及び名古屋鉄道株式会社　一〇月一八日から一〇月二九日まで　参加者二人。

名港海運株式会社及びリンナイ株式会社　一〇月一八日から一〇月二九日まで　参加者二人。

産業財産権制度一二五周年記念式典

午前一一時から帝国ホテルにおいて挙行され、最高裁判所長官竹崎博允が祝辞を述べ、最高裁判所事務総長山崎敏充らが参列した。

法制審議会民法（債権関係）部会（諮問第八八号関係第一六回）

贈与、使用貸借、役務提供型の典型契約（雇用、請負、委任、寄託）の総論、請負等について審議した。

十九日

二十日　法制審議会会社法制部会（諮問第九一号関係第六回）

多重代表訴訟、子会社に関する意思決定への親会社株主の関与について審議した。

二十一日　調停委員協議会

最高裁判所において開催。参加者は、各地方裁判所の民事調停委員及び各家庭裁判所の家事調停委員。

協議事項

一　民事分野

事実の整理と認定を行い、それを踏まえた解決案を前提として調整活動を行うという調停運営に当たって調停委員が留意すべき事項

二　家事分野

争点に関する事実の認定を的確に行い、事件や当事者の特性に応じて、法的判断の見通しを踏まえたり、家庭裁判所の専門性を活用する等して、積極的かつ柔軟な調整活動を行うために調停委員において工夫すべき事項

消費者委員会集団的消費者被害救済制度専門調査会（第一回）

一　座長として伊藤眞委員が選出された。

二　これまでの集団的消費者被害救済制度の検討、専門調査会の検討の進め方等について審議した。

二十二日　消費者委員会集団的消費者被害救済制度専門調査会（第二回）

集団的消費者被害の実態、集団的消費者被害救済制度研究会において示された手続モデル案について審議した。

法制審議会児童虐待防止関連親権制度部会（諮問第九〇号関係第八回）

親権制限に係る制度の見直しに関する個別論点、未成年後見制度の見直しに関する個別論点及び子の利益の観点の明確化等に関する個別論点について審議した。

二十五日　平成二二年度裁判基盤研究会（生命科学）

高等裁判所、地方裁判所又は家庭裁判所の判事を対象に、「生命科学」をテーマに脳神経科学、分子生物学、医療問題、死生学、生命倫理なども視野に入れて、生命科学の現状と今後をめぐる最近の話題等についての研究会を、一〇月二五日から一〇月二七日まで司法研修所において実施。

法制審議会民法（債権関係）部会（諮問第八八号関係第一七回）

下請負、委任、準委任に代わる役務提供型契約の受皿規定、雇用、役務提供型契約に関する規定の編成方式等について審議した。

二十六日　大阪家庭裁判所判事楠本新及び最高裁判所事務総局家庭局第三課課長補佐西川裕巳は、家庭裁判所協会（ＡＦＣＣ）主催の第九回子の監護に関する国際シンポジウム（アメリカ合衆国）並びに第九回親教育及び面接交渉に関する国際会議（アメリカ合衆国）への出席のため出張（一一月一日帰国）

最高裁判所第一小法廷決定——航行中の航空機同士の異常接近事故について、便名を言い間違えて降下の管制指示をした実地訓練中の航空管制官及びこれを是正しなかった指導監督者である航空管制官の両名に業務上過失傷害罪が成立するとされた事例（平成二〇年(あ)第九二〇号）

（要旨）航行中の航空機甲機及び乙機が著しく接近し、両機の衝突を避けるために急降下した甲機の乗客らが負傷した事故について、実地訓練中の航空管制官において両機が異常接近しつつあることを知らせる警報を認知して巡航中の乙機を降下させることを意図しながら便名を言い間違えて上昇中の甲機に対し降下指示をし、その指導監督者である航空管制官においてこれに気付かず直ちに是正をしなかったことは、ほぼ同じ高度から甲機が同指示に従って降下すると同時に乙機も航空機衝突防止装置により発せられる降下指示に従って降下し、両機の接触、衝突等を引き起こす高度の危険性を有する行為であって、これと右記事故との間の因果関係も認められ、かつ、右記航空管制官両名において、両機が共に降下を続けて異常接近し、両機の機長が接触、衝突を回避するため急降下を含む何らかの措置を余儀なくされることを予見できたという本件事実関係の下では、右記航空管制官両名につき、両機の接触、衝突等の事故の発生を未然に防止するという業務上の注意義務を怠った過失があったものとして、それぞれ業務上過失傷害罪が成立する。

社会保障審議会児童部会児童虐待防止のための親権の在り方に関する専門委員会（第五回）

施設入所等の措置がとられている場合の施設長等の権限と親権の関係、一時保護中の児童相談所長の権限と親権の関係、一時保護の見直し、保護者指導に対する家庭裁判所の関与の在り方等について審議した。

二十九日　法制審議会非訟事件手続法・家事審判法部会（諮問第八七号関係第二七回）
家事事件手続の総則のうち裁判所職員の除斥及び忌避、当事者能力及び手続行為能力等、参加、脱退、任意代理人、手続費用、審理手続、裁判資料、子の意見表明について、家事審判に関する手続（総則）のうち通則（参与員、記録の閲覧等）、家庭裁判所の手続（合意管轄及び家事審判事件の申立て）について、中間試案に対して寄せられた意見を踏まえて審議した。

三十一日　株式会社武富士に会社更生手続開始決定
東京地方裁判所は、株式会社武富士に対して、会社更生手続開始決定をした（六月末時点での帳簿上の負債総額は約四三三六億円）。

十一月

一　日　平成二二年度簡易裁判所判事特別研究会
平成一八年八月以前に任官した者で、平成二一年度の簡易裁判所判事特別研究会に参加していないもの（司法修習終了者を除く。）を対象に、消費者関連の民事事件の処理をめぐる諸問題等についての研究会を、一一月一日から一一月二日まで司法研修所において実施。

二　日　平成二二年度特別研究会（第一一回・改正行政事件訴訟法の運用について）
東京、大阪及び名古屋の地方裁判所で行政事件を担当する判事を対象に、改正行政事件訴訟法の運用状況と課題についての研究会を、一一月二日に東京地方裁判所において実施。

三　日　平成二二年秋の叙勲において、最高裁判所所管の分野では

旭日大綬章
　元最高裁判所判事泉徳治
ほか八四人が叙勲された。
また、特別功労のある調停委員二五人及び補導受託者一人に対し、藍綬褒章が授与された。

五日　ネパール連邦民主共和国最高裁判所長官最高裁判所訪問
　ネパール連邦民主共和国最高裁判所長官ラム・プラサド・シュレスタ氏は、最高裁判所長官竹崎博允を表敬訪問した。

八日　平成二二年度刑事実務研究会（第二回）
　高等裁判所又は地方裁判所で刑事事件を担当する判事又は判事補を対象に、裁判員裁判の実務上の諸問題等についての研究会を、一一月八日から一一月九日まで司法研修所において実施。
平成二二年度知的財産権専門研修（短期）
　独立行政法人理化学研究所　一一月八日から一一月一九日まで　参加者二人。

九日　法制審議会民法（債権関係）部会（諮問第八八号関係第一八回）
　寄託、組合、終身定期金、和解、ファイナンスリース等について審議した。

十日　東京地方裁判所判事志田博文及び岡山地方裁判所倉敷支部判事補神谷厚毅は、第二三回ローエイシア大会（インド）への出席等のため出張（一一月一八日帰国）

十二日　法制審議会非訟事件手続法・家事審判法部会（諮問第八七号関係第二八回）

総則のうち裁判資料、家事審判に関する手続（総則）のうち家庭裁判所の手続（裁判長の手続指揮権、調停をすることができる事項についての家事審判事件の特則、裁判、裁判の取消し又は変更、取下げによる事件の終了）及び不服申立て等、審判前の保全処分に関する手続（総則）、家事審判及び審判前の保全処分に関する手続（各則）のうち婚姻に関する審判事件、親子関係の審判事件、親権に関する審判事件及び未成年後見に関する審判事件について、中間試案に対して寄せられた意見を踏まえて審議した。

十三日　最高裁判所判事竹内行夫は、随員として名古屋高等裁判所判事中丸隆を伴い、欧州裁判官評議会（フランス共和国）への出席及び欧州各国における司法事情視察等のため出張（一一月二四日帰国）

十五日　平成二二年度民事実務研究会

高等裁判所又は地方裁判所で民事事件を担当する判事を対象に、「契約紛争をめぐる諸問題」をテーマに多様化する契約紛争等についての研究会を、一一月一五日から一一月一七日まで司法研修所において実施。

十六日　裁判員裁判全国第一号死刑宣告事件第一審判決（横浜地方裁判所）

本件は、被告人が、共犯者らと共謀して、営利の目的で海外から覚せい剤を密輸入し、共犯者からの依頼を受けて被害者二人をホテルに暴行を加えるなどして監禁し、被害者一人を果物ナイフで突き刺すなどして殺害し、被害者一人を現金を奪った上で高速切断機の刃を押し当てるなどして殺害し、それぞれの遺体を切断して海中等に投棄するなどして強盗殺人等の罪で起訴されたものである。

被告人　死刑。

弁護人控訴申立て。

社会保障審議会児童部会児童虐待防止のための親権の在り方に関する専門委員会（第六回）

里親等委託中及び一時保護中の親権者等がいない児童等の取扱い、施設入所等の措置及び一時保護が行われていない親権者等がいない児童等の取扱い、接近禁止命令の在り方等について審議した。

十七日

刑事に関する共助に関する日本国とロシア連邦との間の条約公布（条約第一二号）

平成二三年二月一一日発効。

各締結国が他方の締結国の請求に基づき、捜査、訴追その他の刑事手続について共助を実施すること等を規定したもの。

十八日

簡易裁判所民事事件担当裁判官等事務打合せ

最高裁判所において開催。参加者は、東京、横浜、さいたま、千葉、大阪、京都、神戸、名古屋、広島、福岡、仙台、札幌及び高松の各地方裁判所の管内の簡易裁判所の民事事件担当裁判官、東京簡易裁判所の民事首席書記官、大阪、名古屋、福岡及び札幌の各簡易裁判所の首席書記官、横浜、さいたま、千葉、京都、神戸、広島、仙台及び高松の各地方裁判所の民事首席書記官又は民事次席書記官。

協議事項
一　過払金の返還を目的とした不当利得返還請求事件をより合理的に処理するために考慮すべき事項
二　少額で身近な紛争にかかる訴訟をその内容や規模に応じて適切に解決するための訴訟運営上の方策
三　民事調停が紛争解決の手段として十分に活用されるようその機能を強化するための方策

十九日　法制審議会児童虐待防止関連親権制度部会（諮問第九〇号関係第九回）
一　社会保障審議会児童部会児童虐待防止のための親権の在り方に関する専門委員会の審議状況が報告された。
二　親権の効力、親権の喪失及び一時的制限等並びに未成年後見について審議した。

二十一日　元最高裁判所判事藤島昭　逝去（八六歳）
正三位に叙される。
最高裁判所判事近藤崇晴　逝去（六六歳）
正三位に叙され旭日大綬章を授与される。

二十二日　法務大臣　柳田稔辞任
法務大臣　仙谷由人就任

二十四日　法制審議会会社法制部会（諮問第九一号関係第七回）

子会社少数株主、子会社債権者の保護、キャッシュ・アウト、組織再編における少数株主の救済手段について審議した。

二十五日

裁判員裁判全国第一号（少年）死刑宣告事件（石巻市三人殺傷事件）第一審判決（仙台地方裁判所）

本件は、被告人が、元交際相手に対し二日間にわたって暴行を加えて傷害を負わせ、元交際相手を守ろうとした同人の姉やその友人、元交際相手の友人を牛刀で突き刺してそのうち二人を殺害し、一人は殺害するに至らず、元交際相手を無理矢理連れ帰ろうとして、同人の足を牛刀で切り付けて連れ出すなどしたとして殺人等の罪で起訴されたものである。

被告人　死刑。

弁護人控訴申立て。

二十六日

福岡高等検察庁検事長麻生光洋　司法修習生考試委員会委員の委嘱を解く

法務総合研究所長清水治　司法修習生考試委員会委員を委嘱する

法制審議会非訟事件手続法・家事審判法部会（諮問第八七号関係第二九回）

家事審判及び審判前の保全処分に関する手続（各則）のうち成年後見に関する審判事件、保佐に関する審判事件、失踪の宣告に関する審判事件、財産の管理に関する審判事件、扶養に関する審判事件、相続に関する審判事件、推定相続人の廃除に関する審判事件、遺産の分割に関する審判事件、遺言に関する審判事件、家事調停に関する手続のうち調停委員会、付調停、調停手続、合意に相当する審判、調停に代わる審判、記録の閲覧等、履行確保、総則のうち子の意見表明について、中間試案に対して寄せられた意見を踏まえて審議した。

二十七日　平成二二年度一一月期採用（新第六四期）司法修習生修習開始

司法修習生二〇二二人。

二十八日　最高裁判所首席調査官永井敏雄　最高裁判所図書館委員会委員を命ずる

二十九日　平成二二年度特別研究会（第七回・家事審判法改正をめぐる諸問題）

家庭裁判所又は高等裁判所で家事事件を担当する判事又は判事補を対象に、家事審判法改正に関する情報提供を行うとともに、改正後の家事事件の運用の在り方等についての研究会を、一一月二九日から一一月三〇日まで司法研修所において実施。

三十日　議会開設一二〇年記念式典

午前一一時から参議院議場において挙行され、最高裁判所長官竹崎博允が祝辞を述べた。

一般職の職員の給与に関する法律等の一部を改正する法律公布（法律第五三号）

一二月一日から施行。ただし、一部については平成二三年四月一日から施行。

一部の職員を除いて俸給月額を改定し、期末手当及び勤勉手当を改正するとともに、五五歳を超える職員への俸給月額の支給に当たって、当分の間、その一定割合を減額する等の措置を講じたもの。

裁判官の報酬等に関する法律等の一部を改正する法律公布（法律第五七号）

一二月一日から施行。

裁判官の報酬月額を改定したもの。
裁判官に対する期末手当及び勤勉手当の支給に関する規則の一部を改正する規則公布（最高裁判所規則第八号）
一二月一日から施行。ただし、一部については平成二三年四月一日から施行。
裁判官の期末手当を改正したもの。
裁判官以外の裁判所職員の俸給の特別調整額に関する規則等の一部を改正する規則公布（最高裁判所規則第九号）
一二月一日から施行。
五五歳を超える職員（職務の級における最低の号俸である者を除く。）の俸給の特別調整額を減額したもの。
小林敬　下級裁判所裁判官指名諮問委員会地域委員会（大阪に置かれるもの）地域委員を免ずる
大阪地方検察庁検事正北村道夫　下級裁判所裁判官指名諮問委員会地域委員会（名古屋に置かれるもの）地域委員を免ずる　下級裁判所裁判官指名諮問委員会地域委員会（大阪に置かれるもの）地域委員に任命する
名古屋地方検察庁検事正酒井邦彦　下級裁判所裁判官指名諮問委員会地域委員会（名古屋に置かれるもの）地域委員に任命する
法務総合研究所長清水治　下級裁判所裁判官指名諮問委員会地域委員会（福岡に置かれるもの）地域

委員を免ずる
福岡地方検察庁検事正總山哲　下級裁判所裁判官指名諮問委員会地域委員会（福岡に置かれるもの）地域委員に任命する
法制審議会民法（債権関係）部会（諮問第八八号関係第一九回）
債権の目的、事情変更の原則、不安の抗弁権、賠償額の予定、契約の解釈、第三者のためにする契約について審議した。
札幌地方・家庭裁判所小樽支部、小樽簡易裁判所合同庁舎改築

十二月

二日　平成二二年度特別研究会（第八回・医療訴訟関係）
東京、横浜、さいたま、千葉、大阪、名古屋、広島、福岡、仙台及び札幌の地方裁判所で医療訴訟事件を担当する判事を対象に、医療紛争の背景事情や医療関係訴訟運営上の課題等についての研究会を、一二月二日から一二月三日まで司法研修所において実施。
消費者委員会集団的消費者被害救済制度専門調査会（第三回）
集団的消費者被害救済制度研究会において示された手続モデル案について引き続き審議した。

三日　国家公務員の育児休業等に関する法律等の一部を改正する法律公布（法律第六一号）
平成二三年四月一日から施行。
一定の常時勤務することを要しない職員について、育児休業等をすることができるものとしたも

の。

裁判所法の一部を改正する法律公布・施行（法律第六四号）

ただし、一一月一日から一二月二日までの間に採用された司法修習生についても適用。

平成二三年一〇月三一日までの間、暫定的に司法修習生に対する修習資金の貸与制を停止し、司法修習生に対し、給与を支給する制度としたもの。

最高裁判所判事田原睦夫　最高裁判所判例委員会委員を命ずる

六　日　平成二二年度日韓交流プログラム

日韓両国の司法行政における現状と問題点について、両国の裁判官が意見交換を行う日韓交流プログラムを、一二月六日から同月八日まで最高裁判所において開催した。

諫早湾干拓地潮受堤防撤去等請求訴訟控訴審判決（福岡高等裁判所）

本件は、有明海沿岸の漁業者らが、諫早湾干拓事業に係る堤防の締め切りにより有明海全体の環境悪化、漁業被害が生じているとし、国に対し漁業権等に基づき堤防の撤去（主位的請求）、排水門の常時開放及び損害賠償（予備的請求）を求めた事案の控訴審判決である。

本判決は、漁民である一審原告らに漁業被害が発生していることを認め、一審判決と同様に、排水門を防災上やむを得ない場合を除き、判決確定の日から三年を経過するまでに開放し、以後五年間開放を継続すべきとした（上告なく確定）。

七　日　社会保障審議会児童部会児童虐待防止のための親権の在り方に関する専門委員会（第七回）

児童虐待防止のための親権の在り方に関する専門委員会報告書骨子案について審議した。

八　日　刑事に関する共助に関する日本国と欧州連合との間の協定公布（条約第一三号）

平成二三年一月二日発効。

各締結国が他方の締結国の請求に基づき、捜査、訴追その他の刑事手続について共助を実施すること等を規定したもの。

裁判官以外の裁判所職員の俸給の特別調整額に関する規則等の一部を改正する規則公布・施行（最高裁判所規則第一〇号）

職務の級における最低の号俸を受ける五五歳を超える職員の俸給の特別調整額を減額したもの。

平成二二年度労働実務研究会

地方裁判所で労働事件又は労働審判事件を担当する判事又は判事補を対象に、労働審判制度及び個別労働関係をめぐる諸問題等についての研究会を、一二月八日から一二月一〇日まで司法研修所において実施。

九　日　司法修習生の給与に関する暫定措置規則公布・施行（最高裁判所規則第一一号）

ただし、一一月一日から適用。

裁判所法の一部を改正する法律（法律第六四号）の施行に伴い、一一月一日以降に採用された司法修習生の給与に関し必要な事項を定めたもの。

民事事件担当裁判官等事務打合せ

最高裁判所において開催。参加者は、各高等裁判所所在地にある地方裁判所並びに横浜、さいたま、千葉、京都及び神戸の各地方裁判所の民事事件を担当する裁判官及び民事首席書記官又は民事次席書記官。

協議事項

一　平均的な民事訴訟の審理の実態を踏まえ、審理運営上考慮すべき事項

二　複雑困難訴訟の審理の実態を踏まえ、質の高い判断を行うために審理運営上考慮すべき事項

十日　法制審議会非訟事件手続法・家事審判法部会（諮問第八七号関係第三〇回）

非訟事件手続法の見直しに関する要綱案の取りまとめに向けて、非訟事件手続法の全般について審議した。

十三日　ウズベキスタン共和国最高会議上院議長最高裁判所訪問

ウズベキスタン共和国最高会議上院議長イルギザル・ソビロフ氏は、最高裁判所長官竹崎博允を表敬訪問した。

十四日　法制審議会民法（債権関係）部会（諮問第八八号関係第二〇回）

継続的契約、法定債権に関する規定に与える影響、消費者・事業者に関する規定等について審議した。

十五日　法制審議会児童虐待防止関連親権制度部会（諮問第九〇号関係第一〇回）

一　社会保障審議会児童部会児童虐待防止のための親権の在り方に関する専門委員会の審議状況が

報告された。

二「児童虐待防止のための親権に係る制度の見直しに関する要綱案」を取りまとめた。

平成二一年度一一月期採用（新第六三期）司法修習生修習終了

修習終了者一九四九人。

判事補任官九八人、検事任官六六人、弁護士登録一五七一人、その他二一四人。

青森地方・家庭裁判所五所川原支部、五所川原簡易裁判所合同庁舎改築

佐野簡易裁判所庁舎改築

十六日　消費者委員会集団的消費者被害救済制度専門調査会（第四回）

訴訟手続に係る論点について審議した。

十七日　早稲田大学大学院法務研究科客員教授伊藤眞　最高裁判所民事規則制定諮問委員会委員に任命する

二十二日　法制審議会会社法制部会（諮問第九一号関係第八回）

組織再編の手続、株式の取得等に関する規制に違反した者の議決権、役員解任の訴え、株主名簿の閲覧等の請求について審議した。

二十四日　法制審議会非訟事件手続法・家事審判法部会（諮問第八七号関係第三一回）

家事審判法の見直しに関する要綱案の取りまとめに向けて、家事事件手続に関する要綱案（案）の「第一　総則」、「第二　家事審判に関する手続（総則）」及び「第三　家事審判に関する手続（各則）」のうち「一　成年後見に関する審判事件」から「七　親子に関する審判事件」までについて

審議した。

二十七日　広島高等裁判所長官寺田逸郎　最高裁判所判事に任命する
東京高等裁判所判事中山隆夫　高等裁判所長官に任命する　広島高等裁判所長官に補する
元最高裁判所判事伊藤正己　逝去（九一歳）
正三位に叙される。
三十一日　検事総長に東京高等検察庁検事長笠間治雄就任
名古屋高等裁判所長官門口正人　定年退官

平成二十三年

一　月

六　日　消費者委員会集団的消費者被害救済制度専門調査会（第五回）
訴訟手続に係る論点（対象事案、手続追行要件等）について審議した。

十一日　法制審議会民法（債権関係）部会（諮問第八八号関係第二一回）
履行の請求、債務不履行による損害賠償、契約の解除、危険負担、受領遅滞、その他の新規規定、債権者代位権、詐害行為取消権、多数当事者の債権及び債務、保証債務について審議した。

仙台高等裁判所長官房村精一　名古屋高等裁判所長官に補する

東京高等裁判所判事一宮なほみ　高等裁判所長官に任命する　仙台高等裁判所長官に補する

裁判所職員総合研修所研修計画協議会
一月一一日、一二日の両日、裁判所職員総合研修所において開催。

十四日　法制審議会非訟事件手続法・家事審判法部会（諮問第八七号関係第三二回）
家事審判法の見直しに関する要綱案の取りまとめに向けて、家事事件手続に関する要綱案（案）の「第三　家事審判に関する手続（各則）」のうち「八　親権に関する審判事件」から「一八　遺言に関する審判事件」まで、「第四　家事調停に関する手続」及び「第五　罰則」について審議した。

菅第二次改造内閣成立
法務大臣　江田五月就任

十八日　平成二二年度新任判事補研修

平成二二年九月又は一二月に司法修習を終え、判事補に任命された者（現行第六二期及び新第六三期）を対象に、裁判実務に関連する基礎的事項及び裁判官の在り方等についての研修を、一月一八日から一月二一日まで司法研修所において実施。

最高裁判所第三小法廷判決――入力されている情報を受信者からの求めに応じ自動的に送信する機能を有する装置の自動公衆送信装置該当性及びその送信主体（平成二一年(受)第六五三号）

（要旨）

一　公衆の用に供されている電気通信回線に接続することにより、当該装置に入力される情報を受信者からの求めに応じ自動的に送信する機能を有する装置は、あらかじめ設定された単一の機器宛てに送信する機能しか有しない場合であっても、当該装置を用いて行われる送信が自動公衆送信であるといえるときは、自動公衆送信装置に当たる。

二　公衆の用に供されている電気通信回線に接続することにより、当該装置に入力される情報を受信者からの求めに応じ自動的に送信する機能を有する装置が、公衆の用に供されている電気通信回線に接続しており、これに継続的に情報が入力されている場合には、当該装置に情報を入力する者が送信の主体である。

十九日　社会保障審議会児童部会児童虐待防止のための親権の在り方に関する専門委員会（第八回）

児童虐待防止のための親権の在り方に関する専門委員会報告書案について審議した。

二十日　最高裁判所第一小法廷判決——放送番組等の複製物を取得することを可能にするサービスの提供者が複製の主体と解される場合（平成二一年(受)第七八八号）

（要旨）放送番組等の複製物を取得することを可能にするサービスにおいて、サービスを提供する者が、その管理、支配下において、テレビアンテナで受信した放送を複製の機能を有する機器に入力していて、当該機器に録画の指示がされると放送番組等の複製が自動的に行われる場合、その録画の指示を当該サービスの利用者がするものであっても、当該サービスを提供する者はその複製の主体と解すべきである。

二十二日　元最高裁判所判事鹽野宜慶　逝去（九五歳）

正三位に叙される。

二十四日　平成二二年度判事任官者実務研究会（第二回）

平成一二年一〇月に司法修習を終えた判事（第五三期）を対象に、裁判実務、司法行政の運営及び裁判官の在り方等についての研究会を、一月二四日から一月二六日まで司法研修所において実施。

平成二二年度新任簡易裁判所判事研修

平成二二年度に新たに簡易裁判所判事に任命された者（司法修習終了者を除く。）を対象に、民事事件、刑事事件の実務及び裁判官の在り方等についての研修を、一月二四日から二月二五日まで司法研修所において実施。

二十五日　法制審議会民法（債権関係）部会（諮問第八八号関係第二二回）
債権譲渡、証券的債権に関する規定、債務引受、契約上の地位の移転（譲渡）、弁済、相殺、更改、免除及び混同、決裁手法の高度化・複雑化への民法上の対応の要否（多数当事者間の決済に関する問題について）、契約に関する基本原則等、契約交渉段階、申込みと承諾、懸賞広告、約款（定義及び組入要件）、法律行為に関する通則、意思能力、意思表示について審議した。

二十六日　最高裁判所事務総長山崎敏充　最高裁判所図書館委員会委員を命ずる
法制審議会会社法制部会（諮問第九一号関係第九回）
取締役会の監督機能に関する検討事項について審議した。

二十七日　静岡地方裁判所長大谷直人　司法修習生考試委員会委員の委嘱を解く
最高裁判所事務総局人事局長安浪亮介　司法修習生考試委員会委員を委嘱する
消費者委員会集団的消費者被害救済制度専門調査会（第六回）
訴訟手続に係る論点（通知・公告の在り方等）について審議した。

二十八日　法制審議会非訟事件手続法・家事審判法部会（諮問第八七号関係第三三回）
「非訟事件手続法及び家事審判法の見直しに関する要綱案」が取りまとめられた。

二　月

三　日　元最高裁判所判事可部恒雄　逝去（八三歳）
正三位に叙される。

八　日　家事審判規則の一部を改正する規則公布（最高裁判所規則第一号）
平成二四年四月一日から施行。
特別会計に関する法律附則第三四〇条の規定による後見登記等に関する法律の一部改正に伴い、家事審判規則について所要の整備をするもの。
法制審議会民法（債権関係）部会（諮問第八八号関係第二三回）
不当条項規制、無効及び取消し、代理、条件及び期限、期間の計算、消滅時効、契約各則—共通論点、売買（総則、効力、買戻し）、特殊の売買、交換、贈与、消費貸借、使用貸借について審議した。

九　日　札幌高等裁判所長官田中康郎　定年退官
東京家庭裁判所長山崎恒　高等裁判所長官に任命する　札幌高等裁判所長官に補する

十四日　平成二二年度特別研究会（第九回・複雑・困難な損害賠償請求事件の処理をめぐる諸問題）
地方裁判所で民事事件を担当する判事を対象に、複雑困難な損害賠償請求事件についての研究会を、二月一四日から二月一五日まで司法研修所において実施。

十五日　神戸地方検察庁検事正吉田統宏　最高裁判所刑事規則制定諮問委員会委員を免ずる
東京地方検察庁次席検事八木宏幸　最高裁判所刑事規則制定諮問委員会委員に任命する
法制審議会第一六四回総会
一　法制審議会会長として野村豊弘委員が選出された。

二　非訟事件手続法及び家事審判法の改正に関する諮問第八七号に関し、「非訟事件手続法及び家事審判法の見直しに関する要綱案」に基づき審議がされ、採決の結果、同要綱案は、全会一致で原案どおり採択され、直ちに法務大臣に答申することとされた。

三　児童虐待防止のための親権に係る制度の見直しに関する諮問第九〇号に関し、「児童虐待防止のための親権に係る制度の見直しに関する要綱案」に基づき審議がされ、採決の結果、同要綱案は、全会一致で原案どおり採択され、直ちに法務大臣に答申することとされた。

十六日

判事三輪和雄　下級裁判所裁判官指名諮問委員会地域委員会（仙台に置かれるもの）地域委員を免ずる

仙台地方裁判所長河村吉晃　下級裁判所裁判官指名諮問委員会地域委員会（仙台に置かれるもの）地域委員に任命する

西村逸夫　下級裁判所裁判官指名諮問委員会地域委員会（高松に置かれるもの）地域委員を免ずる

高松地方検察庁検事正津熊寅雄　下級裁判所裁判官指名諮問委員会地域委員会（高松に置かれるもの）地域委員に任命する

十七日

最高裁判所第一小法廷決定――一　数人の提起する養子縁組無効の訴えにおいて共同訴訟人の一人が上告を提起した後にされた他の共同訴訟人による上告の適否　二　数人の提起する養子縁組無効の訴えにおいて共同訴訟人の一人が上告受理の申立てをした後にされた他の共同訴訟人による上告受理の申立ての適否（平成二一年(オ)第一〇二二号、同(受)第一一九四号）

（要旨）

一　数人の提起する養子縁組無効の訴えにおいて、共同訴訟人の一人が上告を提起した後に他の共同訴訟人が提起した上告は、二重上告として不適法である。

二　数人の提起する養子縁組無効の訴えにおいて、共同訴訟人の一人が上告受理の申立てをした後に他の共同訴訟人がした上告受理の申立ては、二重上告受理の申立てとして不適法である。

十八日　消費者委員会集団的消費者被害救済制度専門調査会（第七回）

訴訟手続に係る論点（個別争点を効率的に処理するための方策等）について審議した。

複数の次席家庭裁判所調査官を置く家庭裁判所の指定及び次席家庭裁判所調査官の員数の定めについて（最高裁総一第〇〇〇一八三号高等裁判所長官、家庭裁判所長あて総務局長通知）

四月一日から実施。

大阪家庭裁判所に置く次席家庭裁判所調査官の員数が四人と定められたことを通知し、併せて大阪家庭裁判所を除く他の指定庁について指定等の通知をし直したもの。

家事の訟廷副管理官を置く家庭裁判所の指定について（最高裁総一第〇〇〇一八七号高等裁判所長官、地方・家庭裁判所長あて総務局長通知）

四月一日から実施。

家事の訟廷副管理官を置く家庭裁判所として、横浜家庭裁判所が新たに指定されたもの。

二十一日　平成二二年度法律実務教育研究会

法科大学院に派遣されている、又は派遣される予定の判事又は判事補を対象に、法律実務の教育等についての研究会を、二月二一日から二月二二日まで司法研修所において実施。

平成二二年度家事実務研究会

家庭裁判所で家事事件を担当する判事又は判事補を対象に、人事訴訟及び家事事件の適正な運用並びに家事調停及び家事審判事件の処理の在り方についての研究会を、二月二一日から二月二三日まで司法研修所において実施（一部裁判所職員総合研修所と合同実施）。

二十二日

法制審議会民法（債権関係）部会（諮問第八八号関係第二四回）

賃貸借、役務提供型の典型契約総論、請負、委任、準委任に代わる役務提供型契約の受皿規定、雇用、寄託、組合、終身定期金、和解、新種の契約、債権の目的、事情変更の原則、不安の抗弁権、賠償額の予定、契約の解釈、第三者のためにする契約、継続的契約、法定債権に関する規定に与える影響、消費者・事業者に関する規定、規定の配置について審議した。

最高裁判所第三小法廷判決――「相続させる」旨の遺言により遺産を相続させるものとされた推定相続人が遺言者の死亡以前に死亡した場合における当該遺言の効力（平成二一年(受)第一二六〇号）

（要旨）遺産を特定の推定相続人に単独で相続させる旨の遺産分割の方法を指定する「相続させる」旨の遺言は、当該遺言により遺産を相続させるものとされた推定相続人が遺言者の死亡以前に死亡した場合には、当該「相続させる」旨の遺言に係る条項と遺言書の他の記載との関係、遺言書作成当時の事情及び遺言者の置かれていた状況などから、遺言者が、上記の場合には、当該推定相続人の代襲者その他の者に遺産を相続させる旨の意思を有していたとみるべき特段の事情のない限り、その効力を生ずることはない。

二十三日　法制審議会会社法制部会（諮問第九一号関係第一〇回）

監査役の監査機能、資金調達の場面における企業統治の在り方に関する検討事項について審議した。

二十八日　ベトナム社会主義共和国最高人民裁判所長官最高裁判所訪問

ベトナム社会主義共和国最高人民裁判所長官チュン・ホア・ビン氏は、最高裁判所の招へいにより最高裁判所長官竹崎博允を表敬訪問し、最高裁判所判事と懇談した。

三　月

一　日　最高裁判所事務総長山崎敏充　最高裁判所民事規則制定諮問委員会委員、同刑事規則制定諮問委員会委員、同家庭規則制定諮問委員会委員に任命する

東京大学大学院法学政治学研究科教授井上正仁、京都大学大学院法学研究科教授酒巻匡、中央大学大学院法務研究科・法学部教授椎橋隆幸　最高裁判所刑事規則制定諮問委員会委員に任命する

三　日　消費者委員会集団的消費者被害救済制度専門調査会（第八回）

訴訟手続に係る論点（和解の規律その他の訴訟手続に関する論点等）について審議した。

七　日　平成二二年度医療基礎研究会

地方裁判所又は家庭裁判所の判事補を対象に、医療制度の現状と課題及び医療現場の実情、医療

関係訴訟の運営等についての研究会を、三月七日から三月九日まで司法研修所において実施。

平成二二年度税務・会計基礎研究会

地方裁判所又は家庭裁判所の判事補を対象に、税務・会計の基礎理論及び実務並びに租税事件の現状と課題等についての研究会を、三月七日から三月九日まで司法研修所において実施。

平成二二年度知的財産権基礎研究会

地方裁判所又は家庭裁判所の判事補を対象に、知的財産権訴訟の審理及び運営についての研究会を、三月七日から三月九日まで司法研修所において実施。

八日　法制審議会民法（債権関係）部会（諮問第八八号関係第二五回）

民法（債権関係）改正の中間論点整理の作成に向けて、履行請求権等から不当条項規制に至るまで、民法（債権関係）全体の約半分の論点について審議した。

九日　最高裁判所第三小法廷決定――抗告事件を終了させることを合意内容に含む裁判外の和解と抗告の利益（平成二一年(ク)第一〇二七号）

（要旨）抗告人と相手方との間において、抗告後に、抗告事件を終了させることを合意内容に含む裁判外の和解が成立した場合には、当該抗告は、抗告の利益を欠く。

判事芝田俊文　下級裁判所裁判官指名諮問委員会地域委員会（広島に置かれるもの）地域委員を免ずる

十一日　広島地方裁判所長高野伸　下級裁判所裁判官指名諮問委員会地域委員会（広島に置かれるもの）地域

委員に任命する

名古屋地方裁判所判事島崎邦彦及び福岡地方裁判所判事髙野裕は、第九回国際倒産についての国際裁判官会議（シンガポール共和国）への出席のため出張（三月一七日帰国）

東日本大震災（東北地方太平洋沖地震）発生

（被害状況等）

この地震により、非常勤職員三人（調停委員及び司法委員兼参与員）が公務外で死亡したほか、最高裁判所並びに東京高等裁判所及び仙台高等裁判所管内の各裁判所二六庁舎等に破損、亀裂等の被害が生じた。

最高裁判所及び被災地の各裁判所では地震発生直後に対策本部を設置して情報収集等の対応にあたった。その後、交通手段の回復に合わせて、最高裁判所から事務総長等を団長とする視察団が数次にわたって被災地の裁判所に赴くなどして、現地の実情把握に努めるとともにその後の対応について検討を行い、五月一九日及び二〇日には最高裁判所長官が仙台高等・地方・家庭裁判所、盛岡家庭裁判所大船渡出張所及び大船渡簡易裁判所を視察した。

また、緊急の物資援助として、各裁判所は、被災地の裁判所や被災地地方公共団体が設置した災害対策本部に対し、食料品等を輸送した。

なお、仙台地方・家庭裁判所石巻支部、同気仙沼支部及び釜石簡易裁判所においては、地震発生直後から、周辺の被災住民（三庁合計約二一〇人）を受け入れ、釜石簡易裁判所では三月二四日まで避難場所として庁舎の一部を提供した。

（事件処理関係への対応）

仙台高等裁判所並びに仙台・福島・盛岡の各地方・家庭裁判所管内の裁判所及び水戸地方・家庭裁判所管内の被災地の裁判所では、震災発生後、係属中のすべての裁判の期日を延期等したものの、一部の裁判所を除き、受付事務や緊急を要する事件について、継続して業務を行った。

福島富岡簡易裁判所は、福島第一・第二原子力発電所の事故に伴い、管轄する福島県双葉郡八町村に避難指示が出されたことから、三月一二日に一時的に事務の取扱いを停止した（なお、その後、四月一三日に事務移転を決定）。

また、盛岡家庭裁判所大船渡出張所及び大船渡簡易裁判所は、津波による浸水被害を受け、庁舎を使用できなくなったことから、一時的に事務の取扱いを停止したが、復旧工事を経て、五月一六日から業務を再開した。

なお、仙台・盛岡の各地方・家庭裁判所では、被災者の法的ニーズに応えるため、公共交通機関の復旧の遅れなどから最寄りの裁判所へのアクセスが困難な太平洋沿岸地域において、市役所等の公共施設や避難所内の集会所等で出張手続案内を実施した。

十八日　さいたま地方・家庭裁判所熊谷支部、熊谷簡易裁判所合同庁舎一部改築

最高裁判所第二小法廷判決——妻が、夫に対し、夫との間に法律上の親子関係はあるが、妻が婚姻中に夫以外の男性との間にもうけた子につき、離婚後の監護費用の分担を求めることが、権利の濫用に

当たるとされた事例（平成二一年(受)第三三二号）

（要旨）妻が、夫に対し、夫との間に法律上の親子関係はあるが、妻が婚姻中に夫以外の男性との間にもうけた子につき、離婚後の監護費用の分担を求めることは、次の㈠から㈢など判示の事情の下においては、権利の濫用にあたる。

㈠　妻が、出産後程なく当該子と夫との間に自然的血縁関係がないことを知ったのに、そのことを夫に告げなかったため、夫は、当該子との親子関係を否定する法的手段を失った。

㈡　夫は、婚姻中、相当に高額な生活費を妻に交付するなどして、当該子の養育・監護のための費用を十分に分担してきた。

㈢　離婚後の当該子の監護費用を専ら妻において分担することができないような事情はうかがわれない。

二十三日

最高裁判所大法廷判決――一　衆議院小選挙区選出議員の選挙についてのいわゆる一人別枠方式を含む区割基準を定める衆議院議員選挙区画定審議会設置法三条及び同基準に従って選挙区割りを定める公職選挙法一三条一項、別表第一の各規定の合憲性　二　衆議院小選挙区選出議員の選挙において候補者届出政党に選挙運動を認める公職選挙法の規定の合憲性（平成二二年(行ツ)第二〇七号）

（要旨）

一　平成二一年八月三〇日施行の総選挙当時において、衆議院議員選挙区画定審議会設置法三条の定める衆議院小選挙区選出議員の選挙区割りの基準のうち、同条二項のいわゆる一人別枠方式に係る部分は、憲法の投票価値の平等の要求に反する状態に至っており、同基準に従って平成一四年に改定された公職選挙法一三条一項、別表第一の定める選挙区割りも、憲法の投票価値の平等の要求に反する状態に至っていたが、いずれも憲法上要求される合理的期間内における是正がされなかったとはいえず、右記各規定が憲法一四条一項等に違反するものということはできない。

二　衆議院小選挙区選出議員の選挙において候補者届出政党に政見放送その他の選挙運動を認める公職選挙法の規定は、憲法一四条一項等に違反するとはいえない。

イレッサ東京訴訟第一審判決（東京地方裁判所）

本件は、新種の抗がん剤であるイレッサの投与を受けた後に死亡した肺がん患者三名の親族が、製薬会社に対し、欠陥のある製造物であるイレッサを輸入・販売し患者三名を死亡させた等として、製造物責任法又は不法行為上の損害賠償を求め、併せて国に対し、適切な規制権限の行使を怠った責任があるとして、国家賠償法一条一項に基づく損害賠償を求めたものである。

本判決は、イレッサの添付文書第一版に間質性肺炎の副作用に関する警告欄がなく、重大な副作用の記載順位も四番目だったので、これを使用する医師においてそれが致死的な副作用のある医薬品であると認識することができない欠陥があり、国がこれを是正させなかったのは違法な規制権限不行使であるなどとして、国及び製薬会社に対する原告らの請求の一部を認容した。

二十四日

最高裁判所第一小法廷判決――一　消費者契約である居住用建物の賃貸借契約に付されたいわゆる敷引特約が消費者契約法一〇条により無効となる場合（二略）（平成二一年(受)第一六七九号）

（要旨）

一　消費者契約である居住用建物の賃貸借契約に付されたいわゆる敷引特約は、信義則に反して賃借人の利益を一方的に害するものであると直ちにいうことはできないが、賃借人が社会通念上通常の使用をした場合に生ずる損耗や経年により自然に生ずる損耗の補修費用として通常想定される額、賃料の額、礼金等他の一時金の授受の有無及びその額等に照らし、敷引金の額が高額に過ぎると評価すべきものであるときは、当該賃料が近傍同種の建物の賃料相場に比して大幅に低額であるなど特段の事情のない限り、信義則に反して消費者である賃借人の利益を一方的に害するものであって、消費者契約法一〇条により無効となる。

（二略）

二十八日　東日本大震災（三月一一日）の影響により、平成二二年度最高裁判所図書館委員会の開催は中止となった

二十九日　神戸地方・家庭裁判所社支部、社簡易裁判所合同庁舎改築

「課に置く係について」の一部改正について（最高裁総一第〇〇〇三四〇号高等裁判所長官、地方・家庭裁判所長あて総務局長依命通達）

四月一日から実施。

共済組合支部が統合（東京地裁及び東京家裁の各支部を廃止し、東京高裁支部に統合）されたことに伴い、必要な改正をしたもの。

三十一日

熊本地方・家庭裁判所八代支部、八代簡易裁判所合同庁舎改築

最高裁判所判事那須弘平　最高裁判所判例委員会委員を免ずる

最高裁判所判事大谷剛彦　最高裁判所判例委員会委員を命ずる

青森地方裁判所長長秀之、最高裁判所事務総局家庭局長豊澤佳弘、判事鈴木健太、判事菅野博之　法制審議会臨時委員を免ずる

津地方・家庭裁判所伊勢支部、伊勢簡易裁判所合同庁舎改築

消費者委員会集団的消費者被害救済制度専門調査会（第九回）

　訴訟手続に係る論点（時効の中断、適格消費者団体の規律等）について審議した。

四月

一日

弁護士市川茂樹　下級裁判所裁判官指名諮問委員会地域委員会（札幌に置かれるもの）地域委員に任命する

平成二三年度民間企業長期研修

　住友化学株式会社　四月一日から平成二四年三月三一日まで　参加者一人。

野村證券株式会社　四月一日から平成二四年三月三一日まで　参加者一人。

セコム株式会社　四月一日から平成二四年三月三一日まで　参加者一人。

出光興産株式会社　四月一日から平成二四年三月三一日まで　参加者一人。

株式会社三菱東京ＵＦＪ銀行　四月一日から平成二四年三月三一日まで　参加者一人。

株式会社日立製作所　四月一日から平成二四年三月三一日まで　参加者一人。
レンゴー株式会社　四月一日から平成二四年三月三一日まで　参加者一人。
トヨタ自動車株式会社　四月一日から平成二四年三月三一日まで　参加者一人。
九州電力株式会社　四月一日から平成二四年三月三一日まで　参加者一人。

平成二三年度日本銀行研修
　四月一日から平成二四年三月三一日まで　参加者一人。

六　日　弁護士木津川迪洽、判事植村立郎、函館地方裁判所長山田俊雄　簡易裁判所判事選考委員会委員の委嘱を解く
弁護士中尾正信、判事若原正樹、同大段亨　簡易裁判所判事選考委員会委員を委嘱する

七　日　東北大学大学院法学研究科教授坂田宏　下級裁判所裁判官指名諮問委員会地域委員会（仙台に置かれるもの）地域委員に任命する
平成二三年度弁護士任官者実務研究会
　弁護士から任官又は任官予定の判事又は判事補を対象に、裁判官としての導入研修を、四月七日から四月八日まで司法研修所において実施。

十　日　日本司法支援センター理事長に梶谷剛就任

十一日　平成二三年度特別研究会（第一回・裁判員裁判の課題）
　高等裁判所又は地方裁判所で刑事事件を担当する判事又は判事補を対象に、裁判員裁判に関する

十二日

諸問題についての研究会を、四月一一日から四月一二日まで司法研修所において実施。

法制審議会民法（債権関係）部会（諮問第八八号関係第二六回）

民法（債権関係）改正の中間論点整理の作成に向けて、民法（債権関係）の全般について審議した。

最高裁判所第三小法廷判決——年間を通して多数のオペラ公演を主催する財団法人との間で期間を一年とする出演基本契約を締結した上、各公演ごとに個別公演出演契約を締結して公演に出演していた合唱団員が、右記法人との関係において労働組合法上の労働者に当たるとされた事例（平成二一年(行ヒ)第二二六号）

（要旨）年間を通して多数のオペラ公演を主催する財団法人との間で期間を一年とする出演基本契約を締結した上、各公演ごとに個別公演出演契約を締結して公演に出演していた合唱団員は、次の㈠から㈤など判示の事実関係の下では、右記法人との関係において労働組合法上の労働者に当たる。

㈠　出演基本契約は、右記法人が、試聴会の審査の結果一定水準以上の歌唱技能を有すると認めた者を、原則として契約期間の全ての公演に出演することが可能である合唱団員として確保することにより、右記各公演を円滑かつ確実に遂行することを目的として締結されていた。

㈡　合唱団員は、出演基本契約を締結する際、右記法人から、あらかじめ右記法人が指定する全ての公演に出演するために可能な限りの調整をすることを要望され、合唱団員が公演への出演を辞退した例は、出産、育児や他の公演への出演等を理由とする僅少なものにとどまっていた。

㈢　出演基本契約の内容や、契約期間の公演の件数、演目、各公演の日程及び上演回数、これに要する稽古の日程、その演目の合唱団の構成等は、右記法人が一方的に決定していた。

㈣　合唱団員は、各公演及びその稽古につき、右記法人の指定する日時、場所において、その指定する演目に応じて歌唱の労務を提供し、歌唱技能の提供の方法や提供すべき歌唱の内容について右記法人の選定する合唱指揮者等の指揮を受け、稽古への参加状況について右記法人の監督を受けていた。

㈤　合唱団員は、右記法人の指示に従って公演及び稽古に参加し歌唱の労務を提供した場合に、出演基本契約で定められた単価及び計算方法に基づいて算定された報酬の支払を受け、予定された時間を超えて稽古に参加した場合には超過時間により区分された超過稽古手当の支払を受けていた。

証拠隠滅事件第一審判決（大阪地方裁判所）

本件は、大阪地方検察庁の検察官であった被告人が、同検察庁において、大阪地方裁判所に公判係属中であった虚偽有印公文書作成等被告事件の証拠であるフロッピーディスク内に記録されていた文書ファイルの更新日時を改変するなどして、証拠隠滅の罪で起訴されたものである。

被告人　懲役一年六月（確定）。

十三日

福島富岡簡易裁判所の事務移転（福島地方裁判所告示第一号）

裁判所法第三八条の規定に基づき、四月二二日から当分の間、福島富岡簡易裁判所の事務のうち刑事事件に関する事務をいわき簡易裁判所に、その余の事務を郡山簡易裁判所に、それぞれ取り扱わせることとしたもの。

十六日　元名古屋高等裁判所長官沖野威　逝去（八四歳）

正三位に叙される。

十八日　平成二三年度簡易裁判所判事実務研究会

簡易裁判所判事（司法修習終了者を除く。）を対象に、民事事件及び刑事事件の実務、訴訟運営及び判例についての研究会を、四月一八日から四月二〇日まで司法研修所において実施。

二十日　五十嵐義治　下級裁判所裁判官指名諮問委員会地域委員会（広島に置かれるもの）地域委員を免ずる

広島地方検察庁検事正山舗弥一郎　下級裁判所裁判官指名諮問委員会地域委員会（広島に置かれるもの）地域委員に任命する

二十一日　判事鈴木健太　司法修習委員会委員に任命する

二十二日　裁判所職員定員法の一部を改正する法律公布・施行（法律第一八号）

裁判所職員定員法中判事一、七八二人を一、八二七人に改めたもの。

知的財産高等裁判所判事井上泰人は、第一九回フォーダム大学ロースクール主催国際シンポジウム（アメリカ合衆国）への出席等のため出張（五月一日帰国）

二十五日　平成二三年度司法研究（民事）開始

司法研修所において打合せ会を実施。研究員四人。

ライブドア事件上告審決定（最高裁判所第三小法廷）

上告棄却。

（平成一八年二月一三日、平成一九年三月一六日及び平成二〇年七月二五日の項参照）

二十七日　東京高等裁判所長官安倍嘉人　定年退官

二十八日　最高裁判所第一小法廷判決――特許権の存続期間の延長登録出願の理由となった薬事法一四条一項による製造販売の承認に先行して当該承認の対象となった医薬品と有効成分並びに効能及び効果を同じくする医薬品について同項による製造販売の承認がされていることを延長登録出願の拒絶の理由とすることが許されない場合（平成二一年(行ヒ)第三二六号）

（要旨）特許権の存続期間の延長登録出願の理由となった薬事法一四条一項による製造販売の承認に先行して、当該承認の対象となった医薬品と有効成分並びに効能及び効果を同じくする医薬品について同項による製造販売の承認がされている場合であっても、その医薬品が延長登録出願に係る特許権のいずれの請求項に係る特許発明の技術的範囲にも属しないときは、当該先行する承認がされていることを根拠として、当該特許権の特許発明の実施に延長登録出願の理由となった承認を受けることが必要であったとは認められないということはできない。

二十九日　平成二三年春の叙勲において、最高裁判所所管の分野では

旭日大綬章

元最高裁判所判事今井功
元最高裁判所判事中川了滋
ほか七九人が叙勲された。
また、特別功労のある調停委員三六人に対し、藍綬褒章が授与された。

五月

一日　憲法週間（七日まで）

二日　民事訴訟法及び民事保全法の一部を改正する法律公布（法律第三六号）
平成二四年四月一日から施行。
民事訴訟事件及び民事保全事件（人事に関する訴え及びこれを本案とする保全命令事件を除く。）についての国際裁判管轄に関する規定等を設けたもの。

九日　大阪高等裁判所長官大野市太郎　定年退官

十日　高松高等裁判所長官富越和厚　東京高等裁判所長官に補する
東京地方裁判所長吉戒修一　高等裁判所長官に任命する　大阪高等裁判所長官に補する
司法研修所長佐々木茂美　高等裁判所長官に任命する　高松高等裁判所長官に補する

十九日　高松高等裁判所長官佐々木茂美　最高裁判所図書館委員会委員を免ずる　司法修習生考試委員会委員の委嘱を解く　司法修習委員会委員を免ずる
司法研修所長安井久治　最高裁判所図書館委員会委員を命ずる　司法修習生考試委員会委員を委嘱す

る　司法修習委員会委員に任命する

最高検察庁検事林眞琴、判事植村立郎、同相澤眞木、弁護士石井誠一郎、同二瓶茂　司法修習生考試委員会委員の委嘱を解く

最高検察庁次長検事小津博司、法務省大臣官房人事課長辻裕教、判事南敏文、同若原正樹、司法研修所教官岸日出夫、同天海義彦、同谷眞人　司法修習生考試委員会委員を委嘱する

二十四日

大阪高等裁判所長官吉戒修一　下級裁判所裁判官指名諮問委員会地域委員会（東京に置かれるもの）地域委員を免ずる

東京地方裁判所長岡田雄一　下級裁判所裁判官指名諮問委員会地域委員会（東京に置かれるもの）地域委員に任命する

判事八木正一　下級裁判所裁判官指名諮問委員会地域委員会（高松に置かれるもの）地域委員を免ずる

高松地方裁判所長小佐田潔　下級裁判所裁判官指名諮問委員会地域委員会（高松に置かれるもの）地域委員に任命する

布川再審事件判決（水戸地方裁判所土浦支部）

被告人一名　強盗殺人の点につき無罪、窃盗の点につき懲役二年（執行猶予、確定）、被告人一名　強盗殺人の点につき無罪、暴行・傷害・恐喝・暴力行為等処罰に関する法律違反の点につき懲役二年（執行猶予、確定）。

二十五日

（平成二一年一二月一四日の項参照）

非訟事件手続法公布（法律第五一号）

平成二五年一月一日から施行。

非訟事件の手続を国民にとって利用しやすく、現代社会に適合した内容のものにするため、非訟事件の手続に関する法制について、管轄、当事者及び代理人、審理及び裁判の手続、不服申立て等の手続の基本的事項に関する規定を整備し、参加、記録の閲覧謄写、電話会議システム等による手続、和解等の当事者等の手続保障の拡充とその利便性の向上を図るための諸制度を創設するとともに、国民に理解しやすい法制とするためこれを現代用語の表記によるものとするもの。

家事事件手続法公布（法律第五二号）

平成二五年一月一日から施行。

家事事件の手続を国民にとって利用しやすく、現代社会に適合した内容のものにするため、家事事件の手続に関する法制について、管轄、当事者及び代理人、家事審判及び家事調停の手続、不服申立て等の手続の基本的事項に関する規定を整備し、参加、記録の閲覧謄写、陳述の聴取等の手続保障に資する規定をより充実したものに改めるとともに、電話会議システム等による手続及び高等裁判所における調停等、その利便性の向上を図るための諸制度の新設等を行うもの。

非訟事件手続法及び家事事件手続法の施行に伴う関係法律の整備等に関する法律公布（法律第五三号）

平成二五年一月一日から施行。

非訟事件手続法及び家事事件手続法の施行に伴い、旧非訟事件手続法の題名を外国法人の登記及び夫婦財産契約の登記に関する法律に改めて同法の規定の整備を行い、家事審判法を廃止するほか、関係法律の規定の整備等を行うとともに、所要の経過措置を定めたもの。

平成二三年度支部長研究会

地方裁判所又は家庭裁判所の支部長を対象に、支部の運営及び裁判所の当面する諸問題等についての研究会を、五月二五日から五月二七日まで司法研修所において実施。

法曹の養成に関するフォーラム（第一回）

平成二三年五月一三日付け内閣官房長官、総務大臣、法務大臣、財務大臣、文部科学大臣、経済産業大臣申し合わせにより、法曹の養成に関するフォーラムが開催され、関係機関として事務総局審議官が参加。個々の司法修習終了者の経済的な状況等を勘案した措置の在り方及び法曹の養成に関する制度の在り方について意見交換が行われた。

その後、平成二四年五月一〇日までの間に合計一四回開催され、同様に意見交換が行われた。

二十七日　消費者委員会集団的消費者被害救済制度専門調査会（第一〇回）

手続モデル、手続追行主体、手続追行要件、対象事案等に関する論点を整理した。

三十日　平成二三年度司法修習生指導担当者協議会

司法修習生の指導に関する諸問題について、各配属庁会の修習指導担当者と司法研修所教官が協議し連絡を図る協議会を、東京（立川支部を含む。）・横浜・さいたま・千葉・水戸・宇都宮・前橋・静岡・甲府・長野・新潟・名古屋・岐阜・金沢・富山・仙台・福島・山形・盛岡・秋田・青森・札幌・函館・旭川・釧路の各配属庁会は五月三〇日、大阪・京都・神戸・奈良・大津・和歌山・津・福井・広島・山口・岡山・鳥取・松江・福岡・佐賀・長崎・大分・熊本・鹿児島・宮崎・那覇・高松・徳島・高知・松山の各配属庁会は六月六日、いずれも司法研修所において開催。

最高裁判所第二小法廷判決――公立高等学校の校長が教諭に対し卒業式における国歌斉唱の際に国旗に向かって起立し国歌を斉唱することを命じた職務命令が憲法一九条に違反しないとされた事例（平成二二年(行ツ)第五四号）

（要旨）公立高等学校の校長が教諭に対し卒業式における国歌斉唱の際に国旗に向かって起立し国歌を斉唱することを命じた職務命令は、次の㈠から㈢など判示の事情の下では、当該教諭の思想及び良心の自由を侵すものとして憲法一九条に違反するということはできない。

㈠　右記の起立斉唱行為は、学校の儀式的行事における慣例上の儀礼的な所作としての性質を有するものであり、「日の丸」や「君が代」が戦前の軍国主義等との関係で一定の役割を果たしたとする当該教諭の歴史観ないし世界観を否定することと不可分に結び付くものではなく、右記職務命令は、その歴史観ないし世界観それ自体を否定するものとはいえない。

㈡　右記の起立斉唱行為は、学校の儀式的行事における慣例上の儀礼的な所作として外部からも認識されるものであって、特定の思想又はこれに反する思想の表明として外部から認識されるものと評価することは困難であり、右記職務命令は、当該教諭に特定の思想を持つことを強制したり、これに反する思想を持つことを禁止したりするものではなく、特定の思想の有無について告白することを強要するものともいえない。

㈢　右記の起立斉唱行為は、国旗及び国歌に対する敬意の表明の要素を含む行為であり、右記㈠の歴史観ないし世界観を有する者がこれを求められることはその歴史観ないし世界観に由来する行動と異なる外部的行為を求められることとなる面があるところ、他方、右記職務命令は、高等学校教育の目標や卒業式等の儀式的行事の意義、在り方等を定めた関係法令等の諸規定の趣旨に沿い、かつ、地方公務員の地位の性質及びその職務の公共性を踏まえた上で、生徒等への配慮を含め、教育上の行事にふさわしい秩序の確保とともに当該式典の円滑な進行を図るものである。

六　月

一　日

平成二十三年東北地方太平洋沖地震による災害についての特定非常災害及びこれに対し適用すべき措置の指定に関する政令の一部を改正する政令の公布・施行（政令第一六〇号）

特定非常災害の被害者の権利利益の保全等を図るための特別措置に関する法律（平成八年法律第八五号）第六条（民事調停法による調停の申立ての手数料の特例に関する措置）の政令で定める地区として岩手県、宮城県及び福島県の各県内全市町村等を、同条による特例が適用される期間の終期として平成二六年二月二八日をそれぞれ定めたもの。

早稲田大学大学院法務研究科教授伊藤眞　最高裁判所家庭規則制定諮問委員会委員に任命する
判事鈴木健太　最高裁判所民事規則制定諮問委員会委員　同家庭規則制定諮問委員会委員に任命する
判事大門匡　最高裁判所民事規則制定諮問委員会委員に任命する
判事清水研一、法務省民事局長原優、内閣法制局第二部長近藤正春　最高裁判所家庭規則制定諮問委員会委員に任命する
平成二三年度民事訴訟運営実務研究会
　地方裁判所で民事事件を担当する判事又は判事補を対象に、民事訴訟運営の方法、中堅裁判官としての在り方等についての研究会を、六月一日から六月三日まで司法研修所において実施。
平成二三年度刑事訴訟運営実務研究会
　地方裁判所で刑事事件を担当する判事又は判事補を対象に、刑事訴訟運営の方法、中堅裁判官としての在り方等についての研究会を、六月一日から六月三日まで司法研修所において実施。

二　日

最高裁判所事務総局総務局長戸倉三郎　最高裁判所民事規則制定諮問委員会委員　同刑事規則制定諮問委員会委員　同家庭規則制定諮問委員会委員に任命する　最高裁判所図書館委員会委員を命ずる

三　日

民法等の一部を改正する法律公布（法律第六一号）
　平成二四年四月一日から施行。
　児童虐待の防止等を図り、児童の権利利益を擁護する観点から、親権の停止制度を新設し、法人又は複数の未成年後見人を選任することができるようにすること等の措置を講ずるため、民法の改

正を行い、これに伴い家事審判法及び戸籍法について所要の改正を行うとともに、里親委託中等の親権者等がいない児童の親権を児童相談所長が行うこととする等の措置を講ずるもの。

安倍嘉人　法制審議会委員を免ずる

東京高等裁判所長官富越和厚　法制審議会委員に任命する

六日

法制審議会第一六五回総会

法務大臣から五月一八日付けで発せられた新たな時代の刑事司法制度の在り方に関する諮問第九二号、及び「国際的な子の奪取の民事上の側面に関する条約（仮称）」を実施するための子の返還手続等の整備に関する諮問第九三号に関し、事務当局から諮問に至った経緯及び諮問の趣旨等について説明があった。これらの諮問について、その審議の進め方等に関する意見表明があり、諮問第九二号については、「新時代の刑事司法制度特別部会」（新設）に、諮問第九三号については、「ハーグ条約（子の返還手続関係）部会」（新設）に、それぞれ付託して審議することとし、各部会から報告を受けた後、改めて総会において審議することとされた。

最高裁判所第一小法廷判決――公立高等学校の校長が教職員に対し卒業式等の式典における国歌斉唱の際に国旗に向かって起立し国歌を斉唱することを命じた職務命令が憲法一九条に違反しないとされた事例（平成二二年(オ)第九五一号）

（要旨）公立高等学校の校長が教職員に対し卒業式等の式典における国歌斉唱の際に国旗に向かって起立し国歌を斉唱することを命じた職務命令は、次の㈠から㈢など判示の事情の下では、当該教職員の思想及び良心の自由を侵すものとして憲法一九条に違反するということはできない。

㈠　右記の起立斉唱行為は、学校の儀式的行事における慣例上の儀礼的な所作としての性質を有するものであり、「日の丸」や「君が代」が過去の我が国において果たした役割に関わる当該教職員の歴史観ないし世界観を否定することと不可分に結び付くものではなく、右記職務命令は、その歴史観ないし世界観それ自体を否定するものとはいえない。

㈡　右記の起立斉唱行為は、学校の儀式的行事における慣例上の儀礼的な所作として外部からも認識されるものであって、特定の思想又はこれに反対する思想の表明として外部から認識されるものと評価することは困難であり、右記職務命令は、当該教職員に特定の思想を持つことを強制したり、これに反対する思想を持つことを禁止したりするものではなく、特定の思想の有無について告白することを強要するものともいえない。

㈢　右記の起立斉唱行為は、国旗及び国歌に対する敬意の表明の要素を含む行為であり、右記㈠の歴史観ないし世界観を有する者がこれを求められることはその歴史観ないし世界観に由来する行動と異なる外部的行動を求められることとなる面があるところ、他方、右記職務命令は、高等学校教育の目標や卒業式等の儀式的行事の意義、在り方等を定めた関係法令等の諸規定の趣旨に沿って、地方公務員の地位の性質及びその職務の公共性を踏まえ、生徒等への配慮を含め、教育上の行事にふさわしい秩序の確保とともに当該式典の円滑な進行を図るものである。

村上ファンド事件上告審決定（最高裁判所第一小法廷）

上告棄却。

（平成一八年六月二三日、平成一九年七月一九日及び平成二一年二月三日の項参照）

七　日

最高裁判所事務総局刑事局長植村稔、判事小川正持　法制審議会臨時委員に任命する（新時代の刑事司法制度特別部会）

法制審議会民法（債権関係）部会（諮問第八八号関係第二七回）

関係団体（日本貿易会、コンピュータソフトウェア協会、日本チェーンストア協会、日本証券業協会等）よりヒアリングを行った。

八　日

不正競争防止法の一部を改正する法律公布（法律第六二号）

一二月一日から施行。

技術的制限手段の保護の対象範囲を拡大し、技術的制限手段の効果を妨げる装置の譲渡等に係る処罰規定を整備するとともに、営業秘密侵害罪に係る刑事訴訟の審理において、営業秘密の保護を図るための措置を講じたもの。

特許法等の一部を改正する法律公布（法律第六三号）

平成二四年四月一日施行。

我が国の経済成長を支える新たな技術や産業の創出を促進し、知的財産の適切な保護及び活用を図るための措置を講ずる必要があることを理由として、通常実施権の登録対抗制度の見直し、冒認出願等に関する救済措置の整備、特許権の侵害訴訟の終局判決に対する再審の訴え等における主張の制限の整備、無効審判等の紛争処理制度の見直しなどがされた。

九日　高等裁判所長官、地方裁判所長及び家庭裁判所長会同

最高裁判所において開催（例年は二日間の日程であるが被災地の復旧状況等を考慮して一日日程とした。）。

協議事項

一　当面の司法行政上の諸問題について

二　その他

十三日　平成二三年度簡易裁判所判事基礎研究会

平成二一年度新任簡易裁判所判事研修の終了者を対象に、民事事件及び刑事事件の実務並びに裁判官の在り方等についての研究会を、六月一三日から六月一六日まで司法研修所において実施。

平成二三年度報道機関研修

株式会社産業経済新聞社　六月一三日から六月二四日まで　参加者二人。

株式会社読売新聞社　六月一三日から六月二四日まで　参加者二人。

十四日　最高裁判所第三小法廷判決――公立中学校の校長が教諭に対し卒業式又は入学式において国旗掲揚の下で国歌斉唱の際に起立して斉唱することを命じた職務命令が憲法一九条に違反しないとされた事例

（平成二二年(行ツ)第三一四号）

（要旨）公立中学校の校長が教諭に対し卒業式又は入学式において国旗掲揚の下で国歌斉唱の際

に起立して斉唱することを命じた職務命令は、次の㈠から㈢など判示の事情の下では、当該教諭の思想及び良心の自由を侵すものとして憲法一九条に違反するということはできない。

㈠　右記の起立斉唱行為は、学校の儀式的行事における慣例上の儀礼的な所作としての性質を有するものであり、我が国において「日の丸」や「君が代」が戦前の軍国主義や国家体制等との関係で果たした役割に関わる当該教諭の歴史観ないし世界観を否定することと不可分に結び付くものではなく、右記職務命令は、直ちにその歴史観ないし世界観それ自体を否定するものとはいえない。

㈡　右記の起立斉唱行為は、学校の儀式的行事における慣例上の儀礼的な所作として外部からも認識されるものであって、特定の思想又はこれに反する思想の表明として外部から認識されるものと評価することは困難であり、右記職務命令は、当該教諭に特定の思想を持つことを強制したり、これに反する思想を持つことを禁止したりするものではなく、特定の思想の有無について告白することを強要するものともいえない。

㈢　右記の起立斉唱行為は、国旗及び国歌に対する敬意の表明の要素を含む行為であり、右記㈠の歴史観ないし世界観を有する者がこれを求められることはその歴史観ないし世界観に由来する行動と異なる外部的行動を求められることとなる面があるところ、他方、右記職務命令は、中学校教育の目標や卒業式等の儀式的行事の意義、在り方等を定めた関係法令等の諸規定の趣旨に沿って、地方公務員の地位の性質及びその職務の公共性を踏まえ、生徒等への配慮を含め、教育上の行事にふさわしい秩序の確保とともに当該式典の円滑な進行を図るものである。

十六日

前橋地方裁判所長三好幹夫　最高裁判所刑事規則制定諮問委員会委員を免ずる

判事河合健司　最高裁判所刑事規則制定諮問委員会委員に任命する

裁判員裁判全国第一号死刑宣告事件

控訴取下げにより確定。

（平成二二年一一月一六日の項参照）

消費者委員会集団的消費者被害救済制度専門調査会（第一一回）

一段階目の手続に関する論点について審議した。

二十日

桐蔭横浜大学大学院法務研究科教授小川浩三、京都大学大学院法学研究科教授酒巻匡　最高裁判所図書館委員会委員を委嘱する

平成二三年度判事補基礎研究会

平成二〇年九月又は一二月に司法修習を終え、判事補に任命された者（現行第六一期及び新第六一期）を対象に、執行事件、保全事件、令状事件等に関する裁判実務についての研究会を、六月二〇日から六月二三日まで司法研修所において実施。

二十一日

東日本大震災に伴う相続の承認又は放棄をすべき期間に係る民法の特例に関する法律公布・施行（法律第六九号）

東日本大震災の被災者である相続人が、生活の混乱の中で、限定承認、相続放棄等を行うことが

できないまま相続の承認又は放棄をすべき期間を徒過することにより不利益を被ることを防止するため、これらの者が相続の承認又は放棄をすべき期間を平成二三年一一月三〇日まで延長するもの。

二十四日　法制審議会民法（債権関係）部会（諮問第八八号関係第二八回）

関係団体（日本建設業連合会、全国宅地建物取引業協会連合会、日本司法書士会連合会、全国サービサー協会等）よりヒアリングを行った。

情報処理の高度化等に対処するための刑法等の一部を改正する法律公布（法律第七四号）

七月一四日から施行。ただし、一部の規定については、平成二四年六月二二日から施行。

不正指令電磁的記録作成等の罪の新設その他の処罰規定の整備、記録命令付差押えの新設その他の電磁的記録に係る記録媒体に関する証拠収集手続の規定の整備等、強制執行を妨害する行為等についての処罰規定の整備等を行ったもの。

二十五日　国立国際医療センター名誉総長鴨下重彦、帝京平成看護短期大学学長川名尚、日本産婦人科医会副会長木下勝之、公立学校共済組合関東中央病院名誉院長杉本恒明、公益財団法人がん研究会有明病院メディカルディレクター武藤徹一郎、東京大学名誉教授森亘、国立循環器病センター名誉総長山口武典、弁護士北山元章　医事関係訴訟委員会委員に任命する

二十七日　京都大学大学院工学研究科教授上谷宏二、東京大学名誉教授内田祥哉、財団法人日本建築防災協会理事長岡田恒男、椙山女学園大学生活科学部教授小野徹郎、弁護士金子光邦、放送大学教授仙田満、弁

護士畑郁夫、日本大学名誉教授平山善吉、明海大学名誉教授松本光平、東京大学名誉教授安岡正人

建築関係訴訟委員会委員に任命する

二十八日

平成二三年度刑事実務研究会（第一回）

高等裁判所又は地方裁判所で刑事事件を担当する判事又は判事補を対象に、裁判員裁判の実務上の諸問題等についての研究会を、六月二七日から六月二八日まで司法研修所において実施。

法制審議会民法（債権関係）部会（諮問第八八号関係第二九回）

関係団体（日本損害保険協会、日本賃貸住宅管理協会、日本弁護士連合会（消費者問題対策委員会））よりヒアリングを行った。

駐日カナダ特命全権大使最高裁判所訪問

駐日カナダ特命全権大使ジョナサン・T・フリード氏は、最高裁判所長官竹崎博允を表敬訪問した。

名古屋刑務所事件上告審決定（最高裁判所第三小法廷）

上告棄却。

（平成一七年一一月四日及び平成二〇年一〇月二〇日の項参照）

二十九日

法制審議会新時代の刑事司法制度特別部会（諮問第九二号関係第一回）

事務当局から、諮問に至った経緯及び趣旨等の説明、配布資料の説明及び検察の在り方検討会議における議論の説明がなされ、それらに対する質疑応答がなされた。

七月

平成二三年度部総括裁判官研究会
地方裁判所又は家庭裁判所の部総括判事を対象に、部の運営及び裁判所の当面する諸問題等についての研究会を、六月二九日から七月一日まで司法研修所において実施。

六日　平成二三年度特別研究会（第二回・消費者紛争をめぐる諸問題）
高等裁判所又は地方裁判所で民事事件を担当する判事を対象に、消費者関連の民事事件処理の諸問題等についての研究会を、七月六日から七月八日まで司法研修所において実施。

行政相談委員制度五〇周年記念中央式典
午後三時からグランドアーク半蔵門において挙行され、最高裁判所長官竹崎博允が祝辞を述べた。

七日　最高裁判所第一小法廷判決——卒業式の開式直前に保護者らに対して大声で呼び掛けを行い、これを制止した教頭らに対して怒号するなどし、卒業式の円滑な遂行を妨げた行為をもって刑法二三四条の罪に問うことが、憲法二一条一項に違反しないとされた事例（平成二〇年(あ)第一一三二号）
（要旨）卒業式の開式直前に、式典会場である体育館において、主催者に無断で、保護者らに対して、国歌斉唱のときには着席してほしいなどと大声で呼び掛けを行い、これを制止した教頭らに対して怒号するなどし、その場を喧噪状態に陥れるなどして、卒業式の円滑な遂行に支障を生じさせた行為をもって、刑法二三四条の罪に問うことは、憲法二一条一項に違反しない。

八日　消費者委員会集団的消費者被害救済制度専門調査会（第一二回）

　二段階目の手続に関する論点について審議した。

　裁判の迅速化に関する法律（平成一五年法律第一〇七号）に基づき、第四回検証結果を公表

　第三回検証で明らかになった審理を長期化させる要因について、その妥当性等を継続的に検証するとともに、民事第一審訴訟事件及び家事事件を中心に、長期化要因を解消し裁判の一層の適正・充実・迅速化を推進するために必要な施策を総合的に検討した。また、刑事通常第一審事件及び最高裁判所における訴訟事件についても、最新の統計データに基づく調査・分析を行った。

九日　独立行政法人労働政策研究・研修機構特任研究員今田幸子、弁護士大橋正春、株式会社日本総合研究所理事翁百合、早稲田大学総長鎌田薫、京都大学大学院法学研究科教授酒巻匡、東京医科歯科大学大学院医歯学総合研究科研究開発学教授高瀬浩造、中央大学法科大学院教授高橋宏志　司法修習委員会委員に任命する

十一日　平成二三年度特別研究会（第三回・倒産―個人破産、個人再生）

　地方裁判所で倒産事件を担当する判事又は判事補を対象に、個人の倒産事件における手続上の問題及び処理態勢上の問題についての研究会を、七月一一日から七月一二日まで司法研修所において実施。

十二日　最高裁判所事務総局家庭局長豊澤佳弘、判事清水研一　法制審議会臨時委員に任命する（ハーグ条約（子の返還手続関係）部会）

十三日　法制審議会ハーグ条約（子の返還手続関係）部会（諮問第九三号関係第一回）

一　部会長として高橋宏志委員が互選された。

二　ハーグ条約の締結に当たっての具体的な検討課題について、委員・幹事相互間で意見交換が行われた。

十五日　最高裁判所第二小法廷判決――弁護士であるテレビ番組の出演者において特定の刑事事件の弁護団の弁護活動が懲戒事由に当たるとして右記弁護団を構成する弁護士らについて懲戒請求をするよう視聴者に呼び掛けた行為が、不法行為法上違法とはいえないとされた事例（平成二一年㊛第一九〇五号、第一九〇六号）

（要旨）弁護士であるテレビ番組の出演者において、特定の刑事事件の弁護団の弁護活動が懲戒事由に当たるとして、右記弁護団を構成する弁護士らについて懲戒請求をするよう視聴者に呼び掛けた行為は、判示の事情の下においては、右記弁護士らについて多数の懲戒請求がされたとしても、これによって右記弁護士らの被った精神的苦痛が社会通念上受忍すべき限度を超えるとまではいえず、不法行為法上違法なものであるということはできない。

十八日　名古屋家庭裁判所判事村野裕二及び裁判所職員総合研修所研究企画官付専門官野上奈生は、国際家族法学会第一四回世界大会（フランス共和国）への出席等のため出張（七月二五日帰国）

十九日　元最高裁判所判事坂上壽夫　逝去（八八歳）

正三位に叙される。

平成二二年度司法研究（少年）報告会

司法研修所において開催。研究報告者三人。

平成二三年度特別研究会（第四回・少年事件（被害者傍聴））

家庭裁判所で少年事件を担当する判事又は判事補を対象に、少年審判の傍聴制度の運用をめぐる諸問題についての研究会を、七月一九日から七月二〇日まで司法研修所において実施。

裁判の迅速化に係る検証に関する検討会（第四一回）

七月八日に公表された第四回検証結果等についての意見交換が行われた。

その後、平成二五年五月二〇日までの間に合計九回開催され、第五回検証結果の公表（平成二五年七月一二日）に向けた意見交換が行われた。

二十日

大阪地方裁判所判事森崎英二は、ワシントン大学知的財産権研究所（ＣＡＳＲＩＰ）主催の特許関係国際会議（アメリカ合衆国）への出席等のため出張（七月二九日帰国）

司法研修所教官奥田正昭　司法修習生考試委員会委員の委嘱を解く

司法研修所教官村田渉　司法修習生考試委員会委員を委嘱する

二十一日

英国人女性殺害事件第一審判決（千葉地方裁判所）

本件は、被告人が、被害者に対し、その顔面等に打撃を加えた上、結束バンドを用いて両手首等を拘束するなどして強姦し、窒息死させて、その死体を浴槽の中に入れて土で埋めるなどして遺棄したとして、殺人等の罪で起訴されたものである。

被告人　無期懲役。
弁護人控訴申立て。

二十二日　消費者委員会集団的消費者被害救済制度専門調査会（第一三回）
その他の論点について審議した。

二十五日　法制審議会ハーグ条約（子の返還手続関係）部会（諮問第九三号関係第二回）
判断機関、採用する手続、管轄、移送、裁判所の構成、除斥及び忌避、当事者適格、当事者能力及び手続行為能力、参加、代理人、裁判費用、公開・非公開、裁判記録の閲覧等、送達、手続の併合・分離、手続の中断・受継、手続の中止、申立ての方式、証明責任、裁判資料の収集方法、審理手続、中央当局の協力・調査、裁判官ネットワーク、子の意見聴取、条約第一一条、条約第一四条、条約第一五条、条約第一六条、条約第一七条に関する担保法の要否等について審議した。

二十六日　法制審議会民法（債権関係）部会（諮問第八八号関係第三〇回）
法律行為に関する通則、意思能力について審議した。

法制審議会会社法制部会（諮問第九一号関係第一一回）
親会社株主の保護、子会社少数株主・債権者の保護に関する検討事項について審議した。

平成二三年度七月期採用（現行第六五期）司法修習生修習開始
司法修習生七三人。

二十七日　最高裁判所第三小法廷決定――家事審判法九条一項乙類に掲げる事項につき他の家庭に関する事項と

併せて申し立てられた調停が成立しない場合における審判への移行の有無（平成二三年(ク)第五三一号）

（要旨）家事審判法九条一項乙類に掲げる事項につき、他の家庭に関する事項と併せて調停が申し立てられた場合であっても、調停が成立しないときは、申立人が審判への移行を求める意思を有していないなど特段の事情がない限り、その事件名にかかわらず、同項乙類に掲げる事項は審判に移行する。

二十八日　法制審議会新時代の刑事司法制度特別部会（諮問第九二号関係第二回）

事務当局から、配布資料についての説明がなされ、引き続き、各委員から、今後の調査・検討事項、部会の進め方等に関する意見表明が行われた。

二十九日　大法廷首席書記官等に関する規則の一部を改正する規則公布（最高裁判所規則第二号）

八月一日から施行。

家庭裁判所における事務の適正かつ円滑な運用を図るため、最高裁判所が指定する家庭裁判所に家事少年の別のない次席書記官を置くこととしたもの。

なお、八月一日から仙台家庭裁判所に次席書記官が置かれた。

民事の次席書記官及び刑事の次席書記官を置く高等裁判所等の指定並びに次席書記官の員数について（最高裁総一第〇〇〇九一〇号高等裁判所長官、地方・家庭裁判所長あて総務局長通知）

八月一日から実施。

仙台家庭裁判所に置く次席書記官が一人と定められたことを通知し、併せて他の指定庁等の通知をし直したもの。

「大法廷首席書記官等に関する規則の運用について」の一部改正について（最高裁総一第〇〇〇九一三号高等裁判所長官、地方・家庭裁判所長あて事務総長依命通達）

八月一日から実施。

大法廷首席書記官等に関する規則の一部を改正する規則（平成二十三年最高裁判所規則第二号）の施行に伴い、必要な改正をしたもの。

三十日　甲南大学法科大学院教授櫻田嘉章　最高裁判所図書館委員会委員を委嘱する

三十一日　弁護士堀野紀　下級裁判所裁判官指名諮問委員会委員を免ずる

八月

四日　消費者委員会集団的消費者被害救済制度専門調査会（第一四回）

報告書の取りまとめに向けて審議した。

十日　最高裁判所事務総局情報政策課長平木正洋及び同課主任坂崎准一郎は、電子訴訟に関する国際会議（シンガポール共和国）への出席等のため出張（八月一七日帰国）

学校法人駿河台大学顧問竹下守夫　最高裁判所家庭規則制定諮問委員会委員に任命する

弁護士岩井重一　下級裁判所裁判官指名諮問委員会委員に任命する

十六日　東京高等検察庁検事長小津博司、法務事務次官西川克行　司法修習生考試委員会委員の委嘱を解く

最高検察庁次長検事池上政幸、法務省刑事局長稲田伸夫　司法修習生考試委員会委員を委嘱する

東京高等検察庁次席検事伊丹俊彦　司法修習生考試委員会委員の委嘱を解く　司法修習委員会委員を免ずる

最高検察庁総務部長大仲土和　司法修習生考試委員会委員を委嘱する　司法修習委員会委員に任命する

十七日　中央大学大学院法務研究科教授高橋宏志、弁護士秋山幹男、法務省民事局長原優　最高裁判所民事規則制定諮問委員会委員に任命する

最高裁判所事務総局家庭局長豊澤佳弘　最高裁判所家庭規則制定諮問委員会委員に任命する

十九日　消費者委員会集団的消費者被害救済制度専門調査会（第一五回）

　報告書（案）について審議した。

二十二日　広島高等検察庁検事長鈴木和宏　下級裁判所裁判官指名諮問委員会地域委員会（東京に置かれるもの）地域委員を免ずる

東京地方検察庁検事正渡辺恵一　下級裁判所裁判官指名諮問委員会地域委員会（東京に置かれるもの）地域委員に任命する

京都地方検察庁検事正佐々木善三　下級裁判所裁判官指名諮問委員会地域委員会（仙台に置かれるもの）地域委員を免ずる

仙台地方検察庁検事正向井壯　下級裁判所裁判官指名諮問委員会地域委員会（仙台に置かれるもの）

地域委員に任命する
千葉地方検察庁検事正宇井稔　下級裁判所裁判官指名諮問委員会地域委員会（札幌に置かれるもの）地域委員を免ずる
札幌地方検察庁検事正佐々木正輝　下級裁判所裁判官指名諮問委員会地域委員会（札幌に置かれるもの）地域委員に任命する

二十四日　平成二二年度四月期採用（現行第六四期）司法修習生修習終了
修習終了者一六一人。
判事補任官四人、検事任官一人、弁護士登録九二人、その他六四人。

二十九日　平成二三年度新任簡易裁判所判事導入研修
平成二三年度に新たに簡易裁判所判事に任命された者（司法修習終了者を除く。）を対象に、簡易裁判所判事として必要な識見及び法律知識の修得並びに裁判官の在り方等についての研修を、八月二九日から九月二日まで司法研修所において実施。

三十日　法制審議会民法（債権関係）部会（諮問第八八号関係第三一回）
意思表示について審議した。

三十一日　法制審議会会社法制部会（諮問第九一号関係第一二回）
キャッシュ・アウト、組織再編における少数株主の救済方法、組織再編の手続、金融商品取引法上の規制に違反した者による議決権行使に関する検討事項について審議した。

最高裁判所第三小法廷決定――弁護人に対し証拠開示することを命じる旨求めた弁護人からの証拠開示命令請求（刑訴法三一六条の二六第一項）の棄却決定に対する即時抗告提起期間の起算日（平成二三年(し)第二八六号）

（要旨）弁護人に対し証拠開示することを命じる旨求めた弁護人からの証拠開示命令請求（刑訴法三一六条の二六第一項）を棄却する決定については、即時抗告の提起期間は、同決定の謄本が弁護人に送達された日から進行する。

法曹の養成に関するフォーラム（第五回）

個々の司法修習終了者の経済的な状況を勘案した措置の在り方について、経済的な理由により修習資金を返還することが困難であると考えられる者を対象に、国から貸与された修習資金の返還期限について猶予措置を講ずるべきとの内容で第一次取りまとめがなされた。

九月

二日　野田内閣成立

法務大臣　平岡秀夫就任

三日　東京地方裁判所判事三村晶子及び同水野正則は、国際裁判官協会会議（トルコ共和国）への出席等のため出張（九月一〇日帰国）

九日　法制審議会ハーグ条約（子の返還手続関係）部会（諮問第九三号関係第三回）

裁判、裁判の効力の発生、裁判の取消し、取下げ、不服申立て、子の返還の実現方法、調停、保全的な処分、子の返還事由・返還拒否事由、面会交流について審議した。

十二日　平成二三年度法律実務教育研究会（第一回）

法科大学院に派遣されている判事又は判事補を対象に、法律実務の教育等についての研究会を、九月一二日から九月一三日まで司法研修所において実施。

十三日　大鶴基成、東京地方検察庁検事正渡辺恵一　最高裁判所刑事規則制定諮問委員会委員を免ずる

最高検察庁公判部長岩橋義明、東京高等検察庁次席検事伊丹俊彦、法務省刑事局長稲田伸夫　最高裁判所刑事規則制定諮問委員会委員に任命する

判事齋藤隆　下級裁判所裁判官指名諮問委員会地域委員会（札幌に置かれるもの）地域委員を免ずる

札幌地方裁判所長佐久間邦夫　下級裁判所裁判官指名諮問委員会地域委員会（札幌に置かれるもの）地域委員に任命する

最高裁判所第三小法廷判決――一　有価証券報告書等に虚偽の記載がされている上場株式を取引所市場において取得した投資者が当該虚偽記載がなければこれを取得しなかった場合における、右記投資者に生じた当該虚偽記載と相当因果関係のある損害の額　二　有価証券報告書等に虚偽の記載がされている上場株式を取引所市場において取得した投資者が当該虚偽記載がなければこれを取得しなかった場合における、当該虚偽記載の公表後のいわゆるろうばい売りによる上場株式の市場価額の下落による損害と当該虚偽記載との相当因果関係（平成二一年(受)第一一七七号）

（要旨）

一　有価証券報告書等に虚偽の記載がされている上場株式を取引所市場において取得した投資者が当該虚偽記載がなければこれを取得することはなかったとみるべき場合、右記投資者に生じた当該虚偽記載と相当因果関係のある損害の額は、右記投資者が、当該虚偽記載の公表後、右記株式を取引所市場において処分したときはその取得価額と処分価額との差額を、右記株式を保有し続けているときはその取得価額と事実審の口頭弁論終結時の右記株式の市場価額（上場が廃止された場合にはその非上場株式としての評価額）との差額をそれぞれ基礎とし、経済情勢、市場動向、当該会社の業績等当該虚偽記載に起因しない市場価額の下落分を右記差額から控除して、これを算定すべきである。

二　有価証券報告書等に虚偽の記載がされている上場株式を取引所市場において取得した投資者が当該虚偽記載がなければこれを取得することはなかったとみるべき場合、当該虚偽記載が公表された後のいわゆるろうばい売りが集中することによる上場株式の市場価額の過剰な下落による損害は、当該虚偽記載と相当因果関係がないとはいえない。

十四日

平成二三年度少年実務研究会

家庭裁判所で少年事件を担当する判事又は判事補を対象に、少年事件をめぐる諸問題等についての研究会を、九月一四日から九月一六日まで司法研修所において実施（一部裁判所職員総合研修所と合同実施）。

最高裁判所第一小法廷決定――一　被害者の証人尋問において、捜査段階で撮影された被害者による被害再現写真を示すことを許可した裁判所の措置に違法がないとされた事例　二　証人に示した写真を刑訴規則四九条に基づいて証人尋問調書に添付する措置について、当事者の同意は必要か　三　独立した証拠として採用されていない被害再現写真を示して得られた証言を事実認定の用に供することができるか（平成二一年(あ)第一一二五号）

（要旨）

一　被害者の証人尋問において、検察官が、証人から被害状況等に関する具体的な供述が十分にされた後に、その供述を明確化するため、証拠として採用されていない捜査段階で撮影された被害者による被害再現写真を示すことを求めた場合において、写真の内容が既にされた供述と同趣旨のものであるときは、刑訴規則一九九条の一二に基づきこれを許可した裁判所の措置に違法はない。

二　証人に示した写真を刑訴規則四九条に基づいて証人尋問調書に添付する措置について、当事者の同意は必要ではない。

三　証人に示された被害再現写真が独立した証拠として採用されていなかったとしても、証人がその写真の内容を実質的に引用しながら証言した場合には、引用された限度において写真の内容は証言の一部となり、そのような証言全体を事実認定の用に供することができる。

二十日

法制審議会民法（債権関係）部会（諮問第八八号関係第三二回）

意思表示、無効及び取消しについて審議した。

法制審議会新時代の刑事司法制度特別部会（諮問第九二号関係第三回）

一　法務省における取調べの可視化に関する省内勉強会の取りまとめ結果等について、事務当局から説明がなされ、これに対する質疑応答がなされた。

二　警察における取調べの録音・録画の試行の検証結果及び捜査手法、取調べの高度化を図るための研究会における検討に関する中間報告について、警察庁出身幹事から説明がなされ、これに対する質疑応答がなされた。

最高裁判所第三小法廷判決――一　債権差押命令の申立てにおける差押債権の特定の有無の判断基準　二　大規模な金融機関の全ての店舗又は貯金事務センターを対象として順位付けをする方式による預貯金債権の差押命令の申立ての適否（平成二三年㈲第三四号）

（要旨）

一　債権差押命令の申立てにおける差押債権の特定は、債権差押命令の送達を受けた第三債務者において、直ちにとはいえないまでも、差押えの効力が右記送達の時点で生ずることにそぐわない事態とならない程度に速やかに、かつ、確実に、差し押さえられた債権を識別することができるものであることを要する。

二　大規模な金融機関の全ての店舗又は貯金事務センターを対象として順位付けをする方式による預貯金債権の差押命令の申立ては、差押債権の特定を欠き不適法である。

二十一日

平成二三年度知的財産権専門研修（長期）

東京理科大学専門職大学院　九月二一日から平成二四年一月二三日まで　参加者一人。

二十二日　法制審議会ハーグ条約（子の返還手続関係）部会（諮問第九三号関係第四回）

一　子の返還のための手続の主体、採用する手続、管轄、移送、裁判所の構成、除斥及び忌避、当事者適格、当事者能力及び手続行為能力、参加、代理人、裁判費用、公開・非公開、裁判記録の閲覧等、送達、手続の併合・分離、手続の受継、手続の中止、申立ての方式等、証明責任、裁判資料の収集方法、審理手続、中央当局と裁判所の関係等、子の意思の把握、裁判所及び当事者の責務、条約第一四条、条約第一五条、条約第一六条、条約第一七条に関する担保法の要否等、裁判、裁判の効力の発生、裁判の取消し等、取下げ、不服申立て、子の返還の実現方法、調停・和解、保全的な処分、裁判官ネットワーク、子の返還事由、子の返還拒否事由、面会交流関係に関する中間取りまとめ（案）について審議した。

二「国際的な子の奪取の民事上の側面に関する条約（仮称）」を実施するための子の返還手続等の整備に関する中間取りまとめを行い、この中間取りまとめをパブリックコメントの手続に付すことが了承された。

二十六日　平成二三年度報道機関研修

株式会社朝日新聞社　九月二六日から一〇月七日まで　参加者二人。

一般社団法人共同通信社　九月二六日から一〇月七日まで　参加者二人。

株式会社時事通信社　九月二六日から一〇月七日まで　参加者二人。

株式会社日本経済新聞社　九月二六日から一〇月七日まで　参加者二人。
株式会社毎日新聞社　九月二六日から一〇月七日まで　参加者二人。
日本放送協会　九月二六日から一〇月七日まで　参加者二人。

西松建設違法献金及び陸山会事件第一審判決（東京地方裁判所）

本件は、民主党元代表者の資金管理団体である陸山会の会計を担当していた現衆議院議員を含む元秘書三名が共謀の上、陸山会が受けた借入れや寄附、支払った土地取得費用等を収支報告書に記載せず、又は虚偽の額を記入して、同収支報告書を総務大臣に提出したとして、政治資金規正法違反の罪で起訴されたものである。

被告人一名　禁錮三年（執行猶予）、被告人一名　禁錮二年（執行猶予）、被告人一名　禁錮一年（執行猶予）。

被告人三名につき弁護人控訴申立て。

二十七日　民事訴訟規則の一部を改正する規則公布（最高裁判所規則第三号）

平成二四年四月一日から施行。

日本の裁判所が管轄権を有する訴えについて、管轄裁判所が定まらない場合における裁判籍所在地を東京都千代田区と定めたもの。

二十八日　法制審議会会社法制部会（諮問第九一号関係第一三回）

株主名簿の閲覧等請求の拒絶事由、取締役会の監督機能、監査役の監査機能、資金調達の場面における企業統治の在り方に関する検討事項について審議した。

二十九日　平成二三年度特別研究会（第五回・ＤＶ事件）

地方裁判所の判事又は判事補を対象に、ＤＶ事件の審理、運営についての研究会を、九月二九日から九月三〇日まで司法研修所において実施。

十月

一日　上智大学長滝澤正　最高裁判所図書館委員会委員を委嘱する

「法の日」週間（七日まで）

二日　最高裁判所事務総局情報政策課参事官野口宣大及び同課主任多知川正人は、裁判所テクノロジー会議（アメリカ合衆国）への出席等のため出張（一〇月八日帰国）

四日　平成二三年度行政基礎研究会

地方裁判所で行政事件を担当する判事補を対象に、行政事件の基本的問題等についての研究会を、一〇月四日から一〇月六日まで司法研修所において実施。

五日　最高裁判所第二小法廷決定――第一審裁判所が犯罪の証明がないことを理由として無罪の言渡しをした場合と控訴審における勾留（平成二三年(し)第三七六号）

（要旨）第一審裁判所が犯罪の証明がないことを理由として無罪の言渡しをした場合であっても、控訴審裁判所は、第一審裁判所の判決の内容、取り分け無罪とした理由及び関係証拠を検討した結果、なお罪を犯したことを疑うに足りる相当な理由があり、かつ、刑訴法三四五条の趣旨及び控訴審が事後審査審であることを考慮しても、勾留の理由及び必要性が認められるときは、その審理の段階を問わず、被告人を勾留することができる。

六日　平成二三年度行政実務研究会

地方裁判所で行政事件を担当する判事を対象に、行政事件の実務上の諸問題等についての研究会を、一〇月六日から一〇月七日まで司法研修所において実施。

七日　東京地方裁判所判事植垣勝裕及び札幌地方裁判所判事宮崎謙は、第二四回ローエイシア大会（大韓民国）への出席等のため出張（一〇月一六日帰国）

十一日　不正競争防止法第二十三条第一項に規定する事件に係る刑事訴訟手続の特例に関する規則公布（最高裁判所規則第四号）

一二月一日から施行。

不正競争防止法の一部を改正する法律（平成二三年法律第六二号）の施行に伴い、不正競争防止法第二三条第一項に規定する事件に係る刑事訴訟手続に関し必要な事項を定めたもの。

法制審議会民法（債権関係）部会（諮問第八八号関係第三三回）

無効及び取消し、代理について審議した。

十二日　平成二三年度民事実務研究会（建築・ＩＴ）

高等裁判所又は地方裁判所で民事事件を担当する判事又は判事補を対象に、建築及びソフトウェア開発契約に係る紛争に関する審理の在り方についての研究会を、一〇月一二日から一〇月一四日まで司法研修所において実施。

三井記念病院院長髙本眞一、帝京大学医学部長・内科教授寺本民生、国立障害者リハビリテーションセンター自立支援局長中村耕三、東京大学大学院医学系研究科内科学専攻・循環器内科教授永井良三、慶應義塾大学医学部産婦人科学教室産科教授吉村泰典　医事関係訴訟委員会委員に任命する

十七日

法制審議会ハーグ条約（子の返還手続関係）部会（諮問第九三号関係第五回）

土地管轄の集中、複数当事者等についての規律、参加、裁判記録の閲覧等、証拠調べの具体的な規律、裁判の取消し等、保全的な処分について審議した。

平成二三年度民間企業短期研修（東京商工会議所関係）

東京ガス株式会社及び株式会社伊藤園　一〇月一七日から一〇月二八日まで　参加者二人。

イオンリテール株式会社及びＮＴＴコミュニケーションズ株式会社　一〇月一七日から一〇月二八日まで　参加者二人。

株式会社商工組合中央金庫及びライオン株式会社　一〇月一七日から一〇月二八日まで　参加者二人。

東京急行電鉄株式会社及び三菱商事株式会社　一〇月一七日から一〇月二八日まで　参加者二人。

東京メトロポリタンテレビジョン株式会社及び三井住友海上火災保険株式会社　一〇月一七日から一〇月二八日まで　参加者二人。

平成二三年度民間企業短期研修（大阪商工会議所関係）
日本生命保険相互会社及び大和ハウス工業株式会社　一〇月一七日から一〇月二八日まで　参加者二人。
株式会社サクラクレパス及び大阪ガス株式会社　一〇月一七日から一〇月二八日まで　参加者二人。
京阪電気鉄道株式会社及びシャープ株式会社　一〇月一七日から一〇月二八日まで　参加者二人。

平成二三年度民間企業短期研修（名古屋商工会議所関係）
東邦ガス株式会社及び名古屋鉄道株式会社　一〇月一七日から一〇月二八日まで　参加者二人。
名港海運株式会社及びリンナイ株式会社　一〇月一七日から一〇月二八日まで　参加者二人。

十八日　消費者の財産被害に係る行政手法研究会（第一回）
一　小早川光郎委員が座長に選任された。
二　消費者庁における検討状況について報告があり、その後、今後の進め方等について審議した。

十九日　最高検察庁次長検事池上政幸　下級裁判所裁判官指名諮問委員会委員を免ずる
法務省大臣官房付（検事）林眞琴　下級裁判所裁判官指名諮問委員会委員に任命する

二十日　平成二三年度特別研究会（第六回・家事事件手続法の運用をめぐる諸問題）
家庭裁判所又は高等裁判所で家事事件を担当する判事を対象に、家事事件手続法が成立したことを受け、その施行に向けた運用の在り方等についての研究会を、一〇月二〇日から一〇月二一日まで司法研修所において実施。

最高裁判所第一小法廷判決――国際捜査共助に基づき中華人民共和国において同国の捜査官によって作成された供述調書が刑訴法三二一条一項三号の書面に当たるとされた事例（平成一九年(あ)第八三六号）

（要旨）国際捜査共助に基づき、中華人民共和国において身柄を拘束されていた共犯者を同国の捜査官が取り調べ、その供述を録取した供述調書であって、犯罪事実の証明に欠くことができないものは、同国の捜査機関に対し日本の捜査機関から取調べの方法等に関する要請があり、取調べに際しては黙秘権が実質的に告知され、取調べの間、肉体的、精神的強制が加えられた形跡はないなどの本件事実関係の下では、刑訴法三二一条一項三号の書面に当たる。

二十一日　富山地方裁判所判事田邊浩典及び大阪地方裁判所判事補尾河吉久は、第二四回世界法律家協会隔年会議（チェコ共和国）への出席等のため出張（一〇月三〇日帰国）

二十六日　法制審議会会社法制部会（諮問第九一号関係第一四回）

親会社株主の保護、子会社少数株主の保護、キャッシュ・アウト、株式買取請求、組織再編等の差止請求、会社分割等における債権者の保護に関する検討事項等について審議した。

法制審議会新時代の刑事司法制度特別部会（諮問第九二号関係第四回）

警視庁（警察署及び留置施設）及び東京地方検察庁の視察が行われた。

平成二三年度裁判基盤研究会（金融経済）
高等裁判所、地方裁判所又は家庭裁判所の判事を対象に、最近の世界経済・日本経済の動向、金融取引・金融商品の実際、市場関係者や規制当局の活動状況等についての研究会を、一〇月二六日から一〇月二八日まで司法研修所において実施。

最高裁判所第二小法廷決定――一　訴訟条件である告発の事実を上告審において認定する方法　二　訴訟条件である告発の調査を怠った一、二審の法令違反と上告審において告発の事実を認定することができる場合の判決への影響の有無（平成二三年(あ)第四六九号）
（要旨）
一　訴訟条件である告発の存在は、上告審において、証拠調手続によることなく、適宜の方法で認定することができ、関税法一四〇条所定の告発書の謄本が原判決後に原審に提出されて記録につづられ、その写しが上告審から弁護人に送付されている事情の下では、上告審は上記謄本により告発の事実を認定することができる。
二　一、二審が訴訟条件である関税法一四〇条所定の告発について調査を怠った法令違反は、上告審において告発の事実を認定することができる場合には、判決に影響を及ぼすべきものとはいえない。

二十八日
法制審議会ハーグ条約（子の返還手続関係）部会（諮問第九三号関係第六回）
一　子の返還手続等の整備に関し、参考人二名からヒアリングをした。

二　保全的な処分、調停・和解、子の返還拒否事由について審議した。

二十九日　最高裁判所判事須藤正彦は、随員として東京地方裁判所判事岩井直幸を伴い、第三七回国際法曹協会（IBA）会議（アラブ首長国連邦）への出席及び欧州各国の司法事情視察等のため出張（一一月九日帰国）

弁護士井窪保彦　司法修習生考試委員会委員を委嘱する

三十一日　宮崎地方・家庭裁判所日南支部、日南簡易裁判所合同庁舎改築

最高裁判所第三小法廷決定——一　刑法（平成一九年法律第五四号による改正前のもの）二〇八条の二第一項前段にいう「アルコールの影響により正常な運転が困難な状態」の意義　二　飲酒酩酊状態にあった被告人が直進道路において高速で自動車を運転中、先行車両に追突し、死傷の結果を生じさせた事案につき、被告人はアルコールの影響により前方を注視してそこにある危険を的確に把握して対処することができない状態にあったとして、危険運転致死傷罪が成立するとされた事例（平成二一年(あ)第一〇六〇号）

（要旨）

一　刑法（平成一九年法律第五四号による改正前のもの）二〇八条の二第一項前段の「アルコールの影響により正常な運転が困難な状態」とは、アルコールの影響により道路交通の状況等に応じた運転操作を行うことが困難な心身の状態をいい、アルコールの影響により前方を注視してそこにある危険を的確に把握して対処することができない状態もこれに当たる。

二　飲酒酩酊状態にあった被告人が直進道路において高速で普通乗用自動車を運転中、先行車両の直近に至るまでこれに気付かず追突し、その衝撃により同車両を橋の上から海中に転落・水没させ、死傷の結果を発生させた事案において、追突の原因が、被告人が先行車両に気付くまでの約八秒間終始前方を見ていなかったか又はその間前方を見てもこれを認識できない状態にあったかのいずれかであり、いずれであってもアルコールの影響により前方を注視してそこにある危険を的確に把握して対処することができない状態にあったと認められるときは、アルコールの影響により正常な運転が困難な状態で自動車を走行させたものとして、危険運転致死傷罪が成立する。

大阪市此花区パチンコ店放火事件第一審判決（大阪地方裁判所）

本件は、被告人が、大量無差別殺人をしようとの決意のもと、営業中のパチンコ店にガソリンをまいて火を放ち、店を全焼させ、店内の客及び店員のうち五名を焼死等により死亡させ、一〇名には両側下腿熱傷等の傷害を負わせたものの、殺害には至らなかったとして現住建造物等放火等の罪で起訴されたものである。

被告人　死刑。

弁護人控訴申立て。

十一月

一　日

法制審議会民法（債権関係）部会（諮問第八八号関係第三四回）

条件及び期限、期間の計算、消滅時効について審議した。

二日　平成二三年度簡易裁判所判事特別研究会
簡易裁判所判事（司法修習終了者を除く。）を対象に、消費者関連の民事事件の処理をめぐる諸問題等についての研究会を、一一月一日から一一月二日まで司法研修所において実施。

三日　最高裁判所判事千葉勝美は、随員として東京地方裁判所判事大西直樹を伴い、欧州裁判官評議会（フランス共和国）への出席及び欧州各国の司法事情視察等のため出張（一一月一三日帰国）
平成二三年秋の叙勲において、最高裁判所所管の分野では
旭日大綬章
元最高裁判所判事藤田宙靖
元最高裁判所判事堀籠幸男
瑞宝重光章
元福岡高等裁判所長官龍岡資晃
元名古屋高等裁判所長官中込秀樹
元仙台高等裁判所長官原田和徳
ほか七二人が叙勲された。
また、特別功労のある調停委員二五人に対し、藍綬褒章が授与された。

七日　平成二三年度刑事実務研究会（第二回）
高等裁判所又は地方裁判所で刑事事件を担当する判事又は判事補を対象に、裁判員裁判の実務上

の諸問題等についての研究会を、一一月七日から一一月九日まで司法研修所において実施。
平成二三年度知的財産権専門研修（短期）
独立行政法人理化学研究所　一一月七日から一一月一八日まで　参加者二人。
消費者の財産被害に係る行政手法研究会（第二回）
財産事案の特徴を踏まえた行政の対応の在り方等について審議した。
八日　法制審議会民法（債権関係）部会第一分科会第一回（諮問第八八号関係）
意思表示、無効及び取消し、代理について審議した。
元アメリカ合衆国連邦最高裁判所判事最高裁判所訪問
元アメリカ合衆国連邦最高裁判所判事サンドラ・デイ・オコナー氏は、最高裁判所長官竹崎博允を表敬訪問した。
九日　平成二一年度司法研究（刑事一及び二）報告会
司法研修所において開催。刑事一につき研究報告者四人。刑事二につき研究報告者三人。
十一日　法制審議会ハーグ条約（子の返還手続関係）部会（諮問第九三号関係第七回）
当事者適格、利害関係参加、即時抗告権者、相手方適格を有する者が複数ある場合の規律、記録の閲覧等、証拠調べにおける真実擬制の規律について、裁判の取消し等、審問の期日の立会いについて審議した。
十四日　平成二三年度民事実務研究会（医療）

地方裁判所で民事事件を担当する判事又は特例判事補を対象に、医療関係訴訟運営上の課題等についての研究会を、一一月一四日から一一月一六日まで司法研修所において実施。

十五日　法制審議会民法（債権関係）部会（諮問第八八号関係第三五回）

パブリックコメントの結果について説明がされた。

消費者の財産被害に係る行政手法研究会（第三回）

行政措置（対象、発動要件、調査権限など）の方向性等について審議した。

法制審議会会社法制部会（諮問第九一号関係第一五回）

取締役会の監督機能、監査役の監査機能、資金調達の場面における企業統治の在り方、親会社株主の保護、子会社少数株主の保護、キャッシュ・アウト、組織再編における株式買取請求等、組織再編等の差止請求、会社分割等における債権者の保護に関する規律に関する検討事項等について審議した。

十六日　裁判員制度違憲訴訟上告審判決（最高裁判所大法廷）――一　刑事裁判における国民の司法参加と憲法　二　裁判員制度と憲法三一条、三二条、三七条一項、七六条一項、八〇条一項　三　裁判員制度と憲法七六条三項　四　裁判員制度と憲法七六条二項　五　裁判員の職務等と憲法一八条後段が禁ずる「苦役」（平成二二年(あ)第一一九六号）

（要旨）

一　憲法は、刑事裁判における国民の司法参加を許容しており、憲法の定める適正な刑事裁判を実現するための諸原則が確保されている限り、その内容を立法政策に委ねている。
二　裁判員制度は、憲法三一条、三二条、三七条一項、七六条一項、八〇条一項に違反しない。
三　裁判員制度は、憲法七六条三項に違反しない。
四　裁判員制度は、憲法七六条二項に違反しない。
五　裁判員の職務等は、憲法一八条後段が禁ずる「苦役」に当たらない。

十九日　東京大学大学院法学政治学研究科教授樋口範雄　最高裁判所図書館委員会委員を委嘱する

二十七日　平成二三年度一一月期採用（新第六五期）司法修習生修習開始
司法修習生二〇〇一人。

二十八日　株式会社東日本大震災事業者再生支援機構法公布（法律第一一三号）
平成二四年二月二三日から施行。
東日本大震災の被災地域からの産業及び人口の被災地域以外の地域への流出を防止することにより、被災地域における経済活動の維持を図り、もって被災地域の復興に資するようにするため、対象事業者に対し、金融機関等が有する債権の買取りその他の業務を通じて債務の負担を軽減しつつその再生を支援することを目的とする法人として、株式会社東日本大震災事業者再生支援機構を設立するもの。

法制審議会ハーグ条約（子の返還手続関係）部会（諮問第九三号関係第八回）
一「国際的な子の奪取の民事上の側面に関する条約（仮称）」を実施するための子の返還手続等の

整備に関する中間取りまとめに関する意見募集の結果が報告された。

二　子の返還を求める申立ての法的性質、子の返還の裁判の主文、子の返還手続における調停及び和解、子の返還の裁判の効力、子の返還拒否事由、子の返還を命ずる裁判の実現方法について審議した。

二十九日　法制審議会民法（債権関係）部会（諮問第八八号関係第三六回）

消滅時効、債権の目的について審議した。

法制審議会新時代の刑事司法制度特別部会（諮問第九二号関係第五回）

香川県警察本部捜査第一課広域捜査官、弁護士、最高検察庁検事、元鹿児島県議会議員、全国犯罪被害者の会幹事の五名からヒアリングが行われた。

三　十　日　執行官事務に関する事務打合せ

最高裁判所において開催。参加者は、各高等裁判所所在地にある地方裁判所並びに横浜、さいたま、千葉、京都及び神戸の各地方裁判所の民事執行事件を担当する裁判官並びに右記各地方裁判所の民事首席書記官又は民事次席書記官及び総括執行官。

協議事項

一　不動産競売事件における現況調査の更なる標準化

二　子の引渡しの強制執行の在り方

十二月

一日 平成二三年度民事実務研究会（企業間取引）

高等裁判所又は地方裁判所で民事事件を担当する判事を対象に、企業間取引をめぐる諸問題について の研究会を、一二月一日から一二月二日まで司法研修所において実施。

二日 民法等の一部を改正する法律の施行に伴う関係規則の整備に関する規則公布（最高裁判所規則第五号）

平成二四年四月一日から施行。

民法等の一部を改正する法律（平成二三年法律第六一号）の施行に伴い、家事審判規則、特別家事審判規則、少年審判規則及び少年の保護事件に係る補償に関する規則について所要の整備をするもの。

五日 法制審議会ハーグ条約（子の返還手続関係）部会（諮問第九三号関係第九回）

一 利害関係参加、記録の閲覧等、子の即時抗告権、子の返還を命ずる裁判の実現方法、相手方及び子の所在が当初から不明である場合の手続と裁判の取消し又は変更について審議した。

二 「国際的な子の奪取の民事上の側面に関する条約（仮称）」を実施するための子の返還手続等の整備に関する要綱案の取りまとめに向けて、管轄等について審議した。

六日 法制審議会民法（債権関係）部会第二分科会第一回（諮問第八八号関係）

消滅時効について審議した。

平成二三年度労働実務研究会Ⅰ

地方裁判所で労働事件又は労働審判事件を担当する判事又は判事補を対象に、労働事件の一般的問題についての研究会を、一二月六日から一二月八日まで司法研修所において実施。

消費者の財産被害に係る行政手法研究会（第四回）

消費者安全法の改正を中心とした新たな行政措置、引き続き検討すべき課題等について審議した。

七日　法制審議会会社法制部会（諮問第九一号関係第一六回）

「会社法制の見直しに関する中間試案」のとりまとめを行い、この中間試案をパブリック・コメントの手続に付すことが了承された。

判事出田孝一　下級裁判所裁判官指名諮問委員会委員に任命する

八日　簡易裁判所民事事件担当裁判官等事務打合せ

最高裁判所において開催。参加者は、東京、横浜、さいたま、千葉、大阪、京都、神戸、名古屋、広島、福岡、鹿児島、仙台、盛岡、札幌、高松及び松山各簡易裁判所の民事事件担当裁判官、東京簡易裁判所の民事首席書記官、大阪、名古屋、福岡及び札幌各簡易裁判所の首席書記官、横浜、さいたま、千葉、京都、神戸、広島、鹿児島、仙台、盛岡、高松及び松山の各地方裁判所民事首席書記官又は民事次席書記官。

協議事項

一　市民間紛争に係る訴訟をその内容、規模及び当事者の特徴に応じて適切に解決するための具体的方策

二　民事調停が紛争解決の手段として十分に活用されるようその機能を強化するための具体的方策

平成二三年度労働実務研究会Ⅱ

地方裁判所で労働事件又は労働審判事件を担当する判事を対象に、労働事件をめぐる専門的・先端的な諸問題についての研究会を、一二月八日から一二月九日まで司法研修所において実施。

最高裁判所第一小法廷判決――我が国について既に効力を生じている条約に我が国が国家として承認していない国が事後に加入した場合における同国の国民の著作物である映画の著作物該当性及び著作権法六条各号所定の著作物に該当しない著作物の利用行為と不法行為の成否（平成二一年(受)第六〇二号、同第六〇三号）

（要旨）

一　我が国について既に効力を生じている文学的及び美術的著作物の保護に関するベルヌ条約に我が国が国家として承認していない国が事後に加入した場合において、我が国が同国との間で同条約に基づく権利義務は発生しないという立場を採っているときは、同国の国民の著作物である映画は、同国が右記条約に加入したことによって、著作権法六条三号所定の著作物に当たるとされることはない。

二　著作権法六条各号所定の著作物に該当しない著作物の利用行為は、同法が規律の対象とする著

作物の利用による利益とは異なる法的に保護された利益を侵害するなどの特段の事情がない限り、不法行為を構成しない。

十三日　法制審議会民法（債権関係）部会（諮問第八八号関係第三七回）

履行請求権等、債務不履行による損害賠償について審議した。

元最高裁判所判事中島敏次郎　逝去（八六歳）

正三位に叙される。

十四日　平成二二年度一一月期採用（新第六四期）司法修習生修習終了

修習終了者一九九一人。

判事補任官九八人、検事任官七〇人、弁護士登録一四二三人、その他四〇〇人。

十六日　特定B型肝炎ウイルス感染者給付金等の支給に関する特別措置法の公布（法律第一二六号）

平成二四年一月一三日から施行。

集団予防接種等の際の注射器の連続使用によりB型肝炎ウイルスに感染した者及びその相続人に対し、特定B型肝炎ウイルス感染者給付金等を支給するための措置を講ずることにより、この感染被害の迅速かつ全体的な解決を図ることを目的とするもの。

十九日　法制審議会ハーグ条約（子の返還手続関係）部会（諮問第九三号関係第一〇回）

一　記録の閲覧等、子の返還を命ずる裁判の実現方法、予防的な措置及び保全処分について審議した。

二　「国際的な子の奪取の民事上の側面に関する条約（仮称）」を実施するための子の返還手続等の整備に関する要綱案の取りまとめに向けて審議した。

二十日　法制審議会民法（債権関係）部会（諮問第八八号関係第三八回）

債務不履行による損害賠償、賠償額の予定について審議した。

二十二日　下級裁判所の部の数を定める規程の一部を改正する規程制定（最高裁判所規程第二号）

平成二四年四月一日から施行。

一部の下級裁判所について、部の数を増加したもの。

岐阜地方・家庭裁判所多治見支部、多治見簡易裁判所合同庁舎改築

二十三日　判事清水研一　最高裁判所家庭規則制定諮問委員会委員を免ずる

判事近藤ルミ子　最高裁判所家庭規則制定諮問委員会委員に任命する

二十六日　最高裁判所判事那須弘平　最高裁判所図書館委員会委員を命ずる

二十七日　法制審議会民法（債権関係）部会第三分科会第一回（諮問第八八号関係）

条件及び期限、期間の計算、債権の目的について審議した。

平成二十四年

一月

十日　裁判所職員総合研修所研修計画協議会
　一月一〇日、一一日の両日、裁判所職員総合研修所において開催。

十一日　JR福知山線脱線事故第一審判決（神戸地方裁判所）
　本件は、JR西日本鉄道本部長として、取締役会決議に基づき安全対策を一任されていた被告人が、カーブでの速度超過事故防止にはATSが有効であり、事故を予見できたが、経費増大を危惧するなどしてATSを優先的に設置しなかった過失により、列車を脱線転覆させて線路脇のマンションの外壁等に衝突させるなどして、乗客一〇六名を死亡させ、四八五名に傷害を負わせたとして起訴されたものである。
　被告人　無罪（確定）。

十二日　河村吉晃　下級裁判所裁判官指名諮問委員会地域委員会（仙台に置かれるもの）地域委員を免ずる
　仙台地方裁判所長田村幸一　下級裁判所裁判官指名諮問委員会地域委員会（仙台に置かれるもの）地域委員に任命する

十三日　最高裁判所第二小法廷判決——裁判員制度による審理裁判を受けるか否かについての選択権と憲法三二条、三七条（平成二二年(あ)第一二九九号）
　（要旨）裁判員制度による審理裁判を受けるか否かについて被告人に選択権が認められていない

からといって、同制度は憲法三二条、三七条に違反しない。

野田第一次改造内閣成立

法務大臣　小川敏夫就任

十五日

札幌家庭裁判所長清水研一　法制審議会臨時委員を免ずる

判事近藤ルミ子　法制審議会臨時委員に任命する（ハーグ条約（子の返還手続関係）部会）

元札幌高等裁判所長官加藤和夫　逝去（七五歳）

正三位に叙される。

十六日

法制審議会ハーグ条約（子の返還手続関係）部会（諮問第九三号関係第一一回）

「国際的な子の奪取の民事上の側面に関する条約（仮称）」を実施するための子の返還手続等の整備に関する要綱案の取りまとめに向けて、要綱案たたき台に基づき検討を行った。

長崎市長射殺事件上告審決定（最高裁判所第三小法廷）

上告棄却。

（平成二〇年五月二六日及び平成二一年九月二九日の項参照）

十七日

法制審議会民法（債権関係）部会（諮問第八八号関係第三九回）

契約の解除、危険負担について審議した。

平成二三年度新任判事補研修

平成二三年九月又は一二月に司法修習を終え、判事補に任命された者（現行第六四期及び新第六四期）を対象に、裁判実務に関連する基礎的事項及び裁判官の在り方等についての研修を、一月一七日から一月二〇日まで司法研修所において実施。

十八日　法制審議会新時代の刑事司法制度特別部会（諮問第九二号関係第六回）

部会における検討事項について論点整理が行われた。

独立行政法人国際協力機構（ＪＩＣＡ）理事長最高裁判所訪問

独立行政法人国際協力機構（ＪＩＣＡ）理事長緒方貞子氏は、最高裁判所長官竹崎博允を表敬訪問した。

二十一日　弁護士杉田昌子　裁判所職員再就職等監視委員会委員長に任命する

学習院大学法科大学院教授龍岡資晃、ジャーナリスト桝井成夫　裁判所職員再就職等監視委員会委員に任命する

二十三日　法制審議会ハーグ条約（子の返還手続関係）部会（諮問第九三号関係第一二回）

「「国際的な子の奪取の民事上の側面に関する条約（仮称）」を実施するための子の返還手続等の整備に関する要綱案」が取りまとめられた。

平成二三年度新任簡易裁判所判事研修

平成二三年度に新たに簡易裁判所判事に任命された者（司法修習終了者を除く。）を対象に、民事事件、刑事事件の実務及び裁判官の在り方等についての研修を、一月二三日から二月二四日まで司法研修所において実施。

二十四日　法制審議会民法（債権関係）部会第一分科会第二回（諮問第八八号関係）

代理、契約の解除について審議した。

二十六日　最高裁判所事務総長山崎敏充　司法修習生考試委員会委員を委嘱する

平成二三年度特別研究会（第七回・複雑困難訴訟）

地方裁判所で民事・行政事件を担当する判事を対象に、複雑・困難な損害賠償・差止請求訴訟事件についての研究会を、一月二六日から一月二七日まで司法研修所において実施。

最高裁判所第一小法廷決定――一　相続分の指定が遺留分減殺請求により減殺された場合の効果　二　特別受益に当たる贈与についてされたいわゆる持戻し免除の意思表示が遺留分減殺請求により減殺された場合における具体的相続分の算定方法（平成二三年(許)第二五号）

（要旨）

一　遺留分減殺請求により相続分の指定が減殺された場合には、遺留分割合を超える相続分を指定された相続人の指定相続分が、その遺留分割合を超える部分の割合に応じて修正される。

二　特別受益に当たる贈与についてされた当該贈与に係る財産の価額を相続財産に算入することを要しない旨の被相続人の意思表示が遺留分減殺請求により減殺された場合、当該贈与に係る財産の価額は、右記意思表示が遺留分を侵害する限度で、遺留分権利者である相続人の相続分に加算され、当該贈与を受けた相続人の相続分から控除される。

二十九日　最高裁判所事務総局刑事局長植村稔　最高裁判所刑事規則制定諮問委員会委員に任命する　同図書館

委員会委員を命ずる

三十日　最高裁判所第三小法廷決定――睡眠薬等を摂取させて数時間にわたり意識障害及び筋弛緩作用を伴う急性薬物中毒の症状を生じさせた行為につき傷害罪の成立が認められた事例（平成二二年(あ)第三四〇号）

（要旨）病院で勤務中ないし研究中であった者に対し、睡眠薬等を摂取させたことによって、約六時間又は約二時間にわたり意識障害及び筋弛緩作用を伴う急性薬物中毒の症状を生じさせた行為は、傷害罪を構成する。

三十一日　法制審議会民法（債権関係）部会（諮問第八八号関係第四〇回）

危険負担、受領遅滞、債務不履行に関連する新規規定、債権者代位権について審議した。

二月

一日　弁護士大橋正春　司法修習委員会委員を免ずる

弁護士井窪保彦　司法修習委員会委員に任命する

二日　最高裁判所第一小法廷判決――一　人の氏名、肖像等を無断で使用する行為がいわゆるパブリシティ権を侵害するものとして不法行為法上違法となる場合　二　歌手を被写体とする写真を同人に無断で週刊誌に掲載する行為がいわゆるパブリシティ権を侵害するものではなく不法行為法上違法とはいえないとされた事例（平成二一年(受)第二〇五六号）

（要旨）

六　日

一　人の氏名、肖像等を無断で使用する行為は、①氏名、肖像等それ自体を独立して鑑賞の対象となる商品等として使用し、②商品等の差別化を図る目的で氏名、肖像等を商品等に付し、③氏名、肖像等を商品等の広告として使用するなど、専ら氏名、肖像等の有する顧客吸引力の利用を目的とするといえる場合に、当該顧客吸引力を排他的に利用する権利（いわゆるパブリシティ権）を侵害するものとして、不法行為法上違法となる。

二　歌手を被写体とする写真を同人に無断で週刊誌の記事に使用してこれを掲載する行為は、次の㈠、㈡など判示の事実関係の下においては、専ら右記歌手の肖像の有する顧客吸引力の利用を目的とするものとはいえず、当該顧客吸引力を排他的に利用する権利（いわゆるパブリシティ権）を侵害するものとして不法行為法上違法であるということはできない。㈠右記記事の内容は、右記週刊誌発行の前年秋頃流行していた、右記歌手の曲の振り付けを利用したダイエット法を解説するとともに、子供の頃に右記歌手の曲の振り付けをまねていたタレントの思い出等を紹介するというものである。㈡右記写真は、約二〇〇頁の右記週刊誌全体の三頁の中で使用されたにすぎず、いずれも白黒写真であって、その大きさも、縦二・八cm、横三・六cmないし縦八cm、横一〇cm程度のものであった。

判事後藤博、内閣法制局第一部長近藤正春　最高裁判所民事規則制定諮問委員会委員　同刑事規則制定諮問委員会委員　同家庭規則制定諮問委員会委員を免ずる

内閣法制局第二部長林徹、法務省大臣官房司法法制部長小川秀樹　最高裁判所民事規則制定諮問委員

会委員　同刑事規則制定諮問委員会委員　同家庭規則制定諮問委員会委員に任命する
最高裁判所判事宮川光治　最高裁判所判例委員会委員を免ずる
最高裁判所判事横田尤孝　最高裁判所判例委員会委員を命ずる
最高裁判所事務総局家庭局長豊澤佳弘、判事近藤ルミ子　法制審議会臨時委員を免ずる

平成二三年度特別研究会（第九回・震災関係）

仙台高等裁判所並びに東京、仙台、福島及び盛岡の地方裁判所又は家庭裁判所で民事事件又は家事事件を担当する判事又は判事補を対象に、東日本大震災の被災庁における事件処理の諸問題等についての研究会を、二月六日から二月七日まで仙台高等裁判所において実施。

マレーシア上院議長最高裁判所訪問

マレーシア上院議長アブ・ザハル・ウジャン氏は、最高裁判所長官竹崎博允を表敬訪問した。

七日

法制審議会第一六六回総会

一　ハーグ条約（子の返還手続関係）部会長から、諮問第九三号について、同部会において決定された、「「国際的な子の奪取の民事上の側面に関する条約（仮称）」を実施するための子の返還手続等の整備に関する要綱案」に関する審議の経過及び結果に関する報告がされた。審議・採決の結果、同要綱案は、全会一致で原案どおり採択され、直ちに法務大臣に答申することとされた。

二　民法（債権関係）部会長代行から、同部会における審議経過に関する報告がされた。

三　会社法制部会長から、同部会における審議経過に関する報告がされた。

八　日

四　法務省矯正局長から、少年院法の見直しに関する報告がされた。

津熊寅雄　下級裁判所裁判官指名諮問委員会地域委員会（高松に置かれるもの）地域委員を免ずる

高松地方検察庁検事正保坂洋彦　下級裁判所裁判官指名諮問委員会地域委員会（高松に置かれるもの）地域委員に任命する

最高裁判所第三小法廷決定——一　トラックのハブが走行中に輪切り破損したために前輪タイヤ等が脱落し、歩行者らを死傷させた事故について、同トラックの製造会社で品質保証業務を担当していた者において、同種ハブを装備した車両につきリコール等の改善措置の実施のために必要な措置を採るべき業務上の注意義務があったとされた事例　二　トラックのハブが走行中に輪切り破損したために前輪タイヤ等が脱落し、歩行者らを死傷させた事故と、同種ハブを装備した車両につきリコール等の改善措置の実施のために必要な措置を採るべき業務上の注意義務に違反した行為との間に因果関係があるとされた事例（平成二一年(あ)第三五九号）

（要旨）

一　トラックのハブが走行中に輪切り破損したために前輪タイヤ等が脱落し、歩行者らに衝突して死傷させた事故について、以前の類似事故事案を処理する時点で、ハブの強度不足のおそれが客観的に認められる状況にあり、そのおそれの強さや、予測される事故の重大性、多発性に加え、同トラックの製造会社が事故関係の情報を一手に把握していたなどの本件事実関係の下では、その時点で同社の品質保証部門の部長又はグループ長の地位にあり品質保証業務を担当していた者には、同種ハブを装備した車両につきリコール等の改善措置の実施のために必要な措置を採り、強度不足に起因するハブの輪切り破損事故が更に発生することを防止すべき業務上の注意義務があった。

二　トラックのハブが走行中に輪切り破損したために前輪タイヤ等が脱落し、歩行者らに衝突して死傷させた事故について、同種ハブを装備した車両につきハブの強度不足のおそれ等からリコール等の改善措置の実施のために必要な措置を採るべき業務上の注意義務があり、同義務を尽くすことによって同事故の回避可能性を肯定し得る場合において、同事故がハブの強度不足に起因するとは認められないのであれば、同事故と右記義務違反との間の因果関係を認めることはできないが、同事故がハブの強度不足に起因して生じたものと認められる判示の事情の下においては、右記義務違反に基づく危険が現実化したものとして、同事故と右記義務違反との間に因果関係がある。

九日

最高裁判所第一小法廷判決――一　処分の差止めの訴えについて行政事件訴訟法三七条の四第一項所定の「重大な損害を生ずるおそれ」があると認められる場合　二　公立高等学校等の教職員が卒業式等の式典における国歌斉唱時の起立斉唱等に係る職務命令の違反を理由とする懲戒処分の差止めを求める訴えについて行政事件訴訟法三七条の四第一項所定の「重大な損害を生ずるおそれ」があると認められた事例　三　公立高等学校等の教職員が卒業式等の式典における国歌斉唱時の起立斉唱等に係る職務命令に基づく義務の不存在の確認を求める訴えについていわゆる無名抗告訴訟としては不適法

であるとされた事例　四　公立高等学校等の教職員が卒業式等の式典における国歌斉唱時の起立斉唱等に係る職務命令に基づく義務の不存在の確認を求める訴えについて公法上の法律関係に関する確認の訴えとして確認の利益があるとされた事例（平成二三年㈸第一七七号、同年㈸第一七八号、同年㈷第一八二号）

（要旨）

一　処分の差止めの訴えについて行政事件訴訟法三七条の四第一項所定の「重大な損害を生ずるおそれ」があると認められるためには、処分がされることにより生ずるおそれのある損害が、処分がされた後に取消訴訟又は無効確認訴訟を提起して執行停止の決定を受けることなどにより容易に救済を受けることができるものではなく、処分がされる前に差止めを命ずる方法によるのでなければ救済を受けることが困難なものであることを要する。

二　公立高等学校等の教職員が卒業式等の式典における国歌斉唱の際に国旗に向かって起立して斉唱すること又はピアノ伴奏をすることを命ずる旨の校長の職務命令の違反を理由とする懲戒処分の差止めを求める訴えについて、次の㈠、㈡など判示の事情の下では、行政事件訴訟法三七条の四第一項所定の「重大な損害を生ずるおそれ」があると認められる。

㈠　当該地方公共団体では、教育委員会が各校長に対し右記職務命令の発出の必要性を基礎付ける事項等を示達した通達を踏まえ、多数の公立高等学校等の教職員が、毎年度二回以上の各式典に際し、右記職務命令を受けている。

㈡　右記職務命令に従わない教職員については、過去の懲戒処分の対象と同様の非違行為を再び行った場合には処分を加重するという方針の下に、おおむね、その違反が一回目は戒告、二、三回目は減給、四回目以降は停職という処分量定に従い、懲戒処分が反復継続的かつ累積加重的にされる危険がある。

三　公立高等学校等の教職員が卒業式等の式典における国歌斉唱の際に国旗に向かって起立して斉唱すること又はピアノ伴奏をすることを命ずる旨の校長の職務命令に基づく義務の不存在の確認を求める訴えは、右記職務命令の違反を理由としてされる蓋然性のある懲戒処分の差止めの訴えを法定の類型の抗告訴訟として適法に提起することができ、その本案において当該義務の存否が判断の対象となるという事情の下では、右記懲戒処分の予防を目的とするいわゆる無名抗告訴訟としては、他に適当な争訟方法があるものとして、不適法である。

四　公立高等学校等の教職員が卒業式等の式典における国歌斉唱の際に国旗に向かって起立して斉唱すること又はピアノ伴奏をすることを命ずる旨の校長の職務命令に基づく義務の不存在の確認を求める訴えは、次の㈠、㈡など判示の事情の下では、右記職務命令の違反を理由とする行政処分以外の処遇上の不利益の予防を目的とする公法上の法律関係に関する確認の訴えとして、確認の利益がある。

㈠　当該地方公共団体では、教育委員会が各校長に対し右記職務命令の発出の必要性を基礎付ける事項等を示達した通達を踏まえ、多数の公立高等学校等の教職員が、毎年度二回以上の各式典に際し、右記職務命令を受けている。

㈡　右記職務命令に従わない教職員については、その違反及びその累積が懲戒処分の処分事由及び加重事由との評価を受けることに伴い、勤務成績の評価を通じた昇給等に係る不利益という行政処分以外の処遇上の不利益が反復継続的かつ累積加重的に発生し拡大する危険がある。

十日　最高裁判所判事那須弘平　定年退官

十一日　最高裁判所判事横田尤孝　簡易裁判所判事選考委員会委員を委嘱する　簡易裁判所判事選考委員会委員長を委嘱する

最高裁判所判事金築誠志　最高裁判所図書館委員会委員を命ずる

十二日　最高裁判所判事岡部喜代子は、随員として東京地方裁判所判事三木素子を伴い、オーストラリア連邦の司法事情視察等のため出張（二月二三日帰国）

最高裁判所民事規則制定諮問委員会

非訟事件手続規則の制定について審議した。

最高裁判所家庭規則制定諮問委員会

最高裁判所において開催。

諮問事項　家事事件手続規則の制定について

十三日　弁護士大橋正春　最高裁判所判事に任命する

覚せい剤取締法違反等事件上告審判決（最高裁判所第一小法廷）――一　刑訴法三八二条にいう事実

誤認の意義　二　刑訴法三八二条にいう事実誤認の判示方法　三　覚せい剤を密輸入した事件について、被告人の故意を認めず無罪とした第一審判決に事実誤認があるとした原判決に、刑訴法三八二条の解釈適用を誤った違法があるとされた事例（平成二三年(あ)第七五七号）

（要旨）

一　刑訴法三八二条の事実誤認とは、第一審判決の事実認定が論理則、経験則等に照らして不合理であることをいう。

二　控訴審が第一審判決に事実誤認があるというためには、第一審判決の事実認定が論理則、経験則等に照らして不合理であることを具体的に示す必要がある。

三　覚せい剤を密輸入した事件について覚せい剤を輸入する認識がなかった旨の弁解が排斥できないなどとして、被告人を無罪とした第一審判決に事実誤認があるとした原判決は、その弁解が客観的事実関係に一応沿うもので第一審判決のような評価も可能であることなどに照らすと、第一審判決が論理則、経験則等に照らして不合理であることを十分に示したものとはいえず、刑訴法三八二条の解釈適用を誤った違法があり、同法四一一条一号により破棄を免れない。

最高裁判所第二小法廷決定――一　医師としての知識、経験に基づく診断を含む医学的判断を内容とする鑑定を命じられた医師がその過程で知り得た人の秘密を正当な理由なく漏らす行為と秘密漏示罪の成否　二　医師が医師としての知識、経験に基づく診断を含む医学的判断を内容とする鑑定を命じられた場合の刑法一三四条一項の「人の秘密」の範囲　三　刑法一三四条一項の罪の告訴権者（平成

十四日

二二年(あ)第一二二六号)

(要旨)

一　医師としての知識、経験に基づく診断を含む医学的判断を内容とする鑑定を命じられた医師が、当該鑑定を行う過程で知り得た人の秘密を正当な理由なく漏らす行為は、医師がその業務上取り扱ったことについて知り得た人の秘密を漏示するものとして刑法一三四条一項の秘密漏示罪に該当する。

二　医師が医師としての知識、経験に基づく診断を含む医学的判断を内容とする鑑定を命じられた場合の刑法一三四条一項の「人の秘密」には、鑑定対象者本人の秘密のほか、同鑑定を行う過程で知り得た鑑定対象者本人以外の者の秘密も含まれる。

三　医師が医師としての知識、経験に基づく診断を含む医学的判断を内容とする鑑定の過程で知り得た鑑定対象者本人以外の者の秘密を漏示した場合には、その秘密を漏示された者は、刑訴法二三〇条にいう「犯罪により害を被った者」として、告訴権を有する。

法制審議会民法(債権関係)部会(諮問第八八号関係第四一回)

債権者代位権、詐害行為取消権について審議した。

最高裁判所第一小法廷決定――控訴棄却の確定判決に対する再審請求が適法な再審事由の主張がなく不適法であることが明らかなときと刑訴規則二八五条一項による訴訟手続の停止(平成二三年(し)第五〇〇号)

（要旨）第一審裁判所と控訴裁判所に再審請求が競合した場合において、控訴を棄却した確定判決に対する再審請求が適法な再審事由の主張がないため不適法であることが明らかなときは、控訴裁判所は、刑訴規則二八五条一項による訴訟手続の停止をすることなく、当該再審請求を棄却することも許される。

十五日　平成二三年度判事任官者実務研究会

平成一三年一〇月に司法修習を終えた判事（第五四期）を対象に、裁判実務、司法行政の運営及び裁判官の在り方等についての研究会を、二月一五日から二月一七日まで司法研修所において実施。

十六日　弁護士杉田昌子　裁判所職員倫理審査会会長に任命する

学習院大学法科大学院教授龍岡資晃、ジャーナリスト桝井成夫　裁判所職員倫理審査会委員に任命する

十七日　法制審議会新時代の刑事司法制度特別部会（諮問第九二号関係第七回）

前回までの議論等を踏まえ、部会における検討事項について論点整理が行われた。

事務当局等から被疑者取調べの録音・録画に関する法務省勉強会取りまとめに関する日本弁護士連合会の意見書及び統計資料等の説明がなされ、引き続き質疑応答が行われた。

二十日　刑事訴訟規則の一部を改正する規則公布（最高裁判所規則第一号）

六月四日から施行。

情報処理の高度化等に対処するための刑法等の一部を改正する法律（平成二三年法律第七四号）の施行に伴い、記録命令付差押えその他の電磁的記録に係る記録媒体に関する新たな証拠収集手続について必要な事項を定めるもの。

横浜地方検察庁検事正吉田統宏　下級裁判所裁判官指名諮問委員会地域委員会（東京に置かれるもの）地域委員に任命する

平成二三年度法律実務教育研究会（第二回）

法科大学院に派遣されている、又は派遣される予定の判事又は判事補を対象に、法律実務の教育等についての研究会を、二月二〇日から二月二一日まで司法研修所において実施。

山口県光市母子殺害事件差戻後上告審判決（最高裁判所第一小法廷）

上告棄却。

（平成二〇年四月二二日の項参照）

二十一日

法制審議会民法（債権関係）部会第三分科会第二回（諮問第八八号関係）

債権の目的、履行請求権、債務不履行による損害賠償について審議した。

二十二日

法制審議会会社法制部会（諮問第九一号関係第一七回）

「会社法制の見直しに関する中間試案」に対して寄せられた意見の概要が報告された。

親会社株主の保護、子会社少数株主の保護に関する検討事項について審議がされた。

平成二三年度家事実務研究会

家庭裁判所で家事事件を担当する判事又は判事補を対象に、人事訴訟及び家事事件の適正な運用並びに家事調停及び家事審判事件の処理の在り方についての研究会を、二月二二日から二月二四日まで司法研修所において実施（一部裁判所職員総合研修所と合同実施）。

二十六日　元最高裁判所判事牧圭次　逝去（九二歳）
　正三位に叙される。

二十七日　最高裁判所判事宮川光治　定年退官

平成二三年度税務・会計基礎研究会
　地方裁判所又は家庭裁判所の判事補を対象に、税務・会計の基礎理論及び実務並びに租税事件の現状と課題等についての研究会を、二月二七日から二月二九日まで司法研修所において実施。

消費者の財産被害に係る行政手法研究会（第五回）
　行政による経済的不利益賦課制度及び財産の隠匿・散逸防止策について検討すべき課題等について審議した。

二十九日　国家公務員の給与の改定及び臨時特例に関する法律公布（法律第二号）
　三月一日から施行。ただし、給与の支給に当たり一定割合を減ずる措置に関する規定については四月一日から施行。
　一般職の職員の給与に関する法律（昭和二五年法律第九五号）の一部を改正し一部の職員を除いて俸給月額を改定するとともに、平成二四年四月一日から平成二六年三月三一日までの間、給与の支給に当たり一定割合を減額する等の措置を講じたもの。

裁判官の報酬等に関する法律等の一部を改正する法律公布（法律第四号）

三月一日から施行。ただし、報酬の支給に当たり一定割合を減額する措置に関する規定については四月一日から施行。

裁判官の報酬月額を改定するとともに、平成二四年四月一日から平成二六年三月三一日までの間、報酬の支給に当たり一定割合を減額する等の措置を講じたもの。

山口地方・家庭裁判所下関支部、下関簡易裁判所合同庁舎改築

三月

一日　弁護士山浦善樹　最高裁判所判事に任命する

平成二三年度民事実務研究会（会社法）

高等裁判所又は地方裁判所で民事事件を担当する判事を対象に、会社法関連の民事事件に関する諸問題についての研究会を、三月一日から三月二日まで司法研修所において実施。

六日　法制審議会民法（債権関係）部会（諮問第八八号関係第四二回）

詐害行為取消権について審議した。

七日　平成二三年度医療基礎研究会

地方裁判所又は家庭裁判所の判事補を対象に、医療制度の現状と課題及び医療現場の実情、医療関係訴訟の運営等についての研究会を、三月七日から三月九日まで司法研修所において実施。

平成二三年度知的財産権基礎研究会
地方裁判所又は家庭裁判所の判事補を対象に、知的財産権訴訟の審理及び運営についての研究会を、三月七日から三月九日まで司法研修所において実施。

十一日　東日本大震災一周年追悼式
午後二時三〇分から国立劇場で挙行され、最高裁判所長官竹崎博允が追悼の辞を述べ、最高裁判所判事古田佑紀らが参列した。

十二日　下級裁判所事務処理規則の一部を改正する規則公布（最高裁判所規則第二号）
四月一日から施行。
下級裁判所における司法行政事務の合理化を図るため、下級裁判所の事務局の資料課を廃止することとしたもの。

十三日　法制審議会民法（債権関係）部会第二分科会第二回（諮問第八八号関係）
消滅時効、履行請求権、債権者代位権について審議した。

ドイツ連邦共和国連邦通常裁判所長官最高裁判所訪問
ドイツ連邦共和国連邦通常裁判所長官クラウス・トルクスドルフ氏は、最高裁判所の招へいにより最高裁判所長官竹崎博允を表敬訪問し、最高裁判所判事と懇談した。

最高裁判所第三小法廷判決――三　金融商品取引法二一条の二第五項にいう「虚偽記載等によって生ずべき当該有価証券の値下り」の意義　四　虚偽記載等のある有価証券報告書等の提出者等を発行者

とする有価証券につき、投資者がこれを複数回にわたってそれぞれ異なる価額で取得しこれを複数回にわたってそれぞれ異なる価額で処分した場合における、右記投資者が金融商品取引法二一条の二に基づき請求することのできる額の算定方法（一、二及び五略）（平成二二年(受)第七五五号外）

（要旨）

三　金融商品取引法二一条の二第五項にいう「虚偽記載等によって生ずべき当該有価証券の値下り」とは、投資者が虚偽記載等のある有価証券報告書等の提出者等を発行者とする有価証券を取得するにあたって実際に支払った額と当該取得の時点において当該虚偽記載等がなかった場合に想定される当該有価証券の市場価額との差額に相当する分の値下がりに限られず、有価証券報告書等の虚偽記載等と相当因果関係のある値下がりの全てをいう。

四　虚偽記載等のある有価証券報告書等の提出者等を発行者とする有価証券につき、投資者がこれを複数回にわたってそれぞれ異なる価額で取得しこれを複数回にわたってそれぞれ異なる価額で処分した場合において、個々の取引ごとの取得と処分との対応関係の特定並びに取得価額及び処分価額の具体的な主張、立証がされていないときは、裁判所は、当該有価証券の取得価額の総額と処分価額の総額との差額をもって金融商品取引法二一条の二第一項にいう「第一九条第一項の規定の例により算出した額」とした上で、当該差額と同法二一条の二第二項によって推定される損害額の総額とを比較し、その小さいほうの金額をもって、右記投資者が同条に基づき請求することのできる額とするという算定方法によることができる。

（一、二及び五略）

十六日

法制審議会新時代の刑事司法制度特別部会（諮問第九二号関係第八回）

幹事から捜査手法、取調べの高度化を図るための研究会最終報告の説明がなされ、引き続き質疑応答が行われた。前回までの議論を踏まえて部会長が整理した論点に沿って、時代に即した新たな刑事司法制度の在り方（総論）について審議した。

最高裁判所第二小法廷判決――保険料の払込みがされない場合に履行の催告なしに生命保険契約が失効する旨を定める約款の条項の、消費者契約法一〇条にいう「民法第一条第二項に規定する基本原則に反して消費者の利益を一方的に害するもの」該当性（平成二二年㈹第三三二号）

（要旨）生命保険契約に適用される約款中の保険料の払込みがされない場合に履行の催告なしに保険契約が失効する旨を定める条項は、①これが、保険料が払込期限内に払い込まれず、かつ、その後一か月の猶予期間の間にも保険料支払債務の不履行が解消されない場合に、初めて保険契約が失効する旨を明確に定めるものであり、②右記約款に、払い込むべき保険料等の額が解約返戻金の額を超えないときは、自動的に保険会社が保険契約者に保険料相当額を貸し付けて保険契約を有効に存続させる旨の条項が置かれており、③保険会社が、保険契約の締結当時、右記債務の不履行があった場合に契約失効前に保険契約者に対して保険料払込みの督促を行う実務上の運用を確実にしているときは、消費者契約法一〇条にいう「民法第一条第二項に規定する基本原則に反して消費者の利益を一方的に害するもの」に当たらない。

十七日　名古屋高等裁判所長官房村精一　定年退官

二十一日　最高裁判所図書館委員会

最高裁判所図書館の運営について審議した。

法制審議会会社法制部会（諮問第九一号関係第一八回）

キャッシュ・アウト、組織再編における株式買取請求、組織再編等の差止請求、会社分割等における債権者の保護に関する検討事項について審議がされた。

二十二日　複数の次席家庭裁判所調査官を置く家庭裁判所の指定及び次席家庭裁判所調査官の員数の定めについて（最高裁総一第〇〇〇二六六号高等裁判所長官、地方・家庭裁判所長あて総務局長通知）

四月一日から実施。

名古屋家庭裁判所に置く次席家庭裁判所調査官の員数が三人と定められたことを通知し、併せて名古屋家庭裁判所を除く他の指定庁について指定等の通知をし直したもの。

民事の訟廷副管理官を置く地方裁判所及び家事の訟廷副管理官を置く家庭裁判所の指定について（最高裁総一第〇〇〇二六七号高等裁判所長官、地方・家庭裁判所長あて総務局長通知）

四月一日から実施。

民事の訟廷副管理官を置く地方裁判所として、さいたま地方裁判所及び神戸地方裁判所が新たに指定され、家事の訟廷副管理官を置く家庭裁判所として、さいたま家庭裁判所及び名古屋家庭裁判所が新たに指定されたもの。

二十三日　東京高等裁判所長官富越和厚　定年退官

エルピーダメモリ株式会社に会社更生手続開始決定

東京地方裁判所は、エルピーダメモリ株式会社と関連会社一社に対して、会社更生手続開始決定をした（負債総額は約四八八〇億円）。

二十六日　会計課の廃止並びに人事課、経理課及び出納課の設置について（最高裁総一第〇〇〇三三九号さいたま地方裁判所長あて総務局長通知）

四月一日から実施。

さいたま地方裁判所の事務局の会計課を廃止し、新たに人事課、経理課及び出納課を置くことが認可されたことを通知したもの。

会計課の廃止並びに経理課及び出納課の設置について（最高裁総一第〇〇〇三四〇号千葉地方裁判所長あて総務局長通知）

四月一日から実施。

千葉地方裁判所の事務局の会計課を廃止し、新たに経理課及び出納課を置くことが認可されたことを通知したもの。

「下級裁判所の事務局等の組織について」の一部改正について（最高裁総一第〇〇〇三四二号高等裁判所長官、地方・家庭裁判所長あて事務総長依命通達）

四月一日から実施。

高等裁判所及び地方裁判所の事務局の総務課に文書企画官を新たに設置できることとし、高等裁判所に加え、地方裁判所の事務局の課に企画官を設置できることとしたもの。

「課長補佐の設置について」の一部改正について（最高裁総一第〇〇〇三四四号高等裁判所長官、地方・家庭裁判所長あて総務局長依命通達）

四月一日から実施。

下級裁判所の事務局の資料課の廃止に伴い、資料課の課長補佐を廃止するとともに、さいたま地方裁判所について、同事務局の総務課を分課して人事課を新たに置くことが認可されたことに伴い、人事課に課長補佐二人を、さいたま地方裁判所及び千葉地方裁判所について、同各事務局の会計課を廃止して経理課及び出納課を新たに置くことが認可されたことに伴い、経理課及び出納課に課長補佐各一人をそれぞれ置くことに改めるなど、所要の改正を加えたもの。

「課に置く係について」の一部改正について（最高裁総一第〇〇〇三四五号高等裁判所長官、地方・家庭裁判所長あて総務局長依命通達）

四月一日から実施。

下級裁判所の事務局の資料課の廃止に伴い、下級裁判所のうち合同資料室を有する本庁について高等裁判所又は地方裁判所の事務局の総務課に資料事務を集約することとし、また、下級裁判所の事務局の総務課の文書係（文書第一係・第二係）が文書事務のほか、個人情報管理等に関する業務及び全庁的な調整・意思決定が必要なＩＴ関連事務を担当することとするなど、所要の改正を加えたもの。

二十七日

大阪高等裁判所長官吉戒修一　東京高等裁判所長官に補する
高松高等裁判所長官佐々木茂美　大阪高等裁判所長官に補する
東京高等裁判所判事出田孝一　高等裁判所長官に任命する　高松高等裁判所長官に補する
最高裁判所事務総長山崎敏充　高等裁判所長官に任命する　名古屋高等裁判所長官に補する
静岡地方裁判所長大谷直人　最高裁判所事務総長に任命する
福岡高等裁判所長官池田修　願に依り本官を免ずる
広島高等裁判所長官中山隆夫　福岡高等裁判所長官に補する
最高裁判所首席調査官永井敏雄　高等裁判所長官に任命する　広島高等裁判所長官に補する
名古屋高等裁判所長官山崎敏充　最高裁判所民事規則制定諮問委員会委員　同刑事規則制定諮問委員会委員　同家庭規則制定諮問委員会委員　同図書館委員会委員を免ずる　司法修習生考試委員会委員の委嘱を解く　倫理監督官を免ずる
最高裁判所事務総長大谷直人　最高裁判所民事規則制定諮問委員会委員　同刑事規則制定諮問委員会委員　同家庭規則制定諮問委員会委員に任命する　同図書館委員会委員を命ずる　司法修習生考試委員会委員を委嘱する　倫理監督官を命ずる
法制審議会民法（債権関係）部会（諮問第八八号関係第四三回）
多数当事者の債権及び債務（保証債務を除く。）について審議した。

二十八日　青森地方・家庭裁判所八戸支部、八戸簡易裁判所合同庁舎改築

二十九日　八王子簡易裁判所庁舎改築

三　十　日　裁判官の地域手当に関する規則の一部を改正する規則公布（最高裁判所規則第四号）

四月一日から施行。

平成二四年四月一日から平成二六年三月三一日までの間、裁判官の地域手当の支給に当たり一定割合を減額する等の措置を講じたもの。

裁判官に対する期末手当及び勤勉手当の支給に関する規則の一部を改正する規則公布（最高裁判所規則第五号）

四月一日から施行。

平成二四年四月一日から平成二六年三月三一日までの間、裁判官の期末手当及び勤勉手当の支給に当たり一定割合を減額する等の措置を講じたもの。

旧司法修習生の給与に関する暫定措置規則の一部を改正する規則公布（最高裁判所規則第六号）

四月一日から施行。

平成二四年四月一日以降、平成二三年一〇月三一日までに採用された司法修習生の給与の支給に当たり一定割合を減額する等の措置を講じたもの。

長野地方・家庭裁判所伊那支部、伊那簡易裁判所合同庁舎改築

盛岡地方・家庭・簡易裁判所合同庁舎増築

犯人隠避事件第一審判決（大阪地方裁判所）

本件は、大阪地検特捜部検事として自ら捜査を行うべき職務に従事すると共に、同部所属の検察官らを指揮して捜査を行う職務に従事していた被告人らが、同部所属の検察官が大阪地方裁判所に公判係属中であった虚偽有印公文書作成等被告事件の証拠であるフロッピーディスクに記録された文書データを変造した証拠隠滅の罪を犯したことを知りながら、隠避させたとして、犯人隠避の罪で起訴されたものである。

被告人二名　懲役一年六月（執行猶予）。

被告人二名につき弁護人控訴申立て。

四月

一日

平成二四年度民間企業長期研修

味の素株式会社　四月一日から平成二五年三月三一日まで　参加者一人。

株式会社小松製作所　四月一日から平成二五年三月三一日まで　参加者一人。

株式会社デンソー　四月一日から平成二五年三月三一日まで　参加者一人。

南海電気鉄道株式会社　四月一日から平成二五年三月三一日まで　参加者一人。

西日本鉄道株式会社　四月一日から平成二五年三月三一日まで　参加者一人。

日本郵船株式会社　四月一日から平成二五年三月三一日まで　参加者一人。

野村證券株式会社　四月一日から平成二五年三月三一日まで　参加者一人。

株式会社日立製作所　四月一日から平成二五年三月三一日まで　参加者一人。
株式会社三菱東京ＵＦＪ銀行　四月一日から平成二五年三月三一日まで　参加者一人。
平成二四年度日本銀行研修
四月一日から平成二五年三月三一日まで　参加者一人。

三日　法制審議会民法（債権関係）部会（諮問第八八号関係第四四回）
保証債務について審議した。

消費者の財産被害に係る行政手法研究会（第六回）
消費者の財産被害事案の類型化と課題等について審議した。

四日　広島高等裁判所長官永井敏雄　最高裁判所図書館委員会委員を免ずる
最高裁判所首席調査官金井康雄　最高裁判所図書館委員会委員を命ずる

六日　労働者派遣事業の適正な運営の確保及び派遣労働者の就業条件の整備等に関する法律等の一部を改正する法律公布（法律第二七号）
一〇月一日から施行。ただし、労働契約申込みみなし制度は平成二七年一〇月一日から施行。
近年における労働者派遣事業をめぐる情勢にかんがみ、派遣労働者の保護に資するため、日雇労働者についての労働者派遣を原則として禁止するとともに、派遣労働者の保護及び雇用の安定のための措置の充実を図る等、労働者派遣事業に係る制度の抜本的見直しを行うもの。裁判所に関係する具体的内容としては、労働者派遣事業の適正な運営の確保及び派遣労働者の就業条件の整備等に関する法律の一部改正により、違法な労働者派遣の役務の提供を受けるなどした場合、原則として、派遣先から派遣労働者に対し、当該派遣労働者に係る労働条件と同一の労働条件を内容とする労働契約の申込みをしたものとみなす制度を創設するもの。

七日　知的財産高等裁判所判事武宮英子は、第二〇回フォーダム大学ロースクール主催国際シンポジウム（アメリカ合衆国）への出席等のため出張（四月一五日帰国）

最高裁判所判事古田佑紀　定年退官

八日　弁護士杉田昌子　裁判所職員退職手当審査会会長に任命する

学習院大学法科大学院教授龍岡資晃、ジャーナリスト桝井成夫　裁判所職員退職手当審査会委員に任命する

九日　平成二四年度弁護士任官者実務研究会

弁護士から任官又は任官予定の判事又は判事補を対象に、裁判官としての導入研修を、四月九日から四月一〇日まで司法研修所において実施。

十日　法制審議会民法（債権関係）部会第一分科会第三回（諮問第八八号関係）

債権の目的、危険負担、受領遅滞、債務不履行に関連する新規規定、多数当事者の債権及び債務（保証債務を除く。）について審議した。

十一日　元東京高等検察庁検事長小貫芳信　最高裁判所判事に任命する

英国人女性殺害事件控訴審判決（東京高等裁判所）

控訴棄却（確定）。

（平成二三年七月二一日の項参照）

十二日

最高裁判所判事須藤正彦　最高裁判所判例委員会委員を命ずる

平成二四年度特別研究会（第一回・裁判員裁判の課題）

高等裁判所又は地方裁判所で刑事事件を担当する判事又は判事補を対象に、裁判員裁判に関する諸問題についての研究会を、四月一二日から四月一三日まで司法研修所において実施。

吉田耕三人事官宣誓

十三日

平成二二年度司法研究（刑事）報告会

司法研修所において開催。研究報告者四人。

首都圏連続不審死事件第一審判決（さいたま地方裁判所）

本件は、被告人が、結婚するように装って被害者から騙取した現金の返済等を免れるため、被害者三名に対してそれぞれ睡眠状態に陥らせた上、練炭を燃焼させて一酸化炭素を吸入させ、急性一酸化炭素中毒により殺害したなどとして殺人の罪で起訴されたものである。

被告人　死刑。

被告人、弁護人控訴申立て。

十七日

法制審議会民法（債権関係）部会（諮問第八八号関係第四五回）

債権譲渡について審議した。

法制審議会新時代の刑事司法制度特別部会（諮問第九二号関係第九回）
　供述証拠の収集の在り方について審議した。

十八日　法制審議会会社法制部会（諮問第九一号関係第一九回）
　取締役会の監督機能、会計監査人の選解任等に関する議案等及び報酬等の決定、支配株主の異動を伴う第三者割当てによる募集株式の発行等に関する検討事項について審議がされた。

平成二四年度簡易裁判所判事実務研究会
　簡易裁判所判事（司法修習終了者を除く。）を対象に、民事事件及び刑事事件の実務、訴訟運営及び判例についての研究会を、四月一八日から四月二〇日まで司法研修所において実施。

二十一日　弁護士栃木敏明、財団法人消費科学センター理事長大木美智子、首都大学東京都市教養学部法学系教授木村光江、立教大学社会学部長間々田孝夫　簡易裁判所判事選考委員会委員を委嘱する

二十四日　法制審議会民法（債権関係）部会第三分科会第三回（諮問第八八号関係）
　債務不履行による損害賠償、債権譲渡について審議した。

二十六日　陸山会事件第一審判決（東京地方裁判所）
　本件は、民主党元代表である被告人が、自己の資金管理団体・陸山会の会計を担当していた現衆議院議員を含む元秘書三名と共謀の上、陸山会が受けた借入れや寄附、支払った土地取得費用等を収支報告書に記載せず、または虚偽の額を記入して、同収支報告書を総務大臣に提出したとして、政治資金規正法違反の罪で起訴されたものである。

被告人　無罪。
指定弁護士控訴申立て。

二十七日　富越和厚　法制審議会委員を免ずる
東京高等裁判所長官吉戒修一　法制審議会委員に任命する

二十九日　平成二四年春の叙勲において、最高裁判所所管の分野では
瑞宝重光章
元札幌高等裁判所長官大内捷司
ほか九三人が叙勲された。
また、特別功労のある調停委員二〇人に対し、藍綬褒章が授与された。

五　月

一　日　奈良地方裁判所判事補森屋和子及び那覇地方裁判所沖縄支部判事遠藤真澄は、国際女性裁判官協会第一一回総会（英国）への出席等のため出張（五月七日帰国）
憲法週間（七日まで）

八　日　法制審議会民法（債権関係）部会（諮問第八八号関係第四六回）
証券的債権及び有価証券に関する規定の整備、債務引受、契約上の地位の移転、弁済について審議した。

九　日　日本弁護士連合会会長に山岸憲司就任

十日　法曹の養成に関するフォーラム（第一四回）

法曹有資格者の活動領域の在り方、今後の法曹人口の在り方及び法曹養成制度の在り方について、現状把握及び意見交換を踏まえた論点整理の取りまとめがなされた。

最高裁判所第三小法廷決定——一　刑訴規則二七条一項ただし書にいう「特別の事情」があるとされる場合　二　三人を超える弁護人の数の許可につき刑訴規則二七条一項ただし書にいう「特別の事情」があるとされた事例（平成二四年(し)第二一九号）

（要旨）

一　事案が複雑で、頻繁な接見の必要性が認められるなど、広範な弁護活動が求められ、三人を超える数の弁護人を選任する必要があり、かつ、それに伴う支障が想定されない場合には、刑訴規則二七条一項ただし書にいう「特別の事情」がある。

二　架空の減価償却費用を計上するなどして多額の所得を秘匿して法人税の納付を免れたという法人税法違反被疑事件につき、犯意、共謀等を争っている複雑な事案であること、中立人は被疑事件につき接見禁止中であり、弁護人による頻繁な接見の必要性があること、多数の関係者と弁護人が接触するなどの弁護活動も必要とされることなどの事情が認められ、三人を超える数の弁護人を選任することに伴う支障も想定されないという本件事実関係の下では、刑訴規則二七条一項ただし書にいう「特別の事情」がある。

十一日　新型インフルエンザ等対策特別措置法公布（法律第三一号）

平成二五年四月一三日から施行。
新型インフルエンザ等の発生時において国民の生命及び健康を保護し、並びに国民生活及び国民経済に及ぼす影響が最小となるようにするため、新型インフルエンザ等対策の実施に関する計画、新型インフルエンザ等の発生時における措置、新型インフルエンザ等緊急事態措置その他新型インフルエンザ等に関する事項について特別の措置を定めるもの。

十五日

法制審議会民法（債権関係）部会第二分科会第三回（諮問第八八号関係）
債権者代位権、詐害行為取消権について審議した。

消費者の財産被害に係る行政手法研究会（第七回）
海外制度（アメリカにおけるシビルペナルティ制度、ドイツにおける消費者保護法規違反に対する法的措置）及び国内における消費者被害の実態についての委員からの報告に基づいて審議した。

沖縄復帰四〇周年記念式典
午後四時から沖縄コンベンションセンターにおいて挙行され、最高裁判所長官竹崎博允が挨拶を述べた。

十六日

法制審議会会社法制部会（諮問第九一号関係第二〇回）
金融商品取引法上の規制に違反した者による議決権行使の差止請求、株主名簿の閲覧等の請求の拒絶事由、親会社株主の保護、子会社少数株主の保護、特別支配株主の株式売渡請求等に関する検討事項について審議がされた。

十　九　日　早稲田大学大学院法務研究科教授加藤哲夫、弁護士飯野紀夫、同清水規廣　下級裁判所裁判官指名諮問委員会地域委員会（東京に置かれるもの）地域委員に任命する

二十二日　法制審議会民法（債権関係）部会（諮問第八八号関係第四七回）

弁済、相殺について審議した。

二十三日　平成二四年度支部長研究会

地方裁判所又は家庭裁判所の支部長を対象に、支部の運営及び裁判所の当面する諸問題等についての研究会を、五月二三日から五月二五日まで司法研修所において実施（一部裁判所職員総合研修所と合同実施）。

二十四日　さいたま地方検察庁検事正大仲土和　司法修習生考試委員会委員の委嘱を解く　司法修習委員会委員を免ずる

判事金子武志、弁護士流矢大士、同升味佐江子　司法修習生考試委員会委員の委嘱を解く

最高検察庁総務部長林眞琴　司法修習生考試委員会委員を委嘱する　司法修習委員会委員に任命する

司法研修所教官伊藤寿、同出縄正人、同木村哲司　司法修習生考試委員会委員を委嘱する

法制審議会新時代の刑事司法制度特別部会（諮問第九二号関係第一〇回）

前回に引き続き、供述証拠の収集の在り方について審議した。

二十八日　静岡地方裁判所長河合健司　最高裁判所刑事規則制定諮問委員会委員を免ずる

判事栃木力　最高裁判所刑事規則制定諮問委員会委員に任命する

二十九日　平成二四年度司法研究（民事）開始

司法研修所において打合せ会を実施。研究員一〇人。

法制審議会民法（債権関係）部会第一分科会第四回（諮問第八八号関係）

多数当事者の債権及び債務（保証債務を除く。）、保証債務、弁済について審議した。

三　十　日　平成二四年度民事訴訟運営実務研究会

地方裁判所で民事事件を担当する判事又は判事補を対象に、民事訴訟運営の方法、中堅裁判官としての在り方等についての研究会を、五月三〇日から六月一日まで司法研修所において実施（一部裁判所職員総合研修所と合同実施）。

平成二四年度刑事訴訟運営実務研究会

地方裁判所で刑事事件を担当する判事又は判事補を対象に、刑事訴訟運営の方法、中堅裁判官としての在り方等についての研究会を、五月三〇日から六月一日まで司法研修所において実施。

平成二二年度司法研究（民事）報告会

司法研修所において開催。研究報告者一〇人。

六　月

一　日　高松高等裁判所長官出田孝一　下級裁判所裁判官指名諮問委員会委員を免ずる

判事村瀬均、弁護士明賀英樹、出光静子、早稲田大学大学院法務研究科教授伊藤眞、東京大学大学院経済学研究科教授井堀利宏、京都大学名誉教授田中成明、東京大学大学院法学政治学研究科教授中田

裕泰、平木典子　下級裁判所裁判官指名諮問委員会委員に任命する
弁護士山田庸男、武庫川女子大学付属図書館長・共通教育部教授河内鏡太郎、同志社大学大学院司法研究科客員教授三井誠　下級裁判所裁判官指名諮問委員会地域委員会（大阪に置かれるもの）地域委員に任命する
弁護士村上文男、名古屋大学大学院法学研究科教授松浦好治、神谷達　下級裁判所裁判官指名諮問委員会地域委員会（名古屋に置かれるもの）地域委員に任命する
弁護士二國則昭、今中亘　下級裁判所裁判官指名諮問委員会地域委員会（広島に置かれるもの）地域委員に任命する
弁護士永尾廣久、福岡大学法学部名誉教授新関輝夫、野口郁子　下級裁判所裁判官指名諮問委員会地域委員会（福岡に置かれるもの）地域委員に任命する
弁護士官澤里美　下級裁判所裁判官指名諮問委員会地域委員会（仙台に置かれるもの）地域委員に任命する
北海道大学大学院法学研究科長松久三四彦　下級裁判所裁判官指名諮問委員会地域委員会（札幌に置かれるもの）地域委員に任命する
弁護士松本修二、学校法人香川県明善学園理事川染節江　下級裁判所裁判官指名諮問委員会地域委員会（高松に置かれるもの）地域委員に任命する

四日

平成二四年度司法修習生指導担当者協議会

司法修習生の指導に関する諸問題について、各配属庁会の修習指導担当者と司法研修所教官が協議し連絡を図る協議会を、東京（立川支部を含む。）・横浜・さいたま・千葉・水戸・宇都宮・前橋・静岡・甲府・長野・新潟・名古屋・岐阜・金沢・富山・仙台・福島・山形・盛岡・秋田・青森・札幌・函館・旭川・釧路の各配属庁会は六月四日、大阪・京都・神戸・奈良・大津・和歌山・津・福井・広島・山口・岡山・鳥取・松江・福岡・佐賀・長崎・大分・熊本・鹿児島・宮崎・那覇・高松・徳島・高知・松山の各配属庁会は六月一一日、いずれも司法研修所において開催。

五　日

野田第二次改造内閣成立

法務大臣　滝実就任

明治大学法科大学院法務研究科専任教授上原敏夫　下級裁判所裁判官指名諮問委員会地域委員会（東京に置かれるもの）地域委員に任命する

東北大学大学院文学研究科教授野家啓一　下級裁判所裁判官指名諮問委員会地域委員会（仙台に置かれるもの）地域委員に任命する

法制審議会民法（債権関係）部会（諮問第八八号関係第四八回）

更改、免除及び混同、契約に関する基本原則、契約交渉段階について審議した。

平成二四年度簡易裁判所判事基礎研究会

平成二二年度新任簡易裁判所判事研修の終了者を対象に、民事事件及び刑事事件の実務並びに裁判官の在り方等についての研究会を、六月五日から六月八日まで司法研修所において実施。

十一日　平成二四年度報道機関研修
株式会社産業経済新聞社　六月一一日から六月二二日まで　参加者二人。
株式会社読売新聞社　六月一一日から六月二二日まで　参加者二人。

十二日　法制審議会民法（債権関係）部会（諮問第八八号関係第四九回）
契約交渉段階、申込みと承諾、懸賞広告について審議した。

十三日　法制審議会会社法制部会（諮問第九一号関係第二一回）
取締役会の監督機能、会計監査人の選解任等に関する議案等及び報酬等の決定、資金調達の場面における企業統治の在り方に関する検討事項について審議がされた。

高等裁判所長官、地方裁判所長及び家庭裁判所長会同
六月一三日、一四日の両日、最高裁判所において開催。
協議事項
一　当面の司法行政上の諸問題について
二　その他

十八日　平成二四年度判事補基礎研究会
平成二一年九月又は一二月に司法修習を終え、判事補に任命された者（現行第六二期及び新第六二期）を対象に、執行事件、保全事件、令状事件等に関する裁判実務についての研究会を、六月一八日から六月二一日まで司法研修所において実施。

十九日　法制審議会民法（債権関係）部会第二分科会第四回（諮問第八八号関係）

詐害行為取消権、債務引受、契約上の地位の移転、更改について審議した。

二十二日　吉野孝義　下級裁判所裁判官指名諮問委員会地域委員会（大阪に置かれるもの）地域委員を免ずる

大阪地方裁判所長二本松利忠　下級裁判所裁判官指名諮問委員会地域委員会（大阪に置かれるもの）地域委員に任命する

二十五日　元最高裁判所判事團藤重光　逝去（九八歳）

正三位に叙される。

平成二四年度刑事実務研究会（第一回）

高等裁判所又は地方裁判所で刑事事件を担当する判事又は判事補を対象に、裁判員裁判の実務上の諸問題等についての研究会を、六月二五日から六月二六日まで司法研修所において実施。

二十六日　千葉地方・家庭裁判所松戸支部、松戸簡易裁判所合同庁舎改築

法制審議会民法（債権関係）部会（諮問第八八号関係第五〇回）

第三者のためにする契約、約款（定義及び組入要件）、不当条項規制について審議した。

二十七日　著作権法の一部を改正する法律公布（法律第四三号）

一部を除き平成二五年一月一日から施行。

①著作物等の公正な利用を図るとともに著作権等の適切な保護に資するため、いわゆる「写り込み」（付随対象著作物の利用）、国立国会図書館による図書館資料の自動公衆送信、公文書等の管理

に関する法律等に基づく利用、著作権等の技術的保護手段に係る規定等を整備するとともに、②違法ダウンロードの刑事罰化に係る規定を整備するもの。

平成二四年度部総括裁判官研究会

地方裁判所又は家庭裁判所の部総括判事を対象に、部の運営及び裁判所の当面する諸問題等についての研究会を、六月二七日から六月二九日まで司法研修所において実施。

消費者の財産被害に係る行政手法研究会（第八回）

財産の隠匿・散逸防止策の主な論点について審議した。

二十九日　法制審議会新時代の刑事司法制度特別部会（諮問第九二号関係第一一回）

客観的証拠の収集の在り方及び公判段階の手続の在り方について審議した。

七　月

三　日　法制審議会民法（債権関係）部会（諮問第八八号関係第五一回）

不当条項規制について審議した。

四　日　サイバー犯罪に関する条約公布（条約第七号）

十一月一日発効。

コンピュータ・システムを攻撃するような犯罪及びコンピュータ・システムを利用して行われる犯罪から社会を保護することを目的として、コンピュータ・システムに対する違法なアクセス等一定の行為の犯罪化、コンピュータ・データの迅速な保全等に係る刑事手続の整備、犯罪人引渡し等に関する国際協力等について規定したもの。
弁護士荒中　最高裁判所民事規則制定諮問委員会委員　同刑事規則制定諮問委員会委員　同家庭規則制定諮問委員会委員に任命する
法制審議会会社法制部会（諮問第九一号関係第二二回）
親会社株主の保護、子会社少数株主の保護、キャッシュ・アウト、組織再編における株式買取請求、組織再編等の差止請求、会社分割等における債権者の保護、金融商品取引法上の規制に違反した者による議決権行使の差止請求、株主名簿等の閲覧等の請求の拒絶事由等に関する検討事項について審議がされた。

七日　ベトナム社会主義共和国副首相、同国最高人民裁判所長官及び同国司法省大臣最高裁判所訪問
ベトナム社会主義共和国副首相グエン・スアン・フック氏、同国最高人民裁判所長官チュオン・ホア・ビン氏及び同国司法大臣ハ・フン・クオン氏は、最高裁判所長官竹崎博允を表敬訪問した。

九日　最高裁判所事務総局民事局長永野厚郎　最高裁判所民事規則制定諮問委員会委員に任命する
平成二四年度特別研究会（第四回・倒産―中小規模庁における倒産事件処理の諸問題）
地方裁判所で倒産事件を担当する判事又は判事補を対象に、中小規模庁における倒産事件処理の諸問題についての研究会を、七月九日から七月一〇日まで司法研修所において実施。

十日　法制審議会民法（債権関係）部会第三分科会第四回（諮問第八八号関係）
債権譲渡、契約に関する基本原則等について審議した。

十七日　非訟事件手続規則公布（最高裁判所規則第七号）

平成二五年一月一日から施行。

非訟事件手続法（平成二三年法律第五一号）の施行により、所要の事項を定めたもの。

家事事件手続規則公布（最高裁判所規則第八号）

平成二五年一月一日から施行。

家事事件手続法（平成二三年法律第五二号）の施行に伴い、所要の規則を定めたもの。

非訟事件手続法等の施行に伴う関係規則の整備等に関する規則公布（最高裁判所規則第九号）

平成二五年一月一日から施行。

非訟事件手続法等の施行に伴い、関係規則の規定の整備、廃止を行ったもの。

法制審議会民法（債権関係）部会（諮問第八八号関係第五二回）

売買（総則、売買の効力）について審議した。

十八日　法制審議会会社法制部会（諮問第九一号関係第二三回）

取締役会の監督機能、会計監査人の選解任等に関する議案の内容の決定、資金調達の場面における企業統治の在り方、親会社株主の保護、子会社少数株主の保護、キャッシュ・アウト、組織再編における株式買取請求、組織再編等の差止請求、会社分割等における債権者の保護、金融商品取引法上の規制に違反した者による議決権行使の差止請求、株主名簿等の閲覧等の請求の拒絶事由等に関する検討事項について審議がされた。

二十日
民事の次席書記官及び刑事の次席書記官を置く高等裁判所等の指定並びに次席書記官の員数について（最高裁総一第〇〇〇九二〇号高等裁判所長官、地方・家庭裁判所長あて総務局長通知）
八月一日から実施。
京都家庭裁判所に置く家事の次席書記官が一人と定められたことを通知し、併せて他の指定庁等の通知をし直したもの。

二十二日
検事総長に東京高等検察庁検事長小津博司就任
最高裁判所事務総局経理局長林道晴　最高裁判所図書館委員会委員を命ずる

二十三日
消費者の財産被害に係る行政手法研究会（第九回）
行政による経済的不利益賦課制度の主な論点について審議した。

二十四日
慶應義塾大学商学部長樋口美雄　下級裁判所裁判官指名諮問委員会地域委員会（東京に置かれるもの）地域委員に任命する
法制審議会民法（債権関係）部会第一分科会第五回（諮問第八八号関係）
弁済、売買（売買の効力）について審議した。
最高裁判所第二小法廷決定――不法に被害者を監禁し、その結果、被害者に外傷後ストレス障害（PTSD）を発症させた場合について、監禁致傷罪の成立が認められた事例（平成二二年(あ)第二〇一一号）
（要旨）不法に被害者を監禁し、その結果、被害者が、医学的な診断基準において求められている特徴的な精神症状が継続して発現していることなどから外傷後ストレス障害（ＰＴＳＤ）を発症したと認められる場合、同障害の惹起は刑法にいう傷害に当たり、監禁致傷罪が成立する。

二十六日　知的財産高等裁判所判事古谷健二郎は、ワシントン大学知的財産権研究所（ＣＡＳＲＩＰ）主催の特許関係国際会議（アメリカ合衆国）への出席等のため出張（八月四日帰国）

三十一日　法制審議会民法（債権関係）部会（諮問第八八号関係第五三回）

売買（売買の効力、買戻し、特殊の売買）、贈与、消費貸借について審議した。

法制審議会新時代の刑事司法制度特別部会（諮問第九二号関係第一二回）

公判段階の手続の在り方、捜査・公判段階を通じての手続の在り方、刑事実体法の在り方及びその他の論点について審議した。

東京電力女性社員殺害事件再審開始決定（東京高等裁判所）

本件の原事件は、被告人が、強盗殺人の罪で起訴され、無期懲役の判決が確定したものである。

再審開始決定に対する異議申立棄却決定（確定）。

八月

一　日　法制審議会会社法制部会（諮問第九一号関係第二四回）

会社法制の見直しに関する要綱案の取りまとめに向けた議論が行われ、会社法制の見直しに関する要綱案が取りまとめられた。

三　日　裁判所法及び法科大学院の教育と司法試験等との連携等に関する法律の一部を改正する法律公布・施

行（法律第五四号）

ただし、司法修習生に対する修習資金の貸与制に関する裁判所法（昭和二二年法律第五九号）第六七条の二第三項の改正規定は一一月三日から施行。

司法修習生に対する修習資金の貸与制について、修習資金の貸与を受けた者に修習資金を返還することが経済的に困難である事由として最高裁判所が定める事由があるときは、最高裁判所が修習資金の返還の期限を猶予することができる措置を講じるとともに、司法修習生に対する適切な経済的支援を行う観点から、法曹の養成における司法修習生の修習の位置付けを踏まえつつ、政府が検討を行うべきものとすることを定めたもの。

六日　暴力団員による不当な行為の防止等に関する法律の一部を改正する法律の公布（法律第五三号）

一部の規定を除き平成二五年一月三〇日から施行。

国家公安委員会の認定を受けた都道府県暴力追放運動推進センターが指定暴力団等の事務所の付近住民等から委託を受けて当該事務所の使用等の差止めを請求するための制度を導入したもの。

七日　法制審議会民法（債権関係）部会（諮問第八八号関係第五四回）

消費貸借について審議した。

十日　労働契約法の一部を改正する法律公布・施行（法律第五六号）

ただし、一部の規定については平成二五年四月一日から施行。

有期労働契約について、その締結及び更新が適正に行われるようにするため、有期労働契約の期間の定めのない労働契約への転換、雇止め法理の法定化及び期間の定めがあることによる不合理な労働条件の禁止を主な内容として定めるもの。

十四日　法務総合研究所長酒井邦彦　下級裁判所裁判官指名諮問委員会地域委員会（名古屋に置かれるもの）地域委員を免ずる

名古屋地方検察庁検事正寺脇一峰　下級裁判所裁判官指名諮問委員会地域委員会（名古屋に置かれるもの）地域委員に任命する

向井壯　下級裁判所裁判官指名諮問委員会地域委員会（仙台に置かれるもの）地域委員を免ずる

仙台地方検察庁検事正相澤恵一　下級裁判所裁判官指名諮問委員会地域委員会（仙台に置かれるもの）地域委員に任命する

福井地方検察庁検事正大谷晃大、高松高等検察庁検事長清水治　司法修習生考試委員会委員の委嘱を解く

司法研修所教官小山紀昭、法務総合研究所長酒井邦彦　司法修習生考試委員会委員を委嘱する

聖路加看護大学学長井部俊子　下級裁判所裁判官指名諮問委員会地域委員会（東京に置かれるもの）地域委員に任命する

二十一日　政府、法曹養成制度関係閣僚会議の設置を閣議決定

法曹の養成に関する制度の在り方について検討を加え、平成二五年八月二日までに一定の結論を得ることを目的とし、内閣官房長官を議長、法務大臣及び文部科学大臣を副議長、総務大臣、財務

大臣及び経済産業大臣を議員とする法曹養成制度関係閣僚会議を内閣に設置。法曹の養成に関する制度の在り方について、学識経験を有する者等の意見を求めるため、法曹養成制度関係閣僚会議の下に、法曹養成制度検討会議を置くこととされた。

二十二日　特定商取引に関する法律の一部を改正する法律の公布（法律第五九号）

平成二五年二月二一日から施行。

相手方を訪問して物品を購入する取引を公正なものとし、取引の相手方の利益の保護を図るため、物品の訪問購入を行う購入業者について、不当な勧誘行為の禁止等の規制を設けるとともに、取引の相手方による契約の申込みの撤回を認める等の措置を講じたもの。

被用者年金制度の一元化等を図るための厚生年金保険法等の一部を改正する法律公布（法律第六三号）

平成二七年一〇月一日から施行。

厚生年金に、公務員及び私学教職員も加入すること等を定め、附則において人事訴訟法及び家事事件手続法の一部改正を定めたもの。

二十三日　弁護士吉岡桂輔　医事関係訴訟委員会委員に任命する

二十四日　判事鈴木健太　最高裁判所家庭規則制定諮問委員会委員を免ずる

判事河野清孝　最高裁判所家庭規則制定諮問委員会委員に任命する

二十八日　法制審議会民法（債権関係）部会（諮問第八八号関係第五五回）

賃貸借について審議した。

法曹養成制度検討会議（第一回）

平成二四年八月二一日付け閣議決定に基づき内閣に設置された法曹養成制度関係閣僚会議の下に置かれた法曹養成制度検討会議が開催され、関係機関として事務総局審議官が参加。「法曹の養成に関するフォーラム論点整理（取りまとめ）」（平成二四年五月一〇日法曹の養成に関するフォーラム取りまとめ）の内容等を踏まえつつ、①法曹有資格者の活動領域の在り方、②今後の法曹人口の在り方及び③法曹養成制度の在り方について意見交換が行われた。

その後、平成二五年六月二六日までの間に合計一六回開催され、同様に意見交換が行われた。

九月

三日

横浜地方裁判所判事嶋末和秀は、第一六回欧州特許裁判官シンポジウム（アイルランド）への出席等のため出張（九月九日帰国）

平成二四年度新任簡易裁判所判事導入研修

平成二四年度に新たに簡易裁判所判事に任命された者（司法修習終了者を除く。）を対象に、簡易裁判所判事として必要な識見及び法律知識の修得並びに裁判官の在り方等についての研修を、九月三日から九月七日まで司法研修所において実施。

四日

次長検事渡辺恵一　下級裁判所裁判官指名諮問委員会地域委員会（東京に置かれるもの）地域委員を免ずる

五日

東京地方検察庁検事正伊丹俊彦　下級裁判所裁判官指名諮問委員会地域委員会（東京に置かれるもの）地域委員に任命する
仙台高等検察庁検事長北村道夫　下級裁判所裁判官指名諮問委員会地域委員会（大阪に置かれるもの）地域委員を免ずる
大阪地方検察庁検事正田内正宏　下級裁判所裁判官指名諮問委員会地域委員会（大阪に置かれるもの）地域委員に任命する
山舗弥一郎　下級裁判所裁判官指名諮問委員会地域委員会（広島に置かれるもの）地域委員を免ずる
広島地方検察庁検事正窪田守雄　下級裁判所裁判官指名諮問委員会地域委員会（広島に置かれるもの）地域委員に任命する
總山哲　下級裁判所裁判官指名諮問委員会地域委員会（福岡に置かれるもの）地域委員を免ずる
福岡地方検察庁検事正中井國緒　下級裁判所裁判官指名諮問委員会地域委員会（福岡に置かれるもの）地域委員に任命する
松村操　下級裁判所裁判官指名諮問委員会地域委員会（札幌に置かれるもの）地域委員に任命する
法制審議会民法（債権関係）部会第二分科会第五回（諮問第八八号関係）
　更改、免除及び混同、約款（定義及び組入要件）、贈与について審議した。
地方自治法の一部を改正する法律公布・一部施行（法律第七二号）
　ただし、国等による違法確認訴訟制度の創設及び政務活動費などに関する規定は、平成二五年三月一日から施行。

国等が是正の要求等をした場合に、地方公共団体がこれに応じた措置を講じず、かつ、国地方係争処理委員会への審査の申出もしないとき等に、国等は違法確認訴訟を提起することができるとする制度を創設したほか、政務調査費の名称を「政務活動費」に、交付目的を「議員の調査研究その他の活動に資するため」に改め、政務活動費を充てることができる経費の範囲を条例で定めることとするなどしたもの。

裁判所職員定員法の一部を改正する法律公布・施行（法律第七五号）

裁判所職員定員法中判事一、八二七人を一、八五七人に、裁判官以外の裁判所職員二二、〇八九人を二二、〇五九人に改めたもの。

六　日　判事鹿子木康　法制審議会臨時委員を免ずる

七　日　法制審議会第一六七回総会

一　会社法制部会長から、諮問第九一号について、同部会において決定された、「会社法制の見直しに関する要綱案」及び附帯決議に関する審議の経過及び結果に関する報告がされた。同要綱案は、会社を取り巻く幅広い利害関係者からの一層の信頼を確保する観点から、監査・監督委員会設置会社制度（仮称）や多重代表訴訟制度の創設等、企業統治の在り方や親子会社に関する規律等を見直すことを内容とするものである。また、附帯決議は、金融商品取引所の規律において、上場会社は取締役である独立役員を一人以上確保するよう努める旨の規律を設ける必要がある旨等を内容とするものである。審議・採決の結果、同要綱案及び同附帯決議は、全会一致で原案どおり採択され、直ちに法務大臣に答申することとされた。

二　法務大臣から新たに発せられた「罹災都市借地借家臨時処理法及び被災区分所有建物の再建等に関する特別措置法の見直しに関する諮問第九四号」、「少年法改正に関する諮問第九五号」及び「自動車運転による死傷事犯の罰則の整備に関する諮問第九六号」に関し、それぞれ事務当局から諮問に至った経緯、趣旨等について説明があった。これらの諮問について、その審議の進め方等に関する意見表明があり、諮問第九四号については、「被災関連借地借家・建物区分所有法制部会」（新設）に、諮問第九五号については、「少年法部会」（新設）に、諮問第九六号については、「刑事法（自動車運転に係る死傷事犯関係）部会」（新設）に、それぞれ付託して審議することとし、各部会から報告を受けた後、改めて総会において審議することとされた。

最高裁判所第二小法廷判決——一　前科証拠を被告人と犯人の同一性の証明に用いる場合の証拠能力

二　前科証拠を被告人と犯人の同一性の証明に用いることが許されないとされた事例（平成二三年㈠第六七〇号）

（要旨）

一　前科証拠は、自然的関連性があることに加え、証明しようとする事実について、実証的根拠の乏しい人格評価によって誤った事実認定に至るおそれがないと認められるときに証拠能力が肯定され、前科証拠を被告人と犯人の同一性の証明に用いる場合は、前科に係る犯罪事実が顕著な特徴を有し、かつ、それが起訴に係る犯罪事実と相当程度類似することから、それ自体で両者の犯人が同一であることを合理的に推認させるようなものであるときに証拠能力が肯定される。

二　被告人の現住建造物等放火等の前科に係る証拠を被告人と起訴に係る現住建造物等放火の犯人の同一性の証明に用いることは、前科に係る犯罪事実に顕著な特徴があるとはいえず、同事実と起訴に係る犯罪事実との類似点が持つ両者の犯人が同一であることを推認させる力がさほど強いものではないなどの事情の下では、被告人に対して放火を行う犯罪性向があるという人格的評価を加え、これをもとに被告人が犯人であるという合理性に乏しい推論をすることに等しく、許されない。

八　日　明治大学法科大学院法務研究科専任教授青山善充、京都大学大学院法学研究科教授酒巻匡　最高裁判所家庭規則制定諮問委員会委員に任命する

十　日　平成二四年度法律実務教育研究会（第一回）

法科大学院に派遣されている判事又は判事補を対象に、法律実務の教育等についての研究会を、九月一〇日から九月一一日まで司法研修所において実施。

十一日　法制審議会民法（債権関係）部会（諮問第八八号関係第五六回）

使用貸借、請負について審議した。

十二日　秋葉原無差別殺傷事件控訴審判決（東京高等裁判所）

本件は、被告人が、東京都秋葉原の歩行者天国で通行人を無差別に殺害することを企て、普通貨

物自動車を走行させて通行人に衝突させ、三名を殺害し、二名に傷害を負わせた後、ダガーナイフで通行人を突き刺すなどして四名を殺害し、九名に傷害を負わせたとして、殺人等の罪で起訴されたものである。

控訴棄却（第一審死刑）。

弁護人上告申立て。

十四日　特定フィブリノゲン製剤及び特定血液凝固第Ⅸ因子製剤によるC型肝炎感染被害者を救済するための給付金の支給に関する特別措置法の一部を改正する法律の公布・施行（法律第九一号）

特定フィブリノゲン製剤及び特定血液凝固第Ⅸ因子製剤によるC型肝炎感染被害者を救済するための給付金の支給に関する特別措置法に基づく給付金の支給の請求の状況等に鑑み、給付金の請求期限の延長等の措置を講ずることを目的とするもの。

十八日　法制審議会民法（債権関係）部会（諮問第八八号関係第五七回）

委任、役務提供型の典型契約総論、準委任に代わる役務提供型契約の受皿規定について審議した。

平成二四年度少年実務研究会

家庭裁判所で少年事件を担当する判事又は判事補を対象に、少年事件をめぐる諸問題等についての研究会を、九月一八日から九月二〇日まで司法研修所において実施（一部裁判所職員総合研修所と合同実施）。

消費者の財産被害に係る行政手法研究会（第一〇回）

これまでに提案・言及されてきた制度を整理し、主に財産の隠匿・散逸防止策について新たに検討する制度等について審議した。

十九日　法制審議会新時代の刑事司法制度特別部会（諮問第九二号関係第一三回）

取調べの録音・録画制度及び有罪答弁制度（自白事件を簡易迅速に処理するための制度）について審議した。

二十一日　平成二四年度知的財産権専門研修（長期）

東京理科大学専門職大学院　九月二一日から平成二五年一月二一日まで　参加者一人。

二十四日　最高検察庁公安部長八木宏幸　最高裁判所刑事規則制定諮問委員会委員を免ずる

東京地方検察庁次席検事稲川龍也　最高裁判所刑事規則制定諮問委員会委員に任命する

平成二四年度報道機関研修

株式会社朝日新聞社　九月二四日から一〇月五日まで　参加者二人。

一般社団法人共同通信社　九月二四日から一〇月五日まで　参加者二人。

株式会社時事通信社　九月二四日から一〇月五日まで　参加者二人。

株式会社日本経済新聞社　九月二四日から一〇月五日まで　参加者二人。

株式会社毎日新聞社　九月二四日から一〇月五日まで　参加者二人。

日本放送協会　九月二四日から一〇月五日まで　参加者二人。

二十五日　法制審議会民法（債権関係）部会第三分科会第五回（諮問第八八号関係）

契約交渉段階、申込みと承諾、賃貸借について審議した。

二十六日

平成二四年度民事実務研究会（医療Ⅰ）

高等裁判所又は地方裁判所で民事事件を担当する判事を対象に、医療訴訟をめぐる専門的・先端的な諸問題についての研究会を、九月二五日から九月二六日まで司法研修所において実施。

寄託金取扱規程を廃止する規程制定（最高裁判所規程第四号）

平成二五年一月一日から施行。

非訟事件手続法及び家事事件手続法の施行に伴う関係法律の整備等に関する法律（平成二三年法律第五三号）の施行により、家庭裁判所における金銭の寄託に関する制度が廃止されたことから、寄託金取扱規程を廃止することとしたもの。

最高裁判所判事大谷剛彦は、随員として大阪地方裁判所判事松川充康を伴い、インドネシア共和国及びタイ王国の司法事情視察のため出張（一〇月七日帰国）

二十七日

平成二四年度民事実務研究会（医療Ⅱ）

高等裁判所又は地方裁判所で民事事件を担当する判事又は判事補を対象に、医療関係訴訟運営上の課題等についての研究会を、九月二六日から九月二八日まで司法研修所において実施。

判事矢尾渉　法制審議会臨時委員に任命する（被災関連借地借家・建物区分所有法制部会）

最高裁判所判事寺田逸郎は、随員として長崎地方裁判所判事補上村善一郎を伴い、第三八回国際法曹協会（ＩＢＡ）会議（アイルランド）への出席及び欧州各国の司法事情視察等のため出張（一〇月六

日帰国）

二十八日　法制審議会被災関連借地借家・建物区分所有法制部会（諮問第九四号関係第一回）

一　部会長として山田誠一委員が互選された。

二　被災区分所有建物の再建等に関する特別措置法の見直し（総論、取壊し決議制度（取壊しの対象となる建物、多数決要件、決議事項、期間制限等）、滅失又は取壊し後の敷地についての特例）について審議した。

十　月

一　日　判事栃木力　法制審議会臨時委員に任命する（刑事法（自動車運転に係る死傷事犯関係）部会）

平成二四年度簡易裁判所判事特別研究会

簡易裁判所判事（司法修習終了者を除く。）を対象に、消費者関連の民事事件の処理をめぐる諸問題等についての研究会を、一〇月一日から一〇月二日まで司法研修所において実施。

「法の日」週間（七日まで）

野田第三次改造内閣成立

法務大臣　田中慶秋就任

二　日　法制審議会民法（債権関係）部会（諮問第八八号関係第五八回）

準委任に代わる役務提供型契約の受皿規定、雇用、寄託について審議した。

法制審議会刑事法（自動車運転に係る死傷事犯関係）部会（諮問第九六号関係第一回）

諮問第九六号について、事務当局から諮問に至った経緯及び諮問の趣旨等について説明がなされ、引き続き審議した。

五日　名古屋高等検察庁検事長池上政幸　司法修習生考試委員会委員の委嘱を解く

最高検察庁次長検事渡辺恵一、弁護士巻之内茂　司法修習生考試委員会委員を委嘱する

九日　法制審議会民法（債権関係）部会第一分科会第六回（諮問第八八号関係）

相殺、売買（売買の効力）、請負、委任、準委任に代わる役務提供型契約の受皿規定、雇用、寄託について審議した。

法制審議会被災関連借地借家・建物区分所有法制部会（諮問第九四号関係第二回）

被災区分所有建物の再建等に関する特別措置法（滅失又は取壊し後の敷地についての特例、団地の特例、取壊し決議の適用の対象となる建物、取壊し決議の多数決要件、取壊し決議における反対者等に対する売渡し請求、敷地売却決議における反対者等に対する売渡し請求等）について審議した。

平成二四年度行政基礎研究会

地方裁判所で行政事件を担当する判事補を対象に、行政事件の基本的問題等についての研究会を、一〇月九日から一〇月一一日まで司法研修所において実施。

最高裁判所第二小法廷決定――一　家庭裁判所から選任された成年後見人が成年被後見人所有の財物を横領した場合と刑法二四四条一項の準用の有無　二　家庭裁判所から選任された成年後見人が成年

被後見人所有の財物を横領した場合に成年後見人と成年被後見人との間の親族関係を量刑上酌むべき事情として考慮することの当否（平成二四年(あ)第八七八号）

（要旨）

一　家庭裁判所から選任された成年後見人が業務上占有する成年被後見人所有の財物を横領した場合、成年後見人と成年被後見人との間に刑法二四四条一項所定の親族関係があっても、同条項は準用されない。

二　家庭裁判所から選任された成年後見人が業務上占有する成年被後見人所有の財物を横領した場合、成年後見人と成年被後見人との間に刑法二四四条一項所定の親族関係があることを量刑上酌むべき事情として考慮するのは相当ではない。

十日　東京地方検察庁検事正伊丹俊彦　最高裁判所刑事規則制定諮問委員会委員を免ずる

東京高等検察庁次席検事青沼隆之　最高裁判所刑事規則制定諮問委員会委員に任命する

東京地方裁判所判事三浦透は、大法院主催の国際司法シンポジウム（大韓民国）への出席のため出張（一〇月一三日帰国）

十一日　平成二四年度行政実務研究会

地方裁判所で行政事件を担当する判事を対象に、行政事件の実務上の諸問題等についての研究会を、一〇月一一日から一〇月一二日まで司法研修所において実施。

十二日　最高裁判所事務総局家庭局長豊澤佳弘、判事合田悦三、同嶋原文雄　法制審議会臨時委員に任命する

十五日

（少年法部会）

最高裁判所第二小法廷判決――株式会社を設立する新設分割と詐害行為取消権（平成二二年(受)第六二二号）

（要旨）株式会社を設立する新設分割がされた場合において、新たに設立する株式会社にその債権に係る債務が承継されず、新設分割について異議を述べることもできない新設分割をする株式会社の債権者は、詐害行為取消権を行使して新設分割を取り消すことができる。

山口幸雄　下級裁判所裁判官指名諮問委員会地域委員会（福岡に置かれるもの）地域委員を免ずる

福岡地方裁判所長川口宰護　下級裁判所裁判官指名諮問委員会地域委員会（福岡に置かれるもの）地域委員に任命する

法制審議会少年法部会（諮問第九五号関係第一回）

一　諮問第九五号について、事務当局から、諮問に至った経緯等について説明がされ、引き続き質疑応答が行われた。

二　要綱（骨子）第一「国選付添人制度及び検察官関与制度の対象事件の範囲の拡大」及び「少年審判手続のより一層の適正化及び充実化」に関する事項について審議した。

平成二四年度民間企業短期研修（東京商工会議所関係）

株式会社伊藤園及び三井住友海上火災保険株式会社　一〇月一五日から一〇月二六日まで　参加者二人。

東京ガス株式会社及び三菱商事株式会社　一〇月一五日から一〇月二六日まで　参加者二人。

株式会社商工組合中央金庫及び東京急行電鉄株式会社　一〇月一五日から一〇月二六日まで　参加者二人。

イオンリテール株式会社及びＮＴＴコミュニケーションズ株式会社　一〇月一五日から一〇月二六日まで　参加者二人。

東京メトロポリタンテレビジョン株式会社及びライオン株式会社　一〇月一五日から一〇月二六日まで　参加者二人。

平成二四年度民間企業短期研修（大阪商工会議所関係）

大和ハウス工業株式会社及び京阪電気鉄道株式会社　一〇月一五日から一〇月二六日まで　参加者二人。

株式会社サクラクレパス及び大阪ガス株式会社　一〇月一五日から一〇月二六日まで　参加者二人。

日本生命保険相互会社　一〇月一五日から一〇月一九日まで　参加者二人。

平成二四年度民間企業短期研修（名古屋商工会議所関係）

ブラザー工業株式会社及び興和株式会社　一〇月一五日から一〇月二六日まで　参加者一人。

リンナイ株式会社及び名港海運株式会社　一〇月一五日から一〇月二六日まで　参加者一人。

十六日

法制審議会民法（債権関係）部会（諮問第八八号関係第五九回）

寄託、組合、終身定期金、和解、新種の契約について審議した。

十七日　平成二四年度民事実務研究会（金融経済）

高等裁判所又は地方裁判所で民事事件を担当する判事又は判事補を対象に、金融経済分野に関する民事事件の諸問題についての研究会を、一〇月一七日から一〇月一九日まで司法研修所において実施。

最高裁判所大法廷判決――公職選挙法一四条、別表第三の参議院（選挙区選出）議員の議員定数配分規定の合憲性（平成二三年(行ツ)第五一号）

（要旨）公職選挙法一四条、別表第三の参議院（選挙区選出）議員の議員定数配分規定の下で、平成二二年七月一一日施行の参議院議員通常選挙当時、選挙区間における投票価値の不均衡は違憲の問題が生ずる程度の著しい不平等状態に至っていたが、右記選挙までの間に右記規定を改正しなかったことが国会の裁量権の限界を超えるものとはいえず、右記規定が憲法一四条一項等に違反するに至っていたということはできない。

十八日　調停委員協議会

最高裁判所において開催。参加者は、各地方裁判所の民事調停委員及び各家庭裁判所の家事調停委員。

協議事項　新しい時代のニーズを踏まえ、調停の紛争解決機能を強化するための課題及び具体的方策

一　民事分野

特に、ふさわしい事案について、合理的な解決案を策定し、これを積極的に示すなど、当事者を納得性の高い解決に導くための効果的なあっせんを行うに当たり、調停主任との評議や書記官との連携等について調停委員が留意すべき事項及び具体的方策

二　家事分野

特に、家事事件手続法の施行を機に、調停委員会として、家裁の専門性を活かしつつ、手続の透明性を高める観点から、当事者との間の情報共有等に配慮し、法的判断に裏付けられた調停運営を実現するに当たり、調停委員が取り組むべき課題及び具体的方策

調停制度施行九〇周年及び日本調停協会連合会創立六〇周年記念式典

天皇皇后両陛下御臨席の下に、午後三時から国立劇場において挙行され、最高裁判所長官竹崎博允が祝辞を述べ、最高裁判所判事田原睦夫らが参列した。

二十三日

法制審議会民法（債権関係）部会（諮問第八八号関係第六〇回）

事情変更の法理、不安の抗弁権、継続的契約、契約の解釈、法定債権に関する規定の見直しの要否等について審議した。

法務大臣　田中慶秋辞任

判事原優　最高裁判所民事規則制定諮問委員会委員、同家庭規則制定諮問委員会委員を免ずる

二十四日

法務省民事局長深山卓也　最高裁判所民事規則制定諮問委員会委員、同家庭規則制定諮問委員会委員

に任命する
佐々木正輝　下級裁判所裁判官指名諮問委員会地域委員会（札幌に置かれるもの）地域委員を免ずる
札幌地方検察庁検事正渡邊徳昭　下級裁判所裁判官指名諮問委員会地域委員会（札幌に置かれるもの）地域委員に任命する

平成二四年度裁判基盤研究会（情報と社会）

　高等裁判所、地方裁判所又は家庭裁判所の判事を対象に、情報化の進展と社会、ネット言論と実社会、情報化とプライバシー、情報化社会におけるネット力、情報セキュリティの現在についての研究会を、一〇月二四日から一〇月二六日まで司法研修所において実施。

法務大臣　滝実就任

二十六日

司法修習生の修習資金の貸与等に関する規則の一部を改正する規則公布（最高裁判所規則第一〇号）

　一一月三日から施行。

　司法修習生に対する修習資金の貸与制に関する裁判所法（昭和二二年法律第五九号）第六七条の二第三項の一部改正に伴い、修習資金の貸与を受けた者について修習資金を返還することが経済的に困難である事由を定めたもの。

法制審議会被災関連借地借家・建物区分所有法制部会（諮問第九四号関係第三回）

　被災区分所有建物の再建等に関する特別措置法の見直し（取壊し決議制度、滅失又は取壊し後の建物の敷地についての特例、団地の特例）について審議した。また、これらの審議の結果を踏まえ、被災区分所有建物の再建等に関する特別措置法の見直しに関する中間取りまとめを行い、この中間取りまとめをパブリックコメントの手続に付すことが了承された。

二十七日　消費者の財産被害に係る行政手法研究会（第一一回）

これまでに提案・言及されてきた制度において検討する事項について審議した。

最高裁判所長官竹崎博允は、随員として最高裁判所事務総局秘書課長中村愼、同秘書課付鎌倉正和及び同課課長補佐伊藤英彦を伴い、アメリカ合衆国の司法事情視察のため出張（一一月二日帰国）

二十九日　最高裁判所判事田原睦夫は、随員として東京地方裁判所判事富澤賢一郎を伴い、欧州裁判官評議会（フランス共和国）への出席及び欧州各国の司法事情視察等のため出張（一一月九日帰国）

三　十　日　法制審議会民法（債権関係）部会第二分科会第六回（諮問第八八号関係）

消費貸借、事情変更の法理について審議した。

法制審議会新時代の刑事司法制度特別部会（諮問第九二号関係第一四回）

刑の減免制度、協議・合意制度、刑事免責、被疑者・被告人の身柄拘束、出頭確保の在り方及び取調べへの弁護人の立会いについて審議した。

三十一日　東京家庭裁判所判事森邦明及び東京家庭裁判所家事企画調査官室主任家庭裁判所調査官齋藤友由樹は、家庭裁判所協会（ＡＦＣＣ）主催の第一〇回子の監護の調査に関する国際シンポジウム（アメリカ合衆国）への出席のため出張（一一月五日帰国）

十一月

一日　平成二四年度民事実務研究会（企業間取引）
　高等裁判所又は地方裁判所で民事事件を担当する判事を対象に、企業間取引をめぐる諸問題についての研究会を、一一月一日から一一月二日まで司法研修所において実施。

三日　平成二四年秋の叙勲において、最高裁判所所管の分野では
　旭日大綬章
　　元最高裁判所判事甲斐中辰夫
　瑞宝重光章
　　元広島高等裁判所長官鳥越健治
ほか七四人が叙勲された。
また、特別功労のある調停委員二八人及び補導受託者一人に対し、藍綬褒章が授与された。

五日　平成二四年度刑事実務研究会（第二回）
　高等裁判所又は地方裁判所で刑事事件を担当する判事又は判事補を対象に、裁判員裁判の実務上の諸問題等についての研究会を、一一月五日から一一月七日まで司法研修所において実施。
平成二四年度知的財産権専門研修（短期）
　独立行政法人理化学研究所　一一月五日から一一月一六日まで　参加者二人。

六日　最高裁判所上席調査官秋吉淳一郎　司法修習生考試委員会委員の委嘱を解く

司法研修所教官中里智美　司法修習生考試委員会委員を委嘱する

法制審議会民法（債権関係）部会（諮問第八八号関係第六一回）

消費者・事業者に関する規定、規定の配置、法定利率、保証人保護の方策の拡充、有価証券に関する規定の整備、相殺について審議した。

司法研修所教官近藤昌昭は、行政裁判所主催セミナー（タイ王国）への出席のため出張（一一月九日帰国）

七日

最高裁判所第二小法廷決定——共謀加担後の暴行が共謀加担前に他の者が既に生じさせていた傷害を相当程度重篤化させた場合の傷害罪の共同正犯の成立範囲（平成二四年(あ)第二三号）

（要旨）他の者が被害者に暴行を加えて傷害を負わせた後に、被告人が共謀加担した上、更に暴行を加えて被害者の傷害を相当程度重篤化させた場合、被告人は、被告人の共謀及びそれに基づく行為と因果関係を有しない共謀加担前に既に生じていた傷害結果については、傷害罪の共同正犯としての責任を負うことはなく、共謀加担後の傷害を引き起こすに足りる暴行によって傷害の発生に寄与したことについてのみ、傷害罪の共同正犯としての責任を負う。

判事鈴木健太、同大門匡　最高裁判所民事規則制定諮問委員会委員を免ずる

東京電力女性社員殺害事件再審判決（東京高等裁判所）

控訴棄却（無罪）（確定）。

（平成二四年七月三一日の項参照）

十二日

法制審議会被災関連借地借家・建物区分所有法制部会（諮問第九四号関係第四回）

罹災都市借地借家臨時処理法の見直し（優先借地権制度及び借地権優先譲受権制度、被災地一時使用借地権（仮称）、借地権保護等の規律、優先借家権制度の在り方、賃借条件の変更命令制度、見直し後の新たな制度の適用の在り方、その他）について審議した。

平成二四年度民事実務研究会（建築・ＩＴ）

高等裁判所又は地方裁判所で民事事件を担当する判事又は判事補を対象に、建築及びソフトウェア開発契約に係る紛争に関する審理の在り方についての研究会を、一一月一二日から一一月一四日まで司法研修所において実施。

平成二三年度司法研究（民事）報告会

司法研修所において開催。研究報告者四人。

陸山会事件控訴審判決（東京高等裁判所）

控訴棄却（確定）。

（平成二四年四月二六日の項参照）

十三日

法制審議会民法（債権関係）部会（諮問第八八号関係第六二回）

債権者代位権、詐害行為取消権について審議した。

法制審議会少年法部会（諮問第九五号関係第二回）

一　要綱（骨子）第二「少年の刑事事件に関する処分の規定の見直し」の一及び二について審議し

た。

二　要綱（骨子）第二の三「その他所要の規定の整備」としての検討事項を「少年に対する不定期刑（少年法五二条）の言渡し基準を明確にすべきか否か」及び「不定期刑を適用する事件の範囲はどのようにすべきか」と決定して審議した。

十七日　水戸地方裁判所判事脇博人及び盛岡地方裁判所判事片多康は、第二五回ローエイシア大会（インドネシア共和国）への出席のため出張（一一月二二日帰国）

十九日　消費者の財産被害に係る行政手法研究会（第一二回）

これまでの議論を整理し、多数の消費者（被害者）の救済を図るための対応について審議した。

二十日　法制審議会民法（債権関係）部会第三分科会第六回（諮問第八八号関係）

賃貸借、法定債権に関する規定の見直しの要否、相殺について審議した。

二十一日　法制審議会新時代の刑事司法制度特別部会（諮問第九二号関係第一五回）

通信傍受の合理化・効率化、会話傍受、証拠開示制度及び被疑者国選弁護制度の拡充について審議した。

二十六日　国家公務員の退職給付の給付水準の見直し等のための国家公務員退職手当法等の一部を改正する法律公布（法律第九六号）

平成二五年一月一日から施行。

民間における退職給付の支給の実情に鑑み、退職手当の額を引き下げたもの。

最高検察庁検事岩橋義明　最高裁判所刑事規則制定諮問委員会委員を免ずる
最高検察庁公判部長長谷川充弘　最高裁判所刑事規則制定諮問委員会委員に任命する
ミャンマー連邦共和国最高裁判所長官最高裁判所訪問
　ミャンマー連邦共和国最高裁判所長官トゥン・トゥン・ウー氏は、最高裁判所長官竹崎博允を表敬訪問した。

二十七日　法制審議会民法（債権関係）部会（諮問第八八号関係第六三回）
　要物性の見直し、債権譲渡の対抗要件制度、債権の消滅時効における原則的な時効期間と起算点について審議した。
平成二四年度一一月期採用（第六六期）司法修習生修習開始
　司法修習生二〇三五人。

二十八日　法制審議会被災関連借地借家・建物区分所有法制部会（諮問第九四号関係第五回）
　罹災都市借地借家臨時処理法の見直し（見直し後の制度の適用の在り方、借地権保護等の規律、被災地一時使用借地権（仮称）、優先借家権制度の在り方、その他）について審議した。

三十日　法制審議会刑事法（自動車運転に係る死傷事犯関係）部会（諮問第九六号関係第二回）
　委員から運転免許制度や意識喪失を伴う一定の病気等に関する説明がなされるとともに、事務当局から被害者団体からのヒアリング結果の報告がなされ、引き続き審議した。
家事事件担当裁判官協議会

最高裁判所において開催。参加者は、各高等裁判所及び各家庭裁判所の家事事件担当の裁判官。

協議事項　家事事件手続法の施行を契機として、家事事件の処理に関し運用上検討すべき事項

十二月

四日　法制審議会民法（債権関係）部会（諮問第八八号関係第六四回）

法律行為総則、意思能力、意思表示、代理、無効及び取消し、債権の目的、履行請求権、債務不履行による損害賠償について審議した。

法制審議会刑事法（自動車運転に係る死傷事犯関係）部会（諮問第九六号関係第三回）

委員から意識喪失を伴う病気等について説明がなされ、引き続き、事務当局が整理した検討すべき論点について審議した。

平成二四年度労働実務研究会Ｉ

地方裁判所で労働事件又は労働審判事件を担当する判事又は判事補を対象に、労働事件の一般的問題についての研究会を、一二月四日から一二月六日まで司法研修所において実施。

五日　法制審議会新時代の刑事司法制度特別部会（諮問第九二号関係第一六回）

被告人から真実の供述を得るための方策、いわゆる二号書面制度、証人及び被害者の保護等のための施策、司法の機能を妨害する行為に対する制裁の在り方等及びその他（事実認定と量刑に関する手続の在り方等）について審議した。

六日　民事事件担当裁判官等事務打合せ

最高裁判所において開催。参加者は、各高等裁判所所在地にある地方裁判所並びに横浜、さいたま、千葉、京都及び神戸の各地方裁判所の民事事件を担当する裁判官及び民事首席書記官又は民事次席書記官。

協議事項

一　平均的な民事訴訟において、適切な審理運営を実践するために検討すべき事項

二　複雑困難訴訟において、質の高い判断を実現するために検討すべき事項

平成二四年度労働実務研究会Ⅱ

地方裁判所で労働事件又は労働審判事件を担当する判事を対象に、労働事件をめぐる専門的・先端的な諸問題についての研究会を、一二月六日から一二月七日まで司法研修所において実施。

七　日

判事鈴木健太　司法修習生考試委員会委員を委嘱する

判事金谷暁　司法修習生考試委員会委員を委嘱する　簡易裁判所判事選考委員会委員を委嘱する

最高裁判所第二小法廷判決――一　国家公務員法一〇二条一項にいう「政治的行為」の意義　二　人事院規則一四－七第六項七号、一三号に掲げる政治的行為の意義　三　国家公務員法（平成一九年法律第一〇八号による改正前のもの）一一〇条一項一九号、国家公務員法一〇二条一項、人事院規則一四－七第六項七号、一三号による政党の機関紙の配布及び政治的目的を有する文書の配布の禁止と憲法二一条一項、三一条　四　国家公務員法一〇二条一項、人事院規則一四－七第六項七号、一三号により禁止された政党の機関紙の配布及び政治的目的を有する文書の配布に当たらないとされた事例

（平成二二年(あ)第七六二号）

（要旨）

一　国家公務員法一〇二条一項の「政治的行為」とは、公務員の職務の遂行の政治的中立性を損なうおそれが、観念的なものにとどまらず、現実的に起こり得るものとして実質的に認められる政治的行為をいう。

二　人事院規則一四－七第六項七号、一三号に掲げる政治的行為は、それぞれが定める行為類型に文言上該当する行為であって、公務員の職務の遂行の政治的中立性を損なうおそれが実質的に認められるものをいう。

三　国家公務員法（平成一九年法律第一〇八号による改正前のもの）一一〇条一項一九号、国家公務員法一〇二条一項、人事院規則一四－七第六項七号、一三号による政党の機関紙の配布及び政治的目的を有する文書の配布の禁止は、憲法二一条一項、三一条に違反しない。

四　管理職的地位になく、その職務の内容や権限に裁量の余地のない一般職国家公務員が、職務と全く無関係に、公務員により組織される団体の活動としての性格を有さず、公務員による行為と認識し得る態様によることなく行った本件の政党の機関紙及び政治的目的を有する文書の配布は、公務員の職務の遂行の政治的中立性を損なうおそれが実質的に認められるものとはいえず、国家公務員法一〇二条一項、人事院規則一四－七第六項七号、一三号により禁止された行為に当たらない。

最高裁判所第二小法廷判決——一　国家公務員法（平成一九年法律第一〇八号による改正前のもの）一一〇条一項一九号、国家公務員法一〇二条一項、人事院規則一四−七第六項七号による政党の機関紙の配布の禁止と憲法二一条一項、一五条、一九条、三一条、四一条、七三条六号　二　国家公務員法一〇二条一項、人事院規則一四−七第六項七号により禁止された政党の機関紙の配布に当たるとされた事例（平成二二年(あ)第九五七号）

（要旨）

一　国家公務員法（平成一九年法律第一〇八号による改正前のもの）一一〇条一項一九号、国家公務員法一〇二条一項、人事院規則一四−七第六項七号による政党の機関紙の配布の禁止は、憲法二一条一項、一五条、一九条、三一条、四一条、七三条六号に違反しない。

二　管理職的地位になく、その職務の内容や権限に裁量権のある一般職国家公務員が行った本件の政党の機関紙の配布は、それが、勤務時間外に、国ないし職場の施設を利用せず、公務員としての地位を利用することなく、公務員により組織される団体の活動としての性格を有さず、公務員による行為と認識し得る態様によることなく行われたものであるとしても、当該公務員及びその属する行政組織の職務の遂行の政治的中立性が損なわれるおそれが実質的に認められ、国家公務員法一〇二条一項、人事院規則一四−七第六項七号により禁止された行為に当たる。

裁判員裁判実施状況の検証報告書の公表

裁判員の参加する刑事裁判に関する法律附則九条の趣旨を考慮し、裁判員裁判の運営に当たってきた裁判所の立場から、その実施状況を実証的に検証するために作成。

九　日　最高裁判所事務総局情報政策課参事官中尾彰及び同課専門官岡田守晃は、全米州裁判所センター（NCSC）主催のEコート会議（アメリカ合衆国）への出席等のため出張（一二月一四日帰国）

十　日　平成二四年度特別研究会（第五回・後見制度支援信託及び後見人の不正行為対応をめぐる諸問題）

家庭裁判所で家事事件を担当する判事又は特例判事補を対象に、後見制度支援信託及び後見人の不正行為対応をめぐる諸問題についての研究会を、一二月一〇日から一二月一一日まで司法研修所において実施。

平成二四年度日韓交流プログラム

日韓両国の司法行政における現状と問題点について、両国の裁判官が意見交換を行う日韓交流プログラムを、一二月一〇日から同月一二日まで最高裁判所において開催した。

十一日　法制審議会被災関連借地借家・建物区分所有法制部会（諮問第九四号関係第六回）

罹災都市借地借家臨時処理法の見直し（見直し後の制度の適用の在り方、借地権保護等の規律、被災地一時使用借地権（仮称）、優先借地権制度の在り方等）、被災区分所有建物の再建等に関する特別措置法の見直し（大規模一部滅失した区分所有建物を取り壊すことなく敷地と共に売却する制度について、建物敷地一括売却決議制度の各論的検討）について審議した。

十三日　平成二四年度特別研究会（第六回・金融商品の取引をめぐる諸問題）

高等裁判所又は地方裁判所で民事事件を担当する判事又は判事補を対象に、金融商品の取引をめぐる諸問題についての研究会を、一二月一三日から一二月一四日まで司法研修所において実施。

十四日　横浜地方・家庭裁判所横須賀支部、横須賀簡易裁判所合同庁舎新築

最高裁判所第二小法廷判決――根保証契約の主たる債務の範囲に含まれる債務に係る債権の譲渡が元本確定期日前にされた場合に譲受人が保証債務の履行を求めることの可否（平成二三年(受)第一八三三号）

（要旨）根保証契約の主たる債務の範囲に含まれる債務に係る債権を譲り受けた者は、その譲渡が当該根保証契約に定める元本確定期日前にされた場合であっても、当該根保証契約の当事者間において右記債権の譲受人の請求を妨げるような別段の合意がない限り、保証人に対し、保証債務の履行を求めることができる。

十六日　衆議院議員総選挙施行

最高裁判所裁判官国民審査

山浦善樹、岡部喜代子、須藤正彦、横田尤孝、大橋正春、千葉勝美、寺田逸郎、白木勇、大谷剛彦、小貫芳信が国民審査を受けた。

右国民審査の結果は、投票率五七・四五パーセント、有効投票率九六・八九パーセントで、いずれも罷免を可とされなかった。

十七日　早稲田大学大学院法務研究科教授伊藤眞　最高裁判所民事規則制定諮問委員会委員に任命する

法制審議会少年法部会（諮問第九五号関係第三回）

一　要綱（骨子）第二「少年の刑事事件に関する処分の規定の見直し」について、事務当局から事務局試案の説明がなされ、同試案について審議した。

二　要綱（骨子）第一「国選付添人制度及び検察官関与制度の対象事件の範囲の拡大」について審議した。

消費者の財産被害に係る行政手法研究会（第一三回）

消費者安全法の執行状況についての報告に基づいて、多数の消費者（被害者）に財産被害を与えた場合に考えられる制度・手法等について審議した。

十八日

法制審議会民法（債権関係）部会（諮問第八八号関係第六五回）

契約の解除、危険負担、受領（受取）遅滞、代償請求権、条件及び期限、期間の計算、消滅時効、債権者代位権、詐害行為取消権について審議した。

法制審議会刑事法（自動車運転に係る死傷事犯関係）部会（諮問第九六号関係第四回）

事務当局が作成した検討のための叩き台について審議した。

〃

ベナン共和国最高裁判所長官最高裁判所訪問

ベナン共和国最高裁判所長官ウスマンヌ・バトコ氏は、最高裁判所長官竹崎博允を表敬訪問した。

十九日

平成二三年度七月期採用（現行第六五期）司法修習生修習終了

修習終了者六九人。

判事補任官四人、検事任官二人、弁護士登録四七人、その他一六人。

平成二三年度一一月期採用（新第六五期）司法修習生修習終了

修習終了者二〇一一人。

判事補任官八八人、検事任官七〇人、弁護士登録一三二三人、その他五三〇人。

二十五日

法制審議会新時代の刑事司法制度特別部会（諮問第九二号関係第一七回）

取調べの録音・録画制度、有罪答弁制度（自白事件を簡易迅速に処理するための制度）、被疑者・被告人の身柄確保・出頭確保の在り方及びその他（事実認定と量刑に関する手続の在り方等）について審議した。

二十六日

法制審議会被災関連借地借家・建物区分所有法制部会（諮問第九四号関係第七回）

被災区分所有建物の再建等に関する特別措置法の見直し（区分所有建物が大規模一部滅失した場合における特例、滅失又は取壊し後の建物の敷地についての特例、団地の特例）について審議した。

最高裁判所判事須藤正彦　定年退官

第二次安倍内閣成立

法務大臣　谷垣禎一就任

平成二十五年

一　月

八　日　法制審議会被災関連借地借家・建物区分所有法制部会（諮問第九四号関係第八回）

被災区分所有建物の再建等に関する特別措置法の見直し（区分所有建物が大規模一部滅失した場合における特例、滅失又は取壊し後の建物の敷地についての特例、団地の特例）について審議した。

十　日　裁判所職員総合研修所研修計画協議会

一月一〇日、一一日の両日、裁判所職員総合研修所において開催。

十一日　最高裁判所判事千葉勝美　最高裁判所判例委員会委員を命ずる

最高裁判所第二小法廷判決――薬事法施行規則一五条の四第一項一号（同規則一四二条において準用する場合）、一五九条の一四第一項及び二項本文、一五九条の一五第一項一号並びに一五九条の一七第一号及び二号の各規定の法適合性（平成二四年(行ヒ)第二七九号）

（要旨）薬事法施行規則一五条の四第一項一号（同規則一四二条において準用する場合）、一五九条の一四第一項及び二項本文、一五九条の一五第一項一号並びに一五九条の一七第一号及び二号の各規定は、一般用医薬品のうち第一類医薬品及び第二類医薬品につき、店舗販売業者による店舗以外の場所にいる者に対する郵便その他の方法による販売又は授与を一律に禁止することとなる限度において、薬事法の委任の範囲を逸脱した違法なものとして無効である。

十五日　弁護士若柳善朗、同川島志保　最高裁判所家庭規則制定諮問委員会委員に任命する

法制審議会民法（債権関係）部会（諮問第八八号関係第六六回）
多数当事者の債権及び債務（保証債務を除く。）、保証債務、債権譲渡、有価証券に関する規律、債務引受、契約上の地位の移転、弁済について審議した。

十六日
判事植村稔　法制審議会臨時委員を免ずる
最高裁判所事務総局刑事局長今崎幸彦　法制審議会臨時委員に任命する（新時代の刑事司法制度特別部会、刑事法（自動車運転に係る死傷事犯関係）部会）
法制審議会刑事法（自動車運転に係る死傷事犯関係）部会（諮問第九六号関係第五回）
事務当局が作成した事務局試案について審議した。

十七日
平成二四年度新任判事補研修
平成二四年一二月に司法修習を終え、判事補に任命された者（現行第六五期及び新第六五期）を対象に、裁判実務に関連する基礎的事項及び裁判官の在り方等についての研修を、一月一七日から一月二二日まで司法研修所において実施。

十八日
法制審議会新時代の刑事司法制度特別部会（諮問第九二号関係第一八回）
前回までの議論の内容を踏まえ、時代に即した新たな刑事司法制度の基本構想として取りまとめる事項について審議した。

二十二日
法制審議会民法（債権関係）部会（諮問第八八号関係第六七回）
相殺、免除、更改、混同、契約に関する基本原則、契約交渉段階、契約の成立、第三者のためにする契約、約款、不当条項規制、売買について審議した。

二十四日　判事植村稔　最高裁判所刑事規則制定諮問委員会委員を免ずる　同図書館委員会委員を免ずる
最高裁判所事務総局刑事局長今崎幸彦　最高裁判所刑事規則制定諮問委員会委員に任命する　同図書館委員会委員を命ずる
平成二四年度特別研究会（第七回・民事訴訟の運営をめぐる諸問題（書記官との連携等））
地方裁判所で民事事件を担当する判事又は判事補を対象に、民事訴訟の運営をめぐる諸問題についての研究会を、一月二四日から一月二五日まで司法研修所において実施（裁判所職員総合研修所と合同実施）。

二十五日　法制審議会刑事法（自動車運転に係る死傷事犯関係）部会（諮問第九六号関係第六回）
前回に引き続き、事務局試案について審議した。
消費者の財産被害に係る行政手法研究会（第一四回）
これまでの議論を整理し、多数の消費者（被害者）に財産被害を与えた場合に考えられる制度・手法等について審議した。

二十八日　法制審議会少年法部会（諮問第九五号関係第四回）
一　要綱（骨子）第二「少年の刑事事件に関する処分の規定の見直し」について審議した。
二　諮問全体についてまとめの審議をした。
三　諮問第九五号について、第一「国選付添人制度及び検察官関与制度の対象事件の範囲の拡大」

については諮問に付された要綱（骨子）を、第二「少年の刑事事件に関する処分の規定の見直し」については事務局試案を、それぞれ部会の意見として法制審議会（総会）に報告することが決定された。

平成二四年度新任簡易裁判所判事研修

平成二四年度に新たに簡易裁判所判事に任命された者（司法修習終了者を除く。）を対象に、民事事件、刑事事件の実務及び裁判官の在り方等についての研修を、一月二八日から三月一日まで司法研修所において実施。

二十九日

最高検察庁検事水野美鈴　簡易裁判所判事選考委員会委員を委嘱する

法制審議会新時代の刑事司法制度特別部会（諮問第九二号関係第一九回）

前回に引き続き審議がされ、その内容を「時代に即した新たな刑事司法制度の基本構想」として取りまとめた。また、当部会の下に二つの作業分科会を設置し、各作業分科会において、基本構想に記載された検討事項につき、専門的・技術的な検討を加えつつ、制度設計に関する試案等の資料を作成した上で、これに基づき、当部会において議論・検討を行うとの手順により、審議することを決定した。

法制審議会被災関連借地借家・建物区分所有法制部会（諮問第九四号関係第九回）

罹災都市借地借家臨時処理法の見直しに関する要綱案及び被災区分所有建物の再建等に関する特別措置法の見直しに関する要綱案が、それぞれ取りまとめられた。

三十日　平成二四年度判事任官者実務研究会
　平成一四年一〇月に司法修習を終えた判事（第五五期）を対象に、司法、裁判所・裁判官の在り方、事務処理の現状等についての研究会を、一月三〇日から二月一日まで司法研修所において実施。

二月

四日　平成二四年度特別研究会（第八回・民法（債権法）改正）
　高等裁判所又は地方裁判所で民事事件を担当する判事又は判事補を対象に、債権法改正についての研究会を、二月四日から二月五日まで司法研修所において実施。

五日　吉田統宏　下級裁判所裁判官指名諮問委員会地域委員会（東京に置かれるもの）地域委員を免ずる
横浜地方検察庁検事正大野宗　下級裁判所裁判官指名諮問委員会地域委員会（東京に置かれるもの）地域委員に任命する
保坂洋彦　下級裁判所裁判官指名諮問委員会地域委員会（高松に置かれるもの）地域委員を免ずる
高松地方検察庁検事正加藤敏員　下級裁判所裁判官指名諮問委員会地域委員会（高松に置かれるもの）地域委員に任命する
法制審議会民法（債権関係）部会（諮問第八八号関係第六八回）
　贈与、消費貸借、賃貸借、使用貸借、請負、委任、準委任に代わる役務提供型契約の受皿規定、雇用、寄託について審議した。

六日　弁護士鬼丸かおる　最高裁判所判事に任命する

七日　最高裁判所事務総局家庭局長豊澤佳弘、判事合田悦三、同嶋原文雄、同矢尾渉　法制審議会臨時委員を免ずる

八日　法制審議会第一六八回総会

一　被災関連借地借家・建物区分所有法制部会長から、諮問第九四号について、同部会において決定された、「罹災都市借地借家臨時処理法の見直しに関する要綱案」及び「被災区分所有建物の再建等に関する特別措置法の見直しに関する要綱案」に関する審議結果等の報告がされた。審議・採決の結果、右記二つの要綱案は、全会一致で原案どおり採択され、直ちに法務大臣に答申することとされた。

二　少年法部会長から、諮問第九五号について、同部会において決定された、「諮問第九五号に関する要綱（骨子）」に関する審議結果等の報告がされた。審議・採決の結果、同要綱（骨子）は、全会一致で原案どおり採択され、直ちに法務大臣に答申することとされた。

三　新時代の刑事司法制度特別部会長から同部会における審議経過に関する報告がされた。

四　民法（債権関係）部会長から同部会における審議経過に関する報告がされた。

十二日　普通地方公共団体に対する国の関与等に関する訴訟規則の一部を改正する規則公布（最高裁判所規則第一号）

三月一日から施行。

地方自治法の一部を改正する法律（平成二四年法律第七二号）により国等による違法確認訴訟制

度が創設されたことに伴い、国等による違法確認訴訟手続について必要な事項を定めたもの。

法制審議会民法（債権関係）部会（諮問第八八号関係第六九回）

組合、終身定期金、和解、事情変更の法理、不安の抗弁権、継続的契約、契約の解釈、契約以外を発生原因とする債務の不履行による損害賠償責任の免責事由、信義則等の適用に当たっての考慮要素について審議した。

平成二四年度特別研究会（第九回・複雑困難訴訟）

高等裁判所又は地方裁判所で民事事件を担当する判事を対象に、複雑困難な訴訟事件の処理についての研究会を、二月一二日から二月一三日まで司法研修所において実施。

十三日

最高裁判所事務総局分課規程の一部を改正する規程制定（最高裁判所規程第一号）

四月一日から施行。

最高裁判所事務総局家庭局の事務処理の適正化を図るため、最高裁判所事務総局家庭局内の事務分掌を改めたもの。

司法研修所事務局分課規程の一部を改正する規程制定（最高裁判所規程第二号）

四月一日から施行。

司法研修所事務局の事務処理の適正化を図るため、司法研修所事務局内の事務分掌を改めたもの。

法制審議会刑事法（自動車運転に係る死傷事犯関係）部会（諮問第九六号関係第七回）

諮問第九六号について、これまでの議論の経過を踏まえた要綱案が提示され、審議し、引き続き、要綱案のとおり法整備をするのが相当である旨法制審議会（総会）に報告することを決定した。

十八日　平成二四年度家事実務研究会

家庭裁判所で家事事件を担当する判事又は判事補を対象に、人事訴訟及び家事事件の運用並びに家事調停及び家事審判事件の処理の在り方についての研究会を、二月一八日から二月二〇日まで司法研修所において実施（一部裁判所職員総合研修所と合同実施）。

十九日　法制審議会民法（債権関係）部会（諮問第八八号関係第七〇回）

民法（債権関係）改正の中間試案の作成に向けて法律行為から免除に至るまで、民法（債権関係）全体の約半分の論点について審議した。

二十日　最高裁判所図書館委員会

最高裁判所図書館の運営について審議した。

最高裁判所第一小法廷決定――一　前科に係る犯罪事実及び前科以外の他の犯罪事実を被告人と犯人の同一性の間接事実とすることの許否　二　前科に係る犯罪事実及び前科以外の他の犯罪事実を被告人と犯人の同一性の間接事実とすることが許されないとされた事例（平成二三年(あ)第一七八九号）

（要旨）

一　前科に係る犯罪事実や前科以外の他の犯罪事実を被告人と犯人の同一性の間接事実とすることは、これらの犯罪事実が顕著な特徴を有し、かつ、その特徴が証明対象の犯罪事実と相当程度類似していない限りは、許されない。

二　前科に係る住居侵入、窃盗、現住建造物等放火等の犯罪事実及び前科以外の他の住居侵入、窃盗等の犯罪事実を、証明対象の住居侵入、窃盗、窃盗未遂、現住建造物等放火の犯人と被告人の同一性の間接事実とすることは、これらの犯罪事実に顕著な特徴があるとはいえないなどの事情の下では、被告人に対して実証的根拠の乏しい人格的評価を加え、これをもとに犯人が被告人であるという合理性に乏しい推論をすることにほかならず、許されない。

・

二十一日　明石歩道橋強制起訴事件第一審判決（神戸地方裁判所）

兵庫県警明石署元副署長である被告人が、明石市の花火大会において、群衆の殺到した歩道橋で一一名を死亡させ、一八三名に傷害を負わせたとして全国で初めて強制起訴されたものである。

被告人　免訴。

指定弁護士控訴申立て。

消費者の財産被害に係る行政手法研究会（第一五回）

これまでの議論を整理し、多数の消費者（被害者）に財産被害を与えた場合に考えられる制度・手法等について審議した。

二十五日　平成二四年度法律実務教育研究会（第二回）

法科大学院に派遣されている、又は派遣される予定の判事又は判事補を対象に、法律実務の教育等についての研究会を、二月二五日から二月二六日まで司法研修所において実施。

二十六日　法制審議会民法（債権関係）部会（諮問第八八号関係第七一回）

民法（債権関係）改正の中間試案の作成に向けて民法（債権関係）の全般について審議した。

最高裁判所第三小法廷決定――公判調書中の被告人供述調書に添付されたのみで証拠として取り調べられていない電子メールが独立の証拠又は被告人の供述の一部にならないとされた事例（平成二二年(あ)第一六三二号）

（要旨）被告人質問において被告人に示され、公判調書中の被告人の供述調書に添付されたが、これとは別に証拠として取り調べられていない本件の電子メールは、その存在及び記載が記載内容の真実性と離れて証拠価値を有するものであり、被告人に対してこれを示して質問をした手続に違法はなく、被告人がその同一性や真正な成立を確認したとしても、独立の証拠又は被告人の供述の一部となるものではない。

二十七日　平成二四年度医療基礎研究会

地方裁判所又は家庭裁判所の判事補を対象に、医療現場の実状、医療関係訴訟の運営等についての研究会を、二月二七日から三月一日まで司法研修所において実施。

平成二四年度知的財産権基礎研究会

地方裁判所又は家庭裁判所の判事補を対象に、知的財産権訴訟の審理、運営についての研究会を、二月二七日から三月一日まで司法研修所において実施。

三月

二日　大阪高等裁判所長官佐々木茂美　定年退官

四日　家事の首席書記官及び少年の首席書記官を置く家庭裁判所の指定の取消しについて（最高裁総一第一四九号高等裁判所長官、地方・家庭裁判所長あて総務局長通知）

三月三一日限り取消。

静岡家庭裁判所及び新潟家庭裁判所について、家事の首席書記官及び少年の首席書記官を置く家庭裁判所の指定が取り消されることを通知したもの。

民事の次席書記官及び刑事の次席書記官を置く高等裁判所等の指定並びに次席書記官の員数について（最高裁総一第一五〇号高等裁判所長官、地方・家庭裁判所長あて総務局長通知）

四月一日から実施。

静岡家庭裁判所及び新潟家庭裁判所に置く次席書記官の員数が各一人と定められたことを通知し、併せて静岡家庭裁判所及び新潟家庭裁判所を除く他の指定庁について指定等の通知をし直したもの。

民事の訟廷副管理官を置く高等裁判所等の指定について（最高裁総一第一五一号高等裁判所長官、地方・家庭裁判所長あて総務局長通知）

四月一日から実施。

民事の訟廷副管理官を置く高等裁判所として、大阪高等裁判所が新たに指定され、民事の訟廷副管理官を置く地方裁判所として、千葉地方裁判所、京都地方裁判所及び広島地方裁判所が新たに指定され、家事の訟廷副管理官を置く家庭裁判所として、千葉家庭裁判所、福岡家庭裁判所及び札幌家庭裁判所が新たに指定されたもの。

五日　広島高等裁判所長官永井敏雄　大阪高等裁判所長官に補する

東京家庭裁判所長西岡清一郎　高等裁判所長官に任命する　広島高等裁判所長官に補する

最高裁判所第一小法廷決定――本位的訴因を否定し予備的訴因を認定した第一審判決に対し検察官が控訴の申立てをしなかった場合に、控訴審が職権調査により本位的訴因について有罪の自判をすることが違法であるとされた事例（平成二四年(あ)第五一二号）

（要旨）本位的訴因とされた賭博開張図利の共同正犯は認定できないが、予備的訴因とされた賭博開張図利の幇助犯は認定できるとした第一審判決に対し、検察官が控訴の申立てをしなかった場合に、控訴審が職権により本位的訴因について調査を加えて有罪の自判をすることは、職権の発動として許される程度を超えるものであり、違法である。

六日　平成二四年度税務・会計基礎研究会

地方裁判所又は家庭裁判所の判事補を対象に、税務・会計の基礎理論及び実務並びに租税事件の現状と課題等についての研究会を、三月六日から三月八日まで司法研修所において実施。

八日　判事栃木力　法制審議会臨時委員を免ずる

法制審議会新時代の刑事司法制度特別部会（諮問第九二号関係）第二作業分科会（第一回）

犯罪被害者等及び証人を支援・保護するための方策の拡充、公判廷に顕出される証拠が真正なものであることを担保するための方策等について審議した。

十一日　東日本大震災二周年追悼式

午後二時三〇分から国立劇場で挙行され、最高裁判所長官竹崎博允が追悼の辞を述べ、最高裁判所判事田原睦夫らが参列した。

十三日　西松建設違法献金及び陸山会事件控訴審判決（東京高等裁判所）

控訴棄却。

被告人二名（確定）。

被告人一名につき弁護人上告申立て。

（平成二三年九月二六日の項参照）

十四日　成年被後見人選挙権確認訴訟第一審判決（東京地方裁判所）

本件は、成人の日本国民であり、後見開始の審判を受けて成年被後見人となった原告が、成年被後見人は選挙権を有しないと定めた公職選挙法の規定が憲法に違反し無効であるとして、原告が次回の衆議院議員及び参議院議員の選挙において投票することができる地位にあることの確認を求めたものである。

本判決は、成年被後見人は選挙権を有しないと定めた公職選挙法（平成二五年法律第二一号による改正前のもの）一一条一項一号は、憲法一五条一項及び三項、四三条一項並びに四四条ただし書に違反し無効であるとして、原告の請求を認容した。

十五日　法制審議会第一六九回総会

刑事法（自動車運転に係る死傷事犯関係）部会長から、諮問第九六号について、同部会において決定された、「諮問第九六号に関する要綱案」に関する審議結果等の報告がされた。審議・採決の結果、同要綱案は、賛成多数で原案どおり採択され、直ちに法務大臣に答申することとされた。

最高裁判所第一小法廷決定――裁判員の参加する刑事裁判に関する法律三五条一項の異議の申立てと裁判員等選任手続の停止（平成二五年(し)第一一〇号）

（要旨）裁判員の参加する刑事裁判に関する法律三五条一項の異議の申立てがされても、裁判員等選任手続は停止されない。

十六日　神戸家庭裁判所判事播磨俊和及び横浜家庭裁判所横須賀支部主任書記官池田隆は、第六回家族法と子どもの人権世界会議（オーストラリア連邦）への出席等のため出張（三月二三日帰国）

十八日　「課に置く係について」の一部改正について（最高裁総一第二八四号高等裁判所長官、地方・家庭裁判所長あて総務局長依命通達）

四月一日から実施。

東京地方裁判所の用度課の運輸係を三月三一日限りで廃止し、四月一日から東京地方裁判所本庁及び東京家庭裁判所本庁については運輸事務の全てについて、東京地方裁判所立川支部及び東京家庭裁判所立川支部については運輸事務のうち自動車の配車に関する事務以外の運輸事務について、それぞれ東京高等裁判所へ集約するもの。

最高裁判所第一小法廷決定――刑訴法三一六条の一七と自己に不利益な供述の強要（平成二四年(あ)第一九九号）

（要旨）刑訴法三一六条の一七は、自己に不利益な供述を強要するものとはいえない。

十九日　法制審議会新時代の刑事司法制度特別部会（諮問第九二号関係）第一作業分科会（第一回）

通信傍受の合理化・効率化のための技術的措置に関して、ヒアリングが実施され、引き続き、被疑者・被告人の身柄拘束の在り方について審議した。

名古屋高等裁判所金沢支部、金沢地方・家庭・簡易裁判所合同庁舎改築

福島地方・家庭・簡易裁判所合同庁舎改築

二十一日　東京大学大学院法学政治学研究科教授井上正仁、京都大学大学院法学研究科教授酒巻匡、中央大学法務研究科・法学部教授椎橋隆幸　最高裁判所刑事規則制定諮問委員会委員に任命する

札幌高等裁判所長官山崎恒　願に依り本官を免ずる

東京高等裁判所判事大橋寛明　高等裁判所長官に任命する　札幌高等裁判所長官に補する

二十五日　オランダ王国最高裁判所長官最高裁判所訪問

オランダ王国最高裁判所長官ヘラルドゥス・コルステンス氏は、最高裁判所の招へいにより最高裁判所長官竹崎博允を表敬訪問し、最高裁判所判事と懇談した。

二十六日　滞納処分と強制執行等との手続の調整に関する規則の一部を改正する規則公布（最高裁判所規則第二号）

七月一日から施行。

租税特別措置法等の一部を改正する法律（平成二四年法律第一六号）の一部の施行に伴い、所要の整備を行ったもの。

最高裁判所第三小法廷判決——一　建築士の設計に係る建築物の計画についての建築主事による建築確認が国家賠償法一条一項の適用上違法となる場合　二　一級建築士により構造計算書に偽装が行われていた建築物の計画についての建築主事による建築確認が国家賠償法一条一項の適用上違法となるとはいえないとされた事例（平成二二年(受)第二一〇一号）

（要旨）

一　建築士の設計に係る建築物の計画についての建築主事による建築確認は、当該計画の内容が建築基準関係規定に明示的に定められた要件に適合しないものであるときに、申請書類の記載事項における誤りが明らかで、当該事項の審査を担当する者として他の記載内容や資料と符合するか否かを当然に照合すべきであったにもかかわらずその照合がされなかったなど、建築主事が職務上通常払うべき注意をもって申請書類の記載を確認していればその記載から当該計画の建築基準関係規定への不適合を発見することができたにもかかわらずその注意を怠って漫然とその不適合を看過した結果当該確認を行ったと認められる場合に、国家賠償法一条一項の適用上違法となる。

二　一級建築士により構造計算書に次の㈠ア～ウの偽装が行われていた建築物の計画に係る建築主

事による建築確認は、次の㈡ア～ウなど判示の事情の下においては、国家賠償法一条一項の適用上違法となるとはいえない。

㈠ア　開口部が広くつなぎ梁がぜい弱である耐震壁につき、本来の二枚ではなく一枚の耐震壁としてモデル化して応力の計算がされていた。

イ　一階の剛性率は、一〇分の六以上ではなかったのに、一〇分の六以上とされていた。

ウ　耐力壁の断面の検討における設計用せん断力につき、当該構造計算書で用いられている国土交通大臣の認定等を受けたプログラムによる応力解析結果と異なる何の根拠もない数値が手作業で入力されていた。

㈡ア　当時の建築基準関係規定には、建築物のモデル化の在り方や内容に関する定めがなかった。

イ　一階の剛性率は、適切な入力データに基づき右記プログラムにより計算された結果として記載されていた。

ウ　国土交通大臣の認定等を受けたプログラムは一〇〇種類以上あってその種類や追加機能の有無により手作業で入力すべき項目の範囲等が多種多様である上、当該構造計算書における右記プログラムの出力結果は膨大なものであり手作業で入力された数値も相当多岐にわたっていた。

消費者の財産被害に係る行政手法研究会（第一六回）

二十八日

これまでの議論を整理し、多数の消費者（被害者）に財産被害を与えた場合に考えられる制度・手法等について審議した。

最高裁判所第一小法廷決定――一　監護親に対し非監護親が子と面会交流をすることを許さなければならないと命ずる審判に基づき間接強制決定をすることができる場合　二　監護親に対し非監護親が子と面会交流をすることを許さなければならないと命ずる審判に基づき間接強制決定をすることができるとされた事例（平成二四年(許)第四八号）

（要旨）

一　監護親に対し非監護親が子と面会交流をすることを許さなければならないと命ずる審判において、面会交流の日時又は頻度、各回の面会交流時間の長さ、子の引渡しの方法等が具体的に定められているなど監護親がすべき給付の特定に欠けるところがないといえる場合は、右記審判に基づき監護親に対し間接強制決定をすることができる。

二　監護親に対し非監護親が子と面会交流をすることを許さなければならないと命ずる審判において、次の㈠、㈡のとおり定められているなど判示の事情の下では、監護親がすべき給付の特定に欠けるところはないといえ、右記審判に基づき監護親に対し間接強制決定をすることができる。

㈠　面会交流の日程等は、月一回、毎月第二土曜日の午前一〇時から午後四時までとし、場所は、子の福祉を考慮して非監護親の自宅以外の非監護親が定めた場所とする。

㈡　子の受渡場所は、監護親の自宅以外の場所とし、当事者間で協議して定めるが、協議が調わないときは、所定の駅改札口付近とし、監護親は、面会交流開始時に、受渡場所において子を非監護親に引き渡し、子を引き渡す場面のほかは、面会交流に立ち会わず、非監護親は、面会交流終了時に、受渡場所において子を監護親に引き渡す。

三十一日　知的財産高等裁判所判事小田真治は、第二一回フォーダム大学ロースクール主催国際シンポジウム（アメリカ合衆国）への出席等のため出張（四月七日帰国）

四月

一日　東京家庭裁判所長小川正持　法制審議会臨時委員を免ずる

判事角田正紀　法制審議会臨時委員に任命する（新時代の刑事司法制度特別部会）

平成二五年度民間企業長期研修

アイシン精機株式会社　四月一日から平成二六年三月三一日まで　参加者一人。

味の素株式会社　四月一日から平成二六年三月三一日まで　参加者一人。

出光興産株式会社　四月一日から平成二六年三月三一日まで　参加者一人。

花王株式会社　四月一日から平成二六年三月三一日まで　参加者一人。

株式会社小松製作所　四月一日から平成二六年三月三一日まで　参加者一人。

株式会社島津製作所　四月一日から平成二六年三月三一日まで　参加者一人。

積水化学工業株式会社　四月一日から平成二六年三月三一日まで　参加者一人。

ＴＯＴＯ株式会社　四月一日から平成二六年三月三一日まで　参加者一人。

西日本鉄道株式会社　四月一日から平成二六年三月三一日まで　参加者一人。
株式会社日立製作所　四月一日から平成二六年三月三一日まで　参加者一人。
株式会社三井住友銀行　四月一日から平成二六年三月三一日まで　参加者一人。
株式会社三菱東京ＵＦＪ銀行　四月一日から平成二六年三月三一日まで　参加者一人。

平成二五年度日本銀行研修

四月一日から平成二六年三月三一日まで　参加者一人。

八日　平成二五年度弁護士任官者実務研究会

弁護士から任官又は任官予定の判事又は判事補を対象に、裁判官としての導入研修を、四月八日に司法研修所において実施。

九日　静岡地方裁判所長林道晴　最高裁判所図書館委員会委員を免ずる

最高裁判所事務総局経理局長垣内正　最高裁判所図書館委員会委員を命ずる

十日　法曹養成制度検討会議（第一二回）

法曹有資格者の活動領域の在り方、今後の法曹人口の在り方及び法曹養成制度の在り方について、これまでの議論状況を踏まえた一定の方向性を示すものとして、中間的取りまとめが行われた。

裁判官弾劾裁判所の華井俊樹判事補に対する罷免判決

裁判官弾劾裁判所は、大阪地方裁判所判事補華井俊樹に対し、左記の要旨により、同人を罷免する旨の判決を宣告した。同人は、最高裁判所長官により、弾劾による罷免の事由があるとして、裁判官訴追委員会に対し、罷免の訴追をすべきことを求められていたものである。

記

被訴追者は、平成二四年八月二九日午前八時三〇分頃、大阪府寝屋川市内を走行中の電車内において、乗客の女性に対し、録画状態にした携帯電話機を右手に持って同女の背後からそのスカートの下に差し入れ、同スカート内の下着を動画撮影し、もって、人を著しくしゅう恥させ、かつ、人に不安を覚えさせるような方法で、公共の乗物における衣服等で覆われている人の下着を撮影した。

十一日　平成二五年度刑事実務研究会（第一回）

高等裁判所又は地方裁判所で刑事事件を担当する判事又は判事補を対象に、裁判員裁判の実務上の諸問題等についての研究会を、四月一一日から四月一二日まで司法研修所において実施。

十二日　最高裁判所第三小法廷判決――一　医療用医薬品について製造物責任法二条二項にいう「通常有すべき安全性」が確保されるために必要な情報とその提供方法　二　医療用医薬品について製造物責任法二条二項にいう「通常有すべき安全性」が確保されるために必要な添付文書の副作用に係る記載の適否を判断する際に考慮すべき事情及びその判断の観点（平成二四年(受)第二九三号）

（要旨）

一　医療用医薬品について製造物責任法二条二項にいう「通常有すべき安全性」が確保されるためには、その引渡し時点で予見し得る副作用に係る情報が添付文書に適切に記載されているべきである。

二　医療用医薬品について製造物責任法二条二項にいう「通常有すべき安全性」が確保されるために必要な、その添付文書における副作用に係る情報の記載の適否は、当該医療用医薬品の引渡し時点で予見し得る副作用の内容ないし程度（その発現頻度を含む。）、その効能又は効果から通常想定される処方者ないし使用者の知識及び能力、右記添付文書における副作用に係る記載の形式ないし体裁等の諸般の事情を総合考慮して、右記予見し得る副作用の危険性が右記処方者等に十分明らかにされているといえるか否かという観点から判断すべきである。

十五日

最高裁判所第三小法廷決定――刑法二〇八条の二第一項前段の危険運転致死傷罪の正犯者である職場の後輩がアルコールの影響により正常な運転が困難な状態であることを認識しながら、車両の発進を了解し、同乗して運転を黙認し続けた行為について、同罪の幇助罪が成立するとされた事例（平成二三年(あ)第二二四九号）

（要旨）刑法二〇八条の二第一項前段の危険運転致死傷罪の正犯者において、自動車を運転するに当たって、職場の先輩で同乗している被告人両名の意向を確認し、了解を得られたことが重要な契機となっている一方、被告人両名において、正犯者がアルコールの影響により正常な運転が困難な状態であることを認識しながら、同車発進に了解を与え、その運転を制止することなくそのまま同車に同乗してこれを黙認し続け、正犯者が危険運転致死傷の犯行に及んだという本件事実関係の下では、被告人両名の行為について、同罪の幇助罪が成立する。

十六日

最高裁判所第三小法廷判決――公害健康被害の補償等に関する法律四条二項に基づく水俣病の認定の申請を棄却する処分の取消訴訟における審理及び判断の方法（平成二四年(行ヒ)第二四五号）

（要旨）公害健康被害の補償等に関する法律四条二項に基づく水俣病の認定の申請を棄却する処分の取消訴訟における裁判所の審理及び判断は、処分行政庁の判断の基準とされた運用の指針に現在の最新の医学水準に照らして不合理な点があるか否か、公害健康被害認定審査会の調査審議及び判断の過程に看過し難い過誤、欠落があってこれに依拠してされた処分行政庁の判断に不合理な点があるか否かといった観点から行われるべきものではなく、経験則に照らして個々の事案における諸般の事情と関係証拠を総合的に検討し、個々の具体的な症候と原因物質との間の個別的な因果関係の有無等を審理の対象として、申請者につき水俣病のり患の有無を個別具体的に判断すべきものである。

最高裁判所第三小法廷決定――覚せい剤を密輸入した事件について、被告人の故意を認めながら共謀を認めずに無罪とした第一審判決には事実誤認があるとした原判決に、刑訴法三八二条の解釈適用の誤りはないとされた事例（平成二四年(あ)第一一六七号）

（要旨）覚せい剤を密輸入した事件について、被告人の故意を認めながら共謀を認めずに無罪とした第一審判決には事実誤認があるとした原判決は、被告人が、犯罪組織関係者から日本に入国して輸入貨物を受け取ることを依頼され、その中に覚せい剤が隠匿されている可能性を認識しながらこれを引き受けたという事実関係の下では、特段の事情がない限り、覚せい剤輸入の故意だけでなく共謀をも認定するのが相当である旨を具体的に述べた上、本件では、特段の事情がなく、むしろ共謀を裏付ける事情があるとしており、第一審判決の事実認定が経験則に照らして不合理であることを具体的に示したものということができ、刑訴法三八二条の解釈適用の誤りはない。

十七日　平成二五年度簡易裁判所判事実務研究会

簡易裁判所判事（司法修習終了者を除く。）を対象に、民事・刑事の事件処理に関する諸問題についての研究会を、四月一七日から四月一九日まで司法研修所において実施。

十八日　札幌高等裁判所長官大橋寛明　下級裁判所裁判官指名諮問委員会委員を免ずる

判事大竹たかし　下級裁判所裁判官指名諮問委員会委員に任命する

法制審議会新時代の刑事司法制度特別部会（諮問第九二号関係）第二作業分科会（第二回）

公判廷に顕出される証拠が真正なものであることを担保するための方策等のうち被告人の虚偽供述に対する制裁について及び証拠開示制度のうち証拠の一覧表の交付について審議した。

二十一日　判事鈴木健太　司法修習委員会委員に任命する

二十二日　さいたま地方検察庁検事正中井國緒　下級裁判所裁判官指名諮問委員会地域委員会（福岡に置かれるもの）地域委員を免ずる

福岡地方検察庁検事正飯倉立也　下級裁判所裁判官指名諮問委員会地域委員会（福岡に置かれるもの）地域委員に任命する

判事佐久間邦夫　下級裁判所裁判官指名諮問委員会地域委員会（札幌に置かれるもの）地域委員を免

ずる

二十五日　札幌地方裁判所長奥田正昭　下級裁判所裁判官指名諮問委員会地域委員会（札幌に置かれるもの）地域委員に任命する

最高裁判所判事田原睦夫　定年退官

法制審議会新時代の刑事司法制度特別部会（諮問第九二号関係）第一作業分科会（第二回）

取調べの録音・録画制度について審議した。

二十六日　弁護士木内道祥　最高裁判所判事に任命する

消費者の財産被害に係る行政手法研究会（第一七回）

これまでの議論を整理し、多数の消費者（被害者）に財産被害を与えた場合に考えられる制度・手法等について審議した。

公職選挙法の一部を改正する法律公布（法律第一〇号）

五月二六日から施行。

選挙運動期間における候補者に関する情報の充実、有権者の政治参加の促進等を図るため、インターネット等を利用する方法による選挙運動を解禁するとともに、解禁された選挙運動を逸脱した行為に対する罰則規定の整備等を行うなどしたもの。

二十九日　平成二五年春の叙勲において、最高裁判所所管の分野では

旭日大綬章

元最高裁判所判事那須弘平
元最高裁判所判事宮川光治
瑞宝重光章
元札幌高等裁判所長官大山隆司
ほか九二人が叙勲された。
また、特別功労のある調停委員三六人に対し、藍綬褒章が授与された。

五月

一日　憲法週間（七日まで）

七日　最高裁判所判事大橋正春　最高裁判所判例委員会委員を命ずる

十三日　中央大学大学院法務研究科教授高橋宏志　最高裁判所家庭規則制定諮問委員会委員に任命する

十六日　裁判所職員定員法の一部を改正する法律公布・施行（法律第一六号）
裁判所職員定員法中判事一、八五七人を一、八八九人に、裁判官以外の裁判所職員二二、〇五九人を二二、〇二六人に改めたもの。
法制審議会新時代の刑事司法制度特別部会（諮問第九二号関係）第一作業分科会（第三回）
刑の減免制度、捜査・公判協力型協議・合意制度及び刑事免責制度について審議した。

十七日　判事豊澤佳弘　最高裁判所家庭規則制定諮問委員会委員を免ずる
最高裁判所事務総局家庭局長岡健太郎　最高裁判所家庭規則制定諮問委員会委員に任命する

十九日　東京地方裁判所判事金澤秀樹及び同日置朋弘は、第一〇回国際倒産についての国際裁判官会議等（オランダ王国）への出席のため出張（五月二一日帰国。ただし日置判事は五月二四日帰国）

司法研修所長安井久治　最高裁判所図書館委員会委員を命ずる　司法修習委員会委員に任命する

判事岸日出夫、同伊藤寿、検事畑野隆二、弁護士天海義彦、同谷眞人　司法修習生考試委員会委員の委嘱を解く

司法研修所教官竹内努、同吉井隆平、同山口英幸、同永野剛志、同設楽あづさ　司法修習生考試委員会委員を委嘱する

二十一日　法制審議会新時代の刑事司法制度特別部会（諮問第九二号関係）第二作業分科会（第三回）

自白事件を簡易迅速に処理するための手続の在り方、被疑者国選弁護制度の在り方、犯罪被害者等及び証人を支援・保護するための方策の拡充について審議した。

二十二日　平成二五年度支部長研究会

地方裁判所又は家庭裁判所の支部長を対象に、支部の運営及び裁判所の当面する諸問題等についての研究会を、五月二二日から五月二四日まで司法研修所において実施（一部裁判所職員総合研修所と合同実施）。

二十三日　法制審議会新時代の刑事司法制度特別部会（諮問第九二号関係）第一作業分科会（第四回）

通信・会話傍受及び被疑者・被告人の身柄拘束の在り方について審議した。また、これまでの検討につき、次回部会に報告することを決定した。

二十六日　最高裁判所判事千葉勝美、同横田尤孝、同大橋正春　司法修習生考試委員会委員を委嘱する

二十八日　法制審議会民法（債権関係）部会（諮問第八八号関係第七二回）

規定の配置について審議した。

二十九日　平成二五年度民事訴訟運営実務研究会

地方裁判所で民事事件を担当する判事又は判事補を対象に、民事訴訟運営の方法、中堅裁判官としての在り方等についての研究会を、五月二九日から五月三一日まで司法研修所において実施（一部裁判所職員総合研修所と合同実施）。

三十一日　成年被後見人の選挙権の回復等のための公職選挙法等の一部を改正する法律公布（法律第二一号）

七月一日から施行。

公職選挙法第一一条第一項第一号を削除し、成年後見制度を利用しても、成年被後見人の選挙権及び被選挙権は失われないこととしたもの。

六　月

一　日　早稲田大学大学院法務研究科教授伊藤眞　最高裁判所家庭規則制定諮問委員会委員に任命する

名古屋地方裁判所長片山俊雄　下級裁判所裁判官指名諮問委員会地域委員会（名古屋に置かれるもの）地域委員に任命する

二　日　最高裁判所事務総局総務局長戸倉三郎　最高裁判所民事規則制定諮問委員会委員に任命する　同刑事規則制定諮問委員会委員に任命する　同家庭規則制定諮問委員会委員に任命する　同図書館委員会委

員を命ずる

三　日　平成二五年度司法修習生指導担当者協議会

司法修習生の指導に関する諸問題について、各配属庁会の修習指導担当者と司法研修所教官が協議し連絡を図る協議会を、東京（立川支部を含む。）・横浜・さいたま・千葉・水戸・宇都宮・前橋・静岡・甲府・長野・新潟・名古屋・岐阜・金沢・富山・仙台・福島・山形・盛岡・秋田・青森・札幌・函館・旭川・釧路の各配属庁会は六月三日、大阪・京都・神戸・奈良・大津・和歌山・津・福井・広島・山口・岡山・鳥取・松江・福岡・佐賀・長崎・大分・熊本・鹿児島・宮崎・那覇・高松・徳島・高知・松山の各配属庁会は六月一〇日、いずれも司法研修所において開催。

消費者の財産被害に係る行政手法研究会（第一八回）

これまでの議論を整理し、多数の消費者（被害者）に財産被害を与えた場合に考えられる制度・手法等について審議し、最終報告書の取りまとめを行った。

法制審議会新時代の刑事司法制度特別部会（諮問第九二号関係）第二作業分科会（第四回）

犯罪被害者等及び証人を支援・保護するための方策の拡充、証拠開示制度について審議した。また、これまでの検討につき、次回部会に報告することを決定した。

四　日　平成二五年度簡易裁判所判事基礎研究会

平成二三年度新任簡易裁判所判事研修の終了者を対象に、民事事件、刑事事件の実務及び裁判官の在り方等についての研究会を、六月四日から六月七日まで司法研修所において実施。

平成二四年度司法研究（民事）報告会

司法研究所において開催。研究報告者一〇人。

竹崎長官にフランス共和国勲章贈与

フランス共和国オランド大統領及びトリエルヴェレール女史訪日に際し、最高裁判所長官竹崎博允に同国国家功労勲章大十字型（グラン・クロワ）章が贈与された。

五日　東日本大震災に係る原子力損害賠償紛争についての原子力損害賠償紛争審査会による和解仲介手続の利用に係る時効の中断の特例に関する法律公布・施行（法律第三二号）及び同法第二条の理由を定める政令公布・施行（政令第一七二号）

東日本大震災に係る原子力損害賠償紛争について、原子力損害賠償紛争審査会が和解の仲介によっては申立てに係る紛争が解決される見込みがないことを理由に和解の仲介を打ち切った場合において、当該和解の仲介の申立てをした者が、その旨の通知を受けた日から一月以内に当該和解の仲介の目的となった訴えを提起したときは、時効の中断に関しては、当該和解の仲介の申立時に、訴えの提起があったものとみなされるというもの。

六日　弁護士若柳善朗、同川島志保　最高裁判所家庭規則制定諮問委員会委員を免ずる

外務事務官新美潤、弁護士大谷美紀子、同相原佳子　最高裁判所家庭規則制定諮問委員会委員に任命する

十日　平成二五年度報道機関研修

株式会社産業経済新聞社　六月一〇日から六月二一日まで　参加者二人。
株式会社読売新聞社　六月一〇日から六月二一日まで　参加者二人。

十一日　平成二五年度判事補基礎研究会

平成二二年八月又は一二月に司法修習を終え、判事補に任命された者（現行第六三期及び新第六三期）を対象に、執行事件、保全事件、令状事件等に関する裁判実務についての研究会を、六月一一日から六月一四日まで司法研修所において実施。

十二日　犯罪被害者等の権利利益の保護を図るための刑事手続に付随する措置に関する法律及び総合法律支援法の一部を改正する法律公布（法律第三三号）

一二月一日から施行。

公判期日又は公判準備に出席した被害者参加人に対し国が被害者参加旅費等を支給する制度を創設するとともに、これに関する事務を日本司法支援センターに行わせることとするほか、裁判所に対する被害者参加弁護士の選定の請求に係る資力要件を緩和したもの。

十四日　道路交通法の一部を改正する法律公布（法律第四三号）

平成二六年六月一日から施行。ただし、一部の規定については平成二五年一二月一日、平成二六年九月一日及び平成二七年六月一日から施行。

自動車等の安全な運転に支障を及ぼすおそれがある病気にかかっている者等の的確な把握及び負担の軽減を図るため、運転免許を受けようとする者に対する質問に関する規定等の整備を行うほか、無免許運転等に係る罰則の強化、自転車の運転による交通の危険を防止するための講習の導入等を行ったもの。

法制審議会新時代の刑事司法制度特別部会（諮問第九二号関係第二〇回）

各作業分科会におけるこれまでの検討を踏まえて審議した。また、各作業分科会において、分担する各検討事項について更に検討を進め、それを踏まえ、次回会議において審議することを決定した。

十七日

仙台高等裁判所長官一宮なほみ　願に依り本官を免ずる

横浜地方裁判所長倉吉敬　高等裁判所長官に任命する　仙台高等裁判所長官に補する

十八日

法制審議会民法（債権関係）部会（諮問第八八号関係第七三回）

保証、弁済による代位について審議した。

最高裁判所第三小法廷決定――少年の被疑事件につき一旦は嫌疑不十分を理由に不起訴処分にするなどしたため家庭裁判所の審判を受ける機会が失われた後に事件を再起訴してした公訴提起が無効であるとはいえないとされた事例（平成二三年(あ)第二〇三二号）

（要旨）犯行時一六歳の少年の業務上過失傷害被疑事件について、検察官への事件送致までに約二年一一か月を要したうえ、一旦は嫌疑不十分を理由に不起訴処分（家庭裁判所へ送致しない処分）とされたため、被疑者が成人に達して家庭裁判所で審判を受ける機会が失われたとしても、運転者の特定に日時を要し、検察官が嫌疑不十分と判断し不起訴処分にしたのもやむを得ないなどの事情がある場合には、その後に事件を再起訴してした公訴提起が無効であるとはいえない。

一宮なほみ人事官宣誓

精神保健及び精神障害者福祉に関する法律の一部を改正する法律公布（法律第四七号）

平成二六年四月一日から施行。ただし、一部は平成二八年四月一日から施行。

精神障害者の地域における生活への移行を促進する精神障害者に対する医療を推進するため、保護者の制度の廃止とあわせて、医療保護入院における移送及び入院の手続並びに医療保護入院者の退院による地域における生活への移行を促進するための措置の整備を行うとともに、厚生労働大臣による精神障害者に対する医療の提供の確保に関する指針の制度を設ける等の措置を講ずるもの。

十九日

国際的な子の奪取の民事上の側面に関する条約の実施に関する法律公布（法律第四八号）

平成二六年四月一日から施行。

国際的な子の奪取の民事上の側面に関する条約の締結に伴い、その的確な実施を確保するため、子の返還に関する事件の手続及び面会その他の交流についての家事審判及び家事調停の手続に関する特則並びに子の返還の執行手続に関する民事執行法の特則等を定めたもの。

刑法等の一部を改正する法律公布（法律第四九号）

平成二八年六月一日から施行。ただし、一部の規定については、平成二七年六月一日から施行。

刑の一部の執行を猶予することを可能とする制度を導入するとともに、保護観察等の充実強化を図るため、地域社会の利益の増進に寄与する社会的活動を行うことを保護観察の特別遵守事項に加えたほか、規制薬物等に対する依存がある者に対する保護観察の特則を定める等したもの。

薬物使用等の罪を犯した者に対する刑の一部の執行猶予に関する法律公布（法律第五〇号）

平成二八年六月一日から施行。

刑事施設における処遇に引き続き保護観察処遇を実施することにより、薬物使用等の罪を犯した者が再び犯罪をすることを防ぐため、これらの者に対する刑の一部の執行猶予に関し、その言渡しをすることができる者の範囲及び猶予の期間中の保護観察等について刑法の特則を定めたもの。

高等裁判所長官、地方裁判所長及び家庭裁判所長会同

六月一九日、二〇日の両日、最高裁判所において開催。

協議事項

一　当面の司法行政上の諸問題について

二　その他

二十日　専修大学法学部教授小川浩三、京都大学大学院法学研究科教授酒巻匡　最高裁判所図書館委員会委員を委嘱する

二十一日　一般職の職員の給与に関する法律の一部を改正する法律公布（法律第五二号）

平成二六年一月一日から施行。

五五歳を超える職員について、その者の勤務成績が標準である場合には昇給を行わないこととしたもの。

災害対策基本法等の一部を改正する法律公布・施行（法律第五四号）

ただし、一部は平成二五年一〇月一日又は平成二六年四月一日から施行。

特定非常災害の被災者である相続人について、相続の承認又は放棄をすべき期間の末日が特定非常災害発生日以後政令で定める日の前日までに到来する場合は、その期間を当該政令で定める日まで伸長する。東日本大震災に伴う相続の承認又は放棄をすべき期間に係る民法の特例に関する法律（平成二三年法律第六九号）と同旨の規定を設ける等したもの。

二十四日　平成二五年度刑事実務研究会（第二回）

高等裁判所又は地方裁判所で刑事事件を担当する判事又は判事補を対象に、裁判員裁判の実務上の諸問題等についての研究会を、六月二四日から六月二五日まで司法研修所において実施。

二十五日　弁護士北山元章、公益社団法人日本産婦人科医会会長木下勝之、公益財団法人がん研究会有明病院メディカルディレクター武藤徹一郎、順天堂大学大学院医学研究科長・医学部長新井一、国立成育医療研究センター総長・理事長五十嵐隆、国際医療福祉大学三田病院病院長小川聡　医事関係訴訟委員会委員に任命する

二十六日　大規模な災害の被災地における借地借家に関する特別措置法公布（法律第六一号）

九月二五日から施行。

大規模な災害の被災地において、掲示をしなくても借地権の対抗力を認める制度、借地人による借地契約の解約を容易にする制度その他大規模な災害により借地上の建物が滅失した場合における

借地人の保護のための制度等の創設を目的とするもの。

被災区分所有建物の再建等に関する特別措置法の一部を改正する法律公布・施行（法律第六二号）

大規模な災害により区分所有建物が重大な被害を受けた場合や滅失した場合に、区分所有建物及びその敷地について、必要な処分を多数決により行うことを可能とする特別の措置を定めるもの。

京都家庭裁判所長河野清孝　最高裁判所家庭規則制定諮問委員会委員を免ずる

判事秋吉仁美　最高裁判所家庭規則制定諮問委員会委員に任命する

法曹養成制度検討会議（第一六回）

中間的取りまとめに対し、パブリックコメントを求める手続を経て、さらに議論がなされ、取りまとめが行われた。概要は左のとおり。

第一　法曹有資格者の活動領域の在り方

企業や国・地方自治体における活動領域の拡大、福祉分野などにおける活動領域の開拓、海外展開の促進

第二　今後の法曹人口の在り方

引き続き法曹人口を増加させる必要があることの確認、司法試験の年間合格者数を三〇〇〇人程度とした数値目標の撤回

第三　法曹養成制度の在り方

一　法科大学院を中核とする「プロセス」としての法曹養成の理念の堅持

二　貸与制を前提とした、司法修習生に対する経済的支援（分野別実務修習開始に当たって実務修習地へ転居を要する者本人に対する移転料の支給等）の実施

三　法科大学院について、教育の質の向上、定員削減及び統廃合などの組織見直しとその促進のための法的措置の検討、公的（財政的、人的）支援の見直し方策の更なる強化、法科大学院浮揚に向けた総合的方策の展開

四　司法試験について、受験回数制限の緩和、試験科目の削減、予備試験制度見直しの検討

五　司法修習について、導入的教育や選択型実務修習を含めた司法修習内容の更なる充実

六　継続教育の充実

第四　残された課題を検討するための体制整備

平成二五年度部総括裁判官研究会

地方裁判所又は家庭裁判所の部総括判事を対象に、部の運営及び裁判所の当面する諸問題等についての研究会を、六月二六日から六月二八日まで司法研修所において実施。

二十七日

摂南大学理工学部建築学科教授上谷宏二、一般財団法人日本建築防災協会理事長岡田恒男、椙山女学園大学生活科学部教授小野徹郎、弁護士金子光邦、東京工業大学名誉教授仙田満、日本大学名誉教授平山善吉、明海大学名誉教授松本光平、東京大学名誉教授安岡正人、弁護士・東洋大学法科大学院教授田中信義　建築関係訴訟委員会委員に任命する

弁護士・東洋大学法学部教授大森文彦、東京大学名誉教授坂本功、元東京都立大学工学部建築学科教

二十八日　授山本康弘　建築関係訴訟委員会特別委員を免ずる　同委員会委員に任命する
日本大学理工学部大学院講師関沢勝一、株式会社東京建築研究所代表取締役山口昭一　建築関係訴訟委員会特別委員を免ずる
食品表示法公布（法律第七〇号）
一部の規定を除き、平成二七年四月一日から施行。
食品衛生法、農林物資の規格化及び品質表示の適正化に関する法律及び健康増進法の食品表示に関する規定を統合し、販売の用に供する食品表示に関する表示について、基準の策定、不適正な表示に対する措置その他の必要な事項を定めたもの。

七　月

一　日　平成二五年度裁判基盤研究会（第一回）
高等裁判所、地方裁判所又は家庭裁判所の判事を対象に、生命科学、再生医療等についての研究会を、七月一日から七月三日まで司法研修所において実施。

三　日　配偶者からの暴力の防止及び被害者の保護に関する法律の一部を改正する法律公布（法律第七二号）
平成二六年一月三日から施行。

生活の本拠を共にする交際相手からの暴力及びその被害者について準用する規定等を設けるもの。

六　日　東京高等裁判所長官吉戒修一　定年退官

八日　名古屋高等裁判所長官山崎敏充　東京高等裁判所長官に補する

東京地方裁判所長岡田雄一　高等裁判所長官に補する　名古屋高等裁判所長官に補する

九日　今田幸子、株式会社日本総合研究所理事翁百合、早稲田大学総長鎌田薫、京都大学大学院法学研究科教授酒巻匡、東京医科歯科大学大学院医歯学総合研究科研究開発学教授高瀬浩造、中央大学大学院法務研究科教授高橋浩志　司法修習委員会委員に任命する

十一日　民事の次席書記官及び刑事の次席書記官を置く高等裁判所等の指定並びに次席書記官の員数について（最高裁総一第七九一号高等裁判所長官、地方・家庭裁判所長あて総務局長通知）

八月一日から実施。

東京家庭裁判所に置く家事の次席書記官の員数が三人と定められたこと及び水戸家庭裁判所に置く次席書記官の員数が一人と定められたことを通知し、併せて東京家庭裁判所及び水戸家庭裁判所を除く他の指定庁について指定等の通知をし直したもの。

十二日　裁判の迅速化に関する法律（平成一五年法律第一〇七号）に基づき、第五回検証結果を公表

地方裁判所における第一審訴訟事件、家庭裁判所における家事事件、高等裁判所における控訴審訴訟事件及び最高裁判所における上告審訴訟事件について、最新の統計データに基づく分析を行った。また、裁判手続に内在する要因のみならず、社会・経済的背景や国民の意識、紛争や裁判に与える影響が大きいと考えられるＡＤＲや保険制度といった裁判手続外の社会的要因にまで考察を及ぼし、法的紛争一般の動向や社会全体での紛争解決の在り方を踏まえた総合的、客観的かつ多角的

な検証を行った。

十六日　法制審議会民法（債権関係）部会（諮問第八八号関係第七四回）
パブリックコメントの結果について説明がされた。
消滅時効、債権譲渡の対抗要件制度について審議した。
法曹養成制度関係閣僚会議、「法曹養成制度改革の推進について」を決定し、法曹養成制度検討会議の取りまとめの内容を是認

十九日　最高裁判所判事竹内行夫　定年退官

二十一日　参議院議員通常選挙施行

二十三日　名古屋高等裁判所長官岡田雄一　下級裁判所裁判官指名諮問委員会地域委員会（東京に置かれるもの）地域委員を免ずる
東京地方裁判所長小池裕　下級裁判所裁判官指名諮問委員会地域委員会（東京に置かれるもの）地域委員に任命する
判事田村幸一　下級裁判所裁判官指名諮問委員会地域委員会（仙台に置かれるもの）地域委員を免ずる
仙台地方裁判所長小林昭彦　下級裁判所裁判官指名諮問委員会地域委員会（仙台に置かれるもの）地域委員に任命する
千葉地方裁判所長山名学　下級裁判所裁判官指名諮問委員会地域委員会（東京に置かれるもの）地域

委員に任命する

二十四日　法制審議会新時代の刑事司法制度特別部会（諮問第九二号関係）第一作業分科会（第五回）

通信傍受の合理化・効率化に関して、通信事業者からヒアリングを実施し、引き続き、通信傍受の合理化・効率化のうち、通信傍受の対象犯罪について審議した。

知的財産高等裁判所長飯村敏明は、ワシントン大学知的財産権研究所（ＣＡＳＲＩＰ）主催の特許関係国際会議（アメリカ合衆国）への出席等のため出張（八月三日帰国）

二十五日　最高裁判所判事小貫芳信　最高裁判所判例委員会委員を命ずる

二十六日　神谷達　下級裁判所裁判官指名諮問委員会地域委員会（名古屋に置かれるもの）地域委員を免ずる

大島寅夫　下級裁判所裁判官指名諮問委員会地域委員会（名古屋に置かれるもの）地域委員に任命する

法制審議会新時代の刑事司法制度特別部会（諮問第九二号関係）第二作業分科会（第五回）

公判廷に顕出される証拠が真正なものであることを担保するための方策等、被疑者国選弁護制度の拡充、犯罪被害者等及び証人を支援・保護するための方策の拡充について審議した。

三十日　甲南大学法科大学院教授櫻田嘉章　最高裁判所図書館委員会委員を委嘱する

法制審議会民法（債権関係）部会（諮問第八八号関係第七五回）

事情変更の法理について審議した。

三十一日　借地非訟事件手続規則及び鑑定委員規則の一部を改正する規則公布（最高裁判所規則第三号）

九月二五日から施行。

大規模な災害の被災地における借地借家に関する特別措置法（法律第六一号）の施行に伴い、関係規則の規定の整備を行ったもの。

大阪市此花区パチンコ店放火事件控訴審判決（大阪高等裁判所）

控訴棄却。

弁護人上告申立て。

（平成二三年一〇月三一日の項参照）

八月

八日

最高検察庁総務部長稲川龍也　下級裁判所裁判官指名諮問委員会委員に任命する　最高裁判所刑事規則制定諮問委員会委員を免ずる　司法修習生考試委員会委員を委嘱する　司法修習委員会委員に任命する

仙台地方検察庁検事正林眞琴　下級裁判所裁判官指名諮問委員会委員を免ずる　下級裁判所裁判官指名諮問委員会地域委員会（仙台に置かれるもの）地域委員に任命する　司法修習生考試委員会委員の委嘱を解く　司法修習委員会委員を免ずる

相澤恵一　下級裁判所裁判官指名諮問委員会地域委員会（仙台に置かれるもの）地域委員を免ずる

札幌地方検察庁検事正小寺哲夫　下級裁判所裁判官指名諮問委員会地域委員会（札幌に置かれるもの）地域委員に任命する

千葉地方検察庁検事正渡邊徳昭　下級裁判所裁判官指名諮問委員会地域委員会（札幌に置かれるもの）地域委員を免ずる

長崎地方検察庁検事正小山紀昭、松江地方検察庁検事正兼広島高等検察庁松江支部長辻裕教　司法修習生考試委員会委員の委嘱を解く

司法研修所教官廣上克洋、法務省大臣官房人事課長小山太士、弁護士中村晶子　司法修習生考試委員会委員を委嘱する

十　日　東京地方検察庁次席検事堺徹　最高裁判所刑事規則制定諮問委員会委員に任命する

香川大学社会連携・知的財産センター客員教授本多八潮　下級裁判所裁判官指名諮問委員会地域委員会（高松に置かれるもの）地域委員に任命する

十六日　駿河台大学顧問竹下守夫　最高裁判所家庭規則制定諮問委員会委員に任命する

十七日　中央大学大学院法務研究科教授高橋宏志　最高裁判所民事規則制定諮問委員会委員に任命する

二十日　神戸地方裁判所長高野伸　下級裁判所裁判官指名諮問委員会地域委員会（広島に置かれるもの）地域委員を免ずる

広島地方裁判所長大段亨、広島大学大学院法務研究科教授田邊誠　下級裁判所裁判官指名諮問委員会地域委員会（広島に置かれるもの）地域委員に任命する

元内閣法制局長官山本庸幸　最高裁判所判事に任命する

二十六日　吉戒修一　法制審議会委員を免ずる

東京高等裁判所長官山崎敏充　法制審議会委員に任命する
広島地方裁判所長大段亨　簡易裁判所判事選考委員会委員の委嘱を解く
判事阿部潤　簡易裁判所判事選考委員会委員を委嘱する

九月

二日　平成二五年度新任簡易裁判所判事導入研修

平成二五年度に新たに簡易裁判所判事に任命された者（司法修習終了者を除く。）を対象に、簡易裁判所判事として必要な識見及び法律知識の修得並びに裁判官の在り方等についての研修を、九月二日から九月六日まで司法研修所において実施。

三日　最高裁判所家庭規則制定諮問委員会

最高裁判所において開催。

諮問事項　国際的な子の奪取の民事上の側面に関する条約の実施に関する法律による子の返還に関する事件の手続等に関する規則の制定について

四日　最高裁判所大法廷決定——一　民法九〇〇条四号ただし書前段の規定と憲法一四条一項　二　民法九〇〇条四号ただし書前段の規定を違憲とする最高裁判所の判断が他の相続における右記規定を前提とした法律関係に及ぼす影響（平成二四年(ク)第九八四号、第九八五号）

（要旨）

一　民法九〇〇条四号ただし書前段の規定は、遅くとも平成一三年七月当時において、憲法一四条一項に違反していた。

二　民法九〇〇条四号ただし書前段の規定が遅くとも平成一三年七月当時において憲法一四条一項に違反していたとする最高裁判所の判断は、右記当時から同判断時までの間に開始された他の相続につき、同号ただし書前段の規定を前提としてされた遺産の分割の審判その他の裁判、遺産の分割の協議その他の合意等により確定的なものとなった法律関係に影響を及ぼすものではない。

九日　最高裁判所長官竹崎博允は、随員として最高裁判所事務総局秘書課長堀田眞哉、同裁判所長官秘書官佐藤信哉及び同裁判所事務総局秘書課渉外第一係長園田良太郎を伴い、ドイツ連邦共和国の司法事情視察のため出張（九月一四日帰国）

十日　法制審議会民法（債権関係）部会（諮問第八八号関係第七六回）

意思表示、代理、無効及び取消し、条件及び期限について審議した。

法制審議会新時代の刑事司法制度特別部会（諮問第九二号関係）第二作業分科会（第六回）

犯罪被害者等及び証人を支援・保護するための方策の拡充及び証拠開示制度について審議した。

十一日　法制審議会新時代の刑事司法制度特別部会（諮問第九二号関係）第一作業分科会（第六回）

刑の減免制度、捜査・公判協力型協議・合意制度、刑事免責制度及び被疑者・被告人の身柄拘束の在り方について審議した。

十二日　平成二五年度法律実務教育研究会（第一回）

法科大学院に派遣されている判事又は判事補を対象に、法律実務の教育等についての研究会を、

十三日

九月一二日から九月一三日まで司法研修所において実施。

法務省刑事部長稲田伸夫　最高裁判所刑事規則制定諮問委員会委員に任命する

平成二五年度特別研究会（第七回・再被害防止への配慮と犯罪事実の特定）

地方裁判所で刑事事件を担当する判事又は判事補を対象に、令状や起訴状における被害者の特定方法と被害者の氏名を匿名とした場合の問題点等についての研究会を、九月一三日に司法研修所において実施。

最高裁判所和光別館庁舎新築

司法研修所別館新築

十七日

法制審議会民法（債権関係）部会（諮問第八八号関係第七七回）

多数当事者の債権及び債務（保証債務を除く。）、保証債務、債務引受、契約の成立、第三者のためにする契約について審議した。

政府、法曹養成制度改革推進会議の設置を閣議決定

法曹養成制度の改革を総合的かつ強力に実行するため、内閣官房長官を議長、法務大臣及び文部科学大臣を副議長、総務大臣、財務大臣及び経済産業大臣を議員とする法曹養成制度改革推進会議を内閣に設置（設置期限平成二七年七月一五日）。法曹養成制度改革の推進のために講ぜられる施策に係る重要事項について検討し、意見を求めるため、法曹養成制度改革推進会議の下に、法曹養成制度改革顧問会議を置くこととされた。

十八日　平成二五年度少年実務研究会

家庭裁判所で少年事件を担当する判事又は判事補を対象に、少年事件をめぐる諸問題等についての研究会を、九月一八日から九月二〇日まで司法研修所において実施（一部裁判所職員総合研修所と合同実施）。

二十一日　平成二五年度知的財産権専門研修（長期）

東京理科大学専門職大学院　九月二一日から平成二六年一月二一日まで　参加者一人。

二十四日　平成二五年度民事実務研究会（医療Ⅰ）

高等裁判所又は地方裁判所で民事事件を担当する判事を対象に、医療分野の実態背景及び医療訴訟をめぐる専門的・先端的な諸問題についての研究会を、九月二四日から九月二五日まで司法研修所において実施。

二十五日　平成二五年度民事実務研究会（医療Ⅱ）

高等裁判所又は地方裁判所で民事事件を担当する判事又は判事補を対象に、医療分野の実態背景及び医療訴訟運営上の課題等についての研究会を、九月二五日から九月二七日まで司法研修所において実施。

犯人隠避事件控訴審判決（大阪高等裁判所）

控訴棄却（確定）。

（平成二四年三月三〇日の項参照）

二十六日　最高裁判所第一小法廷判決――戸籍法四九条二項一号の規定のうち出生の届出に係る届書に嫡出子又は嫡出でない子の別を記載すべきものと定める部分と憲法一四条一項（平成二四年(行ツ)第三九九号）

（要旨）戸籍法四九条二項一号の規定のうち、出生の届出に係る届書に嫡出子又は嫡出でない子の別を記載すべきものと定める部分は、憲法一四条一項に違反しない。

二十七日　ＪＲ福知山線脱線事故強制起訴事件第一審判決（神戸地方裁判所）

被告人らは、現場カーブを、急カーブに付け替える前例のない工事を実施した際、少なくとも社長就任後には、十分な安全対策を講じなければ大事故が発生することを予測できたのに、自動列車停止装置（ＡＴＳ）の設置を指示しなかった過失により、福知山線列車脱線事故を発生させ、乗客一〇六名を死亡させ、四九三名に傷害を負わせたとして強制起訴されたものである。

被告人三名　無罪。

指定弁護士控訴申立て。

三十日　平成二五年度報道機関研修

株式会社朝日新聞社　九月三〇日から一〇月一一日まで　参加者二人。

一般社団法人共同通信社　九月三〇日から一〇月一一日まで　参加者二人。

株式会社時事通信社　九月三〇日から一〇月一一日まで　参加者二人。

株式会社日本経済新聞社　九月三〇日から一〇月一一日まで　参加者二人。

株式会社毎日新聞社　九月三〇日から一〇月一一日まで　参加者二人。

日本放送協会　九月三〇日から一〇月一一日まで　参加者二人。

ドイツ連邦共和国連邦憲法裁判所判事最高裁判所訪問

ドイツ連邦共和国連邦憲法裁判所判事ペーター・フーバー氏は、最高裁判所長官竹崎博允及び最高裁判所判事岡部喜代子を表敬訪問した。

裁判の迅速化に係る検証に関する検討会（第五一回）

七月一二日に公表された第五回検証結果等についての意見交換が行われた。その後、平成二七年五月二六日までの間に合計三回開催され、第六回検証結果の公表（平成二七年七月一〇日）に向けた意見交換が行われた。

十月

一日　上智大学長滝澤正　最高裁判所図書館委員会委員を委嘱する

法制審議会新時代の刑事司法制度特別部会（諮問第九二号関係）第二作業分科会（第七回）

証拠開示制度及び自白事件を簡易迅速に処理するための手続の在り方について審議した。

「法の日」週間（七日まで）

二日　判事戸倉三郎　最高裁判所民事規則制定諮問委員会委員を免ずる　同刑事規則制定諮問委員会委員を免ずる　同家庭規則制定諮問委員会委員を免ずる　同図書館委員会委員を免ずる

最高裁判所事務総局総務局長中村愼　最高裁判所民事規則制定諮問委員会委員に任命する　同刑事規則制定諮問委員会委員に任命する　同家庭規則制定諮問委員会委員に任命する　同図書館委員会委員

を命ずる

法制審議会新時代の刑事司法制度特別部会（諮問第九二号関係）第一作業分科会（第七回）

取調べの録音・録画制度及び通信・会話傍受について審議した。

三日

最高裁判所判事大橋正春は、随員として仙台地方裁判所判事荒谷謙介を伴い、第三九回国際法曹協会（ＩＢＡ）会議（アメリカ合衆国）への出席及び同国の司法事情視察等のため出張（一〇月一三日帰国）

平成二五年度簡易裁判所判事特別研究会

簡易裁判所判事（司法修習終了者を除く。）を対象に、簡易裁判所民事調停事件及び民事交通事件の処理をめぐる諸問題等についての研究会を、一〇月三日から一〇月四日まで司法研修所において実施。

七日

平成二五年度弁護士任官者実務研究会（第二回）

弁護士から任官又は任官予定の判事又は判事補を対象に、裁判官としての導入研修を、一〇月七日から一〇月八日まで司法研修所において実施。

法制審議会民法（債権関係）部会（諮問第八八号関係第七八回）

履行請求権等、債務不履行による損害賠償、契約の解除、危険負担について審議した。

八日

平成二五年度行政基礎研究会

地方裁判所で行政事件を担当する判事補を対象に、行政事件の基本的問題等についての研究会を、一〇月八日から一〇月一〇日まで司法研修所において実施。

十日　福岡高等裁判所長官中山隆夫　定年退官

平成二五年度行政実務研究会

地方裁判所で行政事件を担当する判事を対象に、行政事件の実務上の諸問題等についての研究会を、一〇月一〇日から一〇月一一日まで司法研修所において実施。

十一日　司法研修所長安井久治　高等裁判所長官に任命する　福岡高等裁判所長官に補する

十五日　法制審議会第一七〇回総会

法務大臣から新たに発せられた「裁判員の参加する刑事裁判に関する法律の一部改正に関する諮問第九七号」に関し、事務当局から諮問に至った経緯、趣旨等について説明があった。この諮問について、その審議の進め方等に関する意見表明があり、諮問第九七号については、「刑事法（裁判員制度関係）部会」（新設）に付託して審議することとし、部会から報告を受けた後、改めて総会において審議することとされた。

十六日　平成二五年度民事実務研究会（金融経済）

高等裁判所又は地方裁判所で民事事件を担当する判事又は判事補を対象に、金融経済分野の実態背景及びこれに関する民事事件の諸問題についての研究会を、一〇月一六日から一〇月一八日まで司法研修所において実施。

十七日　社会福祉法人三井記念病院院長高本眞一、帝京大学臨床研究センターセンター長寺本民生、国立障害者リハビリテーションセンター総長中村耕三、自治医科大学学長永井良三、慶應義塾大学医学部産婦人科学教室産科教授吉村泰典　医事関係訴訟委員会委員に任命する

調停委員協議会

最高裁判所において開催。参加者は、各地方裁判所の民事調停委員及び各家庭裁判所の家事調停委員。

協議事項　調停の紛争解決機能の強化を目指し、あるべき調停運営の実現に向けた課題及び方策

一　民事分野

調停委員会が、合理的で当事者の納得性の高い解決に向けて的確な事実認定を行うために、調停委員が、調停主任との評議及び当事者の事情聴取において果たすべき役割

二　家事分野

家事事件手続法の下での調停において、紛争の対立点の明確化とそれに応じた解決方針の策定を行うに当たり、裁判官の果たすべき役割を踏まえ、調停委員に期待される役割

二十一日

平成二五年度民間企業短期研修（東京商工会議所関係）

三井住友海上火災保険株式会社及びライオン株式会社　一〇月二一日から一一月一日まで　参加者二人。

株式会社伊藤園及び三菱商事株式会社　一〇月二一日から一一月一日まで　参加者二人。

株式会社商工組合中央金庫及び東京急行電鉄株式会社　一〇月二一日から一一月一日まで　参加

者二人。

ＮＴＴコミュニケーションズ株式会社及び東京ガス株式会社　一〇月二一日から一一月一日まで　参加者二人。

イオンリテール株式会社及び東京メトロポリタンテレビジョン株式会社　一〇月二一日から一一月一日まで　参加者二人。

平成二五年度民間企業短期研修（大阪商工会議所関係）

日本生命保険相互会社及び京阪電気鉄道株式会社　一〇月二一日から一一月一日まで　参加者二人。

株式会社サクラクレパス及び大阪ガス株式会社　一〇月二一日から一一月一日まで　参加者二人。

平成二五年度民間企業短期研修（名古屋商工会議所関係）

名港海運株式会社及びリンナイ株式会社　一〇月二一日から一一月一日まで　参加者二人。

最高裁判所第一小法廷決定――密輸組織が関与する覚せい剤の密輸入事件について、被告人の故意を認めず無罪とした第一審判決に事実誤認があるとした原判決に、刑訴法三八二条の解釈適用の誤りはないとされた事例（平成二四年(あ)第七二四号）

（要旨）密輸組織が関与する覚せい剤の密輸入事件について、被告人の覚せい剤に関する認識を否定して無罪とした第一審判決に事実誤認があるとした原判決は、この種事案に適用されるべき経験則等を示しつつ、被告人は覚せい剤が隠匿されたスーツケースを日本に運ぶよう指示又は依頼を受けて来日したと認定するなどした上、被告人の覚せい剤に関する認識を肯定し、第一審判決の結論を是認できないとしたもので、第一審判決の事実認定が経験則等に照らして不合理であることを具体的に示したものといえ、刑訴法三八二条の解釈適用の誤りはない。

二十二日　法制審議会新時代の刑事司法制度特別部会（諮問第九二号関係）第二作業分科会（第八回）
被疑者国選弁護制度の拡充に関して、ヒアリングを実施し、引き続き、被疑者国選弁護制度の拡充、証拠開示制度、公判廷に顕出される証拠が真正なものであることを担保するための方策等のうち被告人の虚偽供述に対する制裁について審議し、次回部会に報告することを決定した。

二十三日　法制審議会新時代の刑事司法制度特別部会（諮問第九二号関係）第一作業分科会（第八回）
会話傍受及び被疑者・被告人の身柄拘束の在り方について審議し、次回部会に報告することを決定した。

二十四日　最高裁判所判事金築誠志は、随員として最高裁判所事務総局秘書課付上村善一郎を伴い、アジア太平洋最高裁判所長官会議（シンガポール共和国）への出席及びベトナム社会主義共和国の司法事情視察等のため出張（一〇月三一日帰国）

二十六日　大阪地方裁判所判事柴田憲史及び岐阜地方裁判所判事鈴木正弘は、第二六回ローエイシア大会（シンガポール共和国）への出席のため出張（一〇月三一日帰国）

二十八日　福岡高等裁判所長官安井久治　最高裁判所図書館委員会委員を免ずる　司法修習生考試委員会委員の

委嘱を解く　司法修習委員会委員を免ずる
司法研修所長山名学　最高裁判所図書館委員会委員を命ずる　司法修習生考試委員会委員を委嘱する
司法修習委員会委員に任命する

二十九日　司法研修所長山名学　下級裁判所裁判官指名諮問委員会地域委員会（東京に置かれるもの）地域委員を免ずる
千葉家庭裁判所長安藤裕子　下級裁判所裁判官指名諮問委員会地域委員会（東京に置かれるもの）地域委員に任命する
法制審議会民法（債権関係）部会（諮問第八八号関係第七九回）
受領（受取）遅滞、債権の目的（法定利率を除く。）、消滅時効、相殺、更改、賃貸借について審議した。

三十一日　平成二五年度民事実務研究会（建築）
高等裁判所又は地方裁判所で民事事件を担当する判事又は判事補を対象に、建築に係る紛争の実態背景及び審理の在り方についての研究会を、一〇月三一日から一一月一日まで司法研修所において実施。

十一月

一　日　犯罪被害者等の権利利益の保護を図るための刑事手続に付随する措置に関する規則の一部を改正する規則公布（最高裁判所規則第四号）

一二月一日から施行。

犯罪被害者等の権利利益の保護を図るための刑事手続に付随する措置に関する法律及び総合法律支援法の一部を改正する法律（平成二五年法律第三三号）の施行に伴い、被害者参加旅費等の請求手続に関し裁判所が行う手続について必要な事項を定めるもの。

三日

平成二五年秋の叙勲において、最高裁判所所管の分野では

旭日大綬章

元最高裁判所判事古田佑紀

瑞宝重光章

元東京高等裁判所長官仁田陸郎

元高松高等裁判所長官江見弘武

ほか九四人が叙勲された。

また、特別功労のある調停委員三八人及び補導受託者一人に対し、藍綬褒章が授与された。

六日

平成二五年度刑事実務研究会（第三回）

高等裁判所又は地方裁判所で刑事事件を担当する判事又は判事補を対象に、裁判員裁判の実務上の諸問題等についての研究会を、一一月六日から一一月八日まで司法研修所において実施。

七日

法制審議会新時代の刑事司法制度特別部会（諮問第九二号関係第二一回）

第一作業分科会におけるこれまでの検討を踏まえて、取調べの録音・録画制度、刑の減免制度、

捜査・公判協力型協議・合意制度、刑事免責制度、通信傍受の合理化・効率化、会話傍受及び被疑者・被告人の身柄拘束の在り方について審議した。

最高裁判所判事山浦善樹は、随員として千葉地方裁判所判事大谷太を伴い、欧州裁判官評議会（フランス共和国）への出席及びイタリア共和国の司法事情視察等のため出張（一一月一七日帰国）

十一日　平成二五年度知的財産権専門研修（短期）

独立行政法人理化学研究所　一一月一一日から一一月二二日まで　参加者二人。

十三日　国際的な子の奪取の民事上の側面に関する条約の実施に関する法律による子の返還に関する事件の手続等に関する規則公布（最高裁判所規則第五号）

平成二六年四月一日から施行。

国際的な子の奪取の民事上の側面に関する条約の実施に関する法律の施行に伴い、子の返還に関する事件、子の返還の強制執行に係る事件、子との面会その他の交流についての家事事件等の手続に関し、申立ての方式、調書の記載事項、事実の調査及び証拠調べの手続その他の必要な事項を定めたもの。

執行官の手数料及び費用に関する規則の一部を改正する規則公布（最高裁判所規則第六号）

平成二六年四月一日から施行。

国際的な子の奪取の民事上の側面に関する条約の実施に関する法律（平成二五年法律第四八号）の施行に伴い、子の監護を解くために必要な行為に関し、執行官の受ける手数料の額等を定めたもの。

配偶者暴力に関する保護命令手続規則の一部を改正する規則公布（最高裁判所規則第七号）

平成二六年一月三日から施行。

生活の本拠を共にする交際相手からの暴力及びその被害者に係る保護命令の手続に関する規定の整備等を行うもの。

十四日

法制審議会新時代の刑事司法制度特別部会（諮問第九二号関係第二二回）

第二作業分科会におけるこれまでの検討を踏まえて、被疑者国選弁護制度の拡充、証拠開示制度、犯罪被害者等及び証人を支援・保護するための方策の拡充、公判廷に顕出される証拠が真正なものであることを担保するための方策等、自白事件を簡易迅速に処理するための手続の在り方について審議した。また、各作業分科会において分担する各検討事項について、制度設計に関するたたき台を策定し、これに基づいて、次回会議において審議することを決定した。

平成二五年度民事実務研究会（ＩＴ）

高等裁判所又は地方裁判所で民事事件を担当する判事又は判事補を対象に、ソフトウェア開発契約に係る紛争の実態背景及び審理の在り方についての研究会を、一一月一四日から一一月一五日まで司法研修所において実施。

十八日

平成二五年度裁判基盤研究会（第二回）

高等裁判所、地方裁判所又は家庭裁判所の判事を対象に、人口減少社会・超高齢化社会についての研究会を、一一月一八日から一一月二〇日まで司法研修所において実施。

十九日　東京大学大学院法学政治学研究科教授樋口範雄　最高裁判所図書館委員会委員を委嘱する

法制審議会民法（債権関係）部会（諮問第八八号関係第八〇回）

パブリックコメントの結果について説明がされた。

保証債務、有価証券、弁済について審議した。

二十日　最高裁判所大法廷判決——衆議院小選挙区選出議員の選挙区割りを定める公職選挙法（平成二四年法律第九五号による改正前のもの）一三条一項、別表第一の規定の合憲性（平成二五年㈾第二〇九号等）

（要旨）平成二四年一二月一六日施行の衆議院議員総選挙当時において、公職選挙法（平成二四年法律第九五号による改正前のもの）一三条一項、別表第一の定める衆議院小選挙区選出議員の選挙区割りは、前回の平成二一年八月三〇日施行の衆議院議員総選挙当時と同様に憲法の投票価値の平等の要求に反する状態にあったが、憲法上要求される合理的期間内における是正がされなかったとはいえず、右記規定が憲法一四条一項等に違反するものということはできない。

二十二日　国家公務員の配偶者同行休業に関する法律公布（法律第七八号）

平成二六年二月二一日から施行。

有為な国家公務員の継続的な勤務を促進し、もって公務の円滑な運営に資することを目的として国家公務員に配偶者同行休業制度を導入したもの。

二十五日　判事小佐田潔　下級裁判所裁判官指名諮問委員会地域委員会（高松に置かれるもの）地域委員を免ず

る
高松地方裁判所長豊澤佳弘　下級裁判所裁判官指名諮問委員会地域委員会（高松に置かれるもの）地域委員に任命する
平成二五年度民事実務研究会（企業間取引）
　高等裁判所又は地方裁判所で民事事件を担当する判事又は判事補を対象に、企業間取引の実態背景及びこれをめぐる諸問題についての研究会を、一一月二五日から一一月二六日まで司法研修所において実施。

二十七日

自動車の運転により人を死傷させる行為等の処罰に関する法律公布（法律第八六号）
　平成二六年五月二〇日から施行。
　自動車運転による死傷事犯の実情等に鑑み、事案の実態に即した対処をするため、悪質かつ危険な自動車の運転により人を死傷させた者に対する新たな罰則を創設する等所要の罰則を整備したもの。
平成二五年度刑事訴訟運営実務研究会
　地方裁判所で刑事事件を担当する判事又は判事補を対象に、刑事訴訟運営の方法、中堅裁判官としての在り方等についての研究会を、一一月二七日から一一月二九日まで司法研修所において実施（一部裁判所職員総合研修所と合同実施）。
平成二五年度採用（第六七期）司法修習生修習開始

司法修習生一九七二人。

二十八日　判事合田悦三　法制審議会臨時委員に任命する（刑事法（裁判員制度関係）部会）

高松高等裁判所長官出田孝一　定年退官

簡易裁判所民事事件担当裁判官等事務打合せ

最高裁判所において開催。参加者は、東京、千葉、大阪、京都、名古屋、広島、福岡、仙台及び札幌各簡易裁判所の民事訴訟事件担当裁判官及び調停事件担当裁判官、横浜、さいたま、神戸、和歌山、津、山形及び高松各簡易裁判所の民事訴訟事件及び調停事件担当裁判官、東京簡易裁判所の民事首席書記官、大阪、名古屋、福岡及び札幌各簡易裁判所の首席書記官、横浜、さいたま、千葉、京都、神戸、和歌山、津、広島、仙台、山形及び高松各地方裁判所の民事首席書記官又は民事次席書記官。

協議事項

一　増加する交通損害賠償事件をより合理的に処理するために、訴訟運営上考慮し、庁として取り組むべき事項

二　民事調停が紛争解決の手段として十分に活用されるよう、その機能を強化するための具体的課題及び庁として取り組むべき事項

三　裁判所に持ち込まれる紛争が裁判所全体として効率的に解決されるために考慮すべき事項

二十九日　最高裁判所第二小法廷判決――一　共有物について遺産共有持分と他の共有持分とが併存する場合に

における共有物分割と遺産分割の関係　二　遺産共有持分の価格を賠償させる方法による共有物分割の判決がされた場合に支払われる賠償金の性質とその支払を受けた者の保管義務　三　遺産共有持分の価格を賠償させる方法による共有物分割の判決において賠償金の支払等に関し命じ得る事項（平成二二年(受)第二三五五号）

（要旨）

一　共有物について、遺産共有持分と他の共有持分とが併存する場合、共有者が遺産共有持分と他の共有持分との間の共有関係の解消を求める方法として裁判上採るべき手続は民法二五八条に基づく共有物分割訴訟であり、共有物分割の判決によって遺産共有持分を有していた者に分与された財産は遺産分割の対象となり、この財産の共有関係の解消については同法九〇七条に基づく遺産分割によるべきである。

二　遺産共有持分と他の共有持分とが併存する共有物について、遺産共有持分を他の共有持分を有する者に取得させ、その価格を賠償させる方法による分割の判決がされた場合には、遺産共有持分を有していた者に支払われる賠償金は、遺産分割によりその帰属が確定されるべきものであり、賠償金の支払を受けた者は、遺産分割がされるまでの間これを保管する義務を負う。

三　裁判所は、遺産共有持分を他の共有持分を有する者に取得させ、その価格を賠償させてその賠償金を遺産分割の対象とする方法による共有物分割の判決をする場合には、その判決において、遺産共有持分を有していた者らが各自において遺産分割がされるまで保管すべき賠償金の範囲を定めた上で、同持分を取得する者に対し、各自の保管すべき範囲に応じた額の賠償金を支払うことを命ずることができる。

十二月

三日　平成二五年度労働実務研究会Ⅰ

地方裁判所で労働事件又は労働審判事件を担当する判事又は判事補を対象に、労働事件の一般的問題についての研究会を、一二月三日から一二月五日まで司法研修所において実施。

四日　裁判官の配偶者同行休業に関する法律公布（法律第九一号）

平成二六年二月二一日から施行。

裁判官の継続的な勤務を促進し、もって裁判事務等の円滑な運営に資することを目的として裁判官に配偶者同行休業制度を導入したもの。

大阪家庭裁判所長松本芳希　高等裁判所長官に任命する　高松高等裁判所長官に補する

五日　平成二五年度労働実務研究会Ⅱ

地方裁判所で労働事件又は労働審判事件を担当する判事を対象に、労働事件をめぐる専門的・先端的な諸問題についての研究会を、一二月五日から一二月六日まで司法研修所において実施。

法制審議会民法（債権関係）部会（諮問第八八号関係第八一回）

消費貸借、使用貸借、事情変更の法理、不安の抗弁権、請負、委任について審議した。

十日　法制審議会新時代の刑事司法制度特別部会（諮問第九二号関係）第二作業分科会（第九回）

被疑者国選弁護制度の拡充、証拠開示制度のうち証拠の一覧表の交付、自白事件を簡易迅速に処理するための手続の在り方について審議した。

最高裁判所第三小法廷決定――性同一性障害者の性別の取扱いの特例に関する法律三条一項の規定に基づき男性への性別の取扱いの変更の審判を受けた者の妻が婚姻中に懐胎した子と嫡出の推定（平成二五年㊖第五号）

（要旨）性同一性障害者の性別の取扱いの特例に関する法律三条一項の規定に基づき男性への性別の取扱いの変更の審判を受けた者の妻が婚姻中に懐胎した子は、民法七七二条の規定により夫の子と推定されるのであり、夫が妻との性的関係の結果もうけた子であり得ないことを理由に実質的に同条の推定を受けないということはできない。

最高裁判所第三小法廷判決――死刑確定者又はその再審請求のために選任された弁護人が再審請求に向けた打合せをするために刑事施設の職員の立会いのない面会の申出をした場合にこれを許さない刑事施設の長の措置が国家賠償法一条一項の適用上違法となる場合（平成二四年㊚第一三一一号）

（要旨）死刑確定者又はその再審請求のために選任された弁護人が再審請求に向けた打合せをするために刑事施設の職員の立会いのない面会の申出をした場合に、これを許さない刑事施設の長の措置は、右記面会により刑事施設の規律及び秩序を害する結果を生ずるおそれがあると認められ、又は死刑確定者の面会についての意向を踏まえその心情の安定を把握する必要性が高いと認められるなど特段の事情がない限り、裁量権の範囲を逸脱し又はこれを濫用して死刑確定者の右記面会をする利益を侵害するだけではなく、右記弁護人の固有の右記面会をする利益も侵害するものとして、国家賠償法一条一項の適用上違法となる。

十一日　民法の一部を改正する法律公布・施行（法律第九四号）

民法の規定中嫡出でない子の相続分を嫡出である子の相続分の二分の一とする部分は憲法違反であるとの最高裁判所決定があったことに鑑み、当該部分を削除したもの。

消費者の財産的被害の集団的な回復のための民事の裁判手続の特例に関する法律公布（法律第九六号）

一部の規定を除き、平成二八年一〇月一日から施行。

消費者契約に関して相当多数の消費者に生じた財産的被害を集団的に回復するため、内閣総理大臣の認定を受けた特定適格消費者団体が、被害回復裁判手続を追行することを可能とする民事の裁判手続の特例を定めたもの。

東日本大震災における原子力発電所の事故により生じた原子力損害に係る早期かつ確実な賠償を実現するための措置及び当該原子力損害に係る賠償請求権の消滅時効等の特例に関する法律公布・施行（法律第九七号）

特定原子力損害（東日本大震災に伴う原子力発電所の事故による損害であって、原子力事業者が原子力損害の賠償に関する法律第三条第一項の規定により賠償の責めに任ずべきもの）に係る賠償請求権の消滅時効等の特例を定めるものであり、特定原子力損害に係る賠償請求権については、損害及び加害者を知った時から十年間行使しないとき又は損害が生じた時から二十年を経過したときに消滅するとされるもの。

法制審議会新時代の刑事司法制度特別部会（諮問第九二号関係）第一作業分科会（第九回）

通信・会話傍受及び被疑者・被告人の身柄拘束の在り方について審議した。

十二日　平成二五年度特別研究会（第二回・後見関係事件及び財産管理人選任事件の運用をめぐる諸問題）

家庭裁判所で家事事件を担当する判事又は判事補を対象に、後見関係事件及び財産管理人選任事件の運用をめぐる諸問題等についての研究会を、一二月一一日から一二月一二日まで司法研修所において実施（裁判所職員総合研修所と合同実施）。

平成二五年度特別研究会（第三回・家事事件手続法の趣旨を踏まえた家事事件の運用の在り方について）

家庭裁判所で家事事件を担当する判事又は判事補を対象に、家事事件の運用に関し取り組むべき課題等についての研究会を、一二月一二日から一二月一三日まで司法研修所において実施。

十三日　私的独占の禁止及び公正取引の確保に関する法律の一部を改正する法律公布（法律第一〇〇号）

平成二七年四月一日から施行。

公正取引委員会が行う審判制度を廃止するとともに、審決に係る抗告訴訟の第一審裁判権が東京高等裁判所に属するとの規定等を廃止し、公正取引委員会の行政処分（排除措置命令等）に係る抗告訴訟について、裁判所における専門性の確保の観点から東京地方裁判所の専属管轄とするとともにに、同裁判所において三人又は五人の裁判官の合議体により審理及び裁判を行うこととしたほか、公正取引委員会が前記行政処分を行う際の処分前手続として、同委員会が指定する職員が主催する意見聴取手続、同委員会の認定した事実を立証する証拠の閲覧・謄写に係る規定等の整備を行うなどしたもの。

十八日　平成二四年度一一月期採用（第六六期）司法修習生修習終了
　修習終了者二〇三四人。
　判事補任官九六人、検事任官八二人、弁護士登録一二八六人、その他五七〇人。

二十日　元名古屋高等裁判所長官奥村正策　逝去（八八歳）
　正三位に叙される。
岐阜地方・家庭・簡易裁判所合同庁舎改築
大阪高等・地方・簡易裁判所合同庁舎増築

二十一日　元最高裁判所判事髙橋久子　逝去（八六歳）
　従三位に叙される。
元高松高等裁判所長官森川憲明　逝去（八六歳）
　正三位に叙される。

二十四日　法制審議会刑事法（裁判員制度関係）部会（諮問第九七号関係第一回）
　諮問第九七号について、諮問に至った経緯等の説明がなされ、長期間の審判を要する事件等の対象事件からの除外等に関する要綱（骨子）について審議した。

二十六日　浜坂簡易裁判所庁舎改築

二十八日　元仙台高等裁判所長官小林充　逝去（七九歳）
正三位に叙される。

平成二十六年

一月

六日　心神喪失等の状態で重大な他害行為を行った者の医療及び観察等に関する法律による審判の手続等に関する規則の一部を改正する規則公布（最高裁判所規則第一号）

四月一日から施行。

精神保健及び精神障害者福祉に関する法律の一部を改正する法律（平成二五年法律第四七号）の施行に伴い、心神喪失等の状態で重大な他害行為を行った者の医療及び観察等に関する法律による審判の手続等に関する規則の規定を整理するもの。

九日　裁判所職員総合研修所研修計画協議会

一月九日、一〇日の両日、裁判所職員総合研修所において開催。

十一日　和歌山地方・家庭・簡易裁判所合同庁舎改築

十四日　法制審議会民法（債権関係）部会（諮問第八八号関係第八二回）

委任、雇用、寄託、法律行為総則、意思能力、債権者代位権、詐害行為取消権について審議した。

最高裁判所第三小法廷判決――認知者が血縁上の父子関係がないことを理由に認知の無効を主張することの可否（平成二三年(受)第一五六一号）

（要旨）認知者は、民法七八六条に規定する利害関係人に当たり、自らした認知の無効を主張することができ、この理は、認知者が血縁上の父子関係がないことを知りながら認知をした場合においても異ならない。

十六日　最高裁判所第一小法廷判決――インターネット異性紹介事業を利用して児童を誘引する行為の規制等に関する法律七条一項、三二条一号所定の罰則を伴う届出制度と憲法二一条一項（平成二三年(あ)第一三四三号）

（要旨）インターネット異性紹介事業を利用して児童を誘引する行為の規制等に関する法律七条一項、三二条一号所定の罰則を伴う届出制度は、憲法二一条一項に違反しない。

十七日　平成二五年度新任判事補研修

平成二五年一二月に司法修習を終え、判事補に任命された者（第六六期）を対象に、裁判実務に関連する基礎的事項及び裁判官の在り方等についての研修を、一月一七日から一月二二日まで司法研修所において実施。

二十日　最高裁判所第一小法廷判決――少年につき禁錮以上の刑に当たる罪として家庭裁判所から少年法二〇条一項の送致を受けた事件をそれと事実の同一性が認められる罰金以下の刑に当たる罪の事件として公訴を提起することの許否（平成二五年(さ)第四号）

（要旨）少年につき禁錮以上の刑に当たる罪として家庭裁判所から少年法二〇条一項の送致を受けた事件について、それと事実の同一性が認められるとしても、罰金以下の刑に当たる罪の事件として公訴を提起することは許されない。

二十一日　簡易裁判所判事片山俊雄　下級裁判所裁判官指名諮問委員会地域委員会（名古屋に置かれるもの）地

域委員を免ずる
名古屋地方裁判所長加藤幸雄　下級裁判所裁判官指名諮問委員会地域委員会（名古屋に置かれるもの）地域委員に任命する

二十二日　法制審議会新時代の刑事司法制度特別部会（諮問第九二号関係）第二作業分科会（第一〇回）
「証拠開示制度」、「犯罪被害者等及び証人を支援・保護するための方策の拡充」及び「公判廷に顕出される証拠が真正なものであることを担保するための方策等」について、それぞれ考えられる制度の概要等を審議した。また、当分科会におけるこれまでの検討結果については、開催予定である新時代の刑事司法制度特別部会（第二三回）において報告することを決定した。
法制審議会新時代の刑事司法制度特別部会（諮問第九二号関係）第一作業分科会（第一〇回）
「被疑者・被告人の身柄拘束の在り方」、「取調べの録音・録画制度」及び「刑の減免制度、捜査・公判協力型協議・合意制度、刑事免責制度」について、それぞれ考えられる制度の概要等を審議した。また、当分科会におけるこれまでの検討結果については、開催予定である新時代の刑事司法制度特別部会（第二三回）において報告することを決定した。

二十七日　最高裁判所事務総局人事局長安浪亮介　司法修習生考試委員会委員を委嘱する
平成二五年度特別研究会（第四回・配偶者からの暴力の防止及び被害者の保護に関する法律（ＤＶ防止法）の運用）
地方裁判所でＤＶ事件を担当する判事又は判事補を対象に、ＤＶ事件の審理運営上の諸問題についての研究会を、一月二七日から一月二八日まで司法研修所において実施（一部裁判所職員総合研修所と合同実施）。

平成二五年度新任簡易裁判所判事研修

平成二五年度に新たに簡易裁判所判事に任命された者（司法修習終了者を除く。）を対象に、民事事件、刑事事件の実務及び裁判官の在り方等についての研修を、一月二七日から二月二八日まで司法研修所において実施。

二十八日　法制審議会刑事法（裁判員制度関係）部会（諮問第九七号関係第二回）

前回に引き続き、「長期間の審判を要する事件等の対象事件からの除外」に関する要綱（骨子）について審議した。

二十九日　国際的な子の奪取の民事上の側面に関する条約公布（条約第二号）

四月一日我が国について発効。

国際結婚が破綻した場合等において、子が国境を越えて不法に連れ去られた際に、子を迅速に常居所地国に返還するための国際協力の仕組み等を定めたもの。

平成二五年度判事任官者実務研究会

平成一五年一〇月に司法修習を終えた判事（第五六期）を対象に、司法、裁判所・裁判官の在り方、事務処理の現状等についての研究会を、一月二九日から一月三一日まで司法研修所において実施。

三十一日　石巻市三人殺傷事件控訴審判決（仙台高等裁判所）
控訴棄却。
被告人・弁護人上告申立て。
（平成二二年一一月二五日の項参照）

二　月

一　日　弁護士井窪保彦　司法修習委員会委員に任命する

三　日　平成二五年度特別研究会（第五回・精神障害と社会）
高等裁判所又は地方裁判所で刑事事件を担当する判事又は判事補を対象に、精神障害に対する理解を深め、その処遇と治療等についての研究会を、二月三日から二月四日まで司法研修所において実施。

四　日　法制審議会民法（債権関係）部会（諮問第八八号関係第八三回）
債権譲渡、契約上の地位の移転、債権の目的について審議した。

五　日　最高裁判所事務総局分課規程の一部を改正する規程制定（最高裁判所規程第一号）
四月一日から施行。

最高裁判所事務総局総務局及び家庭局の事務処理の適正化を図るため、最高裁判所事務総局総務局及び家庭局内の事務分掌を改めたもの。

六　日　法務省大臣官房司法法制部長小川秀樹　最高裁判所民事規則制定諮問委員会委員に任命する　最高裁

判所刑事規則制定諮問委員会委員に任命する　最高裁判所家庭規則制定諮問委員会委員に任命する
内閣法制局第二部長林徹　最高裁判所民事規則制定諮問委員会委員に任命する　最高裁判所刑事規則制定諮問委員会委員に任命する　最高裁判所家庭規則制定諮問委員会委員に任命する

七日　ミャンマー連邦共和国憲法裁判所長官最高裁判所訪問

ミャンマー連邦共和国憲法裁判所長官ミャ・テイン氏は、最高裁判所長官竹崎博允を表敬訪問した。

法制審議会第一七一回総会

法務大臣から新たに発せられた「国際裁判管轄法制（人事訴訟事件及び家事事件関係）の整備に関する諮問第九八号」及び「商法（運送・海商関係）等の改正に関する諮問第九九号」に関し、事務当局から諮問に至った経緯、趣旨等について説明があった。これらの諮問について、その審議の進め方等に関する意見表明があり、諮問第九八号については、「国際裁判管轄法制（人事訴訟事件及び家事事件関係）部会」（新設）に、また、諮問第九九号については、「商法（運送・海商関係）部会」（新設）に付託して審議することとし、部会から報告を受けた後、改めて総会において審議することとされた。

九日　最高裁判所判事櫻井龍子は、随員として仙台高等裁判所判事情松晴子を伴い、インドの司法事情視察のため出張（二月一六日帰国）

十一日　最高裁判所判事金築誠志　最高裁判所図書館委員会委員を命ずる

十四日　裁判官の配偶者同行休業に関する規則公布（最高裁判所規則第二号）

二月二一日から施行。

裁判官の配偶者同行休業に関する法律の実施に関し必要な事項を定めたもの。

裁判所職員の留学費用の償還に関する規則の一部を改正する規則公布（最高裁判所規則第三号）

二月二一日から施行。

配偶者同行休業制度の創設に伴い、国家公務員の留学費用の償還に関する法律が改正され、職員としての在職期間に裁判所に在職している間における配偶者同行休業の期間等は含まれないこととされたことから、行政府省等に出向している間における配偶者同行休業の期間等についても職員としての在職期間に含まないものとしたもの。

法制審議会新時代の刑事司法制度特別部会（諮問第九二号関係第二三回）

二つの作業分科会から、これまでの検討の取りまとめとして「作業分科会における検討結果（制度設計に関するたたき台）」が報告され、「取調べの録音・録画制度」及び「証拠開示制度」について、審議した。

最高裁判所第二小法廷判決――共同相続人のうち自己の相続分の全部を譲渡した者と遺産確認の訴えの当事者適格（平成二三年㈹第六〇三号）

（要旨）共同相続人のうち自己の相続分の全部を譲渡した者は、遺産確認の訴えの当事者適格を有しない。

十七日　平成二五年度特別研究会（第六回・複雑困難訴訟）

高等裁判所又は地方裁判所で民事事件を担当する判事を対象に、複雑困難な訴訟事件の処理についての研究会を、二月一七日から二月一八日まで司法研修所において実施。

十九日　平成二五年度家事実務研究会

家庭裁判所で家事事件を担当する判事又は判事補を対象に、人事訴訟及び家事事件の運用並びに家事調停及び家事審判事件の処理の在り方についての研究会を、二月一九日から二月二一日まで司法研修所において実施（一部裁判所職員総合研修所と合同実施）。

二十日　独日法律家協会会長最高裁判所訪問

独日法律家協会会長ヤン・グロテア氏は、最高裁判所長官竹崎博允を表敬訪問した。

二十一日　法制審議会新時代の刑事司法制度特別部会（諮問第九二号関係第二四回）

前回報告された「作業分科会における検討結果（制度設計に関するたたき台）」を踏まえて、「通信傍受の合理化・効率化、会話傍受」、「被疑者国選弁護制度の拡充」、「犯罪被害者等及び証人を支援・保護するための方策の拡充」及び「公判廷に顕出される証拠が真正なものであることを担保するための方策等」について審議した。

二十四日　大野宗　下級裁判所裁判官指名諮問委員会地域委員会（東京に置かれるもの）地域委員を免ずる

横浜地方検察庁検事正松井巖　下級裁判所裁判官指名諮問委員会地域委員会（東京に置かれるもの）地域委員に任命する

公安調査庁長官寺脇一峰　下級裁判所裁判官指名諮問委員会地域委員会（名古屋に置かれるもの）地域委員を免ずる
名古屋地方検察庁検事正長谷川充弘　下級裁判所裁判官指名諮問委員会地域委員会（名古屋に置かれるもの）地域委員に任命する　最高裁判所刑事規則制定諮問委員会委員を免ずる
法務省刑事局長林眞琴　下級裁判所裁判官指名諮問委員会地域委員会（仙台に置かれるもの）地域委員を免ずる　司法修習生考試委員会委員を委嘱する　最高裁判所刑事規則制定諮問委員会委員に任命する
仙台地方検察庁検事正下川徳純　下級裁判所裁判官指名諮問委員会地域委員会（仙台に置かれるもの）地域委員に任命する
法務事務次官稲田信夫　司法修習生考試委員会委員の委嘱を解く　最高裁判所刑事規則制定諮問委員会委員を免ずる
最高検察庁公判部長三浦守　最高裁判所刑事規則制定諮問委員会委員に任命する

平成二五年度法律実務教育研究会（第二回）

法科大学院に派遣されている、又は派遣される予定の判事又は判事補を対象に、法律実務の教育等についての研究会を、二月二四日から二月二五日まで司法研修所において実施。

二十五日

法制審議会民法（債権関係）部会（諮問第八八号関係第八四回）

売買、請負、贈与、契約に関する基本原則、契約交渉段階について審議した。

最高裁判所第三小法廷判決――一　共同相続された委託者指図型投資信託の受益権は、相続開始と同時に当然に相続分に応じて分割されるか　二　共同相続された個人向け国債は、相続開始と同時に当然に相続分に応じて分割されるか（平成二三年(受)第二二五〇号）

（要旨）

一　共同相続された委託者指図型投資信託の受益権は、相続開始と同時に当然に相続分に応じて分割されることはない。

二　共同相続された個人向け国債は、相続開始と同時に当然に相続分に応じて分割されることはない。

二十六日

平成二五年度医療基礎研究会

地方裁判所又は家庭裁判所の判事補を対象に、医療現場の実状、医療訴訟の運営等についての研究会を、二月二六日から二月二八日まで司法研修所において実施。

平成二五年度知的財産権基礎研究会

地方裁判所又は家庭裁判所の判事補を対象に、知的財産権訴訟の審理、運営についての研究会を、二月二六日から二月二八日まで司法研修所において実施。

平成二五年度税務・会計基礎研究会

地方裁判所又は家庭裁判所の判事補を対象に、税務・会計の基礎理論及び実務並びに租税事件の現状と課題等についての研究会を、二月二六日から二月二八日まで司法研修所において実施。

三月

三日　民事の訟廷副管理官を置く地方裁判所等の指定について（最高裁総一第二六三号高等裁判所長官、地方・家庭裁判所長あて総務局長通知）
　四月一日から実施。
　民事の訟廷副管理官を置く地方裁判所として、仙台地方裁判所が新たに指定され、家事の訟廷副管理官を置く家庭裁判所として、京都家庭裁判所が新たに指定され、家事の訟廷副管理官を置く家庭裁判所の支部として東京家庭裁判所立川支部が新たに指定されたもの。

四日　法制審議会民法（債権関係）部会（諮問第八八号関係第八五回）
　組合、終身定期金、和解、契約の解釈、約款、寄託（消費寄託）について審議した。

五日　「課に置く係について」の一部改正について（最高裁総一第二五六号高等裁判所長官、地方・家庭裁判所長あて総務局長依命通達）
　四月一日から実施。
　四月一日から大阪地方裁判所本庁及び大阪家庭裁判所本庁については運輸事務の全てについて、大阪地方裁判所堺支部及び大阪家庭裁判所堺支部並びに大阪地方裁判所岸和田支部及び大阪家庭裁判所岸和田支部については運輸事務のうち自動車の配車に関する事務以外の運輸事務について、それぞれ大阪高等裁判所へ集約するもの。

六日　民事訴訟費用等に関する規則の一部を改正する規則公布（最高裁判所規則第四号）

四月一日から施行。

郵便料金が改定されることに伴い、官庁等から書類の交付を受けるために要する費用の額等のうち、郵便料金を参考にして定められた額を改定するもの。

七日　平成二五年度知的基盤研究会

地方裁判所又は家庭裁判所の判事又は判事補を対象に、主体的な思考力を高めることなど自己研さんの動機付けを目的とした研究会を、三月六日から三月七日まで司法研修所において実施。

法制審議会新時代の刑事司法制度特別部会（諮問第九二号関係第二五回）

第二三回で報告された「作業分科会における検討結果（制度設計に関するたたき台）」を踏まえて、「犯罪事実の解明による刑の減軽制度、捜査・公判協力型協議・合意制度、刑事免責制度」、「被疑者・被告人の身柄拘束の在り方」及び「自白事件を簡易迅速に処理するための手続の在り方」について審議し、全体的な制度の在り方として各検討事項についての補足的意見が述べられた。また、これまでの議論を踏まえ、各検討事項における制度の採否をも含めた「試案」を事務当局において作成し、次回以降、それに基づき審議することを決定した。

八日　青森地方・家庭裁判所十和田支部、十和田簡易裁判所合同庁舎改築

九日　元最高裁判所判事尾崎行信　逝去（八四歳）

正三位に叙される。

十日　平成二五年度司法修習生指導担当者協議会

司法修習生の指導に関する諸問題について、各配属庁会の修習指導担当者と司法研修所教官が協議し連絡を図る協議会を、東京（立川支部を含む。）・横浜・さいたま・千葉・水戸・宇都宮・前橋・静岡・甲府・長野・新潟・名古屋・岐阜・金沢・富山・仙台・福島・山形・盛岡・秋田・青森・札幌・函館・旭川・釧路の各配属庁会は三月一〇日、大阪・京都・神戸・奈良・大津・和歌山・津・福井・広島・山口・岡山・鳥取・松江・福岡・佐賀・長崎・大分・熊本・鹿児島・宮崎・那覇・高松・徳島・高知・松山の各配属庁会は三月一四日、いずれも司法研修所において開催。

最高裁判所第一小法廷決定――覚せい剤の密輸入事件について、共犯者供述の信用性を否定して無罪とした第一審判決には事実誤認があるとした原判決に、刑訴法三八二条の解釈適用の誤りはないとされた事例（平成二四年(あ)第七四四号）

（要旨）覚せい剤の密輸入事件について、被告人から指示を受けていたとする共犯者供述の信用性を否定して被告人を無罪とした第一審判決には事実誤認があるとした原判決は、第一審判決が、受信は記録されていないなどの通話記録の性質に十分配慮せず、それと同共犯者供述との整合性を細部について必要以上に要求するなどしたことや、同共犯者に指示を与えていた第三者の存在に関する抽象的な可能性をもって同共犯者供述の信用性を否定したことなどを指摘して、その判断は経験則に照らして不合理であるとしており、第一審判決の事実認定が経験則に照らして不合理であることを具体的に示したものといえ、刑訴法三八二条の解釈適用の誤りはない。

十一日

東日本大震災三周年追悼式

午後二時三〇分から国立劇場で挙行され、最高裁判所長官竹崎博允が追悼の辞を述べ、最高裁判所判事櫻井龍子らが参列した。

十二日　首都圏連続不審死事件控訴審判決（東京高等裁判所）

控訴棄却。

弁護人上告申立て。

（平成二四年四月一三日の項参照）

十四日　最高裁判所第二小法廷判決――精神上の障害により事理を弁識する能力を欠く常況にある者に法定代理人がない場合と民法一五八条一項の類推適用（平成二五年㈹第一四二〇号）

（要旨）時効期間の満了前六箇月以内の間に精神上の障害により事理を弁識する能力を欠く常況にある者に法定代理人がない場合において、少なくとも、時効期間の満了前の申立てに基づき後見開始の審判がされたときは、民法一五八条一項が類推適用される。

十七日　最高裁判所にベトナム社会主義共和国勲章贈与

ベトナム社会主義共和国チュオン・タン・サン国家主席の訪日に際し、最高裁判所に同国友好勲章が贈与された。

最高裁判所第一小法廷決定――一　同一被害者に対し一定の期間内に反復累行された一連の暴行によって種々の傷害を負わせた事実について、包括一罪とされた事例　二　包括一罪を構成する一連の暴行による傷害について、訴因の特定に欠けるところはないとされた事例（平成二三年㈠第一二二四

号）

（要旨）

一　同一被害者に対し約四か月間又は約一か月間という一定の期間内に反復累行された一連の暴行によって種々の傷害を負わせた事実については、その暴行が、被告人と被害者との一定の人間関係を背景として、共通の動機から繰り返し犯意を生じて行われたものであることなどの事情に鑑みると、全体を一体のものと評価し、包括して一罪と解することができる。

二　包括一罪を構成する一連の暴行による傷害については、本件のような訴因であっても、共犯者、被害者、期間、場所、暴行の態様及び傷害結果を記載することをもって、その特定に欠けるところはない。

法制審議会民法（債権関係）部会（諮問第八八号関係第八六回）

錯誤、保証、贈与について審議した。

十八日

法制審議会刑事法（裁判員制度関係）部会（諮問第九七号関係第三回）

「重大な災害時における裁判員となることについての辞退事由の追加」、「非常災害時において呼び出すべき裁判員候補者等から除外する措置の追加」及び「裁判員等選任手続における被害者を特定させることとなる事項の取扱い」に関する要綱（骨子）について審議した。また、前回に引き続き、「長期間の審判を要する事件等の対象事件からの除外」に関する要綱（骨子）についても審議した。

二十日　最高裁判所第二小法廷判決――保護責任者遺棄致死被告事件について、被害者の衰弱状態等を述べた医師らの証言が信用できることを前提に被告人両名を有罪とした第一審判決に事実誤認があるとした原判決に、刑訴法三八二条の解釈適用を誤った違法があるとされた事例（平成二四年(あ)第七九七号）

（要旨）保護責任者遺棄致死被告事件について、被害者の衰弱状態等を述べた医師らの証言が信用できることを前提に被告人両名を有罪とした第一審判決に事実誤認があるとした原判決は、証言の信用性を支える根拠があるのにこれを考慮しないなど、証言の信用性評価を誤っており、第一審判決が論理則、経験則等に照らして不合理であることを十分に示したものとはいえず、刑訴法三八二条の解釈適用を誤った違法があり、同法四一一条一号により破棄を免れない。

二十六日　平成二六年度弁護士任官者実務研究会

弁護士から任官又は任官予定の判事又は判事補を対象に、裁判官としての導入研修を、三月二六日に司法研修所において実施。

静岡地方・家庭裁判所富士支部、富士簡易裁判所合同庁舎改築

二十七日　最高裁判所事務総長大谷直人　最高裁判所民事規則制定諮問委員会委員に任命する　最高裁判所刑事規則制定諮問委員会委員に任命する　最高裁判所家庭規則制定諮問委員会委員に任命する　最高裁判所図書館委員会委員を命ずる

袴田事件再審請求決定（静岡地方裁判所）

本件は、静岡県清水区のみそ会社専務宅で一家四人が殺害された袴田事件につき、強盗殺人罪等

で死刑が確定している袴田巖死刑囚が再審請求を申し立てたものである。

再審開始決定。

死刑及び拘置の執行停止を決定、即日釈放。

検察官抗告申立て。

二十八日

最高裁判所第二小法廷判決――暴力団関係者の利用を拒絶しているゴルフ場において暴力団関係者であることを申告せずに施設利用を申し込む行為が、詐欺罪にいう人を欺く行為に当たらないとされた事例（平成二五年(あ)第三号）

（要旨）暴力団関係者の利用を拒絶しているゴルフ場において、暴力団関係者であるビジター利用客が、暴力団関係者であることを申告せずに、一般の利用客と同様に、氏名等を偽りなく記入した受付表等を提出して施設利用を申し込む行為は、ゴルフ場の従業員から暴力団関係者でないことを確認されなかったなどの本件事実関係の下では、申込者が当然に暴力団関係者でないことまで表しているとは認められず、詐欺罪にいう人を欺く行為には当たらない。

最高裁判所第二小法廷決定――入会の際に暴力団関係者を同伴しない旨誓約したゴルフ倶楽部会員において、同伴者が暴力団関係者であることを申告せずに同人に関するゴルフ場の施設利用を申し込み、施設を利用させた行為が、刑法二四六条二項の詐欺罪に当たるとされた事例（平成二五年(あ)第七二五号）

（要旨）ゴルフ倶楽部会員において、同伴者が暴力団関係者であることを申告せずにそのゴルフ場の施設利用を申し込み、同人に施設を利用させた行為は、入会の際に暴力団関係者を同伴しない旨誓約していたなどの本件事実関係の下では、刑法二四六条二項の詐欺罪に当たる。

三十一日　慶應義塾大学商学部教授樋口美雄　下級裁判所裁判官指名諮問委員会地域委員会（東京に置かれるもの）地域委員を免ずる

最高裁判所長官竹崎博允　願に依り本官を免ずる

四月

一日　首都大学東京都市教養学部教授永井撤　下級裁判所裁判官指名諮問委員会地域委員会（東京に置かれるもの）地域委員に任命する

弁護士藤田美津夫　下級裁判所裁判官指名諮問委員会地域委員会（札幌に置かれるもの）地域委員に任命する

最高裁判所判事寺田逸郎　最高裁判所長官に任命する

東京高等裁判所長官山崎敏充　最高裁判所判事に任命する

東京地方裁判所長小池裕　高等裁判所長官に任命する　東京高等裁判所長官に補する

平成二六年度民間企業長期研修

　味の素株式会社　四月一日から平成二七年三月三一日まで　参加者一人。

　出光興産株式会社　四月一日から平成二七年三月三一日まで　参加者一人。

　伊藤忠商事株式会社　四月一日から平成二七年三月三一日まで　参加者一人。

株式会社小松製作所　四月一日から平成二七年三月三一日まで　参加者一人。
株式会社島津製作所　四月一日から平成二七年三月三一日まで　参加者一人。
トヨタ自動車株式会社　四月一日から平成二七年三月三一日まで　参加者一人。
南海電気鉄道株式会社　四月一日から平成二七年三月三一日まで　参加者一人。
西日本鉄道株式会社　四月一日から平成二七年三月三一日まで　参加者一人。
日本生命保険相互会社　四月一日から平成二七年三月三一日まで　参加者一人。
株式会社日立製作所　四月一日から平成二七年三月三一日まで　参加者一人。
株式会社三井住友銀行　四月一日から平成二七年三月三一日まで　参加者一人。
株式会社三菱東京ＵＦＪ銀行　四月一日から平成二七年三月三一日まで　参加者一人。

平成二六年度日本銀行研修
　四月一日から平成二七年三月三一日まで　参加者一人。

四日　日本弁護士連合会会長に村越進就任
　裁判所職員定員法の一部を改正する法律公布・施行（法律第一八号）
　裁判所職員定員法中判事一、八八九人を一、九二一人に、裁判官以外の裁判所職員二二、〇二六人を二一、九九〇人に改めたもの。

六日　最高裁判所首席調査官金井康雄　最高裁判所図書館委員会委員を命ずる
　弁護士中尾正信　簡易裁判所判事選考委員会委員を委嘱する

七日　東北大学大学院法学研究科教授坂田宏　下級裁判所裁判官指名諮問委員会地域委員会（仙台に置かれるもの）地域委員に任命する

最高裁判所第二小法廷決定――約款で暴力団員からの貯金の新規預入申込みを拒絶する旨定めている銀行の担当者に暴力団員であるのに暴力団員でないことを表明、確約して口座開設等を申し込み通帳等の交付を受けた行為が、詐欺罪に当たるとされた事例（平成二四年(あ)第一五九五号）

（要旨）暴力団員であるのに暴力団員でないことを表明、確約して銀行の担当者に口座開設等を申し込み、通帳等の交付を受けた行為は、当該銀行において、政府指針を踏まえて暴力団員からの貯金の新規預入申込みを拒絶する旨の約款を定め、申込者に対し暴力団員でないことを確認していたなどの本件事実関係の下では、刑法二四六条一項の詐欺罪に当たる。

十日　平成二六年度刑事実務研究会（裁判員Ⅰ）

地方裁判所で新たに裁判長として裁判員裁判を担当する判事を対象に、裁判員裁判の実務上の諸問題等についての研究会を、四月一〇日から四月一一日まで司法研修所において実施。

十四日　日本司法支援センター理事長に宮﨑誠就任

最高裁判所第一小法廷決定――戸籍事務管掌者が親権者変更の確定審判に基づく戸籍の届出を当該審判の法令違反を理由に不受理とすることの可否（平成二五年(許)第二六号）

（要旨）戸籍事務管掌者は、親権者変更の確定審判に基づく戸籍の届出について、当該審判が無効であるためその判断内容に係る効力が生じない場合を除き、当該審判の法令違反を理由に右記届出を不受理とする処分をすることができない。

十五日　東京高等裁判所長官小池裕　下級裁判所裁判官指名諮問委員会（東京に置かれるもの）地域委員を免ずる

東京地方裁判所長荒井勉　下級裁判所裁判官指名諮問委員会地域委員会（東京に置かれるもの）地域委員に任命する

十六日　立花宏人事官宣誓

十八日　国家公務員法等の一部を改正する法律公布（法律第二二号）

一部を除き、五月三〇日から施行。

国家公務員制度改革基本法（平成二〇年法律第六八号）に基づき、内閣による人事管理機能の強化等を図るため、人事の一元的管理に関する規定の創設、内閣官房の所掌事務及び内閣人事局の設置に関する規定の整備、内閣総理大臣補佐官に関する規定の整備及び大臣補佐官に関する規定の創設等、所要の改正を行ったもの。

少年法の一部を改正する法律公布（法律第二三号）

五月八日から施行。ただし、一部は六月一八日から施行。

少年審判手続のより一層の適正化を図るため、家庭裁判所の裁量による国選付添人制度及び検察官関与制度の対象事件の範囲を拡大するほか、少年に対する刑事事件における科刑の適正化を図るため、少年に対する不定期刑の長期と短期の上限の引上げ等の措置を講ずるもの。

二十一日　東京地方裁判所判事東海林保は、第二二回フォーダム大学ロースクール主催国際シンポジウム（アメリカ合衆国）への出席等のため出張（四月三〇日帰国）

二十二日　法制審議会民法（債権関係）部会（諮問第八八号関係第八七回）

著しい事情の変更による解除、法定利率、第三者の弁済、約款、不安の抗弁権について審議した。

最高裁判所第三小法廷判決――公判前整理手続を終了するに当たり確認された争点に明示的に掲げられなかった点につき、公判手続で争点として提示する措置をとることなく認定した第一審判決に違法はないとされた事例（平成二四年(あ)第一八一六号）

（要旨）殺害行為に先立つけん銃の引き金を引いたという行為につき、公判前整理手続を終了するに当たり確認された争点に明示的に掲げられなかったとしても、同手続で議論され、公判手続で実質的な攻撃防御を経ていたなどの本件事実関係の下においては、公判手続で争点として提示する措置をとることなく殺害に至る経過として上記行為を認定した第一審判決に違法はない。

二十三日　短時間労働者の雇用管理の改善等に関する法律の一部を改正する法律公布（法律第二七号）

平成二七年四月一日から施行。ただし、一部の規定については公布の日から施行。

短時間労働者の雇用管理の改善等を図るため、差別的取扱い禁止の対象となる通常の労働者と同視すべき短時間労働者について、期間の定めのない労働契約を締結していることとする要件が削除され、また、同一の事業所に雇用される短時間労働者と通常の労働者の待遇の相違が不合理と認められるものであってはならない旨の規定を創設。

法制審議会商法（運送・海商関係）部会（諮問第九九号関係第一回）

今後の審議の進め方、商法（運送・海商関係）等の見直しについて意見交換が行われた。

平成二六年度簡易裁判所判事実務研究会

簡易裁判所判事（司法修習終了者を除く。）を対象に、民事・刑事の事件処理に関する諸問題についての研究会を、四月二三日から四月二五日まで司法研修所において実施。

明石歩道橋強制起訴事件控訴審判決（大阪高等裁判所）

控訴棄却。

指定弁護士上告申立て。

（平成二五年二月二〇日の項参照）

二十四日

最高裁判所事務総局家庭局長岡健太郎　法制審議会臨時委員に任命する

判事秋吉仁美　法制審議会臨時委員に任命する

最高裁判所第一小法廷判決――免責許可の決定の効力が及ばない破産債権であることを理由として当該破産債権が記載された破産債権者表につき執行文付与の訴えを提起することの許否（平成二五年㈳第四一九号）

（要旨）免責許可の決定が確定した債務者に対し確定した破産債権を有する債権者が、当該破産債権が破産法二五三条一項各号に掲げる請求権に該当することを理由として、当該破産債権が記載された破産債権者表について執行文付与の訴えを提起することは許されない。

二十五日　法制審議会国際裁判管轄法制（人事訴訟事件及び家事事件関係）部会（諮問第九八号関係第一回）
一　部会長として高田裕成委員（東京大学大学院法学政治学研究科教授）が互選された。
二　国際裁判管轄法制の整備に当たっての検討課題について審議した。

二十六日　元広島高等裁判所長官兒島武雄　逝去（八九歳）
正三位に叙される。

二十九日　平成二六年春の叙勲において、最高裁判所所管の分野では
旭日大綬章
元最高裁判所判事須藤正彦
瑞宝重光章
元福岡高等裁判所長官篠原勝美
元広島高等裁判所長官田尾健二郎
ほか九三人が叙勲された。
また、特別功労のある調停委員四二人に対し、藍綬褒章が授与された。

三十日　法制審議会新時代の刑事司法制度特別部会（諮問第九二号関係第二六回）
各検討事項についての「事務当局試案」の内容について説明が行われ、「取調べの録音・録画制度」について審議した。

五月

一日　憲法週間（七日まで）

判事竹内努　司法修習生考試委員会委員の委嘱を解く

判事中里智美　司法修習生考試委員会委員の委嘱を解く

弁護士出縄正人　司法修習生考試委員会委員の委嘱を解く

弁護士木村哲司　司法修習生考試委員会委員の委嘱を解く

二日　司法研修所教官中園浩一郎　司法修習生考試委員会委員を委嘱する

司法研修所教官細田啓介　司法修習生考試委員会委員を委嘱する

司法研修所教官木﨑孝　司法修習生考試委員会委員を委嘱する

司法研修所教官佃克彦　司法修習生考試委員会委員を委嘱する

十四日　著作権法の一部を改正する法律公布（法律第三五号）

一部を除き平成二七年一月一日から施行。

紙媒体による出版のみを対象とする出版権制度を見直し、電子書籍に対応した出版権を整備するとともに、視聴覚的実演に関する国際的な保護を強化するため、視聴覚的実演に関する北京条約の実施に伴う規定を整備するもの。

特許法等の一部を改正する法律公布（法律第三六号）

一部を除き平成二七年四月一日から施行。

知的財産の更なる創造・保護・活用に資する制度的・人的基盤を早急に整備するための措置を講ずるため、国際的な制度調和の観点も踏まえ、特許法（救済措置の拡充及び特許異議の申立て制度の創設）、意匠法（複数国に意匠を一括出願するための規定の整備）及び商標法（保護対象の拡充及び地域団体商標の登録主体の拡充）等の改正により制度的基盤を整備するとともに、弁理士法（弁理士の使命の明確化・業務の拡充）の改正により人的基盤を整備するもの。

十六日

家事事件担当裁判官協議会

最高裁判所において開催。参加者は、各高等裁判所所在地にある家庭裁判所並びに横浜、さいたま、千葉、京都、神戸、金沢、山口、大分及び山形家庭裁判所の家事事件担当の裁判官。

協議事項　家事調停事件の運営に関する事項

・アップル対サムスン（ｉＰｈｏｎｅ）事件控訴審判決（知的財産高等裁判所特別部）

本件は、製品（スマートフォン等）の生産、譲渡、輸入等が、特許権を侵害していないとして、損害賠償債務の不存在確認を求めたものである。

本判決は、四種類の製品のうち二種類については特許権の技術的範囲に属しないとして債務不存在確認請求を認容し、他の二種類については、特許権の技術的範囲に属するとしたが、特許権に基づく損害賠償請求権の行使は、ＦＲＡＮＤ条件によるライセンス料相当額を超える範囲では権利濫用になるとして、請求権は、ＦＲＡＮＤ条件によるライセンス料相当額をこえては存在しないことを確認すると判示した。

十九日　ハンセン病を理由とする開廷場所指定に関する調査委員会設置

最高裁判所に全国ハンセン病療養所入所者協議会、「らい予防法」違憲国賠訴訟全国原告団協議会及び国立療養所菊池恵楓園入所者自治会から平成二五年一一月六日付けで、ハンセン病を理由とする開廷場所指定の正当性について検討するよう要請する旨の要請書が提出されたことを契機として、最高裁判所事務総局が設置したもの。

二十日　法制審議会民法（債権関係）部会（諮問第八八号関係第八八回）

錯誤、消滅時効、保証、法律行為（過大な利益を得る法律行為等が無効になる場合）について審議した。

二十一日　平成二六年度支部長研究会

地方裁判所又は家庭裁判所の支部長を対象に、支部の運営及び裁判所の当面する諸問題等についての研究会を、五月二一日から五月二三日まで司法研修所において実施（一部裁判所職員総合研修所と合同実施）。

二十二日　法制審議会刑事法（裁判員制度関係）部会（諮問第九七号関係第四回）

「長期間の審判を要する事件等の対象事件からの除外」に関する要綱（骨子）について、事務当局から修正案の説明がなされ、その修正案を基に審議した。また、要綱（骨子）全体について審議し、特に「裁判員等選任手続における被害者を特定させることとなる事項の取扱い」について審議した。

二十三日　法制審議会国際裁判管轄法制（人事訴訟事件及び家事事件関係）部会（諮問第九八号関係第二回）

離婚関係事件の国際裁判管轄に係る規律の基本的な在り方、管轄原因としての国籍、婚姻住所地及び原告住所地の肯否、合意管轄及び応訴管轄の肯否並びに附帯処分及び関連請求の管轄の在り方について審議した。

二十七日　法制審議会民法（債権関係）部会（諮問第八八号関係第八九回）

保証人の責任制限、債権譲渡、約款（定型条項の定義）について審議した。

二十八日　二本松利忠　下級裁判所裁判官指名諮問委員会地域委員会（大阪に置かれるもの）地域委員を免ずる

大阪地方裁判所長小佐田潔　下級裁判所裁判官指名諮問委員会地域委員会（大阪に置かれるもの）地域委員に任命する

法制審議会商法（運送・海商関係）部会（諮問第九九号関係第二回）

総論、物品運送についての総則的規律について審議した。

平成二六年度民事実務研究会（基本Ⅰ）

地方裁判所で民事事件を担当する、又は民事裁判に関心があり、将来、民事事件を担当したいと考えている判事又は判事補を対象に、民事訴訟運営の方法、事実認定、書記官との連携、部等の組織運営への関与の在り方等についての研究会を、五月二八日から五月三〇日まで司法研修所において実施（一部裁判所職員総合研修所と合同実施）。

駐日ロシア連邦特命全権大使最高裁判所訪問

駐日ロシア連邦特命全権大使エヴゲーニー・ウラジーミロヴィッチ・アファナシエフ氏は、最高裁判所長官寺田逸郎を表敬訪問した。

二十九日　最高裁判所図書館委員会

最高裁判所図書館の運営について審議した。

指定職俸給表の準用を受ける職員の俸給月額に関する規則を廃止する等の規則公布・施行（最高裁判所規則第五号）

人事院規則九―四二（指定職俸給表の適用を受ける職員の俸給月額）の廃止に伴い、指定職俸給表の準用を受ける職員の俸給月額に関する規則（昭和四八年最高裁判所規則第八号）を廃止し、裁判所職員退職手当審査会規則について、所要の改正をしたもの。

水戸地方裁判所長栃木力　最高裁判所刑事規則制定諮問委員会委員を免ずる

弁護士荒中　最高裁判所民事規則制定諮問委員会委員を免ずる　最高裁判所刑事規則制定諮問委員会委員を免ずる　最高裁判所家庭規則制定諮問委員会委員を免ずる

日本弁護士連合会事務総長春名一典　最高裁判所民事規則制定諮問委員会委員に任命する　最高裁判所刑事規則制定諮問委員会委員に任命する　最高裁判所家庭規則制定諮問委員会委員に任命する

三十日　世界経済フォーラム会長最高裁判所訪問

世界経済フォーラム会長クラウス・シュワブ氏は、最高裁判所長官寺田逸郎を表敬訪問した。

六月

二日　平成二六年度判事補基礎研究会

平成二三年八月又は一二月に司法修習を終え、判事補に任命された者（現行第六四期及び新第六四期）を対象に、基本的な執務能力の向上等を図るための研究会を、六月二日から六月六日まで司法研修所において実施。

四日　妙寺簡易裁判所庁舎改築

十日　法制審議会民法（債権関係）部会（諮問第八八号関係第九〇回）

錯誤、意思能力、意思表示、代理、無効及び取消し、条件及び期限、債権の目的（法定利率を除く。）、履行請求権等、債務不履行による損害賠償について審議した。

十一日　少年院法公布（法律第五八号）

平成二七年六月一日から施行。ただし、一部は平成二七年七月一日から施行。

少年院の適正な管理運営を図るとともに、少年院に収容される在院者の人権を尊重しつつ、その特性に応じた適切な矯正教育その他の在院者の健全な育成に資する処遇を行うため、少年院の管理運営に関する事項を定めるとともに、矯正教育の基本となる事項、在院者の権利義務の範囲、その生活及び行動を制限する場合の要件及び手続等を定めるほか、在院者による不服申立ての制度を整備するもの。

少年鑑別所法公布（法律第五九号）

平成二七年六月一日から施行。ただし、一部は平成二七年七月一日から施行。

少年鑑別所の適正な管理運営を図るとともに、鑑別対象者の鑑別を適切に行うほか、少年鑑別所に収容される在所者の人権を尊重しつつ、その者の状況に応じた適切な観護処遇を行い、並びに非行及び犯罪の防止に関する援助を適切に行うため、少年鑑別所の管理運営に関する事項を定めるとともに、鑑別対象者の鑑別の実施方法を定めるほか、在所者の権利義務の範囲、その生活及び行動を制限する場合の要件及び手続等を定め、在所者による不服申立ての制度を整備する等したもの。

十二日　法制審議会新時代の刑事司法制度特別部会（諮問第九二号関係第二七回）

前回説明が行われた「事務当局試案」を踏まえて、「通信傍受の合理化・効率化、会話傍受」、「被疑者国選弁護制度の拡充」、「証拠開示制度」、「犯罪被害者等及び証人を支援・保護するための方策の拡充」、「公判廷に顕出される証拠が真正なものであることを担保するための方策等」及び「自白事件を簡易迅速に処理するための手続の在り方」について審議した。

十三日　行政不服審査法関連三法律（行政不服審査法、行政不服審査法の施行に伴う関係法律の整備等に関する法律及び行政手続法の一部を改正する法律）公布（法律第六八号、第六九号及び第七〇号）

行政不服審査法及び行政不服審査法の施行に伴う関係法律の整備等に関する法律につき、平成二八年四月一日から、行政手続法の一部を改正する法律につき、平成二七年四月一日から各施行。

行政不服審査制度の全面的な見直し、具体的には、①処分に関与しない職員（審理員）による審理手続や、第三者機関への諮問手続の導入等による公平性の向上、②不服申立期間の延長や、不服申立前置の見直し等による制度の使いやすさの向上、③国民が法令違反を発見した場合に行政に適正な権限行使を促す手続を定めること等による国民の救済手続の充実、拡大をその内容とするもの。

十七日
元最高裁判所判事香川保一　逝去（九三歳）
　正三位に叙される。
法制審議会民法（債権関係）部会（諮問第八八号関係第九一回）
　契約の解除、危険負担、受領遅滞、債権者代位権、詐害行為取消権について審議した。
平成二六年度簡易裁判所判事基礎研究会
　平成二四年度新任簡易裁判所判事研修の終了者を対象に、民事事件、刑事事件の実務及び裁判官の在り方等についての研究会を、六月一七日から六月二〇日まで司法研修所において実施。

十八日
高等裁判所長官、地方裁判所長及び家庭裁判所長会同
　六月一八日、一九日の両日、最高裁判所において開催。
　協議事項
一　当面の司法行政上の諸問題について
二　その他

二十日
独日法律家協会会長最高裁判所訪問
　独日法律家協会会長ヤン・グロテア氏は、最高裁判所長官寺田逸郎を表敬訪問した。

二十三日　法制審議会新時代の刑事司法制度特別部会（諮問第九二号関係第二八回）
改訂された「事務当局試案」を踏まえて、「取調べの録音・録画制度」、「犯罪事実の解明による刑の減軽制度、捜査・公判協力型協議・合意制度、刑事免責制度」及び「被疑者・被告人の身柄拘束の在り方」について審議した。

二十四日　法制審議会民法（債権関係）部会（諮問第八八号関係第九二回）
法律行為（暴利行為が無効になる場合）、根保証、契約交渉段階（契約交渉の不当破棄）、消滅時効、多数当事者（保証債務を除く。）、保証債務、有価証券、債務引受、契約上の地位の移転、弁済、相殺、更改、契約に関する基本原則、第三者のためにする契約について審議した。

平成二六年度部総括裁判官研究会
地方裁判所又は家庭裁判所の部総括判事を対象に、部の運営や裁判所の当面する諸問題等についての研究会を、六月二四日から六月二七日まで司法研修所において実施。

二十五日　児童買春、児童ポルノに係る行為等の処罰及び児童の保護等に関する法律の一部を改正する法律公布（法律第七九号）
七月一五日から施行。
児童ポルノに係る行為の実情や児童の権利の擁護に関する国際的動向等に鑑み、児童ポルノの定義を明確化し、児童ポルノをみだりに所持すること等を一般的に禁止するとともに、自己の性的好奇心を満たす目的での児童ポルノ所持及び盗撮による児童ポルノ製造について、それぞれ新たに罰則を設け、あわせて心身に有害な影響を受けた児童の保護に関する施策の検証等に関する規定等を整備するもの。

マンションの建替えの円滑化等に関する法律の一部を改正する法律公布（法律第八〇号）

一二月二四日から施行。

耐震強度不足と認定されたマンションについて、区分所有者の五分の四の決議があれば、マンション及び敷地を売却し、その代金から区分所有者等に分配金等を取得させることができるとするマンション敷地売却事業などを定めたもの。

最高裁判所判事山﨑敏充　法制審議会委員を免ずる

東京高等裁判所長官小池裕　法制審議会委員に任命する

法制審議会商法（運送・海商関係）部会（諮問第九九号関係第三回）

船舶、船長、海上物品運送の特則について審議した。

二十六日　法制審議会刑事法（裁判員制度関係）部会（諮問第九七号関係第五回）

諮問第九七号全体について審議し、採決の結果、事務当局作成の要綱（骨子）修正案を部会の意見として法制審議会（総会）に報告することを決定した。

二十七日　会社法の一部を改正する法律公布（法律第九〇号）

平成二七年五月一日から施行。

会社が社会的、経済的に重要な役割を果たしていることに照らして会社を取り巻く幅広い利害関係者からの一層の信頼を確保する観点から、企業統治の在り方や親子会社に関する規律等について見直しがされたもの。

会社法の一部を改正する法律の施行に伴う関係法律の整備等に関する法律公布（法律第九一号）

平成二七年五月一日から施行。

会社法の一部を改正する法律の制定に伴い、商法その他の関連する諸法律の規定に所要の整備が行われたもの。

法制審議会国際裁判管轄法制（人事訴訟事件及び家事事件関係）部会（諮問第九八号関係第三回）

離婚関係事件、婚姻関係事件、財産分与事件、年金分割事件、実親子関係事件及び養親子関係事件の国際裁判管轄に係る規律の在り方について審議した。

裁判の迅速化法に関する検討会

裁判の迅速化に関する法律（平成一五年法律第一〇七号）附則三項に基づき、法務省において、一月九日から五月二九日までの間に合計四回開催。同法の施行状況等について議論がなされ、迅速化の基本的枠組みの必要性、重要性は今後も変わらないこと、二年ごとに最高裁判所が検証結果を公表するという現在の手法は相当であること、今後も裁判の迅速化に向けた基盤整備の取組の継続が期待されること等の取りまとめがされた。

三十日

法制審議会新時代の刑事司法制度特別部会（諮問第九二号関係第二九回）

「新たな刑事司法制度の構築についての調査審議の結果」に記載すべき内容について審議した。

七月

二日　平成二六年度裁判基盤研究会（第一回）
　高等裁判所、地方裁判所又は家庭裁判所の判事を対象に、コミュニケーションをテーマとした研究会を、七月二日から七月四日まで司法研修所において実施。
　平成二六年度知的基盤研究会（第一回）
　高等裁判所、地方裁判所又は家庭裁判所の判事又は判事補を対象に、主体的な思考力を高めること等自己研さんの動機付けを目的とした研究会を、七月二日から七月四日まで司法研修所において実施。

三日　司法研修所教官村田渉　司法修習生考試委員会委員の委嘱を解く
　司法研修所教官三角比呂　司法修習生考試委員会委員を委嘱する

四日　うきは簡易裁判所庁舎改築

五日　元札幌高等裁判所長官吉丸眞　逝去（八二歳）
　正三位に叙される。

七日　民事の次席書記官及び刑事の次席書記官を置く高等裁判所等の指定並びに次席書記官の員数について
（最高裁総一第七六〇号高等裁判所長官、地方・家庭裁判所長あて総務局長通知）
　八月一日から実施。
　前橋家庭裁判所、岡山家庭裁判所及び福島家庭裁判所に置く次席書記官の員数が一人と定められたことを通知し、併せて前橋家庭裁判所、岡山家庭裁判所及び福島家庭裁判所を除く他の指定庁について指定等の通知をし直したもの。

平成二六年度民事実務研究会（ＩＴ）

高等裁判所又は地方裁判所で民事事件を担当する判事又は特例判事補を対象に、ソフトウェア開発をめぐる紛争の実態・背景等についての研究会を、七月七日から七月八日まで司法研修所において実施。

八日　判事合田悦三　法制審議会臨時委員を免ずる

法制審議会民法（債権関係）部会（諮問第八八号関係第九三回）

法定利率、債権譲渡（将来債権譲渡）、約款、贈与者の責任等、雇用、法律行為総則（公序良俗（民法第九〇条））、売買、贈与について審議した。

九日　法制審議会新時代の刑事司法制度特別部会（諮問第九二号関係第三〇回）

これまでの議論を踏まえ、時代に即した新たな刑事司法制度の在り方について最終的な取りまとめの審議が行われ、諮問第九二号に対する部会の意見として「新たな刑事司法制度の構築についての調査審議の結果【案】」を法制審議会（総会）に報告することを全会一致で決定した。

十二日　大阪高等裁判所長官永井敏雄　定年退官

十四日　法制審議会第一七二回総会

刑事法（裁判員制度関係）部会長から、諮問第九七号について、同部会において決定された「諮問第九七号に関する要綱（骨子）」に関する審議結果等の報告がされた。審議・裁決の結果、同要綱（骨子）は、全会一致で原案どおり採択され、直ちに法務大臣に答申することとされた。

平成二六年度刑事実務研究会（裁判員Ⅱ）

地方裁判所で裁判員裁判を担当する判事又は特例判事補を対象に、裁判員裁判にふさわしい審理・評議・判決の在り方についての研究会を、七月一四日から七月一五日まで司法研修所において実施。

平成二六年度特別研究会（第一回・民事事件処理の充実）

地方裁判所で民事事件を担当する部総括判事を対象に、部の機能の活性化等についての研究会を、七月一四日から七月一五日まで司法研修所において実施。

十五日　法制審議会民法（債権関係）部会（諮問第八八号関係第九四回）

契約の成立、著しい事情の変更による解除、消費貸借、賃貸借、使用貸借、請負、委任、雇用、寄託、組合について審議した。

十七日　最高裁判所第一小法廷判決――夫と民法七七二条により嫡出の推定を受ける子との間に生物学上の父子関係が認められないことが科学的証拠により明らかであるなどの事情がある場合における親子関係不存在確認の訴えの許否（平成二四年㈷第一四〇二号）、（平成二五年㈷第二三三号）

（要旨）夫と民法七七二条により嫡出の推定を受ける子との間に生物学上の父子関係が認められないことが科学的証拠により明らかであり、かつ、夫と妻が既に離婚して別居し、子が親権者である妻の下で監護されているという事情があっても、子の身分関係の法的安定を保持する必要が当然になくなるものではないから、右記の事情が存在するからといって、民法七七二条の嫡出の推定が及ばなくなるものとはいえず、親子関係不存在確認の訴えをもって父子関係の存否を争うことはできない。

十八日

最高裁判所事務総長大谷直人　高等裁判所長官に任命する　大阪高等裁判所長官に補する

さいたま地方裁判所長戸倉三郎　最高裁判所事務総長に任命する

大阪高等裁判所長官大谷直人　最高裁判所民事規則制定諮問委員会委員を免ずる　最高裁判所刑事規則制定諮問委員会委員を免ずる　最高裁判所家庭規則制定諮問委員会委員を免ずる　最高裁判所図書館委員会委員を免ずる　司法修習生考試委員会委員の委嘱を解く　倫理監督官を免ずる

最高裁判所事務総長戸倉三郎　最高裁判所民事規則制定諮問委員会委員に任命する　最高裁判所刑事規則制定諮問委員会委員に任命する　最高裁判所家庭規則制定諮問委員会委員に任命する　最高裁判所図書館委員会委員を命ずる　司法修習生考試委員会委員を委嘱する　倫理監督官を命ずる

最高裁判所民事局長菅野雅之　最高裁判所民事規則制定諮問委員会委員に任命する

少年事件担当裁判官協議会

最高裁判所において開催。参加者は、東京、横浜、さいたま、千葉、大阪、京都、神戸、名古屋、広島、福岡、仙台、札幌及び高松各家庭裁判所の少年事件担当の裁判官。

協議事項　少年事件の処理に関し考慮すべき事項

二十二日　検事総長に東京高等検察庁検事長大野恒太郎就任
前橋地方裁判所長永野厚郎　法制審議会臨時委員を免ずる
最高裁判所事務総局民事局長菅野雅之　法制審議会臨時委員に任命する

二十三日　法制審議会商法（運送・海商関係）部会（諮問第九九号関係第四回）
航空物品運送の特則、複合運送及び相次運送、運送証券及び海上運送状、運送取扱営業について審議した。
知的財産高等裁判所長設樂隆一は、ワシントン大学知的財産権研究所（ＣＡＳＲＩＰ）主催の特許関係国際会議（アメリカ合衆国）への出席等のため出張（八月一日帰国）

二十四日　外務省大臣官房国際文化交流審議官新美潤　最高裁判所家庭規則制定諮問委員会委員を免ずる
最高裁判所第一小法廷判決――傷害致死の事案につき、懲役一〇年の求刑を超えて懲役一五年に処した第一審判決及びこれを是認した原判決が量刑不当として破棄された事例（平成二五年(あ)第六八九号）
（要旨）親による幼児に対する傷害致死の事案において、これまでの量刑の傾向から踏み出し、公益の代表者である検察官の懲役一〇年の求刑を大幅に超える懲役一五年という量刑をすることにつき、具体的、説得的な根拠を示しているとはいい難い第一審判決及びその量刑を是認した原判決は、量刑不当により破棄を免れない。

二十五日　法制審議会国際裁判管轄法制（人事訴訟事件及び家事事件関係）部会（諮問第九八号関係第四回）

養親子関係事件、子の監護及び親権関係事件、扶養関係事件及び相続関係事件の国際裁判管轄に係る規律の在り方について審議した。

二十八日　竹原簡易裁判所庁舎改築

二十九日　東京大学大学院法学政治学研究科教授中田裕康　最高裁判所民事規則制定諮問委員会委員に任命する

弁護士今井和男　最高裁判所民事規則制定諮問委員会委員に任命する

弁護士野々山宏　最高裁判所民事規則制定諮問委員会委員に任命する

消費者庁次長川口康裕　最高裁判所民事規則制定諮問委員会委員に任命する

判事大竹たかし　最高裁判所民事規則制定諮問委員会委員に任命する

判事中山孝雄　最高裁判所民事規則制定諮問委員会委員に任命する

アメリカ合衆国連邦最高裁判所長官顧問最高裁判所訪問

アメリカ合衆国連邦最高裁判所長官顧問ジェフリー・P・ミネア氏は、最高裁判所の招へいにより最高裁判所長官寺田逸郎を表敬訪問した。

八　月

一　日　判事小林昭彦　下級裁判所裁判官指名諮問委員会地域委員会（仙台に置かれるもの）地域委員を免ずる

仙台地方裁判所長秋吉淳一郎　下級裁判所裁判官指名諮問委員会地域委員会（仙台に置かれるもの）地域委員に任命する

五日　法制審議会民法（債権関係）部会（諮問第八八号関係第九五回）

民法（債権関係）の改正に関する要綱仮案（第二次案）の作成に向けて民法（債権関係）の全般について審議した。

八日　判事小川秀樹　最高裁判所民事規則制定諮問委員会委員を免ずる　最高裁判所刑事規則制定諮問委員会委員を免ずる　最高裁判所家庭規則制定諮問委員会委員を免ずる

法務省大臣官房司法法制部長萩本修　最高裁判所民事規則制定諮問委員会委員に任命する　最高裁判所刑事規則制定諮問委員会委員に任命する　最高裁判所家庭規則制定諮問委員会委員に任命する

東京地方検察庁検事正青沼隆之　最高裁判所刑事規則制定諮問委員会委員を免ずる

東京地方検察庁次席検事中原亮一　最高裁判所刑事規則制定諮問委員会委員に任命する

十四日　最高裁判所事務総局刑事局長今崎幸彦　法制審議会臨時委員を免ずる

判事角田正紀　法制審議会臨時委員を免ずる

十六日　弁護士岩井重一　下級裁判所裁判官指名諮問委員会委員に任命する

二十三日　弁護士吉岡桂輔　医事関係訴訟委員会委員に任命する

二十六日　法制審議会民法（債権関係）部会（諮問第八八号関係第九六回）

民法（債権関係）の改正に関する要綱仮案（案）の作成に向けて民法（債権関係）の全般について審議した。

二十九日　最高検察庁次長検事伊丹俊彦　下級裁判所裁判官指名諮問委員会地域委員会（東京に置かれるもの）

地域委員を免ずる
東京地方検察庁検事正青沼隆之　下級裁判所裁判官指名諮問委員会地域委員会（東京に置かれるもの）地域委員に任命する
広島高等検察庁検事長田内正宏　下級裁判所裁判官指名諮問委員会地域委員会（大阪に置かれるもの）地域委員を免ずる
大阪地方検察庁検事正大島忠郁　下級裁判所裁判官指名諮問委員会地域委員会（大阪に置かれるもの）地域委員に任命する
加藤敏員　下級裁判所裁判官指名諮問委員会地域委員会（高松に置かれるもの）地域委員を免ずる
高松地方検察庁検事正西浦久子　下級裁判所裁判官指名諮問委員会地域委員会（高松に置かれるもの）地域委員に任命する

九月

一日　平成二六年度新任簡易裁判所判事導入研修

平成二六年度に新たに簡易裁判所判事に任命された者（司法修習終了者を除く。）を対象に、簡易裁判所判事として必要な識見及び法律知識の修得並びに裁判官の在り方等についての研修を、九月一日から九月五日まで司法研修所において実施。

三日　判事瀧澤泉　司法修習委員会委員に任命する
検事水野美鈴　簡易裁判所判事選考委員会委員の委嘱を解く

判事村瀬均　簡易裁判所判事選考委員会委員を委嘱する
検事田中素子　簡易裁判所判事選考委員会委員を委嘱する
第二次安倍改造内閣成立
　法務大臣　松島みどり就任

四日　平成二六年度裁判基盤研究会（第二回）
　高等裁判所、地方裁判所又は家庭裁判所の判事を対象に、「価値や市場を考える」をテーマとした研究会を、九月四日から九月五日まで司法研修所において実施。
仙台地方・家庭裁判所登米支部、登米簡易裁判所合同庁舎改築
明治大学法科大学院特任教授青山善充　最高裁判所家庭規則制定諮問委員会委員に任命する
京都大学大学院法学研究科教授酒巻匡　最高裁判所家庭規則制定諮問委員会委員に任命する
知的財産高等裁判所判事富田善範は、第一七回欧州特許裁判官シンポジウム（エストニア共和国）への出席のため出張（九月一四日帰国）

八日　平成二六年度中堅判事研究会
　高等裁判所、地方裁判所又は家庭裁判所の判事を対象に、中堅判事としての自己研さんの動機付けを目的とする研究会を、九月八日から九月一〇日まで司法研修所において実施。

九日　東京高等検察庁検事長渡辺恵一　司法修習生考試委員会委員の委嘱を解く
最高検察庁次長検事伊丹俊彦　司法修習生考試委員会委員を委嘱する

高松高等検察庁検事長酒井邦彦　司法修習生考試委員会委員の委嘱を解く
法務総合研究所長赤根智子　司法修習生考試委員会委員を委嘱する
大津地方検察庁検事正廣上克洋　司法修習生考試委員会委員の委嘱を解く
司法研修所教官畝本毅　司法修習生考試委員会委員を委嘱する

十日

法制審議会商法（運送・海商関係）部会（諮問第九九号関係第五回）
　船舶の衝突、海難救助、共同海損、海上保険について審議した。
欧州自由貿易連合（ＥＦＴＡ）裁判所長官最高裁判所訪問
　欧州自由貿易連合（ＥＦＴＡ）裁判所長官カール・バウデンバッハー氏は、最高裁判所長官寺田逸郎を表敬訪問した。

十一日

最高裁判所判事岡部喜代子は、随員として熊本地方裁判所判事伊藤ゆう子を伴い、スウェーデン王国及びデンマーク王国の司法事情視察のため出張（九月二一日帰国）
平成二六年度法律実務教育研究会（第一回）
　法科大学院に派遣されている判事又は判事補を対象に、法律実務の教育等についての研究会を、九月一一日から九月一二日まで司法研修所において実施。

十二日

静岡地方裁判所長安浪亮介　司法修習生考試委員会委員の委嘱を解く
最高裁判所事務総局人事局長堀田眞哉　司法修習生考試委員会委員を委嘱する

十七日

平成二六年度少年実務研究会

家庭裁判所で少年事件を担当する判事又は判事補を対象に、少年事件をめぐる諸問題等についての研究会を、九月一七日から九月一九日まで司法研修所において実施（一部裁判所職員総合研修所と合同実施）。

十八日　法制審議会第一七三回総会

一　新時代の刑事司法制度特別部会長から、諮問第九二号について、同部会において決定された、「新たな刑事司法制度の構築についての調査審議の結果【案】」に関する審議結果等の報告がされた。審議・裁決の結果、同【案】は、全会一致で原案どおり採択され、直ちに法務大臣に答申することとされた。

二　民法（債権関係）部会長から、同部会における審議経過に関する報告がされた。

二十二日　平成二六年度知的財産権専門研修（長期）

東京理科大学専門職大学院　九月二二日から平成二七年一月二八日まで　参加者一人。

二十四日　金融商品取引法等による第三者の財産等の没収手続に関する規則公布（最高裁判所規則第六号）

一一月二九日から施行。

金融商品取引法等の一部を改正する法律（平成二六年法律第四四号）の施行に伴い、金融商品取引法等による第三者の財産等の没収手続について必要な事項を定めるもの。

平成二六年度民事実務研究会（医療）

高等裁判所又は地方裁判所で民事事件を担当する判事又は特例判事補を対象に、医療分野の実態背景及び医療訴訟運営上の課題等についての研究会を、九月二四日から九月二六日まで司法研修所において実施。

二十五日　裁判所職員総合研修所長秋吉仁美　法制審議会臨時委員を免ずる

判事森邦明　法制審議会臨時委員に任命する

平成二六年度特別研究会（第二回・後見関係事件の運用をめぐる諸問題）

家庭裁判所で家事事件を担当する判事又は特例判事補を対象に、後見関係事件の運用をめぐる諸問題等についての研究会を、九月二五日から九月二六日まで司法研修所において実施（裁判所職員総合研修所と合同実施）。

二十六日　法制審議会国際裁判管轄法制（人事訴訟事件及び家事事件関係）部会（諮問第九八号関係第五回）

成年後見等関係事件、未成年後見関係事件、任意後見関係事件、失踪宣告関係事件、不在者財産管理事件、戸籍法に規定する審判事件及び性同一性障害者の性別の取扱いの特例に関する法律に規定する審判事件の国際裁判管轄に係る規律の在り方等について審議した。

二十七日　広島高等裁判所長官西岡清一郎　定年退官

二十九日　最高裁判所判事鬼丸かおるは、随員として盛岡地方裁判所判事澤村智子を伴い、カナダの司法事情視察のため出張（一〇月九日帰国）

平成二六年度特別研究会（第三回・倒産）

地方裁判所で倒産事件を担当する部総括判事を対象に、中小規模庁の倒産事件処理をめぐる諸問

三十日

題についての研究会を、九月二九日から九月三〇日まで司法研修所において実施。

平成二六年度報道機関研修

株式会社朝日新聞社　九月二九日から一〇月一〇日まで　参加者二人。

一般社団法人共同通信社　九月二九日から一〇月一〇日まで　参加者二人。

株式会社産業経済新聞社　九月二九日から一〇月一〇日まで　参加者一人。

株式会社時事通信社　九月二九日から一〇月一〇日まで　参加者二人。

株式会社日本経済新聞社　九月二九日から一〇月一〇日まで　参加者二人。

日本放送協会　九月二九日から一〇月一〇日まで　参加者二人。

株式会社毎日新聞社　九月二九日から一〇月一〇日まで　参加者一人。

株式会社読売新聞社　九月二九日から一〇月一〇日まで　参加者二人。

平成二六年度弁護士任官者実務研究会（第二回）

弁護士から任官又は任官予定の判事又は判事補を対象に、裁判官としての導入研修を、九月三〇日に司法研修所において実施。

西松建設違法献金及び陸山会事件上告審決定（最高裁判所第三小法廷）

上告棄却（確定）。

（平成二三年九月二六日及び平成二五年三月一三日の項参照）

十月

一日

最高裁判所判事横田尤孝　定年退官

「法の日」週間（七日まで）

元大阪高等検察庁検事長池上政幸　最高裁判所判事に任命する

高松高等裁判所長官松本芳希　広島高等裁判所長官に補する

千葉家庭裁判所長安藤裕子　高等裁判所長官に任命する　高松高等裁判所長官に補する

最高裁判所判事千葉勝美は、随員として最高裁判所事務総局秘書課付上村善一郎を伴い、シンガポール共和国及びオーストラリア連邦の司法事情視察のため出張（一〇月一〇日帰国）

福岡高等裁判所判事三澤節史及び大阪地方裁判所判事石原稚也は、第二七回ローエイシア大会（タイ王国）への出席のため出張（一〇月七日帰国）

二日

平成二六年度民事実務研究会（基本Ⅱ）

地方裁判所で民事事件を担当する、又は民事裁判に関心があり、将来、民事事件を担当したいと考えている判事又は判事補を対象に、民事訴訟運営の方法、事実認定、書記官との連携、部等の組織運営への関与の在り方等についての研究会を、一〇月二日から一〇月三日まで司法研修所において実施。

グルジア（現ジョージア）憲法裁判所長官最高裁判所訪問

グルジア（現ジョージア）憲法裁判所長官ジョージ・パプアシヴィリ氏は、最高裁判所長官寺田逸郎を表敬訪問した。

三日　ザンビア共和国最高裁判所長官代行最高裁判所訪問

ザンビア共和国最高裁判所長官代行ロンベ・フィリス・チベサクンダ氏は、最高裁判所長官寺田逸郎を表敬訪問した。

七日　平成二六年度行政基礎研究会Ⅰ

地方裁判所で行政事件を担当する判事補を対象に、行政事件の基本的問題等についての研究会を、一〇月七日から一〇月九日まで司法研修所において実施。

八日　法制審議会商法（運送・海商関係）部会（諮問第九九号関係第六回）

船舶先取特権及び船舶抵当権、商法改正に伴う国際海上物品運送法の整備等、平水区域のみを航行する船舶の取扱い、危険物に関する荷送人の通知義務、運送人の責任について審議した。

九日　平成二六年度行政実務研究会

高等裁判所又は地方裁判所で行政事件を担当する判事を対象に、行政事件の実務上の諸問題等についての研究会を、一〇月九日から一〇月一〇日まで司法研修所において実施。

柳井簡易裁判所庁舎改築

ベトナム社会主義共和国副首相最高裁判所訪問

ベトナム社会主義共和国副首相グエン・スアン・フック氏は、最高裁判所長官寺田逸郎を表敬訪問した。

最高裁判所第一小法廷判決――労働大臣が石綿製品の製造等を行う工場又は作業場における石綿関連疾患の発生防止のために労働基準法（昭和四七年法律第五七号による改正前のもの）に基づく省令制定権限を行使しなかったことが国家賠償法一条一項の適用上違法であるとされた事例（平成二六年(受)第七七一号）

（要旨）石綿製品の製造等を行う工場又は作業場の労働者が石綿の粉じんにばく露したことにより石綿肺等の石綿関連疾患にり患した場合において、昭和三三年当時、(一)石綿肺に関する医学的知見が確立し、国も石綿の粉じんによる被害の深刻さを認識していたこと、(二)右記の工場等における石綿の粉じん防止策として最も有効な局所排気装置の設置を義務付けるために必要な技術的知見が存在していたこと、(三)従前からの行政指導によっても局所排気装置の設置が進んでいなかったことなど判示の事情の下では、石綿に関する作業につき局所排気装置の設置の促進を指示する通達が発出された同年五月二六日以降、労働大臣が労働基準法（昭和四七年法律第五七号による改正前のもの）に基づく省令制定権限を行使して罰則をもって右記の工場等に局所排気装置を設置することを義務付けなかったことは、国家賠償法一条一項の適用上違法である。

十日　裁判所職員総合研修所長秋吉仁美　最高裁判所家庭規則制定諮問委員会委員を免ずる

判事森邦明　最高裁判所家庭規則制定諮問委員会委員に任命する

十四日　最高裁判所判事櫻井龍子　最高裁判所判例委員会委員を命ずる

十五日　平成二六年度簡易裁判所判事特別研究会

簡易裁判所判事（司法修習終了者を除く。）を対象に、民事交通事件の訴訟運営や判決の在り方等についての研究会を、一〇月一五日から一〇月一七日まで司法研修所において実施。

十六日　最高裁判所判事小貫芳信は、随員として大阪高等裁判所判事山口敦士を伴い、欧州裁判官評議会（フランス共和国）への出席及びオーストリア共和国の司法事情視察等のため出張（一〇月二六日帰国）

二十日　平成二六年度民事実務研究会（金融経済・第一回）

高等裁判所又は地方裁判所で民事事件を担当する判事又は特例判事補を対象に、信託の基礎的理解、実務における信託の利用方法等についての研究会を、一〇月二〇日から一〇月二一日まで司法研修所において実施。

平成二六年度民間企業短期研修（東京商工会議所関係）

株式会社伊藤園及び東京ガス株式会社　一〇月二〇日から一〇月三一日まで　参加者一人。

三井住友海上火災保険株式会社及びNTTコミュニケーションズ株式会社　一〇月二〇日から一〇月三一日まで　参加者一人。

三菱商事株式会社及びライオン株式会社　一〇月二〇日から一〇月三一日まで　参加者二人。

東京メトロポリタンテレビジョン株式会社及び旭化成株式会社　一〇月二〇日から一〇月三一日まで　参加者一人。

東京急行電鉄株式会社及び三井金属鉱業株式会社　一〇月二〇日から一〇月三一日まで　参加者二人。

平成二六年度民間企業短期研修（大阪商工会議所関係）
日本生命保険相互会社及び京阪電気鉄道株式会社　一〇月二〇日から一〇月三一日まで　参加者一人。
株式会社サクラクレパス及び日立造船株式会社　一〇月二〇日から一〇月三一日まで　参加者二人。
平成二六年度民間企業短期研修（名古屋商工会議所関係）
名港海運株式会社及びリンナイ株式会社　一〇月二〇日から一〇月三一日まで　参加者一人。
世界法律家協会会長最高裁判所訪問
世界法律家協会会長アレクサンダー・ベロラベック氏は、最高裁判所長官寺田逸郎を表敬訪問した。

二十一日
法務大臣　松島みどり辞任
法務大臣　上川陽子就任

二十二日
法制審議会商法（運送・海商関係）部会・旅客運送分科会（諮問第九九号関係第一回）
旅客運送契約、運送人の責任、運送人の権利等、海上旅客運送に特有の規律について審議した。

二十三日
調停委員協議会
最高裁判所において開催。参加者は、各地方裁判所の民事調停委員及び各家庭裁判所の家事調停委員。

協議事項　調停の紛争解決機能の強化に向けた取組を進めていく中で生じている課題及び課題解決のための方策

一　民事分野

民事調停の機能強化の取組を定着させ、継続的なものとしていく上で、調停委員が果たすべき役割

二　家事分野

家事事件手続法の下での在るべき調停運営の実現に向けた取組を定着させ、継続的なものとしていく上で、調停委員が果たすべき役割

最高裁判所第一小法廷判決――女性労働者につき妊娠中の軽易な業務への転換を契機として降格させる事業主の措置の、「雇用の分野における男女の均等な機会及び待遇の確保等に関する法律」九条三項の禁止する取扱いの該当性（平成二四年(受)第二二三一号）

（要旨）女性労働者につき労働基準法六五条三項に基づく妊娠中の軽易な業務への転換を契機として降格させる事業主の措置は、原則として「雇用の分野における男女の均等な機会及び待遇の確保等に関する法律」九条三項の禁止する取扱いに当たるが、当該労働者につき自由な意思に基づいて降格を承諾したものと認めるに足りる合理的な理由が客観的に存在するとき、又は事業主において当該労働者につき降格の措置を執ることなく軽易な業務への転換をさせることに円滑な業務運営や人員の適正配置の確保などの業務上の必要性から支障がある場合であって、右記措置につき同項

の趣旨及び目的に実質的に反しないものと認められる特段の事情が存在するときは、同項の禁止する取扱いに当たらない。

二十四日　法務省民事局長深山卓也　最高裁判所民事規則制定諮問委員会委員に任命する　最高裁判所家庭規則制定諮問委員会委員に任命する

法制審議会国際裁判管轄法制（人事訴訟事件及び家事事件関係）部会（諮問第九八号関係第六回）

生活保護法等に規定する審判事件、心神喪失等の状態で重大な他害行為を行った者の医療及び観察等に関する法律に規定する審判事件、夫婦財産契約に関する審判事件、破産法に規定するその他の審判事件及び中小企業の経営の承継の円滑化に関する法律に規定する審判事件の国際裁判管轄に係る規律の在り方並びに人事訴訟事件等の国際裁判管轄に関する一般的な規律の在り方のうち合意管轄・応訴管轄・併合請求（併合申立て）及び反訴等について審議した。

平成二六年度特別研究会（第四回・独占禁止法改正）

東京地方裁判所（商事部）所属の判事又は判事補を対象に、独占禁止法の改正等がされた場合の裁判事務等についての研究会を、一〇月二四日に東京地方裁判所において実施。

寺田長官にオランダ王国勲章贈与

オランダ王国ウィレム・アレキサンダー国王陛下及び同王妃陛下の訪日に際し、最高裁判所長官寺田逸郎に同国オラニエ・ナッソー勲章大十字型章が贈与された。

二十七日　平成二六年度民事実務研究会（建築Ｉ）

高等裁判所又は地方裁判所で民事事件を担当する判事又は判事補を対象に、建築に係る紛争の基礎的な実体法上の問題等についての研究会を、一〇月二七日から一〇月二八日まで司法研修所において実施。

二十八日　平成二六年度民事実務研究会（建築Ⅱ）

高等裁判所又は地方裁判所で民事事件を担当する判事又は特例判事補を対象に、建築に係る紛争の審理運営等についての研究会を、一〇月二八日から一〇月二九日まで司法研修所において実施。

最高裁判所第三小法廷判決――公序良俗に反する無効な出資と配当に関する契約により給付を受けた金銭の返還につき、当該給付が不法原因給付に当たることを理由として拒むことは信義則上許されないとされた事例（平成二四年(受)第二〇〇七号）

（要旨）破産者甲との間の契約が公序良俗に反して無効であるとして、乙が当該契約により給付を受けた金銭の返還を求められた場合において、当該金銭は無限連鎖講に該当する事業によって給付された配当金であって他の会員が出えんした金銭を原資とするものであり、当該事業の会員の相当部分の者は甲の破綻により損失を受けて破産債権者の多数を占めるに至っており、甲の破産管財人が破産債権者への配当を行うなど適正かつ公平な清算を図ろうとするため乙に対して当該配当金の返還を求めているなど判示の事情の下においては、乙が当該配当金の給付が不法原因給付に当たることを理由としてその返還を拒むことは、信義則上許されない。

二十九日　高松高等裁判所長官安藤裕子　下級裁判所裁判官指名諮問委員会地域委員会（東京に置かれるもの）

地域委員を免ずる
さいたま家庭裁判所長古田浩　下級裁判所裁判官指名諮問委員会地域委員会（東京に置かれるもの）地域委員に任命する

三十一日
弁護士井窪保彦　司法修習生考試委員会委員を委嘱する

十一月

三日
平成二六年秋の叙勲において、最高裁判所所管の分野では

旭日大綬章
元最高裁判所判事田原睦夫
元最高裁判所判事竹内行夫

瑞宝重光章
元福岡高等裁判所長官北山元章

ほか八八人が叙勲された。
また、特別功労のある調停委員四〇人に対し、藍綬褒章が授与された。

五日
最高裁判所判事山浦善樹　簡易裁判所判事選考委員会委員を委嘱する
最高裁判所判事池上政幸　司法修習生考試委員会委員を委嘱する
判事加藤新太郎　司法修習生考試委員会委員を委嘱する
判事村瀬均　司法修習生考試委員会委員を委嘱する

名古屋家庭裁判所判事永井尚子及び札幌家庭裁判所主任家庭裁判所調査官酒井佳子は、家庭裁判所協会（ＡＦＣＣ）主催の第一一回子の監護の調査に関する国際シンポジウム（アメリカ合衆国）への出席のため出張（一一月一〇日帰国）

平成二六年度刑事実務研究会（裁判員Ⅲ）

　高等裁判所又は地方裁判所で裁判員裁判（及びその控訴事件）を担当する判事又は特例判事補を対象に、裁判員裁判にふさわしい審理・評議・判決の在り方についての研究会を、一一月五日から一一月七日まで司法研修所において実施。

七日　判事岡健太郎　最高裁判所家庭規則制定諮問委員会委員を免ずる

最高裁判所事務総局家庭局長村田斉志　最高裁判所家庭規則制定諮問委員会委員に任命する

八日　札幌高等裁判所長官大橋寛明　定年退官

十日　平成二六年度知的財産権専門研修（短期）

　独立行政法人理化学研究所　一一月一〇日から一一月二一日まで　参加者二人。

十一日　最高裁判所首席調査官金井康雄　高等裁判所長官に任命する　札幌高等裁判所長官に補する

十二日　法制審議会商法（運送・海商関係）部会（諮問第九九号関係第七回）

　運送人の責任、荷受人の権利、運送人の責任の消滅、不法行為責任との関係（請求権の競合）、船舶に対する差押え等、船舶の共有、船舶賃貸借、定期傭船、船長の権限及び責任、運送人の危険物の処分権、航海傭船及び個品運送、船荷証券等、海上運送状について審議した。

十三日　平成二六年度民事実務研究会（金融経済・第二回）
高等裁判所又は地方裁判所で民事事件を担当する判事又は特例判事補を対象に、企業間取引の実態背景及びこれをめぐる諸問題についての研究会を、一一月一三日から一一月一四日まで司法研修所において実施。

十四日　札幌高等裁判所長官金井康雄　最高裁判所図書館委員会委員を免ずる
最高裁判所首席調査官林道晴　最高裁判所図書館委員会委員を命ずる
判事奥田正昭　下級裁判所裁判官指名諮問委員会地域委員会（札幌に置かれるもの）地域委員を免ずる
札幌地方裁判所長阿部潤　下級裁判所裁判官指名諮問委員会地域委員会（札幌に置かれるもの）地域委員に任命する

十五日　熊本地方・家庭裁判所阿蘇支部、阿蘇簡易裁判所合同庁舎改築

十八日　最高裁判所第一小法廷決定——一　受訴裁判所によってされた刑訴法九〇条による保釈の判断に対する抗告審の審査の方法　二　詐欺被告事件において保釈を許可した原々決定を取り消して保釈請求を却下した原決定に刑訴法九〇条、四二六条の解釈適用を誤った違法があるとされた事例（平成二六年(し)第五六〇号）
（要旨）
一　受訴裁判所によってされた刑訴法九〇条による保釈の判断に対して、抗告審としては、受訴裁

判所の判断が委ねられた裁量の範囲を逸脱していないかどうか、すなわち、不合理でないかどうかを審査すべきであり、受訴裁判所の判断を覆す場合には、その判断が不合理であることを具体的に示す必要がある。

二　公判審理の経過及び罪証隠滅のおそれの程度を勘案して被告人の保釈を許可した原々審の判断が不合理であることを具体的に示さないまま、不合理とはいえない原々決定を裁量の範囲を超えたものとして取り消して保釈請求を却下した原決定は、刑訴法九〇条、四二六条の解釈適用を誤った違法があり、取消しを免れない。

十九日

一般職の職員の給与に関する法律等の一部を改正する法律公布・施行（法律第一〇五号）

ただし、一部については平成二六年四月一日から適用又は平成二七年四月一日から施行。

一般職の職員の給与に関する法律（昭和二五年法律第九五号）の一部を改正し、俸給月額を改定並びに初任給調整手当、通勤手当、勤勉手当、地域手当、広域異動手当、単身赴任手当及び管理職員特別勤務手当等を改正するとともに、国家公務員の寒冷地手当に関する法律（昭和二四年法律第二〇〇号）の一部を改正し、寒冷地手当を改正する等したもの。

国家公務員退職手当法の一部を改正する法律公布（法律第一〇七号）

平成二七年四月一日から施行。

国家公務員の給与制度の総合的見直し等が退職手当の支給水準に及ぼす影響等に鑑み、現行の退職手当の支給水準の範囲内で、職員の在職期間中の公務への貢献度をより的確に反映させるため、退職手当の調整額を改定したもの。

平成二六年度裁判基盤研究会（第三回）

高等裁判所、地方裁判所又は家庭裁判所の判事を対象に、情報化社会をテーマとした研究会を、一一月一九日から一一月二一日まで司法研修所において実施。

平成二六年度知的基盤研究会（第二回）

高等裁判所、地方裁判所又は家庭裁判所の判事又は判事補を対象に、主体的な思考力を高めること等自己研さんの動機付けを目的とした研究会を、一一月一九日から一一月二一日まで司法研修所において実施。

二十日

判事岡健太郎　法制審議会臨時委員を免ずる

最高裁判所事務総局家庭局長村田斉志　法制審議会臨時委員に任命する

二十一日

社会保険労務士法の一部を改正する法律公布（法律第一一六号）

平成二七年四月一日から施行。ただし、一部の規定については平成二八年一月一日から施行。

厚生労働大臣が指定する団体が行う個別労働関係紛争に関する民間紛争解決手続において、特定社会保険労務士が単独で紛争の当事者を代理することができる紛争の目的の価額の上限が一二〇万円に引き上げられ、また、裁判所において、社会保険労務士が補佐人として弁護士である訴訟代理人とともに出頭し、陳述することができる旨の制度を創設。

法制審議会国際裁判管轄法制（人事訴訟事件及び家事事件関係）部会（諮問第九八号関係第七回）

人事訴訟事件等の国際裁判管轄に関する一般的な規律の在り方のうち、緊急管轄、特別の事情による訴え（申立て）の却下、国際裁判管轄の調査方法、管轄決定の基準時、訴え（申立て）競合、不服申立て及び家事調停事件の国際的管轄について並びに外国裁判所の裁判の承認・執行の規律の在り方等について審議した。

二十五日

最高裁判所第三小法廷決定――一　刑法一七五条一項後段にいう「頒布」の意義　二　顧客のダウンロード操作に応じて自動的にデータを送信する機能を備えた配信サイトを利用してわいせつな動画等のデータファイルを同人の記録媒体上に記録、保存させる行為と刑法一七五条一項後段にいうわいせつな電磁的記録の頒布（平成二五年(あ)第五一〇号）

（要旨）

一　刑法一七五条一項後段にいう「頒布」とは、不特定又は多数の者の記録媒体上に電磁的記録その他の記録を存在するに至らしめることをいう。

二　不特定の者である顧客によるダウンロード操作に応じて自動的にデータを送信する機能を備えた配信サイトを利用した送信により、わいせつな動画等のデータファイルを同人の記録媒体上に記録、保存させることは、刑法一七五条一項後段にいうわいせつな電磁的記録の「頒布」に当たる。

二十六日

法制審議会商法（運送・海商関係）部会・旅客運送分科会（諮問第九九号関係第二回）

旅客に関する運送人の責任、堪航能力担保義務について審議した。

平成二六年度刑事実務研究会（基本Ⅰ）

地方裁判所で刑事事件を担当する、又は刑事裁判に関心があり、将来、刑事事件を担当したいと考えている判事又は判事補を対象に、裁判員裁判を中心とする刑事裁判のありよう、刑事訴訟の審理の在り方等についての研究会を、一一月二六日から一一月二八日まで司法研修所において実施（一部裁判所職員総合研修所と合同実施）。

最高裁判所大法廷判決――公職選挙法一四条、別表第三の参議院（選挙区選出）議員の議員定数配分規定の合憲性（平成二六年㈲第一五五号、第一五六号）

（要旨）平成二五年七月二一日施行の参議院議員通常選挙当時において、公職選挙法一四条、別表第三の参議院（選挙区選出）議員の議員定数配分規定の下で、選挙区間における投票価値の不均衡は平成二四年法律第九四号による改正後も違憲の問題が生ずる程度の著しい不平等状態にあったが、右記選挙までの間に更に右記規定の改正がされなかったことをもって国会の裁量権の限界を超えるものとはいえず、右記規定が憲法一四条一項等に違反するに至っていたということはできない。

二十七日

執行関係事務打合せ

最高裁判所において開催。参加者は、各高等裁判所所在地にある地方裁判所並びに横浜、さいたま、千葉、京都及び神戸の各地方裁判所の民事執行事件を担当する裁判官並びに右記各地方裁判所の民事首席書記官又は民事次席書記官及び総括執行官。

協議事項

一　子奪取条約実施法に基づく解放実施及び国内の子の引渡しの強制執行の適切な実現のために考慮すべき事項

二　不動産競売事件における質の高い評価人候補者の確保のために検討すべき事項

二十八日

平成二六年度採用（第六八期）司法修習生修習開始

司法修習生一七六二人。

裁判官の報酬等に関する法律の一部を改正する法律公布・施行（法律第一二九号）

ただし、一部については平成二六年四月一日から適用又は平成二七年四月一日から施行。

裁判官の報酬月額を改定したもの。

裁判官に対する期末手当及び勤勉手当の支給に関する規則の一部を改正する規則公布・施行（最高裁判所規則第八号）

ただし、一部については平成二七年四月一日又は行政不服審査法（平成二六年法律第六八号）の施行の日から施行。

裁判官の期末手当を改正する等したもの。

専門的知識等を有する有期雇用労働者等に関する特別措置法公布（法律第一三七号）

平成二七年四月一日から施行。ただし、一部の規定については公布の日から施行。

厚生労働大臣の認定を受けた事業主に雇用される専門的知識等を有する有期雇用労働者及び六〇

歳以上の定年に達した後引き続いて厚生労働大臣の認定を受けた事業主に雇用される有期雇用労働者を対象に、労働契約法（平成一九年法律第一二八号）一八条の特例を定めるもの。

最高裁判所第二小法廷決定——刑事施設にいる被告人から交付された上訴取下書を刑事施設職員が受領した場合と刑訴法三六七条の準用する同法三六六条一項にいう「刑事施設の長又はその代理者に差し出したとき」（平成二六年(し)第五三八号）

（要旨）刑事施設にいる被告人が、被収容者からの書面の受領を担当する刑事施設職員に対し、上訴取下書を交付し、同職員がこれを受領したときは、刑訴法三六七条の準用する同法三六六条一項にいう「刑事施設の長又はその代理者に差し出したとき」に当たる。

十二月

一日　判事大段亨　下級裁判所裁判官指名諮問委員会地域委員会（広島に置かれるもの）地域委員を免ずる

広島地方裁判所長中本敏嗣　下級裁判所裁判官指名諮問委員会地域委員会（広島に置かれるもの）地域委員に任命する

三日　飯倉立也　下級裁判所裁判官指名諮問委員会地域委員会（福岡に置かれるもの）地域委員を免ずる

福岡地方検察庁検事正土持敏裕　下級裁判所裁判官指名諮問委員会地域委員会（福岡に置かれるもの）地域委員に任命する

八日　平成二六年度労働実務研究会Ⅰ

地方裁判所で労働事件又は労働審判事件を担当する判事又は特例判事補を対象に、労働審判制度及び労働事件の一般的問題についての研究会を、一二月八日から一二月一〇日まで司法研修所において実施。

十日　法制審議会商法（運送・海商関係）部会（諮問第九九号関係第八回）

複合運送、運送取扱契約、実行運送人の責任、船舶の衝突、海難救助、貨物保険契約の保険者の免責事由、船舶先取特権及び船舶抵当権、国際海上物品運送法における高価品免責の規律について審議した。

平成二六年度労働実務研究会Ⅱ

地方裁判所で労働事件又は労働審判事件を担当する判事を対象に、労働事件をめぐる専門的・先端的な諸問題についての研究会を、一二月一〇日から一二月一一日まで司法研修所において実施。

十二日　最高裁判所第二小法廷判決——共同相続された委託者指図型投資信託の受益権につき、相続開始後に元本償還金又は収益分配金が発生し、それが預り金として右記受益権の販売会社における被相続人名義の口座に入金された場合に、共同相続人の一人が自己の相続分に相当する金員の支払を請求することの可否（平成二四年(受)第二六七五号）

（要旨）共同相続された委託者指図型投資信託の受益権につき、相続開始後に元本償還金又は収益分配金が発生し預り金として右記受益権の販売会社における被相続人名義の口座に入金された場合、右記預り金の返還を求める債権は当然に相続分に応じて分割されることはなく、共同相続人の一人は、右記販売会社に対し、自己の相続分に相当する金員の支払を請求することができない。

十三日　長崎地方・家庭裁判所五島支部、五島簡易裁判所合同庁舎改築

十四日　衆議院議員総選挙施行

最高裁判所裁判官国民審査

鬼丸かおる、木内道祥、山本庸幸、山崎敏充、池上政幸が国民審査を受けた。

右国民審査の結果は、投票率五〇・九〇パーセント、有効投票率九六・二二パーセントで、いずれも罷免を可とされなかった。

十五日　平成二六年度日韓交流プログラム

日韓両国の司法行政における現状と課題について、両国の裁判官が意見交換を行う日韓交流プログラムを、一二月一五日から同月一七日まで最高裁判所において開催した。

十六日　法制審議会民法（債権関係）部会（諮問第八八号関係第九七回）

民法（債権関係）の改正に関する要綱案原案の作成に向けて民法（債権関係）の全般について審議した。

十七日　早稲田大学大学院法務研究科教授伊藤眞　最高裁判所民事規則制定諮問委員会委員に任命する

平成二五年度採用（第六七期）司法修習生修習終了

修習終了者一九七三人。

判事補任官一〇一人、検事任官七四人、弁護士登録一二四八人、その他五五〇人。

十九日　法制審議会国際裁判管轄法制（人事訴訟事件及び家事事件関係）部会（諮問第九八号関係第八回）

人事訴訟事件等の国際裁判管轄法制の整備に関する中間とりまとめに向けた議論として、離婚に関する訴え等、実親子関係事件、養親子関係事件、子の監護又は親権に関する審判事件等、相続関係事件、成年後見等関係事件、未成年後見関係事件等について審議した。

二十日 佐賀地方・家庭裁判所武雄支部、武雄簡易裁判所合同庁舎改築

二十四日 マンションの建替え等の円滑化に関する法律による権利の変換又は分配金の取得等と強制執行等との調整に関する規則公布・施行（最高裁判所規則第七号）

マンションの建替え等の円滑化等に関する法律の一部を改正する法律（法律第八〇号）の施行に伴い、分配金取得手続と強制執行等との調整に関する手続を定めたもの。

法制審議会商法（運送・海商関係）部会・旅客運送分科会（諮問第九九号関係第三回）

旅客運送についての総則的規律、海上旅客運送に関する規律について審議した。

第三次安倍内閣成立

法務大臣　上川陽子就任

平成二十七年

一　月

八　日

裁判所職員総合研修所研修計画協議会

一月八日、九日の両日、裁判所職員総合研修所において開催。

十四日

法制審議会商法（運送・海商関係）部会（諮問第九九号関係第九回）

「商法（運送・海商関係）等の改正に関する中間試案のたたき台」に基づき、運送法制全般の総則、物品運送についての総則的規律、旅客運送についての総則的規律、海商法制のうち、船舶の所有及び船舶賃貸借、船長、海上物品運送に関する特則、海上旅客運送、共同海損、船舶の衝突、海難救助、海上保険、船舶先取特権及び船舶抵当権等並びに国際海上物品運送法の一部改正について審議した。

十五日

平成二六年度特別研究会（第五回・当事者の特性に応じた審理の在り方）

高等裁判所又は地方裁判所で民事事件を担当する判事又は特例判事補を対象に、障害者、犯罪被害者、相手方からの妨害や報復を恐れる者等が当事者等となった民事事件の審理の在り方についての研究会を、一月一五日から一月一六日まで司法研修所において実施（一部裁判所職員総合研修所と合同実施）。

十九日

平成二六年度新任判事補研修

平成二六年一二月に司法修習を終え、判事補に任命された者（第六七期）を対象に、裁判実務に関連する基礎的事項及び裁判官の在り方等についての研修を、一月一九日から一月二三日まで司法研修所において実施。

松山地方・家庭裁判所大洲支部、大洲簡易裁判所合同庁舎改築

二十日　法制審議会民法（債権関係）部会（諮問第八八号関係第九八回）

民法（債権関係）の改正に関する要綱案原案の作成に向けて定型約款について審議した。

二十二日　広島高等裁判所松江支部、松江地方・家庭・簡易裁判所合同庁舎改築

最高裁判所第二小法廷決定――確定判決により干拓地の潮受堤防の排水門を開放すべき義務を負った者が第三者の申立てに基づく仮処分決定により右記排水門を開放してはならない旨の義務を負ったという事情がある場合における右記確定判決に基づく間接強制決定の許否（平成二六年(許)第一七号）

（要旨）確定判決により干拓地の潮受堤防の排水門を開放すべき義務を負った者が第三者の申立てに基づく仮処分決定により右記排水門を開放してはならない旨の義務を負ったという事情があっても、執行裁判所は右記確定判決に基づき間接強制決定をすることができる。

最高裁判所第二小法廷決定――仮処分決定により干拓地の潮受堤防の排水門を開放してはならない旨の義務を負った者が第三者の提起した訴訟の確定判決により右記排水門を開放すべき義務を負っているという事情がある場合における右記仮処分決定に基づく間接強制決定の許否（平成二六年(許)第二六号）

（要旨）仮処分決定により干拓地の潮受堤防の排水門を開放してはならない旨の義務を負った者

が第三者の提起した訴訟の確定判決により右記排水門を開放すべき義務を負っているという事情があっても、執行裁判所は右記仮処分決定に基づき間接強制決定をすることができる。

二十四日　最高裁判所事務総局刑事局長兼最高裁判所図書館長今崎幸彦　最高裁判所図書館委員会委員を命ずる

二十六日　平成二六年度新任簡易裁判所判事研修

平成二六年度に新たに簡易裁判所判事に任命された者（司法修習終了者を除く。）を対象に、民事事件、刑事事件の実務及び裁判官の在り方等についての研修を、一月二六日から二月二七日まで司法研修所において実施。

二十七日　平成二六年度判事任官者実務研究会

平成一六年一〇月に司法修習を終えた判事（第五七期）を対象に、司法、裁判所・裁判官の在り方、事務処理の現状等についての研究会を、一月二七日から一月三〇日まで司法研修所において実施。

二十八日　家庭裁判所調査官試験委員会規程及び裁判所書記官等試験委員会規程の一部を改正する規程制定（最高裁判所規程第一号）

二月一二日から施行。

裁判官及び裁判官の秘書官以外の裁判所職員の採用試験に関する規則を制定することに伴い、所要の整備を行ったもの。

三十日　法制審議会国際裁判管轄法制（人事訴訟事件及び家事事件関係）部会（諮問第九八号関係第九回）

人事訴訟事件等の国際裁判管轄法制の整備に関する中間取りまとめに向けた議論として、失踪宣告関係事件、不在者財産管理事件、戸籍法に規定する審判事件等、合意管轄・応訴管轄等の人事訴訟事件等の国際裁判管轄に関する一般的な規律の在り方、外国裁判の承認・執行の規律の在り方、保全命令事件等の国際裁判管轄に関する規律について審議した。

二月

二日　平成二六年度民事実務研究会（金融経済・第三回）

高等裁判所又は地方裁判所で民事事件を担当し、金融経済分野に関心を有している判事又は特例判事補を対象に、裁判外における経済活動の実態やその背景にある金融に関する知識についての研究会を、二月二日から二月三日まで司法研修所において実施。

平成二六年度刑事実務研究会（金融経済）

高等裁判所又は地方裁判所で刑事事件を担当する判事又は特例判事補を対象に、会社法、金融商品その他金融経済分野に関連する刑事事件の処理に当たって必要となる専門的知識等についての研究会を、二月二日から二月三日まで司法研修所において実施。

秋葉原殺傷事件上告審判決（最高裁判所第一小法廷）

上告棄却（確定）。

（平成二四年九月一二日の項参照）

三日　最高裁判所第二小法廷決定――被告人を死刑に処した裁判員裁判による第一審判決を量刑不当として

破棄し無期懲役に処した原判決の量刑が維持された事例（平成二五年(あ)第一一二七号）

（要旨）殺人等の罪により懲役二〇年の刑に服した前科がある被告人が被害者一名を殺害した住居侵入、強盗殺人の事案において、本件犯行とは関連が薄い前記前科があることを過度に重視して死刑に処した裁判員裁判による第一審判決の量刑判断が合理的ではなく、被告人を死刑に処すべき具体的、説得的な根拠を見いだし難いと判断して同判決を破棄し無期懲役に処したものと解される原判決の刑の量定は、甚だしく不当で破棄しなければ著しく正義に反するということはできない。

最高裁判所第二小法廷決定――被告人を死刑に処した裁判員裁判による第一審判決を量刑不当として破棄し無期懲役に処した原判決の量刑が維持された事例（平成二五年(あ)第一七二九号）

（要旨）女性一名を殺害するなどした住居侵入、強盗殺人、建造物侵入、現住建造物等放火、死体損壊等のほか、その前後約二か月間に繰り返された強盗致傷、強盗強姦等の事案において、女性の殺害を計画的に実行したとは認められず、また、殺害態様の悪質性を重くみることにも限界があるのに、同女に係る事件以外の事件の悪質性や危険性、被告人の前科、反社会的な性格傾向等を強調して死刑に処した裁判員裁判による第一審判決の量刑判断が合理的ではなく、被告人を死刑に処すべき具体的、説得的な根拠を見いだし難いと判断して同判決を破棄し無期懲役に処したものと解される原判決の刑の量定は、甚だしく不当で破棄しなければ著しく正義に反するということはできない。

九日

平成二六年度特別研究会（第六回・現代社会における法と裁判実務）

高等裁判所又は地方裁判所で民事事件を担当する判事を対象に、先例に乏しい一方で、二当事者の関係には必ずしも還元されない多面的な意見や利害の深刻な対立を内包するような訴訟について、訴訟運営の観点から研究、討議を行うとともに、併せて、今後予定されている債権法改正についての情報を提供し、同改正によって裁判実務にどのような影響があるかなどについての研究会を、二月九日から二月一〇日まで司法研修所において実施。

十日　法制審議会民法（債権関係）部会（諮問第八八号関係第九九回）

民法（債権関係）の改正に関する要綱案（案）について審議した。また、この審議の結果を踏まえ、「民法（債権関係）の改正に関する要綱案」とすることが全会一致で決定された。

長崎地方・家庭裁判所大村支部、大村簡易裁判所合同庁舎改築

十二日　裁判官及び裁判官の秘書官以外の裁判所職員の採用試験に関する規則公布・施行（最高裁判所規則第一号）

国家公務員法等の一部を改正する法律（平成二六年法律第二二号）の施行に伴い、裁判官及び裁判官の秘書官以外の裁判所職員の採用試験における対象官職、種類及び種類ごとの名称等に関する事項を定めたもの。

平成二六年度行政基礎研究会Ⅱ

高等裁判所又は地方裁判所で現に行政事件を担当する右陪席クラス又は左陪席クラスの判事又は判事補を対象に、行政事件を担当する際に必要となる行政法規の解釈及びそのための法令や判例の

分析能力をかん養するための研究会を、二月一二日から二月一三日まで司法研修所において実施。

欧州評議会ベニス委員会議長最高裁判所訪問

欧州評議会ベニス委員会議長ジアーニ・ブキッキオ氏は、最高裁判所長官寺田逸郎を表敬訪問した。

駐日ザンビア共和国特命全権大使最高裁判所訪問

駐日ザンビア共和国特命全権大使ンゴナ・ムウェルワ・チベサクンダ氏は、最高裁判所長官寺田逸郎を表敬訪問した。

十四日　最高裁判所判事白木勇　定年退官

十七日　大阪高等裁判所長官大谷直人　最高裁判所判事に任命する

東京高等裁判所判事菅野博之　高等裁判所長官に任命する　大阪高等裁判所長官に補する

最高裁判所第三小法廷判決——事前求償権を被保全債権とする仮差押えと事後求償権の消滅時効の中断（平成二四年(受)第一八三一号）

（要旨）事前求償権を被保全債権とする仮差押えは、事後求償権の消滅時効をも中断する効力を有する。

十八日　平成二六年度家事実務研究会

家庭裁判所で家事事件を担当する判事又は特例判事補を対象に、人事訴訟及び家事事件の運用並びに家事調停及び家事審判事件の処理の在り方についての研究会を、二月一八日から二月二〇日ま

二十三日

で司法研修所において実施（一部裁判所職員総合研修所と合同実施）。

最高裁判所事務総局民事局長菅野雅之　法制審議会臨時委員を免ずる

平成二六年度法律実務教育研究会（第二回）

法科大学院に派遣されている、又は派遣される予定の判事又は判事補を対象に、法律実務の教育等についての研究会を、二月二三日から二月二四日まで司法研修所において実施。

最高裁判所第二小法廷決定――検察官の執行指揮に基づく納付告知及び督促があったときの訴訟費用負担の裁判の執行に関する異議申立ての許否（平成二六年(す)第七六五号）

（要旨）訴訟費用負担の裁判の執行について、刑訴法四九〇条一項による徴収命令の出される前であっても、同法四七二条による検察官の執行指揮に基づく納付告知及び督促があったときは、同法五〇二条の異議申立てをすることができる。

二十四日

法制審議会第一七四回総会

一　法制審議会会長の互選が行われ、高橋宏志委員が選出され、法務大臣による指名を受けた。

二　民法（債権関係）部会長から、諮問第八八号について、同部会において決定された「民法（債権関係）の改正に関する要綱案」に関する審議結果等の報告がされた。審議・採決の結果、同案は、全会一致で原案どおり採択され、直ちに法務大臣に答申することとされた。

三　法務大臣から新たに発せられた「民法（相続関係）の改正について（諮問第一〇〇号）」に関し、事務当局から諮問に至った経緯、趣旨等について説明があった。この諮問について、その審議の進め方等に関する意見表明があり、諮問第一〇〇号については、「民法（相続関係）部会」（新設）に付託して審議することとし、部会から報告を受けた後、改めて総会において審議することとされた。

四　国際裁判管轄法制（人事訴訟事件及び家事事件関係）部会長代理から、同部会における審議経過に関する報告がされた。

最高裁判所第二小法廷決定――最高裁判所がした訴訟終了宣言の決定に対する不服申立ての許否（平成二七年(す)第一〇九号、第一一八号）

（要旨）最高裁判所がした訴訟終了宣言の決定に対しては不服申立てをすることは許されない。

二十五日

福岡高等検察庁検事長松井巖　下級裁判所裁判官指名諮問委員会地域委員会（東京に置かれるもの）地域委員を免ずる

横浜地方検察庁検事正水野谷幸夫　下級裁判所裁判官指名諮問委員会地域委員会（東京に置かれるもの）地域委員に任命する

広島高等検察庁検事長長谷川充弘　下級裁判所裁判官指名諮問委員会地域委員会（名古屋に置かれるもの）地域委員を免ずる

名古屋地方検察庁検事正窪田守雄　下級裁判所裁判官指名諮問委員会地域委員会（広島に置かれるもの）地域委員を免ずる　下級裁判所裁判官指名諮問委員会地域委員会（名古屋に置かれるもの）地域委員に任命する

広島地方検察庁検事正石田一宏　下級裁判所裁判官指名諮問委員会地域委員会（広島に置かれるもの）地域委員に任命する

下川徳純　下級裁判所裁判官指名諮問委員会地域委員会（仙台に置かれるもの）地域委員を免ずる

仙台地方検察庁検事正白濱清貴　下級裁判所裁判官指名諮問委員会地域委員会（仙台に置かれるもの）地域委員に任命する

法制審議会商法（運送・海商関係）部会（諮問第九九号関係第一〇回）

「商法（運送・海商関係）等の改正に関する中間試案のたき台（その2）」に基づき、海商法制のうち、定期傭船、航海傭船及び個品運送、海難救助について審議した。

平成二六年度医療基礎研究会

地方裁判所又は家庭裁判所の判事補を対象に、医療現場の実状、医療訴訟の運営等についての研究会を、二月二五日から二月二七日まで司法研修所において実施。

最高裁判所事務総局刑事局長今崎幸彦　最高裁判所刑事規則制定諮問委員会委員に任命する

法制審議会国際裁判管轄法制（人事訴訟事件及び家事事件関係）部会（諮問第九八号関係第一〇回）

人事訴訟事件等の国際裁判管轄法制の整備に関する中間取りまとめに向けて、人事訴訟事件等の国際裁判管轄法制全般について審議した。その上で、これまでの審議を踏まえて、「人事訴訟事件及び家事事件の国際裁判管轄法制に関する中間試案」の取りまとめを行った。

また、この中間試案を意見募集の手続に付すことが了承された。

二十七日

二十八日　元最高裁判所判事滝井繁男　逝去（七八歳）

従三位に叙される。

三　月

二　日　平成二六年度刑事実務研究会（基本Ⅱ）

地方裁判所で刑事事件を担当する、又は刑事裁判に関心があり、将来、刑事事件を担当したいと考えている判事又は判事補を対象に、刑事裁判に関する基本的な力（スキルとマインド）の向上を図るとともに、より広い視野で刑事裁判について考え、自己研さんに努める必要性を認識すること・を目的とした研究会を、三月二日から三月三日まで司法研修所において実施。

四　日　最高裁判所事務総局分課規程の一部を改正する規程制定（最高裁判所規程第三号）

四月一日から施行。

最高裁判所事務総局秘書課及び行政局の事務処理の適正化を図るため、最高裁判所事務総局秘書課及び行政局内の事務分掌を改めたもの。

裁判所の保有する司法行政文書の開示に関する事務の取扱要綱（最高裁判所裁判官会議議決）

七月一日から実施。

苦情の申出制度の整備など司法行政文書の開示手続について全面的に整備し直したもの。

裁判所が司法行政事務に関して保有する個人情報の取扱要綱（最高裁判所裁判官会議議決）

七月一日から実施。

苦情の申出制度の整備など保有個人情報の開示手続について全面的に整備し直したもの。

情報公開・個人情報保護審査委員会要綱（最高裁判所裁判官会議議決）

七月一日から実施。

司法行政文書の開示の申出及び保有個人情報の開示等の申出に係る苦情の申出について調査審議するため、最高裁判所に、情報公開・個人情報保護審査委員会を置くことなどを定めたもの。

平成二六年度知的財産権基礎研究会

知的財産権に関する事件に関心を有している判事補を対象に、知的財産権事件の基礎的知識を修得することを目的とした研究会を、三月四日から三月六日まで司法研修所において実施。

平成二六年度金融経済基礎研究会

金融経済分野に関心を有している判事補を対象に、税務・会計をはじめとした当該分野における基礎的知識や考え方についての研究会を、三月四日から三月六日まで司法研修所において実施。

最高裁判所大法廷判決――一　不法行為によって死亡した被害者の損害賠償請求権を取得した相続人が労働者災害補償保険法に基づく遺族補償年金の支給を受けるなどした場合に、右記の遺族補償年金との間で損益相殺的な調整を行うべき損害　二　不法行為によって死亡した被害者の損害賠償請求権を取得した相続人が労働者災害補償保険法に基づく遺族補償年金の支給を受けるなどしたとして損益相殺的な調整をするに当たって、損害が塡補されたと評価すべき時期（平成二四年(受)第一四七八号）

（要旨）

一　被害者が不法行為によって死亡した場合において、その損害賠償請求権を取得した相続人が労働者災害補償保険法に基づく遺族補償年金の支給を受け、又は支給を受けることが確定したときは、損害賠償額を算定するに当たり、右記の遺族補償年金につき、その塡補の対象となる被扶養利益の喪失による損害と同性質であり、かつ、相互補完性を有する逸失利益等の消極損害の元本との間で、損益相殺的な調整を行うべきである。

二　被害者が不法行為によって死亡した場合において、その損害賠償請求権を取得した相続人が労働者災害補償保険法に基づく遺族補償年金の支給を受け、又は支給を受けることが確定したときは、制度の予定するところと異なってその支給が著しく遅滞するなどの特段の事情のない限り、その塡補の対象となる損害は不法行為の時に塡補されたものと法的に評価して損益相殺的な調整をすることが相当である。

十日

最高裁判所民事規則制定諮問委員会

消費者の財産的被害の集団的な回復のための民事の裁判手続の特例に関する規則の制定について審議した。

最高裁判所第三小法廷判決――裁判員裁判における審理及び裁判の特例である区分審理制度と憲法三七条一項（平成二五年(あ)第七五五号）

（要旨）裁判員裁判における審理及び裁判の特例である区分審理制度は、憲法三七条一項に違反しない。

最高裁判所第三小法廷判決――一　競馬の当たり馬券の払戻金が所得税法上の一時所得ではなく雑所得に当たるとされた事例　二　競馬の外れ馬券の購入代金について、雑所得である当たり馬券の払戻金から所得税法上の必要経費として控除することができるとされた事例（平成二六年(あ)第九四八号）

（要旨）

一　馬券を自動的に購入するソフトを使用して独自の条件設定等に基づいてインターネットを介して長期間にわたり多数回かつ頻繁に網羅的な購入をして、当たり馬券の払戻金を得ることにより多額の利益を恒常的に上げるなどしていた本件事実関係の下では、払戻金は所得税法上の一時所得ではなく雑所得に当たる。

二　外れ馬券を含む全ての馬券の購入代金という費用が当たり馬券の払戻金という収入に対応するなどの本件事実関係の下では、外れ馬券の購入代金は、雑所得である当たり馬券の払戻金から所得税法上の必要経費として控除することができる。

十一日

少年調査記録規程の一部を改正する規程制定（最高裁判所規程第四号）

六月一日から施行。

少年院法（平成二六年法律第五八号）の施行に伴い、少年調査記録規程中の規定が整備された。

法制審議会商法（運送・海商関係）部会（諮問第九九号関係第一一回）

「商法（運送・海商関係）等の改正に関する中間試案（案）」に基づき、運送法制全般の総則、物品運送についての総則的規律、旅客運送についての総則的規律、海商法制のうち、船舶、船長、海上物品運送に関する特則、海上旅客運送、共同海損、船舶の衝突、海難救助、海上保険、船舶先取特権及び船舶抵当権等並びに国際海上物品運送法の一部改正について審議した。

「商法（運送・海商関係）等の改正に関する中間試案」の取りまとめを行い、この中間試案をパブリック・コメントに付すことが了承された。

十三日　東日本大震災四周年追悼式

午後二時三〇分から国立劇場で挙行され、最高裁判所長官寺田逸郎が追悼の辞を述べ、最高裁判所判事櫻井龍子らが参列した。

鹿児島地方・家庭裁判所鹿屋支部、鹿屋簡易裁判所合同庁舎改築

十六日　高松高等裁判所長官安藤裕子　定年退官

十八日　東京高等裁判所判事福田剛久　高等裁判所長官に任命する　高松高等裁判所長官に補する

十九日　最高裁判所判事大谷剛彦は、随員として札幌地方裁判所判事宮崎拓也を伴い、英国の司法事情視察のため出張（三月二八日帰国）

二十日　法制審議会国際裁判管轄法制（人事訴訟事件及び家事事件関係）部会（諮問第九八号関係第一一回）

併合管轄に関する規律の在り方について審議した。

東京地方裁判所判事堀田次郎及び同葛西功洋は、第一一回国際倒産についての国際裁判官会議（アメリカ合衆国）への出席のため出張（三月二四日帰国）

二十一日　早稲田大学大学院法務研究科教授井上正仁　最高裁判所刑事規則制定諮問委員会委員に任命する

二十四日

京都大学大学院法学研究科教授酒巻匡　最高裁判所刑事規則制定諮問委員会委員に任命する
中央大学法務研究科教授椎橋隆幸　最高裁判所刑事規則制定諮問委員会委員に任命する
平成二六年度司法研究（民事）開始
司法研修所において打合せ会を実施。研究員四人。
イスラエル国検事総長最高裁判所訪問
イスラエル国検事総長イェフダ・ヴァインシュタイン氏は、最高裁判所長官寺田逸郎を表敬訪問した。
最高裁判所第二小法廷決定――別件で刑事施設に収容されている再審請求人の届出住居に宛てて行った同人に対する再審請求棄却決定謄本の付郵便送達が有効とされた事例（平成二六年(し)第五六七号）
（要旨）再審請求人が、住居の届出をした後、裁判所に対してその変更届出等をしてこなかった一方で、裁判所も、同人の所在を把握できず、その端緒もなかったなどの判示の事実関係の下では、同人が別件で刑事施設に収容されていたとしても、右記届出住居に宛てて行った同人に対する再審請求棄却決定謄本の書留郵便に付する送達は、刑訴規則六三条一項によるものとして有効である。

二十七日

裁判官に対する期末手当及び勤勉手当の支給に関する規則等の一部を改正する規則公布（最高裁判所規則第二号）
四月一日から施行。
裁判官の報酬等に関する法律の一部を改正する法律（平成二六年法律第一二九号）の一部の施行

等に伴い、関係規則の一部を改正し、裁判官の地域手当及び裁判官特別勤務手当を改正する等したもの。

少年審判規則の一部を改正する規則公布（最高裁判所規則第三号）

六月一日から施行。

少年院法（平成二六年法律第五八号）、少年鑑別所法（平成二六年法律第五九号）並びに少年院法及び少年鑑別所法の施行に伴う関係法律の整備等に関する法律（平成二六年法律第六〇号）の施行に伴い、少年審判規則中の規定が整備された。

JR福知山線脱線事故強制起訴事件控訴審判決（大阪高等裁判所）

控訴棄却。

指定弁護士上告申立て。

（平成二五年九月二七日の項参照）

三十一日　最高裁判所判事金築誠志　定年退官

四月

一日　最高裁判所判事岡部喜代子　最高裁判所図書館委員会委員を命ずる

最高裁判所判事山浦善樹　最高裁判所判例委員会委員を命ずる

平成二七年度民間企業長期研修

出光興産株式会社　四月一日から平成二八年三月三一日まで　参加者一人。

伊藤忠商事株式会社　四月一日から平成二八年三月三一日まで　参加者一人。
九州旅客鉄道株式会社　四月一日から平成二八年三月三一日まで　参加者一人。
株式会社小松製作所　四月一日から平成二八年三月三一日まで　参加者一人。
積水化学工業株式会社　四月一日から平成二八年三月三一日まで　参加者一人。
株式会社デンソー　四月一日から平成二八年三月三一日まで　参加者一人。
南海電気鉄道株式会社　四月一日から平成二八年三月三一日まで　参加者一人。
日本生命保険相互会社　四月一日から平成二八年三月三一日まで　参加者一人。
株式会社日立製作所　四月一日から平成二八年三月三一日まで　参加者一人。
株式会社三井住友銀行　四月一日から平成二八年三月三一日まで　参加者一人。
株式会社三菱東京ＵＦＪ銀行　四月一日から平成二八年三月三一日まで　参加者一人。
ヤフー株式会社　四月一日から平成二八年三月三一日まで　参加者一人。

平成二七年度日本銀行研修
　四月一日から平成二八年三月三一日まで　参加者一人。

二日
当事者の一方又は双方が東京都小笠原村に在住する東京簡易裁判所の民事調停事件について、東京家簡裁庁舎と小笠原村役場の会議室等との間を小笠原村のテレビ会議システムのネットワークにより接続し、同会議室等に出頭した当事者について民事調停手続を実施できるようにした
東京高等裁判所長官小池裕　最高裁判所判事に任命する

仙台高等裁判所長官倉吉敬　東京高等裁判所長官に補する

横浜地方裁判所長市村陽典　高等裁判所長官に任命する　仙台高等裁判所長官に補する

五日　元最高裁判所長官町田顯　逝去（七八歳）

従二位に叙される。

六日　裁判所の保有する司法行政文書の開示に関する事務の取扱要綱の実施の細目について（最高裁秘書第六七一号高等裁判所長官、地方、家庭裁判所長、最高裁判所大法廷首席書記官、最高裁判所事務総局局課長、司法研修所長、裁判所職員総合研修所長、最高裁判所図書館長あて事務総長通達）

七月一日から実施。

裁判所の保有する司法行政文書の開示に関する事務について実施の細目を定めたもの。

裁判所が司法行政事務に関して保有する個人情報の取扱要綱の実施の細目について（最高裁総一第三八九号高等裁判所長官、地方・家庭裁判所長、最高裁判所大法廷首席書記官、最高裁判所事務総局局課長、司法研修所長、裁判所職員総合研修所長、最高裁判所図書館長あて事務総長通達）

七月一日から実施。

裁判所が司法行政事務に関して保有する個人情報の取扱いについて実施の細目を定めたもの。

情報公開・個人情報保護審査委員会の運営について（最高裁秘書第六七三号高等裁判所長官、地方、家庭裁判所長、最高裁判所大法廷首席書記官、最高裁判所事務総局局課長、司法研修所長、裁判所職員総合研修所長、最高裁判所図書館長あて事務総長通達）

七月一日から実施。
情報公開・個人情報保護審査委員会の運営について定めたもの。
知的財産高等裁判所長設樂隆一は、第二三回フォーダム大学ロースクール主催国際シンポジウム（英国）への出席等のため出張（四月一五日帰国）

七日　平成二七年度弁護士任官者実務研究会
弁護士から任官した判事を対象に、裁判官としての導入研修を、四月七日に司法研修所において実施。

八日　民事執行規則等の一部を改正する規則公布（最高裁判所規則第四号）
五月一日から施行。
会社法の一部を改正する法律（平成二六年法律第九〇号）及び会社法の一部を改正する法律の施行に伴う関係法律の整備等に関する法律（平成二六年法律第九一号）の制定に伴い、関係規則の規定の整備を行ったもの。

九日　最高裁判所事務総局経理局長垣内正　最高裁判所図書館委員会委員を命ずる
平成二七年度刑事実務研究会（裁判員一）
地方裁判所で新たに裁判長として裁判員裁判を担当する判事を対象に、裁判員裁判の実務上の諸問題等についての研究会を、四月九日から四月一〇日まで司法研修所において実施。
最高裁判所第一小法廷判決――責任を弁識する能力のない未成年者が、サッカーボールを蹴って他人に損害を加えた場合において、その親権者が民法七一四条一項の監督義務者としての義務を怠らなかったとされた事例（平成二四年(受)第一九四八号）

（要旨）責任を弁識する能力のない未成年者の蹴ったサッカーボールが校庭から道路に転がり出て、これを避けようとした自動二輪車の運転者が転倒して負傷し、その後死亡した場合において、次の(一)～(三)など判示の事情の下では、当該未成年者の親権者は、民法七一四条一項の監督義務者としての義務を怠らなかったというべきである。

(一) 右記未成年者は、放課後、児童らのために開放されていた小学校の校庭において、使用可能な状態で設置されていたサッカーゴールに向けてフリーキックの練習をしていたのであり、殊更に道路に向けてボールを蹴ったなどの事情もうかがわれない。

(二) 右記サッカーゴールに向けてボールを蹴ったとしても、ボールが道路上に出ることが常態であったものとはみられない。

(三) 右記未成年者の親権者である父母は、危険な行為に及ばないよう日頃から通常のしつけをしており、右記未成年者の本件における行為について具体的に予見可能であったなどの特別の事情があったこともうかがわれない。

十日　札幌地方裁判所長阿部潤　簡易裁判所判事選考委員会委員の委嘱を解く

判事足立哲　簡易裁判所判事選考委員会委員を委嘱する

十九日　元高松高等裁判所長官白井美則　逝去（九三歳）

正三位に叙される。

二十日　判事水野有子　法制審議会臨時委員に任命する

二十一日　弁護士竹之内明　簡易裁判所判事選考委員会委員を委嘱する

首都大学東京都市教養学部法学系教授・法科大学院教授木村光江　簡易裁判所判事選考委員会委員を委嘱する

立教大学社会学部教授間々田孝夫　簡易裁判所判事選考委員会委員を委嘱する

一般財団法人消費科学センター代表理事大木美智子　簡易裁判所判事選考委員会委員を委嘱する

法制審議会民法（相続関係）部会（諮問第一〇〇号関係第一回）

一　部会長として大村敦志委員（東京大学大学院法学政治学研究科教授）が選出された。

二　相続法制の見直しに当たっての検討課題について、意見交換が行われた。

二十二日　平成二七年度簡易裁判所判事実務研究会

平成二二年八月以前に任官した簡易裁判所判事（司法修習終了者を除く。）を対象に、民事・刑事の事件処理に関する諸問題についての研究会を、四月二二日から四月二四日まで司法研修所において実施。

二十四日　法制審議会国際裁判管轄法制（人事訴訟事件及び家事事件関係）部会（諮問第九八号関係第一二回）

相続に係る審判事件の国際裁判管轄の在り方、死亡時の住所を原因とした管轄権について審議した。

二十七日　水戸地方裁判所長今崎幸彦　最高裁判所刑事規則制定諮問委員会委員を免ずる　最高裁判所図書館委員会委員を免ずる

最高裁判所事務総局刑事局長兼最高裁判所図書館長平木正洋　最高裁判所刑事規則制定諮問委員会委員に任命する　最高裁判所図書館委員会委員を命ずる

二十九日　平成二七年春の叙勲において、最高裁判所所管の分野では

瑞宝重光章

元広島高等裁判所長官相良朋紀

元高松高等裁判所長官林醇

ほか九〇人が叙勲された。

また、特別功労のある調停委員三九人に対し、藍綬褒章が授与された。

五月

一日　憲法週間（七日まで）

七日　船舶の所有者等の責任の制限に関する法律の一部を改正する法律公布（法律第一九号）

六月八日から施行。

「千九百七十六年の海事債権についての責任の制限に関する条約を改正する千九百九十六年の議定書」（平成一八年条約第四号）の改正に伴い、船舶の所有者等の責任制限に関して、人又は物の損害に関する債権についての責任の制限の場合における責任限度額を一・五一倍に引き上げる措置

を講じたほか、所要の規定を整備したもの。

十三日　中央大学大学院法務研究科教授高橋宏志　最高裁判所家庭規則制定諮問委員会委員に任命する

平成二七年度司法研究（民事）開始

司法研修所において打合せ会を実施。研究員八人。

十四日　平成二七年度特別研究会一（刑の一部執行猶予）

高等裁判所又は地方裁判所で刑事事件を担当する判事を対象に、新しい制度である刑の一部執行猶予制度の運用に関する諸問題についての研究会を、五月一四日から五月一五日まで司法研修所において実施。

十五日　判事中園浩一郎　司法修習生考試委員会委員の委嘱を解く

判事吉井隆平　司法修習生考試委員会委員の委嘱を解く

弁護士永野剛志　司法修習生考試委員会委員の委嘱を解く

弁護士設楽あづさ　司法修習生考試委員会委員の委嘱を解く

司法研修所教官鈴木謙也　司法修習生考試委員会委員を委嘱する

司法研修所教官平出喜一　司法修習生考試委員会委員を委嘱する

司法研修所教官黒河内明子　司法修習生考試委員会委員を委嘱する

司法研修所教官神山啓史　司法修習生考試委員会委員を委嘱する

平成二七年度特別研究会二（独占禁止法改正）

東京地方裁判所の判事又は判事補で、公正取引委員会が行う排除措置命令等の処分に係る抗告訴訟等を担当する可能性があるものを対象に、改正独占禁止法に関する理解を深めるとともに、改正法施行後の裁判事務等についての研究会を、五月一五日に東京地方裁判所において実施。

十八日　最高検察庁検事水野谷幸夫　下級裁判所裁判官指名諮問委員会地域委員会（東京に置かれるもの）地域委員を免ずる

横浜地方検察庁検事正齊藤雄彦　下級裁判所裁判官指名諮問委員会地域委員会（東京に置かれるもの）地域委員に任命する

最高裁判所第三小法廷決定――刑訴法二七八条の二第三項に規定する過料の制裁と憲法三一条、三七条三項（平成二七年(し)第一四九号）

（要旨）刑訴法二七八条の二第三項に規定する過料の制裁は、憲法三一条、三七条三項に違反しない。

十九日　弁護士齋藤祐一　下級裁判所裁判官指名諮問委員会地域委員会（東京に置かれるもの）地域委員に任命する

弁護士細田初男　下級裁判所裁判官指名諮問委員会地域委員会（東京に置かれるもの）地域委員に任命する

早稲田大学大学院法務研究科教授加藤哲夫　下級裁判所裁判官指名諮問委員会地域委員会（東京に置かれるもの）地域委員に任命する

法制審議会民法（相続関係）部会（諮問第一〇〇号関係第二回）
配偶者の居住権を法律上保護するための方策について審議した（具体的な検討事項は次のとおり）。
一　遺産分割が終了するまでの間の短期的な居住権を保護するための方策
二　遺産分割終了後の長期的な居住権を保護するための方策
三　その他

二十日
最高裁判所第三小法廷決定――労働基準法一一四条の付加金の請求の価額は、同条所定の未払金の請求に係る訴訟の目的の価額に算入されるか（平成二六年㈱三六号）
（要旨）労働基準法一一四条の付加金の請求については、同条所定の未払金の請求に係る訴訟において同請求とともにされるときは、民訴法九条二項にいう訴訟の附帯の目的である損害賠償又は違約金の請求に含まれるものとして、その価額は当該訴訟の目的の価額に算入されない。
平成二七年度支部長研究会
地方裁判所又は家庭裁判所の支部長を対象に、支部の運営及び裁判所の当面する諸問題等についての研究会を、五月二〇日から五月二二日まで司法研修所において実施（一部裁判所職員総合研修所と合同実施）。

二十二日
裁判所職員定員法の一部を改正する法律公布・施行（法律第二五号）
裁判所職員定員法中判事一、九二一人を一、九五三人に、裁判官以外の裁判所職員二一、九九〇人を二一、九五四人に改めたもの。

最高裁判所判事小池裕　法制審議会委員を免ずる

東京高等裁判所長官倉吉敬　法制審議会委員に任命する

法制審議会国際裁判管轄法制（人事訴訟事件及び家事事件関係）部会（諮問第九八号関係第一三回）

人事訴訟事件等の国際裁判管轄法制の整備に関する要綱案の取りまとめに向けて、婚姻・離婚に関する訴え、財産分与事件、年金分割事件、実親子関係事件、養親子関係事件、子の監護又は親権に関する審判事件等について審議した。

二十五日

最高裁判所第二小法廷決定——公判前整理手続で明示された主張に関しその内容を更に具体化する被告人質問等を刑訴法二九五条一項により制限することはできないとされた事例（平成二五年(あ)第一四六五号）

（要旨）「公訴事実記載の日時には犯行場所にはおらず、自宅ないしその付近にいた」旨のアリバイ主張が明示されたが、それ以上に具体的な主張は明示されず、裁判所も釈明を求めなかったなどの本件公判前整理手続の経過等に照らすと、前記主張の内容に関し弁護人が更に具体的な供述を求める行為及びこれに対する被告人の供述を刑訴法二九五条一項により制限することはできない。

二十七日

平成二七年度民事実務研究会（基本一）

地方裁判所で民事事件を担当する、又は民事裁判に関心があり、将来、民事事件を担当したいと考えている判事又は判事補を対象に、民事訴訟運営の方法、事実認定、書記官との連携、部等の組織運営への関与の在り方等についての研究会を、五月二七日から五月二九日まで司法研修所において実施（一部裁判所職員総合研修所と合同実施）。

六月

一日

判事村瀬均　下級裁判所裁判官指名諮問委員会委員に任命する
弁護士明賀英樹　下級裁判所裁判官指名諮問委員会委員に任命する
日本大学大学院法務研究科客員教授伊藤眞　下級裁判所裁判官指名諮問委員会委員に任命する
政策研究大学院大学教授井堀利宏　下級裁判所裁判官指名諮問委員会委員に任命する
元読売新聞東京本社北村節子　下級裁判所裁判官指名諮問委員会委員に任命する
京都大学名誉教授田中成明　下級裁判所裁判官指名諮問委員会委員に任命する
東京大学大学院法学政治学研究科教授中田裕康　下級裁判所裁判官指名諮問委員会委員に任命する
統合的心理療法研究所所長平木典子　下級裁判所裁判官指名諮問委員会委員に任命する
弁護士益田哲生　下級裁判所裁判官指名諮問委員会地域委員会（大阪に置かれるもの）地域委員に任命する
武庫川女子大学共通教育部教授河内鏡太郎　下級裁判所裁判官指名諮問委員会地域委員会（大阪に置かれるもの）地域委員に任命する
京都女子大学法学部客員教授三井誠　下級裁判所裁判官指名諮問委員会地域委員会（大阪に置かれるもの）地域委員に任命する

弁護士入谷正章　下級裁判所裁判官指名諮問委員会地域委員会（名古屋に置かれるもの）地域委員に任命する
名古屋大学大学院法学研究科教授小林量　下級裁判所裁判官指名諮問委員会地域委員会（名古屋に置かれるもの）地域委員に任命する
中国新聞社特別顧問今中亘　下級裁判所裁判官指名諮問委員会地域委員会（名古屋に置かれるもの）地域委員に任命する
弁護士武井康年　下級裁判所裁判官指名諮問委員会地域委員会（広島に置かれるもの）地域委員に任命する
弁護士田邉宜克　下級裁判所裁判官指名諮問委員会地域委員会（福岡に置かれるもの）地域委員に任命する
福岡大学法学部名誉教授新関輝夫　下級裁判所裁判官指名諮問委員会地域委員会（福岡に置かれるもの）地域委員に任命する
福岡市人事委員会委員野口郁子　下級裁判所裁判官指名諮問委員会地域委員会（福岡に置かれるもの）地域委員に任命する
弁護士官澤里美　下級裁判所裁判官指名諮問委員会地域委員会（仙台に置かれるもの）地域委員に任命する
北海道大学大学院法学研究科教授池田清治　下級裁判所裁判官指名諮問委員会地域委員会（札幌に置

かれるもの）地域委員に任命する

弁護士田中浩三　下級裁判所裁判官指名諮問委員会地域委員会（高松に置かれるもの）地域委員に任命する

香川県明善学園理事川染節江　下級裁判所裁判官指名諮問委員会地域委員会（高松に置かれるもの）地域委員に任命する

東京大学大学院法学政治学研究科教授高田裕成　最高裁判所民事規則制定諮問委員会委員に任命する

平成二七年度判事補基礎研究会

　平成二四年一二月に司法修習を終え、判事補に任命された者（第六五期）を対象に、基本的な執務能力の向上等を図るための研究会を、六月一日から六月五日まで司法研修所において実施。

最高裁判所第二小法廷判決――異議をとどめないで指名債権譲渡の承諾をした債務者が、譲渡人に対抗することができた事由をもって譲受人に対抗することができる場合（平成二六年(受)第一八一七号）

　（要旨）債務者が異議をとどめないで指名債権譲渡の承諾をした場合において、譲渡人に対抗することができた事由の存在を譲受人が知らなかったとしても、このことについて譲受人に過失があるときには、債務者は、当該事由をもって譲受人に対抗することができる。

五日

明治大学法科大学院法務研究科専任教授上原敏夫　下級裁判所裁判官指名諮問委員会地域委員会（東京に置かれるもの）地域委員に任命する

東北大学教養教育院総長特命教授野家啓一　下級裁判所裁判官指名諮問委員会地域委員会（仙台に置

かれるもの）地域委員に任命する

最高裁判所第二小法廷判決——一　物の発明についての特許に係る特許請求の範囲にその物の製造方法が記載されているいわゆるプロダクト・バイ・プロセス・クレームにおける特許発明の技術的範囲の確定　二　物の発明についての特許に係る特許請求の範囲にその物の製造方法が記載されているいわゆるプロダクト・バイ・プロセス・クレームと明確性要件（平成二四年㈹第一二〇四号）

（要旨）

一　物の発明についての特許に係る特許請求の範囲にその物の製造方法が記載されているいわゆるプロダクト・バイ・プロセス・クレームの場合であっても、その特許発明の技術的範囲は、当該製造方法により製造された物と構造、特性等が同一である物として確定される。

二　物の発明についての特許に係る特許請求の範囲にその物の製造方法が記載されているいわゆるプロダクト・バイ・プロセス・クレームの場合において、当該特許請求の範囲の記載が特許法三六条六項二号にいう「発明が明確であること」という要件に適合するといえるのは、出願時において当該物をその構造又は特性により直接特定することが不可能であるか、又はおよそ実際的でないという事情が存在するときに限られる。

最高裁判所第二小法廷判決——物の発明についての特許に係る特許請求の範囲にその物の製造方法が記載されているいわゆるプロダクト・バイ・プロセス・クレームにおける発明の要旨の認定（平成二四年㈹第二六五八号）

（要旨）物の発明についての特許に係る特許請求の範囲にその物の製造方法が記載されているいわゆるプロダクト・バイ・プロセス・クレームの場合であっても、その発明の要旨は、当該製造方法により製造された物と構造、特性等が同一である物として認定される。

八日

福岡高等裁判所長官安井久治　願に依り本官を免ずる

東京地方裁判所長荒井勉　高等裁判所長官に任命する　福岡高等裁判所長官に補する

最高裁判所第二小法廷判決――労働者災害補償保険法による療養補償給付を受ける労働者につき、使用者が労働基準法八一条所定の打切補償の支払をすることにより、解雇制限の除外事由を定める同法一九条一項ただし書の適用を受けることの可否（平成二五年(受)二四三〇号）

（要旨）労働者災害補償保険法一二条の八第一項一号の療養補償給付を受ける労働者が、療養開始後三年を経過しても疾病等が治らない場合には、使用者は、当該労働者につき、労働基準法八一条の規定による打切補償の支払をすることにより、解雇制限の除外事由を定める同法一九条一項ただし書の適用を受けることができる。

十二日

裁判員の参加する刑事裁判に関する法律の一部を改正する法律公布（法律第三七号）

一二月一二日から施行。

裁判員の参加する刑事裁判に関する法律の施行の状況に鑑み、審判に著しい長期間を要する事件等を裁判員の参加する合議体で取り扱うべき事件から除外することを可能とする制度を導入するほか、裁判員等選任手続において犯罪被害者の氏名等の情報を保護するための規定を整備するもの。

十六日　法制審議会民法（相続関係）部会（諮問第一〇〇号関係第三回）

相続人等の貢献に応じた遺産分割を実現するための方策について審議した（具体的な検討事項は次のとおり）。

一　配偶者の貢献に応じた遺産分割の実現

二　寄与分制度の見直し

三　相続人以外の者の貢献の考慮

平成二七年度簡易裁判所判事基礎研究会

平成二五年八月に簡易裁判所判事に任命された者（司法修習終了者を除く。）を対象に、民事事件、刑事事件の実務及び裁判官の在り方等についての研究会を、六月一六日から六月一九日まで司法研修所において実施。

十七日　道路交通法の一部を改正する法律公布（法律第四〇号）

平成二九年三月一二日から施行。ただし、一部の規定は平成二七年六月一七日から施行。

最近の交通情勢に鑑み、七五歳以上の運転者に対する臨時の認知機能検査制度を導入するとともに、運転免許の種類として準中型自動車免許を新設する等の規定を整備するもの。

十八日　高等裁判所長官、地方裁判所長及び家庭裁判所長会同

六月一八日、一九日の両日、最高裁判所において開催。

協議事項

一　当面の司法行政上の諸問題について

二　その他

十九日　公職選挙法等の一部を改正する法律公布（法律第四三号）

平成二八年六月一九日から施行。ただし、一部は平成二七年六月一九日から施行。

選挙犯罪等に関し、家庭裁判所は、当分の間、一八歳以上の少年が犯した連座制の対象となる選挙に関する犯罪については、原則として、少年法第二〇条第一項の決定をしなければならない等の少年法の特例が規定された。

二十日　京都大学大学院法学研究科教授酒巻匡　最高裁判所図書館委員会委員を委嘱する

専修大学法学部教授小川浩三　最高裁判所図書館委員会委員を委嘱する

二十二日　福岡高等裁判所長官荒井勉　下級裁判所裁判官指名諮問委員会地域委員会（東京に置かれるもの）地域委員を免ずる

東京地方裁判所長貝阿彌誠　下級裁判所裁判官指名諮問委員会地域委員会（東京に置かれるもの）地域委員に任命する

二十四日　風俗営業等の規制及び業務の適正化等に関する法律の一部を改正する法律公布（法律第四五号）

平成二八年六月二三日から施行。ただし、一部の規定は平成二七年六月二四日、平成二八年三月二三日から施行。

最近における風俗営業の実情及びダンスをめぐる国民の意識の変化等に鑑み、客にダンスをさせる営業の一部を風俗営業から除外するとともに、設備を設けて深夜においても客に遊興させ、かつ、客に酒類の提供を伴う飲食をさせる営業について新たに許可制度を設けるほか、風俗営業の営業時間の制限について条例により緩和することができる範囲を拡大する等の規定を整備するもの。

最高裁判所会計事務規程制定・施行（最高裁判所規程第五号）

最高裁判所の会計事務の取扱いについて定めたもの。

法制審議会商法（運送・海商関係）部会（諮問第九九号関係第一二回）

「商法（運送・海商関係）等の改正に関する中間試案」に対して寄せられた意見の概要が報告された。要綱案の取りまとめに向けて、総則（陸上運送及び海上運送の適用範囲）の見直しに関するヒアリング、物品運送についての総則的規律について審議した。

最高裁判所事務総局家庭局第一課長和波宏典及び同局第二課専門職國澤枝未は、ハーグ国際私法会議子奪取条約及び子の保護条約に関するマカオ会議（中華人民共和国マカオ特別行政区）への出席のため出張（六月二七日帰国）

平成二七年度特別研究会三（民事事件処理の充実）

地方裁判所で民事事件を担当する部総括判事を対象に、合議の充実強化等、民事事件処理の充実に向けた部の機能の活性化や審理運営改善に関する方策についての研究会を、六月二四日から六月二五日まで司法研修所において実施。

二十五日

慶應義塾大学大学院法務研究科客員教授西岡清一郎　医事関係訴訟委員会委員に任命する

国立成育医療研究センター理事長五十嵐隆　医事関係訴訟委員会委員に任命する
国際医療福祉大学三田病院病院長小川聡　医事関係訴訟委員会委員に任命する
順天堂大学大学院医学研究科長兼医学部長新井一　医事関係訴訟委員会委員に任命する
総合母子保健センター愛育病院院長岡井崇　医事関係訴訟委員会委員に任命する
東京大学医学部附属病院副院長渡邉聡明　医事関係訴訟委員会委員に任命する
名古屋高等裁判所長官岡田雄一　定年退官

二十六日

ブラジル連邦共和国司法高等裁判所訪問

ブラジル連邦共和国司法高等裁判所長官フランシスコ・カンジド・デ・メロ・ファルカン・ネト氏は、最高裁判所長官寺田逸郎を表敬訪問した。

法制審議会国際裁判管轄法制（人事訴訟事件及び家事事件関係）部会（諮問第九八号関係第一四回）

人事訴訟事件等の国際裁判管轄法制の整備に関する要綱案の取りまとめに向けて、相続に関する審判事件、後見等関係事件、失踪宣告・不在者財産管理事件その他の家事事件の国際裁判管轄及び人事訴訟事件等の国際裁判管轄に関する一般的な規律の在り方について審議した。

二十七日

弁護士・東洋大学法科大学院教授田中信義　建築関係訴訟委員会委員に任命する
弁護士竹川忠芳　建築関係訴訟委員会委員に任命する
摂南大学理工学部建築学科教授上谷宏二　建築関係訴訟委員会委員に任命する
一般財団法人日本建築防災協会理事長岡田恒男　建築関係訴訟委員会委員に任命する

二十九日

東京工業大学名誉教授仙田満　建築関係訴訟委員会委員に任命する
明海大学名誉教授松本光平　建築関係訴訟委員会委員に任命する
東北大学教養教育院総長特命教授・名誉教授吉野博　建築関係訴訟委員会委員に任命する
東京大学名誉教授安岡正人　建築関係訴訟委員会委員に任命する
名古屋工業大学名誉教授小野徹郎　建築関係訴訟委員会委員に任命する
弁護士・東洋大学法学部教授大森文彦　建築関係訴訟委員会委員に任命する

東京大学名誉教授坂本功　建築関係訴訟委員会委員に任命する

元東京都立大学工学部建築学科教授山本康弘　建築関係訴訟委員会委員に任命する

消費者の財産的被害の集団的な回復のための民事の裁判手続の特例に関する規則公布（最高裁判所規則第五号）

平成二八年一〇月一日から施行。

消費者の財産的被害の集団的な回復のための民事の裁判手続の特例に関する法律（平成二五年法律第九六号）の施行に伴い、被害回復裁判手続に関し、当事者の責務、共通義務確認訴訟に係る民事訴訟手続の特例、簡易確定手続における申立ての方式その他の必要な事項を定めたもの。

民事訴訟規則の一部を改正する規則公布（最高裁判所規則第六号）

平成二八年一月一日から施行。

民事訴訟手続の円滑な進行と審理の一層の充実を図るため、訴訟代理人の中から選任される連絡を担当する訴訟代理人の制度を拡充し、訴訟記録の閲覧等の請求の方式等を定め、受領書面を提出すべき書類の範囲を拡大したもの。
司法研修所長山名学　高等裁判所長官に任命する　名古屋高等裁判所長官に補する
甲府地方・家庭裁判所長垣内正　最高裁判所図書館委員会委員を免ずる
名古屋高等裁判所長官山名学　最高裁判所図書館委員会委員を免ずる
最高裁判所事務総局経理局長笠井之彦　最高裁判所図書館委員会委員を命ずる
司法研修所長小泉博嗣　最高裁判所図書館委員会委員を命ずる
平成二七年度部総括裁判官研究会
地方裁判所又は家庭裁判所の部総括判事を対象に、部の運営や裁判所の当面する諸問題等についての研究会を、六月二九日から七月二日まで司法研修所において実施。

三十日

法曹養成制度改革推進会議、「法曹養成制度改革の更なる推進について」を決定
質の高い法曹を多数輩出していくため、法曹有資格者の活動領域、法曹人口、法科大学院、司法試験及び司法修習に関して、進めるべき各取組が掲げられた。
このうち司法修習については、導入修習、分野別実務修習のガイドラインの策定・周知、選択型実務修習の修習プログラム拡充といった施策を着実に実施し、今後も司法修習内容の更なる充実に努めることが期待されるとされた。また、司法修習生に対する経済的支援の在り方について、法務省が、最高裁判所等との連携・協力の下、検討するものとされた。

七月

一日　一橋大学大学院法学研究科教授高橋滋、元読売新聞東京本社論説副委員長久保潔、弁護士門口正人
情報公開・個人情報保護審査委員会委員を委嘱する。

二日　最高裁判所図書館委員会
最高裁判所図書館の運営について審議した。

三日　平成二七年度司法修習生指導担当者協議会
司法修習生の指導に関する諸問題について、各配属庁会の修習指導担当者と司法研修所教官が協議し連絡を図る協議会を、東京（立川支部を含む。）・横浜・さいたま・千葉・水戸・宇都宮・前橋・静岡・甲府・長野・新潟・名古屋・岐阜・金沢・富山・仙台・福島・山形・盛岡・秋田・青森・札幌・函館・旭川・釧路の各配属庁会は七月三日、大阪・京都・神戸・奈良・大津・和歌山・津・福井・広島・山口・岡山・鳥取・松江・福岡・佐賀・長崎・大分・熊本・鹿児島・宮崎・那覇・高松・徳島・高知・松山の各配属庁会は七月六日、いずれも司法研修所において開催。

六日　平成二七年度民事実務研究会（ＩＴ）
高等裁判所又は地方裁判所で民事事件を担当する判事又は特例判事補を対象に、ソフトウェア又はシステムの開発に関する訴訟について、紛争の実態を踏まえた合理的な審理の在り方についての研究会を、七月六日から七月七日まで司法研修所で実施。

八日　民事の次席書記官及び刑事の次席書記官を置く高等裁判所等の指定並びに次席書記官の員数について

（最高裁総一第七五九号高等裁判所長官、地方・家庭裁判所長あて総務局長通知）

八月一日から実施。

大阪家庭裁判所に置く次席書記官の員数が二人と定められたことを通知し、併せて大阪家庭裁判所を除く他の指定庁について指定等の通知をし直したもの。

九日

法制審議会商法（運送・海商関係）部会・旅客運送分科会（諮問第九九号関係第四回）

要綱案の取りまとめに向けて、旅客に関する運送人の責任、旅客の携帯手荷物に関する運送人の責任について審議した。

アメリカ合衆国連邦最高裁判所長官最高裁判所訪問

アメリカ合衆国連邦最高裁判所長官ジョン・G・ロバーツ・ジュニア氏は、最高裁判所の招へいにより、最高裁判所長官寺田逸郎と意見交換をし、最高裁判所判事櫻井龍子らと懇談した。

民事事件担当裁判官事務打合せ

最高裁判所において開催。参加者は、各高等裁判所の所在地にある地方裁判所並びに横浜、さいたま、千葉、京都、神戸、金沢、大分及び盛岡の各地方裁判所の民事事件を担当する右陪席裁判官。

協議事項

一　右陪席裁判官から見た部の機能の活性化

二　争点整理の在り方

十日

不正競争防止法の一部を改正する法律公布（法律第五四号）

平成二八年一月一日から施行。ただし、一部の規定は平成二七年七月一〇日から施行。

事業者が保有する営業秘密の漏えいの実態及び我が国産業の国際競争力の強化を図る必要性の増大等に鑑み、事業者が保有する営業秘密の保護を一層強化するため、営業秘密の刑事的保護について、営業秘密侵害罪の罰金額の上限の引上げ、その保護範囲の拡大等の措置を講ずるとともに、民事訴訟における営業秘密の使用に係る推定規定の新設等の措置を講ずる規定を整備するもの。

特許法等の一部を改正する法律公布（法律第五五号）

平成二八年四月一日から施行。

職務発明制度の見直しとして、①契約、勤務規則等であらかじめ使用者等に特許を受ける権利を取得させることを定めたときは、その特許を受ける権利は、その発生した時から使用者等に帰属するものとすること、②従業者等は、特許を受ける権利等を使用者等に取得等させた場合には、相当の金銭その他の経済上の利益を受ける権利を有すること等を規定したもの。

平成二七年度特別研究会四（訴訟運営における犯罪被害者への配慮の在り方等）

高等裁判所又は地方裁判所で刑事事件を担当する判事又は特例判事補を対象に、被害者参加制度及び被害者匿名事案等に関する訴訟運営上の問題等に関する研究会を、七月一〇日に司法研修所で実施。

裁判の迅速化に関する法律（平成一五年法律第一〇七号）に基づき、第六回検証結果を公表

過去の検証の蓄積を踏まえて、更なる裁判の適正・充実・迅速化を実現するために、統計データ

の分析を中心としつつ、各地の裁判所及び弁護士会に対する実情調査を交えながら、これまでの検証結果をフォローアップする形で検証を行った。

十一日　大竹たかし　下級裁判所裁判官指名諮問委員会委員を免ずる

十三日　判事瀧澤泉　下級裁判所裁判官指名諮問委員会委員に任命する

平成二七年度刑事実務研究会（裁判員二）

高等裁判所又は地方裁判所で裁判員裁判（及びその控訴事件）を担当する判事又は特例判事補を対象に、裁判員裁判にふさわしい審理・評議・判決の在り方についての研究会を、七月一三日から七月一四日まで司法研修所において実施。

平成二七年度特別研究会（米国の司法と裁判官）

高等裁判所、地方裁判所又は家庭裁判所の判事又は判事補を対象に、米国の連邦最高裁判所の歴史等に関する研究会を、七月一三日から七月一六日まで京都大学において実施。

十四日　法制審議会民法（相続関係）部会（諮問第一〇〇号関係第四回）

遺留分制度の見直しについて審議した（具体的な検討事項は以下のとおり）。

一　遺留分減殺請求権の法的性質についての見直し

二　遺留分の範囲等についての見直し

三　その他

十五日　大竹たかし　最高裁判所民事規則制定諮問委員会委員を免ずる

名古屋高等裁判所長官山名学　司法修習生考試委員会委員の委嘱を解く　司法修習委員会委員を免ずる
司法研修所長小泉博嗣　司法修習生考試委員会委員を委嘱する　司法修習委員会委員に任命する

十九日　元福岡高等裁判所長官安井久治　逝去（六四歳）
正三位に叙され瑞宝重光章を授与される。

二十一日　東京地方裁判所判事嶋末和秀は、ワシントン大学知的財産権研究所（ＣＡＳＲＩＰ）主催の特許関係国際会議（アメリカ合衆国）への出席等のため出張（七月三〇日帰国）

平成二七年度知的基盤研究会一
高等裁判所、地方裁判所又は家庭裁判所の判事又は判事補を対象に、主体的な思考力を高めることなど自己研さんの動機付けを目的とした研究会を、七月二一日から七月二三日まで司法研修所において実施。

中日新聞社代表取締役副会長大島寅夫　下級裁判所裁判官指名諮問委員会地域委員会（名古屋に置かれるもの）地域委員を免ずる
中日新聞社常務取締役千先宣樹　下級裁判所裁判官指名諮問委員会地域委員会（名古屋に置かれるもの）地域委員に任命する

二十二日　法制審議会商法（運送・海商関係）部会（諮問第九九号関係第一三回）
要綱案の取りまとめに向けて、船舶先取特権及び船舶抵当権等に関するヒアリング、定期傭船、船舶の衝突、国際海上物品運送法の一部改正について審議した。

平成二七年度裁判基盤研究会一（現代社会と意思決定理論）

高等裁判所、地方裁判所又は家庭裁判所の判事を対象に、裁判と社会の関わり、紛争の背景にある社会・経済構造等をテーマとした研究会を、七月二二日から七月二四日まで司法研修所において実施。

二十四日　法制審議会国際裁判管轄法制（人事訴訟事件及び家事事件関係）部会（諮問第九八号関係第一五回）

人事訴訟事件等の国際裁判管轄法制の整備に関する要綱案の取りまとめに向けて、外国裁判の承認・執行及び残された論点について審議した。

三十日　甲南大学法科大学院教授櫻田嘉章　最高裁判所図書館委員会委員を委嘱する

八月

三日　家事事件手続規則の一部を改正する規則公布（最高裁判所規則第七号）

一〇月一日から施行。

被用者年金制度の一元化等を図るための厚生年金保険法等の一部を改正する法律（平成二四年法律第六三号）の施行に伴い、規定の整備を行うもの。

人事訴訟規則の一部を改正する規則公布（最高裁判所規則第八号）

一〇月一日から施行。

被用者年金制度の一元化等を図るための厚生年金保険法等の一部を改正する法律（平成二四年法

律第六三号）の施行に伴い、規定の整備を行うもの。

四日　東京大学大学院法学政治学研究科教授川出敏裕　最高裁判所家庭規則制定諮問委員会委員に任命する

弁護士須納瀬学　最高裁判所家庭規則制定諮問委員会委員に任命する

弁護士山﨑健一　最高裁判所家庭規則制定諮問委員会委員に任命する

判事鹿野伸二　最高裁判所家庭規則制定諮問委員会委員に任命する

法務省刑事局長林眞琴　最高裁判所家庭規則制定諮問委員会委員に任命する

六日　村瀬均　下級裁判所裁判官指名諮問委員会委員を免ずる

判事井上弘通　下級裁判所裁判官指名諮問委員会委員に任命する

七日　法制審議会国際裁判管轄法制（人事訴訟事件及び家事事件関係）部会（諮問第九八号関係第一六回）

これまでの部会の議論を踏まえ、人事訴訟事件等の国際裁判管轄法制の整備に関する要綱案の取りまとめに向けて、総括的に審議した。

八日　東京高等検察庁次席検事堺徹　最高裁判所刑事規則制定諮問委員会委員に任命する

十四日　聖路加国際大学学長井部俊子　下級裁判所裁判官指名諮問委員会地域委員会（東京に置かれるもの）地域委員に任命する

十七日　中央大学大学院法務研究科教授高橋宏志　最高裁判所民事規則制定諮問委員会委員に任命する

二十五日　ベナン共和国最高裁判所長官最高裁判所訪問

ベナン共和国最高裁判所長官ウスマンヌ・バトコ氏は、最高裁判所長官寺田逸郎を表敬訪問した。

最高裁判所第一小法廷決定――公判調書の整理期間を定める刑訴法四八条三項と憲法三一条との関係（平成二六年(あ)第一〇四五号）

（要旨）公判調書作成の本来の目的等を踏まえ、公判調書の整理期間をどのように定めるかは、憲法三一条の刑事裁判における適正手続の保障と直接には関係のない事項である。

二十六日　小寺哲夫　下級裁判所裁判官指名諮問委員会地域委員会（札幌に置かれるもの）地域委員を免ずる

札幌地方検察庁検事正髙﨑秀雄　下級裁判所裁判官指名諮問委員会地域委員会（札幌に置かれるもの）地域委員に任命する

西浦久子　下級裁判所裁判官指名諮問委員会地域委員会（高松に置かれるもの）地域委員を免ずる

高松地方検察庁検事正古賀正二　下級裁判所裁判官指名諮問委員会地域委員会（高松に置かれるもの）地域委員に任命する

二十八日　中小企業における経営の承継の円滑化に関する法律等の一部を改正する法律公布（法律第六一号）

平成二八年四月一日から施行。

この法律のうち、中小企業における経営の承継の円滑化に関する法律の一部改正に関する部分は、同法の規定する遺留分に関する民法の特例について、その適用範囲を被相続人の推定相続人（相続が開始した場合に相続人となるべき者のうち被相続人の兄弟姉妹及びこれらの者の子以外のものに限る。）以外の者に対する特例中小企業者の株式等の贈与にも拡大することなどを内容とするもの。

法制審議会国際裁判管轄法制（人事訴訟事件及び家事事件関係）部会（諮問第九八号関係第一七回）

人事訴訟事件等の国際裁判管轄法制の整備に関する要綱案の取りまとめに向けて、総括的に審議した。

三十一日　平成二七年度新任簡易裁判所判事導入研修

平成二七年度に新たに簡易裁判所判事に任命された者（司法修習終了者を除く。）を対象に、簡易裁判所判事として必要な識見及び法律知識の修得並びに裁判官の在り方等についての研修を、八月三一日から九月四日まで司法研修所において実施。

九月

二日　平成二七年度裁判基盤研究会二（障害と社会）

高等裁判所、地方裁判所又は家庭裁判所の判事を対象に、「障害と社会」をテーマとした研究会を、九月二日から九月四日まで司法研修所において実施。

四日　藤女子大学非常勤講師松村操　下級裁判所裁判官指名諮問委員会地域委員会（札幌に置かれるもの）地域委員に任命する

七日　平成二七年度中堅判事研究会

高等裁判所、地方裁判所又は家庭裁判所の判事を対象に、中堅判事としての自己研さんの動機付けを目的とする研究会を、九月七日から九月九日まで司法研修所において実施。

八日

ハンセン病を理由とする開廷場所指定の調査に関する有識者委員会開催（第一回）

最高裁判所において開催。

最高裁判所事務総局に置かれたハンセン病を理由とする開廷場所指定に関する調査委員会の調査について有識者委員会から意見を聴取した。

有識者委員会構成員

井上　英夫　金沢大学名誉教授（座長）

石田　法子　弁護士

大塚　浩之　読売新聞論説副委員長

川出　敏裕　東京大学大学院法学政治学研究科教授

小西　秀宣　弁護士

法制審議会民法（相続関係）部会（諮問第一〇〇号関係第五回）

第二回から第四回までの検討事項以外の事項について審議した（具体的な検討事項は以下のとおり）。

一　可分債権の遺産分割における取扱い

二　自筆証書遺言の方式の見直し

三　遺言事項及び遺言の効力等に関する見直し

四　遺産分割事件と遺留分に関する事件の一回的解決を図るための方策

九日　法制審議会商法（運送・海商関係）部会（諮問第九九号関係第一四回）
要綱案の取りまとめに向けて、総則、物品運送についての総則的規律について審議した。

十日　平成二七年度法律実務教育研究会一
法科大学院に派遣されている判事又は判事補を対象に、法律実務の教育等についての研究会を、九月一〇日から九月一一日まで司法研修所において実施。

平成二七年度特別研究会五（後見関係事件の運用をめぐる諸問題）
家庭裁判所で家事事件を担当する判事又は判事補を対象に、後見関係事件の運用をめぐる諸問題等についての研究会を、九月一〇日から九月一一日まで司法研修所において実施（裁判所職員総合研修所と合同実施）。

十一日　常設仲裁裁判所事務局長及びハーグ国際私法会議事務局長最高裁判所訪問
常設仲裁裁判所事務局長ヒューゴ・ハンス・シブレス氏及びハーグ国際私法会議事務局長クリストフ・ベルナスコーニ氏は、最高裁判所長官寺田逸郎を表敬訪問した。

十四日　判事高世三郎　司法修習生考試委員会委員を委嘱する
判事井上弘通　司法修習生考試委員会委員を委嘱する　簡易裁判所判事選考委員会委員を委嘱する

平成二七年度知的財産権専門研修（長期）
東京理科大学専門職大学院　九月一四日から平成二八年一月二七日まで　参加者一人。

裁判の迅速化に係る検証に関する検討会（第五五回）

十五日

第七回検証結果の公表（平成二九年七月二一日）に向けた意見交換が行われた。

その後、平成二八年七月二〇日にも同様に意見交換が行われた。

川口宰護　下級裁判所裁判官指名諮問委員会地域委員会（福岡に置かれるもの）地域委員を免ずる

福岡地方裁判所長木村元昭　下級裁判所裁判官指名諮問委員会地域委員会（福岡に置かれるもの）地域委員に任命する

最高裁判所第三小法廷判決――過払金が発生している継続的な金銭消費貸借取引の当事者間で特定調停手続において成立した調停であって、借主の貸金業者に対する残債務の存在を認める旨の確認条項及びいわゆる清算条項を含むものが公序良俗に反するものとはいえないとされた事例（平成二五年㈻第一九八九号）

（要旨）過払金が発生している継続的な金銭消費貸借取引に関し、借主と貸金業者との間で特定調停手続において成立した調停であって、借主の貸金業者に対する残債務の存在を認める旨の確認条項及び調停条項に定めるほか何らの債権債務がないことを確認する旨のいわゆる清算条項を含むものは、次の㈠～㈢など判示の事情の下においては、全体として公序良俗に反するものということはできない。

㈠　右記調停における調停の目的は、右記の継続的な金銭消費貸借取引のうち特定の期間内に借主が貸金業者から借り受けた借受金等の債務であると文言上明記され、右記確認条項及び右記清算条項もこれを前提とするものである。

㈡　右記確認条項は、右記㈠の借受金等の残債務として、右記特定の期間内の借受け及びこれに対する返済を利息制限法所定の制限利率に引き直して計算した残元利金を超えない金額の支払義務を確認する内容のものである。

㈢　右記清算条項に、右記の継続的な金銭消費貸借取引全体によって生ずる過払金返還請求権等の債権を特に対象とする旨の文言はない。

十六日　平成二七年度少年実務研究会

家庭裁判所で少年事件を担当する判事又は判事補を対象に、少年事件をめぐる諸問題等についての研究会を、九月一六日から九月一八日まで司法研修所において実施（一部裁判所職員総合研修所と合同実施）。

十八日　法制審議会国際裁判管轄法制（人事訴訟事件及び家事事件関係）部会（諮問第九八号関係第一八回）

人事訴訟事件等の国際裁判管轄法制の整備に関する要綱案の取りまとめに向けて審議され、「人事訴訟事件及び家事事件の国際裁判管轄法制の整備に関する要綱案」が取りまとめられた。

二十八日　平成二七年度民事実務研究会（医療Ａ）

高等裁判所又は地方裁判所で民事事件を担当する判事又は特例判事補を対象に、医療訴訟の審理運営に必要な専門的知見等に関する研究や、中小規模庁における医療訴訟の審理運営をめぐる諸問題等についての研究会を、九月二八日から九月二九日まで司法研修所において実施。

平成二七年度報道機関研修

株式会社朝日新聞社　九月二八日から一〇月九日まで　参加者二人。
一般社団法人共同通信社　九月二八日から一〇月九日まで　参加者二人。
株式会社産業経済新聞社　九月二八日から一〇月九日まで　参加者二人。
株式会社時事通信社　九月二八日から一〇月九日まで　参加者二人。
株式会社日本経済新聞社　九月二八日から一〇月九日まで　参加者二人。
日本放送協会　九月二八日から一〇月九日まで　参加者二人。
株式会社毎日新聞社　九月二八日から一〇月九日まで　参加者二人。
株式会社読売新聞社　九月二八日から一〇月九日まで　参加者二人。

二十九日　平成二七年度民事実務研究会（医療B）

地方裁判所の医療集中部において、裁判長を担当する判事又はこれに準ずる判事を対象に、医療訴訟の審理運営に必要な専門的知見や、全国の集中部が抱える高度かつ困難な問題についての研究会を、九月二九日から九月三〇日まで司法研修所において実施。

三十日　法制審議会商法（運送・海商関係）部会・旅客運送分科会（諮問第九九号関係第五回）

要綱案の取りまとめに向けて、旅客に関する運送人の責任、旅客による危険物の持ち込みについて審議した。

十月

一日　上智大学法科大学院教授滝澤正　最高裁判所図書館委員会委員を委嘱する

最高裁判所判事木内道祥は、随員として仙台地方裁判所判事内田哲也を伴い、第四一回国際法曹協会会議（オーストリア共和国）への出席及びオランダ王国の司法事情視察等のため出張（一〇月九日帰国）

平成二七年度民事実務研究会（基本二）

地方裁判所で民事事件を担当する、又は民事裁判に関心があり、将来、民事事件を担当したいと考えている判事又は判事補を対象に、民事訴訟運営の方法、事実認定、書記官との連携、部等の組織運営への関与の在り方等についての研究会を、一〇月一日から一〇月二日まで司法研修所において実施。

「法の日」週間（七日まで）

二日　最高裁判所事務総局総務局長中村愼　最高裁判所民事規則制定諮問委員会委員に任命する　最高裁判所刑事規則制定諮問委員会委員に任命する　最高裁判所家庭規則制定諮問委員会委員に任命する　最高裁判所図書館委員会委員を命ずる

六日　平成二七年度行政基礎研究会Ａ

地方裁判所で行政事件を担当する判事補を対象に、行政事件の基本的問題等についての研究会を、一〇月六日から一〇月八日まで司法研修所において実施。

七日　第三次安倍改造内閣成立

法務大臣　岩城光英就任

八日　平成二七年度行政実務研究会

高等裁判所又は地方裁判所で行政事件を担当する判事を対象に、行政事件の実務上の諸問題等についての研究会を、一〇月八日から一〇月九日まで司法研修所において実施。

九日　法制審議会第一七五回総会

一　国際裁判管轄法制（人事訴訟事件及び家事事件関係）部会長から、諮問第九八号について、同部会において決定された、「人事訴訟事件及び家事事件の国際裁判管轄法制の整備に関する要綱案」に関する審議結果等の報告がされた。審議・採決の結果、同案は、全会一致で原案どおり採択され、直ちに法務大臣に答申することとされた。

二　法務大臣から新たに発せられた「性犯罪に対処するための刑法の一部改正に関する諮問第一〇一号」に関し、事務当局から諮問に至った経緯、趣旨等について説明があった。この諮問について、その審議の進め方等に関する意見表明があり、諮問第一〇一号については、「刑事法（性犯罪関係）部会」（新設）に付託して審議することとし、部会から報告を受けた後、改めて総会において審議することとされた。

三　商法（運送・海商関係）部会長から、同部会における審議経過に関する報告がされた。

十四日　裁判員の参加する刑事裁判に関する規則の一部を改正する規則公布（最高裁判所規則第九号）

一二月一二日から施行。ただし、第一〇条の改正規定は平成二八年四月一日から施行。

裁判員の参加する刑事裁判に関する法律の一部を改正する法律（平成二七年法律第三七号）及び

地方自治法の一部を改正する法律（平成二六年法律第四二号）の施行に伴い、裁判員の参加する刑事裁判に関する規則の規定を整備するもの。

法制審議会商法（運送・海商関係）部会（諮問第九九号関係第一五回）

要綱案の取りまとめに向けて、海商法制についての船舶、船長、海上物品運送に関する特則、共同海損、船舶の衝突、海難救助、海上保険、船舶先取特権及び船舶抵当権等、国際海上物品運送法の一部改正等について審議した。

平成二七年度簡易裁判所判事特別研究会

簡易裁判所判事（司法修習終了者を除く。）を対象に、民事交通事件の訴訟運営や判決の在り方等についての研究会を、一〇月一四日から一〇月一六日まで司法研修所において実施。

十五日

平成二七年度司法研究（刑事一）開始

司法研修所において打合せ会を実施。研究員四人。

平成二七年度司法研究（刑事二）開始

司法研修所において打合せ会を実施。研究員四人。

十六日

判事深山卓也　最高裁判所民事規則制定諮問委員会委員を免ずる　最高裁判所家庭規則制定諮問委員会委員を免ずる

法務省民事局長小川秀樹　最高裁判所民事規則制定諮問委員会委員に任命する　最高裁判所家庭規則制定諮問委員会委員に任命する

十七日

三井記念病院院長髙本眞一　医事関係訴訟委員会委員に任命する
帝京大学臨床研究センターセンター長寺本民生　医事関係訴訟委員会委員に任命する
国立障害者リハビリテーションセンター総長中村耕三　医事関係訴訟委員会委員に任命する
自治医科大学学長永井良三　医事関係訴訟委員会委員に任命する
慶應義塾大学名誉教授吉村泰典　医事関係訴訟委員会委員に任命する

十九日

平成二七年度民事実務研究会（金融経済一）
高等裁判所又は地方裁判所で民事事件を担当する判事又は特例判事補を対象に、財務分析の考え方や企業価値評価の方法等についての研究会を、一〇月一九日から一〇月二〇日まで司法研修所において実施。

平成二七年度民間企業短期研修（東京商工会議所関係）

株式会社伊藤園及び東京ガス株式会社　一〇月一九日から一〇月三〇日まで　参加者二人。

住友林業株式会社及び住友商事株式会社　一〇月一九日から一〇月三〇日まで　参加者二人。

三菱商事株式会社及びライオン株式会社　一〇月一九日から一〇月三〇日まで　参加者二人。

株式会社モスフードサービス及び三井住友海上火災保険株式会社　一〇月一九日から一〇月三〇日まで　参加者二人。

平成二七年度民間企業短期研修（大阪商工会議所関係）
日立造船株式会社及び日本生命保険相互会社　一〇月一九日から一〇月三〇日まで　参加者二

人。

株式会社サクラクレパス及び京阪電気鉄道株式会社　一〇月一九日から一〇月三〇日まで　参加者二人。

平成二七年度民間企業短期研修（名古屋商工会議所関係）

名港海運株式会社及びリンナイ株式会社　一〇月一九日から一〇月三〇日まで　参加者二人。

二十日

大島忠郁　下級裁判所裁判官指名諮問委員会地域委員会（大阪に置かれるもの）地域委員を免ずる

大阪地方検察庁検事正上野友慈　下級裁判所裁判官指名諮問委員会地域委員会（大阪に置かれるもの）地域委員に任命する

法制審議会民法（相続関係）部会（諮問第一〇〇号関係第六回）

配偶者の居住権を法律上保護するための方策及び第五回に指摘があった新たな論点等について審議した（具体的な検討事項は以下のとおり）。

一　配偶者の居住権を短期的に保護するための方策

二　配偶者の居住権を長期的に保護するための方策

三　自筆証書遺言を保管する制度の創設

四　遺言執行者の権限の明確化等

五　その他

二十二日

調停委員協議会

最高裁判所において開催。参加者は、各地方裁判所の民事調停委員及び各家庭裁判所の家事調停委員。

協議事項

一　民事分野

民事調停手続が、魅力的で信頼される紛争解決手段として、より活性化するための方策及びそれを実現するために調停委員が果たすべき役割

二　家事分野

調停手続の公平性・透明性を確保しつつ、当事者の納得性を高めるための調停運営の在り方及びそれを実現するために調停委員として果たすべき役割

二十三日

刑事事件担当裁判官協議会

最高裁判所において開催。参加者は各高等裁判所及び地方裁判所の刑事事件担当の裁判官。

協議事項　刑の一部執行猶予制度の導入等に関し考慮すべき事項

東住吉放火殺人事件再審開始決定に対する即時抗告棄却決定（大阪高等裁判所）

本件は、自宅に放火し小学六年の女児を殺害したとして、無期懲役刑が確定した請求人らの再審請求について、大阪地方裁判所がした再審開始決定に対し、検察官が即時抗告を申し立てたものである。

即時抗告棄却決定（確定）。

二十六日　平成二七年度民事実務研究会（建築A）

高等裁判所又は地方裁判所で民事事件を担当する判事又は判事補を対象に、建築関係訴訟において紛争の対象となる建築物及び建築生産プロセスに対する基本的な理解を得ること並びに建築関係訴訟事件の審理の在り方等についての研究会を、一〇月二六日から一〇月二七日まで司法研修所において実施。

二十七日　平成二七年度民事実務研究会（建築B）

高等裁判所又は地方裁判所で民事事件を担当する判事又は特例判事補を対象に、紛争の対象となる建築生産プロセスに対する基本的な理解及び建築物に関する専門的知見を得るとともに、建築関係訴訟の審理運営上の諸問題等についての研究会を、一〇月二七日から一〇月二八日まで司法研修所において実施。

最高裁判所第二小法廷決定――刑事確定訴訟記録法四条一項ただし書、刑訴法五三条一項ただし書にいう「検察庁の事務に支障のあるとき」と関連する他の事件の捜査や公判に不当な影響を及ぼすおそれがある場合（平成二七年(し)第四二八号）

（要旨）刑事確定訴訟記録法四条一項ただし書、刑訴法五三条一項ただし書にいう「検察庁の事務に支障のあるとき」には、保管記録を請求者に閲覧させることによって、その保管記録に係る事件と関連する他の事件の捜査や公判に不当な影響を及ぼすおそれがある場合が含まれる。

二十八日　不正競争防止法による保全手続等に関する規則公布（最高裁判所規則第一〇号）

平成二八年一月一日から施行。

不正競争防止法の一部を改正する法律（平成二七年法律第五四号）の施行に伴い、不正競争防止法第二一条第一項、第三項及び第四項の罪に係る保全手続等について必要な事項を定めるもの。

法制審議会商法（運送・海商関係）部会・旅客運送分科会（諮問第九九号関係第六回）

「商法（旅客運送関係）の改正に関する要綱案のたたき台」に基づき、旅客運送についての総則的規律、海上旅客運送について審議した。

三十日

さいたま地方検察庁検事正中原亮一　最高裁判所刑事規則制定諮問委員会委員を免ずる

東京地方検察庁次席検事落合義和　最高裁判所刑事規則制定諮問委員会委員に任命する

最高裁判所事務総長戸倉三郎　司法修習生考試委員会委員の委嘱を解く

最高検察庁次長検事伊丹俊彦　司法修習生考試委員会委員の委嘱を解く

最高検察庁監察指導部長甲斐行夫　司法修習生考試委員会委員を委嘱する

最高裁判所事務総局刑事局長平木正洋　法制審議会臨時委員に任命する

判事田邊三保子　法制審議会臨時委員に任命する

十一月

二日

法制審議会刑事法（性犯罪関係）部会（諮問第一〇一号関係第一回）

諮問第一〇一号の朗読に引き続き、諮問に至った経緯等や配布資料の説明がされ、要綱（骨子）全体及び要綱（骨子）第四「強姦の罪等の非親告罪化」について審議した。

元東京高等裁判所長官仁田陸郎　逝去（七三歳）
　正三位に叙される。

三　日　平成二七年秋の叙勲において、最高裁判所所管の分野では
　　桐花大綬章
　　　元最高裁判所長官竹崎博允
　　旭日大綬章
　　　元最高裁判所判事横田尤孝
　　瑞宝重光章
　　　元知的財産高等裁判所長塚原朋一
ほか八九人が叙勲された。
また、特別功労のある調停委員四〇人及び補導受託者三人に対し、藍綬褒章が授与された。

四　日　平成二七年度家事実務研究会
　家庭裁判所で家事事件を担当する判事又は特例判事補を対象に、人事訴訟及び家事事件の運用並びに家事調停及び家事審判事件の処理の在り方についての研究会を、一一月四日から一一月六日まで司法研修所において実施（一部裁判所職員総合研修所と合同実施）。

五　日　弁護士藤原浩　司法修習生考試委員会委員を委嘱する
最高裁判所長官寺田逸郎は、随員として最高裁判所事務総局秘書課参事官中川正隆、同課課長補佐富

六日　永悦史及び同課専門官梅木裕史を伴い、アジア太平洋最高裁判所長官会議（オーストラリア連邦）への出席のため出張（一一月一〇日帰国）

静岡地方裁判所判事細矢郁及び東京地方裁判所判事補宮端謙一は、第二八回ローエイシア大会（オーストラリア連邦）への出席のため出張した（一一月一〇日帰国）

ハンセン病を理由とする開廷場所指定の調査に関する有識者委員会開催（第二回）

最高裁判所において開催。

最高裁判所事務総局に置かれたハンセン病を理由とする開廷場所指定に関する調査委員会の調査について有識者委員会から意見を聴取した。

九日　平成二七年度刑事実務研究会（裁判員三）

高等裁判所又は地方裁判所で裁判員裁判（及びその控訴事件）を担当する判事又は特例判事補を対象に、裁判員裁判にふさわしい審理・評議・判決の在り方についての研究会を、一一月九日から一一月一一日まで司法研修所において実施。

平成二七年度知的財産権専門研修（短期）

独立行政法人理化学研究所　一一月九日から一一月二〇日まで　参加者二人。

十日　最高裁判所事務総局家庭局第一課長和波宏典は、香港におけるハーグネットワーク裁判官会議（中華人民共和国香港特別行政区）への出席のため出張（一一月一三日帰国）

十一日　法制審議会商法（運送・海商関係）部会（諮問第九九号関係第一六回）

「商法（運送・海商関係）等の改正に関する要綱案のたたき台(1)」に基づき、運送法制全般、海商法制及び国際海上物品運送法の一部改正等について審議した。

十二日　平成二七年度民事実務研究会（金融経済二）

高等裁判所又は地方裁判所で民事事件を担当する判事又は特例判事補を対象に、商慣習や取引慣行等と裁判の関係、企業における意思決定の在り方、裁判所からは見えない企業法務の実際、企業の資本政策と企業価値の関係等についての研究会を、一一月一二日から一一月一三日まで司法研修所において実施。

十三日　最高検察庁総務部長稲川龍也　司法修習委員会委員に任命する

首都大学東京都市教養学部法学系教授・法科大学院教授木村光江　司法修習委員会委員に任命する

京都大学大学院法学研究科教授酒巻匡　司法修習委員会委員に任命する

中央大学大学院法務研究科教授高橋宏志　司法修習委員会委員に任命する

元独立行政法人労働政策研究・研修機構統括研究員今田幸子　司法修習委員会委員に任命する

株式会社日本総合研究所副理事長翁百合　司法修習委員会委員に任命する

東京医科歯科大学大学院医歯学総合研究科研究開発学教授高瀬浩造　司法修習委員会委員に任命する

山口地方検察庁検事正小山太士　司法修習生考試委員会委員の委嘱を解く

法務省大臣官房人事課長伊藤栄二　司法修習生考試委員会委員を委嘱する

十七日　法制審議会民法（相続関係）部会（諮問第一〇〇号関係第七回）

相続人等の貢献に応じた遺産分割を実現するための方策について審議した（具体的な検討事項は次のとおり）。

一　配偶者の貢献に応じた遺産分割を実現するための方策

二　被相続人の療養看護等に努めた者に寄与分を認めるための方策

三　相続人以外の者の貢献を考慮するための方策

東京大学大学院法学政治学研究科教授樋口範雄　最高裁判所図書館委員会委員を委嘱する

十九日

簡易裁判所民事事件担当裁判官等事務打合せ

最高裁判所において開催。参加者は、東京及び大阪各簡易裁判所の司法行政事務掌理裁判官、横浜、さいたま、千葉、京都、神戸、名古屋、広島、福岡、仙台、札幌及び高松各簡易裁判所の民事事件担当の裁判官、東京、横浜、さいたま、千葉、大阪、京都、神戸、名古屋、広島、福岡、仙台、札幌及び高松各地方裁判所の民事事件担当の裁判官、横浜、さいたま、千葉、京都、神戸、広島、仙台及び高松各地方裁判所の民事首席書記官又は民事次席書記官、東京簡易裁判所民事首席書記官、大阪、名古屋、福岡及び札幌各簡易裁判所の首席書記官。

協議事項　簡易裁判所の民事事件における地方裁判所との連携の在り方と役割分担について

最高裁判所第三小法廷決定――弁護士である弁護人が被告人の委託を受けて保管している同人の犯行状況とされるものを撮影録画したデジタルビデオカセットについて、刑訴法一〇五条の「他人の秘密に関するもの」に当たらないとされた事例（平成二七年(し)第五五六号）

（要旨）被告人が強姦等の犯行状況とされるものを撮影録画したデジタルビデオカセットについて、被告人の委託を受けて保管していた弁護士である弁護人により証拠請求がされ、更にその複製DVDが公判期日で被告人及び弁護人の異議なく取り調べられているなどの本件事実関係の下では、右記デジタルビデオカセットは、刑訴法一〇五条の「他人の秘密に関するもの」に当たらない。

二十日　最高裁判所第一小法廷判決——保証人が主たる債務者に対して取得した求償権の消滅時効の中断事由がある場合における共同保証人間の求償権の消滅時効中断の有無（平成二五年(受)第二〇〇一号）

（要旨）保証人が主たる債務者に対して取得した求償権の消滅時効の中断事由がある場合であっても、共同保証人間の求償権について消滅時効の中断の効力は生じない。

最高裁判所第二小法廷判決——遺言者が自筆証書である遺言書の文面全体に故意に斜線を引く行為が民法一〇二四条前段所定の「故意に遺言書を破棄したとき」に該当し遺言を撤回したものとみなされた事例（平成二六年(受)第一四五八号）

（要旨）遺言者が自筆証書である遺言書の文面全体に故意に斜線を引く行為は、民法一〇二四条前段所定の「故意に遺言書を破棄したとき」に該当し遺言を撤回したものとみなされる。

二十五日　平成二七年度刑事実務研究会（基本一）

地方裁判所で刑事事件を担当する、又は刑事裁判に関心があり、将来、刑事事件を担当したいと考えている判事又は判事補を対象に、刑事裁判に関する基本的な力（スキルとマインド）の向上を図るとともに、裁判員裁判を中心とする刑事裁判の在り方、裁判員との実質的な協働の在り方等についての研究会を、一一月二五日から一一月二七日まで司法研修所において実施（一部裁判所職員総合研修所と合同実施）。

最高裁判所大法廷判決——衆議院小選挙区選出議員の選挙区割りを定める公職選挙法一三条一項、別表第一の規定の合憲性（平成二七年(行ツ)第二五三号）

（要旨）平成二六年一二月一四日施行の衆議院議員総選挙当時において、公職選挙法一三条一項、別表第一の定める衆議院小選挙区選出議員の選挙区割りは、前回の平成二四年一二月一六日施行の衆議院議員総選挙当時と同様に憲法の投票価値の平等の要求に反する状態にあったが、憲法上要求される合理的期間内における是正がされなかったとはいえず、右記規定が憲法一四条一項等に違反するものということはできない。

二十七日

法制審議会刑事法（性犯罪関係）部会（諮問第一〇一号関係第二回）

要綱（骨子）第一「強姦の罪（刑法第一七七条）の改正」、第二「準強姦の罪（刑法第一七八条第二項）の改正」、第五「集団強姦等の罪及び同罪に係る強姦等致死傷の罪（刑法第一七八条の二及び第一八一条第三項）の廃止」及び第六「強制わいせつ等致死傷及び強姦等致死傷の各罪（刑法第一八一条第一項及び第二項）の改正」について審議した。

平成二七年度採用（第六九期）司法修習生修習開始

司法修習生一七八八人。

十二月

三　日　最高裁判所第一小法廷判決――公訴時効を廃止するなどした「刑法及び刑事訴訟法の一部を改正する法律」（平成二二年法律第二六号）の経過措置を定めた同法附則三条二項と憲法三九条、三一条（平成二六年(あ)第七四九号）

（要旨）公訴時効を廃止するなどした「刑法及び刑事訴訟法の一部を改正する法律」（平成二二年法律第二六号）の経過措置として、同改正法律施行の際公訴時効が完成していない罪について改正後の刑訴法二五〇条一項を適用する旨を定めた同改正法律附則三条二項は、憲法三九条、三一条に違反せず、それらの趣旨にも反しない。

八　日　平成二七年度労働実務研究会A

地方裁判所で労働事件又は労働審判事件を担当する判事又は特例判事補を対象に、労働審判制度及び労働事件の一般的問題についての研究会を、一二月八日から一二月一〇日まで司法研修所において実施。

九　日　法制審議会商法（運送・海商関係）部会（諮問第九九号関係第一七回）

「商法（運送・海商関係）等の改正に関する要綱案のたたき台(2)」に基づき、運送法制全般、海商法制及び国際海上物品運送法の一部改正等について審議した。

十　日　平成二七年度労働実務研究会B

地方裁判所で労働事件又は労働審判事件を担当する判事又は部総括判事を対象に、労働事件をめぐる専門的・先端的な諸問題についての研究会を、一二月一〇日から一二月一一日まで司法研修所において実施。

十四日　ハンセン病を理由とする開廷場所指定の調査に関する有識者委員会開催（第三回）

最高裁判所において開催。

最高裁判所事務総局に置かれたハンセン病を理由とする開廷場所指定に関する調査委員会の調査について有識者委員会から意見を聴取した。

最高裁判所第一小法廷判決――本訴請求債権が時効消滅したと判断されることを条件とする、反訴における当該債権を自働債権とする相殺の抗弁の許否（平成二五年(オ)第九一八号）

（要旨）本訴において訴訟物となっている債権の全部又は一部が時効により消滅したと判断されることを条件として、反訴において、当該債権のうち時効により消滅した部分を自働債権として相殺の抗弁を主張することは許される。

十五日　法制審議会民法（相続関係）部会（諮問第一〇〇号関係第八回）

遺留分制度の見直しについて審議した（具体的な検討事項は次のとおり）。

一　遺留分減殺請求権の法的性質についての見直し

二　遺留分の算定方法等の見直し

三　その他

十六日　「裁判所が司法行政事務に関して保有する個人情報の取扱要綱」の一部改正（最高裁判所裁判官会議

議決）

平成二八年一月一日から実施。

特定個人情報について整備したもの。

「裁判所が司法行政事務に関して保有する個人情報の取扱要綱の実施の細目について」の一部改正について（最高裁総一第一四二三号高等裁判所長官、地方・家庭裁判所長、最高裁判所大法廷首席書記官、最高裁判所事務総局局課長、司法研修所長、裁判所職員総合研修所長、最高裁判所図書館長あて事務総長通達）

平成二八年一月一日から実施。

特定個人情報の取扱いについて実施の細目を追加したもの。

法制審議会刑事法（性犯罪関係）部会（諮問第一〇一号関係第三回）

要綱（骨子）第三「監護者であることによる影響力を利用したわいせつな行為又は性交等に係る罪の新設」及び第七「強盗強姦及び同致死の罪（刑法第二四一条）並びに強盗強姦未遂罪（刑法第二四三条）の改正」について審議した。

平成二六年度採用（第六八期）司法修習生修習終了

修習終了者一七六六人。

判事補任官九一人、検事任官七六人、弁護士登録一一三一人、その他四六八人。

最高裁判所大法廷判決――一　民法七五〇条と憲法一三条　二　民法七五〇条と憲法一四条一項　三

民法七五〇条と憲法二四条（平成二六年(オ)第一〇二三号）

（要旨）夫婦が婚姻の際に定めるところに従い夫又は妻の氏を称すると定める民法七五〇条の規定は、憲法一三条、一四条一項、二四条に違反しない。

最高裁判所大法廷判決――一　民法七三三条一項の規定のうち一〇〇日の再婚禁止期間を設ける部分と憲法一四条一項、二四条二項　二　民法七三三条一項の規定のうち一〇〇日を超えて再婚禁止期間を設ける部分と憲法一四条一項、二四条二項　三　立法不作為が国家賠償法一条一項の適用上違法の評価を受ける場合　四　国会が民法七三三条一項の規定を改廃する立法措置をとらなかったことが国家賠償法一条一項の適用上違法の評価を受けるものではないとされた事例（平成二五年(オ)第一〇七九号）

（要旨）

一　民法七三三条一項の規定のうち一〇〇日の再婚禁止期間を設ける部分は、憲法一四条一項、二四条二項に違反しない。

二　民法七三三条一項の規定のうち一〇〇日を超えて再婚禁止期間を設ける部分は、平成二〇年当時において、憲法一四条一項、二四条二項に違反するに至っていた。（三、四略）

十七日

平成二七年度特別研究会六（ＤＶ防止法の運用）

地方裁判所でＤＶ保護命令事件を担当する判事又は特例判事補を対象に、ＤＶ被害の実態等に対する理解を深める契機とするとともに、ＤＶ保護命令事件の適正かつ迅速な審理の在り方等に関する研究会を、一二月一七日から一二月一八日まで司法研修所において実施（一部裁判所職員総合研修所と合同実施）。

二十一日　広島家庭裁判所長鹿野伸二　最高裁判所家庭規則制定諮問委員会委員を免ずる
判事芦澤政治　最高裁判所家庭規則制定諮問委員会委員に任命する

二十二日　内閣制度創始一三〇周年記念式典
午前一一時四五分から内閣総理大臣官邸において挙行され、最高裁判所長官寺田逸郎が祝辞を述べ、最高裁判所判事櫻井龍子及び最高裁判所事務総長戸倉三郎が参列した。

二十五日　民事訴訟法第百三十二条の十第一項に規定する電子情報処理組織を用いて取り扱う督促手続に関する規則の一部を改正する規則公布（最高裁判所規則第一一号）
平成二八年一月一日から施行。
行政手続における特定の個人を識別するための番号の利用等に関する法律の施行に伴う関係法律の整備等に関する法律（平成二五年法律第二八号）の一部の施行に伴い、引用する公的個人認証法の題名を「電子署名等に係る地方公共団体情報システム機構の認証業務に関する法律」と、電子証明書の呼称を「署名用電子証明書」とそれぞれ改めて、同規則の規定の整理をしたもの。

平成二十八年

一月

六日　加藤幸雄　下級裁判所裁判官指名諮問委員会地域委員会（名古屋に置かれるもの）地域委員を免ずる

名古屋地方裁判所長伊藤納　下級裁判所裁判官指名諮問委員会地域委員会（名古屋に置かれるもの）地域委員に任命する

七日　裁判所職員総合研修所研修計画協議会

一月七日、八日の両日、裁判所職員総合研修所において開催。

十二日　最高裁判所第三小法廷判決——一　信用保証協会と金融機関との間で保証契約が締結されて融資が実行された後に主債務者が反社会的勢力であることが判明した場合において、信用保証協会の保証契約の意思表示に要素の錯誤がないとされた事例　二　金融機関による融資の主債務者が反社会的勢力であったときにおける信用保証協会と金融機関との間の信用保証に関する基本契約に定められた保証債務の免責条項にいう「保証契約に違反したとき」に当たる場合（平成二六年㈫第一三五一号）

（要旨）

一　信用保証協会と金融機関との間で保証契約が締結され融資が実行された後に主債務者が反社会的勢力であることが判明した場合において、右記保証契約の当事者がそれぞれの業務に照らし、右記の場合が生じ得ることを想定でき、その場合に信用保証協会が保証債務を履行しない旨をあらかじめ定めるなどの対応を採ることも可能であったにもかかわらず、右記当事者間の信用保証に関する基本契約及び右記保証契約等にその場合の取扱いについての定めが置かれていないなど判示の事情の下では、主債務者が反社会的勢力でないことという信用保証協会の動機は、明示又は黙示に表示されていたとしても、当事者の意思解釈上、右記保証契約の内容となっていたとは認められず、信用保証協会の右記保証契約の意思表示に要素の錯誤はない。

二　金融機関が、主債務者が反社会的勢力であるか否かについて相当な調査をすべきであるという信用保証協会との間の信用保証に関する基本契約上の付随義務に違反して、その結果、反社会的勢力を主債務者とする融資について保証契約が締結された場合には、右記基本契約に定められた保証債務の免責条項にいう金融機関が「保証契約に違反したとき」に当たる。

十三日　神戸地方裁判所長中本敏嗣　下級裁判所裁判官指名諮問委員会地域委員会（広島に置かれるもの）地域委員を免ずる

広島地方裁判所長宮崎英一　下級裁判所裁判官指名諮問委員会地域委員会（広島に置かれるもの）地域委員に任命する

十八日　次長検事青沼隆之　下級裁判所裁判官指名諮問委員会地域委員会（東京に置かれるもの）地域委員を免ずる

札幌高等検察庁検事長三浦守　最高裁判所刑事規則制定諮問委員会委員を免ずる

東京地方検察庁検事正八木宏幸　下級裁判所裁判官指名諮問委員会地域委員会（東京に置かれるもの）地域委員に任命する

最高検察庁公判部長榊原一夫　最高裁判所刑事規則制定諮問委員会委員に任命する

仙台高等裁判所長官市村陽典　定年退官

十九日　法制審議会民法（相続関係）部会（諮問第一〇〇号関係第九回）

　次の事項について検討がされた。

一　可分債権の遺産分割における取扱い

二　一部分割の要件及び残余の遺産分割における規律の明確化

三　自筆証書遺言の方式の見直し

四　遺言事項及び遺言の効力等に関する見直し

五　自筆証書遺言を保管する制度の創設について

六　遺言執行者の権限の明確化等

平成二七年度新任判事補研修

　平成二七年一二月に司法修習を終え、判事補に任命された者（第六八期）を対象に、裁判実務に関連する基礎的事項及び裁判官の在り方等についての研修を、一月一九日から一月二五日まで司法研修所において実施。

二十日　法制審議会刑事法（性犯罪関係）部会（諮問第一〇一号関係第四回）

　前回までの審議の結果を踏まえて、要綱（骨子）第一「強姦の罪（刑法第一七七条）の改正」、第二「準強姦の罪（刑法第一七八条第二項）の改正」、第四「強姦の罪等の非親告罪化」、第五「集団強姦等の罪及び同罪に係る強姦等致死傷の罪（刑法第一七八条の二及び第一八一条第三項）の廃止」及び第六「強制わいせつ等致死傷及び強姦等致死傷の各罪（刑法第一八一条第一項及び第二項）の改正」について審議した。

二十四日　最高裁判所判事山本庸幸は、随員として東京高等裁判所判事藤田正人を伴い、カンボジア王国及びマレーシアの司法事情視察のため出張（一月三一日帰国）

二十五日　ハンセン病を理由とする開廷場所指定に関する調査委員会は、同開廷場所指定の調査に関する有識者委員会の委員とともに国立療養所栗生楽泉園及び重監房資料館（群馬県吾妻郡草津町）を訪問した

広島高等裁判所長官松本芳希　定年退官

平成二七年度新任簡易裁判所判事研修

平成二七年度に新たに簡易裁判所判事に任命された者（司法修習終了者を除く。）を対象に、民事事件、刑事事件の実務及び裁判官の在り方等についての研修を、一月二五日から二月二六日まで司法研修所において実施。

二十六日　一般職の職員の給与に関する法律等の一部を改正する法律公布・施行（法律第一号）

ただし、一部については平成二八年四月一日から施行。

フレックスタイム制について、原則として全ての職員を対象とし、育児又は介護を行う職員に係るフレックスタイム制を拡充したもの。

裁判官の報酬等に関する法律の一部を改正する法律公布・施行（法律第五号）

平成二七年四月一日から適用。

裁判官の報酬月額を改定したもの。

ハンセン病を理由とする開廷場所指定の調査に関する有識者委員会開催（第四回）

前橋地方裁判所高崎支部において開催。

最高裁判所事務総局に置かれたハンセン病を理由とする開廷場所指定に関する調査委員会の調査について有識者委員会から意見を聴取した。

最高裁判所事務総局人事局付長田雅之及び同局任用課主任柳ヶ瀬敦子は、裁判所の卓越性（Ｃｏｕｒｔ Ｅｘｃｅｌｌｅｎｃｅ）に関する国際会議（シンガポール共和国）への出席等のため出張（一月三〇日帰国）

二十八日

平成二七年度行政基礎研究会Ｂ

高等裁判所又は地方裁判所で行政事件を担当する右陪席クラス又は左陪席クラスの判事又は判事補を対象に、行政事件を担当する際に必要となる行政法規の解釈及びそのための法令や判例の分析能力をかん養するための研究会を、一月二八日から一月二九日まで司法研修所において実施。

二月

一日

裁判官に対する期末手当及び勤勉手当の支給に関する規則の一部を改正する規則公布・施行（最高裁判所規則第一号）

ただし、一部については、平成二八年四月一日から施行。

裁判官の期末手当を改正したもの。

六　日　平成二七年度民事実務研究会（金融経済三）

高等裁判所又は地方裁判所で民事事件を担当し、金融経済分野に関心を有している判事又は特例判事補を対象に、裁判外における経済活動の実態やその背景にある金融に関する知識についての研究会を、二月一日から二月二日まで司法研修所において実施。

内閣法制局第二部長林徹　最高裁判所民事規則制定諮問委員会委員に任命する　最高裁判所刑事規則制定諮問委員会委員に任命する　最高裁判所家庭規則制定諮問委員会委員に任命する

八　日　平成二七年度特別研究会七（現代社会における法と裁判）

高等裁判所又は地方裁判所で民事事件を担当する判事を対象に、いわゆる現代型訴訟をはじめとして、現代の複雑化した社会の状況を反映した各種訴訟に関し、その進行及び審理等における工夫や必要な情報を適切に入手し、通用力のある、質の高い判断をするための審理運営の在り方等についての研究会を、二月八日から二月九日まで司法研修所において実施。

九　日　平成二七年度刑事実務研究会（精神障害）

高等裁判所又は地方裁判所で刑事事件を担当する判事又は特例判事補を対象に、刑事責任能力と精神鑑定、医療観察処遇事件等の触法精神障害者の処遇等に関する諸問題についての研究会を、二月九日から二月一〇日まで司法研修所において実施。

十二日　法制審議会第一七六回総会

十六日

商法（運送・海商関係）部会長から、諮問第九九号について、同部会において決定された、「商法（運送・海商関係）等の改正に関する要綱案」に関する審議結果等の報告がされた。審議・採決の結果、同案は、全会一致で原案どおり採択され、直ちに法務大臣に答申することとされた。

弁護士酒井憲郎　裁判所職員倫理審査会会長に任命する　裁判所職員再就職等監視委員会委員長に任命する

首都大学東京都市教養学部教授三代川三千代　裁判所職員倫理審査会委員に任命する　裁判所職員再就職等監視委員会委員に任命する

ジャーナリスト土屋美明　裁判所職員倫理審査会委員に任命する　裁判所職員再就職等監視委員会委員に任命する

森邦明　法制審議会臨時委員を免ずる

判事石栗正子　法制審議会臨時委員に任命する

法制審議会民法（相続関係）部会（諮問第一〇〇号関係第一〇回）

次の事項について検討がされた。

一　遺言執行者の権限の明確化等

二　遺留分減殺請求権の法的性質についての見直し

三　遺留分の算定方法等の見直し

四　相続人以外の者の貢献を考慮するための方策

五　遺贈の担保責任

十七日　平成二七年度判事任官者実務研究会

平成一七年一〇月に司法修習を終えた判事（第五八期）を対象に、司法、裁判所・裁判官の在り方、事務処理の現状等についての研究会を、二月一六日から二月一九日まで司法研修所において実施。

平成二七年度司法研究（民事）報告会

司法研修所において開催。研究報告者八人。

十八日　窪田守雄　下級裁判所裁判官指名諮問委員会地域委員会（名古屋に置かれるもの）地域委員を免ずる

名古屋地方検察庁検事正小島吉晴　下級裁判所裁判官指名諮問委員会地域委員会（名古屋に置かれるもの）地域委員に任命する

十九日　元最高裁判所判事田原睦夫　逝去（七二歳）

正三位に叙される。

最高裁判所第二小法廷判決――一　就業規則に定められた賃金や退職金に関する労働条件の変更に対する労働者の同意の有無についての判断の方法　二　合併により消滅する信用協同組合の職員が、合併前の就業規則に定められた退職金の支給基準を変更することに同意する旨の記載のある書面に署名押印をした場合において、右記変更に対する当該職員の同意があるとした原審の判断に違法があるとされた事例（平成二五年㈱第二五九五号）

（要旨）

一　就業規則に定められた賃金や退職金に関する労働条件の変更に対する労働者の同意の有無については、当該変更を受け入れる旨の労働者の行為の有無だけでなく、当該変更により労働者にもたらされる不利益の内容及び程度、労働者により当該行為がされるに至った経緯及びその態様、当該行為に先立つ労働者への情報提供又は説明の内容等に照らして、当該行為が労働者の自由な意思に基づいてされたものと認めるに足りる合理的な理由が客観的に存在するか否かという観点からも、判断されるべきである。

二　合併により消滅する信用協同組合の職員が、合併前の就業規則に定められた退職金の支給基準を変更することに同意する旨の記載のある書面に署名押印をした場合において、その変更は右記組合の経営破綻を回避するための右記合併に際して行われたものであったが、右記変更後の支給基準の内容は、退職金総額を従前の二分の一以下とした上で厚生年金制度に基づく加算年金の現価相当額等を控除するというものであって、自己都合退職の場合には支給される退職金額が〇円となる可能性が高かったことなど判示の事情の下で、当該職員に対する情報提供や説明の内容等についての十分な認定、考慮をしていないなど、右記署名押印が当該職員の自由な意思に基づいてされたものと認めるに足りる合理的な理由が客観的に存在するか否かという観点から審理を尽くすことなく、右記署名押印をもって右記変更に対する当該職員の同意があるとした原審の判断には、違法がある。

二十二日　大阪家庭裁判所長川合昌幸　高等裁判所長官に任命する　広島高等裁判所長官に補する

さいたま地方裁判所長河合健司　高等裁判所長官に任命する　仙台高等裁判所長官に補する

平成二七年度法律実務教育研究会二

法科大学院に派遣されている、又は派遣される予定の判事又は判事補を対象に、法律実務の教育等についての研究会を、二月二二日から二月二三日まで司法研修所において実施。

二十三日　大阪市此花区パチンコ店放火事件上告審判決（最高裁判所第三小法廷）

上告棄却（確定）。

（平成二三年一〇月三一日及び平成二五年七月三一日の項参照）

二十四日　民事事件記録符号規程及び事件記録等保存規程の一部を改正する規程制定（最高裁判所規程第一号）

一〇月一日から施行。

消費者の財産的被害の集団的な回復のための民事の裁判手続の特例に関する法律の施行に伴い、関係規程について所要の整備を行ったもの。

法務省刑事局長林眞琴　最高裁判所刑事規則制定諮問委員会委員に任命する

元高松高等裁判所長官川口冨男　逝去（八一歳）

正三位に叙される。

平成二七年度医療基礎研究会

地方裁判所又は家庭裁判所の判事補を対象に、医療現場の実状、医療訴訟の運営等についての研究会を、二月二四日から二月二六日まで司法研修所において実施。

二十九日

ハンセン病を理由とする開廷場所指定の調査に関する有識者委員会の委員とともに国立療養所菊池恵楓園及び菊池医療刑務支所跡（熊本県合志市）を訪問した

平成二七年度刑事実務研究会（基本二）

地方裁判所で刑事事件を担当する、又は刑事裁判に関心があり、将来、刑事事件を担当したいと考えている判事又は判事補を対象に、刑事裁判に関する基本的な力（スキルとマインド）の向上を図るとともに、より広い視野で刑事裁判について考え、自己研さんに努める必要性を認識することを目的とした研究会を、二月二九日から三月一日まで司法研修所において実施。

東京電力元幹部強制起訴事件起訴（東京地方裁判所）

本件は、東京電力株式会社の幹部である被告人ら三名が、福島第一原子力発電所の原子炉施設等について防護措置等その他適切な措置を講じることなく同発電所の運転を停止しないまま漫然と運転を継続した過失により、平成二三年三月一一日に発生した東北地方太平洋沖地震に起因して襲来した津波によって起こった原子炉建屋における水素ガス爆発等により、被害者らに傷害を負わせ、あるいは死亡させたとして業務上過失致死傷の罪により強制起訴されたものである。

三　月

一　日

ハンセン病を理由とする開廷場所指定の調査に関する有識者委員会開催（第五回）

熊本地方裁判所において開催。

最高裁判所事務総局に置かれたハンセン病を理由とする開廷場所指定に関する調査委員会の調査について有識者委員会から意見を聴取した。

最高裁判所第三小法廷判決――一　精神障害者と同居する配偶者と民法七一四条一項にいう「責任無能力者を監督する法定の義務を負う者」　二　法定の監督義務者に準ずべき者と民法七一四条一項の類推適用　三　線路に立ち入り列車と衝突して鉄道会社に損害を与えた認知症の者の妻が法定の監督義務者に準ずべき者に当たらないとされた事例　四　線路に立ち入り列車と衝突して鉄道会社に損害を与えた認知症の者の長男が法定の監督義務者に準ずべき者に当たらないとされた事例（平成二六年(受)第一四三四号、第一四三五号）

（要旨）

一　精神障害者と同居する配偶者であるからといって、その者が民法七一四条一項にいう「責任無能力者を監督する法定の義務を負う者」に当たるとすることはできない。

二　法定の監督義務者に該当しない者であっても、責任無能力者との身分関係や日常生活における接触状況に照らし、第三者に対する加害行為の防止に向けてその者が当該責任無能力者の監督を現に行いその態様が単なる事実上の監督を超えているなどその監督義務を引き受けたとみるべき特段の事情が認められる場合には、法定の監督義務者に準ずべき者として、民法七一四条一項が類推適用される。

三　認知症により責任を弁識する能力のない者Ａが線路に立ち入り列車と衝突して鉄道会社に損害

を与えた場合において、Ａの妻Ｙ１が、長年Ａと同居しており長男Ｙ２らの了解を得てＡの介護に当たっていたものの、当時八五歳で左右下肢に麻ひ拘縮があり要介護１の認定を受けており、Ａの介護につきＹ２の妻Ｂの補助を受けていたなど判示の事情の下では、Ｙ１は、民法七一四条一項所定の法定の監督義務者に準ずべき者に当たらない。

四　認知症により責任を弁識する能力のない者Ａが線路に立ち入り列車と衝突して鉄道会社に損害を与えた場合において、Ａの長男Ｙ２がＡの介護に関する話合いに加わり、Ｙ２の妻ＢがＡ宅の近隣に住んでＡ宅に通いながらＡの妻Ｙ１によるＡの介護を補助していたものの、Ｙ２自身は、当時二〇年以上もＡと同居しておらず、右記の事故直前の時期においても一箇月に三回程度週末にＡ宅を訪ねていたにすぎないなど判示の事情の下では、Ｙ２は、民法七一四条一項所定の法定の監督義務者に準ずべき者に当たらない。

二日

最高裁判所事務総局分課規程の一部を改正する規程制定（最高裁判所規程第二号）

四月一日から施行。

行政不服審査法及び最高裁判所行政不服審査委員会規則の施行に伴い、また、最高裁判所事務総局情報政策課、総務局、人事局及び刑事局の事務の適正かつ円滑な運営を図るため、その事務分掌を改めたもの。

平成二七年度裁判基盤研究会三（現代社会におけるリスクと安全）

高等裁判所、地方裁判所又は家庭裁判所の判事を対象に、科学技術の発展が社会や人間にどのような変化をもたらしたかについて、リスク管理という側面から俯瞰的に考えることを通じて、裁判官がリスクや安全に対する理解を深める契機となることを目的とした研究会を、三月二日から三月四日まで司法研修所において実施。

平成二七年度知的基盤研究会二

高等裁判所、地方裁判所又は家庭裁判所の判事又は判事補を対象に、「広い視野と高い識見を備えること」及び「ものごとをより深く考えること」の重要性を改めて認識し、それに向けた自己研さんの動機付けとしてもらうことを目的とした研究会を、三月二日から三月四日まで司法研修所において実施。

四日　森邦明　最高裁判所家庭規則制定諮問委員会委員を免ずる

判事石栗正子　最高裁判所家庭規則制定諮問委員会委員に任命する

九日　平成二七年度知的財産権基礎研究会

知的財産権に関する事件に関心を有している判事補を対象に、知的財産権事件の基礎的知識を修得することを目的とした研究会を、三月九日から三月一一日まで司法研修所において実施。

平成二七年度金融経済基礎研究会

金融経済分野に関心を有している判事補を対象に、税務・会計をはじめとした当該分野における基礎的知識や考え方についての研究会を、三月九日から三月一一日まで司法研修所において実施。

十日　最高裁判所第一小法廷判決――米国法人がウェブサイトに掲載した記事による名誉等の毀損を理由と

する不法行為に基づく損害賠償請求訴訟について、民訴法三条の九にいう「特別の事情」があるとされた事例（平成二六年(受)第一九八五号）

（要旨）日本法人とその取締役であるXらが米国法人Yに対してYがインターネット上のウェブサイトに掲載した記事による名誉等の毀損を理由とする不法行為に基づく損害賠償を請求する訴訟について、当該訴訟がその提起当時に既に米国の裁判所に訴訟が係属していたYの株式の強制的な償還等に関するXらとYとの間の紛争から派生したものであり、本案の審理において想定される主な争点についての証拠方法が主に米国に所在するなど判示の事情の下においては、民訴法三条の九にいう「日本の裁判所が審理及び裁判をすることが当事者間の衡平を害し、又は適正かつ迅速な審理の実現を妨げることとなる特別の事情」があるというべきである。

十一日　東日本大震災五周年追悼式

午後二時三〇分から国立劇場で挙行され、最高裁判所長官寺田逸郎が追悼の辞を述べ、最高裁判所判事櫻井龍子らが参列した。

十四日　平成二七年度特別研究会（部総括裁判官実務研究会）

地方裁判所又は家庭裁判所の部総括判事のうち、四年を超える期間、部総括判事を経験している者を対象に、地方裁判所又は家庭裁判所の部総括裁判官の組織運営能力の向上を目的として、裁判所の組織運営上考慮すべき事項等についての研究会を、三月一四日から三月一五日まで司法研修所において実施。

十七日　平成二七年度特別研究会八（消費者裁判手続特例法）

高等裁判所又は地方裁判所で民事事件を担当する判事又は特例判事補を対象に、平成二八年一〇月一日に施行される消費者の財産的被害の集団的な回復のための民事の裁判手続の特例に関する法律（消費者裁判手続特例法）に基づく手続の運用について検討を深めるため、同法及び同法施行規則の運用上想定される諸課題等についての研究会を、三月一七日から三月一八日まで司法研修所において実施。

二十三日　裁判所における障害を理由とする差別の解消の推進に関する対応要領を定めた

四月一日から実施。

障害を理由とする差別の解消の推進に関する法律（平成二五年法律第六五号）の趣旨を踏まえ、裁判官を含む裁判所の職員が事務を行うに当たり、障害を理由とする不当な差別的取扱いをすることなく、また、障害者から現に社会的障壁の除去を必要としている旨の意思表明があった場合に合理的な配慮を行うことができるように定めたもの。

二十四日　最高裁判所行政不服審査委員会規則制定（最高裁判所規則第二号）

四月一日から施行。

裁判所における行政不服審査法に基づく審査請求に係る事件について、審理手続及び裁決の一層の公正性を確保するため、最高裁判所又は最高裁判所長官の諮問に応じ、審査請求に係る事件について調査審議するための機関として、最高裁判所に、最高裁判所行政不服審査委員会を設置するとともに、その組織及び調査審議の手続並びに同委員会への諮問等について定めたもの。

東京高等裁判所長官倉吉敬　定年退官

最高裁判所第三小法廷決定――一　同時傷害の特例を定めた刑法二〇七条の法意　二　共犯関係にない二人以上の暴行による傷害致死の事案においていずれかの暴行と死亡との間の因果関係が肯定された場合と刑法二〇七条の適用の可否（平成二七年(あ)第七〇三号）

（要旨）

一　同時傷害の特例を定めた刑法二〇七条は、共犯関係にない二人以上が暴行を加えた事案において、検察官が、各暴行が当該傷害を生じさせ得る危険性を有するものであること及び各暴行が外形的には共同実行に等しいと評価できるような状況において行われたこと、すなわち同一の機会に行われたものであることの証明をした場合、各行為者において、自己の関与した暴行が傷害を生じさせていないことを立証しない限り、傷害についての責任を免れないとしたものである。

二　共犯関係にない二人以上の暴行による傷害致死の事案において、刑法二〇七条適用の前提となる事実関係が証明された場合には、いずれかの暴行と死亡との間の因果関係が肯定されるときであっても、各行為者について同条の適用は妨げられない。

裁判官及び裁判官の秘書官以外の裁判所職員の勤務時間等に関する規則公布（最高裁判所規則第三号）

四月一日から施行。

二十五日

裁判官及び裁判所職員以外の裁判所職員の勤務時間等について、所要の整備を行ったもの。

二十七日　法制審議会刑事法（性犯罪関係）部会（諮問第一〇一号関係第五回）
前回までの審議の結果を踏まえて、要綱（骨子）第三「監護者であることによる影響力を利用したわいせつな行為又は性交等に係る罪の新設」及び第七「強盗強姦及び同致死の罪（刑法第二四一条）並びに強盗強姦未遂罪（刑法第二四三条）の改正」について審議した。また、同第四「強姦の罪等の非親告罪化」に関し、経過措置の在り方について審議した。

東京地方裁判所判事長谷川浩二は、第二四回フォーダム大学ロースクール主催国際シンポジウム（アメリカ合衆国）への出席等のため出張（四月三日帰国）

二十九日　ハンセン病を理由とする開廷場所指定の調査に関する有識者委員会開催（第六回）
最高裁判所において開催。
最高裁判所事務総局に置かれたハンセン病を理由とする開廷場所指定に関する調査委員会の調査について有識者委員会から意見を聴取した。

三十日　小佐田潔　下級裁判所裁判官指名諮問委員会地域委員会（大阪に置かれるもの）地域委員を免ずる
松江地方検察庁検事正兼広島高等検察庁松江支部長田中素子　簡易裁判所判事選考委員会委員の委嘱を解く
大阪地方裁判所長並木正男　下級裁判所裁判官指名諮問委員会地域委員会（大阪に置かれるもの）地域委員に任命する

三十一日

最高検察庁検事森悦子　簡易裁判所判事選考委員会委員を委嘱する

札幌地方・家庭裁判所浦河支部、浦河簡易裁判所合同庁舎改築

長崎地方・家庭裁判所佐世保支部、佐世保簡易裁判所合同庁舎改築

福井地方・家庭裁判所武生支部、武生簡易裁判所合同庁舎改築

最高裁判所第一小法廷決定――他人の刑事事件について捜査官と相談しながら虚偽の供述内容を創作するなどして供述調書を作成した行為が証拠偽造罪に当たるとされた事例（平成二六年(あ)第一八五七号）

（要旨）参考人として捜査官に対して虚偽の供述をし、それに基づき供述調書が作成された場合とは異なり、第三者の覚せい剤所持という架空の事実に関する令状請求のための証拠を作り出す意図で、捜査官と相談しながら虚偽の供述内容を創作、具体化させ、それを供述調書の形式にした本件行為は、刑法一〇四条の証拠偽造罪に当たる。

四月

一日

弁護士梶木壽　最高裁判所行政不服審査委員会委員に任命する

弁護士谷眞人　最高裁判所行政不服審査委員会委員に任命する

学習院大学法科大学院教授大橋洋一　最高裁判所行政不服審査委員会委員に任命する

平成二八年度民間企業長期研修

伊藤忠商事株式会社　四月一日から平成二九年三月三一日まで　参加者一人。

住友化学株式会社　四月一日から平成二九年三月三一日まで　参加者一人。
西日本鉄道株式会社　四月一日から平成二九年三月三一日まで　参加者一人。
京セラ株式会社　四月一日から平成二九年三月三一日まで　参加者一人。
株式会社小松製作所　四月一日から平成二九年三月三一日まで　参加者一人。
出光興産株式会社　四月一日から平成二九年三月三一日まで　参加者一人。
アイシン精機株式会社　四月一日から九月三〇日まで　参加者一人。
南海電気鉄道株式会社　四月一日から平成二九年三月三一日まで　参加者一人。
日本生命保険相互会社　四月一日から平成二九年三月三一日まで　参加者一人。
株式会社三井住友銀行　四月一日から平成二九年三月三一日まで　参加者一人。
東レ株式会社　四月一日から平成二九年三月三一日まで　参加者一人。
ヤフー株式会社　四月一日から平成二九年三月三一日まで　参加者一人。

平成二八年度日本銀行研修

四月一日から平成二九年三月三一日まで　参加者一人。

日本弁護士連合会会長に中本和洋就任

六　日

平成二八年度弁護士任官者実務研究会

弁護士から任官した判事を対象に、裁判官としての導入研修を、四月六日に司法研修所において実施。

七日　刑事訴訟規則の一部を改正する規則公布（最高裁判所規則第四号）

六月一日から施行。

刑法等の一部を改正する法律（平成二五年法律第四九号）及び薬物使用等の罪を犯した者に対する刑の一部の執行猶予に関する法律（平成二五年法律第五〇号）の施行に伴い、刑の一部の執行猶予の裁量的取消しの手続について、必要な事項を定めるもの。

最高裁判所事務総長戸倉三郎　高等裁判所長官に任命する　東京高等裁判所長官に補する

水戸地方裁判所長今崎幸彦　最高裁判所事務総長に任命する

東京高等裁判所長官戸倉三郎　最高裁判所民事規則制定諮問委員会委員を免ずる　最高裁判所刑事規則制定諮問委員会委員を免ずる　最高裁判所家庭規則制定諮問委員会委員を免ずる　最高裁判所図書館委員会委員を免ずる　倫理監督官を免ずる

最高裁判所事務総長今崎幸彦　最高裁判所民事規則制定諮問委員会委員に任命する　最高裁判所刑事規則制定諮問委員会委員に任命する　最高裁判所家庭規則制定諮問委員会委員に任命する　最高裁判所図書館委員会委員を命ずる　倫理監督官を命ずる

八日　弁護士酒井憲郎　裁判所職員退職手当審査会会長に任命する

首都大学東京都市教養学部教授三代川三千代　裁判所職員退職手当審査会委員に任命する

ジャーナリスト土屋美明　裁判所職員退職手当審査会委員に任命する

十二日　法制審議会民法（相続関係）部会（諮問第一〇〇号関係第一一回）

中間試案の取りまとめに向けた議論のためのたたき台について、検討がされた。

十三日

札幌高等裁判所長官金井康雄　定年退官

成年後見の事務の円滑化を図るための民法及び家事事件手続法の一部を改正する法律公布（法律第二七号）

一〇月一三日から施行。

家庭裁判所が、成年後見人の請求により、成年被後見人宛ての郵便物を成年後見人に配達すべき旨の嘱託をすることや、成年後見人が、家庭裁判所の許可を得て、成年被後見人の死亡後に火葬又は埋葬に関する契約の締結等の相続財産の保存に必要な行為をすることを可能とすることなどを内容とするもの。

十四日

判事秋吉淳一郎　下級裁判所裁判官指名諮問委員会地域委員会（仙台に置かれるもの）地域委員を免ずる

判事阿部潤　下級裁判所裁判官指名諮問委員会地域委員会（札幌に置かれるもの）地域委員を免ずる

仙台地方裁判所長村田渉　下級裁判所裁判官指名諮問委員会地域委員会（仙台に置かれるもの）地域委員に任命する

札幌地方裁判所長甲斐哲彦　下級裁判所裁判官指名諮問委員会地域委員会（札幌に置かれるもの）地域委員に任命する

弁護士井窪保彦　司法修習委員会委員に任命する

平成二八年度刑事実務研究会（裁判員一）

地方裁判所で新たに裁判長として裁判員裁判を担当する判事を対象に、裁判員裁判の実務上の諸問題等についての研究会を、四月一四日から四月一五日まで司法研修所において実施。

熊本地震発生

この地震により、熊本地方・家庭裁判所管内の裁判所では庁舎等に内壁の亀裂等の被害が生じ、熊本家庭裁判所高森出張所及び高森簡易裁判所並びに熊本家庭裁判所御船出張所及び御船簡易裁判所では、建物の安全確認のため、一時的に事務の取扱いを停止したが、それぞれ、四月二一日、五月一〇日から業務を再開した。

なお、熊本地方裁判所本庁においては、地震発生直後から裁判所構内に避難してきた周辺の被災住民を受け入れ、八日間にわたり避難場所として一階玄関ホールを提供するなどの措置を講じた。受け入れた被災住民の数は、最大で約二六〇人に及んだ。

十五日　成年後見制度の利用の促進に関する法律公布（法律第二九号）

五月一三日から施行。

政府内に内閣総理大臣を会長とする「成年後見制度利用促進会議」を設置し、成年後見制度の利用促進に向けた基本計画を策定した上で、同法施行後三年以内を目処として必要な法制上の措置を講ずるもの。

十九日　東京高等裁判所判事綿引万里子　高等裁判所長官に任命する　札幌高等裁判所長官に補する

二十日　吉田耕三人事官宣誓

二十二日　判事豊澤佳弘　下級裁判所裁判官指名諮問委員会地域委員会（高松に置かれるもの）地域委員を免ずる

検事山口英幸　司法修習生考試委員会委員の委嘱を解く

司法研修所教官三角比呂　司法修習生考試委員会委員の委嘱を解く

弁護士佃克彦　司法修習生考試委員会委員の委嘱を解く

検事畝本毅　司法修習生考試委員会委員の委嘱を解く

弁護士木﨑孝　司法修習生考試委員会委員の委嘱を解く

高松地方裁判所長畠山稔　下級裁判所裁判官指名諮問委員会地域委員会（高松に置かれるもの）地域委員に任命する

司法研修所教官花村良一　司法修習生考試委員会委員を委嘱する

司法研修所教官北佳子　司法修習生考試委員会委員を委嘱する

弁護士坪井昌造　司法修習生考試委員会委員を委嘱する

弁護士関聡介　司法修習生考試委員会委員を委嘱する

司法研修所教官飯島泰　司法修習生考試委員会委員を委嘱する

二十五日　最高裁判所事務総局は、ハンセン病を理由とする開廷場所指定に関する調査報告書を公表した

有識者委員会の意見を聴取した上で、ハンセン病を理由とする開廷場所の指定の定型的な運用は

手続的に不相当で、裁判所法に違反するものであったと結論づけるとともに、開廷場所の指定の誤った運用はハンセン病患者・元患者に対する偏見、差別を助長し、人格と尊厳を傷付けるものであったとお詫びし、このような運用が二度と行われないよう具体的な方策を着実に実行していくとしたもの。

最高裁判所裁判官会議は、調査報告書の公表に当たり、最高裁判所裁判官会議談話を発表した

二十八日　ハンセン病を理由とする開廷場所指定の調査に関する有識者委員会開催（第七回）

最高裁判所において開催。

ハンセン病を理由とする開廷場所指定に関する調査委員会の調査報告書の完成・公表について、有識者委員会の各委員から意見等が述べられた。

シンガポール共和国最高裁判所長官最高裁判所訪問

シンガポール共和国最高裁判所長官スンダレシュ・メノン氏は、最高裁判所長官寺田逸郎を表敬訪問した。

二十九日　平成二八年春の叙勲において、最高裁判所所管の分野では

旭日大綬章

元最高裁判所判事　白木勇

瑞宝重光章

元東京高等裁判所長官安倍嘉人

元札幌高等裁判所長官田中康郎
元名古屋高等裁判所長官門口正人
ほか九四人が叙勲された。
また、特別功労のある調停委員五〇人及び補導受託者一人に対し、藍綬褒章が授与された。

五月

一日　統合的心理療法研究所所長平木典子　下級裁判所裁判官指名諮問委員会委員を免ずる
元独立行政法人労働政策研究・研修機構統括研究員今田幸子　下級裁判所裁判官指名諮問委員会委員に任命する
憲法週間（七日まで）
六日　高松高等裁判所長官福田剛久　定年退官
十日　京都地方裁判所長小久保孝雄　高等裁判所長官に任命する　高松高等裁判所長官に補する
知的財産高等裁判所長設樂隆一は、日米知的財産法シンポジウム（アメリカ合衆国）への出席等のため出張（五月一六日帰国）
十一日　平成二八年度簡易裁判所判事民事実務研究会
平成二三年八月以前に任官した簡易裁判所判事（司法修習終了者を除く。）を対象に、民事事件処理に関する諸問題についての研究会を、五月一一日から五月一二日まで司法研修所において実施。

十二日　平成二八年度簡易裁判所判事刑事実務研究会
平成二三年八月以前に任官した簡易裁判所判事（司法修習終了者を除く。）を対象に、刑事事件処理に関する諸問題についての研究会を、五月一二日から五月一三日まで司法研修所において実施。

十三日　弁護士春名一典　最高裁判所民事規則制定諮問委員会委員を免ずる　最高裁判所刑事規則制定諮問委員会委員を免ずる　最高裁判所家庭規則制定諮問委員会委員を免ずる
日本弁護士連合会事務総長出井直樹　最高裁判所民事規則制定諮問委員会委員に任命する　最高裁判所刑事規則制定諮問委員会委員に任命する　最高裁判所家庭規則制定諮問委員会委員に任命する

十六日　元最高裁判所判事遠藤光男　逝去（八五歳）
正三位に叙される。

十七日　法制審議会民法（相続関係）部会（諮問第一〇〇号関係第一二回）
民法（相続関係）等の改正に関する中間試案のたたき台について、検討がされた。
東京地方裁判所判事朝倉佳秀は、第一九回国際司法会議（アメリカ合衆国）への出席のため出張（五月二三日帰国）

十八日　石田一宏　下級裁判所裁判官指名諮問委員会地域委員会（広島に置かれるもの）地域委員を免ずる
白濱清貴　下級裁判所裁判官指名諮問委員会地域委員会（仙台に置かれるもの）地域委員を免ずる
広島地方検察庁検事正加藤朋寛　下級裁判所裁判官指名諮問委員会地域委員会（広島に置かれるも

の）地域委員に任命する
仙台地方検察庁検事正堀嗣亜貴　下級裁判所裁判官指名諮問委員会地域委員会（仙台に置かれるもの）地域委員に任命する

十九日　平成二八年度民事実務研究会（基本一）
地方裁判所で民事事件を担当する、又は民事裁判に関心があり、将来、民事事件を担当したいと考えている判事又は判事補を対象に、民事訴訟運営の方法、事実認定、書記官との連携、部等の組織運営への関与の在り方等についての研究会を、五月一八日から五月二〇日まで司法研修所において実施（一部裁判所職員総合研修所と合同実施）。

二十日　インド最高裁判所長官最高裁判所訪問
インド最高裁判所長官ティーラト・シン・タクル氏、同所裁判官アニール・ラメシュ・ダベ氏及び同ヌタラパティ・ベンカタ・ラマナ氏は、最高裁判所長官寺田逸郎を表敬訪問した。
東京地方裁判所判事沖中康人は、国際商標協会二〇一六年次総会（アメリカ合衆国）への出席のため出張（五月二七日帰国）

二十三日　平成二八年度支部長研究会
地方裁判所又は家庭裁判所の支部長を対象に、支部の運営及び裁判所の当面する諸問題等についての研究会を、五月二三日から五月二五日まで司法研修所において実施（一部裁判所職員総合研修所と合同実施）。

二十四日　倉吉敬　法制審議会委員を免ずる
東京高等裁判所長官戸倉三郎　法制審議会委員に任命する

二十五日　法制審議会刑事法（性犯罪関係）部会（諮問第一〇一号関係第六回）
ヒアリングを実施し、その後、ヒアリングを踏まえて意見交換を行った。

三十一日　最高裁判所第一小法廷決定――ガス抜き配管内で結露水が滞留してメタンガスが漏出したことによって生じた温泉施設の爆発事故について、設計担当者に結露水の水抜き作業に係る情報を確実に説明すべき業務上の注意義務があったとされた事例（平成二六年(あ)第一一〇五号）
（要旨）ガス抜き配管内で結露水が滞留してメタンガスが漏出したことによって生じた温泉施設の爆発事故について、その建設工事を請け負った建設会社における温泉一次処理施設の設計担当者として、職掌上、同施設の保守管理に関わる設計上の留意事項を施工部門に対して伝達すべき立場にあり、自ら、ガス抜き配管に取り付けられた水抜きバルブの開閉状態について指示を変更して結露水の水抜き作業という新たな管理事項を生じさせたこと、そして、同作業の意義や必要性を施工部門に対して的確かつ容易に伝達することができ、それによって爆発の危険の発生を回避することができたことなどの本件事実関係の下では、被告人には、同作業に係る情報を、建設会社の施工担当者を通じ、あるいは自ら直接、本件温泉施設の発注会社の担当者に対して確実に説明し、メタンガスの爆発事故の発生を防止すべき業務上の注意義務があった。
最高裁判所図書館委員会

最高裁判所図書館の運営について審議した。

六　月

二　日

最高裁判所第一小法廷判決――外国国家が発行した円建て債券に係る償還等請求訴訟につき、当該債券の管理会社が任意的訴訟担当の要件を満たすものとして原告適格を有するとされた事例（平成二六年㈰第九四九号）

（要旨）外国国家Yが発行したいわゆるソブリン債である円建て債券に係る償還等請求訴訟について、当該債券の管理会社であるXらは、次の㈠～㈣など判示の事情の下では、当該債券の債権者Aらのための任意的訴訟担当の要件を満たし、原告適格を有する。

㈠　XらとYとの間において、Xらが債券の管理会社として、Aらのために当該債券に基づく弁済を受け、又は債権の実現を保全するために必要な一切の裁判上又は裁判外の行為をする権限を有する旨の条項を含む管理委託契約が締結された。

㈡　右記㈠の授権に係る条項は、Xら、Y及びAらの間の契約関係を規律する「債券の要項」の内容を構成し、Aらに交付される目論見書等にも記載されていた。

㈢　当該債券は多数の一般公衆に対して発行される点で社債に類似するところ、右記㈠の授権に係る条項を設けるなどしてXらに訴訟追行権を認める仕組みは、社債に関する商法（平成一七年法律第八七号による改正前のもの）の規定に倣ったものである。

㈣　Xらは、いずれも銀行であって銀行法に基づく規制や監督に服するとともに、右記㈠の管理

三日

委託契約上、Aらに対して公平誠実義務や善管注意義務を負うものとされている。

裁判所職員定員法の一部を改正する法律公布・施行（法律第五二号）

裁判所職員定員法中判事一、九五三人を一、九八五人に、裁判官以外の裁判所職員二一、九五四人を二一、九一八人に改めたもの。

総合法律支援法の一部を改正する法律公布（法律第五三号）

七月一日から一部施行。

日本司法支援センターの業務の範囲を定める総合法律支援法第三〇条第一項に、認知機能が十分でない者のうち一定の要件を満たす者に対する資力を問わない法律相談の実施（同項三号）、一定の大規模災害の被災者に対する資力を問わない法律相談の実施（同項四号）、ストーカー等被害者に対する資力を問わない法律相談の実施（同項五号）の各業務を新たに追加したもの。このうち、平成二八年熊本地震に対応するため同項四号につき七月一日から先行的に施行された。

刑事訴訟法等の一部を改正する法律公布（法律第五四号）

公布の日から起算して三年を超えない範囲内において政令で定める日から施行。ただし、一部の規定は六月三日、六月二三日、一二月一日、公布の日から起算して二年を超えない範囲内において政令で定める日から施行。

刑事手続における証拠の収集方法の適正化及び多様化並びに公判審理の充実化を図るため、取調べの録音・録画制度、証拠収集等への協力及び訴追に関する合意制度、証人等の氏名等の情報を保護するための制度等を創設するとともに、犯罪捜査のための通信傍受の対象事件の範囲の拡大、被疑者国選弁護制度の対象事件の範囲の拡大等に関する規定を整備するもの。

消費者契約法の一部を改正する法律公布（法律第六一号）

一部の規定を除き平成二九年六月三日から施行。

高齢化の進展を始めとした社会経済情勢の変化等に対応して、消費者の利益の擁護を図るため、取消しの対象となる消費者契約の範囲を拡大するとともに、無効とする消費者契約の条項の類型を追加する等の措置を講ずるもの。

児童福祉法等の一部を改正する法律公布（法律第六三号）

平成二九年四月一日から施行。ただし、臨検手続の見直し等については平成二八年一〇月一日から施行。

児童虐待の防止等に関する法律を一部改正し、都道府県知事が児童の福祉に関する事務に従事する職員に児童虐待が行われている疑いのある児童の住所等に臨検させ、又は当該児童を捜索させる際に、当該児童の保護者が再出頭の求めに応じないことを要件としないものとすることなどを内容とするもの。

六　日

平成二八年度判事補基礎研究会

平成二五年一二月に司法修習を終え、判事補に任命された者（第六六期）を対象に、基本的な執務能力の向上等を図るための研究会を、六月六日から六月一〇日まで司法研修所において実施。

七日　民法の一部を改正する法律公布（法律第七一号）

六月七日から施行。

女性の再婚禁止期間を前婚の解消又は取消しの日から起算して一〇〇日に改めるとともに、女性が前婚の解消又は取消しの時に懐胎していなかった場合等には再婚禁止期間に関する規定を適用しないことなどを内容とするもの。

九日　法制審議会信託法部会（諮問第七〇号関係第三一回）

一　能見善久部会長が部会長を退任し、新たな部会長として、中田裕康委員が互選された。

二　信託法部会は、旧信託法のうち公益信託に関する制度の部分（現「公益信託ニ関スル法律」）について更に調査審議を行うために第三〇回会議（平成一八年一月二〇日）以来休会となっていたが、平成二〇年一二月から始まった新たな公益法人制度への移行期間が平成二五年一一月に満了したことなどを受けて、公益信託法の見直しのために信託法部会が再開されたことについて説明が行われた。

三　公益信託法の見直しにおける主な検討課題等について意見交換が行われた。

十四日　最高裁判所事務総局家庭局第一課長和波宏典、同局付依田吉人及び同局第一課企画係調査員吉岡文は、ローエイシア家族法・子供の権利会議（中華人民共和国香港特別行政区）への出席のため出張（六月一二日帰国）

平成二八年度簡易裁判所判事基礎研究会

平成二六年八月に簡易裁判所判事に任命された者（司法修習終了者を除く。）を対象に、民事事件、刑事事件の実務及び裁判官の在り方等についての研究会を、六月一四日から六月一七日まで司法研修所において実施。

十五日　平成二八年六月一五日付け最高裁判所裁判官会議議決「執行官規則第一条第一項に規定する最高裁判所が定める基準について」

同日から施行。

執行官の任命基準として、公務員については行政職俸給表㈠に定める職務の級が五級以上の職にあったこと又はこれに相当する職歴を有することが、公務員以外の者については法律に関する実務について通算して一〇年以上の経験年数を有することがそれぞれ必要であると解されていたところ、公務員であるか否かを問わず、法律に関する実務を経験した年数が通算して一〇年以上であることとしたもの。

十六日　法制審議会刑事法（性犯罪関係）部会（諮問第一〇一号関係第七回）

要綱（骨子）第一「強姦の罪（刑法第一七七条）の改正」、第三「監護者であることによる影響力を利用したわいせつな行為又は性交等に係る罪の新設」及び第四「強姦の罪等の非親告罪化」について、事務当局から要綱（骨子）修正案の説明がなされ、その修正案を基に審議した。また、諮問第一〇一号全体について審議し、採決の結果、事務当局作成の要綱（骨子）修正案を部会の意見として、法制審議会（総会）に報告することを決定した。

石巻市三人殺傷事件上告審判決（最高裁判所第一小法廷）
上告棄却（確定）。
（平成二二年一一月二五日及び平成二六年一月三一日の項参照）
「らい予防法による被害者の名誉回復及び追悼の日」式典（厚生労働省主催）
午前一一時から厚生労働省正面玄関前及び講堂で挙行され、最高裁判所事務総長今崎幸彦が参列した。

二十一日

瀧澤泉　下級裁判所裁判官指名諮問委員会委員を免ずる
判事大段亨　下級裁判所裁判官指名諮問委員会委員に任命する
法制審議会民法（相続関係）部会（諮問第一〇〇号関係第一三回）
民法（相続関係）等の改正に関する中間試案（案）について、検討がされた。
平成二八年度新任部総括裁判官研究会
地方裁判所又は家庭裁判所の部総括判事を対象に、部の運営や裁判所の当面する諸問題等についての研究会を、六月二一日から六月二四日まで司法研修所において実施。
最高裁判所第一小法廷決定――一　児童福祉法三四条一項六号にいう「淫行」の意義　二　児童福祉法三四条一項六号にいう「させる行為」に当たるか否かの判断方法（平成二六年(あ)第一五四六号）
（要旨）
一　児童福祉法三四条一項六号にいう「淫行」とは、児童の心身の健全な育成を阻害するおそれがあると認められる性交又はこれに準ずる性交類似行為をいい、児童を単に自己の性的欲望を満足させるための対象として扱っているとしか認められないような者を相手とする性交又はこれに準ずる性交類似行為は、これに含まれる。

二　児童福祉法三四条一項六号にいう「させる行為」に当たるか否かは、行為者と児童の関係、助長・促進行為の内容及び児童の意思決定に対する影響の程度、淫行の内容及び淫行に至る動機・経緯、児童の年齢、その他当該児童の置かれていた具体的状況を総合考慮して判断すべきである。

二十三日　高等裁判所長官、地方裁判所長及び家庭裁判所長会同

六月二三日、二四日の両日、最高裁判所において開催。

協議事項

一　当面の司法行政上の諸問題について

二　その他

二十四日　平成二十八年熊本地震による災害についての特定非常災害及びこれに対し適用すべき措置の指定に関する政令の一部を改正する政令の公布・施行（政令第二四二号）

特定非常災害の被害者の権利利益の保全等を図るための特別措置に関する法律（平成八年法律第八五号）第七条（民事調停法による調停の申立ての手数料の特例に関する措置）の政令で定める地区として熊本県の区域を、同条による特例が適用される期間の終期として平成三一年三月三一日をそれぞれ定めたもの。

二十五日　宇都宮地方裁判所長菅野雅之　最高裁判所民事規則制定諮問委員会委員を免ずる

二十七日　最高裁判所事務総局民事局長兼行政局長平田豊　最高裁判所民事規則制定諮問委員会委員に任命する

最高裁判所第一小法廷判決――債務整理を依頼された認定司法書士が、当該債務整理の対象となる債権に係る裁判外の和解について、司法書士法三条一項七号に規定する額を超えるものとして代理することができないとされる場合（平成二六年(受)第一八一三号、第一八一四号）

（要旨）債務整理を依頼された認定司法書士（司法書士法三条二項各号のいずれにも該当する司法書士）は、当該債務整理の対象となる個別の債権の価額が司法書士法三条一項七号に規定する額を超える場合には、その債権に係る裁判外の和解について代理することができない。

二十八日　平成二八年度特別研究会一（民事事件処理の充実）

地方裁判所で民事事件を担当する部総括判事を対象に、合議の充実強化等、民事事件処理の充実に向けた部の機能の活性化や審理運営改善に関する方策についての研究会を、六月二八日から六月二九日まで司法研修所において実施。

三十日　民事の次席書記官及び刑事の次席書記官を置く高等裁判所等の指定並びに次席書記官の員数について（最高裁総一第八〇二号高等裁判所長官、地方・家庭裁判所長あて総務局長通知）

八月一日から実施。

横浜家庭裁判所に置く家事次席書記官の員数が二人と定められたことを通知し、併せて横浜家庭裁判所を除く他の指定庁について指定等をし直したもの。

七月

三日　最高裁判所判事山浦善樹　定年退官

四日　瀧澤泉　司法修習委員会委員を免ずる

判事栃木力　司法修習委員会委員に任命する

最高裁判所判事小池裕　最高裁判所判例委員会委員を命ずる

五日　法制審議会信託法部会（諮問第七〇号関係第三二回）

公益信託法の見直しが必要であるとの指摘がされている論点のうち、公益信託法の見直しの基本的な方向性、信託事務及び信託財産の範囲、公益信託の受託者の範囲について審議した。

平成二八年度司法修習生指導担当者協議会

司法修習生の指導に関する諸問題について、各配属庁会の修習指導担当者と司法研修所教官が協議し連絡を図る協議会を、東京（立川支部を含む。）・横浜・さいたま・千葉・水戸・宇都宮・前橋・静岡・甲府・長野・新潟・名古屋・岐阜・金沢・富山・仙台・福島・山形・盛岡・秋田・青森・札幌・函館・旭川・釧路の各配属庁会は七月五日、大阪・京都・神戸・奈良・大津・和歌山・津・福井・広島・山口・岡山・鳥取・松江・福岡・佐賀・長崎・大分・熊本・鹿児島・宮崎・那覇・高松・徳島・高知・松山の各配属庁会は七月八日、いずれも司法研修所において開催。

平成二八年度知的基盤研究会一

高等裁判所、地方裁判所又は家庭裁判所の判事又は判事補を対象に、主体的な思考力を高めることなど自己研さんの動機付けを目的とした研究会を、七月五日から七月七日まで司法研修所において実施。

六日　平成二八年度裁判基盤研究会一

高等裁判所、地方裁判所又は家庭裁判所の判事を対象に、「現代社会と統計」をテーマとした研究会を、七月五日から七月七日まで司法研修所において実施。

最高裁判所家庭規則制定諮問委員会

少年審判規則の一部を改正する規則の制定について審議した。

七日　民事事件担当裁判官協議会

最高裁判所において開催。参加者は、各高等裁判所の民事事件を担当する陪席裁判官並びに各高等裁判所の所在地にある地方裁判所並びに横浜、さいたま、千葉、京都及び神戸の各地方裁判所の民事事件を担当する部総括裁判官。

協議事項

一　審理判断の状況等を客観的に把握して裁判の質を高める方策

二　争点整理において裁判所が果たすべき役割とそれに見合った審理の在り方

八日　裁判員声かけ事件起訴（福岡地方裁判所小倉支部）

本件は、特定危険指定暴力団五代目工藤會西田組若頭の親交者である被告人ら二名が、同人に対する殺人未遂被告事件の審判に係る職務を行う裁判員二名に対し、威迫の行為をするとともに、法令の定める手続きにより行う場合でないのに、その職務に関し、請託をしたとして裁判員の参加する刑事裁判に関する法律違反の罪により起訴されたものである。
平成二八年七月一二日福岡地方裁判所本庁へ回付。

十　日　最高裁判所事務総局家庭局第一課長和波宏典は、国際私法会議（国際的な子の奪取の民事上の側面に関する条約の返還拒否事由に関する運用指針についてのロンドン会議）（英国）への出席のため出張（七月一四日帰国）

参議院議員通常選挙施行

十二日　平成二八年度民事実務研究会（ＩＴ）
高等裁判所又は地方裁判所で民事事件を担当する判事又は特例判事補を対象に、ソフトウェア又はシステムの開発に関する訴訟について、紛争の実態を踏まえた合理的な審理の在り方についての研究会を、七月一二日から七月一三日まで司法研修所で実施。

平成二八年度刑事実務研究会（裁判員二）
高等裁判所又は地方裁判所で裁判員裁判（及びその控訴事件）を担当する判事又は特例判事補を対象に、裁判員裁判にふさわしい公判準備・審理・評議・判決の在り方等についての研究会を、七月一二日から七月一三日まで司法研修所において実施。

明石歩道橋強制起訴事件上告審決定（最高裁判所第三小法廷）
上告棄却（確定）。

花火大会が実施された公園と最寄り駅とを結ぶ歩道橋で多数の参集者が折り重なって転倒して死傷者が発生した事故について、警察署副署長に同署地域官との業務上過失致死傷罪の共同正犯は成立しないとされた事例（平成二六年(あ)第七四七号）

（要旨）花火大会が実施された公園と最寄り駅とを結ぶ歩道橋で多数の参集者が折り重なって転倒して死傷者が発生した事故について、警備計画策定の第一次的責任者ないし現地警備本部の指揮官という立場にあった警察署地域官と、同署副署長ないし署警備本部の警備副本部長として同署署長を補佐する立場にあった被告人とでは、分担する役割や事故発生の防止のために要求され得る行為が基本的に異なっていたなどの本件事実関係の下では、事故を回避するために両者が負うべき具体的注意義務が共同のものであったということはできず、被告人に同署地域官との業務上過失致死傷罪の共同正犯は成立しない。

（平成二五年二月二〇日及び平成二六年四月二三日の項参照）

十四日　駐日インド特命全権大使最高裁判所訪問

駐日インド特命全権大使スジャン・R・チノイ氏は、最高裁判所長官寺田逸郎を表敬訪問した。

十九日　弁護士木澤克之　最高裁判所判事に任命する

二十日　知的財産高等裁判所判事杉浦正樹は、ワシントン大学知的財産権研究所（ＣＡＳＲＩＰ）主催の特許関係国際会議（アメリカ合衆国）への出席等のため出張（七月二四日帰国）

二十二日　古田浩　下級裁判所裁判官指名諮問委員会地域委員会（東京に置かれるもの）地域委員を免ずる

二十三日　横浜地方裁判所長富田善範　下級裁判所裁判官指名諮問委員会地域委員会（東京に置かれるもの）地域委員に任命する

二十七日　名古屋高等裁判所長官山名学　定年退官

最高裁判所第一小法廷決定――刑法等の一部を改正する法律（平成二五年法律第四九号）による刑の一部の執行猶予に関する各規定の新設と刑訴法四一一条五号にいう「刑の変更」（平成二八年(あ)第四五六号）

（要旨）刑法等の一部を改正する法律（平成二五年法律第四九号）による刑の一部の執行猶予に関する各規定（刑法二七条の二ないし二七条の七）の新設は、刑訴法四一一条五号にいう「刑の変更」に当たらない。

二十九日　弁護士今井和男　最高裁判所民事規則制定諮問委員会委員に任命する

東京大学大学院法学政治学研究科教授中田裕康　最高裁判所民事規則制定諮問委員会委員に任命する

千葉地方裁判所長原優　高等裁判所長官に任命する　名古屋高等裁判所長官に補する

八月

一日　最高裁判所第二小法廷決定――刑訴法一七条一項二号にいう「裁判の公平を維持することができない虞があるとき」に当たらないとされた事例（平成二八年(す)第三九八号）

（要旨）米軍属による強姦致死、殺人、死体遺棄事件として管轄区域で大々的に報道され、当該区域の住民の中から裁判員を選任することになるなどの所論が主張する点は、管轄裁判所において公平な裁判が行われることを期待し難い事情とはいえず、刑訴法一七条一項二号にいう「裁判の公平を維持することができない虞があるとき」に当たらない。

三日　第三次安倍第二次改造内閣成立

法務大臣　金田勝年就任

八日　最高検察庁総務部長稲川龍也　下級裁判所裁判官指名諮問委員会委員に任命する

十日　香川大学社会連携・知的財産センター客員教授本多八潮　下級裁判所裁判官指名諮問委員会地域委員会（高松に置かれるもの）地域委員に任命する

東住吉放火殺人事件再審判決（大阪地方裁判所）

被告人二名　無罪（確定）。

（平成二七年一〇月二三日の項参照）

十一日　最高裁判所事務総局秘書課参事官中川正隆、東京高等裁判所判事楡井英夫及び東京地方・家庭裁判所判事萩原孝基は、第二九回ローエイシア大会（スリランカ民主社会主義共和国）への出席のため出張（八月一七日帰国）

二十日　広島大学法科大学院教授田邊誠　下級裁判所裁判官指名諮問委員会地域委員会（広島に置かれるもの）地域委員に任命する

二十三日　弁護士吉岡桂輔　医事関係訴訟委員会委員に任命する

二十四日　最高裁判所判事千葉勝美　定年退官

二十五日　最高裁判所判事鬼丸かおる　最高裁判所判例委員会委員を命ずる

二十九日　平成二八年度新任簡易裁判所判事導入研修

平成二八年度に新たに簡易裁判所判事に任命された者（司法修習終了者を除く。）を対象に、簡易裁判所判事として必要な識見及び法律知識の修得並びに裁判官の在り方等についての研修を、八月二九日から九月二日まで司法研修所において実施。

九月

一日　判事田邊三保子　法制審議会臨時委員を免ずる

最高裁判所事務総局刑事局長兼最高裁判所図書館長平木正洋　法制審議会臨時委員を免ずる

法務省大臣官房司法法制部長小山太士　最高裁判所民事規則制定諮問委員会委員に任命する　最高裁判所刑事規則制定諮問委員会委員に任命する　最高裁判所家庭規則制定諮問委員会委員に任命する

五日　大阪高等裁判所長官菅野博之　最高裁判所判事に任命する

東京高等裁判所判事井上弘通　高等裁判所長官に任命する　大阪高等裁判所長官に補する

大阪高等裁判所長官井上弘通　下級裁判所裁判官指名諮問委員会委員を免ずる

判事秋葉康弘　下級裁判所裁判官指名諮問委員会委員に任命する

検事総長に東京高等検察庁検事長西川克行就任

六日　法制審議会信託法部会（諮問第七〇号関係第三三回）

公益信託法の見直しが必要であるとの指摘がされている論点のうち、公益目的の信託事務の定義等、受託者に関する認定基準、信託事務に関する認定基準について審議した。

平成二八年度特別研究会二（人事訴訟事件の運用をめぐる諸問題）

家庭裁判所で人事訴訟事件を担当する判事又は特例判事補を対象に、離婚訴訟を中心とする人事訴訟事件について、審理運営の改善等についての研究会を、九月六日から九月七日まで司法研修所において実施。

八日

最高検察庁検事赤根智子　司法修習生考試委員会委員の委嘱を解く

司法研修所教官平出喜一　司法修習生考試委員会委員の委嘱を解く

京都大学大学院法学研究科教授酒巻匡　最高裁判所家庭規則制定諮問委員会委員に任命する

法務総合研究所長佐久間達哉　司法修習生考試委員会委員を委嘱する

司法研修所教官神田大助　司法修習生考試委員会委員を委嘱する

平成二八年度部総括裁判官実務研究会

地方裁判所又は家庭裁判所の部総括判事のうち、四年を超える期間、部総括判事を経験している者を対象に、地方裁判所又は家庭裁判所の部総括裁判官の組織運営能力の向上を目的として、裁判所の組織運営上考慮すべき事項等についての研究会を、九月八日から九月九日まで司法研修所において実施。

十二日

法制審議会第一七七回総会

一　刑事法（性犯罪関係）部会長から、諮問第一〇一号について、同部会において決定された、要綱（骨子）に関する審議結果等の報告がされた。審議・採決の結果、同要綱（骨子）案は、全会一致で原案どおり採択され、直ちに法務大臣に答申することとされた。

二　法務大臣から新たに発せられた「民事執行法の改正について（諮問第一〇二号）」に関し、事務当局から諮問に至った経緯、趣旨等について説明があった。この諮問について、その審議の進め方等に関する意見表明があり、諮問第一〇二号については、「民事執行法部会」（新設）に付託して審議することとし、部会から報告を受けた後、改めて総会において審議することとされた。

三　民法（相続関係）部会長代理及び信託法部会長から、各部会における審議経過に関する報告がされた。

十四日

平成二八年度法律実務教育研究会一

法科大学院に派遣されている判事又は判事補を対象に、法律実務の教育等についての研究会を、九月一二日から九月一三日まで司法研修所において実施。

平成二八年度少年実務研究会

家庭裁判所で少年事件を担当する判事又は判事補を対象に、少年事件をめぐる諸問題等についての研究会を、九月一四日から九月一六日まで司法研修所において実施（一部裁判所職員総合研修所と合同実施）。

十五日

平成二八年度知的財産権専門研修（長期）

東京理科大学専門職大学院　九月一五日から平成二九年一月三〇日まで　参加者一人。

十六日　知的財産高等裁判所長設樂隆一は、国際工業所有権保護協会世界大会２０１６（イタリア共和国）及び日欧知財訴訟国際シンポジウム（フランス共和国）への出席等のため出張（九月二五日帰国）

十七日　最高裁判所判事山崎敏充は、随員として札幌地方・家庭裁判所判事宇田川公輔を伴い、第四二回国際法曹協会（ＩＢＡ）会議（アメリカ合衆国）への出席及び同国の司法事情視察のため出張（九月二八日帰国）

二十日　最高裁判所判事小貫芳信　簡易裁判所判事選考委員会委員を委嘱する　簡易裁判所判事選考委員会委員長を委嘱する

二十三日　最高裁判所事務総局家庭局長村田斉志　成年後見制度利用促進委員会委員に任命する

成年後見制度利用促進委員会（第一回）

次の事項について意見交換がされた。

一　成年後見制度利用促進委員会の運営について

二　成年後見制度利用促進基本計画の案の作成について

二十五日　最高裁判所事務総局家庭局第一課長和波宏典及び同局付依田吉人は、ハーグ国際私法会議（子をめぐる国際紛争に関するシンガポール会議）（シンガポール共和国）への出席のため出張（九月二八日帰国）

二十六日　平成二八年度民事実務研究会（医療）

高等裁判所又は地方裁判所で民事事件を担当する判事又は特例判事補を対象に、医療訴訟の審理

二十七日

運営に必要な専門的知見や、医療現場の実情や背景事情等の理解を深めるための研究会を、九月二六日から九月二七日まで司法研修所において実施。

平成二八年度報道機関研修

株式会社朝日新聞社　九月二六日から一〇月七日まで　参加者二人。
一般社団法人共同通信社　九月二六日から一〇月七日まで　参加者二人。
株式会社産業経済新聞社　九月二六日から一〇月七日まで　参加者二人。
株式会社時事通信社　九月二六日から一〇月七日まで　参加者二人。
株式会社日本経済新聞社　九月二六日から一〇月七日まで　参加者二人。
株式会社毎日新聞社　九月二六日から一〇月七日まで　参加者二人。
株式会社読売新聞社　九月二六日から一〇月七日まで　参加者二人。

平成二八年度中堅判事研究会

高等裁判所、地方裁判所又は家庭裁判所の判事を対象に、中堅判事としての自己研さんの動機付けを目的とする研究会を、九月二七日から九月二九日まで司法研修所において実施。

オーストラリア連邦ニューサウスウェールズ州最高裁判所長官最高裁判所訪問

オーストラリア連邦ニューサウスウェールズ州最高裁判所長官トーマス・フレデリック・バサースト氏は、最高裁判所の招へいにより最高裁判所長官寺田逸郎を表敬訪問し、最高裁判所判事岡部喜代子と懇談した。

二十九日　最高裁判所判事木内道祥　司法修習生考試委員会委員を委嘱する
最高裁判所判事菅野博之　司法修習生考試委員会委員を委嘱する

三十日　甲府地方・家庭裁判所都留支部、都留簡易裁判所合同庁舎改築

十月

一日　「法の日」週間（七日まで）

三日　成年後見制度利用促進委員会（第二回）
次の事項について意見交換がされた。
一　利用促進策及び不正防止策に関するワーキング・グループの設置等
二　成年後見制度利用促進基本計画の案の作成について

平成二八年度報道機関研修
日本放送協会　一〇月三日から一〇月七日まで　参加者二人。

四日　法制審議会信託法部会（諮問第七〇号関係第三四回）
公益信託法の見直しが必要であるとの指摘がされている論点のうち、信託財産に関する認定基準、受託者の信託報酬に関する認定基準、公益信託の認定の主体、公益信託と目的信託との関係について審議した。

平成二八年度行政基礎研究会A
地方裁判所で行政事件を担当する判事補を対象に、行政事件の基本的問題等についての研究会

を、一〇月四日から一〇月六日まで司法研修所において実施。

五　日　平成二八年度民事実務研究会（金融経済一）

高等裁判所又は地方裁判所で民事事件を担当する判事又は特例判事補を対象に、デリバティブ取引に関する訴訟の審理運営等の在り方についての研究会を、一〇月五日から一〇月六日まで司法研修所において実施。

平成二六年度司法研究（民事）報告会

司法研修所において開催。研究報告者三人。

六　日　貝阿彌誠　下級裁判所裁判官指名諮問委員会地域委員会（東京に置かれるもの）地域委員を免ずる

次長検事八木宏幸　下級裁判所裁判官指名諮問委員会地域委員会（東京に置かれるもの）地域委員を免ずる

高松高等検察庁検事長齊藤雄彦　下級裁判所裁判官指名諮問委員会地域委員会（東京に置かれるもの）地域委員を免ずる

京都地方検察庁検事正土持敏裕　下級裁判所裁判官指名諮問委員会地域委員会（福岡に置かれるもの）地域委員を免ずる

東京地方裁判所長奥田正昭　下級裁判所裁判官指名諮問委員会地域委員会（東京に置かれるもの）地域委員に任命する

東京地方検察庁検事正堺徹　下級裁判所裁判官指名諮問委員会地域委員会（東京に置かれるもの）地

域委員に任命する
横浜地方検察庁検事正大谷晃大　下級裁判所裁判官指名諮問委員会地域委員会（東京に置かれるもの）地域委員に任命する
福岡地方検察庁検事正山田賀規　下級裁判所裁判官指名諮問委員会地域委員会（福岡に置かれるもの）地域委員に任命する

七日　平成二八年度行政実務研究会
高等裁判所又は地方裁判所で行政事件を担当する判事を対象に、行政事件の実務上の諸問題等についての研究会を、一〇月六日から一〇月七日まで司法研修所において実施。

少年審判規則の一部を改正する規則公布（最高裁判所規則第五号）
一二月一日から施行。
少年審判手続の適正化を図るため、付添人（少年法第六条の三の規定により選任された者を除く。）による保護事件の記録等の閲覧に関する措置等の制度を創設するとともに、刑事訴訟法等の一部を改正する法律（平成二八年法律第五四号）の一部の施行に伴い、観護の措置が勾留とみなされる場合の教示に関する規定の整備等をしたもの。

十一日　寺田長官にベルギー王国勲章贈与
ベルギー王国フィリップ国王陛下及び同王妃陛下の訪日に際し、最高裁判所長官寺田逸郎に同国王冠勲章大十字型章が贈与された。

十二日　平成二八年度特別研究会三（後見関係事件の運用をめぐる諸問題）

家庭裁判所において後見関係事件を担当する判事又は判事補を対象に、今後の後見等監督の在り方に関する研究会を、一〇月一二日から一〇月一三日まで司法研修所で実施（一部裁判所職員総合研修所と合同実施）。

十七日　平成二八年度民間企業短期研修（東京商工会議所関係）

株式会社伊藤園　一〇月一七日から一〇月二一日まで　参加者二人。

三菱商事株式会社　一〇月一七日から一〇月二一日まで　参加者二人。

平成二八年度民間企業短期研修（大阪商工会議所関係）

日立造船株式会社　一〇月一七日から一〇月二一日まで　参加者二人。

株式会社サクラクレパス　一〇月一七日から一〇月二一日まで　参加者二人。

平成二八年度民間企業短期研修（名古屋商工会議所関係）

名港海運株式会社　一〇月一七日から一〇月二一日まで　参加者二人。

十八日　刑事訴訟規則及び不正競争防止法第二三条第一項に規定する事件に係る刑事訴訟手続の特例に関する規則の一部を改正する規則公布（最高裁判所規則第六号）

一二月一日から施行。

刑事訴訟法等の一部を改正する法律（平成二八年法律第五四号）の一部施行に伴い、刑事訴訟規則等の規定を整備するもの。

最高検察庁刑事部長甲斐行夫　司法修習生考試委員会委員の委嘱を解く
最高検察庁公安部長稲川龍也　司法修習生考試委員会委員の委嘱を解く　司法修習委員会委員を免ずる
東京地方検察庁検事正堺徹　最高裁判所刑事規則制定諮問委員会委員を免ずる
次長検事八木宏幸　司法修習生考試委員会委員を委嘱する
最高検察庁総務部長片岡弘　司法修習生考試委員会委員を委嘱する　司法修習委員会委員に任命する
弁護士中村晶子　司法修習生考試委員会委員を委嘱する
最高裁判所事務総長今崎幸彦　司法修習生考試委員会委員を委嘱する
司法研修所教官松本利幸　司法修習生考試委員会委員を委嘱する
東京高等検察庁次席検事曽木徹也　最高裁判所刑事規則制定諮問委員会委員に任命する
法制審議会民法（相続関係）部会（諮問第一〇〇号関係第一四回）
　事務当局から「民法（相続関係）等の改正に関する中間試案」に対して寄せられた意見の概要が報告され、「民法（相続関係）等の改正に関する中間試案」の項目ごとに、今後の検討の方向性について、審議がされた。
平成二八年度簡易裁判所判事民事交通事件研究会
　平成二四年八月以前に任官した簡易裁判所判事（司法修習終了者を除く。）を対象に、民事交通事件の訴訟運営や判決の在り方等についての研究会を、一〇月一八日から一〇月二〇日まで司法研修所において実施。

最高裁判所第三小法廷判決――弁護士法二三条の二第二項に基づく照会に対する報告を拒絶する行為と同照会をした弁護士会に対する不法行為の成否（平成二七年(受)第一〇三六号）

（要旨）弁護士法二三条の二第二項に基づく照会に対する報告を拒絶する行為が、同照会をした弁護士会の法律上保護される利益を侵害するものとして当該弁護士会に対する不法行為を構成することはない。

十九日　平成二八年度民事実務研究会（基本二）

地方裁判所で民事事件を担当する、又は民事裁判に関心があり、将来、民事事件を担当したいと考えている判事又は判事補を対象に、和解や争点整理の運営方法、事実認定、部等の組織運営への関与の在り方等についての研究会を、一〇月一九日から一〇月二〇日まで司法研修所において実施。

二十日　労働関係事件事務打合せ

最高裁判所において開催。出席者は、各高等裁判所の所在地にある地方裁判所並びに横浜、さいたま、千葉、京都及び神戸の各地方裁判所の労働関係事件を担当する部総括裁判官各一人。

打合せ事項　労働関係事件の審理運営等に関し考慮すべき事項

東京地方裁判所判事櫻井進は、第五回商事訴訟司法セミナー（中華人民共和国香港特別行政区）への出席のため出張（一〇月二三日帰国）

二十一日　平成二八年度司法研究（民事）開始
司法研修所において打合せ会を実施。研究員七人。

二十四日　平成二八年度民間企業短期研修（東京商工会議所関係）
三井住友海上火災保険株式会社　一〇月二四日から一〇月二八日まで　参加者二人。
東京メトロポリタンテレビジョン株式会社　一〇月二四日から一〇月二八日まで　参加者二人。
平成二八年度民間企業短期研修（大阪商工会議所関係）
日本生命保険相互会社　一〇月二四日から一〇月二八日まで　参加者二人。
大阪ガス株式会社　一〇月二四日から一〇月二八日まで　参加者二人。
平成二八年度民間企業短期研修（名古屋商工会議所関係）
リンナイ株式会社　一〇月二四日から一〇月二八日まで　参加者二人。
フランス共和国国務院副院長最高裁判所訪問
フランス共和国国務院副院長ジャン・マルク＝ソヴェ氏は、最高裁判所長官寺田逸郎を表敬訪問し、最高裁判所判事山崎敏充と懇談した。

二十五日　平成二八年度裁判基盤研究会二
高等裁判所、地方裁判所又は家庭裁判所の判事を対象に、「人工知能と社会」をテーマとした研究会を、一〇月二五日から一〇月二七日まで司法研修所において実施。
平成二八年度知的基盤研究会二

高等裁判所、地方裁判所又は家庭裁判所の判事又は判事補を対象に、主体的な思考力を高めることなど自己研さんの動機付けを目的とした研究会を、一〇月二五日から一〇月二七日まで司法研修所において実施。

二十七日　調停委員協議会

最高裁判所において開催。参加者は、各地方裁判所の民事調停委員及び各家庭裁判所の家事調停委員。

協議事項

一　民事分野

民事調停の利点を生かし、利用者のニーズに応える調停運営の在り方及びそれを実現する上で調停委員が果たすべき役割

二　家事分野

当事者の主体的な紛争解決意欲を引き出し、家事調停に対する当事者の納得性、信頼性を高めるための調停運営の在り方及びそれを実現するために調停委員が果たすべき役割

二十八日　大韓民国大法院大法官最高裁判所訪問

大韓民国大法院大法官パク・ポーヨン氏は、最高裁判所長官寺田逸郎及び最高裁判所判事岡部喜代子を表敬訪問した。

三十一日　平成二八年度民事実務研究会（建築A）

高等裁判所又は地方裁判所で民事事件を担当する判事又は特例判事補を対象に、建築関係訴訟において紛争の対象となる建築物及び建築生産プロセスに対する基本的な理解を得ること並びに建築関係訴訟事件の審理の在り方等についての研究会を、一〇月三一日から一一月一日まで司法研修所において実施。

十一月

一日　法制審議会信託法部会（諮問第七〇号関係第三五回）

公益信託法の見直しが必要であるとの指摘がされている論点のうち、公益信託と目的信託との関係、公益信託の監督・ガバナンスの全体像、公益信託の受託者、公益信託の信託管理人、公益信託の委託者、受給権者、運営委員会等について審議した。

平成二八年度民事実務研究会（建築B）

高等裁判所又は地方裁判所で民事事件を担当する判事又は特例判事補を対象に、建築関係訴訟の審理運営上の諸問題等についての研究会を、一一月一日から一一月二日まで司法研修所において実施。

三日　平成二八年秋の叙勲において、最高裁判所所管の分野では

旭日大綬章

元最高裁判所判事金築誠志

瑞宝重光章

元大阪高等裁判所長官大野市太郎

ほか九〇人が叙勲された。

また、特別功労のある調停委員四五人に対し、藍綬褒章が授与された。

五日　元最高裁判所判事須藤正彦　逝去（七三歳）

従三位に叙される。

七日　最高裁判所事務総局家庭局長村田斉志　最高裁判所家庭規則制定諮問委員会委員に任命する

最高裁判所判事池上政幸は、随員として東京地方裁判所判事平山馨を伴い、欧州裁判官評議会（フランス共和国）への出席及び同国の司法事情視察のため出張（一一月一七日帰国）

最高裁判所判事大谷直人は、随員として東京高等裁判所判事須田雄一を伴い、ドイツ連邦共和国及び英国の司法事情視察のため出張（一一月一七日帰国）

平成二八年度民間企業短期研修（東京商工会議所関係）

住友林業株式会社　一一月七日から一一月一一日まで　参加者二人。

ライオン株式会社　一一月七日から一一月一一日まで　参加者二人。

平成二八年度知的財産権専門研修（短期）

独立行政法人理化学研究所　一一月七日から一一月一八日まで　参加者二人。

八日　平成二八年度刑事実務研究会（基本一）

判事又は判事補を対象に、裁判員裁判を中心とする刑事裁判の在りよう、書記官との協働等についての研究会を、一一月八日から一一月一〇日まで司法研修所において実施（一部裁判所職員総合研修所と合同実施）。

十日

大阪高等裁判所長官井上弘通　司法修習生考試委員会委員の委嘱を解く　簡易裁判所判事選考委員会委員の委嘱を解く

判事菊池洋一　司法修習生考試委員会委員を委嘱する

判事大島隆明　司法修習生考試委員会委員を委嘱する　簡易裁判所判事選考委員会委員を委嘱する

平成二八年度特別研究会七（争点整理の在り方）

高等裁判所又は地方裁判所で民事事件を担当する判事又は特例判事補を対象に、よりよい争点整理の在り方等についての研究会を、一一月一〇日から一一月一一日まで司法研修所において実施。

十一日

大韓民国憲法裁判所裁判官最高裁判所訪問

大韓民国憲法裁判所裁判官ソ・ギソク氏は、最高裁判所長官寺田逸郎及び最高裁判所判事小池裕を表敬訪問した。

最高裁判所事務総局民事局長兼行政局長平田豊　法制審議会臨時委員に任命する

判事太田晃詳　法制審議会臨時委員に任命する

十三日

木村元昭　下級裁判所裁判官指名諮問委員会地域委員会（福岡に置かれるもの）地域委員を免ずる

福岡地方裁判所長永松健幹　下級裁判所裁判官指名諮問委員会地域委員会（福岡に置かれるもの）地域委員に任命する

十四日　最高裁判所判事菅野博之　最高裁判所判例委員会委員を命ずる

最高裁判所首席調査官林道晴　最高裁判所図書館委員会委員を命ずる

平成二八年度民間企業短期研修（東京商工会議所関係）

東映株式会社　一一月一四日から一一月一八日まで　参加者二人。

東京ガス株式会社　一一月一四日から一一月一八日まで　参加者二人。

株式会社モスフードサービス　一一月一四日から一一月一八日まで　参加者二人。

徳島地方・家庭・簡易裁判所合同庁舎改築

十六日　平成二八年度刑事実務研究会（裁判員(三)）

高等裁判所又は地方裁判所で裁判員裁判（及びその控訴事件）を担当する判事又は特例判事補を対象に、裁判員裁判にふさわしい公判準備・審理・評議・判決の在り方等についての研究会を、一一月一六日から一一月一八日まで司法研修所において実施。

十七日　民事執行事件及び倒産事件担当者等協議会

最高裁判所において開催。参加者は、各高等裁判所所在地にある地方裁判所並びに横浜、さいたま、千葉、京都及び神戸の各地方裁判所の民事執行事件及び倒産事件を担当する部総括裁判官並びに右記各地方裁判所の民事首席書記官又は民事次席書記官。

協議事項

一　民事執行事件関係

民事執行法改正に向けた動きについて、競売市場修正率の見直し、不動産競売事件の処理期間の短縮化及び執行官の監督について

二　倒産事件関係

倒産手続の透明性・公平性を高める方策について

平成二八年度民事実務研究会（金融経済二）

高等裁判所又は地方裁判所で民事事件を担当する判事又は特例判事補を対象に、裁判所による紛争解決における企業活動の実情の考慮の在り方、裁判所の判断が企業活動に与える影響等について検討する研究会を、一一月一七日から一一月一八日まで司法研修所において実施。

十八日

法制審議会民事執行法部会（諮問第一〇二号関係第一回）

一　部会長として山本和彦委員が互選された。

二　民事執行法制の見直しにおける主な検討課題について意見交換が行われた。

二十一日

成年後見制度利用促進委員会（第三回）

成年後見制度利用促進基本計画の案の作成に当たって盛り込むべき事項について、利用促進策及び不正防止策に関する各ワーキング・グループにおけるこれまでの議論の中間的な報告が行われた後、意見交換がされた。

二十二日

法制審議会民法（相続関係）部会（諮問第一〇〇号関係第一五回）

次の事項について、検討がされた。

一　配偶者の居住権を短期的に保護するための方策
二　配偶者の居住権を長期的に保護するための方策
三　配偶者に対する持戻しの免除の意思表示の推定規定について

二十四日　一般職の職員の給与に関する法律等の一部を改正する法律公布・施行（法律第八〇号）
ただし、一部については平成二九年一月一日、四月一日から施行。
育児休業等にかかる子の範囲を拡大し、介護休暇を指定期間内において取得できる休暇とするとともに、介護時間制度を導入したもの。
ジャカルタ事件第一審判決（東京地方裁判所）
本件は、被告人が、氏名不詳者らと共謀の上、昭和六一年五月、インドネシア共和国所在のホテルの一室において、殺意をもって、同室に設置した時限式発射装置に装填した金属製砲弾型爆発物二個を、職員らが現在する日本国大使館に向けて発射し、着弾させたが、同人らに命中せず、かつ不発に終わったため、同人らを死亡させるに至らなかったなどとして殺人未遂罪等の罪により起訴されたものである。
被告人　懲役一二年
弁護人控訴申立て。

二十七日　平成二八年度採用（第七〇期）司法修習生修習開始
司法修習生一五三三人。

二十八日

出入国管理及び難民認定法の一部を改正する法律公布（法律第八八号）

平成二九年一月一日から施行。ただし、一部の規定は同年六月一日、同年九月一日から施行。

介護の業務に従事する外国人の受入れを図るため、介護福祉士の資格を有する外国人に係る在留資格を設けるほか、出入国管理の現状に鑑み、偽りその他不正の手段により上陸の許可等を受けた者等に適切に対処するため、罰則の整備、在留資格取消事由の拡充等に関する規定を整備するもの。

最高裁判所第一小法廷決定――一　情報源を公にしないことを前提とした報道機関に対する重要事実の伝達と金融商品取引法施行令（平成二三年政令第一八一号による改正前のもの）三〇条一項一号にいう「公開」　二　情報源が公にされることなく会社の意思決定に関する重要事実を内容とする報道がされた場合における金融商品取引法（平成二三年法律第四九号による改正前のもの）一六六条一項によるインサイダー取引規制の効力（平成二七年(あ)第一六八号）

（要旨）

一　情報源を公にしないことを前提とした報道機関に対する重要事実の伝達は、たとえその主体が金融商品取引法施行令（平成二三年政令第一八一号による改正前のもの）三〇条一項一号に該当する者であったとしても、同号にいう重要事実の報道機関に対する「公開」には当たらない。

二　会社の意思決定に関する重要事実を内容とする報道がされたとしても、情報源が公にされない限り、金融商品取引法（平成二三年法律第四九号による改正前のもの）一六六条一項によるインサイダー取引規制の効力が失われることはない。

三十日　裁判官の報酬等に関する法律の一部を改正する法律公布・施行（法律第九〇号）

平成二八年四月一日から適用。

裁判官の報酬月額を改定したもの。

裁判官に対する期末手当及び勤勉手当の支給に関する規則の一部を改正する規則公布・施行（最高裁判所規則第七号）

ただし、一部については、平成二九年四月一日から施行。

裁判官の期末手当を改正したもの。

平成二八年度家事実務研究会

家庭裁判所で家事事件を担当する判事又は特例判事補を対象に、家事事件の適正な運用、家事調停及び家事審判事件の処理の在り方並びに家庭裁判所における組織的課題への対応についての研究会を、一一月三〇日から一二月二日まで司法研修所において実施（一部裁判所職員総合研修所と合同実施）。

十二月

二日　公職選挙法及び最高裁判所裁判官国民審査法の一部を改正する法律公布（法律第九四号）

平成二九年一月一日から施行。

国民審査の期日前投票の開始日について、衆議院総選挙と同様、総選挙の公示日の翌日と改めたもの。

裁判官の育児休業に関する法律の一部を改正する法律公布（法律第九六号）
平成二九年一月一日から施行。
裁判官の育児休業の対象となる子の範囲を拡大したもの。

五　日
成年後見制度利用促進委員会（第四回）
成年後見制度利用促進基本計画の作成に当たって盛り込むべき事項について、全国知事会などの関係者から説明を受けた後、今後更に検討すべき論点等について意見交換等がされた。
最高裁判所第一小法廷判決――土地につき所有権移転登記等の申請をして当該登記等をさせた行為が電磁的公正証書原本不実記録罪に該当しないとされた事例（平成二六年(あ)第一一九七号）
（要旨）被告人が暴力団員との間で当該暴力団員に土地の所有権を取得させる旨の合意をし、被告人が代表者を務める会社名義で当該土地を売主から買い受けた場合において、当該土地につき売買契約を登記原因とする所有権移転登記等を当該会社名義で申請して当該登記等をさせた行為について、売買契約の締結に際し当該暴力団員のためにする旨の顕名が一切なく、当該売主が買主は当該会社であると認識していたなどの本件事実関係の下では、当該登記等は当該土地に係る民事実体法上の物権変動の過程を忠実に反映したものであり、これに係る申請が電磁的公正証書原本不実記録罪にいう「虚偽の申立て」であるとはいえず、また、当該登記等が同罪にいう「不実の記録」であるともいえない。

六　日
法制審議会信託法部会（諮問第七〇号関係第三六回）

公益信託法の見直しが必要であるとの指摘がされている論点のうち、公益信託外部の第三者機関による監督、受託者の辞任・解任、新受託者の選任、信託管理人の辞任・解任、新信託管理人の選任について審議した。

七日

平成二八年度労働実務研究会A

高等裁判所又は地方裁判所で労働事件又は労働審判事件を担当する判事又は特例判事補を対象に、労働事件一般に関する諸問題及び審理運営の在り方等についての研究会を、一二月六日から一二月八日まで司法研修所において実施。

最高裁判所長官の代理に関する規程の一部を改正する規程（最高裁判所規程第三号）

平成二九年一月一日から施行。

最高裁判所長官の代理に係る事務の合理化を図るため、司法行政事務についての最高裁判所長官の代理順序は裁判官会議の定める席次によると定めたもの。

八日

平成二八年度労働実務研究会B

高等裁判所又は地方裁判所で労働事件又は労働審判事件を担当する判事又は部総括判事を対象に、労働事件をめぐる専門的・先端的な諸問題についての研究会を、一二月八日から一二月九日まで司法研修所において実施。

最高裁判所第一小法廷判決――一　自衛隊が設置し、海上自衛隊及びアメリカ合衆国海軍が使用する飛行場の周辺住民が、当該飛行場における航空機の運航による騒音被害を理由として自衛隊の使用する航空機の運航の差止めを求める訴えについて、行政事件訴訟法三七条の四第一項所定の「重大な損害を生ずるおそれ」があると認められた事例　二　自衛隊が設置し、海上自衛隊及びアメリカ合衆国海軍が使用する飛行場における自衛隊の使用する航空機の運航に係る防衛大臣の権限の行使が、行政事件訴訟法三七条の四第五項所定の行政庁がその処分をすることがその裁量権の範囲を超え又はその濫用となると認められるときに当たるとはいえないとされた事例（平成二七年(行ヒ)第五一二号、第五一三号）

（要旨）

一　自衛隊が設置し、海上自衛隊及びアメリカ合衆国海軍が使用する飛行場の周辺に居住する住民が、当該飛行場における航空機の運航による騒音被害を理由として、自衛隊の使用する航空機の毎日午後八時から午前八時までの間の運航等の差止めを求める訴えについて、①右記住民は、当該飛行場周辺の「防衛施設周辺の生活環境の整備等に関する法律」四条所定の第一種区域内に居住し、当該飛行場に離着陸する航空機の発する騒音により、睡眠妨害、聴取妨害及び精神的作業の妨害や不快感等を始めとする精神的苦痛を反復継続的に受けており、その程度は軽視し難いこと、②このような被害の発生に自衛隊の使用する航空機の運航が一定程度寄与していること、③右記騒音は、当該飛行場において内外の情勢等に応じて配備され運航される航空機の離着陸が行われる度に発生するものであり、右記被害もそれに応じてその都度発生し、これを反復継続的に受けることにより蓄積していくおそれのあるものであることなど判示の事情の下においては、当該飛行場における自衛隊の使用する航空機の運航の内容、性質を勘案しても、行政事件訴訟法三七条の四第一項所定の「重大な損害を生ずるおそれ」があると認められる。

二　自衛隊が設置し、海上自衛隊及びアメリカ合衆国海軍が使用する飛行場における、自衛隊の使用する航空機の毎日午後八時から午前八時までの間の運航等に係る防衛大臣の権限の行使は、①右記運航等が我が国の平和と安全、国民の生命、身体、財産等の保護の観点から極めて重要な役割を果たしており、高度の公共性、公益性があること、②当該飛行場周辺の「防衛施設周辺の生活環境の整備等に関する法律」四条所定の第一種区域内に居住する住民は、当該飛行場に離着陸する航空機の発する騒音により、睡眠妨害、聴取妨害及び精神的作業の妨害や不快感等を始めとする精神的苦痛を反復継続的に受けており、このような被害は軽視することができないものの、これを軽減するため、自衛隊の使用する航空機の運航については一定の自主規制が行われるとともに、住宅防音工事等に対する助成、移転補償、買入れ等に係る措置等の周辺対策事業が実施されるなど相応の対策措置が講じられていることなど判示の事情の下においては、行政事件訴訟法三七条の四第五項所定の行政庁がその処分をすることがその裁量権の範囲を超え又はその濫用となると認められるときに当たるとはいえない。

九日

最高裁判所第三小法廷判決——郵便物の輸出入の簡易手続として税関職員が無令状で行った検査等について、関税法（平成二四年法律第三〇号による改正前のもの）七六条、関税法（平成二三年法律第七号による改正前のもの）一〇五条一項一号、三号によって許容されていると解することが憲法三五

条の法意に反しないとされた事例（平成二七年(あ)第四一六号）

（要旨）税関職員が、郵便物の輸出入の簡易手続として、輸入禁制品の有無等を確認するため、郵便物を開披し、その内容物を目視するなどして内容物を特定するため、必要最小限度の見本を採取して、これを鑑定に付すなどした上、本件郵便物検査を、裁判官の発する令状を得ずに、郵便物の発送人又は名宛人の承諾を得ることなく行うことが、関税法（平成二四年法律第三〇号による改正前のもの）七六条、関税法（平成二三年法律第七号による改正前のもの）一〇五条一項一号、三号により許容されていると解することは、憲法三五条の法意に反しない。

十三日

平成二八年度特別研究会五（情報セキュリティ）

高等裁判所、地方裁判所又は家庭裁判所の判事又は判事補を対象に、情報セキュリティに関する意識のかん養を図るための研究会を、一二月一三日から一二月一四日まで司法研修所において実施。

平成二八年度特別研究会六（刑事控訴審の在り方）

高等裁判所で刑事事件を担当する判事を対象に、刑事控訴審の審理・判決の在り方等についての研究会を、一二月一三日から一二月一四日まで司法研修所において実施。

十四日

ストーカー行為等の規制等に関する法律の一部を改正する法律公布（法律第一〇二号）

平成二九年一月三日から施行。ただし、一部の規定は同年六月一四日から施行。

最近におけるストーカー行為等の実情に鑑み、住居等の付近をみだりにうろつく行為及び電子メールに類するその他の電気通信の送信等をすることを規制の対象に加えるとともに、禁止命令等について、警告をしていない場合であってもこれをすることができるようにすること、緊急の必要がある場合における手続を整備すること等の措置を講ずるほか、ストーカー行為等に係る情報提供の禁止、ストーカー行為等の相手方に対する援助の措置等の拡充、罰則の引上げ、ストーカー行為をする罪について告訴がなくても公訴を提起することができるようにすること等に関する規定を整備するもの。

成年後見制度利用促進委員会（第五回）

成年後見制度利用促進基本計画の案の作成に当たって盛り込むべき事項の素案について意見交換がされた。

十五日　平成二七年度採用（第六九期）司法修習生修習終了

修習終了者一七六二人。

判事補任官七八人、検事任官七〇人、弁護士登録一一九八人、その他四一六人。

平成二八年度日韓交流プログラム

日韓両国の司法行政における現状と課題について、両国の裁判官が意見交換を行う日韓交流プログラムを、一二月一四日から同月一六日まで最高裁判所において開催した。

福島家庭裁判所長芦澤政治　最高裁判所家庭規則制定諮問委員会委員を免ずる

判事辻川靖夫　最高裁判所家庭規則制定諮問委員会委員に任命する

十六日　法制審議会民事執行法部会（諮問第一〇二号関係第二回）

債務者財産の開示制度の実効性の向上に関する検討課題について審議した。

十九日

弁護士小野正典　最高裁判所刑事規則制定諮問委員会委員に任命する

弁護士小坂井久　最高裁判所刑事規則制定諮問委員会委員に任命する

弁護士河津博史　最高裁判所刑事規則制定諮問委員会委員に任命する

最高裁判所大法廷決定――共同相続された普通預金債権、通常貯金債権及び定期貯金債権は遺産分割の対象となるか（平成二七年(許)第一一号）

（要旨）共同相続された普通預金債権、通常貯金債権及び定期貯金債権は、いずれも、相続開始と同時に当然に相続分に応じて分割されることはなく、遺産分割の対象となる。

最高裁判所第一小法廷判決――被告人に訴訟能力がないために公判手続が停止された後訴訟能力の回復の見込みがないと判断される場合と公訴棄却の可否（平成二七年(あ)第一八五六号）

（要旨）被告人に訴訟能力がないために公判手続が停止された後、訴訟能力の回復の見込みがなく公判手続の再開の可能性がないと判断される場合、裁判所は、刑訴法三三八条四号に準じて、判決で公訴を棄却することができる。

二十日

法制審議会民法（相続関係）部会（諮問第一〇〇号関係第一六回）

次の事項について、検討がされた。

一　遺留分減殺請求権の効力及び法的性質の見直しについて

二　遺留分の算定方法の見直しについて

三　遺留分侵害額の算定における債務の取扱いについて

成年後見制度利用促進委員会（第六回）

成年後見制度利用促進基本計画の案の作成に当たって盛り込むべき事項の案について意見交換を行い、実質的内容を確定した。

最高裁判所第二小法廷判決――一　公有水面の埋立てが公有水面埋立法四条一項一号の要件に適合するとした県知事の判断に違法又は不当があるとはいえないとされた事例　二　公有水面の埋立てが公有水面埋立法四条一項二号の要件に適合するとした県知事の判断に違法又は不当があるとはいえないとされた事例（平成二八年(行ヒ)第三九四号）

（要旨）

一　公有水面の埋立てが公有水面埋立法四条一項一号の要件に適合するとした県知事の判断には、当該埋立てがアメリカ合衆国軍隊の使用する飛行場の代替施設を設置するために実施されるものであって、県知事が、当該代替施設の面積や埋立面積が当該飛行場の施設面積と比較して相当程度縮小されることに加え、滑走路延長線上を海域とすることにより航空機が住宅地の上空を飛行することが回避されること並びに当該代替施設が既に同国軍隊に提供されている施設及び区域の一部を利用して設置されること等に照らし、同号の要件に適合すると判断したものであり、当該判断が事実の基礎を欠くものであることや、その内容が社会通念に照らし明らかに妥当性を欠くとの事情は認められないという事情の下では、違法又は不当があるとはいえない。

（三、四略）

二　公有水面の埋立てが公有水面埋立法四条一項二号の要件に適合するとした県知事の判断には、同号の要件に適合するか否かに関して県が定めた審査基準に特段不合理な点があることはうかがわれないこと、関係市町村長等からの回答内容を踏まえた上で行われた当該判断の過程及び内容に特段不合理な点があることはうかがわれないことなど判示の事情の下では、違法又は不当があるとはいえない。

（三、四略）

二十一日　最高裁判所事務総局分課規程の一部を改正する規程制定（最高裁判所規程第四号）

平成二九年一月一日から施行。

確定拠出年金法の一部改正に伴い、最高裁判所事務総局における確定拠出年金に関する事項の事務分掌を定めたもの。

裁判官及び裁判官の秘書官の保健及び安全保持に関する規程制定（最高裁判所規程第五号）

平成二九年一月一日から施行。

裁判官及び裁判官の秘書官の保健及び安全保持について、所要の整備を行ったもの。

二十八日　裁判官の育児休業に関する規則の一部を改正する規則公布（最高裁判所規則第八号）

平成二九年一月一日から施行。ただし、一部については、平成二九年四月一日から施行。

裁判官の育児休業に関する法律の一部改正に伴い、最高裁判所規則で定める者を定める等したもの。

付録

付録目次

4　家庭裁判所

一　裁判所機構図

裁判所機構図（平成２８年１２月３１日現在）

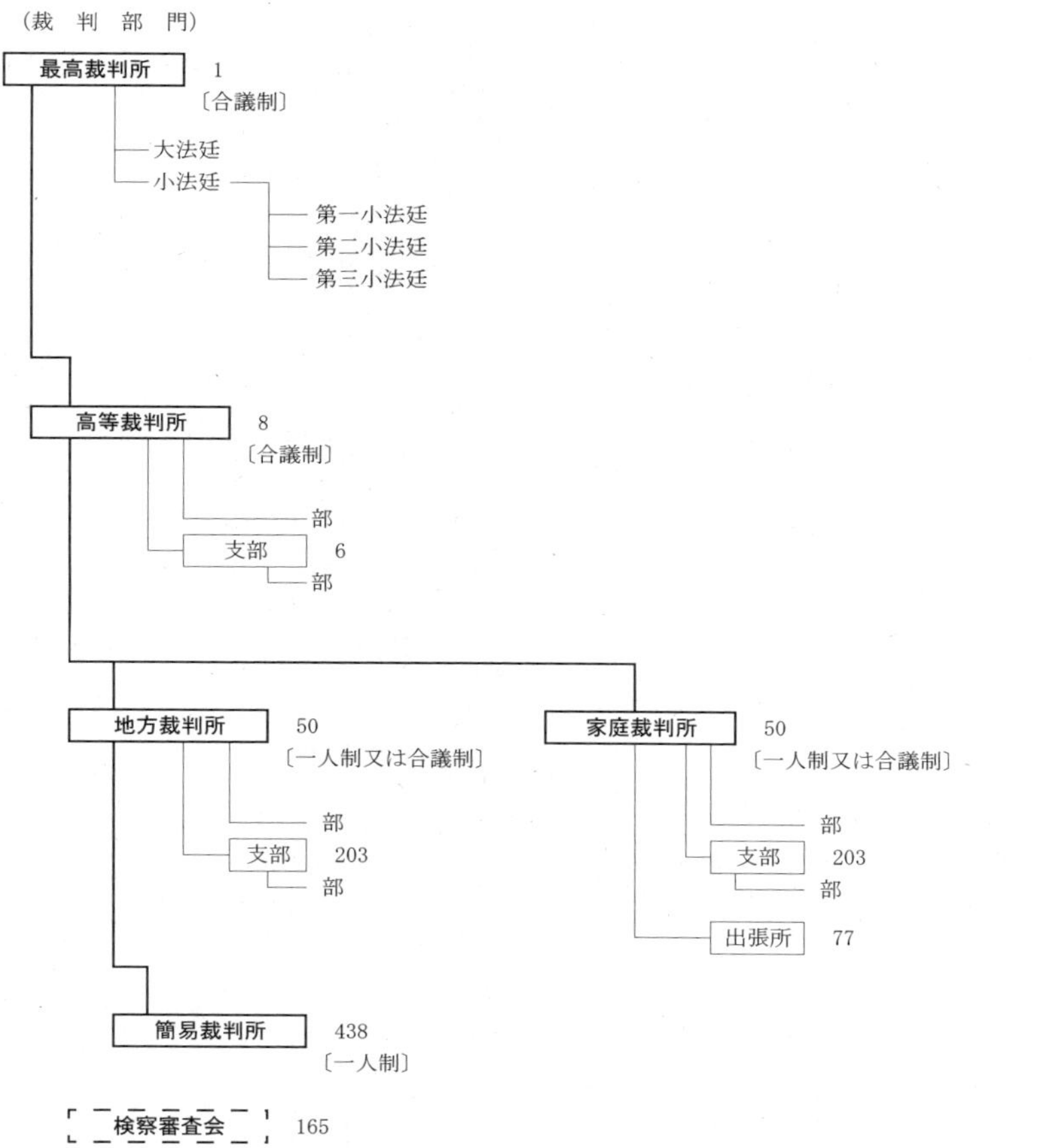

（注）　特別の支部として，東京高等裁判所に知的財産高等裁判所が設けられている（知的財産高等裁判所設置法）。

（司法行政部門）

- **最高裁判所**
  - 〔裁判官会議〕
  - 事務総局
    - 秘書課
    - 広報課
    - 情報政策課
    - 総務局
    - 人事局
    - 経理局
    - 民事局
    - 刑事局
    - 行政局
    - 家庭局
  - 民事規則制定諮問委員会
  - 刑事規則制定諮問委員会
  - 家庭規則制定諮問委員会
  - 一般規則制定諮問委員会
  - 裁判所書記官制度調査委員会
  - 裁判所経費審査委員会
  - 最高裁判所統計委員会
  - 最高裁判所図書館委員会
  - 司法修習生考試委員会
  - 司法修習委員会
  - 簡易裁判所判事選考委員会
  - 医事関係訴訟委員会
  - 建築関係訴訟委員会
  - 下級裁判所裁判官指名諮問委員会
    - 地域委員会
  - 判例委員会
  - 裁判所書記官等試験委員会
  - 家庭裁判所調査官試験委員会
  - 契約監視委員会
  - 入札監視委員会
  - 総合評価審査委員会
  - 司法研修所
    - 事務局
  - 裁判所職員総合研修所
    - 事務局
  - 最高裁判所図書館
  - 裁判所職員倫理審査会
  - 裁判所職員再就職等監視委員会
  - 裁判所職員退職手当審査会
  - 最高裁判所行政不服審査委員会
- **高等裁判所**
  - 〔裁判官会議〕
    - 事務局
    - 判例委員会
  - 支部
    - 庶務課
- **地方裁判所**
  - 〔裁判官会議〕
    - 事務局
    - 簡易裁判所判事推薦委員会
    - 地方裁判所委員会
  - 支部
    - 庶務課
- **簡易裁判所**
  - 事務部
  - 庶務課
- **家庭裁判所**
  - 〔裁判官会議〕
    - 事務局
    - 家庭裁判所委員会
  - 支部
    - 庶務課
- **検察審査会**
  - 事務局

（注）　知的財産高等裁判所には，「知的財産高等裁判所に勤務する裁判官の会議」，「知的財産高等裁判所事務局」が置かれている（知的財産高等裁判所設置法）。

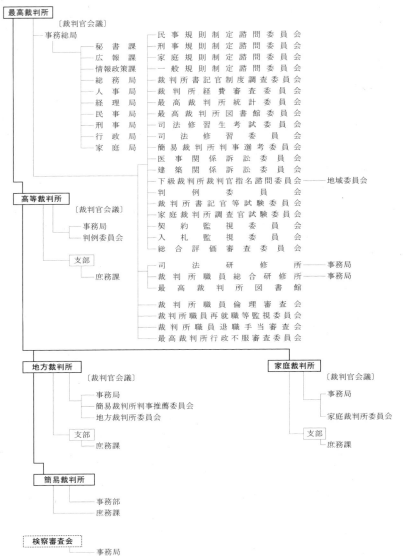

二　裁判所職員定員法の沿革

法律名	法律番号	施行年月日	高等裁判所長官	判事	判事補	簡易裁判所判事	裁判所職員裁判官以外の
裁判所職員定員法（昭和二十六年法律第五十三号）	平成19年　17	19．4．1	8	1,637	950	806	22,086
	平成20年　11	20．4．1	8	1,677	985	806	22,086
	平成21年　11	21．4．1	8	1,717	1,020	806	22,089
	平成22年　11	22．4．1	8	1,782	1,000	806	22,089
	平成23年　18	23．4．22	8	1,827	1,000	806	22,089
	平成24年　75	24．9．5	8	1,857	1,000	806	22,059
	平成25年　16	25．5．16	8	1,889	1,000	806	22,026
	平成26年　18	26．4．4	8	1,921	1,000	806	21,990
	平成27年　25	27．5．22	8	1,953	1,000	806	21,954
	平成28年　52	28．6．3	8	1,985	1,000	806	21,918

三　執行官の数

年度	19	20	21	22	23	24	25	26	27	28
総数	606	581	546	541	530	504	480	443	400	370

（注）　総数は各年の４月１日現在の人数である。

四　裁判所予算額暦年比較表

（単位：千円）

年度	国の予算総額	裁判所予算額	国の予算に対する割合(%)	裁判所予算内訳									
				人件費	割合(%)	施設費	割合(%)	裁判費	割合(%)	その他	割合(%)	予備経費	割合(%)
平成													
19	82,908,807,811	330,394,123	0.399	273,312,324	82.7	22,645,799	6.9	18,178,605	5.5	16,249,395	4.9	8,000	0.0
20	83,061,339,913	327,580,849	0.394	272,162,882	83.1	20,043,132	6.1	18,530,159	5.7	16,836,676	5.1	8,000	0.0
21	88,548,001,321	324,732,707	0.367	273,889,878	84.4	14,723,663	4.5	20,903,633	6.4	15,207,533	4.7	8,000	0.0
22	92,299,192,619	323,178,496	0.350	270,884,289	83.8	14,597,121	4.5	21,470,310	6.7	16,218,776	5.0	8,000	0.0
23	92,411,612,715	320,021,993	0.346	268,890,203	84.0	14,745,699	4.6	20,718,699	6.5	15,659,392	4.9	8,000	0.0
24	90,333,931,511	314,664,684	0.348	260,317,320	82.7	15,235,758	4.8	20,303,126	6.5	18,800,480	6.0	8,000	0.0
25	92,611,539,328	298,878,286	0.323	244,182,286	81.7	15,858,426	5.3	20,913,444	7.0	17,916,130	6.0	8,000	0.0
26	95,882,302,829	311,058,216	0.324	259,907,991	83.6	14,039,106	4.5	19,694,506	6.3	17,408,613	5.6	8,000	0.0
27	96,341,950,970	313,097,396	0.325	262,817,897	83.9	14,039,433	4.5	19,274,476	6.2	16,957,590	5.4	8,000	0.0
28	96,721,841,054	315,300,114	0.326	264,803,867	84.0	14,604,687	4.6	19,124,553	6.1	16,759,007	5.3	8,000	0.0

備考　本表は，当初予算を比較したものである。

五　司法修習生の修習終了者数一覧表

終了年度	期　別	総　　数	修習終了後の進路区分			
			判事補	検事	弁護士	その他
平成19年	現行60期	1,397(335)	52(18)	71(25)	1,204(269)	70(23)
〃	新60期	979(233)	66(25)	42(14)	839(188)	32(6)
20	現行61期	609(128)	24(7)	20(4)	532(108)	33(9)
〃	新61期	1,731(491)	75(29)	73(28)	1,494(419)	89(15)
21	現行62期	354(84)	7(1)	11(5)	285(63)	51(15)
〃	新62期	1,992(551)	99(33)	67(26)	1,693(460)	133(32)
22	現行63期	195(49)	4(1)	4(0)	143(41)	44(7)
〃	新63期	1,949(514)	98(31)	66(22)	1,571(402)	214(59)
23	現行64期	161(33)	4(0)	1(0)	92(20)	64(13)
〃	新64期	1,991(564)	98(34)	70(24)	1,423(398)	400(108)
24	現行65期	69(10)	4(0)	2(0)	47(8)	16(2)
〃	新65期	2,011(469)	88(28)	70(22)	1,323(308)	530(111)
25	66期	2,034(528)	96(38)	82(31)	1,286(336)	570(123)
26	67期	1,973(443)	101(29)	74(29)	1,248(269)	550(116)
27	68期	1,766(418)	91(38)	76(25)	1,131(239)	468(116)
28	69期	1,762(371)	78(30)	70(26)	1,198(228)	416(87)
備考	(注) 1　修習終了直後の数である。 2　括弧内は，女性で内数である。					

六　事件の統計

注　事件数は，民事・行政及び家事事件は件数，刑事及び少年事件は特に注記のない限り被告人又は少年の人員である。

1　全裁判所の新受全事件数（平成19年～平成28年）

年　次	民事・行政	刑　事	家　事	少　年	計
平成19年	2 255 537	1 341 657	751 499	197 639	4 546 332
20	2 252 437	1 238 800	766 013	175 734	4 432 984
21	2 408 566	1 215 143	799 572	173 946	4 597 227
22	2 179 355	1 158 443	815 052	165 058	4 317 908
23	1 985 305	1 105 826	815 523	153 128	4 059 782
24	1 707 715	1 098 989	857 230	134 185	3 798 119
25	1 524 022	1 050 716	916 409	123 088	3 614 235
26	1 455 718	1 018 673	910 677	109 024	3 494 092
27	1 432 289	1 032 799	969 984	94 889	3 529 961
28	1 470 612	999 110	1 022 842	83 323	3 575 887

注 1)「民事・行政」には地方裁判所で受理された人事訴訟事件を含む。
2)「刑事」には医療観察事件を含む。
3)「家事」には平成25年以降，高等裁判所が第一審として行う家事審判事件及び高等裁判所における家事調停事件を含む。
4)「少年」には家庭裁判所で受理した成人の刑事事件を含む。

4　家　事　事　件

（単位　件）

年　次	総数			うち家事審判事件			うち家事調停事件			うち人事訴訟事件		
	新受	既済	未済	新受	既済	未済	新受	既済	未済	新受	既済	未済
平成 19年	751 499	748 561	101 308	583 426	582 746	43 839	130 061	128 115	45 777	11 342	11 037	8 686
20	766 013	763 710	103 611	596 945	594 936	45 848	131 093	130 547	46 323	10 718	10 861	8 543
21	799 572	796 733	106 450	621 316	621 800	45 364	138 240	135 384	49 179	10 817	10 547	8 813
22	815 052	815 412	106 090	633 337	636 024	42 677	140 557	138 917	50 819	11 373	10 816	9 370
23	815 523	814 877	106 736	636 757	637 817	41 617	137 390	136 294	51 915	11 389	10 583	10 176
24	857 230	853 594	110 372	672 683	670 574	43 726	141 802	139 804	53 913	11 409	11 840	9 745
25	916 409	905 071	121 710	734 232	724 597	53 361	139 600	137 633	55 880	10 594	10 873	9 466
26	910 677	910 269	122 118	730 615	730 648	53 328	137 240	137 290	55 830	10 527	10 231	9 762
27	969 984	958 715	133 387	784 089	776 102	61 315	140 886	137 659	59 057	10 338	10 362	9 738
28	1 022 842	1 023 641	132 588	835 724	838 536	58 503	140 721	138 767	61 011	10 003	9 951	9 790

注 1)　総数には，家事審判事件，家事調停事件，人事訴訟事件のほか，通常訴訟事件，子の返還申立事件（平成26年以降），家事抗告提起事件，民事控訴提起事件，飛躍上告受理申立事件，飛躍上告提起事件，民事再審事件，家事再審事件（平成25年以降），保全命令事件，家事共助事件，家事雑事件，高等裁判所が第一審として行う家事審判事件（平成25年以降）及び高等裁判所における家事調停事件（平成25年以降）を含んでいる。

2)　家事審判事件の件数には，職権に基づく甲類16号事件・後見人等の解任事件（別一5等），甲類21号事件・後見等監督処分事件（別一14等）及び成年被後見人に宛てた郵便物等の配達の嘱託の取消し又は変更事件（別一12の2）（平成28年以降）を含んでいる。

3)　人事訴訟事件は，地方裁判所で受理されたものは含んでいない。

5　少年事件

（単位　人）

年次	総数			うち少年保護事件									うち成人刑事事件		
				総数			一般保護事件			道路交通保護事件					
	新受	既済	未済	新受	既済	未済	新受	既済	未済	新受	既済	未済	新受	既済	未済
平成19年	197 639	200 591	25 819	194 650	197 574	25 652	154 687	156 860	20 487	39 963	40 714	5 165	430	441	90
20	175 734	175 678	25 875	172 995	172 937	25 710	139 303	138 915	20 875	33 692	34 022	4 835	362	385	67
21	173 946	172 217	27 604	172 050	170 251	27 509	138 105	136 594	22 386	33 945	33 657	5 123	0	67	0
22	165 058	167 619	25 043	163 023	165 596	24 936	131 900	133 725	20 561	31 123	31 871	4 375	0	0	0
23	153 128	153 293	24 878	150 844	150 985	24 795	122 879	122 985	20 455	27 965	28 000	4 340	0	0	0
24	134 185	139 302	19 761	132 142	137 301	19 636	106 598	110 823	16 230	25 544	26 478	3 406	0	0	0
25	123 088	123 543	19 306	121 284	121 696	19 224	97 355	97 737	15 848	23 929	23 959	3 376	0	0	0
26	109 024	111 973	16 357	107 479	110 430	16 273	85 840	88 434	13 254	21 639	21 996	3 019	0	0	0
27	94 889	97 825	13 421	93 395	96 328	13 340	72 701	75 293	10 662	20 694	21 035	2 678	0	0	0
28	83 323	85 230	11 514	81 998	83 908	11 430	62 888	64 280	9 270	19 110	19 628	2 160	0	0	0

民事・行政訴訟事件最高裁総数

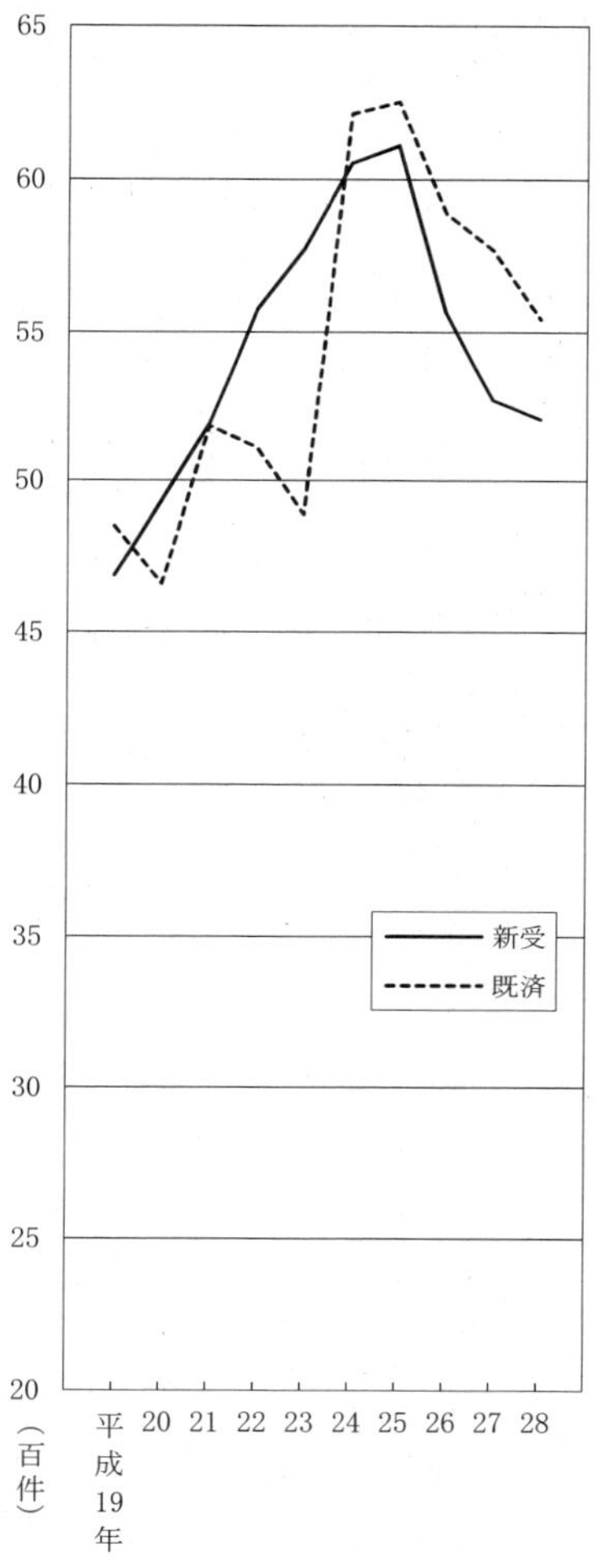

民事・行政訴訟事件全裁判所総数

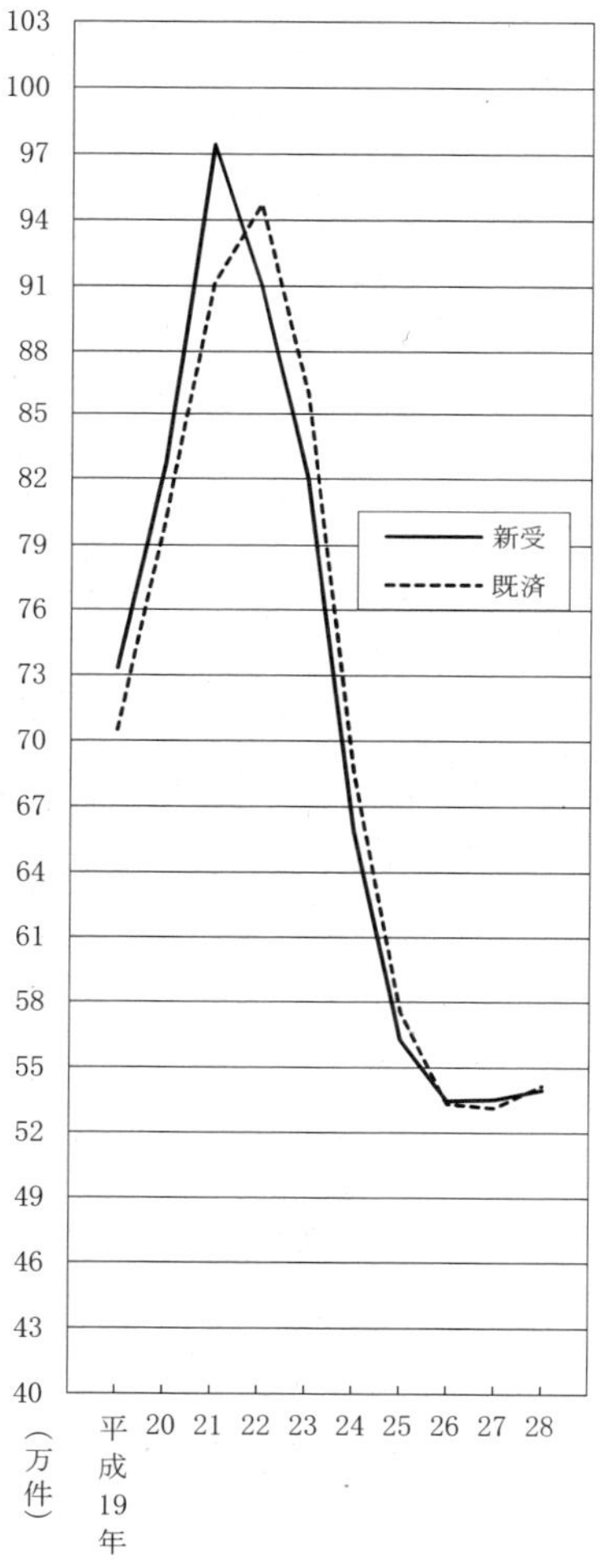

民事・行政訴訟事件地裁総数

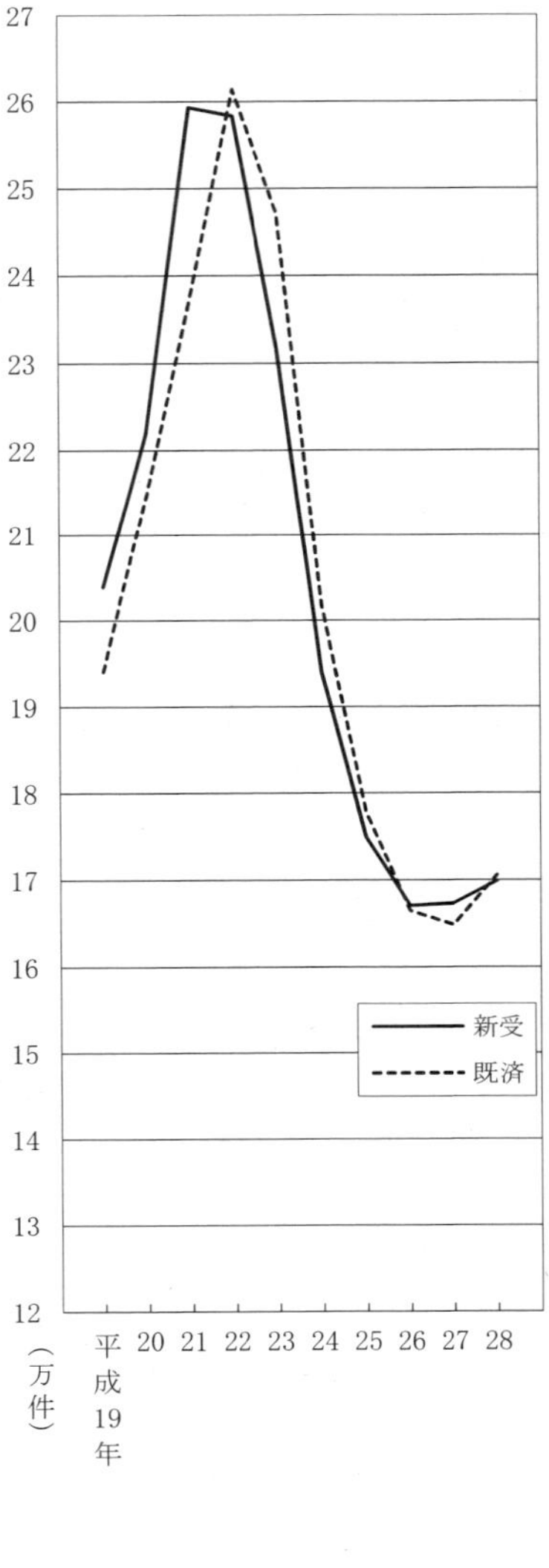

民事・行政訴訟事件高裁総数

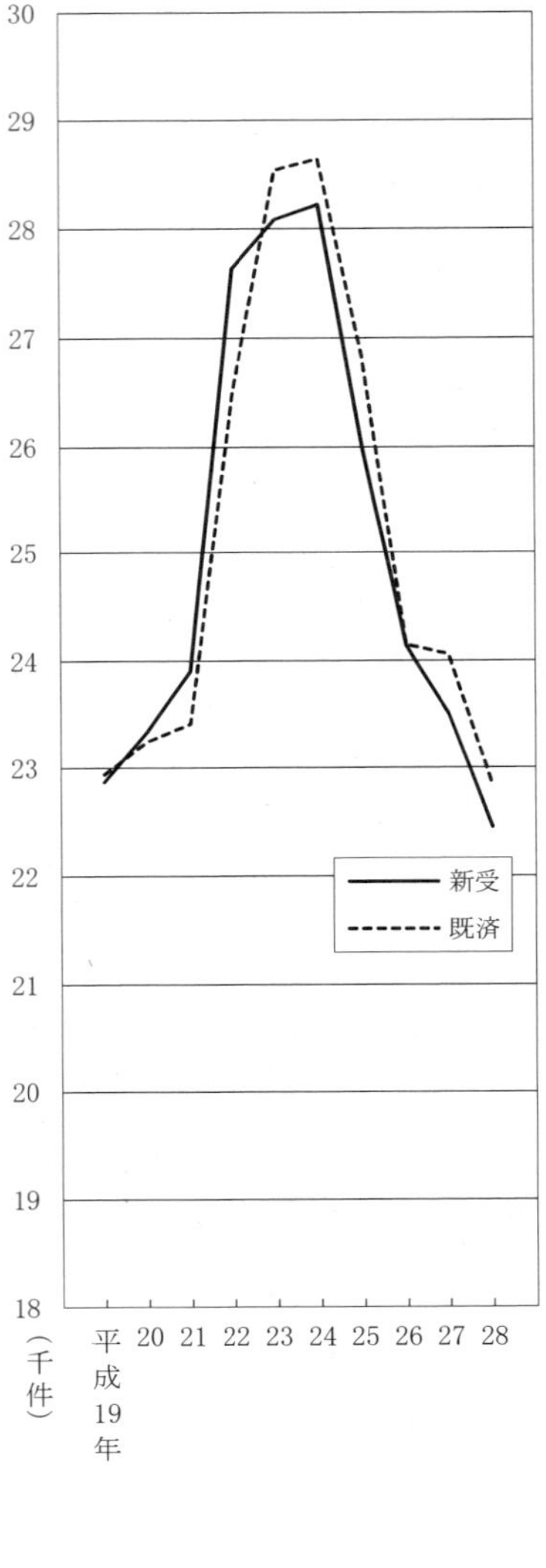

刑事訴訟事件全裁判所総数

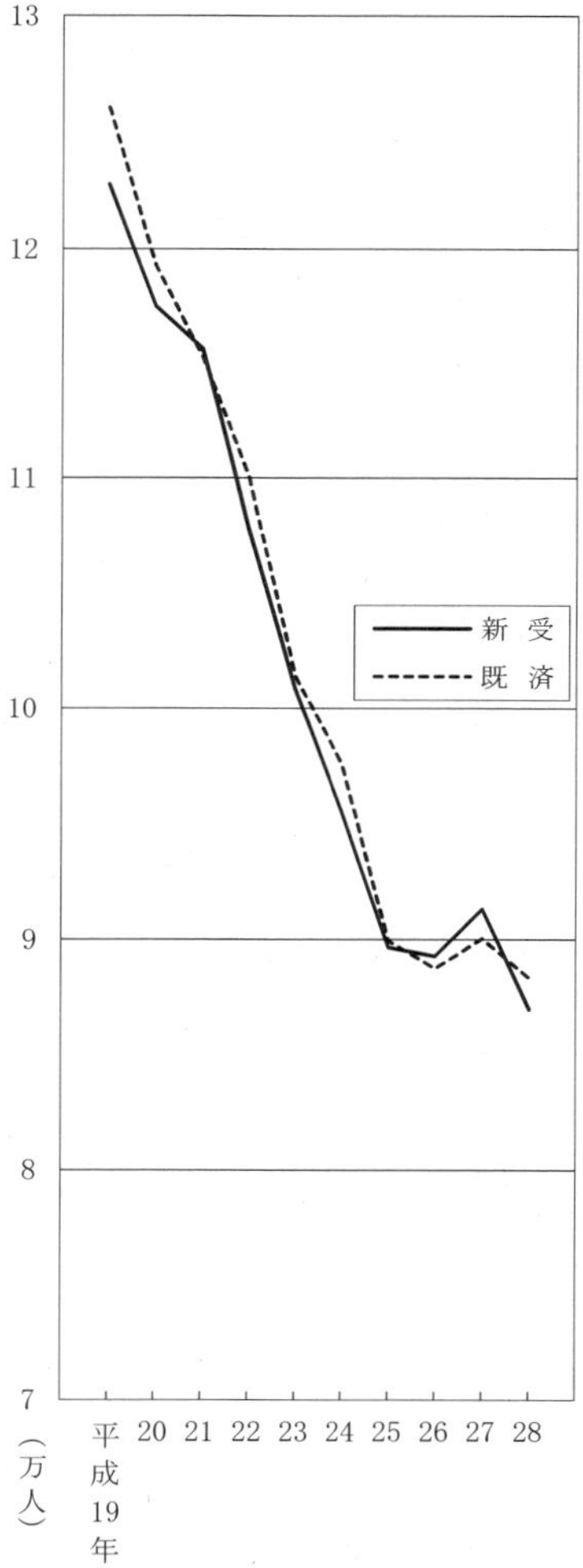

民事訴訟事件簡裁総数

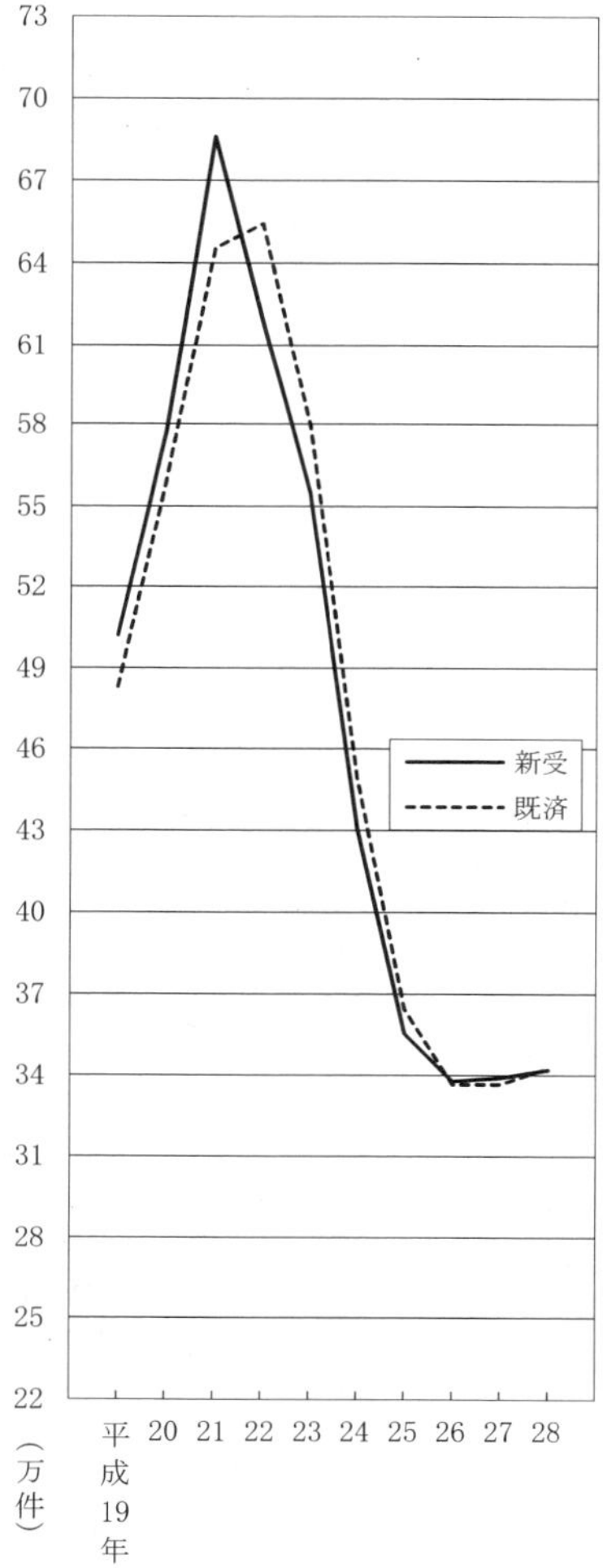

刑事訴訟事件高裁総数

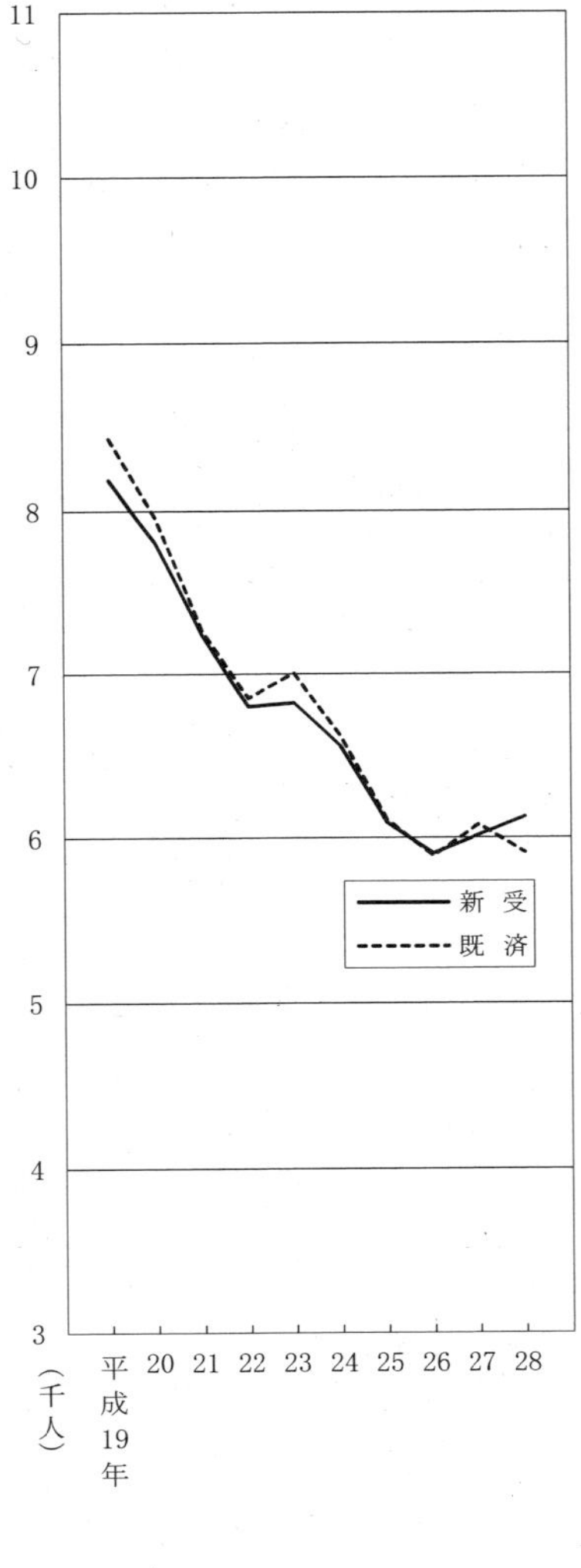

刑事訴訟事件最高裁総数

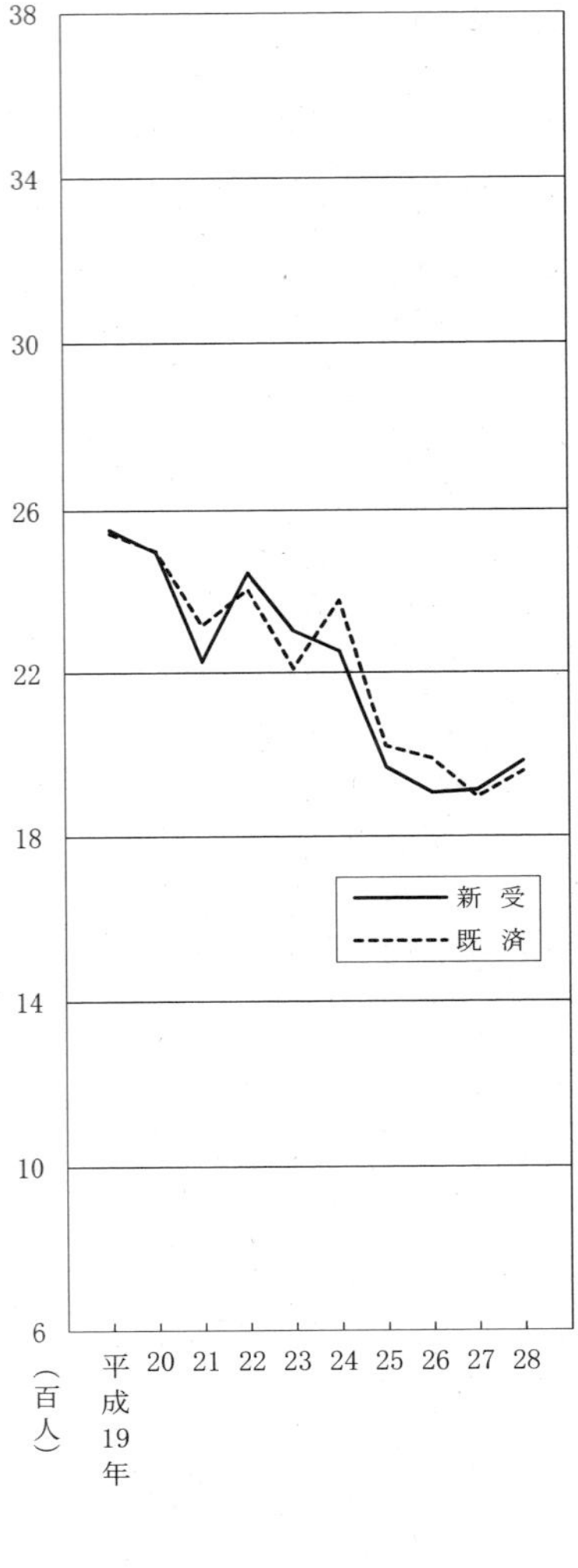

刑事訴訟事件簡裁総数

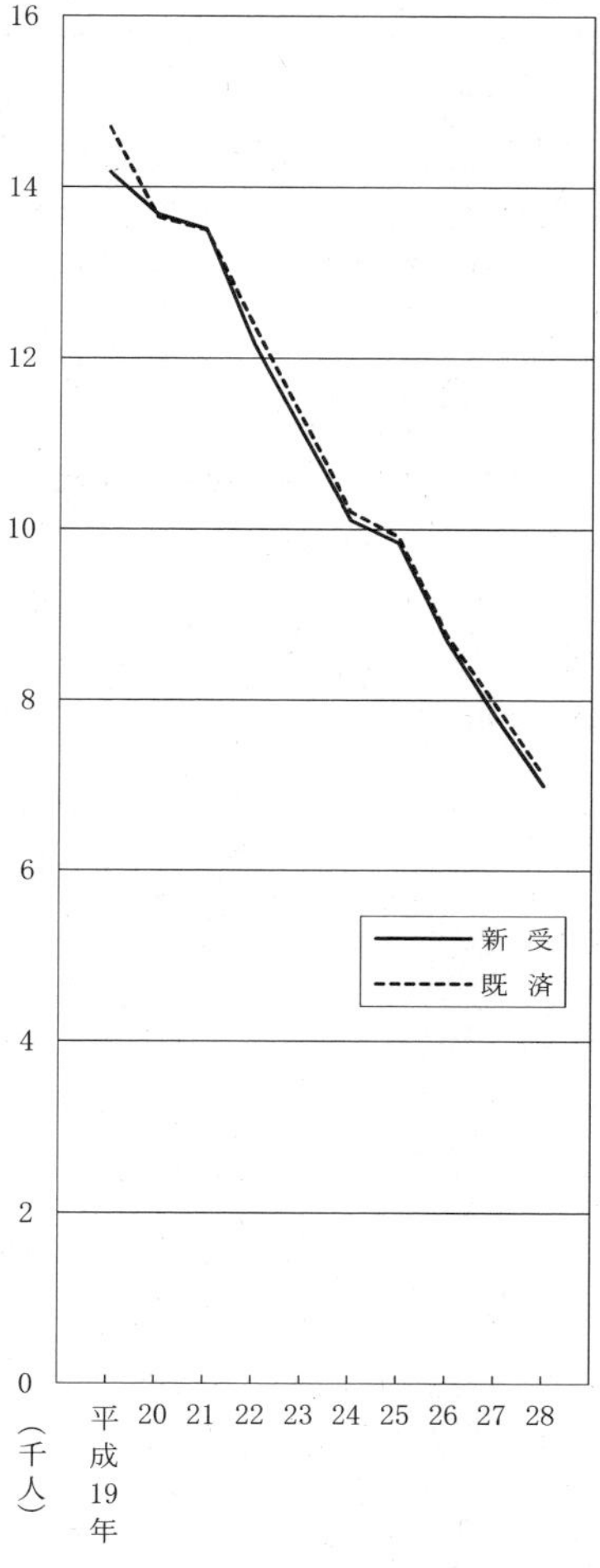

刑事訴訟事件地裁総数

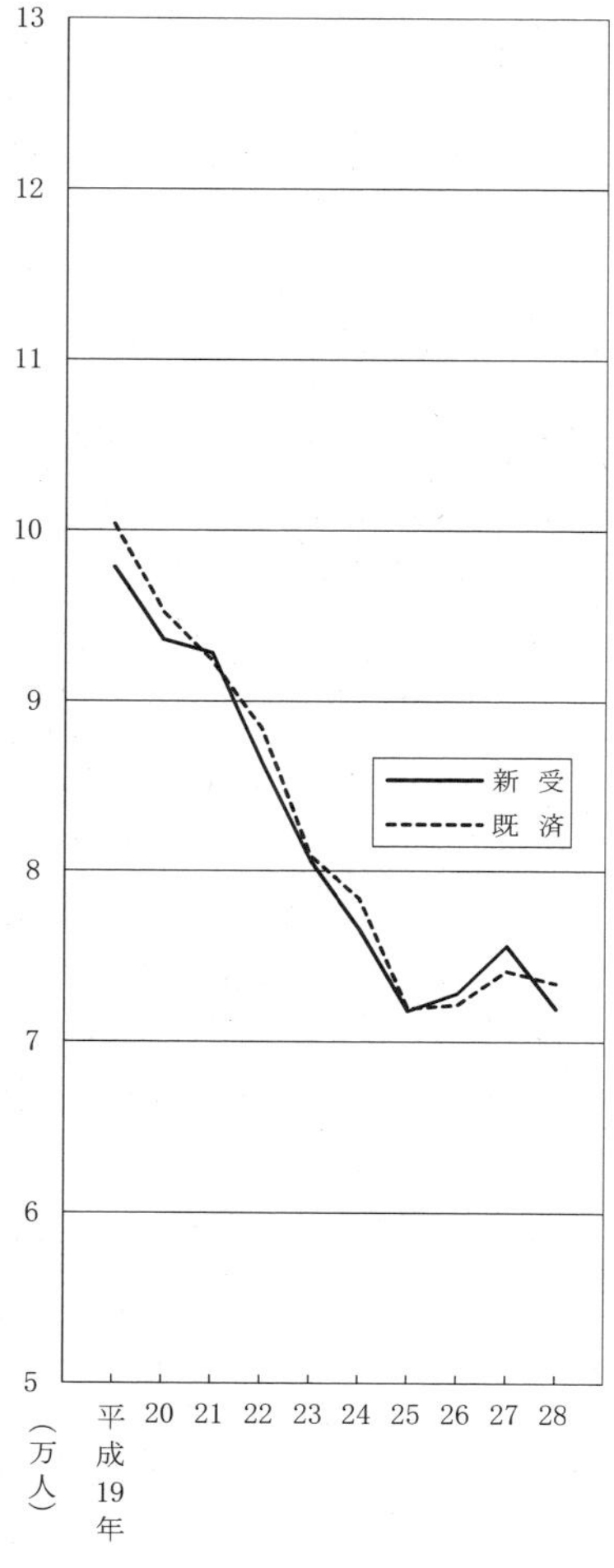

家事審判事件

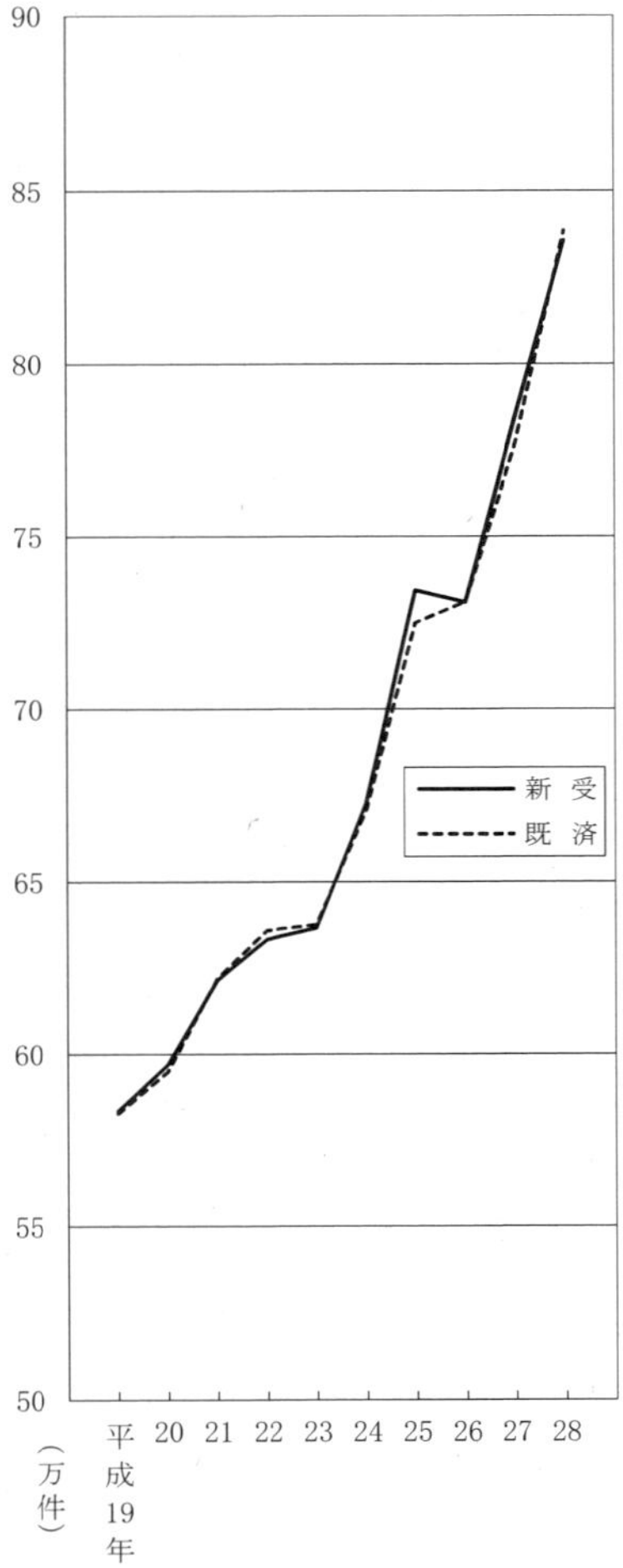

家事事件総数

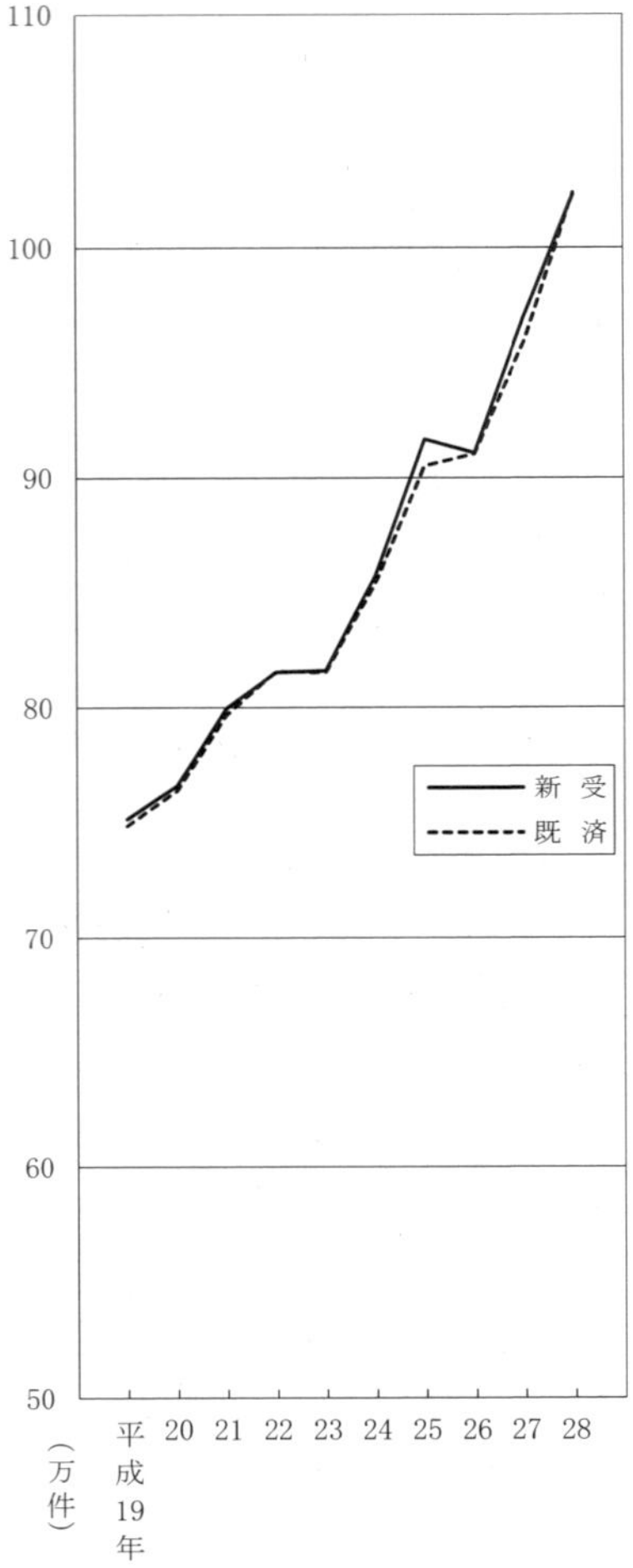

少年事件総数

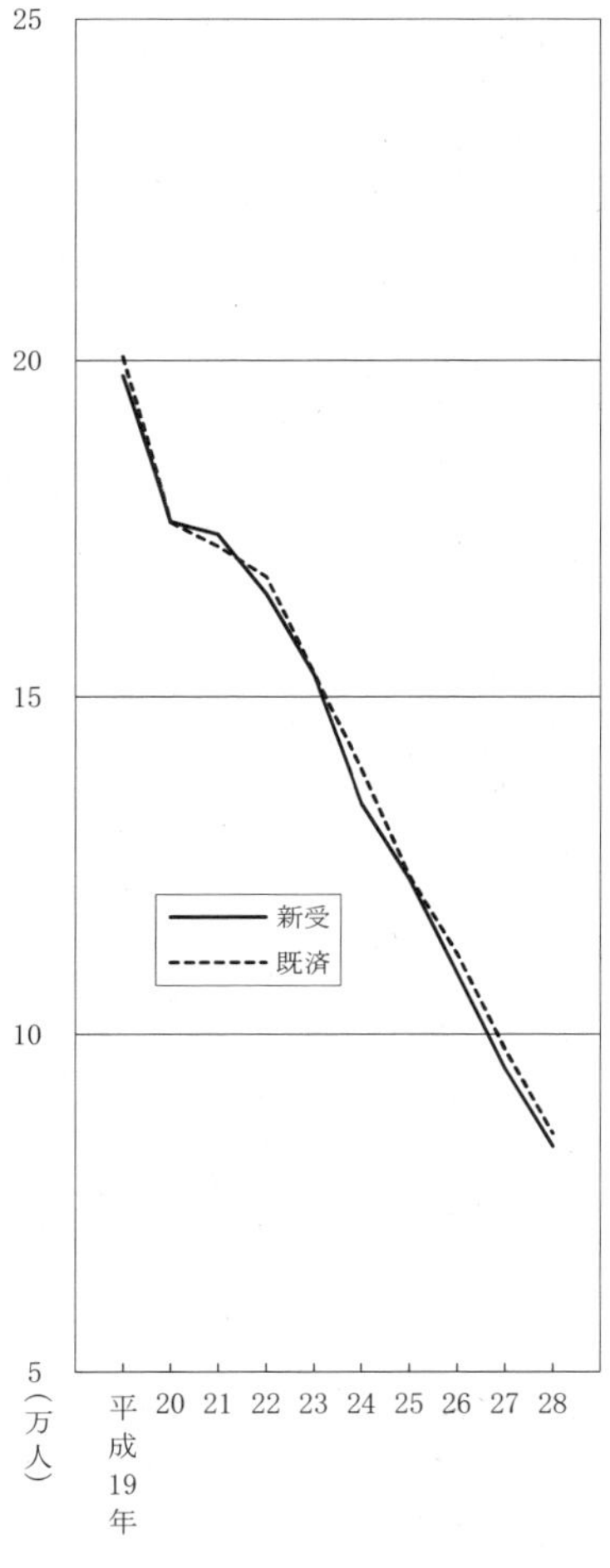

家事調停事件

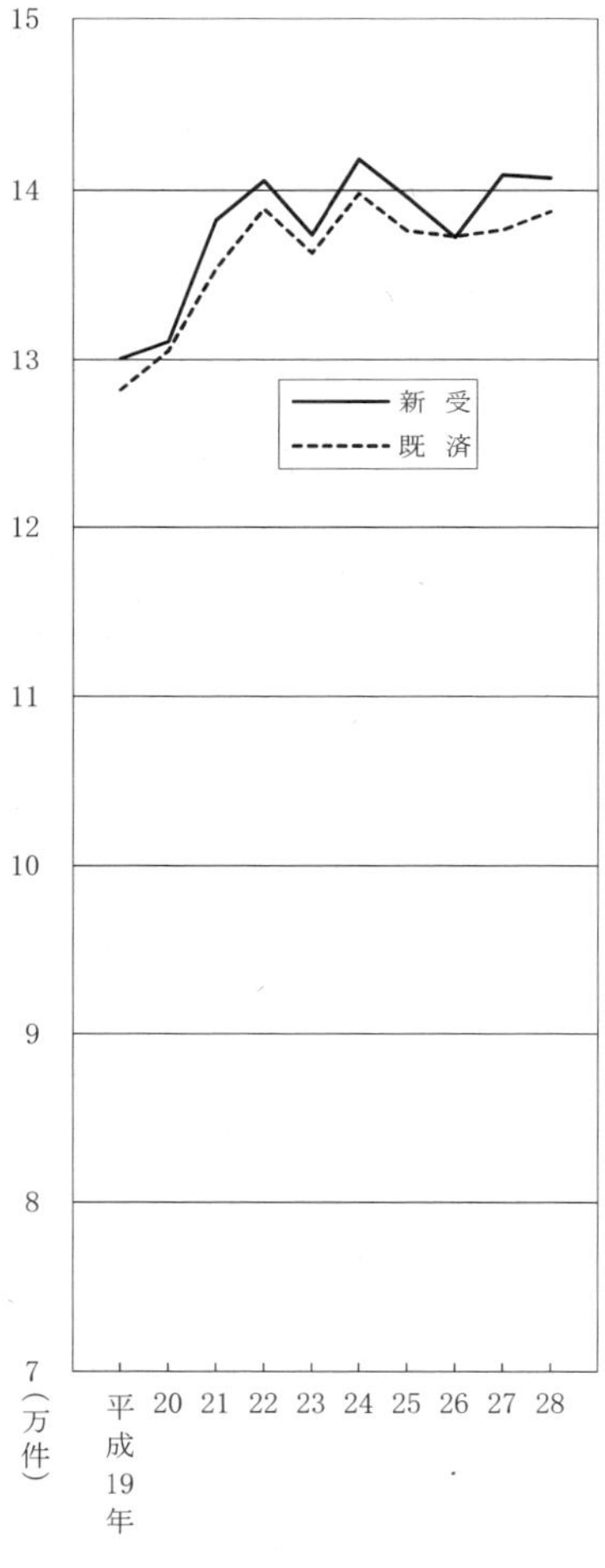

少年道路交通保護事件

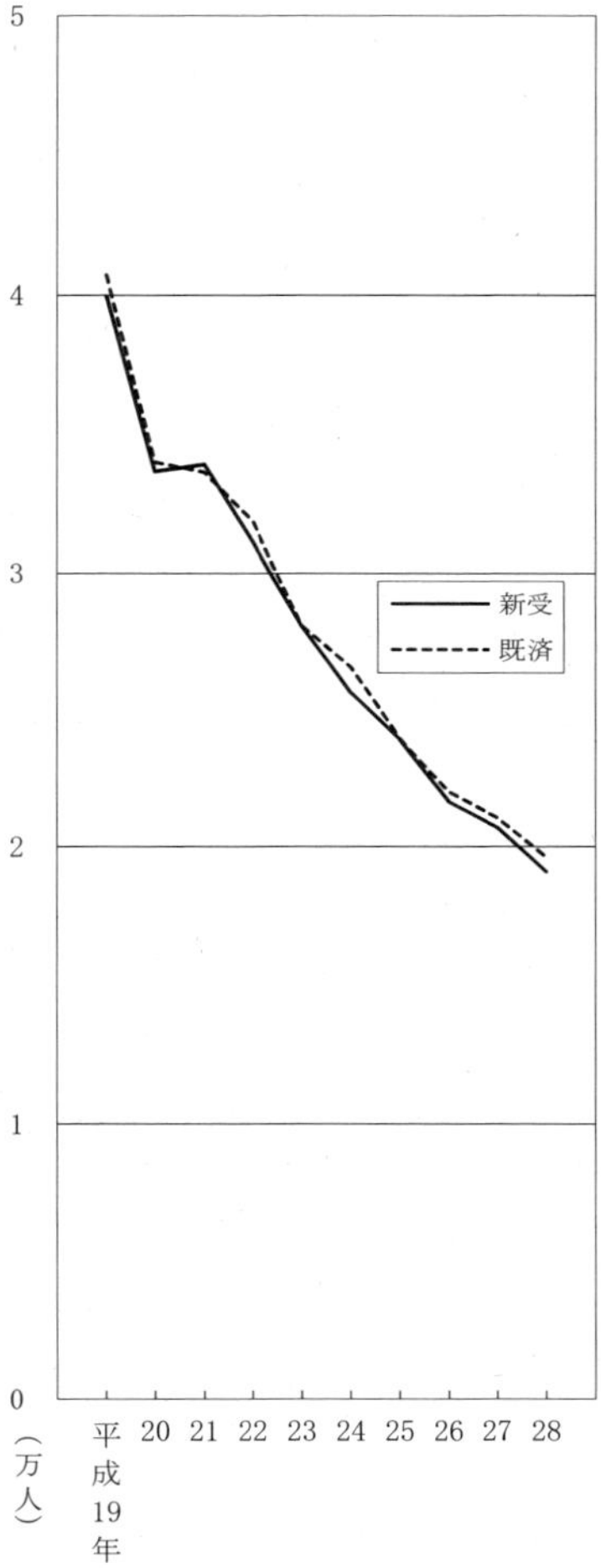

少年一般保護事件

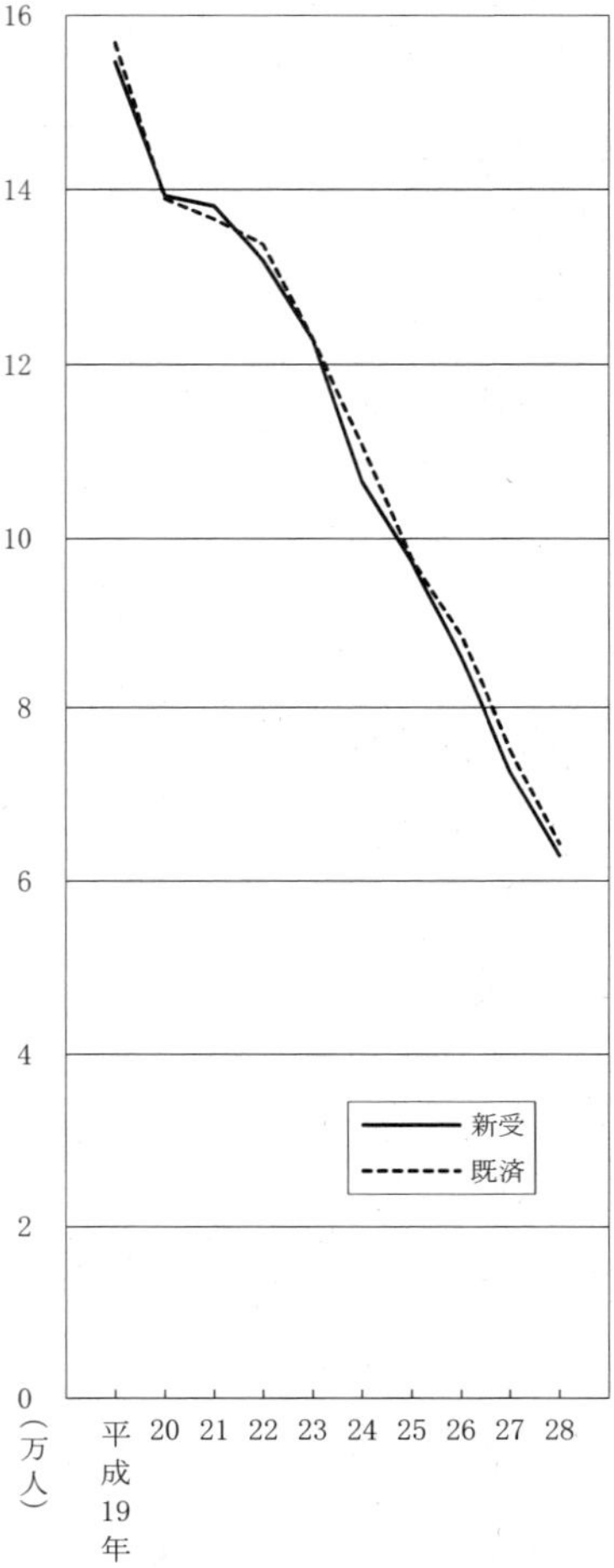

七　職員概観

（平成十九年一月一日—平成二十八年十二月三十一日）

1 最高裁判所

官職	氏名	就任年月日	退任年月日
最高裁判所長官	島田仁郎	平一八、一〇、一六	平二〇、一一、二一
同	竹﨑博允	平二〇、一一、二五	平二六、三、三一
同	寺田逸郎	平二六、四、一	
最高裁判所判事	横尾和子	平一三、一二、一九	平二〇、九、一〇
同	上田豊三	平一四、二、二一	平一九、五、二二
同	藤田宙靖	平一四、九、三〇	平二二、四、五
同	甲斐中辰夫	平一四、一〇、七	平二二、一、一
同	泉徳治	平一四、一一、六	平二一、一、二四
同	才口千晴	平一六、一、六	平二〇、九、二
同	津野修	平一六、二、二六	平二〇、一〇、一九
同	今井功	平一六、一二、二七	平二一、一二、二五
同	中川了滋	平一七、一、一九	平二二、一二、二二
同	堀籠幸男	平一七、五、一七	平二二、六、一五
同	古田佑紀	平一七、八、二	平二四、四、七
同	那須弘平	平一八、五、二五	平二四、二、一〇
同	涌井紀夫	平一八、一〇、一六	平二一、一二、一七
同	田原睦夫	平一八、一一、一	平二五、四、二三
同	近藤崇晴	平一九、五、二三	平二二、一一、二一
同	宮川光治	平二〇、九、三	平二四、二、二七
同	櫻井龍子	平二〇、九、一一	
同	竹内行夫	平二〇、一〇、二一	平二五、七、一九
同	金築誠志	平二一、一、二六	平二七、三、三一
同	千葉勝美	平二一、一二、二八	平二八、八、二四
同	須藤正彦	平二一、一二、二八	平二四、一二、二六
同	横田尤孝	平二二、一、六	平二六、一〇、一
同	白木勇	平二二、一、一五	平二七、二、一四

同	岡部喜代子	平二二、四、一二
同	大谷剛彦	平二二、六、一七
同	寺田逸郎	平二二、一二、二七 / 平二六、三、三一
同	大橋正春	平二四、二、一三
同	山浦善樹	平二四、三、一 / 平二八、七、三
同	小貫芳信	平二四、四、一一
同	鬼丸かおる	平二五、二、六
同	木内道祥	平二五、四、二五
同	山本庸幸	平二五、八、二〇
同	山崎敏充	平二六、四、一
同	池上政幸	平二六、一〇、二
同	大谷直人	平二七、二、一七
同	小池裕	平二七、四、二
同	木澤克之	平二八、七、一九

同	菅野博之	平二八、九、五
最高裁判所首席調査官	千葉勝美	平一七、一二、二〇 / 平二〇、一一、二四
同	永井敏雄	平二〇、一一、二五 / 平二四、三、二六
同	金井康雄	平二四、三、二七 / 平二六、一一、一〇
同	林道晴	平二六、一一、一一
事務総長	大谷剛彦	平一八、六、二六 / 平二一、一、二五
同	山崎敏充	平二一、一、二六 / 平二四、三、二六
同	大谷直人	平二四、三、二七 / 平二六、七、一七
同	戸倉三郎	平二六、七、一八 / 平二八、四、一六
同	今崎幸彦	平二八、四、七
事務総局事務次長	山崎敏充	平一九、一、一五 / 平二〇、一、二五
事務総局審議官	戸倉三郎	平一六、八、一 / 平二〇、三、三一
同	菅野雅之	平二〇、四、一 / 平二四、一、九
同	小林宏司	平二四、一、一〇 / 平二六、三、三一

同	門田友昌	平二六、四、一
事務総局秘書課長	植村稔	平一七、一、二八　平二〇、二、三
同	今崎幸彦	平二〇、二、四　平二二、九、二三
同	中村慎	平二二、九、二四　平二四、一二、七
同	堀田眞哉	平二四、一二、八　平二六、九、一一
同	氏本厚司	平二六、九、一二
事務総局広報課長（兼）	植村稔	平一七、一、二八　平二〇、二、三
同（兼）	今崎幸彦	平二〇、二、四　平二二、九、二三
同（兼）	中村慎	平二二、九、二四　平二四、一二、七
同（兼）	堀田眞哉	平二四、一二、八　平二六、九、一一
同（兼）	氏本厚司	平二六、九、一二
事務総局情報政策課長	藤井敏明	平一八、九、九　平二一、三、三一
同	定塚誠	平二一、四、一　平二三、三、三一
同	平木正洋	平二三、四、一　平二五、三、三一

同	手嶋あさみ	平二五、四、一　平二七、一二、三一
同	安東章	平二八、一、一
事務総局総務局長	高橋利文	平一八、九、九　平二一、四、二六
同	戸倉三郎	平二一、四、二七　平二五、九、一九
同	中村慎	平二五、九、二〇
事務総局人事局長	山崎敏充	平一四、九、一八　平一九、一、一四
同	大谷直人	平一九、一、一五　平二三、一、二六
同	安浪亮介	平二三、一、二七　平二六、九、一一
同	堀田眞哉	平二六、九、一二
事務総局経理局長	小池裕	平一八、一、三〇　平二二、七、六
同	林道晴	平二二、七、七　平二五、三、四
同	垣内正	平二五、三、五　平二七、六、二八
同	笠井之彦	平二七、六、二九
事務総局民事局長	小泉博嗣	平一八、九、九　平二一、八、二

同	林　道晴	平二一、八、三	平二二、七、六
同	永野厚郎	平二二、七、七	平二六、七、一七
同	菅野雅之	平二六、七、一八	平二八、六、二四
同	平田　豊	平二八、六、二五	
事務総局刑事局長	大谷直人	平一七、一、二八	平一九、一、一四
同	小川正持	平一九、一、一五	平二二、一、二四
同	植村　稔	平二二、一、二五	平二五、一、七
同	今崎幸彦	平二五、一、八	平二七、三、二九
同	平木正洋	平二七、三、三〇	
事務総局行政局長（兼）	小泉博嗣	平一八、九、九	平二一、八、二
同（兼）	林　道晴	平二一、八、三	平二二、七、六
同（兼）	永野厚郎	平二二、七、七	平二六、七、一七
同（兼）	菅野雅之	平二六、七、一八	平二八、六、二四
同（兼）	平田　豊	平二八、六、二五	

事務総局家庭局長	二本松利忠	平一七、一二、二〇	平二一、八、一六
同	豊澤佳弘	平二一、八、一七	平二五、五、一
同	岡　健太郎	平二五、五、二	平二六、一〇、三一
同	村田斉志	平二六、一一、一	
事務総局家庭審議官	鶴岡健一	平一七、八、一	平二〇、三、三一
同	島田幸男	平二〇、四、一	平二二、七、三〇
同	落合　卓	平二二、八、一	平二四、七、三〇
同	高野篤雄	平二四、八、一	平二六、七、三〇
同	有田禎宏	平二六、八、一	
司法研修所長	相良朋紀	平一七、二、一一	平一九、五、二三
同	大野市太郎	平一九、五、二三	平二二、一、一四
同	佐々木茂美	平二二、一、一五	平二三、五、九
同	安井久治	平二三、五、一〇	平二五、一〇、一〇
同	山名　学	平二五、一〇、一一	平二七、六、二八

同　小泉博嗣　平二七、六、二九
裁判所職員総合研修所長　安井久治　平一七、一二、二三　平一九、五、二二
同　山名学　平一九、五、二三　平二二、三、七
同　小泉博嗣　平二二、三、八　平二四、一一、一七
同　小久保孝雄　平二四、一一、一八　平二六、八、一五
同　秋吉仁美　平二六、八、一六　平二八、七、二一
同　白井幸夫　平二八、七、二二
最高裁判所図書館長（兼）　大谷直人　平一七、一、二八　平一九、一、一四
同（兼）　小川正持　平一九、一、一五　平二二、一、二四
同（兼）　植村稔　平二二、一、二五　平二五、一、七
同（兼）　今崎幸彦　平二五、一、八　平二七、三、二九
同（兼）　平木正洋　平二七、三、三〇
最高裁判所大法廷首席書記官　林隆峰　平一八、八、一　平二〇、七、三〇
同　中村文生　平二〇、八、一　平二一、七、三〇

同　上田正俊　平二一、八、一　平二二、七、三〇
同　松原義昭　平二二、八、一　平二三、七、三〇
同　佐藤満　平二三、八、一　平二五、七、三〇
同　曾根啓子　平二五、八、一　平二六、七、三一
同　永田浩昭　平二六、八、一　平二八、七、三〇
同　谷川佳史　平二八、八、一

2　高等裁判所

○東京高等裁判所

長官　仁田陸郎　平一六、一二、二七　平一九、二、八
同　竹崎博允　平一九、二、九　平二〇、一一、二四
同　白木勇　平二〇、一一、二五　平二二、一、一四
同　安倍嘉人　平二二、一、一五　平二三、四、二七
同　富越和厚　平二三、五、一〇　平二四、三、二三

同	吉戒修一	平二四、三、二七	平二五、七、六
同	山﨑敏充	平二五、七、八	平二六、三、三一
同	小池裕	平二六、四、一	平二七、四、一
同	倉吉敬	平二七、四、二	平二八、三、二四
同	戸倉三郎	平二八、四、七	

○知的財産高等裁判所

所長	篠原勝美	平一七、四、一	平一九、五、二二
同	塚原朋一	平一九、五、二三	平二二、八、二〇
同	中野哲弘	平二二、八、二一	平二四、三、一一
同	飯村敏明	平二四、三、一二	平二六、六、一四
同	設樂隆一	平二六、六、一五	

○大阪高等裁判所

長官	金築誠志	平一八、一〇、一六	平二一、一、二五
同	大谷剛彦	平二一、一、二六	平二二、六、一六
同	大野市太郎	平二二、六、一七	平二三、五、一九
同	吉戒修一	平二三、五、一〇	平二四、三、二六
同	佐々木茂美	平二四、三、二七	平二五、三、二
同	永井敏雄	平二五、三、五	平二六、七、一二
同	大谷直人	平二六、七、一八	平二七、二、一六
同	菅野博之	平二七、二、一七	平二八、九、四
同	井上弘通	平二八、九、五	

○名古屋高等裁判所

長官	竹﨑博允	平一八、六、二六	平一九、二、八
同	細川清	平一九、二、九	平二一、八、五
同	門口正人	平二一、八、六	平二二、一二、三一
同	房村精一	平二三、一、一一	平二四、三、一七
同	山﨑敏充	平二四、三、二七	平二五、七、七
同	岡田雄一	平二五、七、八	平二七、六、二五

同　山名　学　平二七、六、二九　平二八、七、二三

同　原　優　平二八、七、二九

○広島高等裁判所

長官　鳥越健治　平一七、五、一七　平一九、五、五

同　田尾健二郎　平一九、五、一七　平一九、一二、一六

同　白木　勇　平一九、一二、一七　平二〇、一一、二四

同　相良朋紀　平二〇、一一、二五　平二二、二、二一

同　寺田逸郎　平二二、二、二四　平二二、一二、二六

同　中山隆夫　平二二、一二、二七　平二四、三、二六

同　永井敏雄　平二四、三、二七　平二五、三、四

同　西岡清一郎　平二五、三、五　平二六、九、二七

同　松本芳希　平二六、一〇、二　平二八、一、二五

同　川合昌幸　平二八、二、二三

○福岡高等裁判所

長官　北山元章　平一八、一〇、三　平一九、五、二二

同　篠原勝美　平一九、五、二三　平二一、三、二四

同　安倍嘉人　平二一、三、二五　平二二、一、一四

同　大野市太郎　平二二、一、一五　平二二、六、一六

同　池田　修　平二二、六、一七　平二四、三、二六

同　中山隆夫　平二四、三、二七　平二五、一〇、一〇

同　安井久治　平二五、一〇、一一　平二七、六、七

同　荒井　勉　平二七、六、八

○仙台高等裁判所

長官　近藤崇晴　平一七、一二、二〇　平一九、五、二二

同　相良朋紀　平一九、五、二三　平二〇、一一、二四

同　千葉勝美　平二〇、一一、二五　平二一、一二、二七

同　房村精一　平二一、一二、二八　平二三、一、一〇

同　一宮なほみ　平二三、一、一一　平二五、六、一三

同　倉吉　敬　平二五、六、一七　平二七、四、一
同　市村陽典　平二七、四、二　平二八、一、一八
同　河合健司　平二八、二、二三

○札幌高等裁判所

長官　大内捷司　平一六、一二、二七　平一九、一、一一
同　大山隆司　平一九、一、一六　平一九、一二、一四
同　佐藤久夫　平一九、一二、一七　平二一、二、二〇
同　田中康郎　平二一、三、二五　平二三、二、八
同　山崎　恒　平二三、二、九　平二五、三、二〇
同　大橋寛明　平二五、三、二一　平二六、一一、八
同　金井康雄　平二六、一一、一一　平二八、四、一二
同　綿引万里子　平二八、四、一九

○高松高等裁判所

長官　田尾健二郎　平一七、一二、二〇　平一九、五、六
同　江見弘武　平一九、五、七　平二〇、八、二三
同　林　醇　平二〇、九、三　平二二、三、五
同　富越和厚　平二二、三、八　平二三、五、九
同　佐々木茂美　平二三、五、一〇　平二四、三、二六
同　出田孝一　平二四、三、二七　平二五、一一、二八
同　松本芳希　平二五、一二、四　平二六、一〇、一
同　安藤裕子　平二六、一〇、二　平二七、三、一六
同　福田剛久　平二七、三、一八　平二八、五、六
同　小久保孝雄　平二八、五、一〇

3　地方裁判所

○東京地方裁判所

所長　白木　勇　平一八、一〇、一六　平一九、一二、一六
同　池田　修　平一九、一二、一七　平二二、六、一六

同　吉戒修一　平二二、六、一七　平二三、五、九
同　岡田雄一　平二三、五、一〇　平二五、七、七
同　小池裕　平二五、七、一八　平二六、三、三一
同　荒井勉　平二六、四、一　平二七、六、七
同　貝阿彌誠　平二七、六、八　平二八、一〇、四
同　奥田正昭　平二八、一〇、五

○横浜地方裁判所

所長　佐藤久夫　平一八、一二、一一　平一九、一二、一六
同　安倍嘉人　平一九、一二、一七　平二一、三、二四
同　吉戒修一　平二一、三、二五　平二二、六、一六
同　大坪丘　平二二、六、一七　平二四、三、一八
同　倉吉敬　平二四、三、一九　平二五、六、一六
同　市村陽典　平二五、六、一七　平二七、四、一一
同　奥田隆文　平二七、四、一二　平二八、六、一八

同　富田善範　平二八、六、一九

○さいたま地方裁判所

所長　房村精一　平一八、一〇、三　平二〇、九、四
同　寺田逸郎　平二〇、九、五　平二二、二、二三
同　倉吉敬　平二二、二、二四　平二四、三、八
同　荒井勉　平二四、三、九　平二五、一〇、一〇
同　戸倉三郎　平二五、一〇、一一　平二六、七、一七
同　小泉博嗣　平二六、七、一八　平二七、六、二八
同　河合健司　平二七、六、二九　平二八、二、二一
同　深山卓也　平二八、二、二二

○千葉地方裁判所

所長　中山隆夫　平一八、六、八　平二〇、一、二五
同　山﨑敏充　平二〇、一、二六　平二一、一、二五
同　安井久治　平二一、一、二六　平二三、一、一八

同　山崎　学　平二三、一、一九　平二四、三、二六
同　山名　学　平二四、三、二七　平二五、一〇、一〇
同　原　優　平二五、一〇、一一　平二八、七、二八
同　柴田寛之　平二八、七、二九

○水戸地方裁判所

所長　一宮なほみ　平一七、一二、二三　平一九、五、六
同　加藤新太郎　平一九、五、七　平二一、四、一九
同　市村陽典　平二一、四、二〇　平二二、七、六
同　小池　裕　平二二、七、七　平二四、三、一一
同　菅野博之　平二四、三、一二　平二六、三、三一
同　栃木　力　平二六、四、一　平二七、三、二九
同　今崎幸彦　平二七、三、三〇　平二八、四、六
同　垣内　正　平二八、四、七

○宇都宮地方裁判所

所長　園尾隆司　平一八、九、九　平一九、一二、一六
同　西岡清一郎　平一九、一二、一七　平二一、一二、三一
同　村瀬　均　平二二、一、一　平二三、一、一八
同　荒井　勉　平二三、一、一九　平二四、三、八
同　綿引万里子　平二四、三、九　平二六、七、三
同　野山　宏　平二六、七、四　平二八、六、二四
同　菅野雅之　平二八、六、二五

○前橋地方裁判所

所長　山崎　恒　平一七、一二、二〇　平一九、二、八
同　大橋寛明　平一九、二、九　平二〇、九、四
同　岡田雄一　平二〇、九、五　平二二、一、二四
同　小川正持　平二二、一、二五　平二三、五、九
同　三好幹夫　平二三、五、一〇　平二四、一一、一七
同　小泉博嗣　平二四、一一、一八　平二六、七、一七

同　永野厚郎　平二六、七、一八　平二七、七、一〇
同　合田悦三　平二七、七、一一　平二八、九、四
同　八木一洋　平二八、九、五

○静岡地方裁判所

所長　鈴木健太　平一八、一二、一　平一九、一二、一六
同　園尾隆司　平一九、一二、一七　平二一、三、二四
同　福田剛久　平二一、三、二五　平二三、一、二六
同　大谷直人　平二三、一、二七　平二四、三、二六
同　河合健司　平二四、三、二七　平二五、三、四
同　林道晴　平二五、三、五　平二六、九、一一
同　安浪亮介　平二六、九、一二　平二八、二、二一
同　尾島明　平二八、二、二二　平二八、一二、三一

○甲府地方裁判所

所長　永井敏雄　平一八、一二、一一　平一九、一二、一六

同　大竹たかし　平一九、一二、一七　平二二、二、四
同　金井康雄　平二二、二、五　平二四、三、二六
同　須藤典明　平二四、三、二七　平二五、五、八
同　植村稔　平二五、五、九　平二七、六、二八
同　垣内正　平二七、六、二九　平二八、四、六
同　岡本岳　平二八、四、七

○長野地方裁判所

所長　田中信義　平一八、六、八　平一九、五、二二
同　安井久治　平一九、五、二三　平二一、一、二五
同　井上弘通　平二一、一、二六　平二三、一、一八
同　貝阿彌誠　平二三、一、一九　平二四、一一、二
同　石井忠雄　平二四、一一、三　平二六、六、一四
同　藤井敏明　平二六、六、一五　平二七、八、一五
同　白井幸夫　平二七、八、一六　平二八、七、二一

同　若園敦雄　平二八、七、二二

○新潟地方裁判所

所長　加藤新太郎　平一七、九、二二　平一九、五、六
同　奥田隆文　平一九、五、七　平二一、六、二六
同　設樂隆一　平二一、六、二七　平二三、二、八
同　角田正紀　平二三、二、九　平二四、一〇、二六
同　青柳勤　平二四、一〇、二七　平二六、三、二六
同　青野洋士　平二六、三、二七　平二七、四、一二
同　都築政則　平二七、四、一三

○大阪地方裁判所

所長　大山隆司　平一七、五、一七　平一九、一、一五
同　佐々木茂美　平一九、一、一六　平二二、一、一四
同　吉野孝義　平二二、一、一五　平二四、六、一
同　二本松利忠　平二四、六、二　平二六、五、二一

同　小佐田潔　平二六、五、二二　平二八、三、一七
同　並木正男　平二八、三、一八

○京都地方裁判所

所長　那須彰　平一七、五、一七　平一九、三、三〇
同　吉野孝義　平一九、三、三一　平二二、一、一四
同　松本芳希　平二二、一、一五　平二三、九、二九
同　菊池洋一　平二三、九、三〇　平二五、六、二三
同　並木正男　平二五、六、二四　平二六、八、一五
同　小久保孝雄　平二六、八、一六　平二八、五、九
同　石井寛明　平二八、五、一〇

○神戸地方裁判所

所長　林醇　平一六、九、二〇　平一九、四、一七
同　三浦潤　平一九、四、一八　平二〇、一〇、八
同　前田順司　平二〇、一〇、九　平二三、六、二二

同　川合昌幸　平二二、六、二三　平二三、一二、一八
同　富田善範　平二三、一二、一九　平二五、八、一
同　高野伸　平二五、八、二　平二六、八、二四
同　山下郁夫　平二六、八、二五　平二七、一二、三一
同　中本敏嗣　平二八、一、一

○奈良地方裁判所

所長　前田順司　平一八、一〇、三　平二〇、一〇、八
同　上垣猛　平二〇、一〇、九　平二二、二、二五
同　田中澄夫　平二二、二、二六　平二三、八、四
同　上田昭典　平二三、八、五　平二六、一、二八
同　中川博之　平二六、一、二九　平二七、一一、二八
同　稲葉重子　平二七、一一、二九

○大津地方裁判所

所長　湯川哲嗣　平一八、一二、一五　平二〇、七、三一
同　飯田喜信　平二〇、八、一　平二二、六、一〇
同　柴田寛之　平二二、六、一一　平二四、九、一
同　森宏司　平二四、九、二　平二六、一、一五
同　川神裕　平二六、一、一六　平二七、二、一六
同　西田眞基　平二七、二、一七　平二八、三、一七
同　大鷹一郎　平二八、三、一八

○和歌山地方裁判所

所長　岡久幸治　平一七、三、三一　平一九、三、三〇
同　松本哲泓　平一九、三、三一　平二〇、九、二
同　前坂光雄　平二〇、九、三　平二一、一二、二七
同　貝阿彌誠　平二一、一二、二八　平二三、一、一八
同　金子順一　平二三、一、一九　平二四、一二、七
同　森義之　平二四、一二、八　平二六、六、三
同　佐村浩之　平二六、六、四　平二七、六、三〇

同　藤下　健　平二七、七、一　平二八、一二、一八

同　中村也寸志　平二八、一二、一九

○名古屋地方裁判所

所長　森脇　勝　平一六、一二、二七　平一九、三、三〇

同　熊田士朗　平一九、三、三一　平二〇、七、一〇

同　野田武明　平二〇、七、一一　平二二、五、九

同　片山俊雄　平二二、五、一〇　平二五、一二、二六

同　加藤幸雄　平二五、一二、二七　平二七、一二、一七

同　伊藤　納　平二七、一二、一八

○津地方裁判所

所長　高田健一　平一八、二、二八　平二〇、三、三〇

同　下山保男　平二〇、三、三一　平二一、五、二一

同　川合昌幸　平二一、五、二二　平二三、六、二二

同　林　道春　平二三、六、二三　平二三、一二、一八

同　山下郁夫　平二三、一二、一九　平二五、四、九

同　藤山雅行　平二五、四、一〇　平二六、七、二三

同　後藤　博　平二六、七、二四　平二七、六、八

同　大熊一之　平二七、六、九

○岐阜地方裁判所

所長　片山俊雄　平一八、二、二八　平一九、七、一〇

同　中村直文　平一九、七、一一　平二一、一二、一〇

同　富田善範　平二一、一二、一一　平二三、一二、一八

同　安藤裕子　平二三、一二、一九　平二五、六、三〇

同　伊藤　納　平二五、七、一　平二七、一二、一七

同　大須賀滋　平二七、一二、一八

○福井地方裁判所

所長　大渕敏和　平一八、七、一二　平一九、一一、九

同　岩田嘉彦　平一九、一一、一〇　平二〇、一二、二九

同	長門栄吉	平二一、一、一	平二三、八、一二
同	石山容示	平二三、八、一三	平二五、三、一九
同	揖斐潔	平二五、三、二〇	平二六、五、二九
同	高部眞規子	平二六、五、三〇	平二七、六、二〇
同	松田亨	平二七、六、二一	平二八、六、六
同	木下秀樹	平二八、六、七	

○金沢地方裁判所

所長	小倉正三	平一八、一二、一	平二〇、一一、八
同	加藤幸雄	平二〇、一一、九	平二二、一二、三一
同	並木正男	平二三、一、一	平二四、六、一
同	大島隆明	平二四、六、二	平二五、八、一
同	杉原則彦	平二五、八、二	平二六、一一、一〇
同	萩原秀紀	平二六、一一、一一	平二八、六、二四
同	田近年則	平二八、六、二五	

○富山地方裁判所

所長	松本哲泓	平一八、二、二八	平一九、三、三〇
同	杉森研二	平一九、三、三一	平二〇、一〇、一七
同	青木正良	平二〇、一〇、一八	平二一、一二、一三
同	柴田秀樹	平二一、一二、一四	平二四、六、四
同	水谷正俊	平二四、六、五	平二六、三、一四
同	黒岩巳敏	平二六、三、一五	平二七、六、二一
同	永野圧彦	平二七、六、二二	平二八、六、六
同	原啓一郎	平二八、六、七	

○広島地方裁判所

所長	仲家暢彦	平一六、一二、一九	平一九、五、六
同	小西秀宣	平一九、五、七	平二一、八、二二
同	芝田俊文	平二一、八、二三	平二三、二、二七
同	高野伸	平二三、二、二八	平二五、八、一

同	大段亨	平二五、八、二	平二六、一一、一八
同	中本敏嗣	平二六、一一、一九	平二七、一二、三一
同	宮崎英一	平二八、一、一	

○山口地方裁判所

所長	櫻井登美雄	平一八、三、一六	平一九、五、二二
同	下田文男	平一九、五、二三	平二〇、一〇、三〇
同	林道春	平二〇、一〇、三一	平二二、六、二二
同	古川行男	平二二、六、二三	平二四、四、一一
同	竹田隆	平二四、四、一二	平二六、二、二六
同	宇田川基	平二六、二、二七	平二八、一、三〇
同	小西義博	平二八、一、三一	

○岡山地方裁判所

所長	長岡哲次	平一七、八、二二	平一九、一、一四
同	一宮和夫	平一九、一、一五	平二〇、一一、一三
同	春日通良	平二〇、一一、四	平二二、一二、二三
同	園部秀穂	平二二、一二、二四	平二三、七、九
同	水上敏	平二三、七、一〇	平二四、一二、一二
同	野々上友之	平二四、一二、一三	平二六、九、二八
同	齊木敏文	平二六、九、二九	平二八、一〇、四
同	鬼澤友直	平二八、一〇、五	

○鳥取地方裁判所

所長	前坂光雄	平一八、一二、二二	平二〇、九、二
同	田中澄夫	平二〇、九、三	平二二、二、二五
同	矢延正平	平二二、二、二六	平二三、一二、三〇
同	橋本良成	平二三、一二、三一	平二六、一、一四
同	井口修	平二六、一、一五	平二七、一、二九
同	川谷道郎	平二七、一、三〇	

○松江地方裁判所

所長　西島幸夫　平一七、八、二二　平一九、一一、二三
同　岩田好二　平一九、一一、二四　平二一、三、三一
同　谷口幸博　平二一、四、一　平二二、九、一七
同　古田浩　平二二、九、一八　平二四、九、二五
同　山寄和信　平二四、九、二六　平二六、七、三一
同　稲葉重子　平二六、八、一　平二七、一一、二八
同　増田耕兒　平二七、一一、二九

○福岡地方裁判所

所長　簑田孝行　平一七、六、二　平二〇、二、六
同　仲家暢彦　平二〇、二、七　平二一、一二、二七
同　山口幸雄　平二二、一、一　平二四、九、二五
同　川口宰護　平二四、九、二六　平二七、九、二一
同　木村元昭　平二七、九、二二　平二八、一一、一二
同　永松健幹　平二八、一一、一三

○佐賀地方裁判所

所長　出田孝一　平一八、一〇、二五　平二〇、一一、二四
同　服部悟　平二〇、一一、二五　平二三、二、二七
同　森宏司　平二三、二、二八　平二四、九、二一
同　角隆博　平二四、九、二二　平二六、三、二五
同　鈴木浩美　平二六、三、二六　平二七、九、二七
同　瀧華聡之　平二七、九、二八

○長崎地方裁判所

所長　山口幸雄　平一八、四、一　平二〇、一、六
同　井上弘通　平二〇、一、七　平二一、一、二五
同　榎下義康　平二一、一、二六　平二三、三、二四
同　村上博信　平二三、三、二五　平二三、六、二二
同　米山正明　平二三、七、二二　平二四、二、一九
同　横田信之　平二四、二、二〇　平二五、一二、三

同　江口とし子　平二五、一二、四　平二六、一一、二八
同　田中俊次　平二六、一一、二九　平二七、八、一三
同　岸和田羊一　平二七、八、一四　平二八、一一、一二
同　増田隆久　平二八、一一、一三

○大分地方裁判所

所長　古賀寛　平一七、九、八　平一九、九、三〇
同　川口宰護　平一九、一〇、一　平二〇、一〇、三〇
同　加藤誠　平二〇、一〇、三一　平二二、一〇、二一
同　中谷雄二郎　平二二、一〇、二三　平二五、三、一
同　田川直之　平二五、三、二　平二六、五、二一
同　白石哲　平二六、五、二三　平二七、四、一二
同　村上正敏　平二七、四、一三

○熊本地方裁判所

所長　森岡安廣　平一八、六、三〇　平一九、九、三〇

同　古賀寛　平一九、一〇、一　平二一、一、一五
同　小林正明　平二一、一、一六　平二三、五、一一
同　難波孝一　平二三、五、一二　平二四、八、三〇
同　永松健幹　平二四、八、三一　平二六、五、一
同　後藤眞理子　平二六、五、二　平二八、二、一三
同　野島秀夫　平二八、二、一四

○鹿児島地方裁判所

所長　井上繁規　平一八、七、七　平一九、一一、二五
同　片山良廣　平一九、一一、二六　平二一、一、二三
同　土肥章大　平二一、一、二四　平二三、六、一〇
同　木口信之　平二三、六、一一　平二四、四、一一
同　伊藤納　平二四、四、一二　平二五、六、三〇
同　石井寛明　平二五、七、一　平二六、八、二四
同　大須賀滋　平二六、八、二五　平二七、一二、一七

同　廣谷章雄　平二七、一二、一八　平二八、一二、三一

○宮崎地方裁判所

所長　松尾昭一　平一八、六、一　平二〇、二、六

同　小山邦和　平二〇、二、七　平二一、一二、二一

同　坂井満　平二一、一二、二二　平二三、七、一九

同　一志泰滋　平二三、七、二〇　平二五、六、二三

同　福崎伸一郎　平二五、六、二四　平二六、一〇、二

同　市川正巳　平二六、一〇、三　平二七、一〇、二九

同　須田啓之　平二七、一〇、三〇

○那覇地方裁判所

所長　打越康雄　平一八、六、一九　平一九、六、二九

同　小林正明　平一九、六、三〇　平二一、一、一五

同　亀川清長　平二一、一、一六　平二二、一、三一

同　木村元昭　平二二、二、一　平二三、九、二三

同　髙野裕　平二三、九、二四　平二五、七、二三

同　髙麗邦彦　平二五、七、二四　平二六、四、一一

同　鶴岡稔彦　平二六、四、一二　平二七、三、一七

同　阿部正幸　平二七、三、一八

○仙台地方裁判所

所長　阿部則之　平一八、二、二八　平二一、六、二六

同　三輪和雄　平二一、六、二七　平二三、一、一八

同　河村吉晃　平二三、一、一九　平二三、一二、二一

同　田村幸一　平二三、一二、二二　平二五、七、七

同　小林昭彦　平二五、七、八　平二六、七、二四

同　秋吉淳一郎　平二六、七、二五　平二八、三、三一

同　村田渉　平二八、四、一

○福島地方裁判所

所長　岡光民雄　平一八、七、一四　平二〇、二、三

同　金谷　暁　平二〇、二、四　平二一、三、一一
同　髙世三郎　平二一、三、一二　平二三、四、六
同　小磯武男　平二三、四、七　平二四、一一、二六
同　秋葉康弘　平二四、一一、二七　平二六、七、三一
同　髙橋　讓　平二六、八、一　平二八、五、九
同　秋山　敬　平二八、五、一〇

○山形地方裁判所

所長　岡村　稔　平一七、一二、一二　平一九、三、二九
同　滝澤孝臣　平一九、三、三〇　平二一、三、三一
同　松田　清　平二一、四、一　平二三、四、六
同　水野邦夫　平二三、四、七　平二五、九、二四
同　嶋原文雄　平二五、九、二五　平二六、一〇、一四
同　林　正彦　平二六、一〇、一五

○盛岡地方裁判所

所長　金谷　暁　平一八、二、一四　平二〇、二、三
同　伊藤紘基　平二〇、二、四　平二二、五、三一
同　宮岡　章　平二二、六、一　平二三、一二、二一
同　長谷川誠　平二三、一二、二二　平二五、八、一一
同　中西　茂　平二五、八、一二　平二六、七、二五
同　村山浩昭　平二六、七、二六　平二七、一〇、五
同　山田敏彦　平二七、一〇、六

○秋田地方裁判所

所長　橋本和夫　平一七、一二、二四　平一九、二、二七
同　川勝隆之　平一九、二、二八　平二〇、一一、一六
同　河村吉晃　平二〇、一一、一七　平二三、一、一八
同　豊田建夫　平二三、一、一九　平二四、一、二九
同　石原直樹　平二四、一、三〇　平二五、九、一九
同　坂口公一　平二五、九、二〇　平二七、九、九

同　小川　浩　平二七、九、一〇　平二八、一〇、七
同　窪木　稔　平二八、一〇、八

○青森地方裁判所

所長　三輪和雄　平一八、二、二八　平一九、一二、六
同　小磯武男　平一九、一二、七　平二一、三、二六
同　田村幸一　平二一、三、二七　平二三、一、一八
同　長　秀之　平二三、一、一九　平二五、五、一
同　志田博文　平二五、五、二　平二六、六、五
同　小野洋一　平二六、六、六　平二七、八、二
同　草野真人　平二七、八、三

○札幌地方裁判所

所長　都築　弘　平一七、一一、一七　平一九、三、二二
同　山崎　学　平一九、三、二三　平二一、一、五
同　梅津和宏　平二一、一、六　平二二、四、二七
同　齋藤　隆　平二二、四、二八　平二三、八、三〇
同　佐久間邦夫　平二三、八、三一　平二五、三、二〇
同　奥田正昭　平二五、三、二一　平二六、一一、二
同　阿部　潤　平二六、一一、三　平二八、四、八
同　甲斐哲彦　平二八、四、九

○函館地方裁判所

所長　矢村　宏　平一六、一二、二七　平一九、三、三〇
同　上垣　猛　平一九、三、三一　平二〇、一〇、八
同　瀧澤　泉　平二〇、一〇、九　平二二、二、四
同　信濃孝一　平二二、二、五　平二三、三、三
同　山田俊雄　平二三、三、四　平二四、七、二三
同　笹野明義　平二四、七、二四　平二六、三、八
同　甲斐哲彦　平二六、三、九　平二七、二、八
同　山田陽三　平二七、二、九　平二八、三、六

同　和田　真　平二八、三、七

○旭川地方裁判所

所長　梅津和宏　平一八、一一、六　平二一、一、五
同　八木良一　平二一、一、六　平二二、一、三一
同　小野　剛　平二二、二、一　平二三、七、二五
同　奥田正昭　平二三、七、二六　平二五、三、二〇
同　渡邉　康　平二五、三、二一　平二六、一二、二五
同　竹内純一　平二六、一二、二六　平二八、四、六
同　戸田　久　平二八、四、七

○釧路地方裁判所

所長　山崎　学　平一八、一、五　平一九、三、二二
同　柴田寛之　平一九、三、二三　平二〇、三、三〇
同　齋藤　隆　平二〇、三、三一　平二二、四、二七
同　佐久間邦夫　平二二、四、二八　平二三、八、三〇

同　林　圭介　平二三、八、三一　平二五、三、四
同　浜　秀樹　平二五、三、五　平二六、六、五
同　樋口裕晃　平二六、六、六　平二七、一二、九
同　登石郁朗　平二七、一二、一〇

○高松地方裁判所

所長　溝淵　勝　平一七、二、一四　平一九、二、六
同　佐藤武彦　平一九、二、七　平二二、三、一八
同　八木正一　平二二、三、一九　平二三、五、九
同　小佐田潔　平二三、五、一〇　平二五、一一、一一
同　豊澤佳弘　平二五、一一、一二　平二八、四、一八
同　畠山　稔　平二八、四、一九

○徳島地方裁判所

所長　塩月秀平　平一七、八、一五　平一九、五、一三
同　的場純男　平一九、五、一四　平二〇、一一、一六

同	八木正一	平二〇、一一、一七	平二二、三、一八
同	菊池洋一	平二二、三、一九	平二三、九、二九
同	清水節	平二三、九、三〇	平二五、九、一一
同	深見敏正	平二五、九、一二	平二七、一、二七
同	田村眞	平二七、一、二八	

○高知地方裁判所

所長	豊永多門	平一七、一二、一	平二〇、三、三〇
同	芝田俊文	平二〇、三、三一	平二一、八、二二
同	坂本倫城	平二一、八、二三	平二三、一、三
同	山田知司	平二三、一、四	平二四、六、二一
同	中村隆次	平二四、六、二二	平二五、一二、四
同	朝山芳史	平二五、一二、五	平二七、八、五
同	齋藤大巳	平二七、八、六	

○松山地方裁判所

所長	春日通良	平一八、六、八	平二〇、一一、三
同	小島浩	平二〇、一一、四	平二二、八、二〇
同	河邊義典	平二二、八、二一	平二四、一一、五
同	林秀文	平二四、一一、六	平二六、七、二〇
同	山口雅高	平二六、七、二一	平二七、一二、一七
同	河合裕行	平二七、一二、一八	平二八、一二、九
同	伊名波宏仁	平二八、一二、一〇	

4　家庭裁判所

○東京家庭裁判所

所長	細川清	平一七、一、二八	平一九、二、八
同	門口正人	平一九、二、九	平二一、八、五
同	山崎恒	平二一、八、六	平二三、二、八
同	西岡清一郎	平二三、二、九	平二五、三、四

同　小川正持　平二五、三、五　平二六、七、二四
同　貝阿彌誠　平二六、七、二五　平二七、六、七
同　田村幸一　平二七、六、八

○横浜家庭裁判所
所長　稲田龍樹　平一七、一二、二〇　平一九、二、八
同　山﨑恒　平一九、二、九　平二〇、一二、一七
同　田中由子　平二〇、一二、一八　平二一、一二、二七
同　成田喜達　平二一、一二、二八　平二四、一一、五
同　西村則夫　平二四、一一、六　平二六、七、三
同　綿引万里子　平二六、七、四　平二七、六、七
同　三村晶子　平二七、六、八　平二八、二、二〇
同　大門匡　平二八、二、二一

○さいたま家庭裁判所
所長　田中由子　平一八、七、一二　平二〇、一二、一七
同　井上稔　平二〇、一二、一八　平二二、三、一七
同　山名学　平二二、三、一八　平二四、三、二六
同　井上哲男　平二四、三、二七　平二六、一〇、二
同　古田浩　平二六、一〇、三　平二八、七、二一
同　秋吉仁美　平二八、七、二二

○千葉家庭裁判所
所長　星野雅紀　平一七、一二、二〇　平二〇、一、六
同　寺尾洋　平二〇、一、七　平二一、一二、一〇
同　西島幸夫　平二一、一二、一一　平二三、三、一三
同　松田清　平二三、四、七　平二五、六、三〇
同　安藤裕子　平二五、七、一　平二六、一〇、一
同　大門匡　平二六、一〇、二　平二八、二、二〇
同　髙麗邦彦　平二八、二、二一

○水戸家庭裁判所

所長	雨宮則夫	平一七、九、一八	平一九、五、三一
同	佃　浩一	平一九、六、一	平二一、五、二四
同	竹花俊徳	平二一、五、二五	平二三、一、一七
同	本間榮一	平二三、一、一八	平二五、三、一九
同	志田　洋	平二五、三、二〇	平二六、一一、九
同	桐ヶ谷敬三	平二六、一一、一〇	平二八、九、一八
同	中山顕裕	平二八、九、九	

○宇都宮家庭裁判所

所長	青柳　馨	平一七、一一、二七	平一九、一二、二七
同	橋本和夫	平一九、一二、二八	平二一、五、二〇
同	田中亮一	平二一、五、二一	平二三、一二、二二
同	近藤壽邦	平二三、一二、二三	平二六、七、二九
同	今泉秀和	平二六、七、三〇	平二八、四、二九
同	竹内民生	平二八、四、三〇	

○前橋家庭裁判所

所長	福岡右武	平一七、五、一八	平一九、三、二九
同	岡村　稔	平一九、三、三〇	平二一、一一、二五
同	井上繁規	平一九、一一、二六	平二二、三、二九
同	小川正明	平二二、三、三〇	平二四、一二、一五
同	小坂敏幸	平二四、一二、一六	平二六、一二、一八
同	小林敬子	平二六、一二、一九	平二八、四、一九
同	沼田　寛	平二八、四、二〇	

○静岡家庭裁判所

所長	木村　烈	平一七、六、二八	平一九、五、二二
同	櫻井登美雄	平一九、五、二三	平二一、一、二三
同	片山良廣	平二一、一、二四	平二三、一、一七
同	竹花俊徳	平二三、一、一八	平二四、一〇、一七
同	長谷川憲一	平二四、一〇、一八	平二六、一〇、一三

同　　　山口裕之　平二六、一〇、四　平二七、一二、三一
同　　　山﨑まさよ　平二八、一、一

○甲府家庭裁判所

所長（兼）永井敏雄　平一八、一二、一一　平一九、一二、一六
同（兼）大竹たかし　平一九、一二、一七　平二三、二、四
同（兼）金井康雄　平二三、二、五　平二四、三、二六
同（兼）須藤典明　平二四、三、二七　平二五、五、八
同（兼）植村稔　平二五、五、九　平二七、六、二八
同（兼）垣内正　平二七、六、二九　平二八、四、六
同（兼）岡本岳　平二八、四、七

○長野家庭裁判所

所長（兼）田中信義　平一八、六、八　平一九、五、二二
同（兼）安井久治　平一九、五、二三　平二一、一、二五
同（兼）井上弘通　平二一、一、二六　平二三、一、一八
同（兼）貝阿彌誠　平二三、一、一九　平二四、一一、二
同（兼）石井忠雄　平二四、一一、三　平二六、六、一四
同（兼）藤井敏明　平二六、六、一五　平二七、八、一五
同（兼）白井幸夫　平二七、八、一六　平二八、七、二一
同（兼）若園敦雄　平二八、七、二二

○新潟家庭裁判所

所長　石塚章夫　平一六、一二、一六　平一九、三、二五
同　　持本健司　平一九、三、二六　平二〇、六、二九
同　　山口博　平二〇、六、三〇　平二三、二、二二
同　　髙野芳久　平二三、二、二三　平二五、五、五
同　　橋本昌純　平二五、五、六　平二七、一、一
同　　佐藤陽一　平二七、一、二　平二八、七、二八
同　　川口代志子　平二八、七、二九

○大阪家庭裁判所

所長	中田昭孝	平一六、九、二〇	平一九、四、一七
同	林　醇	平一九、四、一八	平二〇、九、二
同	中路義彦	平二〇、九、三	平二四、二、一九
同	松本芳希	平二四、二、二〇	平二五、一二、三
同	川合昌幸	平二五、一二、四	平二八、二、二一
同	小野憲一	平二八、二、二二	

○京都家庭裁判所

所長	佐々木茂美	平一七、七、二三	平一九、一、一五
同	西村則夫	平一九、一、一六	平二一、八、一六
同	二本松利忠	平二一、八、一七	平二四、六、一
同	並木正男	平二四、六、二	平二五、六、二三
同	河野清孝	平二五、六、二四	平二七、三、三一
同	白石史子	平二七、四、一	平二八、七、二八
同	村岡　寛	平二八、七、二九	

○神戸家庭裁判所

所長	永井ユタカ	平一七、七、七	平一九、一、三
同	赤西芳文	平一九、一、四	平二〇、一〇、三〇
同	正木勝彦	平二〇、一〇、三一	平二二、九、一七
同	谷口幸博	平二二、九、一八	平二四、四、一
同	古川行男	平二四、四、一二	平二五、七、二
同	岡原　剛	平二五、七、三	平二七、七、一
同	本多俊雄	平二七、七、二	

○奈良家庭裁判所

所長（兼）	前田順司	平一八、一〇、三	平二〇、一〇、八
同（兼）	上垣　猛	平二〇、一〇、九	平二二、二、二五
同（兼）	田中澄夫	平二二、二、二六	平二三、八、四
同（兼）	上田昭典	平二三、八、五	平二六、一、二八
同（兼）	中川博之	平二六、一、二九	平二七、一一、二八

同　　（兼）稲葉重子　平二七、一一、二九

○大津家庭裁判所

所長（兼）湯川哲嗣　平一八、一二、一五　平二〇、七、三一
同　　（兼）飯田喜信　平二〇、八、一　平二二、六、一〇
同　　（兼）柴田寛之　平二二、六、一一　平二四、九、一
同　　（兼）森　宏司　平二四、九、二　平二六、一、一五
同　　（兼）川神　裕　平二六、一、一六　平二七、二、一六
同　　（兼）西田眞基　平二七、二、一七　平二八、三、一七
同　　（兼）大鷹一郎　平二八、三、一八

○和歌山家庭裁判所

所長（兼）岡久幸治　平一七、三、三一　平一九、三、三〇
同　　（兼）松本哲泓　平一九、三、三一　平二〇、九、二
同　　（兼）前坂光雄　平二〇、九、三　平二一、一二、二七
同　　（兼）貝阿彌誠　平二一、一二、二八　平二三、一、一八
同　　（兼）金子順一　平二三、一、一九　平二四、一二、七
同　　（兼）森　義之　平二四、一二、八　平二六、六、三
同　　（兼）佐村浩之　平二六、六、四　平二七、六、三〇
同　　（兼）藤下　健　平二七、七、一　平二八、一二、一八
同　　（兼）中村也寸志　平二八、一二、一九

○名古屋家庭裁判所

所長　熊田士朗　平一七、一二、二四　平一九、三、三〇
同　　野田武明　平一九、三、三一　平二〇、七、一〇
同　　安江　勤　平二〇、七、一一　平二二、一二、三〇
同　　加藤幸雄　平二三、一、一　平二四、九、一
同　　柴田寛之　平二四、九、二　平二六、七、二三
同　　藤山雅行　平二六、七、二四　平二七、六、八
同　　後藤　博　平二七、六、九　平二八、六、二四
同　　萩原秀紀　平二八、六、二五

○津家庭裁判所

所長（兼）高田健一　平一八、二、二八　平二〇、三、三〇
同（兼）下山保男　平二〇、三、三一　平二一、五、二一
同（兼）川合昌幸　平二一、五、二二　平二二、六、二二
同（兼）林道春　平二二、六、二三　平二三、一二、一八
同（兼）山下郁夫　平二三、一二、一九　平二五、四、九
同（兼）藤山雅行　平二五、四、一〇　平二六、七、二三
同（兼）後藤博　平二六、七、二四　平二七、六、二八
同（兼）大熊一之　平二七、六、二九

○岐阜家庭裁判所

所長（兼）片山俊雄　平一八、二、二八　平一九、七、一〇
同（兼）中村直文　平一九、七、一一　平二一、一二、一〇
同（兼）富田善範　平二一、一二、一一　平二三、一二、一八
同（兼）安藤裕子　平二三、一二、一九　平二五、六、三〇
同（兼）伊藤納　平二五、七、一　平二七、一二、一七
同（兼）大須賀滋　平二七、一二、一八

○福井家庭裁判所

所長（兼）大渕敏和　平一八、七、一二　平一九、一一、九
同（兼）岩田嘉彦　平一九、一一、一〇　平二〇、一二、二九
同（兼）長門栄吉　平二一、一、一　平二三、八、一二
同（兼）石山容示　平二三、八、一三　平二五、三、一九
同（兼）揖斐潔　平二五、三、二〇　平二六、五、二九
同（兼）高部眞規子　平二六、五、三〇　平二七、六、二〇
同（兼）松田亨　平二七、六、二一　平二八、六、六
同（兼）木下秀樹　平二八、六、七

○金沢家庭裁判所

所長　安江勤　平一八、九、二六　平二〇、七、一〇
同　紙浦健二　平二〇、七、一一　平二三、一、二

同　　　　平林慶一　平二二、一、三　平二三、五、三一
同　　　　西尾　進　平二三、六、一　平二五、九、一六
同　　　　徳永幸藏　平二五、九、一七　平二七、一、一四
同　　　　原　啓一郎　平二七、一、一五　平二八、六、六
同　　　　田近年則　平二八、六、七　平二八、六、二四
同　（兼）田近年則　平二八、六、二五

○富山家庭裁判所

所　長（兼）松本哲泓　平一八、二、二八　平一九、三、三〇
同　（兼）杉森研二　平一九、三、三一　平二〇、一〇、一七
同　（兼）青木正良　平二〇、一〇、一八　平二一、一二、一三
同　（兼）柴田秀樹　平二一、一二、一四　平二四、六、四
同　（兼）水谷正俊　平二四、六、五　平二六、三、一四
同　（兼）黒岩巳敏　平二六、三、一五　平二七、六、二一
同　（兼）永野圧彦　平二七、六、二二　平二八、六、六

同　（兼）原　啓一郎　平二八、六、七

○広島家庭裁判所

所　長　鈴木敏之　平一六、九、二〇　平一九、七、一三
同　　　　窪田正彦　平一九、七、一四　平二〇、一〇、三〇
同　　　　下田文男　平二〇、一〇、三一　平二二、六、一六
同　　　　上田昭典　平二二、六、一七　平二三、八、四
同　　　　杉本正樹　平二三、八、五　平二五、八、二四
同　　　　田中　敦　平二五、八、二五　平二六、九、一七
同　　　　生野考司　平二六、九、一八　平二七、一一、二九
同　　　　鹿野伸二　平二七、一一、三〇

○山口家庭裁判所

所　長　安原清藏　平一八、七、一二　平二〇、三、三〇
同　　　　村岡泰行　平二〇、三、三一　平二一、九、二七
同　　　　楢崎康英　平二一、九、二八　平二三、一二、一九

同　三代川三千代　平二三、一二、二〇　平二六、一、三
同　林田宗一　平二六、一、四　平二七、一二、一五
同（兼）宇田川基　平二七、一二、一六　平二八、一、三〇
同（兼）小西義博　平二八、一、三一

○岡山家庭裁判所

所長　三浦潤　平一七、八、二二　平一九、四、一七
同　長門栄吉　平一九、四、一八　平二〇、一二、三一
同　園部秀穂　平二一、一、一　平二三、二、二三
同　水上敏　平二三、二、二四　平二三、七、九
同　小川育央　平二三、七、一〇　平二五、九、六
同　山﨑まさよ　平二五、九、七　平二七、一二、三一
同　鬼澤友直　平二八、一、一　平二八、一〇、四
同　志田原信三　平二八、一〇、五

○鳥取家庭裁判所

所長（兼）前坂光雄　平一八、一二、二二　平二〇、九、二
同（兼）田中澄夫　平二〇、九、三　平二三、二、二五
同（兼）矢延正平　平二三、二、二六　平二三、一二、三〇
同（兼）橋本良成　平二三、一二、三一　平二六、一、一四
同（兼）井口修　平二六、一、一五　平二七、一一、二九
同（兼）川谷道郎　平二七、一一、三〇

○松江家庭裁判所

所長（兼）西島幸夫　平一七、八、二二　平一九、一一、二三
同（兼）岩田好二　平一九、一一、二四　平二一、三、三一
同（兼）谷口幸博　平二一、四、一　平二二、九、一七
同（兼）古田浩　平二二、九、一八　平二四、九、二五
同（兼）山嵜和信　平二四、九、二六　平二六、七、三一
同（兼）稲葉重子　平二六、八、一　平二七、一、二八
同（兼）増田耕兒　平二七、一、二九

○福岡家庭裁判所

所長　湯地紘一郎　平一六、七、二一　平一九、五、六
同　濱﨑裕　平一九、五、七　平二二、三、二四
同　榎下義康　平二二、三、二五　平二五、七、二三
同　木村元昭　平二五、七、二四　平二七、九、一一
同　永松健幹　平二七、九、一二　平二八、一一、一二
同　白石哲　平二八、一一、一三

○佐賀家庭裁判所

所長（兼）　出田孝一　平一八、一〇、二五　平二〇、一一、二四
同（兼）　服部悟　平二〇、一一、二五　平二三、二、二七
同（兼）　森宏司　平二三、二、二八　平二四、九、一
同（兼）　角隆博　平二四、九、二　平二六、三、二五
同（兼）　鈴木浩美　平二六、三、二六　平二七、九、二七
同（兼）　瀧華聡之　平二七、九、二八

○長崎家庭裁判所

所長　窪田正彦　平一七、一二、六　平一九、七、一三
同　小松一雄　平一九、七、一四　平二一、三、二六
同　谷敏行　平二一、三、二七　平二三、三、二一
同　小島正夫　平二三、三、二二　平二四、五、一
同　楠本新　平二四、五、二　平二六、二、二五
同　田中俊次　平二六、二、二六　平二八、一一、二八
同　毛利晴光　平二六、一一、二九　平二八、九、三〇
同（兼）　岸和田羊一　平二八、一〇、一　平二八、一一、二二
同（兼）　増田隆久　平二八、一一、二三

○大分家庭裁判所

所長（兼）　古賀寛　平一七、九、八　平一九、九、三〇
同（兼）　川口宰護　平一九、一〇、一　平二〇、一〇、三〇
同（兼）　加藤誠　平二〇、一〇、三一　平二二、一〇、二一

同　（兼）中谷雄二郎　平二二、一〇、二二　平二五、三、一
同　（兼）田川直之　平二五、三、二　平二六、五、二一
同　（兼）白石哲　平二六、五、二二　平二七、四、一二
同　（兼）村上正敏　平二七、四、一三

○熊本家庭裁判所

所長　山口博　平一八、六、三〇　平二〇、六、二九
同　上原裕之　平二〇、六、三〇　平二二、一、二三
同　小松平内　平二二、一、二四　平二三、二、二七
同　松本久　平二三、二、二八　平二五、二、一七
同　遠山廣直　平二五、二、一八　平二七、九、三
同　播磨俊和　平二七、九、四

○鹿児島家庭裁判所

所長（兼）井上繁規　平一八、七、七　平一九、一一、二五
同　（兼）片山良廣　平一九、一一、二六　平二一、一、二三

同　（兼）土肥章大　平二一、一、二四　平二二、六、一〇
同　（兼）木口信之　平二二、六、一一　平二四、四、一一
同　（兼）伊藤納　平二四、四、一二　平二五、六、三〇
同　（兼）石井寛明　平二五、七、一　平二六、八、二四
同　（兼）大須賀滋　平二六、八、二五　平二七、一二、一七
同　（兼）廣谷章雄　平二七、一二、一八　平二八、一二、三一

○宮崎家庭裁判所

所長（兼）松尾昭一　平一八、六、一　平二〇、二、六
同　（兼）小山邦和　平二〇、二、七　平二一、一二、二一
同　（兼）坂井満　平二一、一二、二二　平二三、七、一九
同　（兼）一志泰滋　平二三、七、二〇　平二五、六、二三
同　（兼）福崎伸一郎　平二五、六、二四　平二六、一〇、二
同　（兼）市川正巳　平二六、一〇、三　平二七、一〇、二九
同　（兼）須田啓之　平二七、一〇、三〇

○那覇家庭裁判所

所長　西村則夫　平一六、一二、一九　平一九、一、一五
同　加藤幸雄　平一九、一、一六　平二〇、一一、八
同　西　謙二　平二〇、一一、九　平二一、一二、三一
同　筏津順子　平二二、一、一　平二三、一二、二三
同　髙麗邦彦　平二三、一二、二四　平二五、七、二三
同　鶴岡稔彦　平二五、七、二四　平二六、四、一一
同　小池勝雅　平二六、四、一二　平二七、八、一七
同　矢尾　渉　平二七、八、一八

○仙台家庭裁判所

所長　成田喜達　平一七、一二、一二　平一九、一二、六
同　三輪和雄　平一九、一二、七　平二一、六、二六
同　秋武憲一　平二一、六、二七　平二四、四、二三
同　小林　正　平二四、四、二四　平二六、八、一六
同　三村晶子　平二六、八、一七　平二七、六、七
同　松並重雄　平二七、六、八

○福島家庭裁判所

所長　曾我大三郎　平一八、一〇、一六　平二〇、一〇、一六
同　及川憲夫　平二〇、一〇、一七　平二一、一〇、二七
同　本間榮一　平二一、一〇、二八　平二三、一、一七
同　佐藤公美　平二三、一、一八　平二四、八、一一
同　浅香紀久雄　平二四、八、一二　平二六、二、二三
同　堀内　明　平二六、二、二四　平二七、九、二七
同　川口政明　平二七、九、二八　平二八、一一、一八
同　芦澤政治　平二八、一一、一九

○山形家庭裁判所

所長（兼）　岡村　稔　平一七、一二、一二　平一九、三、二九
同（兼）　滝澤孝臣　平一九、三、三〇　平二一、三、三一

同（兼）松田　清　平二一、四、一　平二三、四、六

同（兼）水野邦夫　平二三、四、七　平二五、九、二四

同（兼）嶋原文雄　平二五、九、二五　平二六、一〇、一四

同（兼）林　正彦　平二六、一〇、一五

○盛岡家庭裁判所

所長（兼）金谷　暁　平一八、二、一四　平二〇、二、三

同（兼）伊藤紘基　平二〇、二、四　平二三、五、三一

同（兼）宮岡　章　平二二、六、一　平二三、一二、二一

同（兼）長谷川　誠　平二三、一二、二二　平二五、八、一一

同（兼）中西　茂　平二五、八、一二　平二六、七、二五

同（兼）村山浩昭　平二六、七、二六　平二七、一〇、五

同（兼）山田敏彦　平二七、一〇、六

○秋田家庭裁判所

所長（兼）橋本和夫　平一七、一二、二四　平一九、二、二七

同（兼）川勝隆之　平一九、二、二八　平二〇、一一、一六

同（兼）河村吉晃　平二〇、一一、一七　平二三、一、一八

同（兼）豊田建夫　平二三、一、一九　平二四、一、二九

同（兼）石原直樹　平二四、一、三〇　平二五、九、一九

同（兼）坂口公一　平二五、九、二〇　平二七、九、九

同（兼）小川　浩　平二七、九、一〇　平二八、一〇、七

同（兼）窪木　稔　平二八、一〇、八

○青森家庭裁判所

所長（兼）三輪和雄　平一八、二、二八　平一九、一二、六

同（兼）小磯武男　平一九、一二、七　平二一、三、二六

同（兼）田村幸一　平二一、三、二七　平二三、一、一八

同（兼）長　秀之　平二三、一、一九　平二五、五、一

同（兼）志田博文　平二五、五、二　平二六、六、五

同（兼）小野洋一　平二六、六、六　平二七、八、二

同（兼）草野真人　平二七、八、三

○札幌家庭裁判所

所長　石田敏明　平一八、七、一四　平二〇、九、一五
同　井上哲男　平二〇、九、一六　平二二、二、四
同　近藤壽邦　平二二、二、五　平二三、一二、二二
同　清水研一　平二三、一二、二三　平二五、四、五
同　孝橋宏　平二五、四、六　平二七、二、八
同　甲斐哲彦　平二七、二、九　平二八、四、八
同　竹田光広　平二八、四、九

○函館家庭裁判所

所長（兼）矢村宏　平一六、一二、二七　平一九、三、三〇
同（兼）上垣猛　平一九、三、三一　平二〇、一〇、八
同（兼）瀧澤泉　平二〇、一〇、九　平二二、二、四
同（兼）信濃孝一　平二二、二、五　平二三、三、三

同（兼）山田俊雄　平二三、三、四　平二四、七、二三
同（兼）笹野明義　平二四、七、二四　平二六、三、八
同（兼）甲斐哲彦　平二六、三、九　平二七、二、八
同（兼）山田陽三　平二七、二、九　平二八、三、六
同（兼）和田真　平二八、三、七

○旭川家庭裁判所

所長（兼）梅津和宏　平一八、一一、六　平二一、一、五
同（兼）八木良一　平二一、一、六　平二二、一、三一
同（兼）小野剛　平二二、二、一　平二三、七、二五
同（兼）奥田正昭　平二三、七、二六　平二五、三、二〇
同（兼）渡邉康　平二五、三、二一　平二六、一二、二五
同（兼）竹内純一　平二六、一二、二六　平二八、四、六
同（兼）戸田久　平二八、四、七

○釧路家庭裁判所

所長（兼）	山崎　学	平一八、一、五	平一九、三、二二
同（兼）	柴田寛之	平一九、三、二三	平二〇、三、三〇
同（兼）	齋藤　隆	平二〇、三、三一	平二二、四、二七
同（兼）	佐久間邦夫	平二二、四、二八	平二三、八、三〇
同（兼）	林　圭介	平二三、八、三一	平二五、三、四
同（兼）	浜　秀樹	平二五、三、五	平二六、六、五
同（兼）	樋口裕晃	平二六、六、六	平二七、一二、九
同（兼）	登石郁朗	平二七、一二、一〇	

○高松家庭裁判所

所長	佐藤武彦	平一七、二、一四	平一九、二、六
同	下山保男	平一九、二、七	平二〇、三、三〇
同	豊永多門	平二〇、三、三一	平二二、三、五
同	岡原　剛	平二二、三、六	平二五、七、二
同	中村　哲	平二五、七、三	平二六、八、一七
同	本多俊雄	平二六、八、一八	平二七、七、一
同	村岡　寛	平二七、七、二	平二八、七、二八
同	植屋伸一	平二八、七、二九	

○徳島家庭裁判所

所長（兼）	塩月秀平	平一七、八、五	平一九、五、一三
同（兼）	的場純男	平一九、五、一四	平二〇、一一、一六
同（兼）	八木正一	平二〇、一一、一七	平二二、三、一八
同（兼）	菊池洋一	平二二、三、一九	平二三、九、二九
同（兼）	清水　節	平二三、九、三〇	平二五、九、一一
同（兼）	深見敏正	平二五、九、一二	平二七、一、二七
同（兼）	田村　眞	平二七、一、二八	

○高知家庭裁判所

所長（兼）	豊永多門	平一七、一二、一	平二〇、三、三〇
同（兼）	芝田俊文	平二〇、三、三一	平二一、八、二二

同（兼）	坂本倫城	平二一、八、二三	平二三、一、三
同（兼）	山田知司	平二三、一、四	平二四、六、二一
同（兼）	中村隆次	平二四、六、二二	平二五、一二、四
同（兼）	朝山芳史	平二五、一二、五	平二七、八、五
同（兼）	齋藤大巳	平二七、八、六	

○松山家庭裁判所

所長	村地勉	平一七、六、二	平一九、四、一八
同	安原浩	平一九、四、一九	平二〇、六、二三
同	廣田民生	平二〇、六、二四	平二二、四、一
同	安藤裕子	平二二、四、二	平二三、一二、一八
同	大谷吉史	平二三、一二、一九	平二五、一一、二八
同	池田光宏	平二五、一一、二九	平二七、三、一一
同	河合裕行	平二七、三、一二	平二七、一二、一七
同	伊名波宏仁	平二七、一二、一八	平二八、一二、九

同（兼）	伊名波宏仁	平二八、一二、一〇	

裁判所沿革誌（第七巻）　書籍番号　30-03

平成 30 年 4 月 10 日発行

監　修　最高裁判所事務総局総務局

発行人　平　田　豊

発行所　一般財団法人　法　曹　会

〒100-0013　東京都千代田区霞が関1-1-1
振替口座　00120-0-15670
電　話　03-3581-2146
http://www.hosokai.or.jp/

落丁・乱丁はお取替えいたします。　印刷製本／㈱ウィザップ

ISBN978-4-908108-92-1